L'AUTOMATISME PSYCHOLOGIQUE.

ESSAI DE PSYCHOLOGIE EXPÉRIMENTALE SUR LES FORMES INFÉRIEURES DE L'ACTIVITÉ HUMAINE

PIERRE JANET

FV ÉDITIONS

TABLE DES MATIÈRES

DEUXIÈME PARTIE :
AUTOMATISME PARTIEL

Partie I

LES ACTES SUBCONSCIENTS

INTRODUCTION

Ce sont presque toujours les formes les plus élevées de l'activité humaine, la volonté, la résolution, le libre arbitre, qui ont été étudiées par les philosophes. On s'intéressait naturellement aux manifestations de l'activité qu'il était le plus utile de connaître pour comprendre la conduite des hommes, leur responsabilité et la valeur morale de leurs actions. Mais, quoique cette façon d'aborder la question soit peut-être la plus naturelle, elle est cependant la plus difficile et la plus dangereuse : les phénomènes les plus élevés et les plus importants sont loin d'être les plus simples ; ils présentent au contraire bien des modifications, des développements accessoires qui empêchent de bien comprendre leur véritable nature. Les faits les plus élémentaires, aussi bien en psychologie que dans les autres sciences, sont recherchés aujourd'hui de préférence, car on sait que leur connaissance plus facile à acquérir éclaircira beaucoup celles des formes plus complexes. C'est *l'activité humaine dans ses formes les plus simples, les plus rudimentaires, qui* fera l'objet de cette étude.

Cette activité élémentaire, soit qu'elle ait été constatée chez les animaux, soit qu'elle ait été étudiée chez l'homme même par les médecins aliénistes, a été désignée par un nom qu'il faut lui conserver, celui d'activité *automatique*. Ce nom, en effet, même d'après son sens étymologique paraît s'appliquer assez bien aux caractères que présentent ces actions. On désigne, en effet, sous le nom d'automatique un mouvement qui présente deux caractères. Il doit d'abord avoir quelque chose de spontané, au moins en apparence, prendre sa source dans l'objet même qui se meut et ne pas provenir d'une impulsion extérieure ; une poupée mécanique qui marche seule sera dite un automate, une pompe que l'on fait mouvoir à l'extérieur ne pourra pas en être un. Ensuite, il faut que ce mouvement reste cependant très régulier, et soit soumis à un déterminisme rigoureux, sans variations et sans caprices. Or, les premiers efforts de l'activité humaine ont précisément ces deux caractères : ils sont provoqués et non pas créés par les impulsions extérieures ; ils sortent du sujet lui-même, et cependant ils sont si réguliers qu'il ne peut être question à leur propos du libre arbitre réclamé par les facultés supérieures. Mais on ajoute ordinairement au mot *automatique* un autre sens que nous n'acceptons pas aussi volontiers. Une activité automatique est, pour quelques auteurs, non seulement une activité régulière et rigoureusement déterminée, mais encore une activité purement mécanique et absolument sans conscience. Cette interprétation a été l'origine de confusions nombreuses, et beaucoup de philosophes se refusent à reconnaître dans l'esprit humain un automatisme, qui est cependant réel et sans lequel beaucoup de phénomènes sont inexplicables, parce qu'ils se figurent qu'admettre l'automatisme, c'est supprimer la conscience et réduire l'homme à un pur mécanisme d'éléments étendus et insensibles. Nous croyons que l'on peut admettre simultanément et l'automatisme et la conscience, et par là donner satisfaction à ceux qui constatent dans l'homme une forme d'activité élémentaire tout à fait déterminée, comme celle d'un automate, et à ceux qui veulent conserver à l'homme, jusque dans ses actions les plus simples, la conscience et la sensibilité. En d'autres termes, il ne nous semble pas que, dans un être vivant, l'activité qui se manifeste au dehors par le mouvement puisse être séparée d'une certaine forme d'intelligence et de conscience qui l'accompagne au dedans, et *notre but est de démontrer non seulement qu'il y a une activité humaine méritant le nom d'automatique, mais encore qu'il est légitime de l'appeler un automatisme psychologique.*

Les philosophes qui ont considéré l'activité comme un phénomène psychologique, mais qui ne l'ont examinée que dans ses manifestations les plus parfaites, l'ont séparée très nettement des autres phénomènes de l'esprit et l'ont considérée comme une faculté particulière distincte de l'intelligence et de la sensibilité. Sans doute, les phénomènes compliqués qui ont acquis, par suite de leur développement, une foule de caractères précis se séparent nettement les uns des autres, et il est certain qu'il ne serait pas légitime de confondre un raisonnement abstrait et une résolution pratique. Mais ces facultés, si différentes lorsqu'elles sont achevées, ne se rapprochent-elles pas l'une de l'autre dans leur origine et ne partent-elles pas d'une forme inférieure de la vie et de la conscience où l'activité, la sensibilité et l'intelligence se confondent absolument ? C'est ce que nous croyons pouvoir établir et *l'étude des formes élémentaires de l'activité sera pour nous en même temps l'étude des formes élémentaires de la sensibilité et de la conscience.*

Un autre caractère toujours attribué à l'activité supérieure, c'est le caractère de l'unité : la puissance volontaire semble une et indivisible, comme la personne elle-même dont elle est la manifestation. Il est impossible de comprendre les actions humaines si l'on veut se représenter toutes les activités sur ce modèle. L'unité et la systématisation nous semblent être le terme et non le point de départ de la pensée, et l'automatisme que nous étudions se manifeste souvent par des sentiments et des actions multiples et indépendantes les unes des autres, avant de céder la place à la volonté une et personnelle. C'est cette remarque qui nous permet d'établir les divisions générales de notre travail. *Nous étudierons d'abord l'automatisme dans sa forme la plus simple lorsqu'il est complet* et qu'il occupe l'esprit tout entier, c'est-à-dire lorsque nous ne constatons dans l'esprit d'une personne qu'une seule pensée et qu'une seule action automatique. Mais il nous faudra admettre ensuite que, dans bien des cas, l'automatisme peut être partiel et n'occuper qu'une partie de l'esprit, lorsque plusieurs activités élémentaires peuvent se développer simultanément dans une même pensée.

Enfin l'activité humaine se présente quelquefois sous des formes anormales, mouvements incohérents et convulsifs, actes inconscients ignorés par celui-là même qui les accomplit, désirs impulsifs contraires à la volonté et auxquels le sujet ne peut résister. Ces irrégularités sont inexplicables si on ne connaît que la théorie de la volonté libre et une. Deviennent-elles plus intelligibles grâce à l'examen des formes inférieures de l'activité ? *L'étude de ces activités anormales* nous permettra de compléter et de vérifier les solutions données aux problèmes précédents.

La méthode que nous avons essayée d'employer, sans prétendre aucunement y avoir réussi, est la méthode des sciences naturelles. Sans apporter d'avance sur ce problème aucune opinion préconçue, nous avons recueilli par l'observation les faits, c'est-à-dire les actions simples que nous voulions étudier ; nous n'avons formulé les hypothèses nécessaires qu'à propos de ces faits bien constatés et, autant que possible, nous avons vérifié par des expérimentations les conséquences de ces hypothèses. Une recherche de ce genre ne peut se faire au moyen de l'observation personnelle des faits qui se passent dans notre propre conscience. En effet, les phénomènes qu'elle nous présente ne peuvent que difficilement être l'objet d'une expérimentation régulière ; ils sont ensuite beaucoup trop compliqués et ils ont lieu au milieu de circonstances très nombreuses et difficiles à déterminer, enfin et surtout ils sont toujours incomplets. La conscience ne nous fait pas connaître tous les phénomènes psychologiques qui se passent en nous ; c'est une vérité aujourd'hui indiscutable que nous espérons confirmer encore. C'est de là que proviennent les plus graves difficultés qu'ont rencontrées les psychologues quand ils ont voulu se borner à l'observation personnelle par la conscience. Quand on veut démontrer qu'il y a « entre les états de l'esprit des uniformités de succession », en un mot, quand on veut faire de la psychologie une science analogue aux autres sciences, on est arrêté par cette difficulté : « c'est que dans la série des associations, à chaque instant on se heurte aux représentations inconscientes [1] ». Comme, pour beaucoup d'auteurs, un phénomène inconscient est uniquement un phénomène physiologique, c'est à la physiologie et à ses lois que l'on fait sans cesse appel pour expliquer les phénomènes de l'esprit. Cet appel souvent utile nous semble quelquefois prématuré, car, d'un côté, la psychologie renonce à trouver de véritables lois des phénomènes spirituels et, de l'autre, la physiologie constate simplement des coïncidences entre tel fait moral et tel fait physique et n'explique pas réellement les lois de la conscience. Stuart Mill, quand il soutient contre Auguste Comte la légitimité d'une psychologie scientifique [2], ne répond que d'une manière embarrassée à cette difficulté ; c'est qu'elle est en effet insoluble si on n'admet comme phénomènes de conscience que les faits incomplets fournis par la conscience personnelle. Pour avoir des phénomènes simples, précis et complets, il faut les observer chez les autres et faire appel à la psychologie objective. Sans doute on ne connaît qu'indirectement les phénomènes psychologiques chez autrui et la psychologie ne pourrait pas commencer par cette étude ; mais, d'après les actes, les gestes, le langage, on peut induire leur existence, de même que le chimiste détermine les éléments des astres d'après les raies du spectre, et la certitude de l'une des opérations est aussi grande que celle de l'autre. Notre étude sur l'automatisme sera donc un essai de psychologie expérimentale et objective.

Un des grands avantages que l'observation d'autrui présente sur l'observation personnelle, c'est que l'on peut choisir les sujets que l'on étudie et prendre précisément ceux qui présentent au plus haut degré les phénomènes que l'on désire examiner. Mais les individus qui présentent ainsi à un degré exceptionnel un phénomène ou un caractère qui sera peu apparent chez un homme normal, sont forcément des malades. Cela n'a, je crois, aucun inconvénient. Il faut admettre pour le moral ce grand principe universellement admis pour le physique depuis Claude Bernard, c'est que les lois de la maladie sont les mêmes que celles de la santé et qu'il n'y a dans celle-là que l'exagération ou la diminution de certains phénomènes qui se trouvaient déjà dans celle-ci. Si l'on connaissait bien les maladies mentales, il ne serait pas difficile d'étudier la psychologie normale. D'ailleurs, à un autre point de vue, « l'homme n'est connu qu'à moitié, s'il n'est observé que dans l'état sain ; l'état de maladie fait aussi bien partie de son existence morale que de son existence physique » [3]. Il n'est pas mauvais que la psychologie pénètre un peu dans les détails des différentes perturbations morales, au lieu de rester toujours dans les généralités trop abstraites pour être d'aucune utilité pratique. C'est pourquoi une psychologie expérimentale sera nécessairement à bien des points de vue une psychologie morbide.

Toute expérimentation suppose que l'on fait varier les phénomènes et les conditions dans lesquelles ils se présentent : la maladie effectue bien pour nous quelques-unes de ces modifications, mais d'une manière trop lente et dans des conditions peu précises. On ne fait de véritables expériences psychologiques que si l'on modifie artificiellement l'état de la conscience d'une personne d'une manière déterminée et calculée d'avance. Moreau (de Tours), l'un des plus philosophes parmi les aliénistes, prétendit arriver à ce résultat au moyen de l'ivresse procurée par le haschich. « C'était, disait-il, un excellent moyen d'expérimentation sur l'origine de la folie [4]. » Tout en partageant ce désir d'expérimentation psychologique que Moreau (de Tours) est l'un des premiers à exprimer, je n'apprécie guère le procédé qu'il a employé. Ayant assisté, une fois seulement il est vrai, à une ivresse produite par le haschich, j'ai trouvé que la perturbation physique causée par cette substance était bien grave et bien dangereuse pour un assez maigre résultat psychologique. En outre, les modifications morales ainsi obtenues sont très peu à la disposition de l'expérimentateur et ne peuvent être dirigées par lui. Aussi cette méthode d'expérimentation psychologique est-elle en réalité peu pratique.

Au contraire, il est un état facile à provoquer et qui n'est point dangereux, dans lequel les modifications morales sont obtenues très aisément et que Moreau aurait préféré à tout autre s'il l'eût bien connu, c'est l'état de somnambulisme provoqué. Déjà Maine de Biran, l'un des précurseurs de la psychologie scientifique, dans ses nouvelles considérations sur le sommeil, les songes et le somnambulisme, insiste sur le parti que la psychologie pourrait tirer de l'étude de ces phénomènes : il s'intéressait aux expériences des magnétiseurs de son temps, il suivait leurs séances et en parle fréquemment.

Plus tard M. Taine indiquait aussi l'usage du somnambulisme en psychologie [5] ; on connaît d'ailleurs les travaux de Jouffroy, de Maury et de bien d'autres psychologues sur ce sujet. Les magnétiseurs insistaient sur le parti que l'on pourrait tirer de leurs procédés : « En nous donnant le moyen de faire fonctionner séparément les divers rouages de la pensée, d'en ramener l'exercice à ses opérations élémentaires.... en nous apprenant en outre à *tirer de leur latence* une classe entière de manières d'être des facultés de l'âme, le braidisme fournit une base expérimentale à la psychologie qui dès lors devient science positive et prend rang dans le cadre élargi de la physiologie animale [6]. » Cependant des préjugés peu justifiables, la crainte de ce renom de charlatanisme qui reste attaché aux opérations du magnétisme animal empêchèrent longtemps de suivre ces conseils : il fallut tous les travaux et toutes les découvertes des savants contemporains dont les noms sont bien connus pour mettre hors de doute l'existence du sommeil nerveux et les avantages que la science pouvait tirer de son étude. Nous ne discuterons pas ici la réalité du somnambulisme ni le danger de la simulation, cette discussion serait longue et surtout banale, car on la rencontre partout très bien faite ; nous pensons d'ailleurs avec le Dr Despine qui a beaucoup étudié le somnambulisme, que, « considérer facilement les choses comme frauduleuses, c'est une opinion commode pour se dispenser d'étudier ce qu'on ne comprend pas [7] ». Il suffit de quelques précautions, que chaque expérimentateur doit savoir prendre lui-même, suivant les circonstances, pour se mettre en garde contre des tentatives de supercherie, plus rares, à mon avis, qu'on ne le croit généralement. Aussi, sans insister sur ce point, nous dirons seulement dans quelles conditions nous avons usé pour nos recherches du sommeil hypnotique.

Les sujets sur lesquels ces études ont été faites étaient presque tous, sauf des exceptions que nous signalerons, des femmes atteintes de maladies nerveuses plus ou moins graves, particulièrement de cette maladie très variable que l'on désigne sous le nom d'hystérie. Ces névroses, ayant comme caractère principal une grande instabilité mentale, nous offrent, et par les accidents naturels qu'elles occasionnent et par la prédisposition au somnambulisme qu'elles engendrent, le champ le plus favorable aux études expérimentales de psychologie et surtout aux études sur l'automatisme. Cependant des sujets de ce genre présentent dans leur étude des difficultés spéciales. Ils sont extrêmement variables, et sans même parler de ce penchant à la fourberie qu'on leur attribue avec quelque exagération, ils ne sont pas toujours dans les mêmes dispositions physiques et morales. Il est nécessaire de les suivre pendant longtemps et avec beaucoup d'attention, « de les étudier non pas un instant mais à toutes les phases de leur maladie [8] » pour savoir exactement dans quelles circonstances et dans quelles conditions on expérimente. Ensuite, en raison même de leur mobilité, ils subissent très facilement toutes les influences extérieures et se modifient très rapidement suivant les livres qu'on leur laisse lire ou les paroles que l'on prononce imprudemment devant eux. En raison de ce caractère, il est impossible de faire avec eux une expérience ayant quelque valeur si l'on les étudie une seule fois, au hasard, sans connaître exactement leur état maladif, leur caractère, leurs idées antérieures, etc. Il est également impossible de constater aucun fait naturel, si on les interroge en public, si on indique à des personnes présentes les expériences que l'on fait et les résultats que l'on attend. Il faut les étudier souvent et il faut toujours expérimenter seul ou avec des personnes compétentes, connaissant d'avance les questions et au courant des précautions indispensables.

Telles sont les conditions que nous avons essayé de remplir dans les recherches que nous allons exposer. Elles ont porté sur quatorze femmes hystériques et hypnotisables, sur cinq hommes atteints de la même maladie, sur huit autres individus atteints d'aliénation mentale ou d'épilepsie. Le nombre des sujets aurait pu facilement être augmenté si nous n'avions tenu avant tout à n'expérimenter que sur des sujets bien connus dont l'état physique et moral pût être entièrement déterminé. D'ailleurs il n'était pas nécessaire de citer séparément les expériences faites sur tous ces sujets : plusieurs, étant identiques les uns aux autres, ne nous apprennent rien de nouveau et leurs noms ainsi que leurs caractères compliqueraient inutilement notre exposition. Il nous a semblé préférable, quand cela était possible, de répéter la plupart des expériences sur un petit nombre de sujets qui, étant une fois bien connus, seraient cités de préférence aux autres. C'est pourquoi, sauf dans des cas particuliers, la plupart des faits signalés ont été décrits d'après quatre sujets principaux que nous désignons par des prénoms plutôt que par des lettres, Léonie, Lucie, Rose et Marie [9]. Ces quatre personnes, plus que toutes les autres, nous ont paru satisfaire aux conditions d'une bonne expérience psychologique. Étudiées pendant longtemps, elles étaient parfaitement connues dans tous les détails de leur maladie et de leur caractère ; examinées avec précaution et seulement par des personnes compétentes, elles ont été le moins possible modifiées par des exemples ou par des paroles imprudentes.

Aucune de ces précautions n'auraient pu être prises et même toutes ces études auraient été complètement impossibles, si nous n'avions été soutenus dans ce travail par les personnes les plus capables de le faire réussir. Les études de l'homme moral ne peuvent plus guère être faites aujourd'hui par les philosophes sans le secours de ceux qui se sont consacrés à l'étude de l'homme physique. Sans le médecin qui lui montre les sujets atteints des maladies particulières dont il a besoin, qui le prémunit contre les accidents possibles et lui prête sans cesse le secours de son expérience, le psychologue ne pourrait pas aborder l'étude expérimentale des phénomènes de la conscience. Quoique cette association, pour ainsi dire, des médecins et des psychologues soit aujourd'hui tout à fait générale, je ne puis m'empêcher de dire combien j'ai trouvé chez les médecins du Havre d'encouragements et de secours. Je désire surtout exprimer toute ma reconnaissance et mon affection à M. le Dr Gibert et à M. le Dr Powilewicz qui, sans hésiter devant les embarras et les ennuis que de pareilles recherches pouvaient leur causer, ont bien voulu prendre part à tous mes travaux. Si les observations rapportées dans ce livre, plus peut-être que les théories qui y sont soutenues, peuvent avoir quelque valeur ou quelque intérêt, c'est à eux que doit en revenir le principal mérite.

Le Havre, décembre 1888.

---

1. Lange. *Histoire du matérialisme.* Traduct, 1877, II, 427.
2. Stuart Mill. *Logique. Traduct,* 1880, II, 433.
3. Broussais. *De l'irritation et de la folie,* 26.
4. Moreau (de Tours). *Du haschich et de l'aliénation mentale,* 30.
5. Taine. De *l'intelligence,* 1878, I, 5.

6. Dr Philips (Durand *de* Gros). Cours *théorique et pratique de braidisme ou hypnotisme nerveux*, 1860, 169.
7. Dr Despine. *Du somnambulisme étudié au point de vue scientifique*, 1889, 57.
8. Despine. *Op. cit*, 322.
9. Afin de ne point embarrasser nos études psychologiques de descriptions accessoires, nous réunirons dans un appendice les quelques détails biographiques et médicaux qu'il est utile de connaître sur les principaux sujets que nous citons.

PREMIÈRE PARTIE :
AUTOMATISME TOTAL

PARTIE I

LES PHÉNOMÈNES PSYCHOLOGIQUES ISOLÉS

LES PHÉNOMÈNES
PSYCHOLOGIQUES ISOLÉS

Condillac, lorsqu'il entreprit d'analyser l'esprit humain, imagina une méthode ingénieuse pour éclaircir et simplifier un peu les phénomènes si complexes qui se présentent à la conscience. Il supposa une statue animée capable d'éprouver toutes les émotions et de comprendre toutes les pensées, mais n'en ayant aucune au début, et, dans cet esprit absolument vide, il voulut introduire chaque sensation l'une après l'autre et isolément. C'était une excellente méthode scientifique. La multiplicité des phénomènes qui s'entre-croisent dans l'univers nous empêche de discerner leurs relations, leurs dépendances ; par un coup d'une baguette magique, supprimons tous ces phénomènes et dans ce vide absolu reproduisons isolément un seul fait. Rien ne sera plus facile alors que de voir le rôle et les conséquences de ce phénomène ; elles se développeront devant nous sans confusion. Voilà la méthode idéale des sciences ; Condillac espérait l'appliquer à l'esprit. Malheureusement cette méthode théoriquement si belle était complètement impraticable, car le philosophe ne possédait pas la statue dont il parlait et ne savait pas réduire une conscience à ses phénomènes élémentaires. Aussi fit-il son expérience en imagination, au lieu d'interroger la nature et d'attendre la réponse, il fit lui-même les questions et les réponses, et il substitua à l'analyse qu'il se vantait de faire une construction tout à fait artificielle.

Eh bien, l'expérience que rêvait Condillac et qu'il ne pouvait essayer, il nous est possible aujourd'hui de la réaliser presque complètement. Nous pouvons avoir devant les yeux de véritables statues vivantes dont l'esprit soit vide de pensées et, dans cette conscience, nous pouvons introduire isolément le phénomène dont nous voulons étudier le développement psychologique. C'est grâce à un état maladif connu depuis longtemps par les médecins, mais peu examiné par les philosophes, que nous trouverons cette statue. C'est la maladie nerveuse désignée le plus souvent sous le nom de *catalepsie* qui nous procurera ces suppressions brusques et complètes, puis ces restaurations graduelles de la conscience dont nous voulons profiter pour nos expériences. « La catalepsie, dit Saint-Bourdin, un des premiers auteurs qui ait fait une étude précise de cette maladie, est une affection du cerveau, intermittente, apyrétique, caractérisée par la suspension de l'entendement et de la sensibilité et par l'aptitude des muscles à recevoir et à garder tous les degrés de la contraction qu'on leur donne [1]. » Cette définition, sans être parfaite, donne une idée générale assez juste d'un état maladif qui se produit naturellement, chez quelques individus prédisposés, à la suite d'un choc ou d'une émotion et que l'on produit artificiellement chez quelques sujets par divers procédés bien connus. Il n'y a pas lieu de s'occuper, du moins au début de cet ouvrage, de l'origine de cet état ; on peut dire de la catalepsie ce que M. Ballet disait des troubles de langage : « Il nous importera peu de savoir si tel ou tel trouble de la parole ou de l'écriture est produit par une tumeur, un foyer de ramollissement, un agent toxique. Les roues d'une montre, a dit Buzzard, peuvent aussi bien être arrêtées par un cheveu que par un grain de sable, et le désordre qui surgit alors reste toujours le même, quelle que soit la cause qui l'ait produit [2]. » On peut ainsi examiner l'état psychologique produit par cette maladie, sans se préoccuper de son origine.

Sans doute une personne atteinte de catalepsie n'aura pas la simplicité idéale de la statue de Condillac : l'état sera plus ou moins parfait, et son interprétation soulèvera toujours des problèmes. Mais une expérience réelle, quand même elle présenterait quelque obscurité, vaut cent fois mieux qu'une théorie simple, mais imaginaire. Commençons donc, suivant notre méthode, par décrire cet état et ses caractères les plus généraux ; nous passerons ensuite en revue les diverses interprétations qui sont possibles et l'hypothèse qui nous semble la plus vraisemblable. Enfin, revenant à l'expérience, nous vérifierons les conséquences de cette hypothèse par les détails et les variétés que cet état maladif peut présenter. Ainsi nous aurons décrit et interprété un état où, comme le disait Condillac, les phénomènes de conscience se présentent, croyons-nous, à l'état d'isolement.

---

1. Saint-Bourdin. *Traité de la catalepsie*, 1841, 7.
2. Ballet, *Langage intérieur*, préface, XV.

DESCRIPTION DES PHÉNOMÈNES PROVOQUÉS PENDANT L'ÉTAT CATALEPTIQUE

Il est fâcheux de commencer notre description des états où l'automatisme psychologique se montre par la description d'un état qui est assez rare, et par des expériences qui ne peuvent pas facilement être répétées. Cependant cela ne doit pas surprendre : nous voulons étudier au début des phénomènes très simples, et la nature présente toujours des choses complexes. Rien n'est plus compliqué qu'un esprit normal, rien n'est plus compliqué également qu'une folie ou une crise d'hystérie ordinaire. Nous sommes forcé de choisir des phénomènes rares si nous les voulons simples. Aussi, quoique nous ayons observé par nous-même un assez grand nombre de personnes atteintes de ces maladies nerveuses où l'état cataleptique peut se présenter, nous n'avons jamais assisté nous-même à une crise de catalepsie naturelle absolument complète ; celles que nous avons vues n'étaient que des variétés imparfaites. Nous avons seulement recueilli la description de deux crises naturelles, l'une observée à Paris à l'hôpital de la Pitié par mon frère Jules Janet, l'autre qui a été produite par un coup de foudre sur un sujet que je connaissais, mais que je n'ai pas pu voir à ce moment. J'ai pu observer plus fréquemment des catalepsies artificielles, mais sur trois sujets seulement.

On pouvait quelquefois provoquer la catalepsie chez Lucie en lui montrant brusquement une vive lumière de magnésium, ou bien en lui comprimant légèrement les yeux pendant le somnambulisme. La catalepsie survenait naturellement à de certains moments pendant le somnambulisme provoqué de Rose ou de Léonie. Elle était aussi produite, mais chez la dernière seulement, quand, pendant le somnambulisme, on lui ouvrait les yeux à la lumière. Toutes les autres personnes que j'ai étudiées ne présentaient que des variétés de l'état appelé somnambulisme, ou des catalepsies tellement transitoires que l'on pouvait, comme cela est arrivé souvent, les méconnaître. Il est donc nécessaire de faire la description de cet état d'après les quelques catalepsies artificielles que nous avons pu examiner, mais quelques citations montreront qu'elles ne diffèrent pas dans leurs traits essentiels de la catalepsie naturelle.

Quels que soient les moyens employés pour produire la catalepsie, examinons l'aspect que le sujet présente alors, et choisissons comme exemple la catalepsie de Léonie lorsqu'elle est bien complète et se rapproche le plus de la description classique [1]. Le premier caractère et le plus apparent, c'est l'absolue immobilité du sujet. Jamais une personne normale ne reste plusieurs minutes sans aucun mouvement ; quelques mouvements des mains, des paupières, des lèvres, quelques légers frémissements de la peau manifestent toujours l'activité de la pensée et le sentiment des choses extérieures. Léonie, au contraire, dans l'état que nous décrivons, conserve invariablement l'attitude dans laquelle la catalepsie l'a surprise, sans que le plus petit tremblement vienne révéler la conscience et la pensée. Les yeux eux-mêmes tout grands ouverts, sans aucun clignement des paupières, conservent avec fixité la même direction. En un mot, les mouvements de la vie organique, battements du pouls et respiration subsistent seuls, et tous les mouvements qui dépendent de la vie de relation et qui expriment la conscience sont supprimés. Si l'on n'intervient pas et surtout si on s'abstient de toucher le sujet, cet état persiste sans aucune modification pendant un temps plus ou moins long : on a vu des catalepsies naturelles durer des journées et des catalepsies artificielles se prolonger pendant plusieurs heures. Chez les sujets que j'ai pu étudier, cet état ne dure jamais longtemps et ne se prolonge pas plus d'un quart d'heure ; il se modifie naturellement et cesse de présenter ce caractère de l'absolue inertie morale.

Tant que le sujet reste cataleptique, on peut faire sur lui différentes expériences qui nous amènent à constater des caractères importants. Ces caractères, qui ne sont guère que la conséquence de l'inertie précédemment signalée, peuvent être ramenés à quatre principaux que nous décrirons brièvement car ils sont tous bien connus.

1° *La continuation, la persistance de toutes les modifications* que l'on peut produire dans l'état du sujet. - Si l'on touche les membres, on s'aperçoit qu'ils sont extrêmement mobiles et pour ainsi dire légers, qu'ils n'offrent aucune résistance et que l'on peut très facilement les déplacer. Si on les abandonne dans une position nouvelle, ils ne retombent pas suivant les lois de la pesanteur, ils restent absolument immobiles à la place où on les a laissés. Les bras, les jambes, la tête, le tronc du sujet peuvent être mis dans toutes les positions même les plus étranges ; aussi a-t-on comparé tout naturellement ces sujets à des mannequins de peintre que l'on plie dans tous les sens. Le visage même chez Léonie est susceptible d'être modifié de cette façon : ouvre-t-on la bouche, lève-t-on ou baisse-t-on les sourcils, la figure, comme un masque de cire, se laisse modeler et conserve son expression nouvelle ; chez d'autres, les muscles de l'abdomen eux mêmes gardent l'empreinte de la main [2]. On a fait différentes études de grande importance sur ces attitudes cataleptiques. On a pu constater avec des appareils de précision combien ces postures restent invariables : au lieu de trembler, comme fait toujours et très rapidement le bras étendu d'un individu normal, les membres de ces personnes restent longtemps en l'air sans bouger ; au lieu de produire une accélération et une modification du rythme respiratoire, comme cela arrive toujours chez l'homme normal, cette position fatigante du bras ne change en rien le mouvement lent de la poitrine [3]. Ce n'est qu'au bout d'un temps assez long, une heure et plus, d'après certains auteurs, vingt ou vingt-cinq minutes, suivant les autres, que le bras commence à descendre à cause de la fatigue ou de l'usure musculaire, mais cette descente s'effectue très lentement et très régulièrement sans ces secousses et ces oscillations que l'on constate chez l'homme normal. Comme la catalepsie de Léonie ne durait pas plus d'un quart d'heure, je n'ai pas observé cette descente qui aurait probablement commencé un peu plus tard.

Ces « poses » sont un des phénomènes les plus connus et les plus caractéristiques de la catalepsie naturelle, ainsi que le prouvent ces quelques observations. Voici un extrait d'une description de Laënnec et de Maisonneuve rapportée par Saint-Bourdin [4] : « ... Il lui parle, elle n'entend pas ; il la touche, elle ne paraît pas le sentir ; il lui lève un bras, le bras reste dans la position où il l'a mis ; on dressa le malade debout, on pencha le col, on leva une jambe, tout garda la position donnée. » En voici une autre de Saint-Bourdin [5] - « Elle conservait la même attitude qu'elle avait à l'instant de l'attaque : si elle était debout, elle y restait ; si elle montait les degrés, elle avait une jambe élevée pour monter et durant tout le temps de la catalepsie, elle conservait cette même attitude. Pendant cet état, élevant un de ses bras, fléchissant sa tête, la mettant debout sur un pied les bras tendus, la plaçait-on dans une position quelconque, pourvu qu'on ait mis le corps en équilibre, elle conservait parfaitement jusqu'à la fin la dernière attitude qu'on lui avait donnée. » Il est vrai cependant que la catalepsie naturelle ne présente pas toujours cette flexibilité qui est *presque constante* dans la catalepsie artificielle. « Chez d'autres malades, le corps est dans un tel état de rigidité que, si on les pousse, ils tombent sans changer d'attitude [6]. » Nous aurons à revenir sur cette différence ; remarquons seulement que la raideur, la contracture apparente des membres garde encore ici un aspect caractéristique et proprement cataleptique. La contracture n'est pas générale, c'est-à-dire qu'elle n'envahit pas tous les muscles à la fois de la même manière et au plus haut degré ; car il se produirait alors une attitude spéciale toujours la même, bien décrite dans l'attaque de tétanos ou dans certaines crises d'épilepsie : le corps serait étendu, courbé en arrière, les membres dans l'extension, les poignets le long du corps et fléchis en dedans, les poings fermés, etc. Les muscles au contraire sont contractés à des degrés différents, de manière à donner au corps une attitude expressive, comme dans ce cas de Saint-Bourdin cité plus haut où le corps raidi dans l'attitude de la prière, les genoux pliés et les mains jointes, pouvait être renversé sans changer de posture. Ce détail est important pour distinguer la catalepsie de la véritable contracture générale.

Une autre modification que l'on peut imposer aux membres cataleptiques, c'est le mouvement. Au lieu d'abandonner le bras dans un état d'immobilité, on le fait osciller deux ou trois fois et on le lâche au milieu du mouvement : l'oscillation persiste comme tout à l'heure la position persistait. On peut ainsi communiquer aux bras, aux jambes, à la tête de ce mannequin, un mouvement qui ne s'arrêtera pas avant la fin de l'attaque. Le même caractère se retrouve encore, quoique moins souvent signalé peut-être, dans les descriptions de la catalepsie naturelle. « Une fille de cinq ans ayant été un jour vivement choquée de ce que sa sœur avait enlevé pendant le repas un morceau choisi dont elle avait elle-même envie, devint raide tout d'un coup. La main qu'elle avait étendue vers le plat avec sa cuillère demeura dans cet état ; elle regardait sa sœur de travers avec des yeux d'indignation ; quoiqu'on l'appelât à haute voix et qu'on l'excitât vivement, elle n'entendait point ; elle ne remuait ni la bouche ni les lèvres, *elle marchait lorsqu'on la poussait et qu'on la conduisait avec la main...* [7] »

On pourrait aussi citer chez des cataleptiques des persistances de sensations ou même d'images ; Léonie ou Lucie restent indéfiniment les yeux fixés sur une lumière qu'on leur a montrée ; mais ces phénomènes étant difficiles à étudier sur des cataleptiques, nous les retrouverons plus loin avec plus de netteté. Ceux que nous avons signalés suffisent pour vérifier ce premier caractère de la catalepsie : la continuation, la persistance de toutes les modifications imposées au sujet.

2° L'imitation ou la répétition. - Au lieu de toucher le sujet, mettons-nous bien en face de lui dans la direction de son regard et faisons nous-même un mouvement au lieu de déplacer ses membres. Lentement Léonie va se mouvoir et mettre son bras, puis tout son corps exactement dans la position que nous avons prise. Ce phénomène a reçu le nom d'*imitation spéculaire ou en miroir*, parce que le sujet imite ordinairement avec son bras gauche le mouvement que nous faisons avec le bras droit et ressemble à notre propre image dans un miroir. Le fait n'est cependant pas absolument général, car, si Léonie imite de cette manière, Lucie, dans ces mêmes imitations, ne renverse pas les attitudes ; il est vrai que sa catalepsie est beaucoup moins complète. Au lieu d'exercer une action sur la vue du sujet, on peut impressionner son ouïe, du moins en apparence. Nous n'étudierons pas ce phénomène sur Léonie qui ne le présente guère, irais sur Rose, chez qui il est tout à fait complet. Si je parle tout haut à côté d'elle pendant qu'elle est dans un état cataleptique, elle répète exactement mes paroles avec la même intonation. Ce fait a reçu le nom d'écholalie ou parole en écho. Il est fort curieux ; le sujet, changé pour ainsi dire en phonographe, répète tous les sons qui frappent son oreille, sans paraître affecté le moins du monde par le sens de ces paroles. Ordinairement les bruits sont répétés avec la bouche, mais dans un cas, le Dr Powilewicz, alors présent, ayant frappé dans ses mains, Rose répéta le bruit en frappant également dans ses mains : l'écholalie se mélangeait ici avec l'imitation.

3° *Généralisation ou expression des phénomènes.* - Le plus souvent les modifications imposées au sujet restent partielles et n'affectent qu'un membre ; mais quelquefois, quand l'état cataleptique est bien complet, elles montrent une tendance à se généraliser et à affecter tout le corps. Jules Janet a observé une cataleptique naturelle qui répétait toujours de son bras gauche ce que l'on faisait faire à son bras droit et inversement. C'est le phénomène de la *syncinésie* que je n'ai observé que chez Léonie et encore pour certains actes seulement. Si je lui ferme un poing, l'autre se ferme de même. Si je lui lève une main devant la figure dans la position de la prière, l'autre main prend la même position et vient se placer contre la première. Les actes qui se complètent ainsi sont chez elle, comme on le voit, des actes connus et habituels.

Ces mêmes actes habituels sont susceptibles de se généraliser bien davantage et de provoquer une modification dans le corps tout entier du sujet. C'est là un des phénomènes les plus connus, les plus populaires, si on peut ainsi dire, de la catalepsie, car il produit toujours un spectacle tout à fait extraordinaire. On voit la figure, le corps tout entier s'animer, s'harmoniser avec l'attitude d'un des membres et prendre une expression saisissante de réalité. A-t-on fermé l'un des poings de Léonie, l'autre se ferme également, les bras se lèvent dans la position de l'attaque, le corps se redresse, la figure change ; les lèvres serrées, les poings fermés et les sourcils froncés n'expriment que la colère. Ai-je mis une main étendue près des lèvres, l'autre main s'y place également et semble envoyer des baisers, la figure se modifie tout d'un coup et, au lieu d'exprimer la fureur, les lèvres et les yeux, tout sourit. On peut changer indéfiniment ces attitudes, ces poses plastiques et faire exprimer au sujet l'amour, la prière, la terreur, la moquerie, toujours avec une égale perfection. Pour passer d'une attitude à une autre, il suffit de modifier légèrement un des gestes du corps ; chez Léonie, il suffit même de toucher aux muscles de la figure. MM. Charcot et Paul Richer réussissaient à modifier l'attitude d'une cataleptique en faisant contracter par le courant électrique l'un des muscles de la face [8]. Chez Léonie, la figure est cataleptique comme le reste du corps ; il suffit de lui lever les sourcils pour qu'ils restent comme on les a mis et qu'ils amènent dans tout le corps l'attitude de la terreur ; l'expression n'est pas moins violente quoique provoquée par une cause aussi futile.

4° *Association des états les uns avec les autres.* - Jusqu'à présent, le sujet n'a rien fait tout seul, n'est jamais sorti de l'état où il avait été placé ; il faut maintenant noter des cas où la scène jouée est bien plus complète et plus développée. Je mets les mains de Léonie dans l'attitude de la prière et la figure prend une expression extatique. Je la laisse dans cet état, car j'avais l'intention d'attendre combien de temps l'expression se conserverait. Je la vois qui se lève du siège où elle est assise et qui très lentement fait deux pas en avant. A ce moment, elle plie les genoux, mais toujours avec une lenteur singulière ; elle s'agenouille, se penche en avant, la tête inclinée et les yeux levés au ciel dans une merveilleuse posture extatique. Va-t-elle rester ainsi et, l'attitude étant complétée, garder l'immobilité cataleptique ? Non, la voici qui se relève sans que je l'aie touchée, elle baisse la tête davantage et met ses mains jointes devant sa bouche, elle avance cinq ou six pas plus lentement encore que tout à l'heure. Que fait-elle donc ? La voici maintenant qui fait un grand salut respectueux, s'agenouille encore une fois, relève un peu la tête et, les yeux à demi clos, entr'ouvre les lèvres. Ce qu'elle fait se comprend maintenant, elle va communier. En effet, la communion faite, elle se relève, salue encore, et, la tête tout à fait inclinée, revient se mettre à genoux dans sa position primitive. Toute cette scène, ayant duré un quart d'heure, s'interrompt alors par la fin de l'état cataleptique.

C'est l'acte le plus compliqué que j'aie vu accomplir pendant la catalepsie ; on voit qu'il se compose de phénomènes successifs qui se sont provoqués les uns les autres, au lieu d'être uniquement, comme tout à l'heure, la continuation d'une même modification. Il faut rapprocher de ce fait d'autres actes provoqués par l'intermédiaire de tel ou tel sens et qui tous ont ce caractère de se composer d'actions successives et différentes les unes des autres. Si on fait entendre une musique gaie devant le sujet, il rit, puis se met à danser ; une musique triste le fait pleurer. Si on met dans la main de Léonie un morceau de fil, elle fait le geste d'enfiler une aiguille, puis se met à coudre. Si on lui met un crayon dans la main, elle fait le geste d'écrire, mais ne fait que des barres indéfiniment ; si on lui met un parapluie dans la main, elle l'ouvre, le met au-dessus de sa tête, etc. « Un cataleptique naturel, étudié par Forestier, mangeait avec avidité *(vorabat)* tout ce qu'on lui mettait dans la bouche [9]. » On trouve dans les ouvrages qui traitent de la catalepsie un grand nombre de ces actes complexes et associés. Je n'ai voulu que rappeler brièvement ces phénomènes cataleptiques qui sont tous bien connus, mais qui me paraissent d'une importance capitale au début d'une étude sur l'automatisme. Comme le disait M. Charcot [10] : « Dans la catalepsie vraie, il y a inertie morale absolue... ; c'est

par là, en bonne méthode, que l'étude des suggestions hypnotiques doit
être commencée. »

----

1. On trouve des descriptions de la catalepsie dans un grand nombre d'ouvrages, je cite ici
   seulement celles que j'ai pu connaître et consulter :
   C.-E. Saint-Bourdin. *Traité de la catalepsie*, 1841.
   P. Baragnon. *Étude du magnétisme animal sous* le *point de vue d'une exacte pratique*,
   1853, 226.
   Delasiauve. *Traité de l'épilepsie*, 1854, 263.
   Despine. *Étude scientifique sur le somnambulisme*, 1880, 194.
   Axenfeld. *Traité des névroses*, 2e édition, 1883, 908.
   Bottey. *Magnétisme animal*, 1884, 29.
   Paul Richer : *Hystéro-épilepsie*, 1885, 610, 668, 775.
   Cullerre. *Magnétisme et hypnotisme*, 1886, 124.
   Binet et Féré. *Magnétisme animal*, 1887, 114.
2. Paul Richer. Hystéro-épillepsie, 292.
3. Paul Richer. Hystéro-épilepsie, 614.
4. Saint-Bourdin. *op.cit.* 46.
5. Id. *Ibid, 64.*
6. Saint-Bourdin. *Op. cit.*, 53.
7. Observation de Tissot, rapportée par Saint-Bourdin. *Op. cit.*, 9.
8. Paul Richer. *Op. cit,* 669.
9. Saint-Bourdin. *Op. cit.*, 30.
10. Charcot. *Maladies du système nerveux*, 1887, III, 337.

INTERPRÉTATION MÉCANIQUE OU PHYSIQUE DE CES PHÉNOMÈNES

Est-ce que les phénomènes que nous venons de décrire peuvent intéresser la psychologie? Telle est la première question que l'on doit se poser en considérant des cataleptiques. Ces femmes immobiles, pareilles à des statues, sans résistance d'aucune sorte et sans parole, pensent-elles encore, ont-elles encore quelque conscience qui les rapproche de nous? Il est permis d'en douter et de se demander si la vie organique qui semble subsister seule ne suffirait pas pour expliquer tous les phénomènes constatés. C'est l'explication que l'on trouverait dans les ouvrages d'Haidenhain. Il explique les mouvements cataleptiques par des actions réflexes des centres inférieurs du cerveau, actions qui n'atteignent pas les centres supérieurs où se développe la conscience. C'est aussi à cette opinion que se rattacherait l'aliéniste anglais Maudsley. C'est enfin la doctrine que l'on trouve exprimée et défendue de la manière la plus complète dans les ouvrages du Dr Despine [1]. Cet auteur refuse de reconnaître aucune espèce de conscience, non seulement pendant la catalepsie, mais même pendant le somnambulisme. Tous les actes accomplis pendant ces états anormaux lui semblent purement « organiques », analogues à ceux que le cœur et les poumons font sans cesse à notre insu. Ce sont bien des actes automatiques, mais « des actes automatiques de la moelle, du bulbe, des hémisphères », car « il ne faut pas dire activité inconsciente et automatique de l'esprit, cela est contradictoire ; il faut dire activité inconsciente de tel ou tel centre nerveux ». « Carpenter a tort, ajoute-t-il, d'appeler ces actes sensori-moteurs, idéo-moteurs, car il n'y a là ni sensation ni idée, il n'y a pas d'actes vraiment automatiques de l'esprit » ; enfin « demander à la psychologie une explication du somnambulisme serait faire fausse route, la physiologie seule peut donner cette explication [2] ». Comme notre but dans cet ouvrage, si nous ne sommes pas trop ambitieux, est précisément de démontrer le contraire, nous devons insister sur l'étude des opinions du Dr Despine qui semblent arrêter notre travail dès le début. Si on appliquait cette thèse de l'inconscience absolue à des somnambules, comme le fait l'auteur lui-même, elle serait absolument insoutenable. Prétendre qu'une personne qui parle, résoud des problèmes, manifeste spontanément des sympathies et des antipathies, agit à sa guise et résiste souvent à nos ordres, n'a pas plus de conscience qu'une poupée mécanique, c'est remonter bien en arrière de la célèbre théorie des animaux-machines de Descartes, Car la conscience d'une somnambule est bien plus évidente que la conscience d'un chien et personne ne doute aujourd'hui de la conscience d'un chien. Mais, appliquée aux états cataleptiques, cette théorie ne laisse pas d'avoir quelque force, et, comme il faut toujours mettre les théories que l'on veut discuter dans leur meilleur jour, c'est en nous plaçant à ce dernier point de vue que nous étudierons la thèse du Dr Despine. Nous espérons montrer que, même dans ce dernier cas, ses arguments ne sont pas suffisamment démonstratifs et laissent le champ libre à d'autres suppositions.

Les arguments du Dr Despine, disséminés au milieu d'un grand nombre d'études sur le somnambulisme, qui sont toutes, il est intéressant de le remarquer, des études psychologiques, peuvent être rangés en deux groupes :

1° *La plupart des preuves sont tirées du fait de l'oubli* qui caractérise les phénomènes du somnambulisme et surtout ceux de la catalepsie : « on désigne par conscience, dit l'auteur [3], la connaissance, la perception par le moi, par l'être qui se sent être, de ce qui se passe dans sa personnalité, de ses propres actes, de lui-même ; il ne sera question dans ce travail que de cette conscience. » D'une pareille définition de la conscience il résulte que s'il y a des actes que le moi ne s'attribue pas à lui-même, qu'il ne reconnaît pas avoir faits, ces actes n'ont pas dû être conscients. « Lorsqu'il s'agit d'un acte grave, capable d'impressionner au plus haut degré les sentiments, si l'individu qui l'a accompli ignore tout à fait cet acte, il serait contre nature d'attribuer cette ignorance à l'oubli. On ne peut l'expliquer que par la non-participation du moi, de la conscience personnelle à cet acte, lequel est dû entièrement à l'activité psychique inconsciente, c'est-à-dire automatique du cerveau pendant une suspension momentanée de l'activité consciente de cet organe [4]. » Or il n'est pas d'état après lequel cet oubli soit plus caractéristique qu'après l'état cataleptique. Des somnambules ont pu quelquefois conserver une partie des souvenirs de leurs actions ; mais les cataleptiques se réveillent de leur accès convaincu qu'il ne s'est rien passé d'anormal. Bien plus, si, au lieu de se réveiller complètement, le sujet cataleptique passe seulement dans un autre état anormal, en apparence peu différent, comme l'état somnambulique, il ne conserve pas davantage la mémoire des attitudes et des mouvements précédents. « Cette ignorance ne peut trouver son explication que dans la non-participation du moi à ce qu'a fait le corps, l'activité cérébrale qui caractérise le moi, la personnalité consciente ayant été paralysée [5]. »

Ce même caractère se retrouve chez les individus qui ont été soumis à des inhalations d'éther ou de chloroforme. Quelles que soient les paroles qu'ait prononcées le patient, « son moi, son être conscient n'avait point participé à tout ce qui s'était passé, car le malade, bientôt revenu à lui, affirmait n'avoir rien senti, ignorer complètement qu'il avait été opéré ou pensé, qu'il avait proféré les paroles et qu'il avait accompli les actes ; les réactions violentes dont on lui parlait, ces divers phénomènes étaient donc purement automatiques. » Comme l'état d'un individu cataleptique ou somnambule ressemble infiniment à l'état d'un individu chloroformé (la démonstration de ce point forme une des parties les plus intéressantes de l'ouvrage du Dr Despine), on peut conclure de l'un à l'autre. Le chloroforme supprime la sensibilité et la conscience, et c'est précisément pour cela qu'on en use ; puisque le somnambulisme présente les mêmes caractères et en particulier le même oubli, nous devons croire qu'il amène la même inconscience.

Il suffit de parcourir ces discussions et d'autres du même genre où l'oubli est toujours accepté comme une preuve de l'inconscience, pour être frappé de la fragilité de cette démonstration. Est-il donc impossible que des actes réellement conscients soient oubliés ? Cet oubli serait inexplicable, dit Despine, quand il s'agit des somnambules. Soit, il faudra chercher les raisons de cet oubli, qui peut-être seront fort difficiles à trouver ; mais, quand même on ne pourrait pas toujours l'expliquer, l'oubli d'une chose qui a été réellement consciente n'en est pas moins une chose possible et très souvent réelle. Si, comme le dit un auteur anglais [6], un lecteur du *Times* est tué brusquement après sa lecture, il n'aura certainement pas de mémoire, faut-il en conclure que toute sa lecture aura été sans conscience ? Nous ne pourrons jamais alors admettre la conscience d'un homme quelconque et même pas la nôtre ; car rien ne nous assure que demain un accident ou une maladie ne viendra pas supprimer la mémoire.

Mais admettons pour un moment, ce qui paraît inadmissible, que l'oubli soit une preuve suffisante de l'absolue inconscience, est-il bien certain qu'il n'existe aucune mémoire des phénomènes cataleptiques ? Il est vrai que, au moins pour les sujets que j'ai étudiés, il n'y a jamais de souvenir quand ils rentrent dans l'état que par convention on appelle état de veille ou état normal. Mais un certain souvenir se manifeste d'abord dans les catalepsies suivantes par l'habitude qu'acquiert rapidement le sujet de faire avec plus de perfection les actes qu'on lui fait faire plus souvent. Ensuite, et cela est plus important, il existe chez ces mêmes individus certains états psychologiques, certains somnambulismes, puisque c'est encore le nom convenu, où le sujet retrouve parfaitement le souvenir de la catalepsie. « Vous m'aviez mis la main comme cela, me dit alors Léonie, comme si je jouais de la flûte, vous m'avez fermé les poings, etc. » Il est vrai que cette mémoire ne se retrouve que dans des somnambulismes très profonds et si difficiles quelquefois à obtenir qu'on les a longtemps ignorés. Nous reprendrons plus tard l'étude de ces somnambulismes [7] ; il était bon de savoir dès maintenant qu'il existe un souvenir de la catalepsie. Mais ce souvenir, dira M. Despine, n'existe que dans un autre état anormal qui lui-même est un état d'inconscience. « Si son activité consciente paralysée n'a pas la connaissance du temps passé pendant l'accès, parce qu'elle n'a pas reçu d'empreintes, l'activité automatique qui a participé à ces actes en a conservé l'empreinte, et le souvenir peut reparaître dans un autre accès [8]. »

Ainsi donc le souvenir, s'il reparaissait dans l'état normal, serait une bonne preuve de la conscience ; mais, puisqu'il reparaît dans un autre état, il n'est plus qu'une preuve de l'automatisme physique. Cela ne prouve-t-il pas que le souvenir n'est une preuve ni de la conscience ni de l'inconscience et qu'il faut chercher en dehors de la mémoire des indications sur l'état des cataleptiques.

2° *Le second groupe de preuves* sur lesquelles le Dr Despine s'appuie pour conclure à l'absence de conscience pendant le somnambulisme semble *tiré des analogies que cet état présente avec certains phénomènes d'insensibilité.* Quelques actes assez compliqués sont accomplis dans des conditions telles qu'ils semblent n'être pas sentis par la personne qui les accomplit. N'insistons pas sur les cas douteux. « Un apoplectique frappé à mort, sans sortir du coma où il était plongé, prenait sa montre au chevet de son lit et faisait sonner l'heure avec l'air d'une profonde attention » [9]. Cette observation ne prouve pas grand'-chose, car d'un côté cet individu, au moment où il fit cet acte, n'était pas encore mort, et avait peut-être (nul ne peut prouver le contraire) quelque reste de conscience et, d'autre part, comme il mourut peu de temps après, il ne put jamais dire s'il avait senti ou non ce qu'il faisait. Dans un chapitre très intéressant, l'auteur énumère tous les actes accomplis par une grenouille décapitée, un triton coupé en deux, par les tronçons de la mante religieuse, etc., et il montre sans cesse que ces actes ressemblent parfaitement à ceux que l'intelligence consciente commande dans d'autres cas par les mêmes appareils, mais qu'ils doivent être faits sans conscience maintenant, parce que l'organe nécessaire à la conscience a été enlevé. « Ce pouvoir intelligent manifesté par le tronçon inférieur, ne saurait dériver d'un moi, d'un être se sentant être ; autrement il y aurait deux êtres séparés chez cet animal : un pour le tronçon supérieur, lequel peut agir avec intelligence, et l'autre pour le tronçon inférieur. Or, cela n'est pas admissible dans l'état actuel de la science » [10]. Nous répondrons :

pourquoi donc cela est-il inadmissible ? L'unité absolue du moi est une conclusion métaphysique, vraie peut-être, mais qui doit résulter des faits et non pas s'imposer à eux. Vous n'avez d'autres preuves de la conscience de l'animal que l'adaptation intelligente de ses mouvements. Il faut voir si cette adaptation intelligente nous révèle chez lui une ou deux ou trois consciences et ne conclure que plus tard à son unité ou à sa division.

J'aime mieux les actes intelligents que l'auteur emprunte à la vie normale des hommes lorsqu'ils ont leur intelligence et leur parole intactes et qu'ils peuvent nous assurer eux-mêmes n'avoir aucun sentiment de ces actes. Les plus intéressants sont les actes habituels que M. Despine décrit d'une manière très curieuse. Il insiste sur le caractère inconscient de l'habitude : ce n'est pas l'intelligence qui retient un morceau de musique et qui l'exécute consciemment ; l'artiste doit avoir son morceau « dans les doigts, dans la bouche ». « Quand je cherche un motif que je ne me rappelle pas, disait l'un d'eux, je laisse errer mes doigts sur le clavier et ils le trouvent de suite ; ils ont meilleure mémoire que moi. » Bien plus, si l'artiste pense consciemment à ce qu'il fait, il réussira moins bien, « les fautes commises viennent plus souvent de l'esprit que de l'automate ». Cette même inconscience, déjà si remarquable des actes habituels, se retrouve dans tous les actes que nous exécutons ; nous ne sommes pas conscients de tout le travail délicat que les muscles doivent exécuter quand nous levons le bras ou quand nous ouvrons la bouche ; « le moi commande le mouvement et c'est une puissance indépendante de lui et tout à fait organique qui coordonne l'action musculaire nécessaire pour l'exécution ». Enfin les actes purement organiques, ceux de la digestion, de la respiration, etc., ne manifestent-ils pas constamment l'intelligence la plus merveilleuse que le moi non seulement ne connaît pas, mais n'est même pas toujours capable de comprendre. Ce sont là quelques exemples de ces actes très nombreux qui se passent en nous, sans nous, qui sont accomplis sans participation du moi, par conséquent sans conscience aucune, et qui doivent être rattachés au fonctionnement purement organique de la moelle et du cerveau. Les actes accomplis par les cataleptiques et les somnambules n'ont rien de plus merveilleux ; ce sont des paroles, des mouvements coordonnés, qui ressemblent beaucoup à ceux que nous faisons par distraction ou par habitude, *sans le savoir.* Ces actes doivent donc avoir la même nature, et puisque les premiers sont inconscients, les seconds le sont également.

Je n'insisterai pas sur la description de ces actes inconscients empruntés à la vie normale : l'auteur en décrit les détails avec un véritable talent psychologique, d'autant plus curieux qu'il refuse à ces faits tout caractère psychologique.

Mais je me permettrai de faire quelques réserves sur l'interprétation de ces phénomènes. Admettons que les actions faites en catalepsie (car cela serait fort inexact pour les actes accomplis en somnambulisme) ressemblent fort, sinon aux phénomènes organiques, mais au moins aux actes habituels. Doit-on admettre sans hésitation l'inconscience absolue de l'habitude ? Le pianiste dont parle Despine peut jouer son morceau par cœur sans *faire attention* au mouvement de ses doigts, mais il peut aussi et très facilement donner attention à chacun de ces mouvements de manière à en avoir une conscience distincte [11]. D'autres faits, au contraire, restent conscients, alors même que l'habitude les a rendus plus rapides ou plus faciles. « Ainsi les phénomènes du souvenir, le réveil des idées sous l'influence de l'association sont incontestablement des résultats de l'habitude ; ils s'accomplissent néanmoins avec conscience » [12]. Ce qui manque aux phénomènes habituels pour être parfaitement connus par nous, c'est donc l'attention beaucoup plutôt que la conscience, et, lorsque nous les ignorons ou que nous croyons les ignorer absolument, rien ne prouve qu'ils n'ont pas une conscience qui leur soit propre ; le moindre effort d'attention rendra manifeste pour nous une conscience des actes habituels que nous n'avons pas créée et qui existait déjà antérieurement. Mais, dira-t-on, il y a des actes du corps complètement inconscients pour nous, comme les actes de la vie organique. Soit, quoique, en réalité, l'acte catalectique de la communion ne ressemble guère aux battements du cœur ou à la digestion. Il faudrait maintenant prouver que ces actes inconscients *pour nous* sont inconscients en eux-mêmes. « L'excitation du voile du palais par le bol alimentaire ou par un corps étranger, dit M. Ch. Richet [13], produit soit la déglutition, soit la nausée ; il semble qu'il y ait une sorte de discernement vague de la nature de l'irritation. C'est un caractère psychologique rudimentaire, une sorte de discernement de la moelle. » Il en est ainsi de tous les réflexes qui montrent partout une sorte de sensibilité et de discernement, quoique nous n'en ayons point conscience. Un grand nombre de physiologistes ont reconnu ce rôle de la conscience élémentaire. Buffon a attribué aux molécules organiques coordonnées dans le corps animal des espèces de sensations matérielles étrangères à la pensée et au moi. Ch. Bonnet attribue la faculté de sentir à toutes les parties du corps et aux plantes elles-mêmes. Pflüger, Auerbach, Lewes et bien d'autres attribuent la sensibilité et quelquefois l'intelligence à tous les centres nerveux. La discussion de toutes ces théories, peut-être aventureuse, serait inutile et nous entraînerait trop loin ; mais leur énoncé suffit pour faire comprendre qu'un acte habituel ou même organique n'est pas nécessairement inconscient parce qu'il est ignoré de moi. Aussi l'assimilation des actes cataleptiques à de pareils phénomènes, quand même elle serait indiscutable, ne prouve point leur absolue inconscience.

En réalité, nous ne connaissons jamais directement qu'une seule conscience, c'est la nôtre au moment où nous la sentons ; toute autre conscience n'est connue que par une induction ou une supposition. Personne ne pourra jamais démontrer mathématiquement que la personne qui me parle n'est pas une poupée mécanique à langage articulé, et les cartésiens raisonnaient rigoureusement en disant d'un chien blessé : « Cela crie et ne sent rien. » Dans cette question de la conscience d'autrui, comme dans bien d'autres, il faut nous en tenir aux vraisemblances et aux probabilités. Or, nous supposons ordinairement l'existence de la conscience d'après deux signes, la parole et les actions intelligemment coordonnées. Le premier signe, la parole, est considéré comme le plus décisif, et cela est juste ; mais il n'est qu'un cas plus complexe et plus parfait du second, un ensemble de mouvements plus compliqués et plus intelligemment coordonnés que les autres, et si ce premier signe nous amène à supposer la conscience, le second nous conduit à la même supposition, peut-être avec un peu moins de probabilité. Les cataleptiques ne parlent pas, cela est vrai, et nous aurons plus tard à revenir sur ce fait important, mais ils agissent intelligemment. Si je mets sur le bras étendu d'une cataleptique un poids de deux kilos, les muscles du bras et ceux de tout le corps se tendent pour que le bras supporte le poids sans fléchir. Si je lui mets dans les mains une aiguille, l'ensemble des mouvements se coordonne d'une autre manière que si je mets les mains en prière. Il y a adaptation, unité de mouvement, en un mot, ce que l'on considère ordinairement comme signe de l'intelligence.

Mais, dira-t-on, la coordination, l'intelligence et même la sensibilité peuvent exister sans conscience. « Plusieurs actes fort compliqués, intelligents, atteignant un but parfaitement déterminé et varié suivant les circonstances, actes ressemblant exactement à ceux que le moi commande... peuvent être automatiques » [14] (c'est-à-dire ici inconscients). « L'homme, disait Maudsley, dans le même sens, ne serait pas une plus mauvaise machine intellectuelle sans la conscience qu'avec elle » [15]. En un mot, la conscience n'est qu'un accessoire, un épiphénomène dont l'absence ne dérange rien. On a, je ne sais pourquoi, attribué cette théorie à M. Ribot, qui cependant, avec d'excellents arguments, avait protesté contre elle [16]. Je n'essayerai pas de la discuter, parce que, je dois l'avouer, je ne la comprends guère ; elle ne me parait intelligible ni au point de vue psychologique ni au point de vue physiologique. Que veut-on dire quand on parle « des raisonnements de la moelle et de l'intelligence du cerveau [17] » ? Rien d'autre chose sinon qu'il y a une autre conscience que la nôtre dans la moelle ou dans le cerveau, car un raisonnement sans conscience n'a absolument aucun sens. D'autre part, si on admet que la conscience résulte d'un ensemble de conditions physiologiques amenant un certain acte, on ne peut pas admettre qu'une autre fois cet ensemble exactement le même amenant encore le même acte soit donné sans la conscience. Les mêmes conditions tantôt seraient causes de la conscience et tantôt n'en seraient pas causes. Le fait de la conscience nous parait au contraire fort important dans la série des phénomènes organiques : sa présence ou son absence, comme on le verra de plus en plus, modifie considérablement les choses. Quand nous savons qu'un phénomène compliqué, comme les mouvements de la colère ou les gestes de la prière, ne peut exister chez nous qu'avec un ensemble d'émotions et d'idées conscientes, nous n'avons pas le droit de supposer que les mêmes gestes exactement se produisent pendant la catalepsie sans être dirigés et unifiés par une conscience quelconque. Aussi supposerons-nous, ce qui est maintenant légitime au moins comme hypothèse, que les phénomènes cataleptiques sont des phénomènes psychiques dont il nous reste à déterminer la nature. Ce qui n'est maintenant qu'une hypothèse se vérifiera, croyons-nous, de plus en plus par les autres phénomènes du même genre.

---

1. Dr Despine. *Psychologie naturelle*, 1868, I, 490 et sq. *Étude scientifique sur le somnambulisme*, 1880.
2. Despine. *Somnambulisme*, 80.
3. Id. *Ibid.*, 17.
4. Despine. *Somnambulisme*, 98.
5. *Ibid*, 102.
6. Gurney. *The problems of hypnotism, Proceedings of the society for psychical research*. II, 282.
7. *Cf*, même partie, eh. II, § 3, p. 86.
8. Despine. *Ibid.*, 99.
9. Despine. *Ibid.*, 49.
10. Despine. *Ibid.*, 31.
11. Voir, à ce sujet de l'inconscience de l'habitude, une étude de M. L. Dumont. *Revue philosophique*, 1876, I, 326.
12. *Ibid*, 328.
13. *Psychologie générale*, 69.
14. Despine. *Psychologie*, I, 491.
15. Herzen. *Le cerveau et l'activité cérébrale*, 1887, 212.
16. Ribot. *Maladies de la personnalité*, 16.
17. Despine. *Somnambulisme*, 85.

3

INTERPRÉTATION PSYCHOLOGIQUE - LA CATALEPSIE ASSIMILÉE AU SOMNAMBULISME

Les actes accomplis pendant la catalepsie sont sous la dépendance de phénomènes psychologiques : voilà une proposition qui semble bien simple, mais qui est susceptible d'interprétations fort différentes. Car les phénomènes psychologiques sont de nature extrêmement variée et il n'est pas indifférent d'expliquer les faits que nous avons décrits par les uns ou par les autres.

Je ne parlerai pas d'une interprétation facile, qui fut de mode bien longtemps. Elle consistait à rattacher tous les faits qu'on ne comprenait pas à une simulation volontaire et parfaitement consciente. C'est une idée complètement fausse de croire qu'une maladie psychologique ou même imaginaire soit toujours une maladie simulée, et d'ailleurs la catalepsie est de tous les phénomènes anormaux celui qui peut le moins être simulé. Mais, sans rattacher la catalepsie à une intelligence complète calculant ses ruses, on peut l'expliquer par une demi-intelligence comprenant les pensées de l'opérateur, se rendant compte de ses actes, sans avoir la force de s'y opposer ; en un mot, on peut rapprocher la catalepsie du somnambulisme et expliquer tous ces actes par la suggestion. « Pour mettre un membre en catalepsie, il n'est pas nécessaire d'ouvrir les yeux du sujet, ni de le soumettre à une lumière vive ou à un bruit violent, comme cela se fait à la Salpêtrière ; il suffit de lever ce membre, de le laisser quelque temps en l'air, au besoin d'affirmer que le membre ne peut plus être baissé ; il reste en *catalepsie suggestive* : l'hypnotisé dont la volonté ou le pouvoir de résistance est affaibli conserve passivement l'attitude imprimée [1]. » Tout cela est parfaitement exact, et nous étudierons, pendant le somnambulisme et pendant la veille, ce que M. Bernheim appelle la catalepsie suggestive et même ses différentes variétés ; mais il s'agit ici d'un ensemble de phénomènes amenés par différents procédés ou mieux par la maladie même, et qui, tout en étant psychologiques, présentent des caractères tout différents. La catalepsie et le somnambulisme ne sont que des degrés l'un de l'autre, cela est incontestable, et nous verrons entre eux bien des intermédiaires ; mais une différence de degré n'est pas une différence nulle, surtout lorsqu'il s'agit de phénomènes moraux. Tâchons donc de préciser le degré où s'arrête la conscience des cataleptiques.

1° L'immobilité et l'inertie du sujet sont bien plus grandes dans cet état que dans tout autre : une personne normale ou une somnambule, surtout lorsqu'elle a les yeux ouverts, remue beaucoup plus spontanément. Cette spontanéité se remarque dans l'exécution des actes, même des actes commandés ou des suggestions., Non seulement il peut y avoir de la résistance souvent fort grande et de l'indépendance, ce qui n'existe jamais à aucun degré pendant la catalepsie [2], mais encore il y a de la variété, des changements dans l'exécution des mêmes actes. Une somnambule n'exécute pas toujours le même acte de la même manière ; elle le fait tantôt vite, tantôt lentement, tantôt avec bonne humeur, tantôt en protestant, tantôt d'une façon, tantôt d'une autre. Rien n'égale au contraire la régularité des cataleptiques : point de changement de caractère, point d'impressions extérieures qui les distraie ou les modifie ; leurs gestes, leurs pas sont toujours mathématiquement les mêmes. Léonie fera toujours le même nombre de pas en face et à droite pour aller communier, et elle se heurtera contre un mur sans avancer plutôt que de tourner à gauche. Une somnambule qui sera toujours capable d'adapter ses actes aux circonstances montre donc une tout autre intelligence.

2° La différence précédente n'est sans doute qu'une différence de degré, quoiqu'elle soit facilement appréciable ; mais voici que la différence de degré dans l'intelligence amène la présence ou l'absence d'un caractère important. Un des signes les plus importants de la catalepsie, bien qu'il soit négatif, est celui-ci : le *sujet ne sait pas parler.* Il ne s'agit pas de la parole articulée qu'il possède quand il répète les sons dans l'écholalie, il s'agit du langage comme signe de la pensée. La cataleptique ne répond aux questions ni par la parole ni par un signe quelconque. Rose, dans certains sommeils profonds, avait la bouche plus ou moins paralysée, mais elle me répondait par un signe de la main qui voulait dire « oui », ou un autre qui voulait dire « non ». Quand elle a un moment de catalepsie pendant la crise hystérique ou pendant le somnambulisme, elle ne me répond plus du tout par aucun signe, quoiqu'elle n'ait rien de paralysé, qu'elle puisse parler en écho ou répéter des gestes. Pour prendre un exemple, je suppose que l'on prenne ces deux femmes, Rose et Marie, dans un état où elles sont extérieurement tout à fait identiques, étendues, les yeux fermés, immobiles, mais l'une, Rose, est en attaque cataleptique (car il y a des catalepsies les yeux fermés), l'autre, Marie, en simple somnambulisme ; je m'approche successivement de chacune et je prononce à haute voix, sur le même ton, la même phrase : « As-tu bien dormi cette nuit ? » Rose, sans bouger, répète sur le même ton : « As-tu bien dormi cette nuit ? » Marie se retourne brusquement, sourit et dit: « Pas trop mal, je vous remercie, mais j'ai eu un mauvais rêve. » Ai-je tort de conclure que ces deux femmes, peut-être identiques en apparence, ne sont pas exactement dans le même état psychologique [3] ?

Si la cataleptique ne se sert pas de la parole, c'est qu'elle ne la comprend pas. On le vérifie facilement en essayant de donner des ordres à ces sujets par la parole. On a beau crier sur tous les tons : « Lève ton bras », Léonie ne bouge pas, elle semble ne pas entendre ; Rose répète sans cesse : « Lève ton bras », mais ni l'une ni l'autre ne lèvent le bras. Il est vrai que je me trouve ici en contradiction avec M. Paul Richer ; cet auteur, quoiqu'il ait remarqué que certains cataleptiques n'obéissent pas à la suggestion orale [4], écrit pourtant : « Pendant que B est en état cataleptique, on attire son regard et, le dirigeant à terre, on lui dit qu'elle est dans un jardin rempli de fleurs. Aussitôt l'état cataleptique cesse, elle fait un geste de surprise, sa physionomie s'anime ; « Qu'elles sont belles », dit-elle, et, se baissant, elle cueille des fleurs, en fait un bouquet, en attache une à son corsage, etc. [5]... » Pour moi, un sujet se conduisant de la sorte n'est plus en état cataleptique. Ce n'est là, dira-t-on, qu'une question de mots et de dénominations ; sans aucun doute, les différents états par lesquels peut passer l'intelligence humaine forment une série tellement continue qu'il est impossible d'y tracer des divisions précises, et tel sujet se trouvera dans des états intermédiaires que l'on pourra indifféremment appeler d'un nom ou d'un autre. Mais si on attribue le nom de cataleptique à un sujet qui comprend les suggestions verbales et qui parle, il n'y a plus aucune différence entre la catalepsie et le somnambulisme. En effet, tous les autres symptômes ou bien se retrouvent dans tous les états hypnotiques, ou bien, comme la paralysie produite par friction des tendons [6], n'ont point assez de généralité, puisque je n'ai pu les constater sur aucun sujet. Peu importe d'ailleurs que l'on désigne l'état que j'ai décrit sous le nom de premier somnambulisme ou état de suggestibilité complète ; la seule chose importante, c'est de bien comprendre les modifications psychologiques des sujets dans cet état, car il n'y a absolument que des différences psychologiques pour distinguer tous les états. Eh bien ! la conscience, qui existe ici comme partout, car elle ne disparaît, je crois, qu'avec la vie, est, dans cet état, plus rudimentaire que dans tout autre. Cette conscience est capable de sensations, mais incapable d'idées ; capable d'entendre, mais incapable de comprendre. Il ne faudrait pas en conclure que l'on peut parler au hasard devant les cataleptiques sans aucun danger pour les expériences futures ; elles peuvent retenir les paroles même sans les comprendre et si, comme nous le verrons plus tard, ce souvenir se réveille dans un état ultérieur plus intelligent, il sera alors compris et aura sa puissance suggestive. Mais la seule chose certaine, c'est que les paroles ne sont pas comprises maintenant, et que ce n'est pas une obéissance intelligente qui se manifeste dans la catalepsie.

Il résulte de ce fait que, tout en paraissant extrêmement inerte et docile, le sujet est en réalité peu maniable et obéit beaucoup plus à ses propres inspirations qu'à celles de l'opérateur. Si je montre Léonie jouant la scène de la communion que j'ai décrite, on croira qu'elle obéit à un commandement donné par moi. En réalité, je n'avais point commandé ni même prévu ce qu'elle allait faire, et la première fois j'en ai été fort surpris. Je sais maintenant par expérience qu'en mettant les mains de ce sujet dans une certaine position, puis en le laissant quelques minutes, je vais amener la scène de cette communion. Mais encore maintenant je ne dirige point cette scène ; si je voulais la changer le moins du monde, faire aller le sujet à gauche, par exemple, ou lui faire embrasser un crucifix avant la communion, je n'y réussirais point. Si je parle au sujet, je ne suis pas compris, et si je touche son corps, j'arrête simplement la scène ; je suis donc simple spectateur plutôt qu'acteur. C'est de son propre fond que le sujet tire ses actions et ses gestes, et, quoiqu'il agisse d'une manière si déterminée que je puis prévoir à une seconde près ses moindres gestes, il agit spontanément. C'est donc bien à ce moment que se révèle mieux que jamais l'automatisme du sujet, et c'est pour cela que nous avons commencé notre étude par la description d'un état qui, tout en étant conscient, ne présente point cependant la conscience ni l'intelligence normales.

Avant d'examiner la nature de cette conscience rudimentaire, il faut tenir compte d'une objection possible. Aujourd'hui qu'il est de mode d'expliquer tout par la suggestion, comme autrefois par la simulation, on pourrait dire que tous ces caractères psychologiques de la catalepsie ont été appris au sujet qui a été dressé dans ce sens. Il serait dangereux de pousser à l'extrême ce raisonnement qui deviendrait vite lui aussi une sorte d' « argument paresseux ». Mais il est juste d'en tenir compte ; car, bien souvent sans doute, dans les milieux où les sujets sont nombreux et s'imitent les uns les autres, certains états réels chez un sujet ont pu être artificiels chez le second. Mais, pour les cas dont il s'agit ici, nous remarquerons que les sujets ne se connaissaient nullement les uns les autres et qu'il ne faut pourtant pas supposer les opérateurs assez naïfs pour avoir suggéré sans le savoir tous ces caractères positifs et négatifs de la catalepsie. D'ailleurs, un état artificiel se reconnaît toujours à quelque signe, et l'observation suivante pourra peut-être le démontrer. Je faisais un jour quelques expériences avec Lucie et une personne étrangère était présente : cette dernière circonstance me déplaisait fort, car il ne faut conserver avec soi que les personnes indispensables habituées à l'attitude qu'il faut avoir pendant des expériences de ce genre. Cette personne étrangère me posait sans cesse des questions fort embarrassantes ; car, selon mon habitude, je ne voulais pas répondre devant le sujet ; cependant un mot malheureux m'échappa : « Qu'est-ce que la catalepsie ? demandait-on. » - « C'est un état où le sujet demeure immobile et laisse les membres dans la position où on les met. » A peine avais-je dit ces mots que j'en eus le regret : « Désormais, pensai-je, il sera juste de dire qu'elle fait de la catalepsie suggestive, » et je voulus vérifier de suite l'effet de mon imprudence. « Tenez, dis-je tout haut, quand je vais frapper dans mes mains, elle va tomber en catalepsie. » Je frappe et voilà Lucie qui reste complètement immobile, les yeux grands ouverts : je soulève ses bras, ils restent en l'air, j'incline son corps, il demeure incliné. Était-elle en catalepsie ? Il me fut facile de vérifier qu'aucun autre signe de la catalepsie, ni l'expression de la physionomie, ni l'imitation, ni l'écholalie ne pouvait être constaté, et surtout le sujet comprenait si bien la parole qu'il me suffit pour terminer l'affaire de lui dire : « C'est fini, tu n'es plus en catalepsie. » Eh bien ! qu'on essaye d'arrêter une véritable attaque de catalepsie, comme Lucie elle-même en avait eu, mais très rarement, en disant simplement au sujet que c'est fini, et on verra quelle différence il y a entre cet état de docilité suggestive, forme du petit sommeil hypnotique, et l'accès cataleptique véritable, pendant lequel la pensée est ramené à un état tout à fait rudimentaire et qui est une des formes de la grande attaque hystéro-épileptique.

Je ne puis donc pas croire que l'état qui vient d'être décrit soit complètement artificiel. Parce qu'il a été reconnu que c'était un état conscient, il ne faut pas en conclure que ce soit un état psychologique quelconque. Il y a des différences et des variétés très importantes même entre des phénomènes conscients.

---

1. Bernheim. *De la suggestion,* 1886, 94. - *Cf.* Liébault. *Du sommeil,* 412.
2. Cf. Paul Richer. *Op. cit.,* 689.
3. Cf. Binet et Féré. *Magnétisme animal,* 1887, 210, et Cullerre. *Magnétisme,* 162.
4. Paul Richer. *Op. cit.,* 781.
5. *Id. Ibid,* 697.
6. Paul Richer. *Op. cit.,* 612.

UNE FORME RUDIMENTAIRE DE LA CONSCIENCE. LA SENSATION ET L'IMAGE ISOLÉES

Certains philosophes, à l'exemple des cartésiens, se sont représenté la conscience comme quelque chose d'invariable et d'immuable sans nuances et sans degrés. Pour Descartes, la pensée existait complète avec le doute, la réflexion, le raisonnement et le langage, ou bien n'existait pas du tout et se trouvait remplacée par le mécanisme pur et simple, par l'étendue et le mouvement. Leibniz au contraire, dans cette philosophie profonde, à laquelle aujourd'hui toutes les sciences physiques et morales semblent nous ramener, avait une toute autre conception de la conscience. Il admettait un nombre infini de degrés et certaines de ces formes lui semblaient tellement inférieures à la pensée normale « que les esprits humains étaient comme de petits dieux auprès d'elles [1] ». C'est cette dernière théorie qu'il nous faut maintenant rappeler dans ses traits principaux, pour comprendre la possibilité des consciences inférieures et rudimentaires. Prenons la conscience humaine dans sa forme ordinaire et achevée et enlevons-lui successivement tous les perfectionnements qu'elle a acquis, mais qui ne lui sont pas essentiels. Tout le monde reconnaît qu'il faut séparer de la conscience vulgaire l'intelligence scientifique, cette faculté, qui existe chez tous les hommes à un degré plus ou moins élevé, d'expliquer et de comprendre les choses. Cette intelligence proprement dite a pour résultat de réunir (*comprehendere*) un grand nombre de faits de conscience dans des synthèses ou idées générales ; elle y arrive par la découverte des rapports entre les faits particuliers, lesquels, pouvant rester les mêmes entre des termes différents, donnent de l'unité à des choses en apparence très distinctes. C'est évidemment là le terme le plus élevé que la pensée humaine atteigne mais il est essentiel de remarquer qu'elle ne l'atteint pas toujours peut-être même la pensée humaine n'y arrive-t-elle que rarement et moins souvent que nous ne sommes disposés à le croire. En effet, quand nous examinons les actions des autres hommes, nous sommes trop portés à leur prêter les idées et les raisonnements que nous faisons nous-mêmes pour interpréter leur conduite. Bien souvent nous croyons qu'un homme a agi avec intention, qu'il a calculé les conséquences de ses actions, qu'il a fait de ses idées un tout systématique relié par des rapports bien compris, tandis qu'en réalité cet individu a laissé ses pensées s'évoquer mécaniquement les unes les autres sans avoir saisi entre elles aucun rapport systématique. Il ne faut pas confondre la loi ou l'interprétation des faits de conscience telle que notre intelligence la trouve, ou croit la trouver, avec la conscience elle-même. Si les phénomènes de conscience présentés par un homme *nous paraissent* liés entre eux par des rapports de ressemblance, de différence ou de finalité, il ne faut pas en conclure qu'il y ait eu dans l'esprit de cet homme la conscience de la ressemblance, de la différence ou de la finalité [2]. C'est dans cette erreur que semblent tomber les philosophes anglais quand ils disent que toute conscience est la perception d'une différence. C'est aussi une exagération de ce genre que je reprocherais quelquefois aux travaux si intéressants de M. Paulhan, qui semble prêter à la conscience élémentaire les notions de finalité dont il se sert lui-même pour les interpréter [3]. La conscience peut exister sans aucun jugement, c'est-à-dire sans intelligence ; l'homme peut sentir et ne pas comprendre ses propres sensations. Pour prendre un exemple dans le sujet qui nous occupe : si nous sommes en présence des actes compliqués qu'accomplit Léonie quand je lui ai joint les mains, nous penserons, *nous*, qu'elle fait la communion et nous réunirons tous ces actes dans cette idée systématique que nous désignons par le mot « communion » ; mais il n'est pas du tout prouvé qu'elle ait, *elle*, l'idée de la communion et qu'elle réunisse ses actions sous cette idée générale ; il est bien plus vraisemblable qu'elle a des images qui s'évoquent les unes les autres, et rien de plus. Si plus tard elle retrouve le souvenir de ces sensations, ce qui est possible, comme nous l'avons dit, elle peut les examiner, les relier et les comprendre. « Tiens, dit-elle un jour dans une circonstance de ce genre, j'avais les mains comme ceci, j'étais levée, puis à genoux... mais je faisais donc ma prière... que j'étais donc bête. » Elle est *surprise maintenant* d'actions qui ne l'étonnaient pas tout à l'heure, parce qu'elle les sentait sans les comprendre.

Au-dessous du jugement intelligent, je placerais le phénomène connu sous le nom de *perception*. Savoir, en ouvrant les yeux, qu'il y a devant nous un arbre de telle couleur, de telle forme, à telle distance, c'est, ainsi qu'on l'a souvent démontré, un phénomène psychologique assez compliqué. Les sensations actuelles déjà nombreuses doivent être combinées avec un grand nombre d'images interprétatives qui permettent d'apprécier l'extériorité, la forme, la dimension, la place de l'objet. Ces images interprétatives qui accompagnent ici la sensation principale sont accessoires ; elles peuvent se modifier, comme on le voit dans les erreurs des sens ; elles peuvent disparaître même, tandis que la sensation persiste. Des animaux auxquels on a enlevé le cerveau semblent être dans ce cas ; ils paraissent encore entendre et voir, mais ils ne savent plus interpréter leurs sensations, c'est-à-dire y ajouter d'eux-mêmes les notions de distance, de crainte, de désir, etc. [4]. L'élément de conscience qui subsiste quand on retranche les faits accessoires semble donc être ici la sensation ou l'image.

Il nous semble cependant que, pour comprendre les faits que nous avons exposés et surtout ceux que nous étudierons plus tard, il faut aller plus loin encore dans cette analyse des éléments de la conscience. On définit ordinairement la sensation « le phénomène simple qui se passe en moi quand *je* vois, quand j'entends, etc. » Cette définition ne pourrait peut-être pas être remplacée par une meilleure, car on ne définit les choses qu'en les expliquant et en y mêlant nos interprétations ; mais il est évident qu'elle contient un terme de trop ; c'est le mot moi, le mot le. « Il est certain, disait Reid [5], qu'il n'y a point d'homme dans l'univers qui puisse concevoir ou croire que l'odeur existe en elle-même sans un esprit ou un sujet quelconque qui ait la faculté de sentir. » « Peut-il se passer dans l'âme, disait Garnier [6], quelque connaissance à son insu ? » Si on se place au point de vue métaphysique, comme ces auteurs, si on cherche l'origine, la cause de la sensation, peut-être pensera-t-on, comme eux, qu'il n'y a pas de sensation sans une âme pour la produire et la connaître. Mais, si on se place à un point de vue exclusivement psychologique, si on considère le moi non plus comme un être et une cause, mais comme une certaine idée qui accompagne la plupart des phénomènes psychologiques, on sera forcé de penser qu'il y a des sensations sans moi, qu'il peut y avoir des phénomènes de vision, quoique cependant personne ne dise : « Je vois ». L'idée du moi, en effet, est un phénomène psychologique fort compliqué qui comprend les souvenirs des actions passées, la notion de notre situation, de nos pouvoirs, de notre corps, de notre nom même, qui, réunissant toutes ces idées éparses, joue un grand rôle dans la connaissance de la personnalité. Si l'on considère une sensation simple, elle ne contient rien de tout cela et à elle seule ne suffit pas pour former une idée aussi complexe. Sans doute la plupart de nos sensations éveillent d'ordinaire par association ces souvenirs ou simplement le mot *je*, qui est leur substitut, mais il ne faut pas attribuer à la sensation isolée ce qui est le résultat d'une combinaison complexe. « Puisque le seul fait, dit Stuart-Mill [7], qui rend nécessaire la croyance à un moi... est la mémoire..., je ne vois pas de raison de penser que la connaissance du moi précède la mémoire. Je ne vois pas de raison de croire avec Hamilton et M. Mansel que le moi soit une présentation originelle de la conscience, que la simple impression subie par nos sens implique ou porte avec elle une conscience d'un soi pas plus que d'un non-soi. »

Un grand nombre de philosophes, appartenant à toutes les écoles, ont très bien exprimé cette vérité, cette indépendance de la sensation de toute idée de la personnalité. Cudwoth, Ch. Bonnet, Buffon quand il accorde aux animaux, sans bien s'expliquer, le sentiment sans la pensée [8] ; Flourens quand il donne aux animaux une intelligence qui ne se connaît pas elle-même ; Gerdy, distinguant la sensation et la conscience de la sensation [9], ont admis qu'on pouvait sentir sans avoir conscience d'être une personne qui sent. Parmi les modernes, Lewes [10], Herzen admettent « que nous sentons sans le dire, sans savoir que c'est nous qui sentons, ni que nous sentons [11] ». Spitta caractérise le sommeil profond par l'absence de la conscience de soi, avec persistance de la conscience elle-même ; Radestock fait les mêmes distinctions entre la conscience de soi et la simple conscience [12] ; Dumont, surtout dans sa théorie scientifique de la sensibilité, a essayé de distinguer cette conscience universelle, qui appartient même à « un atome de sensation », de la connaissance intelligente du moi et de la personne [13], et toutes ces études récentes seraient très intéressantes à analyser [14]. Mais il vaut mieux revenir à un philosophe français plus ancien qui a fait de cette distinction la base de sa philosophie et qui semble véritablement prévoir les expériences que nous rapportons aujourd'hui. Maine de Biran distingue trois degrés dans le développement de l'intelligence et il les appelle : la vie animale, la vie humaine et la vie de l'esprit. Nous n'avons pas à nous occuper ici de la troisième existence ou de la vie de l'esprit, mais nous devons signaler le caractère qui distingue la vie animale de la vie humaine. « Les fonctions vitales, dit-il, ont pour résultat des effets internes appelés sensations animales, modes généraux de plaisir ou de douleur qui constituent l'existence de l'animal, lequel, pour exister et pour sentir ainsi, à son titre propre d'animal, n'a pas besoin de savoir qu'il existe ou d'apercevoir qu'il sent, c'est-à-dire d'avoir la conscience, *l'idée de sensation*, d'être une personne, un moi constitué, un simple, identique, restant le même quand la sensation passe et varie [15], » et ailleurs : « Entre la conscience complète et le mécanisme cartésien, il y a place pour des êtres qui ont la sensation sans conscience, sans moi capable de l'apercevoir [16]. » Il propose à très juste titre de donner à ces phénomènes un nom spécial et, comme nous nous proposons de conserver le nom et le sens que lui donne Maine de Biran, il faut citer tout entier ce passage fort intéressant [17]. « L'affection est ce qui reste d'une sensation complète quand on en sépare l'individualité personnelle ou le moi et avec lui toute forme de temps et d'espace, pour me servir de l'expression des Kantiens, tout sentiment de causalité externe ou interne, ou, dans le langage de Locke, quand l'idée de sensation se trouve réduite à la simple sensation sans idée d'aucune espèce, ou enfin, dans le point de vue de Condillac, quand la statue devient sensation sans être encore rien de plus... Cet état affectif simple n'est pas une pure hypothèse ; c'est un mode positif et complet dans son genre qui a formé dans l'origine notre existence tout entière et qui constitue celle d'une multitude d'êtres vivants de *l'état desquels nous nous rapprochons toutes les fois que notre pensée intellectuelle s'affaiblit et se dégrade,* que la pensée sommeille, *que la volonté est nulle,* que le moi est comme absorbé dans les impressions sensibles, que la personne morale n'existe plus. » Il ne faut pas être trop étonné si ces passages de Maine de Biran s'appliquent exactement à l'état cataleptique. Ce philosophe ne dédaignait pas d'aller voir des somnambules et il en parle à plusieurs reprises : il mérite, plus qu'on ne le croit généralement, d'être considéré comme un précurseur de la psychologie scientifique et expérimentale.

Mais, avant de faire l'application des idées de Maine de Biran, il faut encore emprunter à ce philosophe quelques réponses à l'objection la plus grave que cette conception de *l'état affectif* puisse soulever. Il nous raconte lui-même des discussions qu'il eut avec Ampère, Cuvier, Royer-Collard et la peine qu'il avait à se faire comprendre. « Une sensation pour eux n'était rien si elle n'était pas jointe à la conscience de l'être qui l'éprouve. Cette discussion m'a fait voir combien j'étais encore loin de bien faire entendre mon point de vue. La théorie de Leibniz qui caractérise si bien cet état où la monade simplement vivante est réduite à des perceptions obscures, d'où elle s'élève aux aperceptions claires et à la conscience, me servirait d'introduction à l'exposition de ma doctrine qu'il me sera bien difficile de faire entendre [18]. » Il essaye cependant de répondre ailleurs : « Comment concevoir une sensation qu'on ne sent pas ! C'est ici surtout que j'observe la défectuosité du langage et de ses formes naturelles et nécessaires qui, portant toute l'empreinte du moi et de la personne humaine, ne trouvent plus d'application là où le moi n'est pas. Qu'est-ce qu'une sensation qu'on ne sent pas ? Je demande à mon tour à quoi se rapporte cet *on* ? L'homme sent, il sait sa sensation parce qu'il est une personne identique permanente qui se distingue de ses sensations... L'animal ne sent pas, ne sait pas sa sensation parce qu'il n'est pas une personne constituée pour savoir ou apercevoir au dedans son existence individuelle. Il sent sans se savoir sentant, comme il vit sans se savoir vivant [19]. » En un mot, nous ne pouvons pas comprendre une sensation sans un moi, parce que l'idée du moi est la condition de la connaissance et que nous transportons nécessairement à la conscience les conditions exigées pour la connaissance, toutes les fois que nous cherchons à l'étudier, c'est-à-dire à la connaître.

Les conclusions précédentes sur l'existence d'une forme de conscience élémentaire auxquelles nous a amené le raisonnement philosophique se trouvent confirmées par l'étude des faits. Les plus curieux et les plus décisifs sont les faits que l'on observe après les évanouissements, et il est très juste de les rappeler ici, car il se passe, comme nous le verrons tout à l'heure, quelque chose d'analogue pendant les crises nerveuses et pendant les sommeils hypnotiques. « Pendant la syncope, dit un auteur qui a pu étudier sur lui-même ce phénomène [20], c'est le néant psychique, absolu, l'absence totale de toute conscience, puis on commence à avoir un sentiment vague, illimité, infini, un sentiment d'existence en général sans aucune délimitation de sa propre individualité, sans la moindre trace d'une distinction quelconque entre le moi et le non-moi ; on est alors une partie organique de la nature ayant conscience du fait de son existence, mais n'en ayant aucune du fait de son unité organique ; on a, en deux mots, une conscience impersonnelle. » On a des sensations stupides, si je puis m'exprimer ainsi, c'est-à-dire des sensations qui, justement parce qu'elles restent isolées, ne peuvent pas être connues, mais seulement senties [21]. » L'état normal ne nous présente pas sans doute des exemples aussi nets, mais on peut reconnaître cependant que l'idée du moi ne se joint pas toujours également à toutes les sensations que nous éprouvons. La plupart, au contraire, éveillent si peu l'idée du moi que nous n'hésitons pas à les attribuer à l'extérieur ; au lieu de dire que c'est nous qui éprouvons la sensation de couleur verte, nous disons que c'est l'arbre qui la possède. Souvent nous ne faisons même plus cette distinction et, devant un spectacle qui nous passionne, nous n'avons dans la conscience que les sensations de ce spectacle sans faire de retour sur nous-mêmes, sans distinguer ce qui est intérieur et ce qui est extérieur. Il est vrai que, dans la vie ordinaire, nous pouvons toujours nous reprendre, sortir de ces sensations *absorbantes* et reconnaître que c'est *nous* qui les avons eues. Mais nous pouvons concevoir que certains êtres, comme les animaux inférieurs, ne puissent jamais dégager leur personnalité de ces sensations élémentaires, et que d'autres êtres plus complexes soient momentanément réduits à la vie purement *affective* sans connaissance et sans réflexion.

---

1. Leibniz. *Erdm.*, 125, a.
2. Voir à ce sujet, Rabier. *Cours de philosophie, 1, 74* et I 254.
3. Fr. Paulhan. *Vassociationnisme et la synthèse psychique.* Revue philosophique, 1888, 1, 32, et la *Finalité comme propriété des éléments psychiques id.* 1888, II. 105.
4. Sourgy. *Les fonctions du cerveau, 1186, 46* et sq-Mosso. *La peur,* 1886, 38-Sergi. *Psychologie physiologique,* 1888, 114.
5. Reid. *Œuvres,* Trad. Jouffroy, 1829, II, 53.
6. Garnier. *Traité des facultés de l'âme,* 1872, I, 380.
7. Stuart Mill. La *philosophie de* Hamilton. Trad., 1869, 249.
8. Buffon. *Discours sur la nature des animaux.* Œuvres, 1839, III, 1.
9. *Physiologie philosophique des sensations.*
10. *Physiology of common life,* II.
11. Herzen. *Le cerveau et l'activité cérébrale,* 255 et sq.
12. Cf. Delbœul *Le sommeil et les rêves.* Revue philosophique, 1879, II, 335-339.
13. L. Dumont. *Théorie scientifique de la sensibilité, 1877, 103.*
14. Cf. Fouillée. *L'homme automate.* Revue des Deux Mondes, 1er août *1886, 552,* et ailleurs: « Nous répondrons, dit-il, que sentir n'implique nullement moi je sens, que la conscience

immédiate d'une douleur n'implique pas la conscience réfléchie, que les cellules peuvent être émues d'une manière pénible sans que l'individu comme individu le sente ... » *La conscience:* Revue des Deux Mondes, 15 octobre 1883, 902.

15. Maine de Biran : *Anthropologie, dans* les Œuvres *inédites,* 1859, III, 362.

16. Id., *Ibid.,* III, 405.

17. Maine de Biran. Essai sur *les fondements de la psychologie. Œuvres inédites,* II, 11 et 19.

18. Maine de Biran. *Journal intime,* 1877, 139.

19. Maine de Biran. *Anthropologie. Œuvres inédites,* III, 397.

20. Herzen. *Le cerveau et l'activité cérébrale,* 1887, 236.

21. Id, *Ibid.,* 245.

5

LA NATURE DE LA CONSCIENCE
PENDANT LA CATALEPSIE

C'est précisément une conscience de ce genre, purement affective, réduite aux sensations et aux images, sans aucune de ces liaisons, de ces idées de relation qui constituent la personnalité et les jugements, que nous croyons légitime de supposer pendant la catalepsie et les états analogues. Ni le néant de la conscience et le pur mécanisme, ni la connaissance capable de comprendre et d'obéir ne nous paraissent ici vraisemblables ; il s'agit au contraire d'une forme particulière de la conscience intermédiaire entre ces deux extrêmes.

M. Herzen vient de nous décrire un état particulier de la pensée qu'il a observé sur lui-même, la conscience à l'état naissant, pour ainsi dire, qui se manifeste lorsque l'esprit se réveille après un évanouissement complet. Si nous avons insisté sur cette observation fort curieuse, c'est que *l'état cataleptique* nous semble présenter de grandes analogies avec *cet état naissant de la pensée* après une syncope. Plusieurs auteurs comme M. Pitres, MM. Binet et Féré [1], ont déjà signalé des sortes de syncope pendant le sommeil hypnotique, mais ils les considèrent comme rares et accidentelles ; je les crois au contraire très importantes et assez fréquentes, quoiqu'elles soient, pour l'ordinaire, si rapides que l'observateur s'en aperçoit à peine. Chez plusieurs des sujets que j'ai étudiés, l'état cataleptique était précédé par un autre état tout à fait analogue à une syncope. Voici en effet comment les choses se passent au début du sommeil hypnotique de Rose et même au milieu d'une séance de somnambulisme. Brusquement elle cesse de répondre et de parler et reste complètement immobile, les yeux fermés. Si on lui lève les bras, ils retombent lourdement ; si on l'appelle, si on la secoue, elle ne bouge pas. Ce n'est pas l'état décrit par M. Charcot sous le nom d'état léthargique, car la pression des tendons, des muscles ou des nerfs ne provoque aucune contracture. C'est, dira-t-on, du sommeil hystérique qui se mêle au sommeil hypnotique. Sans doute, cet état se retrouve exactement le même dans la crise d'hystérie et il a, comme nous le verrons, les mêmes conséquences. Mais qu'importe, ce n'en est pas moins un état réel, et d'ailleurs il n'y a pas un seul fait dans le sommeil hypnotique qui ne trouve son analogue dans la crise d'hystérie. Dans cette sorte de syncope hypnotique, les fonctions organiques s'accomplissent ordinairement d'une façon régulière, quoiqu'il y ait quelquefois, si cet état se prolonge, des troubles de la respiration ; mais les fonctions psychologiques semblent totalement supprimées, ou du moins je n'ai jamais pu trouver le plus léger signe qui m'indiquât leur existence ; je n'ai donc pas le droit de supposer la conscience sans raison. Cet état se prolonge plus ou moins longtemps, il dure quelquefois un quart d'heure ou plus, il est quelquefois si rapide qu'il faut bien connaître le sujet pour constater son existence. Mais, au bout de quelque temps, il s'est produit un changement dans le sujet, quoique aucune modification extérieure ne soit visible. Car si je lève les bras ou les jambes, au lieu de tomber comme tout à l'heure, ils restent immobiles dans la position où je les mets et continuent le mouvement que je leur imprime. Cependant si je parle, le sujet ne réagit pas davantage. Attendons encore quelques instants : si je parle maintenant et si je dis tout haut: « Lève le bras,» la bouche s'ouvre et répète comme un écho: « Lève le bras. » Quelques instants après cette période d'écholalie, le sujet ne répète plus les commandements, mais il les exécute, il lève le bras en réalité. Encore un moment et il me répond avec une vivacité croissante et une conscience qui semble de plus en plus complète. Le sujet a donc passé, dans cet intervalle de temps, d'un état où la conscience était nulle à un autre état où la conscience est assez développée pour qu'il parle intelligemment. N'est-il pas naturel de supposer qu'il a traversé différents degrés croissants de conscience et, comme l'état cataleptique, puis écholalique se sont trouvés les plus rapprochés de la syncope hypnotique, n'est-il pas légitime de conclure que ces états correspondent aux formes les plus élémentaires de la pensée, à l'état naissant de la conscience impersonnelle. Presque tous les sujets, lorsqu'ils sont susceptibles d'un somnambulisme profond, d'une véritable seconde existence, présentent ainsi au moment où ils s'endorment une période de transition bien connue par les anciens magnétiseurs, pendant laquelle ils ne montrent aucune réaction. On connaît bien l'évanouissement qui sépare les deux existences de Felida X... [2] et que M. Azam appelait une petite mort. Nous retrouvons les mêmes phénomènes avec des variantes instructives chez d'autres sujets. Un jour, je trouvai Lucie malade, à demi affolée dans cet état d'aura qui précédait chez elle les grandes crises hystéro-épileptiques. Je voulus lui éviter cette grande crise, qui durait toujours plusieurs heures, en l'endormant immédiatement, mais à peine l'euse-je touchée qu'elle tomba brusquement dans l'état le plus complet de syncope hypnotique ou de sommeil hystérique (peu importe le nom) ; elle y resta dix minutes sans qu'aucun procédé pût provoquer la moindre réaction. À ce moment, je m'aperçus d'une modification curieuse qui venait de se former ; en touchant ses membres, je provoquai chaque fois un petit mouvement. Je constatai en effet que chaque muscle pressé, même légèrement, se contractaït immédiatement et isolément, puis se relâchait très vite. Il était possible d'étudier sur elle l'action isolée de tous les muscles du corps. C'était presque l'état léthargique décrit par M. Charcot, avec cette différence que la contraction musculaire ne persistait pas sous forme de contracture. Quelques instants après, la contraction pouvait s'étendre systématiquement à tous les muscles du bras à la fois, et les membres conservaient maintenant les positions où je les mettais. J'ouvris les yeux du sujet et ils restèrent ouverts, je me plaçai devant lui et il se leva pour imiter tous mes mouvements. Quelques instants après, Lucie se mit à parler et entra dans son somnambulisme ordinaire. Nous remarquerons ici, outre les faits signalés précédemment, qu'un état analogue à la léthargie classique s'est intercalé entre la syncope et la première catalepsie. Cela me dispose à croire que cette léthargie, quoiqu'elle soit un état réel, n'est pas très bien nommée : elle n'est pas un état analogue à la mort, un « death trance », et elle n'est probablement pas le néant de toute conscience. D'ailleurs, la léthargie naturelle présente bien quelquefois des contractures générales, mais ordinairement n'amène pas cette hyperexcitabilité neuromusculaire [3]. La léthargie hypnotique me paraît être plutôt un degré de conscience élémentaire, une sensation musculaire si rudimentaire qu'elle reste tout à fait isolée et ne se généralise pas assez pour diriger le mouvement de tout un bras [4]. Un troisième exemple sera plus net encore. Un caractère singulier de Léonie, c'est que tout changement d'état quel qu'il soit est toujours signalé par un soupir brusque, une sorte de petite convulsion respiratoire. L'état de syncope est rare chez elle, tout à fait accidentel, et il m'a toujours effrayé, car il s'accompagne de troubles respiratoires et d'étouffements, Qu'il cesse spontanément ou qu'on précipite sa conclusion en mettant la main sur le front du sujet, il se termine toujours par un soupir brusque, après lequel le sujet est dans un état bien connu qui est tout à fait la léthargie hypnotique classique avec tous ses caractères [5]. Mais nous pouvons remarquer dans cette léthargie, plus nettement que dans celle de Lucie, le premier retour de la conscience. Quand une contracture a été produite par le choc des tendons ou des muscles, il n'est pas nécessaire, comme on l'a déjà remarqué, de frapper exactement les muscles antagonistes pour la résoudre ; il suffit de frapper les muscles au hasard pour que d'autres sensations musculaires remplacent la première. Bien plus, pour défaire une contracture du bras en flexion, il me suffit de tirer doucement le bout des doigts. Ne semble-t-il pas qu'il y ait quelque conscience capable de sentir l'extension du bras, comme il en a une dans la catalepsie qui sent la position des membres? La léthargie se termine par un soupir brusque et le sujet a fait de nouveaux progrès. Les membres ne se contracturent plus quand on les touche, ils comprennent plus vite les modifications qu'on veut leur imprimer, ils gardent avec une précision étonnante la position où on les met. Mais les mouvements communiqués ne se continuent pas encore, les bras restant toujours immobilisés dans la dernière situation. J'avais cru utile autrefois de désigner cet état qui participait de la léthargie et de la catalepsie par un nom particulier. Mais cette nomenclature n'a pas en réalité grand avantage ; on peut établir autant de degrés que l'on voudra dans ce réveil graduel de la conscience. Chez Léonie, ces degrés marqués par des soupirs présentent quelque netteté, mais chez Rose le changement se fait d'une manière continue, et quand il se fait lentement, on peut noter un nombre considérable d'états entre la syncope et la vie somnambulique complète. La seule chose qu'il faille retenir, c'est que la catalepsie ne se présente pas sous une forme unique avec les yeux ouverts et avec l'aptitude à présenter simultanément tous les phénomènes que j'ai décrits. Chez Léonie, il y a trois degrés de catalepsie avec les yeux fermés : d'abord les membres restent immobiles sans continuer les mouvements, puis les membres sont capables de continuer les mouvements communiqués et la figure prend une expression en harmonie avec ces mouvements, enfin la sensation du tact semble renaître et un objet mis dans les mains provoque certains mouvements habituels. Après ce dernier degré, les yeux s'ouvrent d'eux-mêmes, et il y a quatre formes de catalepsie avec les yeux ouverts. Je n'insiste pas sur les différences de ces états qui sont, je le répète, insignifiantes ou du moins très particulières à ce sujet. C'est d'abord le sens de la vue qui se réveille et le sujet est susceptible d'imitations, puis le sens de l'ouïe dans une écholalie qui n'est jamais aussi parfaite que celle de Rose, ensuite un début d'intelligence, de la parole et la possibilité de provoquer des hallucinations, puis des paroles incohérentes, une sorte de délire et enfin des paroles sensées dans une vie somnambulique complète. Quand on approche de ce dernier point, les caractères de la catalepsie, l'imitation, l'harmonie de l'expression disparaissent. Cet exemple prouve donc, comme les précédents, que les états cataleptiques correspondent à une pensée très rudimentaire, à des sensations tout à fait isolées et incapables de réagir les unes sur les autres.

---

1. *Magnétisme animal,* 118.
2. Azam. *Hypnotisme, double conscience....* 1887, 66.
3. Gilles de la Tourette. *L'hypnotisme et les états analogues,* 1887, 223.
4. Sans vouloir discuter dans ce travail purement psychologique la question si controversée des trois états de l'hypnotisme dont on a d'ailleurs beaucoup exagéré l'importance, je puis

faire quelques remarques à propos des observations précédentes. La catalepsie et même l'état improprement appelé léthargie avec hyperexcitabilité neuro-musculaire me semblent des états parfaitement réels qui surviennent naturellement au cours d'une grande crise d'hystéro-épilepsie ou même pendant l'état de somnambulisme provoqué chez des sujets qui ont déjà eu des crises de ce genre. Mais il faut ajouter que ces états, surtout le dernier, sont fort rares, ensuite qu'ils sont bien plutôt des modifications psychologiques que des modifications physiques et que la conscience subsiste, quoique très altérée, et réduite même, dans la léthargie, enfin qu'un très grand nombre de sujets reproduisent ces états par simple automatisme quand ils en ont entendu parler ou quand ils ont pu les voir. Cf. 1re part., ch. III.

5. J'ai déjà décrit cet état de Léonie et les suivants dans mon article sur *les Phases intermédiaires de l'hypnotisme*. Revue scientifique, 1886, I, 577.

6

NATURE DE LA CONSCIENCE PENDANT DES ÉTATS ANALOGUES À LA CATALEPSIE

Nous n'avons étudié jusqu'à présent que des phénomènes artificiellement obtenus, ou plutôt se produisant au milieu d'états plus ou moins artificiels. Il est intéressant d'examiner au même point de vue les phénomènes qui se présentent naturellement ; car il ne faut pas oublier que tous ces faits ont leurs analogues dans un état naturel quoique maladif, je veux dire dans les crises d'hystérie.

La grande crise nerveuse de Rose présente un développement tout à fait identique à celui de son somnambulisme. Après un malaise initial plus ou moins long, elle tombe brusquement évanouie. Les muscles sont flasques, la figure pâle, aucun geste ni aucun mouvement ne manifeste la conscience. Très souvent cette syncope initiale, qui se prolonge assez longtemps chez elle, amène des troubles respiratoires profonds et dangereux. La respiration tantôt est rapide et haletante, tantôt s'arrête pendant une minute entière, les lèvres bleuissent et laissent échapper un peu d'écume. Mais bientôt des mouvements commencent. Ce sont d'abord de petites trémulations dans chaque muscle, sans mouvements d'ensemble, puis des mouvements des membres, mais complètement incoordonnés. Je passe rapidement sur les détails de ces convulsions qui ont été trop bien décrits par des maîtres pour que je me permette d'y insister. Je signale seulement les caractères qui me semblent pouvoir éclairer mon sujet. Il me semble que les mouvements, d'abord tout à fait isolés et incohérents, deviennent de plus en plus généraux et systématiques. Par exemple, au début, les muscles du bras se contractent au hasard, l'un s'opposant à l'autre, ce qui produit simplement une trémulation du bras et des flexions variées des doigts. Maintenant les muscles s'accordent assez bien pour que les deux bras fassent de grands mouvements et viennent donner des coups de poing sur le même point de la poitrine. Or, je sais qu'elle a à ce point, sous le sein gauche, une douleur continue produite, je crois, par une contracture permanente et douloureuse des muscles intercostaux ; je pense donc que ces mouvements des bras sont maintenant coordonnés par cette sensation douloureuse. Mais, peu à peu, après cette période de convulsions et de contractures et se mêlant avec elle, car il n'y a pas de transition brusque, commencent de tout autres mouvements. Elle s'assoit sur son lit (elle ne se lève pas, car elle a les deux jambes contracturées même pendant cette crise), s'incline, salue avec ses mains, et fait des sourires à l'assistance. Elle a été chanteuse dans un café concert et elle se croit probablement sur les planches, car elle nous chante des petits airs fort drôles. Ou bien elle croit sans doute écouter ses compagnes, car elle a la main près de sa bouche comme pour demander le silence, paraît écouter avec ravissement et de temps en temps applaudit la chanteuse. Lucie présente dans ses grandes crises une phase du même genre beaucoup plus régulière encore. Après les convulsions du début qui durent plus ou moins longtemps, la pauvre fille reste dans la posture de la terreur, les yeux grands ouverts fixés sur les rideaux de sa chambre. Pendant près d'une heure, elle ne change pas d'attitude et fait simplement quelques mouvements de défense désespérée, ou pousse des cris inarticulés.

Chez tous les deux, cette période est suivie par une autre dans laquelle le développement de l'intelligence semble encore augmenté. Elles n'obéissent plus à une idée fixe, elles se mettent à bavarder de choses et d'autres. Lucie a même la singulière habitude de descendre alors à la cuisine et de se faire un dîner sommaire qu'elle mange de bon appétit, tandis qu'elle refuse de manger quand elle est éveillée. Cette dernière période de la crise, que l'on a appelée le délire hystérique, correspond tout à fait, comme nous le verrons, au somnambulisme : elle ne nous intéresse donc pas maintenant. Mais la période intermédiaire, celle qu'on désigne sous le nom de période des attitudes passionnelles, se produit, elle aussi, entre un état de syncope où la conscience semble être nulle et un autre état où la conscience est presque complète ; elle semble donc produite par une conscience encore rudimentaire et correspondre à l'état cataleptique. D'ailleurs les symptômes sont les mêmes : immobilité ou continuation indéfinie d'un même mouvement, expressions harmonieuses de tout le corps, absence de parole comme moyen d'expression et répétition d'une même phrase.

Enfin, ce qui me parait décisif, on peut assez facilement passer d'un état à l'autre. Pendant que Lucie se trouve en catalepsie artificielle, je mets ses mains dans la posture de la terreur ; immédiatement elle reste les yeux fixés sur les rideaux et, si je ne me hâte pas d'intervenir, le reste de la crise naturelle va se dérouler pendant plusieurs heures. D'autre part, si je surprends Rose ou Lucie au milieu de leurs attitudes passionnelles naturelles, il me suffit de faire quelques passes sur les bras pour les mettre en catalepsie dite artificielle ; car maintenant je puis soulever les membres, ils resteront dans la nouvelle position où je les place. Cette transformation est complète chez Lucie qui ne tarde pas à oublier ses terreurs et, peu à peu, entre dans son somnambulisme provoqué ; elle n'est que partielle chez Rose, car il y a toujours une partie de la personne qui continue la crise, tandis que l'autre m'obéit. Nous reviendrons plus tard sur ces complications [1]. D'autres observations viennent confirmer celles-ci ; les crises de catalepsie naturelle du Dr Saint-Bourdin se transforment très souvent en un véritable somnambulisme comme des crises d'hystérie [2]. Paul Richer décrit les crises d'une hystérique dont on peut déplacer les membres pendant les poses passionnelles et qui les garde comme on les met [3]. Ces observations suffisent pour montrer l'analogie qui existe entre ces divers états.

La grande différence qui semble exister entre les états que nous comparons, c'est que, pendant la catalepsie artificielle, l'origine des mouvements et des attitudes du sujet est toujours à l'extérieur dans les modifications qu'on lui communique ; pendant la crise d'hystérie, au contraire, l'origine des poses passionnelles semble être interne dans les souvenirs du malade. Il ne faut pas s'exagérer cette différence : d'abord les souvenirs internes du sujet jouent aussi un grand rôle dans la catalepsie. Si je joins les mains de Léonie, je lui fais faire sa communion, mais c'est grâce à des souvenirs personnels venant d'elle-même et s'ajoutant à la sensation des mains jointes. Lucie, qui n'est rien moins que religieuse, ne fait pas sa communion et même ne s'agenouille pas quand on lui joint les mains. D'autre part, il ne me paraît pas certain que les objets extérieurs ne jouent aucun rôle dans les poses de la crise hystérique. J'ai lu quelque part, malheureusement je ne puis retrouver dans quel ouvrage, la description d'une hystérique qui prenait dans sa crise les postures des tableaux qui étaient dans sa chambre. Le fait ne m'étonnerait pas. Lucie tourne toujours les yeux vers ses rideaux, et je me suis souvent demandé si elle aurait la même crise dans une chambre sans rideaux. Marie rêve d'incendie pendant sa crise, si elle survient pendant la nuit, et ne songe pas à l'incendie si la crise survient pendant le jour. C'est très probablement parce que la nuit elle voit une lampe allumée à peu de distance de son lit. Mais, dira-t-on, il est très difficile de transformer les poses d'une hystérique ; elle semble ne pas vous sentir et ne pas vous voir. Nous avons vu d'abord qu'il y a des exceptions et que nous pouvons changer les poses de quelques hystériques en crise. Ensuite cette résistance s'explique justement par l'état de la conscience qui est si réduite, si petite qu'elle se concentre sur une seule sensation et n'est plus capable d'en sentir d'autre. C'est pourquoi il sera plus facile de se mettre en rapport avec l'hystérique dans la dernière phase de sa crise [4] que pendant cette première période.

Le même fait se présente d'ailleurs dans la catalepsie artificielle. Tout le monde peut facilement causer avec Léonie lorsqu'elle est en somnambulisme, mais il n'y a que moi qui puisse modifier ces attitudes cataleptiques. Les bras sont, quand je les touche, extrêmement légers, mais ils sont raides et contracturés pour un autre. Nous ne pouvons expliquer entièrement ici ce phénomène d'électivité qui est rare pendant la catalepsie et-sur lequel il faudra revenir quand nous parlerons des sensibilités systématisées [5] ; mais il faut le constater maintenant, car il nous montre qu'un sujet, qui est pour son magnétiseur en état de catalepsie artificielle, est pour un étranger comme une hystérique en crise. C'est probablement pour la même raison que les cataleptiques naturelles présentent quelquefois une si grande raideur dans les membres quand un étranger essaye de les déplacer. Ces différences que nous avons montrées ne sont donc que des différences de degré et laissent subsister la comparaison que nous avons faite.

Bien d'autres états pourraient être rapprochées de la catalepsie, je ne fais que de les signaler. C'est d'abord le délire qui se produit quelquefois à la suite d'une crise épileptique [6]. « On sait, dit M. Luys [7], qu'il existe un certain nombre d'épileptiques qui, dans chaque période d'absence, répètent les mêmes actes et profèrent les mêmes cris ou les mêmes paroles ... » Un épileptique, à l'hôpital du Havre, avait une singulière habitude de ce genre : il se mettait près d'une colonne et faisait le geste de sonner les cloches à toute volée ; personne ne pouvait le déranger de cette occupation, qu'il continuait sérieusement et en silence près d'une demi-heure jusqu'au réveil complet. Cette idée de sonner les cloches était probablement entrée en lui quand il vivait à la campagne et, dans cet état épileptique où il se trouvait au réveil du coma épileptique, elle se réveillait seule et régnait en souveraine. Bien des états décrits sous le nom d'extase sont du même genre ; il suffit de voir Léonie immobile, les mains jointes et les yeux levés au ciel pour comprendre ce que le moyen âge appelait une extatique. Les sainte Thérèse, les sainte Hildegarde, les Marie Chantal, les Catherine Emmerich et bien d'autres avaient tout simplement des attaques de catalepsie, pendant lesquelles les idées religieuses dominantes ou communiquées quelquefois au moment même de leur attaque donnaient à tout le corps une attitude harmonieuse et expressive [8]. L'une prend la pose de l'Immaculée Conception [9] ; l'autre prend successivement toutes les attitudes représentées dans un chemin de la croix. L'étude la plus curieuse à ce point de vue est celle de Louise Lateau dont la description faite par le Dr Lefèvre est résumée dans l'ouvrage du Dr Despine [10]. Subitement elle cesse de parler et ses yeux deviennent fixes et immobiles, elle reste plusieurs heures immobiles dans l'attitude de la contemplation la plus profonde. « Vers deux heures, l'extatique s'incline un peu en avant, se soulève avec une certaine lenteur, et, comme par un mouvement de projection, elle tombe la face contre terre. Dans cette position elle est étendue sur le sol, couchée sur la poitrine, la tête reposant sur le bras gauche ; les yeux sont alors fermés, la bouche est entr'ouverte, les membres inférieurs sont étendus en ligne droite. A trois heures, elle fait un mouvement brusque, les membres supérieurs s'étendent transversalement en croix, les deux pieds se croisent, le dos du pied droit reposant sur la plante du pied gauche. Elle reste dans cette situation jusque vers cinq heures ... L'extase se termine par une scène effrayante : les bras tombent le long du corps, la tête s'incline sur la poitrine, les yeux se ferment. La face prend une pâleur de mort, elle se couvre d'une sueur froide les mains sont glacées, le pouls est imperceptible, elle râle . Cet état dure de dix à quinze minutes ; puis la vie se réveille, la chaleur se ranime, le pouls se relève, les joues se colorent ; mais pendant quelques minutes encore, c'est l'expression indéfinissable de l'extase. » N'est-ce pas là une description très exacte d'une catalepsie qui joue la scène de la mort du Christ, au lieu de jouer simplement, comme Léonie, la scène de la communion ?

Ainsi, dans les extases naturelles, dans les crises d'hystérie, comme dans la catalepsie artificielle, nous retrouvons le même fait initial, un arrêt brusque et complet de la conscience qui dure plus ou moins longtemps, qui peut « comme un éblouissement, n'avoir qu'une durée insaisissable [11] », mais qui existe toujours. C'est au moment du réveil de la conscience, quand ce réveil n'est pas trop rapide, que se placent les extases, les poses passionnelles et la catalepsie. C'est la conscience naissante, « les sensations stupides » dont parlait Herzen, qui donnent lieu aux phénomènes que nous étudions.

---

1. Cf. IIe part., ch. I, p. 235.
2. Saint-Bourdin. *Op. cit.*, 96.
3. Paul Richer. *Op. cit*, 279.
4. Cf. Gilles de la Tourette. *Op. cit*, 242.
5. IIe part, ch. II.
6. Despine (*Somnambulisme*, 294) fait une comparaison très complète du vertige épileptique et du somnambulisme. Il nous faudrait citer presque toutes ses remarques. Nous ne faisons des réserves que sur l'interprétation des phénomènes déjà signalée au § 2 du présent chapitre.
7. Luys. *Maladies mentales*, 1881, 146.
8. Voir, pour la description d'un grand nombre d'attaques extatiques, Aubin Gauthier. *Histoire du somnambulisme chez tous les peuples*, 1842, II. - Luc Desages. *De l'extase*, 1866.
9. Paul Richer, *Op. cit.*, 217, 220.
10. Despine. *Somnambulisme*, 376.
11. Azam. *Op, cit.*, 88.

7

INTERPRÉTATION DES PHÉNOMÈNES PARTICULIERS DE LA CATALEPSIE

Guidés par les recherches précédentes sur la nature générale de la conscience pendant les états cataleptiques, reprenons les différents phénomènes dont nous avons fait la description, c'est-à-dire la continuation d'une attitude ou d'un mouvement, la répétition des mouvements qui ont été vus ou des sons qui ont été entendus, les expressions harmonieuses de tout le corps et les mouvements associés. Cherchons par quelles hypothèses simples nous pouvons interpréter chacun de ces faits.

1ª *Continuation d'une attitude ou d'un mouvement.* - *C'est* ici que l'on voit bien la supériorité d'une expérience réelle, si imparfaite qu'elle soit, sur les raisonnements purement théoriques. Bien des philosophes, et Condillac surtout, se sont demandé ce qui arrive quand on introduit une sensation isolée dans un statue vide de pensées. Ils ont supposé une foule de choses plus ou moins vraies ; ils ont dit que cette sensation produisait de l'attention, de la mémoire, du plaisir, de la peine, etc., mais ils n'ont pas deviné le phénomène principal que cette sensation allait produire ; ils ne nous ont pas dit qu'à chaque sensation nouvelle la statue allait se remuer. La plus simple expérience nous montre tout de suite ce phénomène important. Que, dans une conscience vide, survienne une sensation quelconque produite par un procédé quelconque, et aussitôt il y aura un mouvement. Telle est la loi que manifestent, croyons-nous, les phénomènes les plus simples de la catalepsie.

Comment expliquer, en effet, que le bras d'une cataleptique que je soulève ou que je mets en mouvement conserve son attitude ou son mouvement ? Les forces physiques de la pesanteur tendraient à le faire tomber : il faut, en effet, une contraction délicatement systématisée de tous les muscles pour le maintenir. Qu'est-ce qui peut donner à ces contractions leur unité et leur persistance ? Je ne vois point d'autre réponse que celle-ci : c'est une sensation persistante. Quand j'ai soulevé le bras j'ai provoqué une certaine sensation musculaire consciente, tout à fait déterminée, c'est-à-dire correspondant exactement à telle position du bras, du poignet, des doigts, etc. Cette sensation étant seule dans l'esprit n'a rencontré aucun phénomène antagoniste et réducteur, elle n'a pas disparu avec l'excitation productrice, elle a subsisté et elle dure encore. Mais en même temps qu'elle dure, elle maintient par sa persistance même la position du bras à laquelle elle est liée ou plutôt dont elle est inséparable.

Étudions séparément les différents points de cette explication. Que la position du bras déplacé par moi puisse produire dans l'esprit du sujet une sensation musculaire déterminée et différente pour chaque attitude, c'est une proposition à peu près indiscutable. Les sensations *kinesthésiques*, comme dit Bastian [1], sont peut-être provoquées par le déplacement des muscles, le frottement des surfaces articulaires, les plissements de la peau ou mille autres modifications des membres ; leur origine est encore obscure, mais leur existence et leur précision sont indiscutables. Dans le cas présent, il faut que le sujet ait senti la position de son bras pour pouvoir la maintenir ou la reproduire plus tard, comme nous avons vu que cela a lieu quelquefois. Or, des précautions ayant été prises pour que le sujet ne puisse voir le déplacement de son bras, c'est au moyen du sens kinesthésique qu'il a eu cette sensation.

Cette sensation kinesthésique peut-elle reproduire ou, dans le cas présent, maintenir l'attitude ? C'est là ce qui est plus discuté. On établit d'ordinaire une grande distinction entre les phénomènes sensitifs et les phénomènes moteurs. La grande découverte de la différence entre les nerfs sensitifs et les nerfs moteurs amena la distinction moins certaine (si j'ose avoir une opinion sur ce sujet) des centres sensitifs et des centres moteurs, et celle-ci inspira le désir de trouver dans les phénomènes psychologiques une séparation analogue entre les phénomènes de sensibilité et les fonctions ou les phénomènes du mouvement. Dans certains cas, assez rares, il est vrai, on constata dans la conscience les deux phénomènes distincts : je vois un objet qui s'approche de mon œil et je sens le mouvement de ma paupière qui se ferme. Mais, dans la plupart des autres cas, on ne constatait que l'un ou l'autre des deux phénomènes, la conscience de la sensation sans la conscience du mouvement, le sentiment du mouvement sans la notion de la sensation précédente [2]. On fit alors diverses suppositions : les uns comme Wundt et M. Charcot, admirent qu'il y avait toujours une sensation de mouvement coïncidant avec l'émission de la force nerveuse et précédant tout mouvement ; les autres, comme Bastian, considérant les sensations kinesthésiques comme absolument centripètes, venant exclusivement de l'extérieur, admirent « l'inconscience absolue de tous les courants centrifuges [3] » ou en général de tous les actes moteurs. Sans préjuger toutes les difficultés que soulève cette question et que nous rencontrerons peut-être plus tard, je crois que le phénomène cataleptique de la conservation des attitudes nous offre un cas simple « prérogatif » où cette question des rapports entre la sensibilité et le mouvement est plus facile à étudier que dans aucun autre.

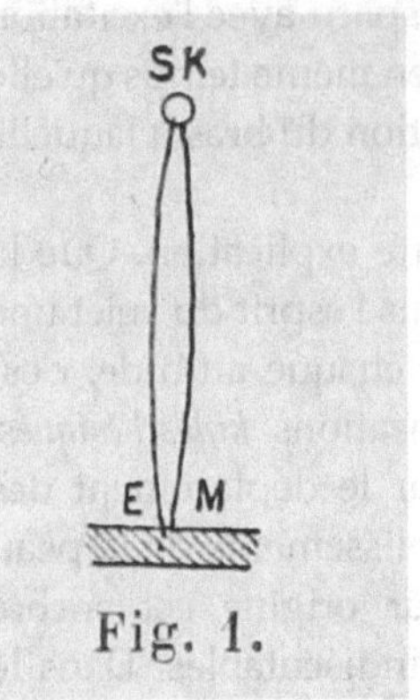

Fig. 1.

En effet, nous avons admis un phénomène de sensation à la suite du déplacement du bras. Y a-t-il une raison quelconque pour supposer maintenant un autre phénomène psychologique produisant le mouvement nécessaire pour maintenir l'attitude ? Je n'en vois pour ma part aucune, et, d'ailleurs, ce phénomène psychologique que l'on supposerait serait une image motrice déterminée, correspondant exactement à la position du bras qu'il faut maintenir. Ce serait exactement la même chose que l'image précédente déjà produite par la sensation kinesthésique. Pourquoi supposer deux phénomènes qui se confondaient ? Nous devons nous représenter ici les choses de la manière la plus simple : l'excitation E produit la sensation kinesthésique SK, laquelle suffit pour produire à son tour le mouvement M. Il n'y a pas lieu de supposer d'autres intermédiaires. Dans ce cas simple, il n'y a pas lieu de soulever les difficultés dont parlait Bastian : nous n'avons pas à chercher si le phénomène moteur a, oui ou non, une conscience distincte de celle du phénomène sensitif, puisque les deux phénomènes ne forment qu'une seule et même chose.

Quant au troisième point, la persistance de la sensation musculaire, il résulte naturellement de nos remarques précédentes. Si la supposition d'une image consciente a été jugée nécessaire pour expliquer la coordination des mouvements et des contractions musculaires, tant que persiste cette coordination, nous sommes forcés de supposer la persistance du fait psychologique qui l'explique. Or, on sait que l'attitude cataleptique peut persister fort longtemps ; il est donc vraisemblable, comme nous le disions, que l'image kinesthésique, ne rencontrant aucun obstacle dans cet esprit qui est complètement vide, se prolonge tant que nous ne l'avons pas remplacée par une autre en déplaçant le bras.

C'est pour ces sensations musculaires qu'il est juste de dire, plus peut-être que pour tout autre phénomène de l'esprit, que la sensation et le mouvement ne sont qu'une seule et même chose se présentant sous des aspects très différents, parce qu'elle est connue de manières très différentes [4]. Quoique, dans notre esprit confus et complexe, cette loi primitive soit souvent modifiée, on peut dire que, régulièrement et dans un être simple, il n'y a pas de mouvement sans une sensation de mouvement et point de sensation ou même d'image de mouvement sans un mouvement.

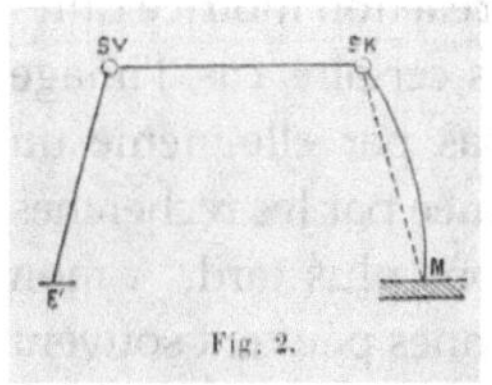
Fig. 2.

2ᵉ L'imitation et la répétition. - Les actes produits par imitation et par répétition vont nous faire avancer un peu plus dans l'étude du même problème. Au lieu de lever le bras du sujet, je lui montre mon bras levé et il met le sien lui-même dans une position identique. Ici, les phénomènes sensitifs (voir un mouvement) et les phénomènes moteurs (lever le bras) ne se confondent pas comme précédemment, et il semble naturel de les séparer. On peut en effet s'expliquer les choses de cette façon : l'excitation visuelle E' produite par mon mouvement amènerait la sensation visuelle S V, celle-ci éveillerait par association l'image de la sensation kinesthésique S K, qui était tout à l'heure éveillée directement, et cette image, d'après la loi précédente, amènerait le mouvement M auquel elle correspond. Cette explication serait assez simple et vraisemblable : elle expliquerait pourquoi, dans certains cas, le mouvement par imitation est assez long à produire ; elle ne soulèverait pas les difficultés relatives à la conscience des phénomènes moteurs, car elle n'introduit toujours que deux phénomènes de sensation dont l'un seulement a la propriété d'être inséparablement lié, comme nous l'avons montré, à un mouvement réel. Si nous ne devions étudier que des cataleptiques, nous n'aurions pas de raisons pour repousser cette hypothèse ; mais, en prévision des difficultés que présentera plus tard l'étude des anesthésies et des paralysies, nous devons remarquer que les phénomènes peuvent, dans la plupart des cas, s'expliquer aussi d'une autre manière.

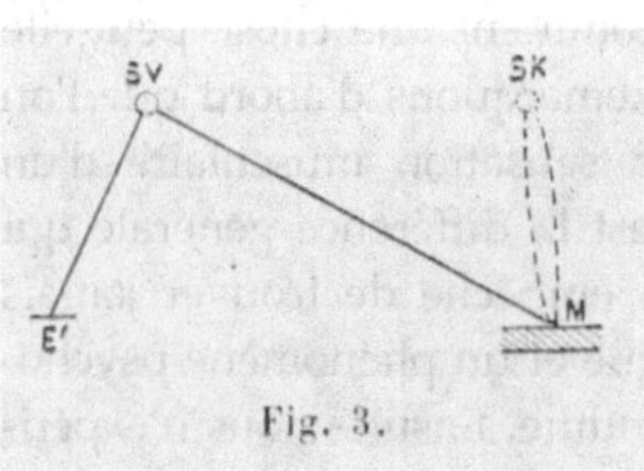
Fig. 3.

Est-ce que la sensation visuelle S V ne pourrait pas produire directement le mouvement M sans l'intervention d'aucune image musculaire ? Ces sensations musculaires S K pourraient d'ailleurs être éveillées secondairement à la suite du mouvement effectué ou ne pas être éveillées, contribuer ou ne pas contribuer à son perfectionnement et à sa précision. Cette hypothèse est d'abord rendue vraisemblable par certaines expériences assez connues [5]. On sait que toute excitation des sens, quelle qu'elle soit, amène une augmentation de la force générale et une disposition au mouvement qui se traduit quelquefois par un mouvement effectif. Ce mouvement est tout naturel, il est l'apparence externe de la sensation visuelle et acoustique, comme la contraction des muscles était , pour ainsi dire, l'envers de la contraction musculaire. Mais si ce mouvement reste général quand la sensation est elle-même vague, ne doit-il pas devenir précis quand la sensation est elle-même plus précise ? M. Féré a montré que la vue d'un objet en mouvement, la vue d'un disque en rotation provoquait une réaction motrice différente suivant le sens de la rotation [6]. Pourquoi, dans certains cas, l'image d'un mouvement déterminé ne provoquerait-elle pas par elle-même un autre mouvement précis ? Cette hypothèse est confirmée par les recherches sur les hystériques anesthésiques dont nous parlerons plus tard. A mon avis, il est impossible d'expliquer comment ces personnes peuvent souvent conserver tous leurs mouvements malgré la perte absolue des sensations et même des images kinesthésiques, si l'on n'admet pas que le mouvement peut être produit directement par des images visuelles ou auditives. Enfin, depuis les beaux travaux de M. Charcot, cette hypothèse est universellement admise quand il s'agit des mouvements du langage. Il y a, au point de vue du langage, des visuels, des auditifs, des moteurs, c'est-à-dire des individus qui, pour se représenter des paroles, emploient des images visuelles, auditives, motrices d'articulations ou motrices graphiques. Ces représentations jouent un grand rôle dans la parole elle-même et il existe des individus qui parlent avec le sens auditif, c'est-à-dire chez qui l'image auditive d'un mot suffit pour en amener la prononciation. Nous pouvons étendre cette théorie célèbre à tous les mouvements et dire que certains mouvements du bras ou de la jambe peuvent accompagner immédiatement l'image visuelle de ce mouvement sans image kinesthésique intermédiaire.

Cette supposition rencontre cependant une difficulté assez grave, sur laquelle M. Paulhan a beaucoup insisté [7]. La vue d'un bras qui se lève ne ressemble pas au mouvement réel qu'il faut faire pour lever réellement le bras, pas plus que le son d'un mot ne ressemble au mouvement de la bouche qu'il faut faire pour le prononcer : comment une chose peut-elle amener l'autre et se confondre avec elle ? Remarquons d'abord que l'on retrouve une différence semblable entre la sensation musculaire d'un mouvement et le mouvement lui-même. C'est la différence générale qui existe entre le physique et le moral, et qui empêche de trouver jamais aucune analogie entre un phénomène physique et un phénomène psychologique, même quand leur union réelle est intime. Ensuite nous n'expérimentons pas sur des individus qui viennent de naître et qui n'ont, dans leur esprit et dans leur corps, aucune association organisée par avance. Il est probable que, dans l'enfance, nous commençons tous par être « des moteurs » agissant et pensant au moyen des images du sens musculaire. Plus tard seulement des images visuelles et auditives d'abord associées aux images motrices deviendraient prédominantes et pourraient seules produire le mouvement. Ce serait une application de « cette coordination, de cette synthèse psychique » dont M. Paulhan a montré la nécessité, ce serait « une systématisation préétablie [8] » des phénomènes psychiques et des phénomènes organiques qui permettrait à toute image de jouer le rôle d'une image motrice.

Une remarque du même genre va nous permettre de résoudre une autre difficulté. On observera que, dans les explications précédentes, nous ne tenons aucun compte des phénomènes de plaisir et de douleur auxquels certains psychologues donnent un si grand rôle dans la formation des mouvements. Pour M. Bain en particulier, « il y a au début de toute impulsion volontaire naturelle quelqu'une des formes si variées que revêtent le plaisir et la souffrance [9] ». Pour lui, « un plaisir ou une souffrance quelconque est nécessaire pour donner l'impulsion motrice [10] », et les sensations ne joueraient qu'un rôle accessoire pour diriger, préciser le mouvement et l'adapter aux circonstances. Nous n'avons au contraire parlé en aucune façon des phénomènes de plaisir ou de douleur et, en fait, nous n'avons rien constaté chez nos sujets en catalepsie qui nous permit de supposer ces phénomènes. Cette contradiction peut très facilement être levée si on considère que nous n'étudions pas exactement le même problème que M. Bain. Cet auteur en effet cherche l'origine de l'activité et ses premières manifestations chez un être qui vient de naître ; nous étudions bien aussi l'activité élémentaire, mais telle qu'elle existe chez un esprit déjà formé. Il se peut qu'au début de la vie les mouvements soient déterminés uniquement par le plaisir et la douleur, parce qu'il n'existe pas alors d'autres phénomènes psychologiques que ces sensations générales et vagues qui se manifestent par des mouvements également vagues et indéterminés. Mais peu à peu les sensations se sont précisées et les mouvements avec elles. L'enfant a appris à sentir un mouvement en apprenant à le faire et réciproquement. L'union qui existait autrefois entre un plaisir vague et un mouvement vague existe aujourd'hui entre une sensation déterminée et un mouvement déterminé, et il suffit que la sensation soit ramenée même sans plaisir et sans douleur pour que le mouvement ait lieu.

Il faut donc généraliser notre loi précédente et dire de toute sensation et de toute image ce que nous avons dit du sens kinesthésique. Une image de mouvement dans la conscience se manifeste toujours, à l'extérieur, pour un témoin étranger, par un mouvement réel, et d'autre part cette image tend à durer, à persévérer dans son être et par conséquent amène la continuation du mouvement, tant qu'elle n'a pas été remplacée par quelque image nouvelle.

3° et 4°. *Expressions de la physionomie et actes associés* — Ces phénomènes semblent plus compliqués que les précédents, et il semble qu'une seule image persistante ne puisse plus suffire à les expliquer. Il faut qu'à propos de la première sensation, celle du poing fermé, des mains en prière, etc., surgissent simultanément et successivement un grand nombre d'autres images qui amèneront chacune, l'une un geste, l'autre une expression du visage, celle-ci l'acte de se lever, celle-là l'acte de saluer. Comment cela est-il possible ?

Nous voyons ici sous sa forme la plus simple le phénomène de l'association des idées qui est l'une des manifestations les plus importantes de l'automatisme psychologique. Sans aucun doute, les images qui se sont produites autrefois en même temps que la sensation provoquée ou à sa suite réapparaissent maintenant de la même façon et dans le même ordre, et c'est cette succession automatique des images qui amène la succession régulière des gestes et des mouvements.

Mais comment doit-on comprendre cette loi de l'association ? Ne peut-on, en quelque manière, la ramener à la loi précédente de la persistance d'un état psychologique ? Nous pensons qu'il en est ainsi. Hamilton avait déjà compris d'une manière intéressante l'association des idées quand il disait : « Sont suggérées les unes par les autres les pensées qui auparavant ont fait partie d'un même tout, d'un même acte de connaissance [11]. » M. Taine considère de même les associations comme des renaissances partielles de totalités qui tendent à se reformer complètement [12]. M. Paulhan, dans des articles que nous avons déjà cités, essaye aussi de rattacher l'association à l'acte de synthèse considéré comme fonction générale de l'esprit. Ces théories nous semblent, au moins en partie, très exactes et s'appliquent facilement aux faits que nous étudions. La sensation du poing fermé ou des mains jointes, en même temps qu'elle est par elle-même un tout, une sensation complète, a été réunie autrefois à un grand nombre d'autres sensations simultanées ou successives, et a fait partie d'une synthèse, d'un ensemble qui était l'état de colère ou l'acte de la communion. On peut supposer avec quelque vraisemblance que cet ensemble de sensations très différentes que l'esprit éprouvait pendant l'acte de la communion a formé un sentiment commun, une cœnesthésie particulière qui n'est pas la même que dans un état de colère ou de gaieté. En provoquant maintenant la sensation des mains jointes, j'éveille aussi ou plutôt je commence à éveiller ce sentiment général qui existait pendant l'acte de la communion. Ce sentiment devient alors une sensation comme les autres qui tend à se manifester et à durer. Mais pour que ce sentiment persiste, il ne suffit pas que la sensation des mains jointes reste seule dans l'esprit, ce ne serait que le commencement du sentiment. Il faut, pour qu'il dure, qu'il se complète et que les autres sensations constituantes réapparaissent les unes après les autres sous forme d'images et amènent les expressions et les mouvements qui leur correspondent.

Afin de bien comprendre cette explication générale des actes associés et afin de pouvoir nous en servir plus tard, il est nécessaire de faire encore quelques remarques. On est trop disposé, c'était un peu le tort de Hamilton et, si je ne me trompe, de M. Paulhan lui-même, à considérer ce sentiment général, cette cœnesthésie comme une idée, une connaissance véritable, à l'assimiler à un jugement ou à une idée abstraite de finalité. La connaissance véritable, le jugement, les idées générales ne doivent pas être mêlées à ces phénomènes automatiques de la pensée rudimentaire ; ils apportent avec eux des moyens d'émancipation et une liberté relative dont nous ne voyons ici aucun signe. Cette cœnesthésie me paraît ressembler beaucoup plus à une image sensible, consciente, mais non comprise, assimilable à une émotion religieuse vague plutôt qu'à une idée de prière ou de communion. Les émotions sont précisément cet ensemble de sensations diverses provenant de tous les points du corps : « l'action spéciale des muscles n'est pas seulement le signe de la passion, elle en est vraiment une partie essentielle ; si, au moment où les traits expriment une passion, nous essayons d'en faire naître une autre, nous n'y parviendrons pas [13]. » Les émotions désignées par le langage sous le nom de peur, colère, amour, etc., sont peu nombreuses et peu précises ; mais leurs variétés doivent être en réalité innombrables et correspondre chez chaque individu à un ensemble déterminé d'images et de mouvements. C'est l'une de ces émotions très précises que nous faisons naître chez les cataleptiques et qui amène leurs expressions et leurs actes associés.

Une autre remarque importante, c'est que nous ne pouvons provoquer pendant la catalepsie que des émotions anciennes déjà éprouvées par le sujet et que nous ne pouvons pas lui apprendre à en éprouver de nouvelles. Un sujet qui n'est pas religieux et qui n'a pas fait autrefois cette synthèse des mouvements qui constitue l'émotion de la prière ne jouera pas pendant la catalepsie la scène de la prière. Les mains resteront l'une contre l'autre, mais d'autres actes ne suivront pas. L'automatisme ne crée pas de synthèses nouvelles, il n'est que la manifestation des synthèses qui ont déjà été organisées à un moment où l'esprit était plus puissant. Nous avions remarqué précédemment que les actes cataleptiques simples ne nous expliquaient pas l'origine véritable de l'activité, mais nous montraient seulement la manifestation d'une sensation déjà formée, de même les actes cataleptiques plus complexes nous montrent seulement la manifestation d'une émotion déjà organisée.

Enfin, faisons une dernière remarque que nous aurons à rappeler plus tard : ces émotions, ces associations d'idées peuvent exister, comme les sensations elles-mêmes, dans une conscience rudimentaire comme celle que nous avons décrite. Or, le caractère de cette conscience, disions-nous, est d'être impersonnelle, de ne pas provoquer l'idée du moi ou de la personnalité. L'association des idées n'est donc pas forcément liée avec la formation de la personnalité, et l'une peut se développer sans l'autre. Nous n'avons vu jusqu'ici que l'association automatique la plus simple, qui suffit pour expliquer tous les phénomènes présentés par les sujets dans les états que nous venons de décrire.

1. Bastian. *Le cerveau organe de la pensée*, II, 165.
2. Voir Ch. Richet. Les réflexes psychiques. Revue philosophique, 1888, I, 228.
3. Bastian. *Op. cit.*, II, 129.
4. Voir, à ce sujet, les théories de Lewes dans la *Psych. angl.* de Ribot, 401, et les travaux de Dumont.
5. Féré. *Sensation et mouvement*, 1887.
6. Féré. *Ibid.*, 83.
7. Paulham *Revue philosophique*, 1888, I, 45 et 59.
8. Paulhan. *Revue philosophique*, 1888, I, 45.
9. A. Bain. *Emotions et volonté*. Trad, 1885, 345.
10. Id. *Ibid.*, 342.
11. Cf. Ferri. *La Psychologie de l'association*, 1883, 231.
12. Taine. *Intelligence*, I, 144.
13. Maudsley. Cf. Bain. *Esprit et corps*, 7.

CONCLUSION

En résumé, dans notre pensée normale, les phénomènes sont toujours très nombreux et très complexes ; ils se heurtent et se modifient les uns les autres, aussi ne peut-on voir facilement leur véritable nature et les lois qui les régissent. Nous avons étudié un état maladif où les phénomènes de la pensée se présentent tout au contraire à peu près isolés. Une des meilleures expressions qui puissent caractériser cet état a été proposée par M. Ochorowicz [1]. La catalepsie était, disait-il, un état de *monoïdéisme*. « Certains sujets, capables de présenter ces deux phases opposés d'aïdeie (syncope hypnotique) et de polyïdïe (somnambulisme), ne passent pas directement, ou tout au moins peuvent ne pas passer directement de l'une à l'autre ; ils s'arrêtent plus ou moins longtemps dans la phase *mono- idéique...* C'est un cerveau qui concentre toute son action sur une seule idée unique, dominante, qui n'est contrebalancée par aucune autre. » Une comparaison bien connue peut encore faire comprendre ces phénomènes : « Le cerveau peut être comparé à une salle fournie d'un nombre immense de becs de gaz, mais éclairé seulement par un nombre relativement petit et relativement constant de becs allumés qui ne sont pas toujours les mêmes, au contraire, qui changent à chaque instant. A mesure que les uns s'éteignent, d'autres se rallument. Jamais ils ne sont tous allumés, de temps en temps ils seront tous éteints [2]. » Et en outre, ajouterons-nous, il y a des instants où un seul est allumé. Sans doute il ne faut pas exagérer l'impor- tance de cette expression de monoïdéisme ; d'abord il s'agit plutôt de sensations que d'idées proprement dites ; en outre, ces sensations, sauf dans l'expérience la plus simple du début, ne sont pas réduites à l'unité. Mais ce qui est vrai, c'est d'abord que la sensation initiale qui amène les autres images est unique, ensuite que chaque image reste isolée sans s'unir avec les autres et sans réagir sur elles. Chaque image ou chaque émotion se développe isolément suivant ses lois.

Voici les trois lois principales auxquelles ces phénomènes isolés nous ont toujours paru soumis : 1° un grand nombre de sensations et d'images (les études précédentes ne nous permettent pas encore de dire toutes) sont accompagnées par un mouvement corporel et ne peuvent pas exister sans le produire ; 2° toute sensation ou image excitée dans la conscience dure et persiste tant qu'elle n'a pas été effacée par un autre phénomène ; 3° toute sensation ou émotion tend à se développer, à se compléter, en se manifestant toujours par les mouvements et les actes dont elle est inséparable. Ainsi se vérifie par l'expérimentation une des idées les plus fécondes d'un de nos philosophes. « Toute idée est une image, une représentation intérieure de l'acte. Or, la représentation d'un acte, c'est-à-dire d'un ensemble de mouvements en est le premier moment, le début, et est ainsi elle-même l'action commencée, le mouvement à la fois naissant et réprimé. L'idée d'une action possible est donc une tendance réelle, c'est-à-dire une puissance déjà agissante et non une possibilité purement abstraite [3]. »

---

1. *La suggestion mentale*, 1887, 112.
2. Herzen. *Op. cit*, 216.
3. Fouillée. *Liberté et déterminisme*, 1884, 3.

PARTIE II

L'OUBLI ET LES DIVERSES EXISTENCES PSYCHOLOGIQUES SUCCESSIVES

L'OUBLI ET LES DIVERSES EXISTENCES PSYCHOLOGIQUES SUCCESSIVES

Ce n'est que dans des circonstances fort rares et fort extraordinaires que les actions humaines sont ainsi isolées et impersonnelles; elles semblent d'ordinaire être la manifestation d'un caractère et dépendre d'une personnalité. Afin de poursuivre l'étude des actions automatiques dans des conditions plus complexes qui se rapprochent de l'état normal, il nous faut chercher des états psychologiques susceptibles d'expérimentation, mais dans lesquels cependant le caractère et la personnalité commencent à se développer: c'est l'état connu sous le nom de *somnambulisme* qui remplit le mieux ces conditions.

8

LES DIFFÉRENTS CARACTÈRES QUI ONT ÉTÉ PROPOSÉS POUR RECONNAÎTRE LE SOMNAMBULISME

Cet état est en apparence fort connu ; tantôt, comme on sait, il survient spontanément au milieu du sommeil, tantôt il forme une partie importante d'une crise nerveuse, tantôt il est artificiellement provoqué par des procédés qui ont été trop souvent décrits pour que j'y insiste. Cependant il est fort difficile de trouver un signe qui le caractérise d'une manière générale, et la plupart des caractères qui ont été ainsi désignés nous semblent insuffisants; en les passant en revue, nous verrons quelques caractères accessoires de cet état, mais il nous restera à en chercher le signe distinctif.

Quelques-uns de ces caractères ont été appelés physiques, non pas qu'ils fussent de véritables modifications visibles, mais parce qu'on les constatait au moyen de diverses expériences faites sur le corps du sujet.

La plupart des anciens magnétiseurs considéraient l'insensibilité absolue de la peau comme étant la règle constante et le signe indubitable du somnambulisme. « Pour qu'il y ait somnambulisme, disait de Lausanne [1], il faut que les sens extérieurs n'occasionnent aucune distraction et ne sentent rien. » « Il n'y a pas de sommeil magnétique, écrit Baragnon [2], sans insensibilité complète du corps et des sens, de telle sorte que nous nous aiderons, pour la constatation du sommeil, de tout ce qui peut nous convaincre de cette insensibilité. » Aussi les magnétiseurs ne manquent-ils pas d'essayer sur leur sujet des brûlures et des piqûres d'épingles dès qu'il commence à dormir [3]. Dans le célèbre rapport présenté à l'Académie de médecine en 1837, M. Dubois (d'Amiens) se plaint qu'on ne lui ait laissé faire pour vérifier le somnambulisme « qu'un simple tatouage à coups d'épingle sur la figure et sur les mains ». Il aurait voulu faire mieux. Eh bien, le procédé de M. Dubois n'aurait pas grand résultat si on l'appliquait aux somnambules que j'ai étudiées. La plupart de ces personnes, presque toutes, étaient déjà anesthésiques sur une partie plus ou moins considérable du corps, avant tout sommeil hypnotique, dans leur état le plus normal. En outre, elles étaient loin d'être régulièrement anesthésiques en somnambulisme ; au contraire, j'ai été amené, pour certaines d'entre elles et dans certains cas, à considérer le retour de la sensibilité comme une preuve du somnambulisme le plus profond.

Un autre caractère curieux est signalé par les mêmes auteurs, quoique plus rarement : c'est l'absence complète de déglutition pendant certains états somnambuliques [4]. Ce détail m'a frappé, car, chez une personne, chez Léonie, il est absolument constant. Elle n'a aucune déglutition pendant le somnambulisme et jamais je ne suis arrivé à lui faire avaler une goutte d'eau. Dans un article paru récemment, M. Dufay signale le même fait chez une de ses somnambules [5]. Mais le phénomène, loin d'être caractéristique, est assez rare ; la plupart des somnambules mangent et boivent sans aucune gêne dans leur sommeil. Lucie en somnambulisme naturel descendait se faire cuire une côtelette et la mangeait très bien. Rose n'était jamais aussi heureuse que lorsqu'elle déjeunait en somnambulisme. Il y a même des hystériques dysphagiques à l'état de veille, qui mangent assez facilement quand elles dorment, et c'est un détail qu'il est quelquefois utile de connaître.

Mon frère a réussi à alimenter une femme hystérique qui, à cause de vomissements incoercibles, était près de mourir de faim.

Un des auteurs modernes qui ont le mieux connu les somnambules, M. Despine, croit trouver dans leur attitude extérieure un bon caractère distinctif. La croyance populaire se représente, en général, les somnambules comme des personnes qui parlent en ayant les yeux fermés. Cette croyance résulte probablement de cette idée, en réalité assez fausse, que le somnambulisme est un sommeil: on répète aux somnambules qu'elles dorment, d'où elles concluent qu'elles doivent avoir les yeux fermés. Mais si on laisse les somnambules agir à leur guise, beaucoup, comme Lucie, ont presque constamment les yeux ouverts. C'est alors que M. Despine prétend que leur regard a toujours un caractère tout particulier et distinctif. « Les yeux, dit-il, sont grandement ouverts... ; les pupilles largement dilatées restent immobiles à l'action de la lumière : la conjonctive insensible ne sent pas le besoin d'être lubréfiée par les larmes, aussi le clignotement des paupières est supprimé ou fort rare [6]. » L'auteur est si convaincu de l'importance de ce caractère qu'il prétend « par l'inspection des yeux découvrir les fraudes tentées par une fausse somnambule ». Il faut avouer que je n'aurais pas une pareille hardiesse ni une pareille conviction.

Sans doute, ce regard existe quelquefois, et M. Despine indique très bien dans quelle circonstance, « lorsque la rétine est paralysée » ; alors, en effet, « ce regard amaurotique a assez de ressemblance avec celui de l'individu qui est assez myope pour ne pouvoir distinguer aucun des objets environnants ». Ainsi, pendant la catalepsie, quand on n'excite pas le sens visuel, l'œil prend ce caractère. Si on ouvre de force les yeux d'une hystérique au début du somnambulisme, à un moment où, d'ordinaire (car il peut y avoir des exceptions) elle ne voit pas clair, ses yeux auront l'aspect amaurotique. Mais, est-il donc admis qu'une somnambule ait toujours la rétine paralysée et soit toujours aveugle ? D'après une opinion assez ancienne, que Maine de Biran lui-même a soutenue, le somnambule se conduirait toujours d'après ses rêves, d'après des hallucinations qui lui représentent les objets tels qu'il les connaît et non d'après de véritables sensations visuelles. Cette opinion me paraît complètement inexacte. Si on laisse le somnambulisme se développer suffisamment, il y a des sujets qui ouvrent les yeux d'eux-mêmes, ou bien on peut les leur faire ouvrir, en vérifiant le moment où ils voient clair. On reconnaît évidemment qu'une somnambule se dirige alors d'après la vue des objets réels, comme on peut facilement le vérifier en la menant dans un endroit qu'elle ne connaît pas. Les yeux n'ont plus alors cet aspect bizarre, ils sont tout à fait normaux et, même pendant la catalepsie, si l'on fait fixer un objet, dans les actes par imitation, par exemple, on voit les yeux remuer et prendre une apparence normale. Pour ce qui est de cette attitude des somnambules, j'ai fait plusieurs fois une expérience que je crois décisive. J'ai envoyé plusieurs fois Lucie, en plein somnambulisme, parler à des personnes étrangères qui n'étaient pas prévenues et elle a toujours été prise pour une personne normale. Marie peut être laissée en somnambulisme dans une salle d'hôpital, sans que les autres malades soupçonnent son état. Sans doute, il y a, pour moi qui les connais bien, quelques traits caractéristiques et je n'aurais pas toujours besoin d'interroger leur sensibilité ou leur mémoire pour savoir dans quel état elles se trouvent : Marie est plus pâle en somnambulisme qu'à l'état de veille; Lucie, qui a plusieurs tics au visage quand elle est éveillée, a une figure calme et régulière dans le second état. Mais ce sont des signes individuels et de minime importance qui ne permettent pas de fonder une distinction scientifique.

Enfin pour terminer cette énumération des signes physiques qui ont été proposés, M. Charcot, puis MM. Paul Richer, Binet, Féré, etc., ont vu chez les hystériques mises en somnambulisme une contracture particulière qui se produisait dans les muscles à la suite d'une friction superficielle ou même d'une simple insufflation sur la peau. Puisque, dans ce travail, je me tiens surtout au récit de ce que j'ai pu voir, je dois dire que j'ai cherché ce caractère sur une douzaine de personnes mises en somnambulisme et toutes hystériques, et que je ne l'ai constaté que sur deux sujets. D'autre part, une hystérique, Rose, qui ne présente jamais ce caractère en somnambulisme, le présente quelquefois à l'état de veille. C'est assez pour que, au moins pour ma part, je ne considère pas ce fait comme caractéristique.

En réalité, j'en suis maintenant convaincu, il n'y a pas de signe physique qui permette de reconnaître si une femme est en somnambulisme ou si elle n'y est pas, et c'est avancer beaucoup que de prétendre reconnaître cet état, au premier coup d'œil. M. Despine soutenait que la psychologie n'a pas à s'occuper du somnambulisme [7] et que la physiologie seule peut l'expliquer. Eh bien, loin de pouvoir l'expliquer, la physiologie ne peut même pas le reconnaître. Beaucoup d'auteurs, comme Bertrand, Braid et plus récemment Gurney, Bernheim, ont eu le grand mérite de reconnaître que le somnambulisme est un phénomène psychologique et qu'il ne peut être constaté que par des caractères uniquement psychiques. Cependant tous les phénomènes mentaux qui ont été allégués n'ont pas une égale importance.

Le Dr Carpenter parle de l'état de distraction du sujet hypnotisé. Il compare son état à la rêverie d'un poète devant un beau paysage ou à la distraction d'un savant absorbé par la recherche d'un problème [8]. Cela est vague et inexact. Il y a des somnambules fort peu distraits et qui étudient un problème avec la plus grande attention. D'ailleurs Stanley-Hall a pu dire au contraire que l'hypnose est une crampe de l'attention sur un objet. Gurney, qui cite cet auteur, remarque, avec justesse, que l'hypnotisé peut avoir une série de crampes de l'attention sur différents objets sans se réveiller en passant de l'un à l'autre. J'ajouterai que les somnambules ne sont pas toujours attentifs, pas plus qu'ils ne sont toujours distraits. Léonie, quand on exige d'elle de l'attention pour des expériences délicates, demande de temps en temps un peu de récréation pour se reposer et pour s'amuser.

Bertrand, Braid et surtout Bernheim ont cherché dans l'état de l'activité ou de la volonté la caractéristique du somnambulisme et ont constaté que le somnambule n'a pas de volonté personnelle, de spontanéité active et qu'il obéit à tous les ordres. Sans étudier en ce moment le phénomène de la suggestion qui est bien l'un des plus importants de cet état, je remarquerai seulement que rien n'est plus variable que l'état de la volonté dans le somnambulisme aussi bien que dans la veille. Une des plus curieuses études que j'aie pu faire, et sur laquelle je reviendrai longuement, est celle d'une jeune fille de seize ans presque idiote et probablement épileptique. Elle était, pendant la veille la plus normale et durant toute sa vie, plus suggestible, plus hallucinable que la plus docile des somnambules. D'ailleurs, M. Bernheim a parfaitement constaté les suggestions à l'état de veille et a seulement admis que ce phénomène était plus accentué en somnambulisme. Mais comment expliquer alors ces sujets qui, comme Rose, comme Lucie et bien d'autres, deviennent de plus en plus indépendants à mesure que le somnambulisme augmente de profondeur, et arrivent à un état où leur volonté est parfaitement normale, plus spontanée et plus indépendante qu'à l'état de veille [9]. En réalité, la volonté me paraît un phénomène secondaire dépendant de plusieurs autres choses, et c'est dans les faits plus élémentaires qu'il faut chercher les signes distinctifs du somnambulisme, c'est dans l'état de la mémoire et de la sensation.

---

1. De Lausanne. *Principes et procédés du magnétisme animal*, 1819, II, 54 ; de même dans Teste, *Magnétisme animal expliqué*, 1845, 285.
2. Baragnon. *Etude pratique du magnétisme animal*, 1853, 33.
3. Lafontaine. *L'art de magnétiser*, 1860, 99.
4. Baragnon. *Magnétisme animal*, 108.
5. *Revue scientifique*, 1888, II, 241.
6. Despine. *Somnambulisme*, 107.
7. Despine. *Op. cit.*, 80.
8. Voir Gumey. *Proceedings* S. P. R., II 266.
9. Voir ch. III de la présente partie.

arrivent à un état ou leur vie n'est pas tout à un moment donné la plus spontanée
et plus indépendante qu'à l'état de veille². Je résume : la volonté sera pour
nous plus tard une sorte de dépendant d'une autre action, chose, elle si
dans les plus élémentaires on il faut chercher les signe caractéristique du
même dernière : vertige l'oubli de la mémoire et le aussi intente.

9

CARACTÈRES ESSENTIELS DU SOMNAMBULISME : L'OUBLI AU RÉVEIL ET LA MÉMOIRE ALTERNANTE

Les phénomènes de la mémoire sont peut-être les plus importants de notre organisation psychologique, et leurs plus légères modifications ont sur toute notre vie un retentissement considérable. Or, dans toute la pathologie mentale, il n'y a pas de modification de la mémoire plus complexe et en même temps plus régulière que celle de la mémoire du somnambule. On constate en effet régulièrement dans la pensée des individus qui, pour une raison ou pour une autre, ont eu des périodes de somnambulisme, trois caractères ou trois lois de la mémoire qui leur sont particuliers : 1° oubli complet pendant l'état de veille normale de tout ce qui s'est passé pendant le somnambulisme; 2°souvenir complet pendant un somnambulisme nouveau de tout ce qui s'est passé pendant les somnambulismes précédents ; 3 °souvenir complet pendant le somnambulisme de tout ce qui s'est passé pendant la veille. La troisième loi présente peut-être plus d'exceptions et d'irrégularités que les deux autres, aussi dans cette étude, qui a surtout pour but de donner une idée générale du somnambulisme, insisterons-nous un peu moins sur elle. Mais les deux premières, malgré la diversité que présentent toujours des phénomènes aussi complexes, sont si générales et si importantes qu'elles peuvent être considérées comme le signe caractéristique de l'état somnambulique.

Le phénomène de l'oubli, au réveil, de tout ce qui s'est passé pendant le somnambulisme est si curieux et si frappant qu'il a été constaté dès les premières études de ce genre. « Lorsqu'il rentre dans l'état naturel, dit Deleuze [1], il perd le souvenir de toutes les sensations, de toutes les idées qu'il a eues dans l'état de somnambulisme; tellement que ces deux états semblent aussi étrangers l'un à l'autre que si le somnambule et l'homme éveillé étaient deux êtres différents... Ce caractère seul est constant et distingue essentiellement le somnambulisme. » « L'oubli de tout ce qui s'est passé pendant le sommeil magnétique, écrit aussi Baragnon [2], est un effet invariable sans lequel il n'y a point de sommeil. » Braid caractérise aussi le somnambulisme par l'oubli au réveil et l'appelle un dédoublement de la conscience. Il est inutile de multiplier ces citations que l'on pourrait emprunter à tous les écrivains aussi bien anciens que récents. Il vaut mieux donner quelques exemples pour faire comprendre l'importance du phénomène. Je vais un jour endormir Léonie vers deux heures de l'après-midi, je la tenais déjà en somnambulisme depuis quelque temps, quand je reçois une lettre de M. le Dr Gibert qui, ne pouvant venir me rejoindre, me demande de lui amener Léonie. Au lieu de réveiller la somnambule, je lui montre cette lettre et lui propose de venir avec moi comme elle était. « Je le veux bien, répond-elle, mais il faut d'abord m'habiller, vous ne voulez pas que je sorte comme cela. » Elle monte et s'habille; puis je l'emmène en voiture, ce qui la met au comble de la joie comme un enfant. Elle resta en somnambulisme, pendant toute la soirée, fut très vive et très gaie, se prêta à diverses expériences que nous voulions faire et dans les intervalles raconta une foule de choses. Ce n'est que vers minuit que je la ramène chez elle, et là, à la même place où je l'avais endormie à deux heures, je la réveille complètement. Après cette séance agitée, la voici au réveil calme, tranquille, convaincue qu'elle n'a pas bougé de la journée et qu'elle vient à peine de s'endormir. Mais, elle reste stupéfaite en voyant qu'elle a changé de costume, et je suis obligé de la rendormir et lui faire diverses suggestions pour l'empêcher de se préoccuper de cette singularité. Autre exemple: Pendant un somnambulisme, Lucie s'avise de se fâcher contre moi, je ne sais plus pourquoi. Croyant à une de ces bouderies passagères qui lui sont habituelles, nous ne la surveillons pas assez et elle en profite pour se sauver au travers des rues en plein somnambulisme. Il fallut la rejoindre, et la forcer à rentrer, ce qui ne fut pas facile. Comme la scène se prolongeait, je trouvai plus simple de la réveiller. Immédiatement, comme par enchantement, la voici douce et aimable sans le moindre reste de mauvaise humeur et sans songer à reprocher rien à personne. Chez elle, l'oubli est si complet qu'elle ne se souvient même pas, de même que Léonie, d'avoir dormi quelque temps. Si elle est endormie au milieu d'un acte ou d'une conversation, elle continue presque toujours au réveil son action ou ses paroles comme s'il n'y avait rien eu d'anormal : le somnambulisme, quelle qu'ait été sa durée, semble n'avoir pas existé et les deux moments de la veille paraissent se rejoindre. Rose est restée quatre jours et demi en somnambulisme (nous voulions essayer de guérir ainsi une paralysie des jambes qui avait résisté à tous les autres procédés et nous avons d'ailleurs parfaitement réussi) ; mais, pendant ces quatre jours, elle parle à plusieurs personnes et reçoit même des visites. Au réveil elle a tout oublié, se trompe sur le jour de la semaine et croit être quatre jours en arrière. Il en est ainsi pour toutes les somnambules que j'ai pu voir, que leur état anormal soit court ou prolongé, que les événements soient insignifiants ou graves, l'oubli est toujours complet et absolu, c'est une page entièrement effacée dans leur vie.

Le second phénomène, c'est-à-dire le retour de la mémoire dans un nouveau somnambulisme, est aussi facile à constater. Léonie rendormie, le lendemain de la journée que j'ai racontée, retrouva tout d'un coup l'excitation qu'elle avait eue la veille: « Vous ne vouliez pas me laisser rentrer à pied, me dit-elle de suite, vous avez vu comme je marche bien et j'étais à peine fatiguée. » Lucie, quand je la rendors aussi le lendemain, recommence immédiatement la scène que le réveil avait interrompue. Cette fois, je réussis à la calmer et à obtenir heureusement une réconciliation. Une autre somnambule, N., que j'ai endormi deux fois, à un an d'intervalle, retrouva dans le second somnambulisme le souvenir minutieux de tout ce qu'elle avait fait dans le premier et me rappela des détails que j'avais moi-même complètement oubliés. Tous ceux qui ont endormi plusieurs fois la même personne ont remarqué ce phénomène aussi banal que singulier.

Le second état possède d'ordinaire en plus le souvenir complet des actes et des idées de la veille normale : le sujet, pendant le somnambulisme, peut raconter ce qu'il a fait ou senti pendant la journée et connaît encore les mêmes personnes. Une seule fois j'ai assisté à un somnambulisme de Rose, différant accidentellement des autres, pendant lequel elle ne me reconnaissait plus et paraissait avoir oublié la plupart des événements arrivés depuis son séjour à l'hôpital. Mais ce cas est très rare et je ne l'ai point vu se reproduire. Il faudra cependant en tenir compte si on essaye d'expliquer ces modifications de la mémoire.

Considérer cet état de la mémoire comme le caractère essentiel du somnambulisme, n'est-ce pas se fier à un signe facilement simulable et difficile à bien constater. Nous répondrons d'abord que jusqu'à présent on n'en possède pas de meilleur, ensuite que ce critérium est plus sûr qu'on ne le suppose. Contrairement à l'opinion générale, je considère les phénomènes psychologiques comme bien plus difficiles à simuler que les phénomènes physiques, et je crois qu'il serait plus aisé de jouer même une crise d'épilepsie que de feindre la folie pendant plusieurs jours devant un aliéniste. Pour le sujet qui nous occupe, il suffit d'un petit nombre de renseignements et d'un peu d'habitude pour simuler une contracture ; il faudrait beaucoup d'intelligence, d'attention et de mémoire pour ne jamais confondre les souvenirs acquis pendant le somnambulisme et les souvenirs acquis pendant la veille et n'être jamais pris en défaut. On peut faire une critique plus grave à la façon de poser les questions pour vérifier l'état de la mémoire. Il est en effet quelquefois dangereux d'interroger directement le sujet. La question même peut, par une sorte de suggestion, réveiller un souvenir qui resterait sans elle ignoré. Je ne crois pas, en général, ce danger très grand, car les suggestions relatives à la mémoire sont rarement aussi faciles, et on ne réveille pas les souvenirs d'un sujet en lui demandant ce qu'il a dit ou fait pendant qu'il dormait. Cependant le danger existe et M. Gurney [3], qui l'a souvent signalé, indique aussi un assez bon moyen pour le conjurer: il faut vérifier leurs souvenirs par leur conversation même, sans avoir l'air de les interroger directement. « Posez-leur une question en apparence indifférente à laquelle ils répondront d'une manière particulière s'ils ont certains souvenirs et d'une autre s'ils ne savent de quoi il s'agit. » Ce procédé est excellent et plus facile en pratique qu'il ne parait être. Mais il faut pour cela, comme je l'ai dit, connaître très bien le caractère et toute la vie du sujet et se résigner à passer un très long temps avec lui. Les expériences psychologiques demandent des précautions particulières et ne peuvent pas être faites rapidement. C'est par ce procédé que, au moins toutes les fois que le doute était possible, nous avons vérifié avec soin l'état de la mémoire chez les personnes dont nous parlerons ; mais nous n'indiquerons pas ici, pour chacune, les expériences et les conversations qui nous ont servi à faire ces vérifications : cela allongerait inutilement ce travail.

Ces disparitions et ces retours de la mémoire existent dans d'autres états que dans le somnambulisme artificiel. On les trouve d'abord et tout aussi nets dans le somnambulisme naturel. Un jeune homme, cité par Georget [4], passait subitement après un cri initial dans un état nouveau où il avait un autre caractère qu'à l'état normal, tout en conservant ses facultés. « Il revenait à lui, si on le serrait à bras le corps, étonné, il avait tout oublié ; il retrouvait tout dans l'accès suivant et néanmoins il se croyait dans son état habituel, en sorte que c'était comme deux existences différentes. » « J'ai traité, raconte Erasme Darwin [5], une demoiselle jeune et très spirituelle affectée d'une rêverie qui revenait d'un jour à l'autre et durait presque toute la journée ; comme elle conservait pendant ses accès des idées de la même espèce que celles qu'elle avait eues le jour précédent et qu'elle ne se rappelait plus l'instant suivant quand il y avait absence d'accès, ses parents s'imaginaient qu'elle avait deux âmes. » J'ai cité ces deux observations parce qu'elles sont moins connues ; mais il est facile d'en recueillir une quantité d'autres. On connaît la malade du Dr Mesnet qui, une nuit, met tranquillement des sous à infuser dans un verre d'eau et écrit qu'elle veut mourir. Elle enferme sa préparation dans une armoire dont elle cache la clef et se réveille. La nuit suivante, l'accès reprend et la voici qui retrouve la clef et court à l'armoire chercher son verre [6]. On connaît aussi le rêveur de Despine qui, toutes les nuits, se vole à lui-même des pièces d'or et va toujours les cacher au même endroit [7]. Quant aux études du Dr Azam [8] sur Félida et sur Albert X... ; quant à la description de la somnambule de Dufay [9], elles sont aujourd'hui tout à fait classiques.

Le même fait se constate facilement pendant le délire qui suit la crise d'épilepsie [10] et surtout la crise d'hystérie. Rose avait la mauvaise habitude d'injurier régulièrement une servante de l'hôpital à la fin de ses crises. Elle ne s'en souvenait plus après son réveil, et ne pouvait y croire quand on le lui disait. Cependant, à la crise suivante, elle reprenait ses injures au même point et Insistait en criant : « J'ai eu bien raison de dire ceci et cela, c'était bien vrai », et elle répétait tous les détails du délire précédent.

Certains auteurs ont montré que la mémoire a un caractère analogue pendant les rêves les plus ordinaires, ce qui justifierait ce mot de Dupotet [11] : « Il n'y a pas de sommeil sans somnambulisme. » On trouverait dans le travail de M. Myers [12] de bons exemples, trop longs pour être rapportés ici, où un songe est évidemment le souvenir d'un autre songe oublié pendant la veine. Ce qui me paraît plus curieux à rappeler et plus utile pour éclaircir ces problèmes de la mémoire, c'est que l'on a constaté des faits analogues pendant l'ivresse de l'opium [13] et l'ivresse de l'alcool. Les faits sont surtout nets quand il s'agit de l'alcool ; chacun sait qu'un homme ivre oublie au réveil ce qu'il a fait pendant l'ivresse. J'ai eu quelquefois l'occasion de faire une petite expérience bien simple: on propose à un individu... trop gai... un bon moyen de prouver qu'il est resté dans son état normal, on lui indique un chiffre et on le prie d'en garder le souvenir pour le répéter le lendemain. En général, si l'ivresse était sérieuse, il serait absolument incapable le lendemain, malgré ses efforts, de retrouver le chiffre qu'on lui a dit. Mais je n'ai pas vérifié le retour de la mémoire dans une ivresse consécutive. Voici une observation des plus nettes à ce sujet. Un nègre complètement ivre dérobe des instruments de chirurgie au Dr Keulemans [14]. Le lendemain, il soutient qu'il ne les a pas touchés et les cherche en vain sans pouvoir les retrouver ; deux jours après, on le rencontre ivre de nouveau et on lui parle encore de la perte des instruments. Il réfléchit cette fois, part de suite et malgré l'obscurité va tout droit les trouver dans une boîte où il les avait cachés pendant sa première ivresse. Ces faits relatifs à l'ivresse, tout intéressants qu'ils soient, ne diminuent pas la valeur du signe que nous avons choisi pour caractériser le somnambulisme. Ils nous montrent seulement que certains troubles de l'esprit doivent lui être comparés, et nous ne tarderons pas à voir qu'il y a en effet d'autres traits encore qui rapprochent l'ivresse du somnambulisme.

Ne rencontrons-nous pas une difficulté plus grave dans l'existence de ce fait souvent constaté que quelques somnambules conservent, après leur sommeil, une certaine quantité de souvenirs ? Le fait est incontestable, il s'agit de voir dans quelles circonstances il se produit et comment on peut l'interpréter. Commençons par mettre à part tous les faits de souvenir qui sont relatifs à la suggestion: il est bien clair que si je commande à une somnambule de faire telle action à son réveil, elle ne peut exécuter mon commandement que si elle en conserve de quelque manière le souvenir. Cette mémoire nécessaire à l'exécution de la suggestion se présente sous les formes les plus variées, tantôt complètement consciente, tantôt ignorée par le sujet, tantôt elle envahit l'esprit subitement comme une impulsion dont il ignore l'origine, tantôt elle se développe lentement. Nous aurons à étudier plus tard ces façons différentes d'exécuter une suggestion : il suffit de remarquer maintenant que c'est là une mémoire tout à fait superficielle et momentanée. D'abord cette mémoire n'embrasse que les commandements qui doivent être exécutés à ce moment. Si nous étudions G..., sur laquelle ce souvenir est très net, nous lui faisons pendant le sommeil deux commandements : 1° faire le tour de la chambre à son réveil ; 2° venir demain à 4 heures dans une salle désignée, et en outre nous la faisons causer de diverses autres choses. Au réveil, elle ne souvient pas du tout de la conversation qu'elle a eue avec nous, elle ne se souvient pas davantage du deuxième commandement qu'elle doit exécuter demain; mais elle se rappelle que je lui ai dit de faire le tour de la chambre, ce qu'elle fait maintenant. Le souvenir du deuxième commandement réapparaît le lendemain à quatre heures, et, quant au souvenir de la conversation, il ne réapparaîtra que dans le prochain somnambulisme. En second lieu, cette mémoire est momentanée ; M. Beaunis [15] a complètement démontré ce fait que j'ai toujours observé. Si un sujet exécute une suggestion avec conscience et mémoire au moment où il l'exécute, il ne tarde pas, quelques instants après, à perdre complètement le souvenir non seulement du commandement, mais même de son exécution. N.... à qui j'ai commandé d'aller cueillir des fleurs après son réveil, exécute mon commandement. Je m'approche d'elle et lui demande ce qu'elle fait, elle me répond qu'elle cueille des fleurs et qu'il n'y a rien de mal à cela, etc. L'instant suivant, elle soutient ne s'être pas levée de sa chaise et ne savoir d'où viennent ces fleurs. Nous retrouverons ces mêmes caractères si, au lieu de suggérer un acte, nous suggérons la mémoire de certaines paroles prononcées en somnambulisme [16]. Léonie endormie voulait conserver le souvenir de quelques renseignements qu'elle m'avait demandés. Je lui commandai de se les bien rappeler. En effet, au réveil, il fut facile de constater qu'elle se souvenait assez bien de mes paroles ; mais le lendemain elle me redemanda elle-même, éveillée, ces mêmes renseignements : le souvenir n'avait donc pas duré. Peut-être serait-il possible de faire à ce propos des suggestions plus durables, mais on modifierait alors les phénomènes naturels et l'on créerait un état tout à fait artificiel.

Il y a cependant naturellement une certaine mémoire persistante après les sommeils hypnotiques très légers, qui d'ailleurs se rapprochent beaucoup de la veille. « Un sujet hypnotisé pour la première fois, dit Gurney [17], se souvenait de tout, non seulement des actions qu'il avait faites, mais encore des sentiments de surprise qu'il avait eus en les faisant. Il semblait qu'il y eût deux moi, l'un regardant les actions involontaires de l'autre sans penser qu'il fût utile de les faire cesser. » Ch. Richet [18] cite même un individu qui, non seulement se souvenait de ses actions suggérées pendant le somnambulisme, mais encore se figurait toujours les avoir faites librement. J'ai moi-même constaté cette persistance du souvenir chez un jeune homme que j'avais hypnotisé plusieurs fois, mais très légèrement. Ses paupières étaient restées fermées malgré lui et ses bras ne pouvaient, malgré ses efforts, quitter les positions où je les mettais. Réveillé, il put se souvenir facilement de tout. Il est facile de remarquer que, dans ces cas, le seul critérium de l'état somnambulique a été le phénomène de la suggestion. Or, on sait que ce phénomène existe parfaitement à l'état de veille. Pourquoi ne pas dire qu'il y a eu chez ces personnes des phénomènes suggestifs à l'état de veille, qu'ils n'ont point changé d'état pour avoir leurs bras ou leurs paupières paralysées, qu'ils ont simplement présenté quelques phénomènes inconscients et que le souvenir des autres s'est conservé tout naturellement ?

Une remarque plus intéressante sur la mémoire des somnambules a été faite par M. Delbœuf. Ayant remarqué que, dans certaines circonstances, le souvenir des rêves suggérés pendant le somnambulisme persistait après le réveil, il a été amené à conclure que « le rêve hypnotique est de même nature que le rêve ordinaire et soumis aux mêmes lois, et que les rêves hypnotiques se prêtent au rappel dans les mêmes conditions que les rêves ordinaires [19] ». Que, dans bien des cas, surtout lorsqu'il s'agit d'un somnambulisme peu profond, il y ait lieu de rapprocher à bien des points de vue le sommeil hypnotique du sommeil normal, cela est tout à fait incontestable, mais que l'identité soit absolue et que les modifications de la mémoire ne, soient pas bien plus considérables dans le cas du sommeil hypnotique, c'est ce que les faits ne permettent pas d'admettre [20]. Nous retrouvons encore ici ces différences de degrés si importantes en psychologie. Quand on réveille le sujet brusquement au milieu de l'accomplissement d'un acte suggéré, il en garde le souvenir comme d'un rêve. Pendant le somnambulisme, je fais croire à Lucie que sa robe brûle et elle presse l'étoffe pour arrêter la flamme. Réveillée brusquement à ce moment, elle murmure : « Tiens, j'étais assez bête pour croire que ma robe brûlait. » Ce souvenir persiste de même, comme je l'ai fait remarquer ailleurs [21], lorsqu'il s'agit, non pas d'un acte, d'un mouvement, mais d'une simple hallucination. Je dis à Lucie qu'il y a dans la chambre un feu de Bengale vert et elle l'admire, puis, choisissant un moment où elle est tout à fait immobile dans sa contemplation, je la réveille brusquement. Il me suffisait pour cela de frapper dans mes mains, c'était un signal convenu, et, à son réveil, elle cherche partout avec étonnement : « Pourquoi avez-vous éteint le feu de Bengale vert... ah ! c'était un rêve. » Les mêmes expériences réussissent à peu près de la même manière avec Marie qui, lorsqu'elle est réveillée brusquement, conserve non seulement le souvenir mais même l'hallucination faible et persistante des rêves somnambuliques. « Tiens, dit-elle alors, vous avez donc allumé un feu de Bengale… seulement c'est dommage, il s'éteint peu à peu. » Il semble donc que, dans cette expérience, le réveil n'a pas aboli le souvenir du somnambulisme et qu'il n'y a pas eu de scission dans la vie psychologique.

Remarquons d'abord que cette expérience ne peut être répétée que sur les sujets dont le réveil peut être brusque et rapide ; or, il est facile de remarquer que ces sujets-là sont ceux qui sont le moins endormis ou dont le somnambulisme est le moins profond. Deux choses nous le prouvent : 1° Lorsqu'un sujet est endormi pour la première fois, il a d'ordinaire un sommeil léger et il peut être réveillé brusquement ; lorsqu'il est endormi souvent, il prend un sommeil profond dont il ne peut plus être tiré facilement. Tout au début de mes études sur Lucie, je pouvais facilement répéter l'expérience précédente , au bout de quelque temps, je ne pus y parvenir; car il fallait au moins une minute pour la réveiller, ce qui interrompait complètement l'acte somnambulique et ne laissait pas persister le souvenir. 2°J'ai été amené, à tort ou à raison (on en verra les preuves plus tard), à considérer un somnambulisme comme profond lorsque l'état psychologique du sujet, les sensibilités diverses, le caractère, l'intelligence devenaient très différents de ce qu'ils étaient pendant la veille. Eh bien, les sujets qui ont une modification de ce genre ne peuvent pas être réveillés facilement. Le réveil difficile accompagne toujours le somnambulisme profond. Rose et Léonie qui présentent tous les phénomènes de la catalepsie, toutes les modifications des sens, etc., ont besoin de plusieurs minutes pour être réveillées complètement et n'ont jamais pu retrouver le moindre souvenir au réveil. Cette persistance de la mémoire n'accompagnerait donc que des somnambulismes légers.

Même pour ceux-ci, il faut faire une remarque importante: le souvenir ainsi obtenu par le réveil brusque n'est pas de longue durée : il existe au moment même du réveil et on peut le saisir si on interroge le sujet à ce moment ; mais il disparaît peu à peu et ne laisse bientôt plus aucune trace dans la conscience. Marie, qui me félicite, au réveil, du feu de Bengale que j'ai allumé, constate d'abord avec regret que la lumière s'efface, puis elle n'en conserve plus que le souvenir et dit : « Le feu de Bengale était joli tout à l'heure, mais il est parti bien trop vite. » Enfin cinq minutes après elle soutient n'avoir rien vu et ne sait ce que je veux dire quand je parle de feu de Bengale. Il est vrai que si je la rendors, le souvenir va revenir complet ; mais si je la laisse éveillée, l'oubli est maintenant définitif. Pour m'expliquer cela, je ne puis faire qu'une supposition, c'est qu'elle a été d'abord mal réveillée, et qu'ensuite elle s'est réveillée peu à peu. D'ailleurs, pour que l'expérience réussisse bien, il faut que l'acte commencé en somnambulisme continue un peu après le moment du réveil, et pour que l'acte continue ainsi, il est nécessaire que le somnambulisme ne disparaisse pas subitement. En réalité, les états psychologiques sont continus et le sujet ne saute pas de l'un à l'autre ; il y a une période posthypnotique qui se prolonge quelquefois assez longtemps après le réveil, et il est tout naturel que le souvenir du somnambulisme persiste quelque temps pendant cette période [22].

Si mon explication ne s'applique pas à tous les cas, c'est que la complexité des phénomènes psychologiques est extrême et qu'il peut sans cesse se rencontrer des circonstances anormales qui modifient la loi générale. Au moyen âge, paraît-il, on considérait l'oubli après le somnambulisme comme un signe de sorcellerie: les malheureuses somnambules, par peur du bûcher, dit Bertrand, se suggéraient à elles-mêmes la conservation du souvenir et y réussissaient quelquefois. Aujourd'hui, on fait des expériences devant un public amené spécialement pour constater le souvenir au réveil, on laisse les sujets se voir les uns les autres pendant le somnambulisme, on les dresse à considérer une expérience comme amusante quand ils en conservent le souvenir et comme ennuyeuse dans le cas contraire, enfin on ravive quelquefois les souvenirs, en leur faisant raconter souvent leurs rêves et on crée une mémoire artificielle. Il n'est pas étonnant que l'on rencontre ainsi assez souvent cette mémoire posthypnotique. Si l'on change ces conditions défectueuses, ce phénomène du souvenir au réveil sera totalement absent, croyons-nous, après les somnambulismes profonds, rare et de peu de durée après les autres. Aussi conservons-nous le caractère de l'oubli au réveil comme le signe le plus important de l'état somnambulique et persistons-nous à croire que, s'il fait complètement défaut, il y a eu suggestibilité à l'état de veille et non point somnambulisme.

---

1. Deleuze, *Histoire critique du magnétisme animal*, 1819, I, 187.

2. Baragnon. *Op. cit.*, 173.

3. Gurney. *The stages of hypnotic memory. Proceedings* S. P. R., 1887, 517.

4. Georget. *Maladies mentales....* 1827, 129.

5. Erasme Darwin. *Zoonomie*, trad., 1810, II, 163.

6. Régnard. *Sorcellerie*, etc., 1887, 221. - Gilles de la Tourette. *Hypnotisme*, 236.

7. Despine. *Somnambulisme*, 93.

8. Azam. *Hypnotisme, double* conscience, 1887, 129.

9. Dufay. *Revue scientifique*, 1er décembre 1885, Gilles de la Tourette.

10. Voir Myers. *Automatic writing. Proceedings* S. P. R, 1887, 230.

11. Dupotet. *Traité du magnétisme animal*, 4e édit, 1883, 470.

12. Myers. *Op. cit*, 226. Voir aussi Charma, *Du sommeil*, 1852, 36.

13. Myers. *Op. cit*, 227.

14. Myers. *Op. cit.*, 228.

15. Beaunis. *Somnambulisme provoqué*, 1887, 122.

16. Les magnétiseurs citent de nombreux exemples de souvenirs conservés au réveil sur l'ordre de celui qui endort. *Journal du magnétisme*, 1855, 223, et Bertrand, *Somnambulisme*, 81.

17. Gurney. *Proceedings S. P. R.* II, 67.
18. Ch. Richet. *L'Homme et l'Intelligence*, 1884, 169.
19. Delbœuf. *La mémoire chez les hypnotisés.* Revue philosophique, 1886, I, 441.
20. Cf., 1re part., ch III et IIe part., ch. IV.
21. *Les actes inconscients et le dédoublement de la personnalité.* Revue philosophique, 1886, II, 577.
22. Pour plus de détails sur la période posthynotique, cf. IIe partie, Ch. II.

10

VARIÉTÉS ET COMPLICATIONS DE LA MÉMOIRE ALTERNANTE

Ces oublis et ces recours de la mémoire si frappants dans le somnambulisme se présentent quelquefois avec un degré de complication plus grand qu'il est très utile de connaître. Un même sujet n'entre pas toujours dans le même état somnambulique ; il entre dans des états variés qui sont bien tous analogues au sommeil hypnotique, mais qui ne sont pas identiques entre eux. Il arrive alors que, suivant l'état où il a été amené, il présente une mémoire différente, se souvient ou ne se souvient pas de tel ou tel autre état où il a été précédemment. En un mot, les perturbations que le somnambulisme ordinaire amène dans la mémoire du sujet quand il est revenu à l'état de veille, un autre somnambulisme pourra les produire également quand le sujet rentre dans le premier état.

Voici une observation très curieuse publiée d'abord dans la bibliothèque du magnétisme, puis étudiée de nouveau dans le traité du somnambulisme de Bertrand [1]. Une jeune fille de treize ou quatorze ans tombait dans différents états nerveux distincts de la veille, dans des crises nerveuses, du somnambulisme naturel et du somnambulisme artificiel ou magnétique. « Quoique la malade eût le libre exercice de son intelligence dans tous ces différents états, elle ne se souvenait dans son état ordinaire de rien de ce qu'elle avait fait ou dit dans chacun d'eux ; mais ce qui paraîtra étonnant, c'est que, dans le somnambulisme magnétique dominant pour ainsi dire sur toutes les espèces de vies dont elle jouissait, elle se souvenait de tout ce qui était arrivé soit dans le somnambulisme, soit dans les crises nerveuses, soit à l'état de veille. Dans le noctambulisme, elle perdait le souvenir du sommeil magnétique et sa mémoire ne s'étendait que sur les deux états inférieurs. Dans les crises nerveuses, elle avait de moins le souvenir du noctambulisme ; enfin dans l'état de veille, comme au plus bas degré, elle perdait le souvenir de tout ce qui s'était passé en elle dans les états supérieurs. » Le docteur Herbert Mayo cite un cas de quintuple mémoire : l'état normal du sujet était interrompu par quatre variétés d'états morbides dont il ne conservait pas le souvenir au réveil, mais chacun de ses états présentait une forme de mémoire qui lui était propre [2]. J'ai moi-même signalé, en mai 1887 [3], un phénomène de ce genre que j'observais pour la première fois sur Lucie; après le somnambulisme ordinaire, elle avait un second somnambulisme dans lequel elle présentait une mémoire complète de tous ses états psychologiques, même de ses crises d'hystérie. Au réveil de ce nouvel état, elle rentrait dans le premier somnambulisme et ne gardait alors aucun souvenir de ce qui venait de se passer : elle retrouvait au contraire le souvenir de ce second somnambulisme lorsque je l'y ramenais. M. de Rochas [4], la même année, remarque le même fait sur son sujet Benoist: « Si l'on continue cette application sur Benoist l'application de l'aimant sur un sujet qui a déjà traversé un somnambulisme et qui est en léthargie), on détermine un cinquième état qui ressemble à l'état somnambulique en ce que le sujet reprend possession de ses facultés intellectuelles ; sa mémoire et la plupart de ses sens sont même hypéresthésiés, sauf la vue ; il perd au réveil le souvenir de ce qui s'est passé dans cet état, mais il le retrouve lorsqu'on l'y ramène... » Enfin M. Gurney [5], dans une étude très curieuse, montre que certains sujets ont « des stades de mémoire distincts qu'ils traversent pendant leur sommeil hypnotique. » Ces états de mémoire sont un peu différents de ceux que je viens de signaler ; chaque état de conscience ne conserve en effet le souvenir que de lui-même. Voici comment l'auteur exprime ces phénomènes délicats : « Après avoir amené un état particulier de sommeil que nous appellerons l'état A, nous causons d'une chose quelconque avec le sujet. Celui-ci est alors amené à un état plus profond, l'état B, et si on veut continuer avec lui la conversation précédente, il se trouve tout à fait incapable de s'en souvenir, et même de se souvenir que quelque chose lui a été dit. On commence alors avec lui une nouvelle question en le priant de se la rappeler, après quoi on le ramène à l'état A. Il ne peut se rappeler ce que l'on vient de lui dire dans l'état B, mais continue la conversation commencée dans le premier état A, dans lequel il se retrouve. Mené de nouveau à l'état B, il se rappelle de même ce qui lui a été dit dans cet état, mais a oublié ce qui a été imprimé en lui dans l'état A. Éveillé, il ne se souvient de rien de ce qui lui a été dit » [6]. L'auteur a constaté ainsi trois états de mémoire [7] pendant le sommeil hypnotique, ce qui faisait, pour ce sujet, en tenant compte de la mémoire pendant l'état de veille, quatre formes de mémoire différentes.

Reprenons nous-mêmes sur nos sujets l'étude si curieuse de ces variations de la mémoire. Comme ces phénomènes sont extrêmement complexes et très difficiles à décrire clairement, nous demandons la permission d'user d'une notation conventionnelle. Autrefois, nous avons désigné le sujet dans chacun de ces états par des prénoms différents et nous avons dit : état de Léonie, état de Léontine, etc., pour les états successifs d'une même personne. On nous a fait remarquer avec raison les confusions qui résultent d'un semblable procédé. A l'exemple de M. Azam, nous dirons donc maintenant état 1, état 2, état 3 du même sujet pour désigner les phases par lesquelles il passe, et pour désigner le sujet 4 ans ces états nous dirons, ainsi que M. Jules Janet l'a très bien proposé, le prénom du sujet avec un numéro d'ordre correspondant à l'état dans lequel il se trouve : ainsi, Lucie 1, c'est le sujet Lucie en état de veille ; Lucie 2, c'est le même sujet dans le second état qui est ici le somnambulisme ordinaire. La suite de notre travail fera voir de plus en plus combien l'emploi de ces notations est justifié.

J'ai commencé par endormir simplement Lucie de la manière ordinaire, et j'ai constaté, à propos de ce second état, les phénomènes de mémoire propres à toutes les somnambules. Un jour, à propos d'une suggestion que je voulais lui faire et qui ne réussissait pas, j'ai essayé de la faire dormir davantage, espérant augmenter ainsi le degré de suggestibilité du sujet. J'ai donc recommencé à faire des passes sur Lucie 2, comme si elle n'était pas déjà en somnambulisme. Les yeux qui étaient ouverts se fermèrent, le sujet se renversa et sembla s'endormir de plus en plus. Il y eut d'abord une contracture générale qui ne tarda pas à se dissiper, et les muscles restèrent flasques comme dans la léthargie, mais sans aptitude aux contractures provoquées ; aucun signe, aucune parole ne pouvait amener le plus léger mouvement. C'est là cet état de syncope hypnotique que j'ai déjà signalé, je l'ai revu souvent depuis et, chez certains sujets, il m'a paru former une transition inévitable entre les divers états psychologiques. Après une demi-heure de ce sommeil, le sujet se redressa de lui-même, et les yeux d'abord fermés, puis ouverts, sur ma demande, il se mit à parler spontanément. Le personnage qui me parlait alors, Lucie 3 suivant notre convention, présentait à tous les points de vue une foule de phénomènes extrêmement curieux [8]. Je ne puis pour le moment en signaler qu'un seul, c'est l'état de la mémoire. Lucie 3 se souvenait parfaitement de sa vie normale, elle se souvenait également des somnambulismes provoqués précédemment et de tout ce que Lucie 2 avait pu dire ; en outre, elle pouvait me raconter en détail ses crises d'hystérie, ses terreurs devant des hommes qu'elle voyait cachés dans les rideaux, ses somnambulismes naturels pendant lesquels elle avait été se préparer à dîner ou faire son ménage, ses cauchemars, etc., toutes choses dont ni Lucie 1, ni Lucie 2 n'avaient jamais présenté le moindre souvenir. Il fut assez long et difficile de réveiller alors ce sujet : après un passage de quelques minutes au travers de la syncope déjà décrite il se retrouva en somnambulisme ordinaire, mais Lucie 2 ne put pas me dire alors ce qui venait de se passer avec Lucie 3 ; elle prétendit avoir dormi sans rien dire. Quand je ramenai plus tard et plus facilement le même état, Lucie 3 retrouva immédiatement ces souvenirs en apparence disparus.

Cette observation si curieuse, que je croyais alors plus inconnue qu'elle ne l'était réellement, m'inspira le désir de recommencer la même expérience sur un autre sujet également très intéressant, sur Léonie. Cette personne a un premier somnambulisme, état de Léonie 2, très facile à produire ; attendons d'abord que cet état soit bien complet et bien développé, ce qui n'a lieu qu'au bout de deux ou trois heures. Essayons alors d'endormir Léonie 2 comme si elle était une personne normale et employons pour cela les mêmes procédés auxquels elle est habituée, attouchements du pouce, passes, etc. Léonie 2 peu à peu cesse de parler, s'endort profondément et finit par tomber en léthargie. Continuons les passes malgré la léthargie ; le sujet pousse un soupir et paraît se réveiller ; mais ce réveil singulier est très lent. Les sens semblent se réveiller l'un après l'autre: le sens musculaire d'abord, car le sujet garde maintenant les membres dans la position où ils sont mis, le tact ensuite quand un objet mis dans la main provoque un mouvement, la vue enfin quand le sujet voit et imite les mouvements qui sont faits devant lui. Ces phases cataleptiques déjà décrites dans le chapitre précédent sont bien ici, comme nous l'avons vu, des formes de la conscience à l'état naissant. En effet, si nous continuons les passes surtout sur la tête pendant la catalepsie même, l'état du sujet se transforme et la catalepsie se développe en un somnambulisme nouveau. Le sujet qui était dressé pendant la catalepsie s'est peu à peu renversé, il a doucement fermé les yeux et semble dormir profondément.

Ni la pression des tendons comme dans la léthargie, ni la friction de la peau comme dans le somnambulisme ne provoquent de contractures, les bras restent encore dans la position où je les mets si j'insiste quelque peu. La figure est pâle, les yeux enfoncés et les lèvres serrées avec une expression de sévérité et de tristesse qui ne lui est pas habituelle. Cet état semble se rapprocher de la catalepsie dont il n'est que le développement ; mais il y a une différence capitale, c'est que le sujet peut maintenant comprendre la parole et répondre. Il parle, il est vrai, d'une manière singulière, il commence par répéter mes questions comme dans l'écholalie cataleptique, mais il répond ensuite. « M'entendez-vous, lui dis-je. - M'en-ten-dez-vous, oui-Mon-sieur », répond-elle après un instant de silence. Cette parole n'existe pas toujours, car il y a, dans ce second somnambulisme, comme dans le premier, des alternatives de veille et de sommeil qui ne se distinguent d'ailleurs l'une de l'autre que par la présence ou l'absence de la parole. Si on parvient à maintenir ce même état pendant quelque temps, une heure par exemple, ce qui est difficile, l'intelligence semble grandir, le sujet, que nous pouvons appeler maintenant Léonie 3, répète moins les questions et y répond davantage. Nous pouvons constater, comme pour Lucie 3, des faits psychologiques intéressants sur lesquels nous reviendrons, mais il faut maintenant étudier seulement l'état de la mémoire. 1º Le sujet dans cet état se souvient de tout ce qu'il a fait ou entendu dans les somnambulismes du même genre ; 2º le sujet se souvient facilement de ce qui a été fait pendant l'état de veille par Léonie 1 ; 3º enfin le sujet dans cet état se souvient du somnambulisme ordinaire et des actions de Léonie 2. Je croyais avoir amené pour la première fois cet état de Léonie 3, mais elle me raconta qu'elle s'était autrefois fréquemment trouvée dans ce même état quand elle avait été endormie par M. le Dr Alfred Perrier, qui l'avait trouvé comme moi en essayant d'approfondir le sommeil de Léonie 2. Cette résurrection d'un personnage somnambulique disparu pendant vingt ans était fort curieuse et je lui ai naturellement conservé, quand je lui parle, le nom de Léonore qui lui avait été donné par son premier maître. C'est pour éviter les confusions que nous la désignerons ici sous le nom de Léonie 3.

Le caractère le plus important de ce nouveau somnambulisme ne s'observe que lorsqu'il est terminé. En effet, on fait cesser cet état de différentes manières : le sujet retombe en léthargie, puis se réveille en somnambulisme ordinaire, état de Léonie 2. Celle-ci reprend la conversation au point où elle a été interrompue avec elle dans le même état et n'a jamais le moindre souvenir de ce qui s'est passé dans l'état de Léonie 3. Cette perte de souvenir n'est pas causée par la léthargie intermédiaire, car Léonie 2 se souvient de toute sa vie à elle, quoiqu'elle ait été coupée par de nombreuses léthargies. En un mot, Léonie 2 ne se souvient pas plus de Léonie 3 que Léonie 1, tout éveillée, ne se souvient du somnambulisme. Cet état de Léonie 3 est donc bien un nouveau somnambulisme par rapport à l'état de Léonie 2, comme celui-ci en était un par rapport à la veille.

La description de ces deux sujets serait suffisante pour faire comprendre ce phénomène de mémoire et nous ne parlerions pas de nos études sur un troisième sujet, Rose, si cette personne n'avait présenté les mêmes phénomènes avec un degré de complication bien plus grand, et si elle ne nous donnait l'occasion d'insister sur un point important: l'analogie des phénomènes naturels de l'hystérie et des divers états somnambuliques. Cette femme, lorsqu'on l'hypnotise, peut présenter quatre formes de somnambulismes distinctes les unes des autres. La mémoire dans ces différents états semble dépendre de conditions très complexes et varie de l'un à l'autre ; les deux premiers états s'ignorent réciproquement, quoiqu'ils aient tous deux le souvenir de la veille ; le troisième et le quatrième se superposent comme les somnambulismes successifs de Lucie et de Léonie, le dernier état présentant le souvenir de tous les autres et de la vie tout entière. Mais, en dehors du somnambulisme, la vie de cette personne présente un grand nombre d'accidents hystériques très variés, des crises convulsives, des délires hystériques qui se prolongent quelquefois pendant des journées entières et dont elle ne garde aucun souvenir, en outre des amnésies, des oublis singuliers qui ont déjà été souvent décrits. Il lui arrive d'oublier complètement, sans que l'on sache pourquoi, des parties importantes de sa vie qui avaient cependant paru normales. Ainsi, un jour, après une crise, elle perd la mémoire des trois semaines qui ont précédé. Eh bien, le souvenir de l'un ou de l'autre de ces états oubliés revient facilement, quand elle rentre dans certaines périodes déterminées de son somnambulisme artificiel. Ainsi le souvenir du délire hystérique est complet pendant le second somnambulisme ; mais le souvenir des périodes de la vie atteintes par l'amnésie, n'est pas encore revenu. Il n'est récupéré d'une manière complète que dans la quatrième période, pendant laquelle la mémoire du sujet ne présente plus aucune lacune particulière. Ce retour des souvenirs nous permet, je crois, d'assimiler les états ainsi réunis par la mémoire: le deuxième somnambulisme de Rose serait un état psychologique analogue à son délire hystérique, et son quatrième somnambulisme serait un état analogue à ces périodes de la vie qui sont subitement oubliées. C'est là une hypothèse qui ne s'appuie, jusqu'à présent, que sur un caractère, celui de la mémoire, et que nos études vont justifier de plus en plus.

La description de ces mémoires alternantes, quoiqu'elle soit faite d'une façon superficielle sans entrer dans les détails, peut paraître compliquée et obscure. Nous sommes convaincus cependant que la psychologie doit quitter un peu les généralités abstraites et entrer dans ces détails, si elle veut devenir un jour une science utile et pratique. C'est grâce à la connaissance de ces divers états psychologiques des hystériques que l'on peut guérir leurs paralysies et leurs contractures, et il faudra entrer dans des études bien plus ardues, si on cherche un jour le véritable traitement moral de la folie qui est bien plus compliquée que l'hystérie. Mais, dans cet essai, il nous a suffi de montrer que l'oubli au réveil et la mémoire alternante n'appartiennent pas simplement au somnambulisme ordinaire, mais qu'ils se retrouvent avec beaucoup de variations dans beaucoup d'états et permettent de constater bien des variétés de somnambulisme.

---

1. Bertrand. *Traité du somnambulisme,* 1823, p. 318.
2. *Appendix to the report on mesmerism. Proceedings S. P. R.,* 1882, 288.
3. *L'anesthésie systématisée et la dissociation des phénomènes psychologiques. Revue philosophique,* 1887, I, 449.
4. De Rochas. *Les forces non définies,* 1887, à l'Appendice.
5. Edm. Gurney. *Stages of hypnotic memory. Proceedings* S. P. R., 1887, 515.
6. Gurney. *Loc. cit,* 515.
7. *Id.,* 522.
8. Voir pour les modifications de la volonté qui survinrent, le chapitre suivant.

11

ÉTUDE SUR UNE CONDITION PARTICULIÈRE DE LA MÉMOIRE ET DE L'OUBLI DES IMAGES

Constater un phénomène n'est pas suffisant, il faut encore chercher à l'expliquer. D'où viennent ces changements d'états psychologiques ? Pourquoi ces oublis et ces retours bizarres de la mémoire ? Toutes les hypothèses possibles ont été proposées et les passer toutes en revue serait parcourir toute l'histoire du magnétisme animal. La plupart de ces théories ayant été déjà résumées dans les ouvrages de Maury, de Despine, de Ribot, il nous suffira de citer les plus célèbres et de montrer combien elles tiennent peu compte des véritables éléments du problème. Les uns prétendent que l'attention a été trop faible pendant le somnambulisme et les phénomènes psychologiques trop légers [1]. Les autres disent, au contraire, que la concentration a été si forte et les phénomènes si violents, que l'esprit a été épuisé et ne peut plus au réveil reproduire cette même idée [2]. Ces deux hypothèses se réfutent l'une par l'autre, ne tiennent aucun compte de la variété des phénomènes somnambuliques qui tantôt sont très forts, tantôt très faibles, enfin expliqueront bien difficilement le retour si parfait de la mémoire dans un nouveau somnambulisme. M. Despine, comme nous l'avons déjà vu, attribue cet oubli à la disparition totale du moi et de la conscience pendant l'état anormal: « On ne peut l'expliquer que par la non-participation du moi et de la conscience personnelle à cet acte, lequel est dû à l'activité psychique inconsciente, c'est-à-dire automatique du cerveau, pendant une suspension momentanée de l'activité consciente de cet organe » [3]. Il y a peut-être quelque chose de vrai dans cette théorie de la disparition du moi ; mais en conclure que toute conscience est supprimée pendant le somnambulisme, cela nous semble vraiment paradoxal et inadmissible. Il y a plus à retenir, je crois, des théories de Maury [4] sur le rôle des associations d'idées dans la mémoire ; mais, comme il le remarque lui-même, l'oubli des somnambules ne peut pas s'expliquer entièrement par la rupture de la chaîne des associations. Si, immédiatement après le réveil, elles n'ont pas toujours sous les yeux un objet ou un mouvement associé avec les actes précédents et qui les leur rappelle, il est cependant vraisemblable que, dans le cours de la journée, il leur arrivera de voir des objets ou de faire des actes identiques à ceux qui ont été faits en somnambulisme. Pourquoi la puissance de l'association ne s'exerce-t-elle pas à ce moment pour réveiller les souvenirs. Léonie en somnambulisme a cueilli un bouquet de fleurs, quand elle est réveillée, je lui donne ce bouquet à emporter: pourquoi ne comprend-elle pas d'où il vient ? Pourquoi par association ne se souvient-elle pas de l'avoir cueilli ?

Quelques-uns des anciens magnétiseurs expriment aussi une idée très juste et dont nous tirerons profit quand ils parlent des changements de la sensibilité qui se produisent pendant le somnambulisme. « Dans tout sommeil, dit Bertrand [5], il existe une privation plus ou moins complète de la sensibilité et de la motilité des organes extérieurs... La sensibilité reflue à l'intérieur, le somnambule éprouvant de nouvelles perceptions fournies par les organes intérieurs, leur succession constituera une nouvelle vie différente de celle dont nous jouissons habituellement. » C'est à peu près une idée du même genre qu'exprimait M. Ribot quand il admettait des variations de la cœnesthésie ou sensibilité générale pendant le somnambulisme, variations qui deviendraient le centre des associations nouvelles et d'une nouvelle mémoire. Ces idées nous semblent vraies dans leur généralité, mais on conviendra qu'elles restent encore assez vagues et peuvent difficilement s'appliquer aux cas particuliers. C'est pour cela que nous essayerons d'esquisser à notre tour une explication de ces phénomènes bizarres d'oubli et de mémoire. Notre hypothèse ne sera pas plus définitive que les précédentes et elle n'a pas de prétention à être très générale. Elle est simplement destinée à expliquer les faits que j'ai pu observer, et elle a cet unique avantage sur les précédentes d'être appuyée sur quelques observations et quelques expériences précises, faites dans de bonnes conditions. Pour expliquer les faits présentés par d'autres somnambules, il faudrait probablement élargir et transformer notre hypothèse, mais la direction générale en resterait probablement la même.

Toute hypothèse, disent les logiciens, comprend trois parties une observation fortuite, une suite d'idées et de raisonnements destinée à l'expliquer et des expériences instituées pour vérifier les conséquences de cette supposition. C'est cet ordre que nous suivrons dans l'exposition de nos recherches.

Une des femmes que j'ai étudiées le plus longtemps, Rose, avait présenté, avant d'entrer à l'hôpital, à peu près tous les accidents de l'hystérie la plus grave ; elle avait eu, entre autres choses, des pertes de mémoire singulières qui survenaient brusquement à la suite d'une crise ou d'une sorte de léthargie et qui embrassaient une ou plusieurs des semaines qui avaient précédé l'accident. Tout récemment, elle avait eu un accident de ce genre et, à la suite d'un sommeil cataleptique ou léthargique qui avait été mal déterminé, elle avait totalement oublié les trois mois précédents. L'attaque léthargique étant arrivée à peu près subitement vers la fin de septembre après un intervalle où elle semblait se bien porter, cette personne s'était réveillée sans aucun souvenir des mois de juillet, août et de septembre. J'avais été tout naturellement très intéressé par cette amnésie naturelle et, à plusieurs reprises, au moyen du somnambulisme ou de la suggestion, j'avais essayé de raviver ces souvenirs ; mais, je dois le dire, je n'avais eu aucun succès. Beaucoup plus tard, l'habitude d'être endormie et l'influence curieuse des passes amenèrent chez cette femme un grand nombre d'états somnambuliques divers séparés les uns des autres, comme je l'ai dit, par des périodes de syncope et de catalepsie. Dans une de ces périodes nouvelles qui venait de se produire, elle me dit un jour spontanément : « Vous m'avez souvent demandé ce qui s'est passé au mois d'août et au mois de septembre. Pourquoi donc n'ai-je pas pu vous répondre, c'était si simple ; je le sais bien maintenant..., j'ai fait ceci et cela..., etc. » Le souvenir des trois mois oubliés était totalement revenu, ainsi que je pus le vérifier. Mais dès que ce somnambulisme changea et que le sujet entra dans l'état de veille ou dans un autre somnambulisme, ces souvenirs disparurent de nouveau complètement. Qu'y avait-il donc de particulier dans cet état somnambulique survenu par hasard, pour que ces souvenirs réapparussent à ce moment et point à un autre ? Mon attention fut attirée par un phénomène particulier, important ou non, mais qui constituait la seule différence visible pour moi entre cet état et les autres. A l'état de veille et dans tous les autres états, ainsi que je le savais depuis longtemps, Rose était totalement anesthésique et sa conscience ne percevait aucune sensation tactile ou musculaire. Dans ce somnambulisme particulier qui amenait le retour des souvenirs, Rose recouvrait subitement la sensibilité tactile et musculaire du côté droit et devenait hémianesthésique. D'autre part, quand j'ai cherché des renseignements sur l'état du sujet pendant ces trois mois dont le souvenir avait été perdu, j'ai appris qu'elle se portait assez bien et avait alors la sensibilité tactile au moins du côté droit. En effet, elle avait reçu alors une petite blessure causée par un coup de couteau au bras droit et en avait beaucoup souffert. Or, en ce moment, quand elle est éveillée, elle est si insensible qu'elle ne souffre d'aucune blessure, même quand, dans ses crises, elle se fait de véritables plaies au membres. Donc elle n'était pas pendant ces trois mois anesthésique comme aujourd'hui ; elle sentait au moins du côté droit. Si nous comparons l'état dans lequel les souvenirs ont été acquis et l'état, qui est maintenant un somnambulisme particulier, dans lequel ces souvenirs sont restaurés, nous voyons que ces deux états ont un point commun qui leur est propre, l'existence de la sensibilité tactile et musculaire du côté droit.

Cette observation fortuite m'amena tout naturellement à supposer qu'il devait y avoir une relation entre l'état de la sensibilité et l'état de la mémoire. Les souvenirs acquis par une certaine sensibilité semblaient ne pouvoir être remémorés ou reproduits que si cette sensibilité subsistait dans le même état. Pour discuter la valeur de cette hypothèse et pour l'appliquer à des cas nouveaux, il me semble nécessaire de distinguer deux cas et d'étudier à part deux espèces de mémoires. Il y a d'abord la mémoire élémentaire ou sensible, celle qui consiste simplement dans le souvenir de telle ou telle sensation particulière considérée isolément, et il y a ensuite une mémoire complexe ou intellectuelle, qui nous fournit le souvenir des idées compliquées et qui ne peut guère exister chez l'homme que grâce au langage. Ne nous préoccupons d'abord que de la première mémoire et cherchons à quelles conditions elle est possible.

La mémoire contient un élément très important, mais, en réalité, accessoire : c'est la reconnaissance et la localisation. Ces distinctions sont, comme le dit M. Ribot [6], l'apport de l'intelligence dans la mémoire, rien de plus ; elles ne constituent pas le souvenir. L'élément essentiel du souvenir est ici, comme on sait, la reproduction sous forme d'image de la sensation précédemment éprouvée. Or, il est admis aujourd'hui, depuis les recherches de Galton, que l'image est, avec une complexité ordinairement moindre, identique à la sensation. Pour que l'image puisse se produire et par conséquent pour que la mémoire puisse avoir lieu, il faut donc de toute nécessité que la faculté de sentir cette sensation existe encore au moins en partie. Un individu, qui aurait complètement perdu un sens et qui ne pourrait plus à aucun degré apprécier les sensations que ce sens procurait, aurait perdu en même temps toutes les images et par conséquent tous les souvenirs relatifs à ces sensations. Mais, dira-t-on, un homme devenu subitement aveugle par un accident conserve encore, quoiqu'il ne puisse plus rien voir, le souvenir des sensations visuelles. C'est que cet individu n'a perdu que l'œil, organe extérieur de la vision et non pas la faculté psycho-physiologique de voir. S'il avait perdu les centres nerveux de la vision, la faculté même d'apprécier les sensations visuelles, il n'aurait plus le souvenir d'avoir vu et, comme un aveugle de naissance, il ne saurait plus ce que c'est que voir. Il y a des individus de ce genre ; on peut montrer que les choses se passent ainsi dans les anesthésies hystériques.

Dans cette maladie, ce n'est pas l'organe extérieur qui est atteint, il est parfaitement intact ; ce sont les centres mêmes qui ne fonctionnent plus, ou du moins qui fonctionnent d'une manière anormale, comme nous le verrons plus tard [7]. Aussi, à l'inverse d'un aveugle par accident qui conserve les rêves et les hallucinations de la vue après la perte de l'œil, les hystériques qui ont une anesthésie complète et profonde ne conservent point les hallucinations du sens qu'elles ont perdu. Examinons ce fait et montrons ensuite quelles conséquences il peut avoir pour l'exercice de la mémoire élémentaire.

Rose fut, à un moment, anesthésique totale et en même temps dyschromatopsique des deux yeux, c'est-à-dire qu'elle ne sentait le contact sur aucun point du corps et qu'elle ne distinguait aucune couleur ni par l'œil droit, ni par l'œil gauche ; elle voyait tous les objets gris et blancs. A ce moment, il m'était complètement impossible de lui faire éprouver aucune hallucination visuelle colorée ni aucune hallucination tactile. Si je lui suggérais de voir des fleurs, des costumes, etc., elle les voyait toujours gris et blancs ; si je lui suggérais un chatouillement, une douleur, une température anormale, elle ne sentait absolument rien. Au même moment, on pouvait éveiller par un mot toutes les hallucinations auditives, ce qui prouve qu'elle était très suggestible. Je l'ai interrogée sur ses rêves et elle m'a assuré voir les objets en rêve de la même manière que pendant la veille, gris et blancs, et ne jamais sentir aucun contact. Chez ce sujet, les images avaient complètement disparu en même temps que les sensations [8].

Inversement, quand on arrive, ce qui est quelquefois possible, à provoquer une hallucination malgré l'anesthésie du sujet, on fait réapparaître en même temps la sensibilité normale. Il faut aussi remarquer que, chez certains sujets dont l'anesthésie est peu profonde et d'origine récente, les suggestions peuvent réveiller les images sensibles, surtout par l'intermédiaire d'autres images qui ont été conservées [9]. Par exemple, Marie est depuis quelques jours anesthésique totale : je lui suggère qu'une chenille court sur sa main ; elle affirme ne rien sentir. Je lui dis de regarder et de voir la chenille : elle la voit et en même temps la sent : l'image visuelle a réveillé l'image tactile. Mais ce qui est intéressant à constater, c'est qu'en même temps tout le bras est devenu réellement sensible et que Marie sent maintenant toutes les piqûres et tous les contacts. L'image sensible n'a pu être évoquée sans ramener la sensation réelle, et cette observation montre d'une manière inverse la dépendance entre l'image et la sensation.

Cherchons maintenant quelles conséquences un pareil phénomène peut avoir sur l'état de la mémoire : il est facile de comprendre et de vérifier par l'expérience que cette perte des images amène la perte de tous les souvenirs qui s'y rattachent. Un des premiers symptômes qui nous prouvent, je crois, cette perte des souvenirs, c'est l'indifférence bien connue des hystériques pour tout ce qui dépend de leurs anesthésies [10]. Il me semble que, si je me réveillais un matin sans aucune sensation tactile ni musculaire, que si je perdais tout d'un coup, comme Rose, la sensation des couleurs et ne voyais plus dans l'univers que du noir et du blanc, j'en serais épouvanté et que j'irais tout de suite demander du secours. Ces femmes, au contraire, trouvent leur état si naturel qu'elles ne s'en plaignent jamais. C'est moi qui, à la suite de quelques essais, ai fait remarquer à Rose qu'elle ne distinguait aucune couleur, elle n'en savait rien. Quand j'ai montré à Lucie qu'elle ne sentait aucune douleur ni aucun contact, elle m'a répondu : « Tant mieux. » Quand je l'ai amenée à constater qu'elle ne savait jamais la position de ses bras sans les voir et qu'elle perdait ses jambes dans son lit, elle m'a répondu : « Mais c'est tout naturel, du moment que je ne les vois pas ; tout le monde est comme cela. » En un mot, elles ne peuvent pas faire de comparaison entre une sensation ancienne dont elles ont complètement perdu le souvenir et leur état présent, et elles ne souffrent pas plus de leur insensibilité que nous ne souffrons de ne pas entendre « l'harmonie des sphères célestes ». Quand une hystérique, comme Marie, se plaint d'être insensible, c'est qu'elle ne l'est pas totalement ; quand l'insensibilité est complète, l'absence de souvenirs est aussi complète.

Il est assez facile de vérifier maintenant ce point par des expériences précises : on pourrait faire éprouver à ces personnes une sensation déterminée quand elles sont bien sensibles, attendre que le cours de la maladie les rende anesthésiques et voir si elles ont alors conservé le souvenir de la sensation précédente. Mais l'expérience serait ainsi bien longue et bien difficile à surveiller. Il vaut mieux, je crois, se servir des changements artificiels produits dans leur sensibilité au moyen des agents œsthésiogènes. Après quelques tâtonnements, j'ai reconnu que l'on pouvait rendre momentanément à Rose la sensibilité d'une partie de son corps par trois procédés : ou bien par l'application prolongée d'un fort aimant, ou par l'application de plaques métalliques d'étain ou de plomb, ou enfin et plus facilement encore au moyen d'un courant électrique de moyenne intensité (20 ou 30 éléments Trouvé).

Il y aurait à faire ici, si je voulais discuter cette question, une étude intéressante sur l'action de ces procédés. Il me semble que, dans le cas présent, il est bien difficile d'expliquer leur influence par « l'expectant attention », ou par un phénomène de suggestion, puisqu'il s'agit précisément d'un sujet sur lequel la suggestion d'hallucination tactile n'avait aucune prise et qui ne possédait plus d'images tactiles. La suggestion se sert d'un état psychologique, elle ne le crée pas. Ici, sous l'influence d'un de ces trois agents, la sensibilité tactile réapparaissait dans le bras droit et alors on pouvait suggérer des hallucinations tactiles de ce membre, tandis que cela était impossible auparavant.

Rose étant donc à l'état de veille, je lui rends la sensibilité tactile du bras droit par un courant électrique et je m'assure qu'elle sent bien les piqûres et les attouchements. Je lui mets alors dans la main droite un petit objet que je la prie de reconnaître au toucher sans le regarder : « C'est un petit crayon », me dit-elle. Je supprime alors le courant électrique et, pendant quelques minutes, je lui parle d'autre chose. Au bout de quelque temps je lui demande : Qu'aviez-vous dans la main tout à l'heure ? - Un petit crayon, répond-elle. J'examine la main droite et je vois qu'elle est encore sensible, cet examen peut se faire rapidement sans la prévenir. Repassant auprès d'elle une heure plus tard, je répète la même question et elle me répond alors: « Vous ne m'avez rien mis dans la main, je ne me souviens de rien. » Si j'examine alors rapidement la main droite, je constate qu'elle est de nouveau complètement anesthésique. Mais, dira-t-on, en une heure, elle a pu oublier une chose aussi insignifiante que le contact de ce petit objet. Soit, mais poursuivons l'expérience. Le lendemain, je retourne la voir et je constate qu'elle n'a naturellement ni sensibilité de la main droite ni souvenir de mon crayon. Je lui applique encore sur la main le même courant électrique ; au bout de deux ou trois minutes, le bras est de nouveau sensible et elle se met à dire spontanément : « Ah, mais c'était un petit crayon que vous m'aviez mis dans la main hier. »

Dans cette expérience, qui a son intérêt et que j'ai souvent répétée, on voit que les deux moments où le souvenir a été acquis et où il a été reproduit sont tous les deux des instants de la veille pendant lesquels la main droite a été rendue sensible par un courant électrique. Qu'arriverait-il si ces instants appartenaient à deux états différents, l'un à la veille et l'autre au somnambulisme? Nous avons vu que Rose présente divers somnambulismes, au moins quatre caractérisés par des mémoires différentes ; dans deux de ces états, le troisième et le quatrième, elle est naturellement sensible du côté droit, c'est-à-dire que sous l'influence des passes ou du sommeil prolongé, il arrive un moment où Rose sent bien de tout le côté droit et que, si on la réveille de cet état pour entrer par exemple dans le second, elle ne sent plus et elle a oublié ce qui s'est passé dans le troisième somnambulisme. Eh bien, pendant cet état particulier où elle est sensible, je lui mets dans la main droite un objet: « C'est un sou », dit-elle sans regarder. Je lui fais fermer les yeux et je remue moi-même sa main droite « Vous me faites faire le signe de la croix », dit-elle. Cela fait, je la réveille, elle passe par les somnambulismes inférieurs, arrive à la veille et la voici comme toujours anesthésique totale. Sans interroger directement, je constate par sa conversation qu'elle n'a aucun souvenir du somnambulisme ni de l'objet qu'elle a eu en main fort longtemps. D'ailleurs je puis même l'interroger directement et la presser de questions en suggérant presque la réponse, elle ne se souvient de rien. J'applique alors le courant électrique à la main droite qui redevient sensible et Rose me dit spontanément: « C'était un sou que vous m'aviez mis dans la main..., vous m'avez fait le signe de la croix pendant que je dormais, quelle drôle d'idée ! » Inutile d'insister plus longtemps sur cette même personne, le phénomène est chez elle constant : ramenez par un procédé quelconque, électricité, plaques métalliques, somnambulisme, etc., un état particulier de sensibilité et vous ramenez en même temps tous les souvenirs élémentaires qui ont été acquis par cette même sensibilité à un moment quelconque.

Il est plus intéressant de reprendre la même expérience sur un autre sujet et j'ai essayé de la reproduire avec Marie. Dès le début de mes recherches, je me suis heurté à une difficulté et les résultats de l'expérience m'ont paru contredire les précédents. En effet, le souvenir chez Marie persistait plus longtemps que la sensibilité. Fallait-il considérer comme fausses les expériences faites avec Rose? Non, un fait n'est jamais faux, on l'oublie trop souvent ; mais il peut dépendre de circonstances complexes et, si on ne le vérifie pas, c'est que l'on se place, sans le savoir, dans d'autres conditions. Avec un peu d'attention, voici ce que je crus remarquer: Marie n'est pas anesthésique de la même façon que Rose ; tandis que celle-ci a perdu complètement les images du sens tactile et qu'aucune suggestion, aucune parole ne peut les raviver, Marie, au contraire, peut avoir des hallucinations tactiles provoquées par la parole. Si je lui dis fortement qu'une chenille marche sur son cou, quoiqu'elle soit insensible, elle sent la chenille et même, chose bizarre que nous avons vue, cette image du sens tactile a ravivé pour un moment le sens tactile réel. C'est donc la parole qui ici vient introduire un élément de trouble dans l'expérience. Il faut éviter de la faire parler, car le souvenir de la parole se conserve à la place du souvenir de la sensation tactile et suffit même pour le faire renaître.

On peut opérer ainsi : je découpe dans du carton fort une dizaine de figures ayant toutes à peu près deux centimètres dans leur plus grande dimension [11] et de forme assez irrégulière pour qu'elles soient difficiles à désigner par le langage. Il faudrait, pour les nommer, dire un triangle scalène, un trapèze, etc., ce dont cette brave fille de la campagne est absolument incapable. Je vais lui faire toucher l'une de ces figures sans lui en demander le nom, puis, pour vérifier le souvenir, je vais lui faire reconnaître par le tact parmi les dix figures celle qu'elle a déjà touchée.

Pendant le somnambulisme profond, Marie aussi devient sensible, mais de tout le corps ; je lui fais alors toucher une figure, puis je la réveille. A ce moment, elle garde encore un peu de la sensibilité du somnambulisme, surtout si elle a été réveillée brusquement. Si je lui mets dans la main les figures, elle les tâte et me tend celle qu'elle a déjà touchée : « J'ai eu celle-là dans la main tout à l'heure. » On voit ici que le souvenir persiste après un réveil brusque, mais c'est parce que la sensibilité somnambulique a persisté [12]. Recommençons l'expérience en laissant plus d'intervalle après le réveil pour que toute sensibilité soit effacée. Alors je lui laisse regarder ou toucher les figures, elle ne les reconnaît pas et dit ne savoir ce que c'est. Cherchons à lui rendre la sensibilité sans la rendormir : Marie n'est pas sensible au courant électrique, je ne sais pourquoi ; il faut nous servir des plaques de Burcq et, après quelques essais, des plaques de fer qui agissent très fortement. L'application de la plaque de fer fait trembler la main, cause des picotements pénibles, puis, quand les secousses et les picotements ont absolument disparu, rend le bras complètement sensible. La main touche alors les figures et me tend immédiatement la vraie qui a été reconnue. Ici encore disparition de la sensibilité, disparition du souvenir ; persistance ou retour de la sensibilité, persistance ou retour du souvenir. « L'activité sensorielle, pourrait-on dire avec Bastian, forme la base de la pensée ; quand on l'éteint, la pensée disparaît ou s'endort »[13].

1. Dugald Stewart et A. Lemoine. *Du sommeil au point de vue physiologique et pathologique.*
2. Maury. *Le sommeil et les rêves*, 188.
3. Despine. *Somnambulisme*, 98.
4. Maury. *Ibid.*, 206.
5. A. Bertrand. *Traité du somnambulisme*, 1843, 467.
6. Ribot. *Maladies de la mémoire*, 2.
7. Cf., II, pan., ch. II.
8. Ce phénomène ne se produit pas tout à fait de la même manière et présente des difficultés d'interprétation particulières quand on expérimente sur des hémi-anesthésiques : nous en parlerons plus loin, 1re part, ch. III.
9. Cf. Paul Richer. *Op. cit.*, 710.
10. Cf. Dr A. Pitres. *Des anesthésies hystériques.* Bordeaux, 1887, 26.
11. On pourrait peut-être faire des figures de ce genre avec des dimensions différentes et obtenir ainsi de véritables échelles de sensibilité tactile analogues aux lettres de Wecker employées pour mesurer l'acuité visuelle.
12. Il en est de même quelquefois pour Rose.
13. Bastian. *Le cerveau et la pensée*, II, 123.

UNE CONDITION DE LA MÉMOIRE ET DE L'OUBLI POUR LES PHÉNOMÈNES COMPLEXES

Après cette étude beaucoup trop rapide des conditions de rappel pour la mémoire élémentaire, passons à la mémoire complexe ou intellectuelle, c'est-à-dire la mémoire complète des idées et des actes. Ici, la tâche nous est singulièrement facilitée par les beaux travaux psychologiques de M. Charcot sur le langage et les différents types sensoriels. On sait, en effet, que les actions et les idées complexes ne sont guère comprises et conservées dans le souvenir que grâce au langage. Chercher les conditions de la mémoire complexe des idées ou des actions, c'est en réalité chercher les conditions de la mémoire du langage.

Le langage est formé par un grand nombre d'images associées avec nos idées et nos mouvements, et ces images, ainsi que les médecins l'ont appris aux psychologues [1], ne sont pas les mêmes chez tous les individus. Les uns, les plus nombreux peut-être, pensent par ces images motrices ou kinesthésiques dont nous avons déjà parlé et qui ont une tendance, lorsqu'elles sont isolées, à se traduire au dehors par le mouvement réel ou la parole réelle. Ces gens-là pensent en parlant tout haut ou tout bas, mais toujours par les images du mouvement de la parole. Les autres pensent au moyen des images auditives ou visuelles, leur pensée est formée par une suite d'images de paroles entendues et non prononcées, ou par une suite d'images d'écritures, ou de signes vus et non entendus. Comment ces dernières personnes parlent-elles et agissent-elles ? Leurs images visuelles et auditives vont-elles éveiller d'abord les images motrices plus ou moins faibles qui se traduisent par du mouvement? Nous avons déjà discuté cette question et nous avons conclu qu'il en a été peut-être ainsi au début de la vie, mais que maintenant les choses se passent plus simplement. Le son d'une parole doit se traduire par les mouvements qui expriment cette parole exactement comme l'image motrice elle-même. L'habitude de parler et même d'agir au moyen des images auditives ou visuelles doit s'ajouter à l'habitude de penser au moyen de ces images et contribuer à séparer davantage ces différents types les uns des autres. Toutes les pensées et toutes les actions dépendant ainsi d'une seule espèce d'images, il en résulte que les souvenirs finissent par dépendre tous de la persistance de ces mêmes images.

On voit très bien, dans l'ouvrage de M. Ballet, comment une même lésion produit des effets très différents sur l'intelligence et la mémoire, suivant qu'elle frappe des individus usant habituellement de telle ou telle catégorie d'images. La perte des images visuelles, pour un individu dont tous les souvenirs sont cristallisés autour des images motrices, n'a pas grande importance ; elle supprimerait toute mémoire et toute parole chez un autre sujet qui se sert de ces images visuelles. Chez ce dernier, une nouvelle éducation plus ou moins facile peut grouper maintenant les idées et les actions autour d'une autre catégorie d'images, celles du sens musculaire par exemple ou du sens auditif, et cet homme, en apparence guéri, pourra de nouveau penser et agir. Mais il vivra entièrement de ces nouveaux souvenirs et ne pourra jamais retrouver les anciens [2], à moins que, par miracle, les anciennes images visuelles ne lui soient un jour rendues. Cette restitution des images perdues n'a pas lieu chez les malades aphasiques étudiés par M. Charcot, parce qu'une maladie cérébrale les a complètement détruites ; mais n'est-il pas possible que, chez d'autres sujets, ces images ne soient que momentanément supprimées et puissent être restaurées dans différentes conditions ? L'étude précédente sur la mémoire élémentaire nous a précisément montré que c'est ainsi que les choses se passent chez les hystériques et les somnambules.

Reprenons cette étude sur un exemple particulier qui servira d'illustration et de preuve. Quiconque examinera avec attention la conduite de Lucie à l'état de veille reconnaîtra facilement qu'elle est « un type visuel » extrêmement net. Elle pense, elle parle et elle agit presque uniquement par le sens de la vue. D'abord, la pauvre femme ne pourrait guère faire autrement, car elle n'a conservé d'à peu près intact que le sens de la vue. Elle n'a gardé la sensation tactile sur aucun point du corps ; elle n'a aucune sensation musculaire ; on peut remuer ses membres, même les attacher derrière elle, arrêter ses mouvements spontanés, le tout, sans qu'elle s'en aperçoive si elle ne regarde pas. Cette anesthésie très profonde lui a enlevé complètement tout souvenir de sensation tactile, elle prétend, comme nous l'avons vu tout à l'heure, que tout le monde est comme elle. Outre cette perte du sens tactile, Lucie a presque complètement perdu le sens de l'ouie : elle n'entend parler que si la voix est forte et assez proche, elle ne perçoit pas le tic tac de ma montre, même si je l'applique contre son oreille. La vue, quoique très diminuée (acuité visuelle, un tiers, champ visuel restreint à 20º), est encore le meilleur sens qu'elle possède. Aussi s'en sert-elle continuellement ; elle ne fait pas un mouvement, ne marche pas sans regarder sans cesse ses bras, ses jambes, le sol, etc. C'est ainsi d'ailleurs qu'un grand nombre d'hystériques peuvent conserver la faculté de coudre, de tricoter, d'écrire, sans avoir aucunement le sens musculaire. On s'y est souvent trompé et c'est pour cela que plusieurs auteurs déclarent l'anesthésie musculaire rare dans l'hystérie, tandis qu'elle est très fréquente. Les images visuelles peuvent même, dans quelques cas, suppléer aux sensations absentes et leur permettre de faire des mouvements les yeux fermés. Il n'en est pas ainsi chez Lucie : lui met-on un écran devant les yeux, ce qui la rend furieuse, elle ne peut plus rien faire, ni marcher, ni remuer les bras, ni même remuer la main, elle vacille et ne tarderait pas à tomber. Si on lui fermait les yeux entièrement, elle ne pourrait même plus parler, et... elle dormirait. On a déjà bien des exemples de ces sujets [3] qui s'endorment quand on supprime l'unique sens qui leur reste. C'est pour cela qu'il ne faut jamais toucher les yeux d'une hystérique quand on fait une étude sur son état de veille. J'ai observé quatre sujets de ce genre qui ne vivent que par le sens visuel et qui dorment dès qu'on leur ferme les yeux. Si on évite ce sommeil et si on interroge encore Lucie pendant qu'elle est éveillée, on constate qu'en pensant aux personnes, elle se les représente toujours d'après leur visage et leur costume. En un mot, à l'état de veille, tous ses souvenirs, quelle que soit leur origine, sont remémorés sous formes d'images visuelles.

Endormons-la maintenant profondément et, pour avoir des différences nettes, passons les intermédiaires, mettons-la dans son plus grand somnambulisme, l'état de Lucie 3, celui qui n'arrive qu'au bout d'une demi-heure de passes. La voici qui se relève et ouvre les yeux comme je l'ai dit: quelle personne avons-nous devant les yeux? Les sens qu'elle avait déjà à l'état de veille ne sont pas perdus, au contraire ils ont augmenté ; mais ce qui est frappant c'est qu'elle a retrouvé complètement et avec délicatesse tout le sens tactile et musculaire. Elle sait parfaitement où sont ses membres, elle distingue au toucher les plus petits objets, reconnaît ma main au simple contact, marche et même écrit sans regarder ni ses pieds ni sa main. Ces nouvelles sensations ne la surprennent pas d'ailleurs, elles les trouve encore très naturelles. Mais nous voyons qu'elle ne tient plus autant au sens visuel, elle ne réclame pas et ne paraît point changée si on lui ferme les yeux. N'est-il pas naturel de supposer qu'elle ne produit pas maintenant ses mouvements et surtout ses paroles grâce aux mêmes images que tout à l'heure, mais qu'elle se sert maintenant de celles du sens musculaire et tactile ? En un mot, ce n'est plus une femme du type visuel c'est une femme du type moteur.

Cette affirmation soulève quelques difficultés. Comment, dira-t-on, change-t-elle si facilement de type sensoriel et peut-elle aussi vite parler avec une catégorie d'images, lorsque tout à l'heure elle parlait avec une autre ? Les malades de M. Charcot ont eu besoin pour effectuer un pareil changement d'une longue rééducation. Je répondrai : son éducation comme type moteur est déjà faite depuis longtemps, parce qu'elle est hystérique , c'est-à-dire le type de l'instabilité psychologique. Depuis quinze ans qu'elle est malade, elle a passé son temps à changer ses sens et à s'exercer à parler et à agir tantôt avec l'un tantôt avec l'autre. M. Charcot, dans sa classification des types de langage, a parlé du type indifférent qui, au même moment, se sert d'une image ou d'une autre. Je demande une petite place pour le type alternatif, qui se sert successivement d'un sens puis d'un autre.

Quelle preuve a-t-on que Lucie ait été déjà antérieurement une motrice, comme elle paraît être dans cet état qui est maintenant artificiel? On en trouve une assez bonne dans l'état de ses souvenirs. Interrogeons-la maintenant en état de Lucie 3 : elle va nous raconter son enfance jusqu'à neuf ans que Lucie 1 a entièrement oubliée ; elle va nous parler de la grande peur qu'elle a eue un jour quand des hommes se sont cachés dans les rideaux et ont brusquement sauté sur elle, émotion qui formera la scène principale de toutes les crises hystériques. Elle va nous raconter ces crises mêmes et les mouvements qu'elle a faits et ses promenades dans la maison la nuit en somnambulisme naturel. Elle va surtout nous raconter cette année, qui a été si pénible pour elle, où pendant plusieurs mois on a voulu la tenir enfermée dans une chambre noire, parce qu'elle avait mal aux yeux, ne voyait pas clair et que le médecin, croyant avoir affaire à une lésion banale, la maintenait dans l'obscurité. Or , toutes ces histoires, Lucie, tout à l'heure ne pouvait pas nous les raconter et les ignorait absolument. Ne pouvons-nous pas supposer légitimement que, dans ces circonstances ignorées de Lucie 1, mais connues de Lucie 3, les souvenirs pour différentes raisons ne s'étaient pas associés aux images visuelles ? Tantôt elle se portait bien dans son enfance et pensait, peut-être comme tout le monde dans l'enfance, par les images musculaires, tantôt le sens musculaire fonctionnait seul comme pendant les crises, tantôt le sens visuel étant supprimé comme dans son attaque d'anesthésie oculaire. Il fallait bien penser autrement, et les souvenirs s'étaient alors réunis autour d'autres images. Ces images ne réapparaissant pas à l'état de veille, en vertu de la loi indiquée au paragraphe précédent, les souvenirs ne réapparaissaient pas davantage. Les passes, je ne sais vraiment pas pourquoi, ont agi comme auraient fait des plaques métalliques (des plaques d'or pour elle), ou comme aurait agi l'électrisation par une machine statique, et lui ont rendu les sens perdus. Les images sont toutes réapparues comme nous l'avions établi et avec elles tous les souvenirs. Mais la conversation que nous venons d'avoir avec Lucie 3 s'associe à son tour à cette mémoire particulière et accroît la somme des souvenirs musculaires et non celle des souvenirs visuels. Aussi quand nous allons la réveiller, c'est-à-dire tout simplement lui enlever les sensations surajoutées par une certaine excitation, Lucie va se retrouver la même qu'au début, va promener ses yeux de tous côtés et recommencer à penser avec ses images visuelles. Elle n'a plus ni sens musculaire ni sens tactile, donc point d'images de ces sens ou point de souvenirs de tout ce qui s'y rattache.

La même démonstration serait interminable s'il fallait la répéter sur tous les sujets. On pourrait démontrer facilement, croyons-nous, que Léonie est visuelle à l'état de veille, auditive en somnambulisme ordinaire où elle a une ouïe hyperexcitée, et motrice ou tactile en état 3. Mais l'étude de Rose serait surtout intéressante ; à l'état de veille, elle se présente avec les caractères suivants : elle a complètement perdu le sens musculaire ou kinesthésique aux deux jambes et au bras gauche, mais elle l'a conservé au bras droit; elle a la vue très affaiblie et comme elle est atteinte d'une dyschromatopsie complète elle ne distingue que du noir et du blanc. Mais elle a au contraire une ouïe à peu près normale ; elle aime la musique, a été chanteuse dans un café concert et s'irrite quand elle entend chanter faux. Cette analyse des sens nous montre que c'est une auditive, ce qui est assez rare chez les hystériques à l'état de veille, car elles sont presque toujours visuelles. Mais voici ce qui résulte pour ses mouvements de cette répartition des sens. On parle bien avec le sens auditif, mais on ne marche pas, car les mouvements des jambes s'associent difficilement avec des images de l'ouïe ; aussi cette malheureuse devient-elle paraplégique dès qu'elle perd la sensibilité musculaire des membres inférieurs. Pour une hystérique il n'est pas bon d'être musicienne. Elle a appris tant bien que mal à remuer son bras gauche par des images visuelles et ne peut s'en servir qu'en le regardant ; elle n'a de mouvements libres que ceux du bras droit par le sens musculaire conservé et ceux du langage par le sens auditif.

Quand j'ai commencé à l'endormir, j'ai rencontré une singulière difficulté qui survient rarement, je ne pouvais la faire parler en somnambulisme. Elle me comprenait cependant, faisait les mouvements que je commandais et paraissait éprouver les hallucinations, mais ne réussissait pas à parler comme si elle était affectée de mutisme hystérique. Après plusieurs séances de ce genre, j'allais renoncer à la faire parler, quand je fus frappé par un fait nouveau : les hallucinations visuelles amenaient la parole. Je lui commandais de voir des roses ; elle paraissait éprouver l'hallucination, s'agitait, ouvrait les yeux, semblait respirer l'odeur et murmurait : « Des roses ». J'arrivai ainsi en quelques séances à développer chez elle le langage, mais toujours au moyen des images visuelles.

D'ailleurs, il était facile de vérifier qu'elle n'était plus dyschromatopsique et avait un sens visuel presque normal. Il semble, je n'ose pas conclure avec certitude, que, retrouvant le sens visuel, elle entrait dans un état auquel elle n'était pas accoutumée et dans lequel elle ne savait pas user du langage Comme elle ne savait pas, ainsi que faisait Lucie, remuer ses jambes au moyen des images visuelles, je ne pouvais pas non plus dans cet état détruire sa paraplégie. Dans un autre état somnambulique, que je n'obtins que beaucoup plus tard et avec mille difficultés, elle retrouvait le sens tactile et musculaire d'abord du côté droit, puis du côté gauche, et alors il lui suffisait d'un faible effort pour décontracturer ses jambes et se mettre à les remuer sur mon simple commandement. Elle était devenue motrice, ce qu'elle avait été probablement une grande partie de sa vie, car elle parlait alors très facilement, retrouvait tous les souvenirs en apparence perdus à l'état de veille et n'avait plus aucune paralysie. Lorsqu'on réveillait Rose, elle perdait de nouveau toutes ces sensibilités surajoutées, oubliait tout et malheureusement ne savait plus marcher [4]. Tous les phénomènes, aussi bien ceux du mouvement que ceux de la mémoire, semblaient nettement dépendre de modifications dans l'état de la sensibilité.

En un mot, les phénomènes psychologiques complexes, les idées, les mouvements volontaires, le langage sont constitués, chez chaque individu et à chaque moment de la vie, par des images sensibles d'une espèce déterminée, et la mémoire des phénomènes complexes dépend de la reproduction de ces images élémentaires. Si ces images ne peuvent plus être reproduites, tous les souvenirs qui y sont liés disparaissent, et quoique l'individu puisse encore penser et parler avec des images nouvelles, il ne se souvient plus des pensées et des paroles précédentes. Que la reproduction des premières images redevienne possible, et les souvenirs réapparaîtront tout entiers. Or cette reproduction n'a lieu, on vient de le voir, que si l'état des sens se retrouve le même. La mémoire et l'oubli des phénomènes complexes se rattachent donc à ce même fait, la persistance ou la variation de l'état de la sensibilité.

---

1. Cf. Ballet. Langage intérieur.
2. Voir à ce propos une observation très complète de M. Charcot, rapportée par M. Ballet. Langage intérieur, 1886, 101.
3. Cf. Paul Richer. *Op. cit.*, 259.
4. La fameuse Estelle du Dr Despine (d'Aix) devait avoir un somnambulisme analogue à celui de Rose ; elle était, pendant la veille, impotente et paralytique, mais elle pouvait sauter et courir pendant le somnambulisme. - Cf. Despine. *Somnambulisme*, 188, 277. - A. Gambier. *Hist.*, II, 373. - Pigeaire. *Electricité animale*, 271, etc.

13

INTERPRÉTATION DE L'OUBLI AU RÉVEIL APRÈS LE SOMNAMBULISME

L'application des remarques précédentes au somnambulisme semble, après tout ce qui a été dit, tellement naturelle qu'il suffit d'insister sur quelques détails.

Pour comprendre la mémoire alternante des somnambules, nous avons été amenés à supposer qu'elle est due à une *modification périodique (qu'elle soit spontanée, ou provoquée) dans l'état de la sensibilité* et, par conséquent, dans la nature des images qui servent à former les phénomènes psychologiques complexes et en particulier le langage. Cette modification se produit surtout chez des sujets plus ou moins anesthésiques dans leur état normal, et elle consiste alors dans *la restauration momentanée d'une certaine catégorie d'images* dont les sujets ont ordinairement perdu la possession. Cette modification peut être plus ou moins complète et, chez certains sujets qui sont *distraits* plutôt que véritablement anesthésiques, consister simplement dans la *prédominance momentanée de certaines images* ordinairement négligées. Reprenons successivement l'examen de ces divers points.

1° Nous avons déjà eu l'occasion de montrer chez la plupart de nos sujets *ces variations périodiques de la sensibilité et des images* ; nous avons vu que l'un est un type visuel dans son état normal, puis momentanément un type moteur pendant le somnambulisme, que l'autre est un type auditif pendant la veille, puis un type visuel pendant un certain état anormal : il est inutile d'y revenir. Remarquons seulement que partout où, pour une raison ou pour une autre, il se produira des modifications analogues de la sensibilité, on pourra constater des phénomènes de mémoire analogues à ceux du somnambulisme.

Qui n'a été frappé de ce fait qu'une hystérique, anesthésique à l'état de veille, n'est plus anesthésique en catalepsie ? Fermez le poing gauche de Léonie ou de Lucie pendant la veille, elle ne s'en apercevra pas, et cependant, si je leur ferme le poing en catalepsie, même sans qu'elles puissent le voir, je leur suggérerai un sentiment de colère. Que l'on mette une clef dans la main gauche de Léonie pendant la veille et elle ne saura ce que c'est; mettons le même objet dans la main gauche pendant la catalepsie et elle fera le geste d'ouvrir une porte. Il y a donc une sensation tactile pendant la catalepsie qui n'existait pas pendant la veille. Il ne faut plus être surpris alors si ces deux femmes ne se souviennent pas de leur catalepsie pendant la veille, mais s'en souviennent dans le second somnambulisme, quand elles ont retrouvé la sensation tactile.

Une hystérique, comme Lucie ou Léonie, se souvient au réveil de ses rêves de la nuit, quand ils ont été *visuels*, mais ne s'en souvient pas quand ils ont été *moteurs* et qu'elle s'est levée de son lit, ce qu'elle ne peut faire dans l'obscurité sans l'intervention du sens moteur [1]. Les crises sont, comme le disait Moreau (de Tours), des délires musculaires ; il n'y a rien d'étonnant à ce que le souvenir n'en reparaisse que dans le somnambulisme où le sens musculaire est complet. Enfin nous comprenons comment, pendant la veille normale, peuvent se produire des pertes de mémoire singulières par de brusques changements dans la sensibilité dominante qui constitue le type sensoriel. « Une femme qui était anesthésique ne se souvenait que d'une partie restreinte de sa vie... En somnambulisme, elle n'avait aucune anesthésie et se souvenait de sa vie tout entière » [2].

Ces modifications de la sensibilité, effectuées par le sommeil hypnotique, ou par les passes, peuvent être obtenues par d'autres procédés quels qu'ils soient, pourvu qu'ils rendent momentanément au sujet des sensibilités qu'il a perdues. « Il y a des somnambules, disait déjà Charpignon [3], que l'on peut endormir par la machine électrique. » C'est là une grande vérité ; nous avons vu les effets partiels d'un petit courant électrique ; on connaît les excellents effets du bain électrique sur les hystériques. Le célèbre Louis V « récupère toutes ses sensibilités par le bain électrique... [4] et quand son cerveau est ainsi ouvert il se rappelle toute sa vie » [5]. Je suis convaincu que les appareils électriques seront prochainement le véritable instrument scientifique pour produire à volonté et régulièrement toutes les variétés du somnambulisme. Mais actuellement bien d'autres procédés arrivent au même résultat: l'aimant, les plaques métalliques de Burcq, etc. Jules Janet n'a-t-il pas montré que, dans la période d'excitation du chloroforme, une hystérique anesthésique retrouvait sa sensibilité et entrait dans un véritable somnambulisme. La même observation se trouve d'ailleurs dans Despine. Je lis, dans un ouvrage du Dr Ball, une observation bien curieuse à ce propos : « Parmi les conséquences les plus paradoxales de l'usage hypodermique de la morphine, il faut citer le rétablissement de la sensibilité cutanée sur les sujets qui l'ont perdue... Une hystérique anesthésique, morphinée à la dose de 8 centigrammes par jour, vit ses douleurs disparaître et sa sensibilité normale se réveiller... L'abstinence ramena les symptômes hystériques » [6]. Il est bien fâcheux que l'auteur ne nous donne pas plus de renseignements psychologiques, ne nous parle pas de l'état de la mémoire. Il est bien probable que la morphine a produit ici un état analogue au somnambulisme, car toute modification des sens amène une modification de la mémoire, et le somnambulisme n'est pas autre chose.

2° Cette modification consiste presque toujours dans une *restauration d'une sensibilité et d'un groupe d'images* ordinairement perdues par le sujet. Cela nous explique le troisième caractère de la mémoire des somnambules sur lequel nous avons moins insisté, le souvenir pendant l'état anormal de tout ce qui s'est passé pendant la veille ; il est facile de remarquer cependant qu'il doit rentrer dans l'explication précédente. Le somnambulisme a toujours ajouté des sens nouveaux et des images nouvelles à l'esprit de nos sujets, mais il ne leur en a pas retranché. Pour qu'un sujet endormi perdît le souvenir de la veille, il faudrait qu'il ne possédât plus en somnambulisme les images autour desquelles sont groupées les souvenirs de la veille, qu'étant, par exemple, visuel à l'état de veille, il n'eût plus, en somnambulisme, le sens ni les images de la vue. Or, on sait que cela n'arrive pas, du moins dans les études que j'ai pu faire ; au contraire les images s'accroissent sans diminuer. Je retrouve, dans mes notes prises au jour le jour sur Léonie, une observation frappante que j'avais faite il y a longtemps sans la comprendre. A l'état de veille, prétend-elle, quand elle pense à moi, elle me *voit*, et cela peut même lui causer des hallucinations visuelles ; dans son premier somnambulisme, quand elle pense à moi, elle *me voit et m'entend lui parler;* dans le second somnambulisme, *elle me voit, m'entend et me touche*. Je me souviens que j'avais expliqué cela par ses habitudes ; elle me parle peu à l'état de veille, elle bavarde beaucoup dans le premier somnambulisme, et elle veut toujours me tenir la main dans le second. Il y a plus : il faut encore remarquer qu'elle ne dispose d'abord que des images visuelles et des souvenirs qui y sont rattachés, qu'elle dispose ensuite des images auditives, mais sans perdre les images visuelles, qu'elle possède enfin les images tactiles sans oublier les précédentes. Le somnambulisme est chez les hystériques un accroissement de l'esprit par une excitation quelconque et non une diminution [7].

Peut-être existe-t-il des somnambulismes différents. L'hypnotisation des sujets sains possédant déjà tous leurs sens et toutes les images ne peut guère, si elle est possible, que les diminuer et leur supprimer diverses sensations. Des sujets sensibles peuvent, par exemple, devenir anesthésiques. Il serait curieux de chercher si, chez des sujets de ce genre, la suppression ne porte pas quelquefois sur les images dont ils se servent le plus habituellement à l'état de veille, et si le somnambulisme dans ce cas-là n'amène pas l'oubli des phénomènes de la veille. La célèbre malade de

Mac-nish n'est peut-être qu'une somnambule de ce genre. Je n'ai rien vu qui vérifiât cette supposition : il est vrai que je n'ai guère hypnotisé que des malades. Je ne puis donc pas parler d'une observation que je n'ai point faite ; dorénavant, en psychologie, comme dans les autres sciences, on ne peut parler que de ce que l'on a vu.

Cette hypothèse me semble aussi rendre compte des somnambulismes multiples et des différentes variétés de la mémoire alternante. Il n'y a pas, comme nous l'avons vu, un seul somnambulisme, mais plusieurs, qui sont caractérisés chacun par une mémoire particulière. C'est que le somnambulisme ne dépend pas d'une modification mentale, unique et toujours la même. Il varie suivant toutes les modifications qui peuvent être apportées à l'état de la sensibilité. On conçoit que, chez un sujet fortement anesthésique dans son état normal, on puisse produire, non pas une seule, mais plusieurs restaurations, plus ou moins complètes de la sensibilité, qui amèneront plusieurs mémoires alternantes et plusieurs somnambulismes.

Si l'on ne considérait qu'un seul sujet comme Lucie, on pourrait croire que cette division du somnambulisme en deux parties a quelque importance, et qu'il y a toujours ainsi trois mémoires. Ce serait une erreur analogue à celle qui me faisait autrefois désigner par des noms particuliers tous les degrés de la catalepsie de Léonie. En réalité, il n'y a ni deux, ni trois mémoires indispensables ; il peut s'en présenter un nombre quelconque et indéterminé. Rose a au moins quatre ou cinq somnambulismes différents, ayant chacun une mémoire particulière. Il y a des sujets, comme N.... qui sont tellement instables, qu'ils ne reprennent le même somnambulisme qu'en étant endormis par la même personne et de la même manière; sinon, ils entrent dans un état sensitivo-sensoriel différent, et ne retrouvent pas les souvenirs du premier somnambulisme. Ce fait important nous expliquera plus tard quelques difficultés relatives aux suggestions. Il nous suffit maintenant de savoir que l'état somnambulique n'est pas un, mais que, dépendant des modifications de la sensibilité, il peut, chez une même personne, revêtir des formes très variées, et amener les variétés de mémoire les plus singulières.

Cependant, dans cette série d'états de sensibilité et de mémoire qui peuvent se produire suivant une même loi, on peut, comme font les mathématiciens dans leurs séries, distinguer des points intéressants. Ainsi, on déterminera l'état normal du sujet dans lequel il se trouve naturellement au moment où on l'étudie, et qui a lui aussi une sensibilité et une mémoire qui lui sont propres. On peut distinguer le premier état somnambulique qui survient dès que l'on modifie le sujet par un procédé quelconque, c'est-à-dire la première modification sensitive assez importante pour amener une perte de mémoire quand le sujet retourne à l'état de veille. Mais surtout on s'attachera à distinguer comme capital le dernier somnambulisme. J'appelle ainsi l'état dans lequel le sujet a retrouvé l'intégrité absolue de toutes les sensibilités qui sont naturelles à l'homme bien portant, et par conséquent l'intégrité absolue de la mémoire, en un mot, l'état dans lequel le sujet n'a plus aucune anesthésie ni aucune amnésie. C'est un état très important de toutes manières, surtout au point de vue thérapeutique dont nous ne nous occupons pas maintenant [8]. Mais il est quelquefois très difficile à obtenir, et les sujets y parviennent plus ou moins vite, quelquefois après un seul somnambulisme intermédiaire, comme Lucie ou Wittm... (dans l'étude de Jules Janet), ou bien après plusieurs intermédiaires, comme Rose, ou même ne l'atteignent pas complètement, comme Léonie, qui, dans le dernier somnambulisme que je puisse obtenir avec elle, a encore des anesthésies. Dans ce chapitre consacré à l'étude du somnambulisme en général, nous n'avons pas à insister davantage sur cet état particulier, il nous suffit de montrer comment il se rattache aux autres et n'est qu'un point plus intéressant d'une série continue.

3° *Cette modification peut être plus ou moins complète, et visible.* En effet, nous n'avons cité dans ce travail que trois ou quatre sujets chez lesquels les phénomènes caractéristiques du somnambulisme se manifestaient d'une manière pour ainsi dire grossière. Tout le monde remarquera, comme j'en ai été frappé dès la première fois, que Lucie se sert du sens de la vue quand elle est éveillée et du sens du tact quand elle est endormie : cela est manifeste. Mais, chez d'autres sujets, les modifications seront beaucoup moins visibles ; en particulier, et c'est l'objection que l'on ne manquera pas de faire, on peut endormir des sujets qui ne présentent à l'état de veille aucune anesthésie bien caractéristique. Je répondrai que j'ai moi-même constaté des cas de ce genre, quoique plus rarement qu'on est disposé à le croire, mais que je les ai, dans ce chapitre, négligés pour m'attacher d'abord aux phénomènes les plus simples et les plus caractéristiques. Je crois en effet que, dans ces cas nouveaux et moins nets, l'explication doit être cependant la même.

En effet, les sujets que l'on peut mettre en somnambulisme sans qu'ils présentent d'anesthésie bien manifeste à l'état de veille, présentent un phénomène tout à fait analogue qui a pour la mémoire les mêmes consé-quences, c'est *la distraction.* Sans doute, si on attire leur attention successi-vement sur chacun de leurs sens, on verra qu'ils les possèdent tous ou du moins qu'ils *peuvent* les posséder tous. Mais, en pratique, ils ne se servent pas de tous leurs sens et de toutes les images de ce sens ; ils ne sont pas capables de les réunir toutes et ils en négligent un grand nombre pour se contenter de quelques images prédominantes et habituelles. *Le somnambu-lisme change ces images prédominantes,* sans donner précisément des sensibi-lités nouvelles ; il relève de leur effacement certaines images particulières et en fait un centre nouveau autour duquel la pensée s'oriente d'une manière différente. Réveillés, ces sujets reprennent leur pensée habituelle, négligent par distraction ces images et par conséquent les souvenirs qui y sont liés ; ils ne peuvent plus les retrouver, car ils sont incapables du petit effort qu'il faudrait faire pour modifier un peu la forme habituelle de leur pensée.

Une forme particulière d'oubli résulte donc de la distraction, comme une autre résultait de l'anesthésie ; mais elle est évidemment beaucoup plus faible. La moindre occasion va attirer l'attention sur ces images qui sont moins perdues que négligées. Un jeune homme H., qui avait un somnambulisme de ce genre, avait tout oublié au réveil, mais peu à peu, dans le courant de la journée, il retrouvait un à un tous les souvenirs du somnambulisme : le lendemain il pouvait tout me raconter. Ce sont des sujets de ce genre chez qui on peut évoquer les souvenirs en leur commandant de faire attention et en dirigeant un peu leurs efforts. De même que, chez certains sujets, l'anesthésie n'est qu'une légère distraction que l'on peut modifier par un mot, l'oubli n'est aussi, chez ces personnes, qu'une conséquence d'une distraction et n'a pas plus de gravité. Nous ne pouvons insister maintenant davantage sur cette explication, il faudrait examiner les rapports de l'anesthésie et de la distraction qui feront dans ce livre l'objet d'une étude particulière [9]. Il nous suffit d'avoir montré que, par cette remarque, les cas, en apparence irréguliers, peuvent rentrer dans la théorie générale.

« Toutes les fois, disait M. Paulhan, qu'il y a un changement dans ce que l'on pourrait appeler l'orientation générale de l'esprit, il se produit une sorte de scission dans la mémoire d'autant plus marquée que le changement a été plus fort » [10]. « Ce qui produit l'oubli des rêves au réveil, c'est que l'orientation de l'esprit change soudainement » [11]. « Quand les conditions natives du souvenir réapparaissent, disait un autre auteur, le souvenir lui-même réapparaît » [12]. J'ai essayé de préciser un peu plus cette explication générale des phénomènes de l'oubli et de l'adapter plus exactement aux faits que j'avais étudiés. Sans doute, les exemples que j'ai donnés sont insuffisants pour démontrer qu'il 'en est toujours ainsi, et nous n'avons pas toujours un moyen bien précis et bien sûr pour apprécier les différences dans les images qui amènent les différences dans les souvenirs. Il se peut d'ailleurs que, dans certains cas et pour certains somnambulismes légers, la modification de l'esprit soit moins forte. Il se peut que certains sujets n'aient pas en somnambulisme des sensibilités absolument nouvelles, mais seulement un peu différentes de celles qu'ils ont pendant la veille. La séparation entre les deux groupes de souvenirs systématisés autour des sensations de la veille et de celles du somnambulisme existera encore, mais sera moins forte. En un mot, nous n'avons expliqué que des cas très nets et relativement simples : une explication du somnambulisme serait facilement plus complète, mais resterait, croyons-nous du même genre.

1. Cf. Gilles de la Tourette. *Op. cit.*, 185.
2. Bourru et Burot. *Variations de la personnalité*, 1886, 139-143.
3. Charpignon. *Physiologie magnétique*, 171.
4. Bourru et Burot. *Op. cit.*, 52.
5. Id, *Ibid.*, 135.
6. Ball, *Morphinomanie*, 20-38.
7. Cet accroissement dans le nombre des sensations et dans la quantité des souvenirs qui peuvent être rappelés pendant le somnambulisme n'empêche pas qu'il ne puisse y avoir, à d'autres points de vue, une déchéance intellectuelle pendant cet état anormal. Nous montrerons dans le chapitre suivant combien, dans certain cas, le somnambulisme est un état voisin de l'enfance.
8. Voir une étude sur cet état de somnambulisme parfait, produit sur une hystérique fortement anesthésique à l'état normal, Jules Janet, L'hystérie et l'hypnotisme d'après la théorie de la *double personnalité*. Revue scientifique, 1888, I, 616.
9. IIe partie, ch. II. 6.
10. Paulhan. *Revue philosophique*, 1888, II, 126.
11. Id. *ibid*, 1888, I, 56.
12. Joly. *L'imagination*, 1877, 48.

14

LES DIVERSES EXISTENCES PSYCHOLOGIQUES SUCCESSIVES - MODIFICATIONS SPONTANÉES DE LA PERSONNALITÉ

Quand un certain nombre de phénomènes psychologiques sont réunis, il se produit d'ordinaire dans l'esprit un nouveau fait très important : leur unité, remarquée et comprise, donne naissance à un *jugement* particulier que l'on appelle l'idée du moi. C'est là, disons-nous, un jugement et non une association d'idées : celle-ci reproduit les phénomènes à la suite les uns des autres, elle les juxtapose automatiquement et par là nous fournit l'occasion de remarquer leur unité, de juger leur ressemblance; mais elle ne constitue pas par elle-même ce rapport d'unité et de ressemblance. Le jugement, au contraire, synthétise les faits différents, constate leur unité, et, à propos des différents phénomènes psychologiques éveillés par les impressions sensibles ou le jeu automatique de l'association, forme une idée nouvelle : celle de la personnalité. Nous n'avons pas, dans cette étude sur la partie automatique et non sur la partie active de l'esprit, à étudier ce jugement d'unité. Contentons-nous de montrer que les phénomènes psychologiques qui remplissent l'esprit peuvent être, comme nous venons de le voir, très différents, suivant les divers états ; ce jugement, cette idée de la personnalité doit subir des modifications analogues, et varier dans le même sujet suivant les changements des sensations et des souvenirs.

« Dans le cours d'une longue vie, disait un moraliste, un homme peut être successivement plusieurs personnes si dissemblables que, si chacune des phases de cette vie pouvait s'incarner dans des individus distincts et si l'on réunissait ces divers individus, ils formeraient un groupe très hétérogène, se feraient mutuellement opposition, se mépriseraient les uns les autres et se sépareraient vite sans souci de se revoir jamais »[1]. Que de fois,

repassant les souvenirs de notre vie passée, disons-nous avec étonnement:
« C'est moi qui ai tremblé devant ce péril imaginaire ? C'est moi qui ai pu
aimer cette coquette ? C'est moi qui me suis dévoué à ces croyances ? Mais
c'est impossible et je ne me reconnais pas. » Cela était réel cependant; si
nous ne nous reconnaissons pas, c'est que nous avons changé. Heureusement, ces changements sont survenus peu à peu et ils n'ont porté en réalité
que sur les phénomènes complexes et secondaires de notre esprit, nos
croyances, nos ambitions, nos désirs. Si ces changements avaient porté sur
les phénomènes élémentaires de notre pensée de manière à modifier tous
nos souvenirs, les différences auraient été beaucoup plus considérables et
la continuité de notre vie aurait été rompue. Nous aurions continué à dire
« je » à chaque moment de l'existence, c'est-à-dire à - faire le jugement de
l'unité à propos des groupes de phénomènes actuellement réunis, mais
nous aurions ignoré ou *méconnu* la plus grande partie de notre vie qui
aurait été pour nous comme celle d'un autre homme.

Examinons rapidement les modifications de la personnalité qui se
produisent spontanément : elles sont trop connues pour que j'y insiste ;
mais elles nous prépareront à comprendre celles qui sont produites
pendant le somnambulisme artificiel. Les hommes les plus sains d'esprit
présentent presque toujours, dans leurs rêves, le premier signe, la première
ébauche des changements beaucoup plus graves qui peuvent se produire
dans la personnalité de certains malades.

Toutes les nuits, nous avons une vie mentale particulière qui n'est pas
la même que notre vie consciente de la veille. Sans doute, les idées du rêve
semblent bien, presque toujours, empruntées à la vie normale, mais elles
sont autrement présentées et autrement disposées. Elles se présentent sous
formes d'images 'dont nous nous servons peu à l'état de veille. Si je puis
me décrire moi-même dans ces études expérimentales, je crois appartenir
entièrement au « type moteur » ; quand je suis éveillé, je ne pense qu'en
parlant tout haut ou en écrivant, et ma pensée est toujours un geste à demi
arrêté. La nuit, au contraire, je garde, ainsi que je l'ai souvent constaté, l'immobilité la plus absolue, je suis simple spectateur et non plus acteur; des
images et des sons formant des tableaux et des scènes passent devant moi,
je me vois agir ou je m'entends parler, mais rarement, et je garde toujours
en même temps le sentiment vague de mon immobilité et de mon impuissance. D'ailleurs, précisément à cause de cette grande différence entre mes
rêves et ma pensée à l'état de veille, j'ai très difficilement le souvenir de
mes rêves.

Il se forme là, pendant le sommeil, un groupe de phénomènes psychologiques isolés de la grande masse des idées qui forment notre vie. Ces
phénomènes se développent un peu suivant la loi des phénomènes isolés ;
mais, comme ils sont assez nombreux pour se faire opposition mutuelle et
que, d'autre part, ils ne contiennent guère que des images visuelles et

acoustiques qui ne nous servent pas à nous, pour nous mouvoir, ils se traduisent rarement par des mouvements. En outre, ils sont assez groupés pour former une personnalité très simple, car si les phénomènes isolés de la catalepsie ne présentent point d'idée de la personnalité, il n'en est déjà plus ainsi de ces groupes complexes qui existent dans le rêve. Seulement, il est certain que, chez les hommes bien portants, cette tendance à la formation d'une mémoire et d'une personnalité secondaire dans le songe, reste rudimentaire. A peine si certains souvenirs de différents rêves arrivent à se relier entre eux, le reste n'est qu'un tumulte d'images fragmentaires qui n'arrivent pas à se réunir, à se systématiser. Le songe ressemble plutôt à l'état d'engourdissement que présentent certains vieillards dont la substance cérébrale se ramollit [2]. L'attention est impossible, la volonté et le jugement sont presque toujours absents ; c'est aussi bien une pensée en état de désagrégation qu'une personnalité en voie de formation.

Augmentons un peu l'activité du rêve, relions davantage ces images éparses, et nous aurons un état psychologique ayant déjà sa vie plus indépendante et plus distincte de celle de la veille, plus comparable à l'état du somnambulisme [3]. « Un de mes amis, dit Erasme Darwin [4], a remarqué que sa femme, qui souvent parle beaucoup et distinctement dans le sommeil, ne peut jamais se ressouvenir de ses rêves lorsque cela lui arrive; mais qu'au contraire elle se les rappelle fort bien lorsqu'elle n'a pas parlé en dormant. » J'ai observé le même fait sur Léonie, qui raconte à l'état de veille les rêves qu'elle a eus sans parole et ne peut raconter qu'en somnambulisme les rêves pendant lesquels elle s'est remuée et a parlé : ceux-ci formaient donc déjà une personnalité secondaire et avaient une vie indépendante. L'éther, le chloroforme ou simplement l'alcool, quand ils agissent pour la première fois, désagrègent simplement la pensée normale, empêchent les jugements d'unité de se former et ne laissent subsister dans le délire que des éléments psychologiques épars. Mais si ces empoisonnements se répètent, ces fragments de pensée se réunissent et forment une nouvelle synthèse psychologique, avec sa mémoire qui lui est propre, semblable à une vie somnambulique [5].

Les maladies qu'on appelle maladies nerveuses et qui, si je ne me trompe, mériteraient tout aussi bien d'être appelées maladies psychologiques, nous montrent avec plus de netteté encore le développement de ce groupe secondaire de phénomènes et la formation de plusieurs formes d'existence psychologique. N'insistons pas sur ces périodes de convulsions qui reviennent à des intervalles réguliers chez certains épileptiques et que l'on a pu très justement appeler un délire musculaire [6] ; il y a dans les délires postépileptiques ou hystériques une véritable vie mentale différente de la vie normale, qui se prolonge souvent plusieurs heures et qui recommence régulièrement avec une mémoire et un caractère qui lui est propre [7].

Les possédées de Morzine présentent un bon exemple de cette modification du caractère qui survient fréquemment sous diverses influences pendant le délire de la crise d'hystérie. Pendant leur accès, elles montrent une véritable fureur contre la religion, insultent les prêtres, la sainte Vierge, etc., et ne répondent jamais qu'en parsemant leur langage de tous les jurons qu'elles connaissent ; après l'accès, elles se réveillent calmes, polies et religieuses [8]. Ces jeunes filles, candides profèrent des obscénités révoltantes ; « mais, disons-le de suite, écrit un témoin, ce ne sont pas elles qui s'expriment ainsi, c'est le diable qui les possède et qui parle en son nom propre : instrument passif, la fille Blaude se calme comme par enchantement, elle tricotait avant, elle tricote après, n'éprouve aucune fatigue, *ne se souvient de rien* et ne veut pas croire aux injures qu'elles nous a dites » [9]. Elles ont un caractère diabolique pendant la crise, admettons-le, mais on reconnaît qu'elles ne l'ont point toujours et qu'elles ont ainsi deux formes d'existence indépendantes l'une de l'autre. Tous les délires hystériques nous offrent en réduction des phénomènes du même genre : Rose injurie les personnes qui l'approchent pendant son délire, tandis qu'elle est très polie à l'état de veille ; Lucie ne songe qu'à faire la cuisine et le ménage pendant les deux dernières heures de sa crise et ne s'en occupe plus à l'état normal.

Les crises de ce genre sont, en général, d'assez courte durée : c'est que la personnalité n'y est pas assez complète, car la durée d'un état psychologique est ordinairement comme celle d'un être en raison de sa perfection. Ces éléments psychiques isolés, qui, comme les atomes d'Epicure, se sont rencontrés pour former une personnalité, n'ont pas réussi à former une personnalité viable. Trop d'éléments sont absents ; chez l'un les sensations visuelles, chez l'autre les sensations motrices du pharynx, chez celui-ci les images motrices des jambes, chez celui-là le sentiment de la faim ou de la soif font absolument défaut. En outre, le groupe n'est pas bien cohérent; à certains moment, il se désagrège, et les simples convulsions, forme élémentaire de cette nouvelle vie, recommencent.

Aussi ce composé instable ne tarde pas à se défaire et le composé plus complet et plus ancien, qui formait la vie normale, réapparaît à son tour. Mais supposons que, dans certains hasards, la rencontre des atomes intellectuels ait formé un composé plus complet et plus stable, la nouvelle vie psychologique, qui se forme peu à peu et qui est anormale pour le sujet, ressemble tout à fait à ce qui est la vie normale pour une autre personne. Les éléments presque aussi nombreux qu'à l'ordinaire ou même plus nombreux se sont réunis autour d'un autre centre, voilà tout. C'est « une cristallisation allotropique », disait très bien M. Myers [10], mais elle peut former des cristaux aussi durables que la cristallisation précédente. Le sujet était ordinairement un visuel, il est maintenant un moteur; cela aura sans doute des inconvénients plus tard, car, s'il revient au premier état, il ne se souviendra plus du second, mais maintenant il ressemble aux gens qui sont ordinairement moteurs et il ne s'en porte pas plus mal. C'est là ce qui se passe, croyons-nous, chez ces personnes devenues célèbres dans l'histoire de la science, Felida X, Louis V et bien d'autres. Si nous ne reprenons pas leur histoire, c'est qu'elle a été si complètement et si bien étudiée qu'il nous paraît suffisant de rappeler un souvenir présent à toutes les mémoires [11]. Je désire seulement rappeler que l'état second de Félida se développe après un sommeil, une sorte de syncope subite [12], qui anéantit la première personnalité et duquel émerge peu à peu la seconde. Il en était de même pour ce jeune homme hystérique décrit par M. Myers, et qui présenta, pendant quelque temps, des alternances semblables de personnalité [13]. Cette période de transition devient d'ailleurs de plus en plus courte, comme nous le voyons chez les somnambules artificiels qui ont été fréquemment endormis. Je remarquerai aussi que si, dans un état second, Félida a une mémoire plus complète, c'est qu'elle a aussi une sensibilité plus complète et qu'en rentrant dans l'état prime elle perd à la fois et certaines mémoires et certains sens. Enfin, M. Azam nous laisse entendre que, pendant le second état, il arrive parfois une sorte de crise qui semble nettement le début d'un troisième état [14]. La somnambule de Dufay [15], quand elle tombe en état second, n'est plus myope comme en état premier, elle a un langage enfantin et parle nègre : « Moi pas bête maintenant », dit-elle. C'était probablement un nouveau langage qui se formait au moyen d'autres images. Une autre malade a naturellement deux existences : l'une pendant laquelle elle est muette, mais peut boire et manger, l'autre pendant laquelle elle peut parler et ne peut plus boire [16]. Chez cette malade, probablement, la parole et de la déglutition dépendaient de deux sortes d'images différentes qui ne coexistaient pas dans la même existence psychologique. Le célèbre Louis V, enfin, présente le plus remarquable exemple des modifications de la personnalité et de la mémoire liées à des modifications sensorielles et motrices ; on ne peut modifier celles-ci par un excitant quelconque sans changer les autres. Tantôt il déroule lui-même ses états pendant le développement d'une grande crise, tantôt il reste plus ou moins longtemps dans l'un de ses états où le place artificiellement l'opérateur. « Chaque page de sa vie est indépendante des autres » [17].

Tous ces personnages, comme on le sait aussi, changent de caractère et de conduite en même temps qu'ils changent de sens et de langage. Félida, qui est triste et qui pense au suicide dans son état prime, est gaie et courageuse dans l'état second ; elle est égoïste et froide dans la première existence, elle a plus d'affection et de dévouement dans la seconde. Louis V est tantôt doux, obéissant et timide, tantôt coléreux, insubordonné et arrogant, tantôt enfant et craintif, tantôt jeune homme emporté : à aucun point de vue il ne reste le même.

La transition est facile entre ces modifications naturelles de la personnalité et celles qui ont lieu pendant le somnambulisme provoqué. En règle générale, quoique le fait n'ait pas toujours été observé, il est possible, au moyen de l'hypnotisme, de ramener le sujet à l'une ou à l'autre de ses diverses personnalités anormales et de lui rendre le caractère et les souvenirs qu'il avait dans cet état. Cela a été très souvent vérifié pour les états de Louis V et en général pour tous les délires hystériques.

Ce qui est plus curieux c'est le passage facile d'un délire naturel à un somnambulisme artificiel, passage analogue au changement des poses hystériques en catalepsie. Il m'est arrivé de trouver Marie en grande crise hystérique se tordant sur un matelas et criant depuis deux heures. Je n'ai qu'à la toucher et à lui dire : « Eh bien, qu'est-ce que tu fais là ? Veux-tu te tenir un peu mieux. » Tout en continuant les convulsions, elle me serre la main et me répond : « Oh ! si vous saviez comme j'ai mal au côté. » - « Commence par te lever et aller te coucher convenablement et on te guérira cela. » Elle se lève alors, les yeux fermés, et se met dans son lit. Je la calme un peu et elle me dit : « C'est bien heureux que vous soyez venu, je voyais des choses horribles, du sang, des incendies et j'avais bien mal. » C'est là un somnambulisme qui est une bien légère transformation de son délire hystérique, puisqu'elle en conserve le souvenir et que d'ailleurs par un mot, je puis le faire recommencer. Une autre hystérique, G., dont je ne parle pas, car elle ressemble trop aux précédentes, fut un jour plus curieuse encore. Elle était en convulsions et tenue par deux servantes quand je m'approchai d'elle. Avant que je l'aie touchée, elle me dit: « Tiens ! vous voilà donc... » et les convulsions s'arrêtèrent immédiatement. Les choses se passent ainsi chez les personnes qui ont été souvent mises en somnambulisme artificiel: cet état finit par absorber toutes les autres existences anormales. Mais, chez d'autres sujets, il se produit le phénomène inverse, le somnambulisme artificiel dégénère en crise d'hystérie ou n'est que la reproduction de la crise. Rien n'est plus décisif à ce point de vue que l'observation de M. Grasset qui nous montre les sommeils artificiels d'une malade tout à fait identiques à ses crises spontanées [18]. Jules Janet m'a montré à l'hôpital de la Pitié une jeune fille du même genre. Jos... avait spontanément des attaques de sommeil pendant lesquelles elle restait immobile les yeux fermés, mais parlait tout le temps. Son rêve roulait sur deux ou trois idées toujours les mêmes, des récits amusants qui la faisaient rire, ou des injures contre les médecins et les internes qu'elle appelait « bouchers, têtes de cochon, etc. ». Essaye-t-on de l'hypnotiser dans la journée par un procédé quelconque, elle reprend exactement la même attitude et continue son même rêve sur « ces vilains médecins qui ont encore emporté une pauvre femme pour la découper». Les anciens magnétiseurs n'avaient pas tort quand ils disaient que les crises nerveuses n'étaient que du somnambulisme imparfait.

1. Forster, cité par Herzen. *Le cerveau organe de la pensée*, 286.
2. Maury. *Op. cit.*, 76.
3. Teste. *Magnétisme animal*, 278.
4. Erasme Darwin. *Zoonomie*, I, 376.
5. Voir, sur les analogies du sommeil chloroformique et du somnambulisme : Baragnon, *Magnétisme animal*, 295 ; Despine, *Somnambulisme*, 81 et 542 ; Maury, 253.
6. Voir Erasme Darwin. *Zoonomie*, IV, 8 ; *et* surtout Moreau (de Tours).
7. Cf Delasiauve. *Traité de l'épilepsie*, 148 et sq. et 487.
8. Mirville. *Des esprits*, 1863, II, 219.
9. Mirville. *Des Esprits*, 1863, II, 237.
10. Myers. *Automatic writing. Proceedings of the S. P. R.*, 1887, 235.
11. Azam. *Hypnotisme, double conscience*, 1887. - Bourra et Barat. *Variations de la personnalité*, 1888.
12. Azam. *Op. cit.*, 65.
13. Myers. *Automatic writing. Proceedings S. P. R.*, 1887-230.
14. Azam. *Op. cit*, 102.
15. Id., *ibid*, 189.
16. Bourru et Burot. *Op. cit.*, 187.
17. Gilles de la Tourette, *L'hypnotisme et les états analogues*, 1887, 220.
18. Grasset *Histoire d'une hystérique hypnotisable*. Arch. de Neurologie, octobre 1887.

LES DIVERSES EXISTENCES PSYCHOLOGIQUES SUCCESSIVES. - LES CHANGEMENTS DE PERSONNALITÉ DANS LES SOMNAMBULISMES ARTIFICIELS.

Nous avons exposé comment les modifications de la mémoire pouvaient s'expliquer facilement par des modifications dans la nature ou la qualité des images qui faisaient à un instant donné partie de la conscience, et comment ces modifications de la mémoire amenaient des modifications de la personnalité ou de l'existence psychologique tout entière. Il est maintenant possible de nous faire une idée générale du somnambulisme artificiel, de l'état des personnes magnétisées, qui a trop longtemps paru surnaturel et inexplicable. L'état somnambulique, comme nous l'avons montré au début de ce chapitre, ne présente pas de caractères qui lui soient propres, qui soient en quelque sorte spécifiques. Étant donnée une personne que l'on ne peut examiner que dans un seul moment de son existence, il est impossible de déterminer dans quel état elle se trouve [1]. L'état somnambulique n'a que des caractères relatifs, et ne peut être déterminé que par rapport à un autre moment de la vie du sujet, l'état normal ou l'état de veille. « Lorsqu'on a eu l'occasion de les observer (les somnambules), disent les anciens magnétiseurs qui s'y connaissaient, on reste convaincu qu'il y a deux vies bien distinctes ou du moins deux manières d'être dans la vie des somnambules » [2]. Cela est tout à fait exact, le somnambulisme est une existence *seconde* qui n'a pas d'autre caractère que d'être la seconde.

Ainsi s'explique cette vérité si souvent répétée qu'il n'y a pas un seul phénomène constaté pendant le somnambulisme, anesthésie ou excitation sensorielle, paralysies, contractures, émotions ou faiblesse intellectuelle [3], etc., qui ne se retrouve fréquemment chez une autre personne pendant sa vie ordinaire. Seulement, chez celle-ci, ce caractère est constant et normal pendant toute la vie, chez celle-là, il est accidentel et n'existe que pendant la seconde vie, mais en réalité, c'est le même caractère. Un sujet qui est idiot, ou aveugle, ou intelligent en somnambulisme, ne l'est pas autrement que celui qui est idiot, aveugle ou intelligent pendant sa vie normale, seulement il ne l'est pas toute sa vie. Rose, dans un de ses somnambulismes profonds, devient hémi-anesthésique gauche ; c'est chez elle actuellement un état tout à fait normal, car, depuis sept mois que je l'ai vue tous les jours, elle a toujours été anesthésique totale. Cet état ne dure pas, car si je la réveille ou même si je la laisse tranquille sans excitation, elle perd peu à peu cette sensibilité du côté droit et rentre dans sa vie normale pendant laquelle elle ne sent rien. Mais cet état, que nous qualifions de somnambulisme chez Rose, est en ce moment la vie normale de Marie, qui depuis un mois est hémi-anesthésique gauche, et les caractères de cet état sont exactement les mêmes chez elle. Bien plus, Rose elle-même, il y a quelque temps, a passé trois mois, comme nous l'avons vu, en hémi-anesthésie gauche. Elle était donc naturellement pendant ces trois mois dans l'état qui est maintenant un somnambulisme. Mais si vous la réveillez, elle va tout oublier. Sans doute, mais n'a-t-elle pas tout oublié aussi quand, après ces trois mois de demi-santé, elle s'est *réveillée* anesthésique totale. C'est le changement d'état sensoriel, ce n'est pas le réveil qui fait l'oubli. Et si je trouvais le moyen de donner subitement à mon voisin, qui est peintre et visuel, mon état de conscience à moi, qui suis moteur, il ne se souviendrait plus de sa vie passée qui paraissait cependant parfaitement normale.

Cette conception du somnambulisme nous explique aussi l'infinie diversité des somnambules qui est aussi grande que celle des hommes qui nous entourent : ils peuvent en effet prendre tous les caractères psychologiques possibles, pourvu que ce ne soit pas exactement ceux de leur état normal. Il y a des personnes tout à fait intelligentes qui prennent en somnambulisme un type d'existence appartenant ordinairement à des idiots. R... un garçon épileptique [4] que j'endormais facilement, présente une vie somnambulique insignifiante. Il a alors un peu de sens musculaire, car il laisse ses bras dans la position où je les mets ; il a un peu d'ouïe, car il répond par un grognement à toutes mes paroles. Mais c'est tout, il ne comprend rien et par conséquent n'obéit pas aux suggestions ; il ne parle pas et son éducation serait plus difficile à faire que celle de la fameuse Laura Bridgman. Il est inutile de l'entreprendre ; il n'y a qu'à le réveiller et à lui rendre sa première vie qui, sans être bien remarquable, est encore supérieure à la seconde. Lem. est atteint pendant la vie somnambulique d'une infirmité déplorable : il n'a aucune mémoire ; semblable à la somnambule dont parle le Dr Philips [5], qui oubliait une syllabe à mesure qu'elle en épelait une autre, il oublie à l'instant même ce que je viens de lui dire. Il peut à la rigueur exécuter des commandements simples au moment même où ils sont faits, il ne peut les exécuter plus tard, car il les a toujours oubliés ; son éducation serait fort difficile. N.... au contraire, est douée pendant la vie somnambulique d'une mémoire étonnante [6] ; elle se rappelle, comme je l'ai dit, les plus petits détails de ses somnambulismes précédents, même à un an de distance. Toutes les autres somnambules dont j'ai parlé ont, dans leur seconde vie, une intelligence ordinaire, quelquefois remarquable, les sensations et les idées qu'une personne de leur situation pourrait avoir.

Quand, pendant la vie seconde, les sujets ont ainsi des sens, de la mémoire et de l'intelligence, ils ne tardent pas à présenter un phénomène très curieux et cependant explicable. Ils acquièrent, pendant cette nouvelle existence, une éducation, des connaissances, un caractère comme ils en ont acquis un pendant leur première existence.

On peut prévoir alors ce qui va arriver quand les somnambulismes se répéteront très souvent et seront très prolongés. D'abord, la seconde personnalité qui vient de naître subira l'influence des idées et des manières de son magnétiseur comme un enfant subit l'influence de ses parents. Elle prendra des habitudes, des manières, des croyances qui lui auront été inspirées presque sans qu'on le sache ni qu'on le veuille. Tel magnétiseur, telle somnambule, pourra-t-on dire. Montrez-moi une somnambule, et je saurai vite qui l'a endormie et quelles sont les opinions, les croyances scientifiques ou autres de son premier maître. Pourquoi Léonie est-elle catholique pratiquante à l'état de veille et protestante convaincue en somnambulisme ? C'est tout simplement parce que son premier magnétiseur était protestant, il ne faut pas chercher là d'autre mystère. Pourquoi certains somnambules ont-ils sans cesse une attitude dramatique ? C'est parce qu'on les a exhibés sur des planches comme des bêtes curieuses et qu'ils ont appris à jouer un rôle et à simuler quoique étant réellement en somnambulisme [7]. Cette éducation du somnambule par celui qui l'endort est le grand danger de ces expériences ; elle nous expose à trouver que nos somnambules vérifient toujours nos propres idées [8]. Nous avons indiqué, dans notre introduction, les quelques précautions que nous avons cherché à prendre ; mais nous comprenons bien que seules les vérifications par d'autres expérimentateurs peuvent donner une portée générale à nos études.

Quelle que soit l'influence de l'éducation sur un sujet, il apporte cependant dans cette vie nouvelle, comme les enfants dans leur existence normale, des prédispositions et des facultés particulières. M. Beaunis nous dit qu'il n'a jamais rencontré de mensonges de la part d'une somnambule [9]. C'est qu'il a été bien heureux: il y a des somnambules qui mentent comme Lucie, ou qui sont l'honnêteté même comme Léonie, ainsi que, dans la vie normale, il y a des mauvais et des bons [10]. Il faut tenir compte aussi, non seulement de l'influence du magnétiseur, mais de l'influence de toutes les autres personnes qui parlent au sujet dans son nouvel état et contribuent à le développer. Pour le montrer, il suffit de décrire un de nos sujets, Léonie, sur qui toutes ces influences ont exercé une action des plus curieuses. Cette femme, dont l'existence est tout un roman bien invraisemblable quoique réel, a eu des accès de somnambulisme naturel depuis l'âge de trois ans. Elle a été endormie constamment par toutes sortes de personnes depuis l'âge de seize ans et elle a maintenant quarante-cinq ans. Tandis que sa vie normale se développait d'une façon dans son milieu campagnard et pauvre, sa seconde vie se passait dans les salons ou dans les cabinets d'étude et naturellement prenait une tout autre direction. Aujourd'hui cette pauvre paysanne est, dans son état normal, une femme sérieuse et un peu triste, calme et lente, très douce avec tout le monde et extrêmement timide : on ne soupçonnerait pas, en la voyant, le personnage qu'elle renferme en elle. À peine endormie, après la période de transition, survient « le réveil à une autre existence » [11], la voici métamorphosée ; la figure n'est plus la même, les yeux restent fermés, mais l'acuité des autres sens compense la perte de la vue. Elle est gaie, tapageuse et remuante, d'une manière quelquefois insupportable ; elle reste bonne, mais elle a acquis une singulière tendance à l'ironie et à la plaisanterie mordante. Rien n'est plus curieux que de causer avec elle à la fin d'une séance quand elle a reçu la visite de quelques personnes nouvelles qui désiraient la voir endormie. Elle me fait leur portrait, singe leurs manières, prétend connaître leurs petits ridicules, leurs petites passions, et invente un roman sur chacune d'elles.

Il faut ajouter à ce caractère nouveau une quantité énorme de souvenirs nouveaux qu'elle ne soupçonne même pas pendant la veille, car l'oubli a toujours été complet au réveil. Dernièrement un médecin du Havre, qui avait vu fréquemment cette femme pendant son somnambulisme et qui était de ses amis (car elle a alors ses préférences), la rencontra bien éveillée en dehors de la ville ; oubliant dans quelles circonstances il l'avait vue, il alla au-devant d'elle pour lui dire bonjour. La pauvre femme resta stupéfaite, ne reconnaissant pas du tout celui qui lui parlait. Il y a ainsi une foule de choses qu'elle ne sait qu'en somnambulisme. Il ne serait pas conforme aux lois mêmes de la psychologie élémentaire que cet ensemble de sensations, de souvenirs, d'habitudes et de caractères fit une synthèse, un système identique à celui qui forme la personnalité normale. C'est aussi une tout autre personne qu'à l'état de veille, et qui connaît l'une ne peut se faire aucune idée de l'autre.

Nous savons que les somnambules dans leur second état gardent le souvenir de leur première existence et qu'ils peuvent, par conséquent, faire eux-mêmes cette comparaison des deux personnalités. Il est intéressant de savoir ce qu'ils pensent de ce changement.

Le plus souvent, surtout dans les premiers somnambulismes, quand le sujet a beaucoup de souvenirs de son premier état et très peu du second, il se sent simplement *changé*. La plupart expriment cette différence en disant qu'ils sont endormis [12], et rien n'est plus curieux que ces personnes qui, les yeux ouverts, causant facilement, répètent de temps en temps : « C'est vrai que je dors, oh ! je dors bien. » Je crois que c'est là une phrase toute faite et qui n'a aucun sens. Les somnambules disent qu'ils dorment parce qu'on leur a dit qu'on les endormait et que, dans la pensée populaire, magnétiser veut dire endormir. Il est même mauvais de trop répéter cela au somnambule, car il finit par se croire obligé de dormir réellement et prend une expression abrutie qui n'est pas indispensable. Les personnes plus intelligentes, comme N... me disaient : « Mais non pourtant je ne dors pas, c'est absurde de dire cela ; seulement je suis changée, je suis drôle: qu'est-ce que vous m'avez donc fait ? » Nous soupçonnons maintenant ce qu'on leur a fait, nous savons que l'on a profité de leur instabilité psychologique pour changer l'état de leurs sens en paralysant ou plus souvent en excitant l'un d'entre eux. Cette modification qu'accuse le sujet, elle se manifeste quelquefois grossièrement et d'une manière objective. L'une était sourde à l'état de veille et entend maintenant [13]. L'autre ne sentait rien ou ne voyait rien, et maintenant a un tact exquis et voit même dans l'obscurité [14]. Tous les sujets que nous avons cités avaient des modifications sensorielles de ce genre, souvent même des modifications motrices correspondantes ; comme ils conservaient le souvenir de leur ancien état et pouvaient comparer, ils trouvaient naturellement cela « très drôle ». Quelquefois les somnambules en restent là et ne modifient jamais leur expression ; la différence entre l'état somnambulique et la veille n'est pas assez forte pour qu'ils se rendent compte de la scission de la personnalité. Lucie, dans son premier somnambulisme, même après un grand nombre de séances, restait toujours la même et disait toujours : « C'est moi Lucie, mais vous m'avez changée. » Quelquefois les changements peuvent être considérables, mais se faire peu à peu par des degrés si nombreux et si insensibles que le sujet, habitué en quelque sorte au changement conserve son identité. Il en est ainsi de Rose qui, dans ses trois ou quatre états somnambuliques, continue à dire, si on l'interroge sur ce point : « C'est bien toujours moi... mais pas tout à fait la même chose. »

Souvent aussi les choses se passent autrement et, soit peu à peu par le progrès de la seconde existence, soit brusquement à la suite d'un changement trop fort, le sujet refuse de se reconnaître, se moque de son ancienne personnalité et prétend être une nouvelle personne.

Cette singulière coutume des somnambules de se dédoubler ainsi est très fréquente et a été signalée dès les premières études sur ce sujet. « Les somnambules parlent d'eux-mêmes à la troisième personne, dit Deleuze [15] comme si leur individu dans l'état de veille et leur individu dans l'état de somnambulisme étaient deux personnes différentes... Mlle Adélaïde ne convenait jamais de l'identité d'Adélaïde avec Petite, nom qu'elle recevait et se donnait pendant sa manie (somnambulisme), etc. » « Leur esprit de veille et celui du somnambulisme, dit Aubin Gauthier [16], sont deux choses différentes. » Tous les écrivains du magnétisme animal ont d'ailleurs décrit ce fait, qui est aussi fréquent qu'il est curieux.

N.... qui se trouvait d'abord changée, prétendit bientôt qu'elle était autre. « Qui êtes-vous donc alors ? » lui ai-je demandé. - « Je ne sais pas... je crois que je suis malade. » N'insistant pas sur cette singulière réponse qui n'est peut-être pas absurde, je lui demandais de quel nom il fallait l'appeler, elle voulut prendre le nom de « Nichette ». Ce petit nom ne doit pas faire sourire : aucun détail n'est insignifiant dans ces phénomènes délicats. C'était là le petit nom par lequel on désignait cette personne dans sa première enfance et elle le reprenait en somnambulisme. Le fait n'est pas rare : nous venons de voir une somnambule de Deleuze qui s'appelle « Petite ». M. le Dr Gibert m'a raconté qu'une femme de trente ans, endormie pour la première fois, parlait d'elle-même sous le nom de la petite Lilie. Pourquoi ce retour à l'enfance ? Est-ce parce que les hystériques, ordinairement visuelles à l'état de veille, reprennent leur sens musculaire dans ces somnambulismes profonds et que ce sens a été probablement le plus utilisé dans l'enfance ? Nous aurons d'ailleurs à revenir sur ce retour de la somnambule à l'état d'enfance qui est un des grands facteurs de la suggestion. Lucie, qui restait la même, disait-elle, pendant le premier somnambulisme, change complètement d'avis quand on la met dans le second. Le changement devient probablement trop fort, car elle ne se reconnaît plus ; elle prend alors spontanément un autre nom, celui d'Adrienne (Lucie 3) qu'elle choisit dans des circonstances sur lesquelles nous reviendrons plus loin.

Enfin, il peut arriver que tout changement d'état soit assez accentué pour produire l'illusion du dédoublement de la personnalité. Léonie, dès le premier somnambulisme que nous avons décrit, refuse son nom ordinaire et prend celui de Léontine auquel ses premiers magnétiseurs l'avaient habituée. « Cette brave femme n'est pas moi, dit-elle, elle est trop bête » ; elle ajoute : « c'est l'autre, tout vrai, tout vrai » ; mais c'est là une habitude qu'on lui a donné ; quant à elle, elle se croit aussi vraie que « l'autre ». Ce nouveau personnage, Léonie 2, s'attribue toutes les sensations et toutes les actions, en un mot, tous les phénomènes psychologiques qui ont été conscients pendant le somnambulisme, et elles les réunit pour former l'histoire de sa vie déjà fort longue ; elle attribue au contraire à Léonie 1, c'est-à-dire à la personne normale pendant la veille, tous les phénomènes qui ont été conscients pendant la veille. J'avais été d'abord frappé d'une exception importante à cette règle et j'étais disposé à penser qu'il y avait un peu d'arbitraire dans cette répartition des souvenirs. Léonie, à l'état normal, a un mari et des enfants, Léonie 2, pendant le somnambulisme, attribue le mari à l'autre, mais s'attribue à elle les enfants. Ce choix était peut-être explicable, mais il ne semblait pas régulier. J'ai fini par apprendre que les magnétiseurs anciens, tout aussi audacieux que certains hypnotiseurs d'aujourd'hui, avaient provoqué le somnambulisme au moment des premiers accouchements, et que l'état second était revenu de lui-même au moment des derniers [17]. Léonie 2 n'avait pas tort de s'attribuer les enfants, car c'était bien elle qui les avait eus ; la règle restait donc intacte et le premier somnambulisme amenait bien chez elle un dédoublement de l'existence. Mais, chose curieuse, il en est de même du second. Quand, après la léthargie et la catalepsie, elle arrive dans l'état que j'ai décrit sous ce nom elle n'est plus la même. Sérieuse et grave au lieu d'être une enfant remuante, elle parle lentement et remue peu. Elle se distingue alors de Léonie 1 à l'état de veille ; « C'est une brave femme assez bête, dit-elle, mais ce n'est pas moi. » Et elle se distingue aussi de Léonie 2 : « Comment pouvez-vous croire que je ressemble à cette folle [18] ? je ne suis rien du tout pour elle, heureusement. » Cette séparation d'un même être en trois personnes successives, qui se méprisent réciproquement quand elles peuvent se connaître, forme un spectacle des plus curieux et donne lieu à quantité d'incidents que je ne pourrais rapporter sans allonger indéfiniment mon livre. Léonie s'endort en chemin de fer et passe à l'état 2 ; au bout de quelque temps Léonie 2 veut redescendre pour aller chercher à la station précédente cette pauvre Léonie 1 « qui, dit-elle, y est restée et qu'il faut prévenir. » Si je montre à Léonie 2, un portrait de Léonie 1 : « Pourquoi a-t-elle pris mon bonnet ? s'écrie-t-elle, c'est quelqu'un qui s'est habillé comme moi. » Quand elle vient au Havre, il faut que je dise bonjour successivement aux trois personnages qui recommencent successivement la même émotion d'une manière bien amusante. Il est inutile d'insister sur ces anecdotes, on devine les situations singulières qui doivent résulter d'une semblable subdivision.

Mais, dira-t-on, ces état seconds ne sont pas des existences véritables, car ils ne se prolongent pas ; les sujets doivent toujours être réveillés au bout de quelques heures. Sans doute *certains* sujets ne peuvent pas rester indéfiniment dans *certains* états somnambuliques. Léonie ne pouvant absolument rien manger en état de Léonie 2, ne pourra pas y rester plus d'une journée, mais ce n'est pas parce que l'état est second qu'il ne peut pas durer, c'est parce qu'il ne contient pas certains éléments nécessaires à la vie. Il est dangereux, écrivent quelques auteurs, de laisser un sujet plus de vingt-quatre heures en somnambulisme, car il commence alors à se refroidir. Certainement, si vous laissez un sujet immobile, incapable de remuer et de manger, il doit se refroidir assez vite. Mais si, au contraire, on choisit un état somnambulique complet qui forme une seconde vie sans doute, mais une seconde vie régulière, analogue, comme nous l'avons dit, à la vie normale de telle ou telle autre personne, il n'y a pas de raison pour que le sujet n'y reste pas fort longtemps.

Aussi, sans parler des secondes existences naturelles qui peuvent se prolonger comme celle de Félida, on a souvent signalé des somnambulismes artificiels qui ont été longtemps prolongés. Le célèbre abbé Faria prétend que certains de ses sujets sont restés endormis pendant des années et oubliaient à leur réveil tout ce qui s'était passé pendant cette longue période [19]. Un magnétiseur nommé Chardel endormit deux jeunes filles pendant l'hiver et ne les réveilla que plusieurs mois après au milieu du printemps ; elles furent bien surprises en se réveillant de voir des feuilles et des fleurs sur les arbres qu'elles se souvenaient avoir vus couverts de neige avant de s'endormir [20]. « Souvent, raconte un autre auteur, je laissais mes somnambules endormies toute la journée, les yeux ouverts, afin de me promener avec eux pour les observer sans exciter la curiosité publique. Il m'est arrivé de prolonger pendant quatorze ou quinze jours le somnambulisme d'une jeune fille qui était à mon service. Dans cet état, elle continuait ses travaux comme si elle eût été dans son état ordinaire... Elle se trouve au réveil comme dépaysée dans la maison, n'étant plus du tout au courant de ce qui s'est passé » [21]. Ces récits ne doivent pas être mensongers, car la vérification en est assez facile à faire : j'ai maintenu moi-même Rose en somnambulisme pendant quatre jours et demi sans aucune difficulté, car elle se portait très bien pendant ce temps, mangeait et dormait beaucoup mieux que dans son état normal. Jules Janet, qui a surtout étudié la période intéressante de ces somnambulismes pendant laquelle une hystérique, anormale à l'état de veille, retrouve toutes ses sensibilités et ressemble à une personne bien portante, a prolongé cet état bien plus longtemps encore. Pourrait-on laisser les sujets indéfiniment dans ce second état ? ce serait un moyen bien facile de guérir complètement l'hystérie. Malheureusement la chose me paraît fort difficile. Cet état a paru, au moins pour mes sujets, être une fatigue et les épuiser rapidement. Certaines, comme Léonie et Lucie, ont besoin de dormir fréquemment pendant quelques minutes pour se reposer, et les hystériques en général ne se maintiennent dans cet état d'intégrité sensorielle qu'au moyen d'excitations renouvelées de temps en temps, passes, courant électrique, etc. Il est probable que peu à peu les hystériques reprendraient leurs tares, leurs anesthésies habituelles et rentreraient dans leur état normal avec l'oubli de tout ce qui s'est passé pendant leur existence plus complète. Cependant mes observations sont sur ce point tout à fait incomplètes et je ne puis conclure avec précision.

Il reste une dernière question à se poser à propos de ces nouvelles formes d'existence psychologiques. Sont-elles inférieures ou supérieures à l'état de veille ? Est-ce une décadence ou un progrès pour un sujet de passer de l'une à l'autre ? Beaucoup d'auteurs se sont prononcés pour la seconde solution. « Ce dernier phénomène, l'oubli au réveil, nous laisse croire que l'état du somnambulisme magnétique est l'état parfait » [22]. M.

Myers, dans ses études si curieuses sur l'écriture automatique, se demande si l'état somnambulique, au lieu d'être un état « régressif », ne peut pas être quelquefois un état « évolutif » [23]. Ici, comme partout d'ailleurs, on ne peut faire de réponse générale à cause des nombreuses variétés du somnambulisme. Il y a un nombre infini de formes d'existences psychologiques, depuis celle qui ne contient qu'un seul fait isolé rudimentaire sans jugement et même sans personnalité jusqu'à la pensée de la monade supérieure dont parle Leibniz et qui représenterait en raccourci tout l'univers. Nous avons vu que l'hypnose peut amener les sujets au premier état que nous avons appelé la catalepsie, c'est une preuve qu'elle peut leur donner une forme d'existence très inférieure. Peut-elle aussi les rapprocher d'une forme de pensée supérieure ? Cela dépend, je crois, de la nature de leur pensée à l'état normal : quand on s'adresse à des hystériques dont la pensée, la sensation, la mémoire sont diminuées, réduites au-dessous de la limite normale, la moindre excitation du système nerveux, et les passes comme le courant électrique en sont une très forte, leur rend les facultés qu'elles ont perdues et leur donne une forme d'existence supérieure. Il est évident que Lucie 3, Rose 4 ou Léonie 3 sont supérieures et de beaucoup à Lucie 1, Rose 1, Léonie 1. Mais il s'agit là de femmes hystériques, et cette existence supérieure qu'on leur rend est simplement une existence normale, celle dont elles devraient jouir continuellement, si elles n'étaient pas malades. Cet état est si peu supérieur à la vie réelle que, même chez ces femmes, il est identique aux moments de santé plus ou moins parfaite qu'elles ont traversés. Est-il possible d'aller au-delà ? Peut-on dépasser ces états somnambuliques chez ces sujets, ou donner à d'autres sujets sains, qui sont déjà naturellement en possession de cette forme d'existence, une autre forme d'existence supérieure ? C'est ce qu'ont pensé presque tous les anciens magnétiseurs quand ils étudiaient sur leurs sujets des sens nouveaux ou des facultés surnaturelles. C'est ce que pense M. Myers quand il parle de réadaptations nouvelles de notre personnalité en rapport avec de nouveaux besoins. C'est là une étude dans laquelle nous ne pouvons pas entrer ; il nous suffit d'avoir montré à quel point elle touche notre sujet et comment elle est possible.

---

1. Bourru et Burot. *Op. cit.*, 123.
2. Pigeaire. *Electricité animale.* 1839. 44.
3. Voir Gurney. *Proc. S. P. R.*, 1882, 285.
4. Ou hystéro-épileptique : le diagnostic d'épilepsie qui a été admis me semble d'autant plus douteux que l'hypnotisme est très rare chez les véritables épileptiques.
5. Dr Phifips (Durand de Gros). *Cours de braidisme,* 1860, 155.
6. Voir des exemples de mémoire surprenants en somnambulisme Bertrand, 99 et sq.
7. Richet L'homme et l'intelligence, 167.
8. Nous aurons à revenir sur cette *plasticité* de certains somnambules quand nous parlerons

de la suggestion dans le chapitre suivant: nous ne signalons ici que pour expliquer la formation des personnalités successives.

9. Beaunie, *Somnambulime*, 216.

10. Voir Gurney. *Proceedings*, 1887, 527.

11. Baragnon. Magnétisme animal, 154.

12. Richet. *L'homme et* l'intelligence, 177.

13. Aubin Gauthier. *Hist. du somnamb.*, II, 358.

14. Liébault. *Le sommeil et les états analogues*, 1866, 80 et sq.

15. Deleuze. *Histoire critique*, I, 188.

16. Aubin Gauthier. *Histoire*, II, 304. Cf. Ricard. *Magnét.*, 434.

17. C'est exactement l'inverse de ce qui s'est passé pour Félida, chez qui « les onze couches ont eu lieu pendant l'état normal. » Azam. *Op. cit.*, 91.

18. « Que voulez-vous que je lui dise ? c'est une folle, » disait d'elle-même une somnambule citée par Charpignon. *Physiologie du magnétisme.* 388.

19. D'après Gilles de la Tourette. *Op. cit.*, 23.

20. Aubin Gauthier. *Histoire du somnambulisme*, 1842, II, 363.

21. Delatour, dans *l'Hermès (journal magnet.)*, août 1826, 116.

22. Baragnon. *Magn. an.*, 1853, 172.

23. Myers. *Proceed.* S. P. R, 1887, 514.

CONCLUSION

En étudiant, dans le chapitre précédent, les phénomènes psychologiques isolés, nous avons vu que les mouvements des membres et les sensations d'un côté, les expressions de la physionomie, les gestes successifs et les émotions de l'autre, formaient des unités, des synthèses dont les éléments étaient cohérents et inséparables. Une partie d'une sensation ou d'une émotion étant donnée, les autres existaient forcément et venaient achever le groupe qui tendait à se compléter et à subsister. Nous avons étudié, dans le présent chapitre, un groupe plus complexe mais du même genre: celui qui est formé par les sensations et les souvenirs, et nous avons constaté, dans cette nouvelle étude, une loi du même genre. Quand un sens ou même une sensibilité plus spéciale a disparu, les images et par conséquent les souvenirs des phénomènes qui ont été autrefois fournis par ce sens ont disparu également. Quand un sens subsiste intact, les images des sensations passées, leurs souvenirs persistent également. « Pas de sens, pas d'idées, disait Lamettrie, dans son *Homme-machine* [1] ; moins on a de sens, moins on a d'idées. » Disons au moins : « Pas de sens, pas de souvenirs ; moins on a de sens, moins on a de souvenirs. » Les souvenirs qui persistent sont donc réunis, agrégés, autour d'une sensation principale qui sert à les exprimer et à les évoquer, et quand ils sont nombreux autour d'elle, ils forment un système dont toutes les parties se tiennent et appartiennent à une même mémoire. Un individu parfaitement sain au point de vue psychologique n'aurait jamais qu'une seule mémoire de ce genre, et, comme tous les phénomènes de sa pensée seraient rattachés à des images toujours les mêmes et toujours présentes, il pourrait les évoquer tous facilement et à tout instant. Mais aucun homme n'est aussi parfait : mille circonstances, l'état de passion, l'état de sommeil, l'ivresse ou la maladie diminuent ou détruisent certaines images, en ravivent d'autres et changent toutes « l'orientation des pensées. » Il se forme alors, en vertu des mêmes lois que précédemment, des groupes secondaires autour de certaines images qui sont anormales dans cet esprit : ces images nouvelles peuvent ne jamais réapparaître ; mais si elles se reproduisent périodiquement ou sont ramenées artificiellement, elles ramènent avec elles tous les souvenirs qui leur sont liés et les mémoires différentes deviennent des mémoires alternantes.

Un groupe d'images ainsi condensées peut donner naissance à un jugement particulier qui reconnaît et constate son unité, et les mémoires alternantes amènent des personnalités différentes et successives. Les somnambulismes sont des existences de ce genre, ayant leur mémoire et leur personnalité particulières : leur caractère essentiel, c'est d'être un état psychologique anormal qui ne forme pas toute la vie de l'individu, et d'alterner avec d'autres états et d'autres mémoires qui ne peuvent en garder le souvenir. Souvent imparfaits et rudimentaires, les somnambulismes peuvent former une nouvelle existence plus complète que l'existence normale de l'individu. Il suffit pour cela que les circonstances favorisent le développement automatique des éléments qui entrent dans la seconde vie et rendent leur groupement plus cohérent et plus stable. Les systèmes d'éléments psychologiques semblent avoir ainsi leur vie propre, comme chaque élément en particulier, et c'est cette vie d'un système psychologique qui constitue les personnalités différentes et les divers somnambulismes.

------

1. D'après Lange, *Histoire du matérialisme*, trad. I, 349.

PARTIE III

LA SUGGESTION ET LE RÉTRÉCISSEMENT DU CHAMP DE LA CONSCIENCE

LA SUGGESTION ET LE RÉTRÉCISSEMENT DU CHAMP DE LA CONSCIENCE

Toute personnalité une fois constituée pense et agit : de quelle manière les personnalités diverses que nous avons vues se former et grandir presque sous nos yeux vont-elles penser et agir ? On peut ramener cette question à l'étude d'un fait particulier plus important que tous les autres et que l'on désigne sous le nom d'obéissance aux suggestions, car la présence ou l'absence de cette docilité est le trait essentiel de leurs pensées et de leurs actions.

Tous les hommes agissent les uns sur les autres et les relations sociales ne consistent guère qu'en actions et réactions réciproques. Mais cette influence a lieu d'ordinaire ou semble avoir lieu au moyen d'un intermédiaire qui est le consentement volontaire : si vous agissez de la sorte, c'est bien sans doute parce que vous suivez mes conseils, mais c'est aussi et surtout parce que vous voulez bien les suivre. Il ne s'agit pas de chercher ici si ce consentement est accordé librement ou non : bien souvent sans doute on consent à un acte parce que l'on ne peut pas faire autrement, mais peu importe ; il suffit de remarquer maintenant que le plus souvent il y a acceptation plus ou moins résignée et conscience de l'acceptation. Eh bien, on a constaté que, dans certains cas assez nombreux, cet intermédiaire du consentement volontaire était tout à fait inutile et disparaissait même entièrement : des individus subissaient une influence étrangère, obéissaient ponctuellement sans avoir consenti à obéir et sans savoir qu'ils obéissaient. On a donné le nom de suggestion à cette influence d'un homme sur un autre qui s'exerce sans l'intermédiaire du consentement volontaire.

Les phénomènes de suggestion ont été d'abord remarqués par les magnétiseurs pendant certains états de somnambulisme artificiel : aussi la connaissance de ces faits avait-elle été emportée par ce courant de mépris niais que l'on a affecté pendant si longtemps pour ces études. Mais, depuis quelques années, on les a retirés de cet oubli injuste, et par réaction on leur a accordé une importance peut-être un peu exagérée. Aussi sont-ils maintenant tellement connus qu'il est bien difficile de revenir sur leur description. Après une revue historique rapide et forcément incomplète, qui a surtout pour but de montrer combien l'étude de la suggestion est ancienne, nous nous contenterons de rappeler par quelques exemples les faits les plus importants. Nous n'étudions d'ailleurs dans ce chapitre qu'une forme de suggestions, la plus simple de toutes, celles qui sont exécutées par le sujet peu de temps après qu'il les a reçues, sans qu'il ait changé d'état psychologique dans l'intervalle, et celles que le sujet comprend et exécute avec pleine conscience. Nous rattachons à une autre étude l'analyse des suggestions exécutées par le sujet après un réveil ou un changement d'état et celles qui se présentent avec l'apparence d'actes inconscients. Après la description des faits, doit se placer naturellement l'étude des hypothèses plus ou moins vraisemblables qui les expliquent et la vérification de ces hypothèses. Suivant le conseil que donnait M. Paul Janet [1], dans les articles qu'il a consacrés à cette question, nous essayerons de confirmer nos suppositions par l'examen des actes naturels qui présentent les mêmes caractères que les actes suggérés. Mais, afin d'examiner des choses comparables et produites dans les mêmes circonstances, nous choisirons nos exemples d'actions naturelles parmi celles qui sont exécutées par ces mêmes personnes qui se sont montrées suggestibles.

---

1. Paul Janet. *Les suggestions hypnotiques.* Rev. litt, 1884, II, 101.

16

RÉSUMÉ HISTORIQUE DE LA THÉORIE DES SUGGESTIONS

Les auteurs qui, de nos jours, ont attiré l'attention sur les phénomènes de la suggestion sont tous aujourd'hui bien connus et quelques-uns sont justement célèbres : il est inutile de rappeler les travaux de Liébault, de Ch. Richet, de Bernheim, de Binet, de Feré et de tant d'autres qui ont attaché leur nom à cette étude. Faire l'histoire de la suggestion à notre époque ce serait faire l'histoire complète de l'hypnotisme, que nous ne pouvons avoir l'intention d'entreprendre. Mais on nous pardonnera, si nous faisons un retour, trop rapide malheureusement, sur les anciens magnétiseurs qui, tout ignorés et méprisés qu'ils sont, avaient cependant découvert et étudié à peu près tous ces phénomènes dont la description a fait aujourd'hui la gloire de bien des auteurs. Nous avons la conviction, que nous n'espérons pas faire partager, qu'il y avait parmi eux de véritables savants d'autant plus dévoués à leur science qu'ils ne pouvaient obtenir d'elle ni gloire ni avantage d'aucune sorte. Ils ont consacré leur vie à des travaux que nous pouvons à peine soupçonner, à étudier des phénomènes extrêmement longs et délicats dont le petit hypnotisme d'aujourd'hui ne donne aucune idée, et ils ont apporté dans cette étude une patience, une ténacité et quelquefois une intelligence qui auraient dû leur mériter plus de bonheur. Beaucoup de charlatans se sont couverts et essayent encore de se revêtir de ce nom de magnétiseurs, mais ce n'est pas une raison pour jeter un mépris général sur tous ceux qui ont été les véritables précurseurs de la psychologie expérimentale.

Les magnétiseurs d'autrefois connaissaient parfaitement les phénomènes de la suggestion. Le rapport de 1784 sur les expériences de Mesmer est déjà formel sur ce point. « Tous étaient soumis à celui qui les magnétisait ; ils avaient beau être dans l'assoupissement, sa voix, un regard, un signe les en retirait... On ne peut s'empêcher de reconnaître à ces effets constants une grande puissance qui agite les malades, les maîtrise et dont celui qui magnétise semble être le dépositaire. » Puységur, l'un des premiers qui ait constaté le somnambulisme artificiel, remarque de suite ce phénomène : « Lorsque je jugeais ses idées devoir l'affecter d'une manière désagréable, je les arrêtais et je cherchais à lui en inspirer de plus gaies ; il ne me fallait pas pour cela faire de grands efforts -, alors je le voyais content, s'imaginant tirer à un prix, danser à une fête, etc. Je nourrissais en lui ces idées et par là je le forçais à se donner beaucoup de mouvement sur sa chaise, etc. » [1]. Deleuze, l'un des premiers maîtres de tous les magnétiseurs, indique comme caractère essentiel d'un somnambule « qu'il est soumis complètement à l'influence de celui qui magnétise... » [2]. Il décrit même très bien quelques pages plus loin la suggestion posthypnotique, celle qui s'exécute après le réveil et dont nous ne parlerons pas dans ce chapitre [3]. A la même époque l'abbé Faria mettait en œuvre la suggestion « d'une façon scientifique » [4], et son influence fut telle que tous les ouvrages postérieurs racontent toujours un grand nombre d'expériences imitées des siennes. Tous les auteurs qui ont écrit sur le magnétisme décrivent des actions, des hallucinations, des rêves imposés à des somnambules par la parole du magnétiseur.

Braid ne fit qu'étudier plus exclusivement et produire d'une autre manière un phénomène que tous les magnétiseurs auraient pu lui enseigner, et encore se laisse-t-il tromper dans ses expériences de phrénohypnotisme quand il prétend exciter les diverses passions de ses sujets en pressant les différentes bosses de leur crâne. Charpignon, un véritable magnétiseur, rapporte très bien ces phénomènes à leur origine qui est la suggestion [5], et Dupotet sait bien mieux exciter ces mêmes sentiments de la colère ou de l'affection sans toucher le crâne et simplement en parlant au sujet [6]. Il ne faut pas oublier qu'en 1854, Hébert de Garnay faisait un cours public ayant pour titre la « Suggestion orale » [7], et que tous ceux qui se sont occupés de magnétisme ont connu ces leçons. Aussi n'y a-t-il rien de surprenant à trouver dans les œuvres de tous les magnétiseurs postérieurs des expériences et des discussions relatives à ces phénomènes. Rien ne serait plus facile, pour tous les faits sans exception qui ont été signalés dans les ouvrages d'hypnotisme moderne, que d'emprunter des exemples aux ouvrages publiés de 1850 à 1870.

Mais, dira-t-on, si les magnétiseurs connaissaient ces phénomènes, ils les expliquaient mal et faisaient intervenir inutilement un fluide mystérieux. Les magnétiseurs, je crois, distinguaient à peu près tous, comme le fait si nettement le Dr Philips (Durand de Gros), l'état de suggestibilité dans lequel le sujet se trouvait actuellement plongé (état hypotaxique) et la suggestion elle-même faite dans cet état (phénomènes idéoplastiques).

Leurs théories de physiologie fantaisiste ne s'appliquaient guère qu'au premier fait, c'est-à-dire aux procédés à employer pour amener le sujet à l'état de suggestibilité, et quant à la suggestion elle-même, ils l'expliquaient par des lois uniquement psychiques. J'avoue d'ailleurs que cette manière de séparer les choses ne me paraît pas si ridicule et que je ne suis pas disposé à croire que la suggestion puisse expliquer tout et en particulier qu'elle puisse s'expliquer elle-même.

Si on préfère des théories outrées dans lesquelles on rapporte à l'influence morale du magnétiseur ou à « la force de l'imagination », comme on disait alors, tous les phénomènes possibles, il est facile d'en trouver bien des exemples. Bertrand explique ainsi les croyances singulières des somnambules ; la prétendue vue du fluide, la prévision des maladies et même l'action des métaux. « Ce sont toujours, dit-il, les idées des magnétiseurs qui ont de l'influence sur les sensations des somnambules... les métaux, lorsque les magnétiseurs le veulent, ne doivent avoir aucun empire sur les personnes magnétisées, c'est l'idée qui les rend nuisibles » [8]. Plus tard, en 1850, le Dr Ordinaire soutint une discussion fort curieuse contre les théories fluidistes de son temps [9]. Le grand argument qu'il invoque sans cesse, c'est la suggestion à l'état de veille. « J'ai obtenu, dit-il, *sans magnétisation préalable*, l'insensibilité.... la paralysie, l'ivresse, le délire, et cela sans avoir besoin d'endormir le sujet, simplement en disant « Je veux »... Il m'a suffi de dire: « Je veux que vous dormiez » pour endormir ». A-t-on rien fait de plus fort et la suggestion est-elle une découverte d'aujourd'hui ?

Non seulement les phénomènes moraux, mais les phénomènes physiologiques les plus curieux furent étudiés et rattachés à la force de l'imagination. Les expériences les plus hardies de vésication par suggestion, les explications les plus nettement psychologiques des stigmates, des convulsionnaires se trouvent complètement exposées dans les ouvrages de Charpignon [10].

Mais tous ces travaux, riches sans doute en observations exactes et en aperçus ingénieux, mais souvent incomplets et obscurs, furent à peu près complètement oubliés. Ce ne fut que vers 1875, quand Barrett [11] en Angleterre et Ch. Richet [12] en France eurent démontré au public scientifique l'existence des suggestions insurmontables et des illusions imposées par la parole, que l'attention des psychologues et des physiologistes se porta décidément sur ces études aussi originales que fécondes. Il ne faut pas trop oublier que tous ces travaux avaient été indiqués et commencés par les anciens magnétiseurs français.

---

1. *Lettre* de *Puységur* du 8 mai 1784 à la Société de l'harmonie présidée par Mesmer, reproduite dans Aubin Gauthier. *Hist. du somn.*, II, 251.

2. Deleuze. *Instruction pratique sur le magnét. anim.*, 1853, p. 85 (la 1er éd. est de 1825).

3. Id. *Ibid.*, 118.

4. Voir sur *l'abbé Faria*. Gilles de la Tourette. *Hypnotisme*, 22.

5. Charpignon. *Physiologie du magnétisme*, 374.

6. Dupotet. *Journal du magnétisme*, 1849, 396.

7. *Journal du magnétisme*, 1855, 541.

8. Bertrand. *Traité du somnambulisme*, 1823, 323.

9. *Journal du magnétisme*, 1850, 120, 207. - Voir une discussion du même genre sous ce titre: *Opinion de M. Delatour sur l'action magnétique et sur celle de l'imagination, dans l'Hermès*, 1826, p. 265.

10. Charpignon. *Physiologie du magnétisme*, 1848, 361, 366 et *Journal du magnétisme*, 1849, 550.

11. Cf. *Proceed*. S. P. R, 1882, 338.

12. Cf. Richet. *Du somnambulisme provoqué*. Journal d'anatomie et de physiologie de Robin, 1875, 348.

17

DESCRIPTION DE QUELQUES PHÉNOMÈNES PSYCHOLOGIQUES PRODUITS PAR SUGGESTION

Il est difficile de résumer tous les phénomènes psychologiques que l'on peut produire par la suggestion ; car d'un côté ils sont innombrables et extrêmement variés, et de l'autre ils ne présentent pas entre eux de différences bien tranchées, comme nous en avons trouvé dans les phénomènes cataleptiques. Le meilleur moyen de classer les suggestions positives, les seules étudiées dans le présent chapitre, consiste, croyons-nous, à les ranger d'après leur ordre de complexité croissante.

1° *Phénomènes d'apparence cataleptique.* - Si on lève le bras d'un individu suggestible, pendant le somnambulisme ou pendant la veille, et surtout si on le maintient en l'air quelque temps, presque toujours le bras restera dans la position où on l'a mis. C'est là un phénomène tout à fait analogue à celui qui a été observé pendant la catalepsie et il se présente quelquefois avec des caractères identiques. En effet, si on a pris la précaution de choisir un sujet dont le bras soit préalablement tout à fait anesthésique, on verra ce membre rester en l'air fort longtemps, descendre lentement sans secousse, sans que la respiration subisse pendant ce temps aucune modification. On sait, en effet, que cette absence d'oscillations et de troubles respiratoires prouve simplement l'anesthésie musculaire du bras et non l'existence d'un état cataleptique.

On peut constater également d'autres phénomènes du même genre: un crayon mis dans la main du sujet donne à N... l'envie de dessiner et elle fait indéfiniment sur un papier des traits ou des petites maisons. La vue d'un geste provoque quelquefois l'imitation et la répétition : Blanche, une jeune fille extrêmement suggestible à l'état de veille, imite exactement tous mes mouvements quand elle me regarde. Léonie, au début d'un certain état somnambulique, répète mes paroles avant d'y répondre, et Rose, dans un état analogue, tantôt répond aux questions, tantôt les répète. « Une jeune dame somnambule, lit-on dans le *Journal du magnétisme* [1], mise en rapport avec une personne quelconque, devient immédiatement son sosie. Elle reflète les gestes, l'attitude, la voix et jusqu'aux paroles de ses interlocuteurs. Chante-t-on, rit-on, marche-t-on, elle fait immédiatement la même chose, et l'imitation est si parfaite et si prompte que l'on peut se tromper sur l'origine de l'action. L'identification est telle que des étrangers, Russes, Polonais, Allemands, dont les idiomes sont très difficiles à prononcer, lui ont tenu des discours qu'elle a parfaitement reproduits. L'un d'eux, qui lui avait fait chanter un fragment d'hymne national, lui témoigna sa satisfaction en français avec un accent germanique très prononcé ; elle lui rendit son salut en répétant le compliment sur le même ton, et toute l'assemblée d'éclater de rire. »

Pourquoi considérer ces phénomènes comme distincts de ceux de la catalepsie ? Parce que les circonstances psychologiques qui les environnent ne sont pas les mêmes. L'individu cataleptique ne parle pas, ne comprend pas ce qu'il fait, semble n'avoir aucune idée ni de sa personnalité, ni des actes qu'il exécute ; il a, comme disait Maine de Biran, la sensation et non l'idée de sa sensation. Les sujets dont nous parlons maintenant sont tout différents : ils parlent et comprennent la parole, ils ont une personnalité, ils se rendent compte de ce qu'ils font. « Je pense que mon bras est en l'air », dira Blanche quand on lui demande à quoi elle songe. « J'ai envie de faire des petits dessins », dit N... quand elle tient un crayon. « Pourquoi ai-je envie de faire comme vous ? » dira une autre en me regardant lever la main. Le phénomène physique est peut-être le même, mais le phénomène psychologique ne me parait pas identique.

2° *Actes et hallucinations déterminés par la parole.* - Le véritable intérêt de la suggestion se trouve dans les commandements que l'on peut donner par la parole. En effet, les paroles que l'on adresse à ces sujets, au lieu d'être répétées sans intelligence comme par les cataleptiques, *sont comprises,* et par leur sens déterminent toujours, *sans le consentement* de la personne, des actes et des hallucinations. Dit-on à l'un de ces individus : « Lève-toi, assieds-toi, remue ton bras », ou plus simplement encore : « Voilà ton bras qui remue », il comprend très bien ce que l'on veut dire, mais, sans qu'il y ait consenti, il se lève réellement, remue son bras, ou s'assied. Aussitôt le sens des paroles compris, l'acte est exécuté.

On peut provoquer par ce moyen un phénomène nouveau qui existait sans doute déjà, mais ne pouvait pas être constaté facilement pendant la catalepsie, c'est le phénomène de l'hallucination. Le sujet, qui peut maintenant parler, nous renseigne sur ce qu'il sent, et, par ses paroles comme par ses attitudes, nous montre qu'il éprouve, à propos de nos paroles, toutes espèces de sensations fausses. On lui fait entendre ainsi le son des cloches, des chants, des fanfares, on lui fait voir des fleurs, des oiseaux, sentir des odeurs, apprécier des goûts, soulever des fardeaux imaginaires, etc. En un mot, on provoque dans sa conscience tous les phénomènes qui d'ordinaire correspondent à des impressions réelles faites sur les différents sens.

Ces hallucinations sont ordinairement violentes et aussi vives que seraient de véritables sensations. Je fais boire à une femme de l'eau soi-disant magnétisée, et je la préviens que cette eau procure à l'estomac une douce chaleur : elle commence par ressentir cette sensation et s'en trouve bien. Je fais alors le geste de magnétiser le verre davantage : elle le prend, le porte à ses lèvres, puis le jette violemment par terre en poussant de grands cris. Cette eau trop magnétisée lui avait, disait-elle, affreusement brûlé la bouche. Léonie est capable de relire par hallucination des pages entières d'un livre qu'elle a lu autrefois, et elle distingue l'image avec tant de netteté qu'elle remarque encore des signes particuliers, comme les numéros des pages et les numéros des feuilles au bas de certaines pages : l'hallucination est identique, dans ces cas, à une sensation.

Quelquefois, au contraire, l'hallucination sera faible, analogue à une image lointaine et vague, et alors on peut distinguer deux cas particuliers. Ou bien le sujet distinguant mal, éloigne pour ainsi dire son hallucination dans l'espace: Marie, qui n'a pas d'hallucination de l'ouïe bien nette, prétend toujours que la musique est dans la cour ou tout au plus dans la salle voisine, mais n'admet pas qu'elle soit tout près : « Oh non, dit-elle, on entendrait mieux si la musique était ici. » Dans l'autre cas, le sujet semble éloigner son hallucination dans le temps et en faire un souvenir. Mi... murmurait toujours quand je cherchais à lui suggérer une hallucination présente : « C'est vrai, vous avez raison, j'ai entendu cela, j'ai vu cela... mais comme c'est lointain... Il doit y avoir bien longtemps. » Je n'ai rencontré, il est vrai, que ce seul sujet qui parlât ainsi ; il faut cependant en tenir compte. Peut-être serait-il possible d'expliquer par ces hallucinations faibles, ces illusions du souvenir dont parlait M. Taine : « Dans le somnam-bulisme et l'hypnotisme, dit-il, le patient, qui est devenu très sensible à la suggestion, est sujet à de semblables illusions de la mémoire : on lui annonce qu'il a commis tel crime et sa figure exprime l'horreur et l'effroi » [2]. Je n'ose pas, n'ayant observé qu'un seul sujet de ce genre, soutenir complètement que les « hallucinations rétroactives » [3] sont toujours simplement des hallucinations faibles : elles sont quelquefois un phénomène plus complexe.

Nous avons réuni dans la même catégorie les actions et les hallucina-tions suggérées, quoique ces deux phénomènes semblent très différents l'un de l'autre. C'est qu'en réalité ils ont les rapports les plus intimes ; non seulement ils se produisent chez les mêmes sujets et dans les mêmes conditions, mais encore ils sont inséparables et n'existent jamais l'un sans l'autre. Il n'y a pas d'actes sans une image dans l'esprit qui, pour être liée à un mouvement, n'en est pas moins forte. Un sujet à qui j'ai dit de lever son bras, a dans l'esprit une image (musculaire ou visuelle suivant les cas) qui est très nette et parfaitement assimilable à une hallucination. En voici la preuve: Je commande à Marie de lever son bras, mais immédiatement je saisis sa main au passage et l'empêche de bouger ; comme elle n'a aucune sensibilité musculaire de ce côté, elle ne sent pas cet arrêt. Quelques instants après je lui demande où est son bras, et elle répond qu'il est en l'air, qu'elle le voit. A Rose, qui est paraplégique, je commande de remuer la jambe, elle semble faire un effort, mais sa jambe ne bouge pas. Comme j'insiste, elle se fâche et dit : « Mais elle est déjà levée ma jambe, vous ne la voyez donc pas. » Par un moyen ou par l'autre, nous avons supprimé l'acte qui masquait l'image et nous l'avons laissée isolée ; on voit alors qu'elle existait complètement et même ici sous forme d'hallucination.

D'autre part, il est facile de montrer qu'il y a toujours un mouvement en même temps que l'hallucination suggérée. Le fait peut quelquefois être vérifié directement : à un sujet visuel, c'est-à-dire qui, à ce moment, exécute ses mouvements au moyen des images visuelles, il est impossible de donner l'hallucination *visuelle* du mouvement de son bras sans que le bras ne remue réellement. Je commande à Léonie, après lui avoir bandé les yeux, de voir son bras gauche qui se lève et qui s'agite. Au bout de quelques instants elle dit : « Oui, je le vois, les doigts s'écartent » ; mais, en même temps, son bras gauche fait exactement ce mouvement qu'elle dit voir. Il y a quelques remarques à faire à propos de ce petit fait très simple et très important :

1° Ce mouvement se fait à l'insu du sujet quand il a lieu dans un membre anesthésique ; mais il ne faut pas en conclure que ce soit un mouvement inconscient comme ceux que nous étudierons plus tard. L'origine du mouvement, ou plutôt son aspect psychologique, est bien dans l'esprit du sujet, c'est l'image visuelle qui a été suggérée. Il ne manque que la *sensation musculaire en retour* [4], qui avertit ordinairement le sujet sain de l'exécution du mouvement;

2° Cette expérience ne réussit que si on provoque l'hallucination de l'image particulière, qui, chez ce sujet et à ce moment, sert au mouvement. Léonie est hémianesthésique gauche et, comme il arrive dans ce cas, se sert des images visuelles, pour exécuter les mouvements du bras gauche ; mais, chose singulière elle continue à se servir des images musculaires (kinesthésiques): pour exécuter les mouvements du bras droit. Il en résulte que l'hallucination visuelle du bras en mouvement provoque le mouvement à gauche, mais ne le provoque pas à droite. Pour amener le mouvement du bras droit, il faut l'hallucination kinesthésique du déplacement du bras, hallucination qui d'ailleurs est sans efficacité ou même impossible pour le bras gauche. Nous retrouverons ces détails quand nous parlerons des paralysies dans leurs rapports avec les anesthésies. Il nous suffit de rappeler ici combien ces expériences nouvelles faites par la suggestion orale viennent confirmer les hypothèses que nous avons faites à propos de l'imitation des mouvements dans la catalepsie et nous montrent l'union intime entre les images même visuelles et les mouvements.

S'agit-il maintenant d'hallucinations différentes et plus complexes qui ne consistent pas uniquement dans l'image d'un membre en mouvement, il y a encore certains mouvements expressifs, gestes ou paroles, qui accompagnent toujours l'hallucination. Au début de mes recherches sur le somnambulisme, n'étant qu'à demi convaincu de la puissance de ces commandements, je commis l'étourderie grave de faire voir à une somnambule un tigre entrant dans la chambre. Ses mouvements convulsifs de terreur et les cris épouvantables qu'elle poussa m'ont appris qu'il fallait être plus prudent, et depuis je ne montre plus à l'imagination de ces personnes que des belles fleurs et des petits oiseaux. Mais, si elles ne font plus de grands gestes de terreur, elles n'en font pas moins d'autres mouvements adaptés à ces spectacles plus doux: les unes, comme Marie, caressent doucement les petits oiseaux ; d'autres, comme Lucie, les saisissent vivement à deux mains pour les embrasser , d'autres, comme Léonie, qui se souvient de sa campagne, leur jettent du grain à la volée ; aucune femme ne peut voir une fleur par hallucination sans la porter à son nez, puis la mettre à son corsage.

Quand même les mouvements expressifs de ce genre manqueraient absolument, ce qui est bien rare, il y aurait toujours des mouvements plus simples que l'on peut appeler mouvements d'adaptation. D'après les observations de M. Féré, « l'état de la pupille varie avec la distance présumée de l'hallucination [5]. » Ce phénomène très constant d'ailleurs est peu visible, mais les mouvements des sourcils, des paupières, du globe de l'œil, les mouvements de la tête pendant les hallucinations auditives, le battement des narines pendant les hallucinations de l'odorat, les mouvements des doigts quand le sujet sent le contact d'un objet imaginaire, sont toujours très forts et très faciles à constater. M. Ribot avait prévu ce que l'observation est venue confirmer quand il disait : « Si, lorsque nous voyons un objet, le mouvement est un élément essentiel, ne doit-il pas jouer le même rôle quand nous voyons l'objet idéalement [6] ? » En un mot, il y a aussi bien mouvement à propos de la suggestion d'hallucination, que hallucination à propos de la suggestion de mouvement ; les deux choses ne peuvent pas être séparées.

3° Actes ou hallucinations, avec points de repère. - Au lieu de commander l'exécution immédiate d'un acte, on peut l'éloigner en quelque sorte et le rattacher à un signal convenu. Nous ne nous occupons pas maintenant des suggestions posthypnotiques et nous supposons que le commandement et le signal d'exécution ont encore lieu pendant que le sujet reste dans le même état psychologique. Par exemple, je dis à Marie : « Quand je frapperai dans mes mains, tu te lèveras et tu feras le tour de la chambre. » Elle a bien entendu et garde le souvenir de mon commandement, mais ne l'exécute pas de suite : je frappe dans mes mains et la voici qui se lève pour faire le tour de la chambre. Il en est de même pour les hallucinations, on peut les rattacher à un certain signal qui sera une sensation quelconque auditive ou visuelle. Si je dis à Marie qu'elle verra un papillon traverser la chambre quand l'heure sonnera, ou qu'elle verra un oiseau sur l'appui de la fenêtre, le phénomène est identique : elle ne voit le papillon qu'au moment où l'heure sonne et n'aperçoit l'oiseau que sur l'appui de la fenêtre et non ailleurs.

Le dernier fait est le plus intéressant, car l'hallucination, étant liée à une sensation durable, toujours possible et susceptible de modifications, prend exactement le même caractère, persiste, disparaît, se modifie comme le point de repère lui-même. A n'importe quel moment du somnambulisme, si Marie regarde du côté de la fenêtre, elle reverra son oiseau, et cette liaison peut persister indéfiniment ; de là une quantité d'expériences dont voici la plus connue : On montre à une somnambule un portrait imaginaire sur une carte en apparence toute blanche et on confond ensuite cette carte avec plusieurs autres ; le sujet retrouve presque toujours le portrait sur la même carte qu'on lui a montrée et dans la même position, c'est qu'il reconnaît sans doute le papier à quelques petits signes caractéristiques. Si maintenant Marie ne voit plus l'appui de la fenêtre, elle ne verra plus l'oiseau : il lui suffit de détourner les yeux pour ne plus le voir. Enfin, si le point de repère varie d'une manière quelconque, grandit, diminue, se dédouble, etc., l'hallucination aura exactement le même sort. C'est là le phénomène qui a été si bien étudié par MM. Binet et Féré dans leurs expériences originales de la lorgnette, du miroir, du prisme. J'ai répété leurs expériences avec plusieurs sujets, surtout avec Lucie, et mes observations ont toujours été d'accord avec les leurs. Si on lui a montré, par exemple, un serpent enroulé autour de la lampe, elle voit dans la glace un second serpent aussi bien qu'une seconde lampe. En un mot, l'acte ou l'hallucination suggérés peuvent être rattachés à une certaine sensation qui sert de signal ou de point de repère et en dépendent alors absolument.

On ne saurait assez insister sur l'importance de cette suggestion à point de repère, car elle fournit l'explication d'un très grand nombre d'autres phénomènes. Citons quelques exemples de ce genre : nous avons vu dans le précédent chapitre que les sujets qui ont une anesthésie totale d'un sens ne pouvaient plus avoir d'hallucination de ce sens, mais il n'en est pas de même pour ceux qui n'ont qu'une anesthésie partielle. Ainsi Marie est aveugle de l'œil gauche, mais elle voit bien de l'œil droit, aussi peut-elle avoir des hallucinations visuelles. Quand elle rêve, elle voit comme tout le monde des objets colorés aussi bien à gauche qu'à droite, et si on lui suggère sans préciser une hallucination de la vue, en lui laissant les deux yeux fermés, elle la verra colorée. Cela peut s'expliquer facilement, comme le montrait tout récemment M. Binet, si l'on songe « que le champ de la représentation, plus étendu que le champ de la sensation, est formé par une synthèse des champs visuels [7]. » L'imagination du malade complète le champ visuel et reconstitue la représentation intégrale de l'objet.

Mais alors comment comprendre le fait suivant ? Si on précise l'endroit où l'objet doit se trouver en disant qu'il est à gauche, ou bien si on ferme l'œil droit du sujet en laissant l'œil gauche ouvert, on ne peut plus produire chez Marie aucune hallucination visuelle. M. Paul Richer a signalé ce fait l'un des premiers : « Bar.... dit-il, est à l'état de veille achromatopsique de l'œil droit. L'œil gauche étant fermé, nous lui montrons (par suggestion) Arlequin, elle le dépeint tout couvert de petits carreaux gris, blancs et noirs , Polichinelle est également vêtu de blanc et de gris : « C'est original, ajoute-t-elle, mais ce n'est pas beau. » Nous ouvrons l'œil droit et aussitôt la notion des couleurs reparaît et Arlequin et Polichinelle lui paraissent bariolés comme on a coutume de les représenter [8]. » Depuis, beaucoup d'auteurs ont signalé des faits identiques. J'ai observé un fait de ce genre pour le sens du tact. Rose, insensible sur le reste du corps, avait récupéré la sensibilité aux lèvres ; les hallucinations de contact, chatouillement, chaleur, etc., n'étaient senties qu'aux lèvres et non sur le reste du corps. Ces phénomènes, en apparence singuliers, dépendent simplement de la présence ou de l'absence des points de repère qui servent au sujet pour localiser une hallucination. Si, après avoir donné une hallucination à Marie au moment où elle a les deux yeux ouverts, je lui ferme l'œil droit, elle ne voit plus clair et ne distingue plus les points de repère auxquels son hallucination était rattachée ; elle a alors complètement perdu de vue l'oiseau ou la fleur que je lui montrais. Si, au contraire, on lui donne une hallucination quand elle a les yeux fermés, cette image ne se rattache à aucun point de repère et peut persister malgré la fermeture des yeux. Les autres expériences, et les modifications que subissent les hallucinations, après des modifications partielles des sens, s'expliqueraient de la même manière.

Je rattacherai aussi à cette théorie de l'hallucination avec point de repère un fait singulier que présente toujours une des somnambules que j'ai étudiées, et que je ne puis m'expliquer autrement. L'hallucination suggérée ne se produit chez Léonie que si elle est touchée sur une partie découverte de son corps par la personne qui a suggéré l'hallucination. Quoique je lui aie commandé de voir des fleurs, Léonie cesse de les voir dès que je ne touche plus sa main ou son visage ; d'autres personnes ont beau la toucher, lui tenir la main, l'hallucination ne reparaît pas ; si je la touche de nouveau, même légèrement et sans la prévenir, Léonie pousse un cri de joie et se montre enchantée de revoir son bouquet de fleurs. Il est probable que l'hallucination est associée ici avec la sensation du contact de ma main qui est comme un point de repère. Mais, dans cette expérience, comme dans plusieurs des précédentes, les phénomènes psychologiques sont rarement tous conscients et nous ne pouvons insister maintenant sur leurs détails.

Je suis très disposé pour ma part à expliquer de la même manière, a considérer comme de simples hallucinations avec point de repère, les phénomènes intéressants qui ont été signalés par différents auteurs, comme MM. Dumontpallier, Magnan, Bérillon [9], etc., sous le nom « d'hallucinations bilatérales de caractère différent suivant le côté affecté ». Il est possible, disent ces auteurs, de faire éprouver à un même sujet deux hallucinations différentes simultanément, une à droite et l'autre à gauche ; ainsi, « on lui fera sentir le goût du rhum sur le côté droit de la langue et le goût d'un sirop sur le côté gauche, on lui fera voir par un œil une scène horrible et par l'autre un riant tableau champêtre [10]. » Ces auteurs tirent de ce fait des conclusions qui me paraissent bien graves sur l'indépendance fonctionnelle des deux hémisphères cérébraux. Sans préjuger de la théorie en elle-même, je crois qu'il faut renoncer à employer ce fait particulier comme moyen de démonstration. Les hallucinations simultanées et de nature différente sont faciles à reproduire pour les sens qui sont répandus sur une assez large surface et qui peuvent fournir au sujet, plusieurs points de repère simultanés. Il n'est pas nécessaire, pour les obtenir, de tenir compte de la division bilatérale du corps ou du cerveau, et on peut facilement répéter toutes ces expériences sur un même côté du corps. Sur mon ordre, Marie a simultanément la sensation de chaleur au pouce de la main droite et le froid au petit doigt de la même main, elle voit du même côté et par le même œil un tableau gai à côté d'un tableau triste ; enfin elle sent aussi deux hallucinations du goût sur la langue, mais au lieu de les sentir l'une à droite et l'autre à gauche, elle a de la confiture au bout de la langue et du sel au fond, elle trouve même que c'est très mauvais et très désagréable. En un mot, je suis disposé à croire que les différents points du corps et les différents objets ont servi simplement de points de repère dans ces hallucinations bilatérales.

La même considération serait à opposer à bien des théories qui sont très compliquées et ne tiennent pas compte d'un fait aussi simple. On peut habituer le sujet à faire tel acte, à se contracturer ou à s'endormir quand on le touche avec tel métal, à se réveiller quand on presse telle zone de son corps, etc. L'objet qu'on lui laisse toujours reconnaître d'une manière quelconque, la pression sentie d'un point du corps lui sert de signe et amène l'acte ou l'hallucination. Le sujet ne trompe pas, comme on pourrait le croire, car il ne consent pas plus à cette suggestion qu'aux autres, c'est l'opérateur qui se trompe lui-même en ne tenant pas assez compte des lois psychologiques quand il s'occupe de phénomènes qui sont psychologiques. Le danger opposé, c'est d'expliquer tout par des suggestions de ce genre ; il faut une critique bien délicate pour tenir la balance égale et nul ne peut se vanter d'y être parvenu.

4° *Actes et hallucinations complexes ou à développement automatique.* - Au lieu de commander l'un après l'autre chaque mouvement ou chaque hallucination, il suffit, avec certains sujets, de leur indiquer une idée initiale qui, avec une apparente spontanéité, se développe dans leur esprit de toutes manières et se manifeste par une longue suite d'actes et d'hallucinations diverses. Tu vas écrire une lettre, ... tu vas chanter un air, » dis-je à Lucie ou à Rose, et elles vont faire leurs préparatifs pour écrire, composent une lettre ou bien chantent indéfiniment toutes sortes de morceaux. Si je dis à Léonie qu'il y a un mouton devant elle, elle le voit, mais aussitôt, sans que j'ajoute rien, elle l'entend bêler et imite son cri, puis elle le caresse et sent sa toison sous sa main. Une pièce d'or réelle produit chez ce sujet une contracture générale si elle est appliquée au front ; une pièce d'or imaginaire que l'on met dans sa main et qu'il s'applique lui-même au front produit le même résultat. L'ongle du pouce est hyperesthésié ; si on le frappe, le sujet a des petites convulsions et des contractures ; l'hallucination d'un oiseau sur sa main la fait penser à un coup de bec imaginaire donné par l'oiseau sur son ongle et elle a une petite crise convulsive. On trouverait dans tous les ouvrages de nombreux exemples de ces hallucinations qui se compliquent et se complètent spontanément. C'est là ce qui rend ces rêves mimés si amusants quand on a affaire à un sujet vif et assez intelligent. L'hallucination « d'un voyage », comme elle disait, devenait chez Lucie une véritable comédie avec mille péripéties inattendues. Non seulement elle éprouvait le mal de mer sur les bateaux, comme le sujet dont parle M. Richet, mais elle se figurait tomber dans l'eau, nageait sur le parquet et se relevait dans une île déserte en grelottant. Naturellement, je lui ai fait faire les plus belles expéditions sur la lune, au centre de la terre, etc. : il me suffisait de lui donner un thème sur lequel son imagination brodait les complications les plus extravagantes. Je ne puis insister sur ces spectacles comiques ; ils sont toujours surprenants à voir, mais ils sont maintenant trop connus pour qu'on les décrive.

Faut-il rattacher à une association du même genre entre des images qui s'évoquent spontanément les unes les autres, ces phénomènes qui ont été désignés sous le nom de transfert des attitudes et des hallucinations par l'aimant ? Si l'on provoque un phénomène à droite sur un sujet, une pose ou un mouvement du bras, une hallucination placée à droite, on peut le faire passer de l'autre côté dans une position exactement symétrique en approchant un fort aimant du bras gauche ou du côté gauche de la tête. Le fait, en lui-même, est à peu près indiscutable, et, s'il est loin de se rencontrer chez tous les sujets, au moins existe-t-il chez quelques-uns, mais son interprétation me paraît bien délicate.

Sans prétendre donner ici plus qu'ailleurs une conclusion générale, qui est impossible aujourd'hui, je constaterai seulement les résultats de mes propres observations. D'abord, le transfert est un phénomène assez rare ; je ne l'ai constaté que sur deux sujets, Léonie et N... ; les autres sujets, ou bien ne changent pas, ou bien réagissent tout autrement après l'application de l'aimant. Ensuite, même sur ces deux sujets, le transfert peut être produit par toutes espèces de choses autres que l'aimant, par l'approche de ma main, ou par des objets inertes. Je me suis amusé un jour à produire les transferts les plus merveilleux et les plus compliqués en approchant de la tête de Léonie une écorce d'orange tenue au bout d'un long bâton. Pour trancher mes doutes sur l'action de l'aimant, j'ai expérimenté, comme on aurait toujours dû le faire, avec un électro-aimant. M. Rousseaux, professeur de physique, à l'obligeance duquel j'ai eu si souvent recours, se tenait dans une pièce voisine ; il ouvrait ou fermait le courant sans faire le moindre bruit et sans me prévenir : quant à moi, j'approchais l'aimant du sujet sans savoir si le courant passait ou non et je notais les résultats. Je dois dire que les phénomènes se produisirent tout de travers sans aucun rapport avec l'ouverture ou la fermeture réelle du courant.

Enfin, il est bon de savoir qu'un phénomène tout à fait analogue au transfert peut se produire en vertu de lois uniquement psychologiques, sans qu'il y ait d'ailleurs aucune suggestion précise à ce sujet. M. Paulhan [11] a récemment étudié, dans la *Revue scientifique*, la loi du contraste qui amène automatiquement dans l'esprit des phénomènes tout à fait opposés à la suite les uns des autres : on dit oui, au lieu de dire non ; on a envie de rire quand il faudrait pleurer, etc. Les médecins connaissent bien ce fait singulier que l'émotion produit quelquefois chez les malades ; ceux-ci se retournent brusquement sur le ventre quand on leur dit de se mettre sur le dos. J'ai vu moi-même avec Jules Janet, à l'hôpital de l'Hôtel-Dieu, une femme hystérique qui avait une bien étrange habitude ; elle faisait toujours et malgré elle avec le bras gauche tout ce qu'on lui disait de faire avec le bras droit, et réciproquement. Les phénomènes d'allochirie dans lesquels une personne localise dans sa main gauche ce que l'on fait à sa main droite sont bien connus ; j'en ai noté un que je signale à titre de curiosité, car je ne le comprends guère. Léonie étant en somnambulisme, je la pique avec une épingle du côté droit (côté sensible), elle pousse un cri et la voilà qui se fâche contre sa main gauche ; elle commence un singulier délire dans lequel elle soutient que sa main n'est plus à elle, qu'on la lui a changée. En réalité, la main gauche qui était anesthésique est devenue sensible. Il peut donc exister un automatisme psychologique, assez mal connu il est vrai, qui rattache les images relatives aux deux côtés du corps et éveille ou modifie l'une à propos de l'autre [12].

D'autre part, il me semble que l'aimant, comme les plaques métalliques, comme l'électricité, a une action véritable sur ces systèmes nerveux affaiblis. Lucie, qui n'a jamais été dans un hôpital, qui ne connaît rien de ces questions, qui s'était jusque-là prêtée à toutes les expériences sans aucune émotion, est tombée raide, contracturée depuis les mâchoires jusqu'aux pieds, pour avoir touché un aimant. Rose reprend, grâce à l'aimant, une sensibilité tactile que la suggestion ne peut lui rendre. Bien d'autres faits, dans l'étude desquels je ne puis entrer, me portent à croire à cette action [13].Voici donc, avec toutes réserves, l'opinion qui me semble vraisemblable: L'action de l'aimant doit être une excitation vague, analogue à celle qui est produite par le courant électrique, les plaques de Burq, ou mêmes les passes, et la forme particulière sous laquelle cette excitation se manifeste, retour de la sensibilité, contractures ou transferts, dépendrait de lois plutôt psychologiques que physiques. C'est d'ailleurs à peu près à cette conclusion que M. Féré était parvenu par de tout autres études : « Le premier effet de l'aimant ou du métal spécifique pour le sujet, dit-il, est de déterminer une dynamogénie, quel que soit le côté sur lequel il est appliqué ; le transfert ne vient qu'après. Toute espèce d'excitation sensorielle produit le transfert par le même mécanisme [14] ».

Je ne parlerai pas des expériences de MM. Binet et Féré sur la polarisation des sensations et des sentiments, car je n'ai jamais rien constaté de semblable ; je ne signalerai les hallucinations complémentaires que j'ai peu étudiées que pour montrer combien l'association des idées peut y jouer quelquefois un rôle important. L'hallucination d'une couleur, quand elle se prolongeait, était suivie, disait-on, par l'hallucination de la couleur complémentaire. Peut-être ai-je mal fait les expériences, peut-être n'ai-je pas rencontré de sujets présentant des hallucinations visuelles assez fortes ; toujours est-il que les couleurs accusées par les sujets à la suite d'une hallucination colorée ne m'ont paru présenter aucune loi bien nette.

Léonie, après l'hallucination du rouge, déclare voir du blanc, après le vert du rouge, après le bleu du blanc, après le rouge du vert, après le jaune du bleu, après le violet du blanc, après l'orangé du vert, après le vert du bleu ; quoique quelques-unes de ces hallucinations colorées coïncident avec celles qu'indiquerait la théorie des couleurs complémentaires, il n'y a pas là de loi bien régulière. Je n'ai pas été plus heureux avec d'autres sujets, Lucie et Marie m'ont indiqué les couleurs qu'elles prétendaient voir tout à fait au hasard.

Peut-être une autre expérience nous montrera-t-elle comment se forme cette image en apparence complémentaire. Je suggère à Léonie une hallucination du goût et, après quelques moments, je la fais disparaître subitement : souvent elle ne sent plus rien, mais parfois elle accuse, comme après l'hallucination visuelle, une autre sensation consécutive. Ainsi le goût du sucre a été suivi par le goût du poivre, le goût du vinaigre par le goût du sel, le goût de la chicorée est suivi par le goût du café, et enfin le goût du café amène à sa suite le goût du cognac. Ces successions de goûts, les deux dernières surtout, sont peut-être très logiques, mais je ne crois qu'elles manifestent une loi physique bien nouvelle. Ces observations ne détruisent en aucune façon la loi des hallucinations complémentaires, car un fait négatif ne supprime pas un fait positif ; elles montrent seulement que cette loi n'est pas d'une application très générale et dépend de conditions très complexes.

Ce développement automatique des idées dans l'esprit du sujet forme, comme le phénomène précédent, une des grandes difficultés de la psychologie expérimentale : il est d'autant plus dangereux que, s'étant produit une fois dans un sens, il se répètera indéfiniment de la même manière. L'expérimentateur est sans cesse exposé à prendre une association d'idées de son sujet pour une loi générale de la psychologie.

5°*Hallucinations générales ou modification de toute la personnalité par suggestion.* - Ce dernier phénomène, très intéressant et qui résume tous les précédents, peut se présenter sous deux formes. La première a été très bien décrite dans l'ouvrage de MM. Bourru et Burot sur les variations de la personnalité. Si on affirme au sujet qu'il recommence une période passée de sa vie, qu'il n'a plus que tel âge, ou simplement si on lui donne une attitude, une contracture, un état de sensibilité particulier qu'il avait à tel ou tel âge, on le voit prendre en même temps tous les caractères physiques et moraux qu'il avait à cette époque et revivre pour ainsi dire complètement une période écoulée de son existence. Le sujet sent, pense et parle comme il faisait à ce moment ; il croit voir et entendre ce qui existait alors, il n'a plus d'autres souvenirs que ceux qu'il pouvait avoir à cette époque. « Quand on rend à une femme hystérique l'état maladif qu'elle avait autrefois (paralysie du côté gauche et hyperesthésie cutanée à gauche), elle se croit à la Salpêtrière dans le service de M. Charcot [15]. » « Ce n'est pas la contracture qui entraîne ce mode enfantin de l'intelligence et de l'expression, cette contracture ramène ce malade à son enfance parce que c'est dans son enfance qu'elle a existé. [16] » Rien n'est plus facile et plus intéressant que la vérification de ce phénomène : on peut faire jouer ainsi au sujet toutes les scènes de sa propre vie et constater, comme si on se reportait à cette époque, des détails qu'il croyait avoir oubliés complètement et ne pouvait raconter. Léonie est restée deux heures métamorphosée en petite fille de dix ans et elle vivait de nouveau sa propre existence avec une vivacité et une joie bien étrange, criant, courant, appelant sa poupée parlant à des personnes dont elle ne se souvenait plus, comme si la pauvre femme fut réellement retournée à l'âge de dix ans. Quoiqu'elle soit en ce moment toujours anesthésique du côté gauche, elle reprenait sa sensibilité complète pour jouer ce rôle.

Ces modifications de la sensibilité et des phénomènes nerveux par une suggestion de ce genre donnent lieu quelquefois à de singuliers phénomènes. Voici une observation qui semble une plaisanterie et qui est cependant exacte et en réalité assez facile à expliquer. Je suggère à Rose que nous ne sommes plus en 1888, mais en 1886 au mois d'avril, pour constater simplement les modifications de sensibilité qui pourraient se produire. Mais voici un accident bien étrange ; elle gémit, se plaint d'être fatiguée et de ne pouvoir marcher. « Eh bien, qu'avez-vous donc ? - Oh rien, mais dans ma situation... - Quelle situation ? » Elle me répond d'un geste, son ventre s'était subitement gonflé et tendu par un accès subit de tympanite hystérique : je l'avais, sans le savoir, ramenée à une période de sa vie pendant laquelle elle était enceinte. Il fallut supprimer la suggestion pour faire cesser cette mauvaise plaisanterie. Des études plus intéressantes furent faites par ce moyen sur Marie : j'ai pu, en la ramenant successivement à différentes périodes de son existence, constater tous les états divers de la sensibilité par lesquels elle a passé et les causes de toutes les modifications. Ainsi elle est maintenant complètement aveugle de l'œil gauche ; et prétend être ainsi depuis sa naissance. Si on la ramène à l'âge de sept ans, on constate qu'elle est encore anesthésique de l'œil gauche ; mais si on lui suggère de n'avoir que six ans, on s'aperçoit qu'elle voit bien des deux yeux et on peut déterminer l'époque et les circonstances bien curieuses dans lesquelles elle a perdu la sensibilité de l'œil gauche. La mémoire a réalisé automatiquement un état de santé dont le sujet croyait n'avoir conservé aucun souvenir.

Dans la deuxième forme de ce phénomène, les mêmes changements généraux de toute la personnalité peuvent encore être obtenus sans faire appel au souvenir, mais simplement par l'imagination du sujet. Ce fait est assez anciennement connu et on en rencontre çà et là dans les vieux ouvrages de bien curieuses descriptions. Dans les expériences de soi-disant « magie magnétique » de Dupotet, ces transformations étaient fréquentes et le célèbre maître les décrit dans ce style ronflant que l'on connaît « Mais essayons dans un sujet viril de faire naître la décrépitude que la vieillesse saisisse le vif et pétulant jeune homme, qu'elle se présente avec son caractère indélébile, afin que l'on ne puisse s'y méprendre. Il faut que les années marquent de leur sceau celui que la nature a placé au quart du chemin de la vie ; que sans transition il devienne centenaire. Le voici : à *ma voix*, son échine se courbe, ses membres flageolent, sa parole est faible, elle a perdu son timbre argentin : les traits se rident, l'œil perd sa vivacité. Il s'appuie sur la canne que je lui ai donnée. Ce n'est plus un jeune homme robuste. Les années ont opéré leurs ravages. Il n'a plus rien de la fleur des ans, son langage est celui du vieillard guilleret. Sa bouche est béante, à son nez est suspendue une larme tenace. Il crachote une matière glaireuse. Il sourit malicieusement, prend sa prise et se promène à pas mesurés : c'est la nature vieillie, l'homme près du tombeau. Mais, que dis-je ? il se croit jeune : il jette un regard assassin sur de jeunes demoiselles, et ses yeux semblent dire: Je suis encore capable ! Vain et fanfaron vieillard, je ne puis te laisser ainsi dans ton innocente démence. Reviens, reviens bien vite à ton printemps ; ce qui divertit l'assemblée m'attriste trop le cœur. Vivante image du déclin de la vie, tu donnes trop à penser, et les moments que je te ravis, jeune homme, me pèseraient comme un crime [17] ». J'ai cité le morceau tout entier, car il donne une idée de la manière de Dupotet ; j'abrège d'autres citations que l'on pourrait extraire en grand nombre d'autres ouvrages. « J'ai dit à Mlle N... : « Vous êtes un prédicateur. » Aussitôt ses mains se sont jointes, ses genoux se sont légèrement fléchis ; puis, la tête penchée en avant et les yeux tournés vers le ciel avec une expression de piété fervente, elle a prononcé lentement et d'un ton très ému quelques paroles d'exhortations [18]. » On sait que M. Ch. Richet, dans des articles parus d'abord à la *Revue philosophique* [19] et réunis ensuite dans son ouvrage sur *L'homme et l'intelligence* [20], a ressuscité ces expériences qui étaient alors oubliées et, sous le nom *d'Objectivation des types*, a donné des descriptions de changement de personnalité par suggestion qui, depuis cinq ans, ont été cités dans tous les ouvrages de psychologie.

Le phénomène est en effet fort curieux et très facile à reproduire : la plupart de mes somnambules ont subi des changements de ce genre, mais elle n'ont pas été toutes aussi intéressantes. Lucie, changée en général d'armée, en petite fille, en marin, en archevêque, était celle qui jouait ces comédies avec le plus de perfection. Son caractère se reflétait d'ailleurs dans ces changements et, comme elle est fort irréligieuse, elle jouait un archevêque confessant des pénitentes d'une manière si peu orthodoxe qu'il m'est impossible d'en rapporter la description. Léonie n'était remarquable que dans certaines scènes : changée en général d'armée, elle se lève, tire un sabre et s'écrie: « En avant ! du courage !... sortez-moi des rang-, celui-là, il ne se tient pas bien... où est le colonel de ces hommes ?... allons, rangez-vous mieux que cela... oh ! la mitrailleuse, comme cela tonne... ces ennemis sont nombreux, mais ils ne sont pas organisés comme nous, ils ne sont pas à leur affaire, ah ! mais... » Elle tâte sa poitrine « mais oui... j'ai été décoré sur le champ de bataille pour la bonne tenue de mon régiment. » On voit qu'il y a dans cette scène assez peu d'imagination ; il en est de même si je la change en vieille femme de quatre-vingt-dix ans ; elle ne sait plus guère que tousser et geindre : « Tenez, fait-elle en montrant ses membres, il n'y a plus rien... je suis bien fatiguée, je vais vous quitter bientôt. » Au contraire, il y a une de ces hallucinations qui sur elle réussit parfaitement bien, c'est quand on la métamorphose en grande dame ou en princesse. Elle étale majestueusement sa robe sur un canapé, remue un éventail imaginaire et parle en minaudant de la cour, de ses terres et des marquis insolents. J'étais étonné de la perfection de cette comédie, quand j'appris, en causant avec elle dans cet état, qu'il n'était pas provoqué pour la première fois et qu'autrefois, il y a vingt ans, son premier magnétiseur la changeait déjà en princesse. Elle se souvenait d'avoir eu une belle robe de velours « toute pareille » et d'avoir reçu dans son grand salon M. le Dr Perrier. Ce médecin était un de ceux qui la magnétisaient souvent autrefois, vers 1865. Ce serait là, s'il le fallait, une preuve de plus de la connaissance qu'avaient les magnétiseurs de tous ces phénomènes de suggestion.

Nous sommes obligés, à propos de ces changements de personnalité, par suggestion, de revenir sur une question déjà étudiée dans le chapitre précédent. Les changements de la mémoire et de la personnalité que nous avons constatés dans les somnambulismes différents sont-ils identiques à ces hallucinations complexes produites par suggestion? Sans pouvoir rien affirmer de définitif, car tous ces états psychologiques ont beaucoup d'analogie les uns avec les autres, nous nous contenterons d'exposer quelques raisons qui nous empêchent d'assimiler complètement ces deux phénomènes. L'état de la mémoire, qui nous a paru jusqu'à présent si important, n'est pas le même. Pendant un de ces changements de personnalité obtenus par suggestion lors du premier somnambulisme, le sujet ne garde aucun souvenir des autres changements. Ainsi, joue-t-il le rôle d'une grande princesse, il ne sait ce que je veux dire quand je lui parle du costume de général qu'il avait l'instant précédent. Il ne se souvient pas de l'état de veille ; étant princesse, il ne sait pas ce qu'est Léonie et ne veut même pas croire que ce soit une pauvre paysanne habitant sur ses terres ; il ne se souvient pas non plus de l'état de somnambulisme ordinaire et du personnage de Léonie 2 ; inutile d'ajouter qu'il ne se souvient pas davantage du second somnambulisme et du personnage de Léonie 3. Cette personne a absolument oublié ce qu'elle savait dans ces états : par exemple, elle ne sait plus mon nom; si elle me parle, elle m'incorpore à son rêve et me donne un nom de fantaisie ; quand elle est princesse, elle m'appelle « marquis de Lauzun » et me parle en minaudant ; quand elle est général, elle me prend pour un colonel et m'offre... une absinthe. Elle ne garde, dans un de ces états d'hallucination, que les souvenirs absolument généraux, parole, habitudes, notions du monde, qui, chez ce sujet d'ailleurs, sont un fonds commun à tous les états. Elle garde en outre, dans un de ces changements, le souvenir du changement exactement pareil qui a eu lieu autrefois. Est-elle de nouveau princesse, elle me dit: « Tiens, monsieur le marquis de Lauzun, je vous ai déjà vu il y a quelque temps, nous avons parlé d'une paysanne à laquelle vous vous intéressiez et que je ne connais pas du tout. » Elle se souvient même des personnes qu'elle a vues il y a vingt ans, quand M. Perrier, faisant déjà cette expérience, la changeait aussi en princesse. Mais le fait important à noter c'est qu'elle ne se souvient que du même rêve, tout le reste est absolument perdu pour elle.

Quand l'hallucination est terminée, quand elle cesse d'être princesse, Léonie revient à son somnambulisme ordinaire sans passer par aucun intermédiaire, ni léthargie, ni catalepsie. Le plus souvent, quoique ce ne soit pas constant, Léonie 2 de retour garde le souvenir du changement de personnalité : « Quel singulier rêve j'ai fait !... j'avais une robe de velours et je causais dans un beau salon avec un marquis... vous n'étiez pas là. » Si quelquefois ce souvenir manque complètement dans le somnambulisme de Léonie 2, nous sommes certains de le retrouver dans le second somnambulisme. Léonie 3, qui se souvient de tout le reste de sa vie, se souvient aussi de ces hallucinations : « Est-elle assez bête, cette pauvre Léonie ? dit-elle ; elle a cru être une princesse, c'est vous qui lui faites croire cela. »

Il est facile de voir maintenant que l'état de la mémoire est tout différent pendant le second somnambulisme que nous avons étudié. Au lieu d'être restreint à l'état lui-même, le souvenir porte sur toute la vie et sur tous les changements quels qu'ils soient. Au réveil, le souvenir de ce somnambulisme ne se retrouve dans aucun autre état. Ce sont les caractères précisément inverses, et l'état de la mémoire a tant d'importance dans ces phénomènes que je crois pouvoir me servir de cette différence pour séparer ces deux changements dans la notion de la personnalité sans en méconnaître les analogies. Ces deux modifications sont dues à cette loi de l'esprit d'après laquelle un ensemble de phénomènes complexes se développe automatiquement à la suite d'un premier fait simple: mais, dans un cas, le somnambulisme a son point de départ dans une modification réelle de l'état de la sensibilité et de la mémoire ; dans l'autre, le changement de personnalité dépend primitivement d'une idée et d'une hallucination et ne produit les modifications de la sensibilité et du souvenir que secondairement et d'une manière incomplète.

Malgré ces restrictions, on comprend qu'il est possible de construire par suggestion chez des individus suggestibles des états qui seront assez analogues à des somnambulismes. Si je rappelle devant un sujet de ce genre les caractères qu'il avait pendant un somnambulisme précédent, il se rendormira de nouveau, parce que la suggestion lui fera commencer cette série de phénomènes psychologiques qui constituaient son second état. Peut-être même peut-on endormir de cette manière des sujets qui ne sont pas habitués au somnambulisme ; mais, dans ce cas, l'état hypnotique sera, croyons-nous, moins franc et moins net, et laissera des souvenirs, de même que le simple changement de personnalité de nos sujets leur laisse le souvenir d'un rêve. Le somnambulisme véritable prend son point de départ dans une modification de l'état sensitivo-sensoriel ; le somnambulisme par suggestion n'en est qu'une reproduction plus ou moins exacte.

Toutes les suggestions précédentes, quoique de plus en plus compliquées, étaient cependant assez facilement intelligibles ; nous devons signaler maintenant des faits bien plus curieux et qui, dans l'état actuel des sciences psychologiques, sont bien plus difficilement explicables : il faut au moins les constater [21]. Je veux parler de ces suggestions qui semblent agir non sur la pensée de la somnambule, mais sur son corps. Tous les magnétiseurs et même tous les médecins ont donné des exemples de cette influence d'une pensée sur le corps ; il faudrait un volume de citations pour rappeler les guérisons miraculeuses des saints et des apôtres [22] et les guérisons par des pilules de mie de pain baptisées de beaux noms [23]. Nous n'insisterons que sur un point que nous avons pu constater nous-même. « Un magnétiseur peut faire, écrivait déjà Charpignon [24], qu'une douleur fictive produise une trace de blessure ou qu'un sinapisme idéal rougisse la peau. » « A la volonté du magnétiseur le sang d'une saignée cessait de couler ou recommençait à se répandre [25]. » On connaît à une époque plus récente les expériences décisives de M. Focachon à Nancy, de MM. Bouru et Burot à Rochefort. J'ai répété quelques-unes de ces expériences, par exemple la brûlure par suggestion sur Léonie et sur Rose. Elle produisit sur la première une forte rougeur et un gonflement de la peau, et sur l'autre une véritable brûlure avec bulle blanche et croûte durcie les jours suivants. Mais le phénomène qui m'a particulièrement intéressé et qui est plus facile à reproduire, c'est simplement le sinapisme par suggestion. Il se produit lentement chez Léonie, mais plus rapidement chez Rose, presque sous les yeux ; en quelques heures la peau rougit fortement à l'endroit désigné, se gonfle et offre l'apparence d'un véritable sinapisme fortement marqué, dont la trace persiste même bien plus longtemps qu'à l'ordinaire.

Ce gonflement de la peau est étroitement en rapport avec la pensée du somnambule ; d'abord il se produit à l'endroit qui a été désigné et non à un autre ; puis il affecte la forme que le sujet lui prête. Je dis un jour à Rose, qui souffrait de contractures hystériques à l'estomac, que je lui plaçais un sinapisme sur la région malade pour la guérir. Je constatais quelques heures plus tard une marque gonflée d'un rouge sombre ayant la forme d'un rectangle allongé, mais, détail singulier, dont aucun angle n'était marqué, car ils semblaient coupés nettement. Je fis la remarque que son sinapisme avait une forme étrange: « Vous ne savez donc pas, me dit-elle, que l'on coupe toujours les angles des papiers Rigollot pour que les coins ne fassent pas mal. » L'idée préconçue de la forme du sinapisme avait déterminé la dimension et la forme de la rougeur. J'essayai alors un autre jour (les sinapismes de ce genre enlevaient très facilement ses contractures et ses points douloureux), de lui suggérer que je découpais un sinapisme en forme d'étoile à six branches ; la marque rouge eut exactement la forme que j'avais dite. Je commandai à Léonie un sinapisme sur la poitrine du côté gauche en forme d'un S pour lui enlever de l'asthme nerveux. Ma suggestion guérit parfaitement la maladie et marqua sur la poitrine un grand S tout à fait net. Nous ne pouvons signaler maintenant d'autres exemples de cette action de la pensée sur le corps ; ce serait sortir des limites que nous avons assignées à ce chapitre, car nous ne parlons ici que des suggestions qui se sont exécutées consciemment pendant la durée d'un même état psychologique.

Les autres phénomènes qui se produisent par suggestions, les actions thérapeutiques, les contractures et ces phénomènes que l'on pourrait appeler négatifs, les anesthésies, les amnésies, les paralysies, nous semblent nécessiter une discussion particulière et devoir être examinés à part. Les phénomènes que nous venons de décrire, quoique très différents les uns des autres, forment cependant un groupe ayant des caractères communs et peuvent être expliqués de la même manière.

1. *Journal du magnétisme*, 1849, 66.
2. Taine. *Intelligence*, 3e édition, 1878, II, 222.
3. Bernheim. *De la suggestion*, 183.
4. Cf. ch. I de la présente partie, fig. 3.
5. Paul Richer. *Op. cit.*, 705.
6. Ribot. *Le rôle des mouvements*- Revue philosophique, 1879, II, 380, et *Psych. de l'attention*, pass.
7. Binet. *Sur les rapports entre l'hémianopsie et la mémoire visuelle*, Revue philosophique, 1888, II 486.
8. Paul Richer. *Op. cit.*, 707.
9. Bérillon. *La dualité cérébrale*, 1884, 109 et sq.
10. Bérillon. *La dualité cérébrale, 1884, 179.*
11. Paulhan. *L'Association par contraste. Rev. scient.*, 1888, 263.
12. Voir des réflexions analogues, à propos de la polarisation psychique, dans un travail de MM. Bianchi et Sommer. *Revue philosophique, 1887, I, 148.*
13. *Cf. Proceed.* S. P. R. 1882, 236.
14. Féré. *Sensation et mouvement*, 75.
15. Bourru et Burot. *Variations de la personnalité*, 145.
16. Id. *Ibid*, 130.
17. *Journal du magnétisme*, 1849, 591.
18. Dr Philips (Durand de Gros). *Cours de braidisme*, 1860, 116.
19. 1883, I, 225.
20. *L'homme et* l'intelligence, 1883, 233.
21. Voir une étude plus complète de la *Production du somnambulisme par suggestion*, IIe partie, ch. IV.
22. *Journal magnétique*, 1849, 524. - Grellety. *Du merveilleux, des miracles et des pèlerinages au point de vue médical*, 1876, 38.
23. Ellis. *Aliénation mentale*, 1840, 155.
24. Charpignon. Physiologie magnétique, 364.
25. *Journal. magnét.* 1852, 446.

18

DIVERSES THÉORIES PSYCHOLOGIQUES SUR LA SUGGESTION

Les anciens magnétiseurs expliquaient la soumission de la somnambule à celui qui l'avait endormie par le mélange des fluides nerveux ; quelques médecins et même quelques philosophes d'aujourd'hui n'hésitent pas à expliquer dans tous ses détails la physiologie des centres nerveux pendant l'hypnose. J'admire ce courage, car je ne me sens pas capable de l'imiter et je m'en tiendrai aux études uniquement psychologiques qui ont été faites sur ce curieux phénomène.

Toutes ces suppositions psychologiques présentent un caractère bien net, elles sont très peu différentes et convergent évidemment les unes vers les autres. C'est là une preuve de leur vérité, et, sans prétendre les changer complètement, nous essayerons seulement de restreindre quelques exagérations et de préciser des doctrines qui appartiennent à tous. Une explication scientifique ne peut jamais être complète ; elle consiste simplement à rattacher un phénomène à un autre et à changer les termes d'un problème. De quel autre phénomène dépend la docilité aux suggestions ? voilà tout ce que nous devons chercher, et nous devons faire cette recherche par les méthodes ordinaires, en observant les faits psychologiques qui accompagnent le phénomène de la suggestion, qui disparaissent avec lui et qui restent toujours proportionnels à la puissance de la suggestion elle-même.

1° *La suggestion considérée comme un fait psychologique normal.* - Plusieurs auteurs ont essayé d'assimiler les phénomènes produits par la suggestion à ceux qui se passent normalement chez des hommes bien portants. M. Bernheim accumule, dans un chapitre très curieux, toutes les actions automatiques qui ont lieu pendant la vie normale, afin de nous conduire comme par une gradation insensible jusqu'aux phénomènes de la suggestion. M. Paul Janet recommande une méthode de ce genre et compare les actes suggérés au fou rire, au bâillement qui se communique de l'un à l'autre, et à d'autres faits identiques, afin d'en diminuer, dit-il, le caractère merveilleux.

Il y a, sans aucun doute, dans ces comparaisons, une grande vérité à laquelle nous avons déjà fait allusion, c'est qu'aucun fait ne peut être absolument et complètement anormal et que, par certains côtés, il n'est toujours que le développement d'un fait régulier. Mais c'est là une proposition qu'il ne faut pas exagérer, à moins de s'exposer à confondre toute espèce de maladie avec la santé la plus parfaite. Sans parler de quelques différences accessoires qui me paraissent exister et rendre les phénomènes automatiques normaux moins conscients que ceux produits par la suggestion, je vois, entre les deux groupes de faits, une différence si énorme dans l'importance et dans la complexité qu'elle ne me semble pas pouvoir être effacée. Les auteurs qui recherchent attentivement ces faits dans la vie normale citent toujours la marche au pas, la rougeur des timides, le fou rire des jeunes filles et le bâillement contagieux : mais il y a un abîme entre ces faits, tout réels qu'ils soient, et les hallucinations complexes ou les changements de personnalité par suggestion. En un mot, si je dis tranquillement à mon voisin d'aller me chercher au fond de la salle un bouquet qui n'existe pas, il se rira de moi. Si je le dis à Marie, elle court le chercher, le rapporte et encore trouve qu'il sent bon. En quoi consiste la différence psychologique qui existe entre ces deux personnes ? C'est là le problème de la suggestion.

Cette doctrine, qui assimile trop le phénomène de la suggestion à l'automatisme normal, présente un autre inconvénient assez grave. Elle nous dispose à considérer la suggestion comme un fait primitif existant naturellement, indépendant de tout autre phénomène et capable au contraire d'expliquer tous les autres. Anesthésie, amnésie, changement de personnalité, somnambulisme, etc., tout devient un résultat de la suggestion. Quant à la suggestion elle-même qui explique tout, on n'en cherche pas l'origine, car elle est un fait naturel donné.

Sans préciser les auteurs auxquels on attribue cette doctrine et dont on a, je crois, exagéré les opinions, je ne puis pas partager ni comprendre cette manière de voir. En fait, un individu normal n'est pas suggestible ou il ne l'est qu'extrêmement peu pour deux ou trois actes insignifiants ; dire qu'on va l'endormir par suggestion et ensuite profiter de son sommeil suggéré pour lui faire toutes les suggestions possibles, c'est dire que l'on va par suggestion rendre suggestible un homme qui ne l'est pas : c'est une chose que je ne puis admettre. La suggestion ne peut ni se créer ni se détruire elle-même : pas plus qu'il n'est logique de croire que l'on peut suggérer à un individu d'être suggestible quand il ne l'est pas, on ne peut dire que l'on va suggérer à un malade de ne plus être suggestible quand il l'est.

C'est par obéissance automatique qu'il fera semblant de vous désobéir ; il n'aura pas reconquis le consentement volontaire, pas plus que le premier ne l'aura perdu.

La suggestion est comme l'éducation, elle se sert de dispositions antérieures, elle ne les crée pas ; de même qu'il y a des animaux et même des hommes rebelles à l'éducation et qui ne peuvent être transformés par elle, il y a des hommes, et c'est heureusement la majorité, qui sont rebelles à la suggestion et qui ne la subissent qu'après une modification accidentelle et étrangère de leur organisme psychologique. « Cette prétention de tout expliquer par la suggestion, disait Durand (de Gros) reprenant des idées qu'il avait très bien exprimées dans son *Cours de braidisme*, est évidemment excessive ; en effet, pour suggestionner quelqu'un ne faut-il pas l'avoir rendu suggestionnable, c'est-à-dire l'avoir disposé, soit à l'aide des passes mesmériques, soit au moyen du procédé aspectif de Braid à subir l'influence de l'idée suggérée. Il y a donc avant la suggestion et au-dessus d'elle, quelque chose qui n'est pas elle, c'est l'opération magnétique ou braidique qui doit créer dans l'individu l'état préalable de suggestionnabilité [1]. » Quoiqu'il y ait des réserves à faire à cette opinion, qui semble rattacher uniquement la suggestion au somnambulisme, elle nous paraît juste dans sa généralité : il y a lieu de chercher quel est l'état, le caractère anormal dont dépendent les phénomènes que nous avons énumérés.

2° La suggestion expliquée par l'état somnambulique. - Le passage de Durand (de Gros) que nous venons de citer nous fait connaître l'hypothèse la plus répandue d'après laquelle les phénomènes de suggestion dépendraient de l'état somnambulique. D'un côté, cet état serait uniquement défini par l'aptitude à recevoir des suggestions, de l'autre, la suggestion aurait d'autant plus de pouvoir que le somnambulisme serait plus profond. Le problème de la suggestion devrait donc être ramené au problème du somnambulisme et l'explication de celui-ci devrait s'appliquer aussi à celle-là. « Le fait principal du somnambulisme, disait M. Richet, c'est de l'automatisme qui revêt des formes différentes suivant les personnes et les procédés... L'automatisme ou l'aboulie caractérisent le somnambulisme au point de vue psychique comme au point de vue somatique [2]. » « Le somnambulisme, disait Despine, serait caractérisé par l'activité automatique seule du cerveau pendant la paralysie de son activité consciente qui manifeste le moi. » « Dans le somnambulisme, disait Beaunis, l'automatisme est absolu et le sujet ne conserve de spontanéité et de volonté que ce que veut bien lui en laisser son hypnotiseur. Il réalise dans le sens strict l'idéal célèbre, il est comme le bâton dans la main du voyageur. [3] » Enfin M. Bernheim, dont je ne voudrais pas forcer la pensée, car il est un de ceux qui ont le plus insisté sur l'importance de la suggestion en dehors du somnambulisme, semble aussi incliner vers cette opinion quand il écrit à plusieurs reprises que « l'état hypnotique exagère la suggestibilité normale [4] », que « dans le somnambulisme la suggestion atteint son maximum d'effet [5]. » Sans doute, il y a dans cette hypothèse qui rattache la suggestion à l'état de somnambulisme un certain degré de vérité qu'il ne faut pas nier : la suggestibilité se rencontre fréquemment pendant le sommeil hypnotique, surtout au début, et c'est même pendant cet état qu'on l'a constatée et étudiée pour la première fois. Au point de vue pratique, il est quelquefois utile d'hypnotiser une personne pour lui faire des suggestions. Mais, au point de vue théorique, cette assimilation entre les deux phénomènes me paraît présenter des inconvénients et amener à une interprétation inexacte du somnambulisme. Nous avons expliqué cet état dans le chapitre précédent sans nous préoccuper des phénomènes de suggestion, il nous faut montrer maintenant qu'ils en sont réellement indépendants : la suggestibilité Peut être très complète en dehors du somnambulisme artificiel ; elle peut être totalement absente dans un état somnambulisme complet ; en un mot, elle ne varie pas en même temps et dans le même sens que cet état lui-même.

Le somnambulisme naturel présente déjà quelques différences qui le séparent du somnambulisme hypnotique ; cependant on a constaté dans cet état des phénomènes de suggestion extrêmement nets. Les observations les plus décisives à ce point de vue sont celles du Dr Mesnet. En plaçant divers objets entre les mains d'un individu pendant ses crises de somnambulisme naturel, il lui suggérait l'idée de combattre à coups de fusil, d'écrire une lettre ou de chanter dans un café concert [6]. Dans une autre observation, il raconte qu'il pouvait parler à une femme pendant une crise de somnambulisme naturel et qu'il lui dit de faire vingt fois le tour du jardin ; elle répondit machinalement « Oui » et partit comme lancée par un ressort [7]... On connaît aussi les effets de la suggestion sur les rêves des personnes endormies, et les curieuses expériences de M. Maury [8]. Mais ces états sont considérés ordinairement comme tout à fait identiques au sommeil hypnotique, et l'existence des suggestions pendant le rêve ne parait pas quelque chose de nouveau. Cela n'est pas absolument juste, car il y a des différences très notables entre le rêve et le somnambulisme, et je ne puis vraiment pas comprendre cette habitude de plusieurs auteurs d'assimiler l'état d'un sujet hypnotisé avec le sommeil véritable. Si on prétend que Lucie dort quand elle fait tout son tapage, autant dire que nous dormons tout le temps, car nous ne sommes jamais plus éveillés. Mais il est facile de constater la suggestibilité dans des états tout différents.

Nous la rencontrerons en particulier dans l'ivresse et dans son dernier résultat, le délire alcoolique. Voici un individu, P., entré à l'hôpital en état de délire alcoolique subaigu ; il a crié toute la nuit en voyant des animaux immondes courir sur son lit et en assistant à une scène de massacre où l'on couvait le cou à toutes les personnes de l'hôpital. Ce matin, il est calme, voit la salle comme elle est, reconnaît les gens et parle à peu près sensément. Eh bien, il n'y a qu'à lui dire brusquement: « Tiens, est-ce possible ? un rat sur votre lit ! chassez-le, attrapez-le. » Le voici qui bondit, secoue ses couvertures, se lève et court après le rat imaginaire. « Tenez, voici une clef ; allez ouvrir cette armoire et rapportez-moi une serviette » ; il saisit la clef imaginaire, court à un mur où il n'y a point d'armoire, puis revient, tendant ses mains vides, et nous dit : « Voici la serviette. » Je lui montre des fleurs dans un vase, je le paralyse, le rends aveugle, le tout par un simple mot. Est-il somnambule cet individu ? Point du tout, il reste toujours dans son état normal, garde un souvenir complet de tout ce qu'il a dit (quoique le souvenir des actes suggérés disparaisse vite) [9]. La suggestion se produit ici sans que l'on ait jamais essayé de l'hypnotiser.

Il en est de même dans l'ivresse du haschich : je ne rapporterai pas mes propres observations, car je n'ai pu observer cette ivresse qu'une seule fois et dans de mauvaises conditions ; d'ailleurs, les descriptions de Moreau (de Tours) sont trop belles et trop précises pour que je ne les cite pas : « Livré à lui-même, le haschiché subira les influences de tout ce qui frappera ses yeux, ses oreilles : un mot, un geste, un son, le moindre bruit donnera à ses illusions un cachet déterminé ; quelques paroles font passer de la joie à la tristesse et toutes les idées précédemment si joyeuses deviennent lugubres [10]... » Un jeune homme qui a pris du haschich est convaincu qu'il meurt, on lui montre un traversin pendu à la muraille : « C'est vous, lui dit-on, qui êtes pendu ainsi... -Je le savais bien, dit-il, c'est affreux de mourir si jeune [11]. » C'est ici un exemple de suggestion très net ; mais cela ne se produit ainsi que lorsque le délire est très fort ; autrement les idées ne font que traverser l'esprit et ne s'y fixent pas.

Il est inutile d'insister sur d'autres états pathologiques, comme certaines crises d'hystérie ou de catalepsie, dans lesquelles les sujets répètent les paroles qu'ils entendent, prennent les poses qu'ils voient sur les tableaux et s'imitent réciproquement. Nous avons déjà décrit certains de ces phénomènes. Il vaut mieux insister sur la suggestibilité qui se présente quelquefois d'une manière très nette pendant des états en apparence tout à fait réguliers et normaux.

On sait que certaines personnes sont suggestibles à l'état de veille sans avoir subi aucune modification de leur conscience ; ce fait, remarqué déjà par certains magnétiseurs, a été l'objet d'études récentes de M. Richet, de M. Bernheim et de plusieurs autres. On ne saurait en exagérer l'importance. Voici une personne, Marie, qui a vingt ans, qui est intelligente, et semble avoir, comme tout le monde, cette liberté dont nous sommes si fiers. Sans la toucher, ni l'endormir, je m'approche d'elle en disant d'une voix calme et nette: « Tiens, il y a dans le coin gauche de la salle un gros bouquet de roses, Marie, va me le chercher. » La voici qui court au bout de la salle, se baisse, semble rapporter à deux mains un objet volumineux et incline de temps en temps la figure pour le sentir ; elle s'approche de moi .

« C'est donc à vous ce beau bouquet, dit-elle, je vous fais mes compliments, car il sent bien bon. » Je lui réponds alors : « J'ai apporté pour toi une bonne pêche, la voici sur la table, offre en la moitié à X... et mange ton morceau.» « Oh! qu'elle est grosse! je ne vais pas la manger tout entière. » Elle prend un couteau, coupe au travers de l'air, offre un quartier à X... qui reste stupéfaite, et mange avec l'air du plus grand contentement. Ces expériences ont le même résultat sur Rose, sur M... et sur bien d'autres, avec un peu moins de vivacité peut-être. Elles ne donnent pas tout à fait les mêmes résultats avec Lucie, Léonie ou N... qui exécutent, comme nous le verrons, ces sortes de suggestions inconsciemment. Mais, dira-t-on, Marie est une personne qui a été souvent hypnotisée par moi, et c'est pour cela qu'elle reste soumise à la suggestion.

Soit, je puis citer trois autres observations qui m'ont paru extraordinaires : l'une, d'une femme de trente ans, Be, qui a été hypnotisée il y a dix ans et qui ne l'a pas été depuis ; l'autre, d'une jeune femme de vingt-deux ans qui n'a jamais été endormie par personne, et la troisième d'une jeune fille de seize ans que j'ai déjà signalée sous le nom de Blanche, et qui ne l'a pas été davantage. Toutes les trois sont à l'état de veille de véritables automates conscients. Il suffit de faire pénétrer dans leur tête, de quelque manière que ce soit, l'idée d'un acte pour qu'il soit immédiatement exécuté. Elles gardent indéfiniment les membres dans les positions où on les met, imitent les mouvements faits devant elles, éprouvent immédiatement toute espèce d'hallucination. Be me voit sortir de la chambre et rentrer par la fenêtre ; elle croit m'entendre lui parler au travers de la muraille, tandis que je reste à côté d'elle. Blanche, à qui j'ai dit qu'un éléphant entrait dans la chambre, s'écarte pour lui faire de la place et s'amuse à lui tendre du pain pour qu'il le prenne avec sa trompe. En un mot, elles sont plus suggestibles que les plus dociles des somnambules. Et, je le répète, elles ne sont absolument pas en somnambulisme. Cet état est une seconde existence interrompant la vie normale et ne laissant pas de souvenir : or ces femmes ne changent pas d'existence, restent toujours dans le même état, ne perdent pas un souvenir. Deux heures après, Be se demande encore comment j'ai pu faire pour rentrer par la fenêtre sans rien casser.

Je suis disposé à croire que cette suggestibilité à l'état de veille, dans l'intervalle des somnambulismes ou même sans qu'il y ait aucun somnambulisme, est assez fréquente surtout chez les névropathes, pour les désigner d'un nom générique. Je l'ai observé pour ma part sur une vingtaine de personnes et, si l'on recherchait sérieusement ce caractère, on le trouverait chez presque tous les malades. C'est ce qui me permet de comprendre la production du sommeil par simple affirmation verbale dont on a beaucoup parlé dans des travaux récents. Puisque ces individus, sans aucune préparation particulière, exécutent tout ce qu'on leur dit, il est facile de comprendre qu'en entendant parler de dormir, ils se mettent dans la position d'un individu qui dort, en gardent l'attitude et quelquefois s'endorment réellement. Comme nous l'avons dit, ce n'est pas là du somnambulisme véritable ; il n'y a ordinairement, à moins d'éducation particulière, ni les variations de la sensibilité, ni les troubles de mémoire caractéristiques. C'est toujours le même individu que nous avons devant nous ; seulement il tient les yeux fermés et prend un air abruti parce qu'il joue la scène du sommeil, comme tout à l'heure il jouait la scène du rire ou des pleurs. Il n'est ni plus ni moins suggestible que tout à l'heure, il rêvera à tout ce que l'on voudra, mais précédemment il voyait bien des éléphants. Il se réveillera sur un mot, c'est-à-dire qu'il changera d'attitude, de même qu'il lève son bras si on le lui dit.

On s'y trompe bien souvent, et on croit avoir mis un individu en état de somnambulisme, alors qu'on ne l'a pas modifié le moins du monde. On constate simplement une docilité, une passivité que l'on attribue au prétendu somnambulisme, parce que l'on n'a pas recherché si elles n'existaient pas exactement semblables avant le sommeil. C'est ainsi que les choses se passent pour Blanche - au lieu de lui suggérer de marcher ou de faire sa prière, je lui dis de dormir, et elle tombe en arrière avec l'aspect d'une personne qui dort profondément. En apparence, ce phénomène semble prouver deux choses : la production du somnambulisme par simple suggestion, car elle peut parler et agir comme une somnambule, et deuxièmement l'identité du somnambulisme et du sommeil ordinaire. En réalité, Blanche n'est ni dans un somnambulisme ni même dans un état de sommeil véritable. Son existence n'est pas interrompue par une vie nouvelle et sa pensée n'est pas supprimée : elle est restée identiquement dans le même état. Je ne sais pas si elle serait susceptible d'un véritable somnambulisme, mais, pour le vérifier, il faudrait le soumettre à d'autres procédés capables de produire une modification plus réelle dans sa conscience.

Considérons maintenant le problème d'une autre manière et demandons-nous si le somnambulisme, lorsqu'il existe et peut être vérifié par d'autres caractères, est toujours accompagné par un haut degré de suggestibilité. Si la suggestion agit souvent en dehors du somnambulisme, est-elle au moins toujours toute puissante sur les somnambules ? Il faut reconnaître qu'il y a des individus très suggestibles pendant leur sommeil hypnotique, surtout au début. Si on les endort rapidement à des intervalles éloignés, si on les réveille peu de temps après leur entrée dans le somnambulisme, en un mot, si on ne laisse pas à la seconde existence le temps de se développer et de se compléter, on ne verra que ces débuts du somnambulisme dans lesquels la suggestion est toute puissante. Mais si on se résigne à consacrer plus de temps à l'étude du somnambulisme, on fera bien, c'est du moins ce qui m'a paru utile, de ne pas trop presser ni bousculer les sujets et de les maintenir longtemps en somnambulisme, on constatera alors des modifications très intéressantes. La plupart des auteurs [12] insistent sur l'inertie des sujets, incapables de faire un mouvement spontané et qui par eux-mêmes ne pensent à rien. C'est qu'ils n'ont pas dépassé dans leurs études cette première période du somnambulisme, cet état presque cataleptique dans lequel certains sujets demeurent assez longtemps. Quand la seconde existence est complète, le sujet est loin d'être inerte, il remue, veut se lever et marcher, songe à faire mille folies, et est souvent, comme Léonie ou Lucie, fort difficile à maintenir.

À ce moment, les suggestions sont loin d'être toutes-puissantes et peuvent provoquer toute espèce de résistance. « Le réveil des idées, dit M. Charcot [13], est loin d'être aussi partiel que dans la catalepsie ; il y a une tendance à la reconstitution du moi et il peut y avoir résistance de la part du sujet. » Certainement un moi se reconstitue ; il est plus ou moins différent de celui de la veille, mais il existe ; « il a des caprices dont il est quelquefois impossible de le déranger [14] » ; il discute les idées qu'on cherche à lui imposer [15] et tantôt il élude par des moyens ingénieux [16], tantôt il repousse résolument les ordres qu'on veut lui donner. Cette résistance est variable suivant les actes que l'on commande ; elle n'existe guère si l'acte est insignifiant ; elle est très grande si l'acte est pénible ou simplement désagréable pour le sujet. Jamais je n'ai pu, par suggestion consciente, faire agenouiller Léonie pendant le somnambulisme ; jamais je n'ai réussi à faire lever Lucie de son lit quand elle est couchée. « Cette résistance dépend aussi de la force morale de chaque individu qui n'est pas égale chez tous les hommes [17], » ni chez les somnambules, faut-il ajouter. Aussi ne suis-je pas très effrayé par le grand danger social que l'on a prétendu trouver dans la suggestion hypnotique. Je partage complètement l'opinion exprimée à ce sujet par M. Gilles de la Tourette, après une étude très complète sur cette résistance des somnambules. « Tous ces crimes que l'on suggère ne paraissent simples que dans un laboratoire où les poignards sont en carton et où les pistolets ne partent que dans l'imagination du sujet [18]. » Dès que l'acte devient un peu sérieux, dès que le sujet n'a plus une confiance absolue dans son magnétiseur, il résiste, refuse d'accomplir l'acte, et, s'il ne peut mieux faire, commence une grande crise de convulsions, ce que font toujours les femmes nerveuses quand elles sont embarrassées.

Si les sujets en somnambulisme sont ainsi capables de résistance, ils sont aussi capables de consentement volontaire. Bien souvent la somnambule fait ce qu'on lui dit par une sorte de complaisance qui lui est inspirée par diverses raisons : d'abord, elle a presque toujours quelque sympathie pour son magnétiseur et n'aime pas à se disputer avec lui, ensuite elle est très paresseuse et ne veut pas essayer des résistances inutiles, enfin elle s'amuse elle-même des expériences et prend souvent à cœur de les faire réussir. En général, les somnambules ne mettent donc que trop de bonne volonté à exécuter ce qu'on leur demande. Mais un acte exécuté à la suite d'un consentement volontaire, par complaisance, n'est pas une suggestion : aussi a-t-on pris bien souvent pour des suggestions ce qui n'en était pas ou ce qui n'en était qu'en partie seulement. Dès que le somnambulisme est un peu développé, nous voyons donc la résistance et le consentement volontaire venir modifier les actes exécutés par suggestion.

Mais une remarque beaucoup plus importante nous est fournie par l'étude de certains sujets dans certains somnambulismes particuliers que l'on peut reproduire à volonté. Il existe des somnambulismes parfaits, indiscutables à tous les points de vue, dans lesquels toute espèce de suggestibilité a complètement disparu, et cela même chez des sujets qui sont à l'état de veille extrêmement suggestibles. Plusieurs auteurs ont déjà remarqué que quelques somnambules, dans certains états possèdent une grande liberté. Puységur notait déjà l'indépendance relative de son somnambule [19]. Liébault remarque qu'il faut choisir son moment pour faire des suggestions, et il ajoute que, si on les fait mal à propos quand le somnambule n'est pas concentré, qu'il parle à tout le monde, on échoue le plus souvent [20]. Le docteur Philips [21], qui aime à forger des mots, distingue nettement un premier somnambulisme avec allonomie (obéissance à autrui) et un second somnambulisme avec autonomie (spontanéité et indépendance) : il appelle, je ne sais pourquoi, ce second somnambulisme hyperphysiologique, tandis que, à mon avis, c'est celui qui est le plus physiologique ou normal. M. Bernheim, qui a très bien montré que le somnambule n'était pas un pur automate physique [22], remarque aussi, à propos de la thèse du Dr Chambard, que le degré de suggestibilité n'est pas toujours en rapport avec la profondeur apparente du somnambulisme [23]. Enfin, M. Azam a exprimé la même vérité d'une manière complète et à une époque où les documents sur ce sujet n'étaient pas abondants, quand il dit à propos de Félida: « C'est une somnambule totale [24] ». « Il y a des degrés de somnambulisme de plus en plus complets », dans lesquels la notion du monde extérieur et l'indépendance peuvent être parfaites ; mais ces observations sont restées isolées, n'ont pas été reproduites volontairement et ne semblent pas avoir modifié l'opinion des auteurs sur la relation entre le somnambulisme et la suggestion.

Nous croyons que l'on peut constater et même reproduire à volonté des somnambulismes tout à fait identiques à celui de Félida. Nous avons décrit en effet, d'après plusieurs sujets, une série de somnambulismes de plus en plus profonds, qu'il est quelquefois très long et très difficile de produire, mais dans lesquels le sujet récupère peu à peu toutes les sensibilités et

tous les souvenirs qu'il paraissait avoir perdus. Dans le dernier de ces états, le sujet, si malade et si amoindri qu'il soit à l'état de veille, devient, au point de vue des sens et de la mémoire, absolument identique à l'individu le mieux portant et le plus normal. Quand j'ai observé cet état pour la première fois chez Lucie, j'ai voulu répéter les expériences ordinaires de suggestion que l'on fait avec les somnambules ; Lucie parut surprise, ne bougea pas et finit par éclater : « Mais vous me croyez donc bien bête pour vous figurer que je vais voir un oiseau dans ma chambre et courir après. » Il est à remarquer qu'elle venait de le faire précédemment pendant son premier somnambulisme, mais maintenant toute suggestibilité avait disparu. Il en est de même, un peu moins nettement peut-être, pour Léonie : très suggestible en premier somnambulisme, elle l'est de moins en moins à mesure qu'elle s'enfonce dans le second. Le phénomène est surtout curieux chez Marie et chez Rose, d'abord parce que le passage d'un état à l'autre ne se fait pas, comme chez Lucie, par un sommeil de vingt minutes et un réveil brusque, mais s'accomplit lentement et par degrés, ensuite parce qu'elles sont entièrement suggestibles à l'état de veille. On voit ces femmes si hallucinables, si passives quand elles sont éveillées, reprendre, à mesure qu'elles entrent dans ce soi-disant sommeil, non seulement tous leurs sens et tous leurs souvenirs, mais toute leur spontanéité et leur indépendance. La catalepsie même des membres, leur immobilité dans la position où ils sont mis, qui existe toujours dès que l'individu est très légèrement suggestible, disparaît aussi absolument. Ce caractère, il est vrai, et toute la suggestibilité réapparaissaient quand on détruisait ce somnambulisme particulier pour ramener les sujets à leur état de veille.

Jules Janet a essayé de reproduire ces expériences relatives au somnambulisme supérieur sur un sujet célèbre, Witt ; il a, comme j'avais été amené à le faire, prolongé les passes après le premier somnambulisme et même après la léthargie du sujet et il a obtenu exactement les mêmes résultats, qu'il n'avait pas prévus [25]. Cette femme, dont le somnambulisme avait servi pour étudier toute la théorie des suggestions, avait un somnambulisme facile à produire et absolument ignoré, pendant lequel il était impossible de faire aucune suggestion.

Ces derniers phénomènes me semblent importants : ils nous montrent que, si le somnambulisme est une seconde existence, ce n'est pas nécessairement une existence faible, sans spontanéité et sans volonté. Les raisons qui rendent une personnalité faible et qui la soumettent à toutes les influences suggestives peuvent se rencontrer pendant l'état de somnambulisme ou ne pas s'y rencontrer. Ce n'est donc ni dans la définition du somnambulisme ni dans les causes qui le provoquent, qu'il faut chercher l'explication de la suggestion et de son singulier pouvoir.

2° L'hyperexcitabilité psychique. - Une autre hypothèse intéressante et admise plus ou moins nettement par beaucoup d'auteurs a été proposée, mais en quelques lignes seulement, dans l'ouvrage de MM. Binet et Féré : « Nous croyons, disent-ils, qu'il faut chercher dans un second phénomène, l'hyperexcitabilité psychique, la cause de l'aptitude aux suggestions. À notre avis, si l'idée suggérée exerce un pouvoir absolu sur l'intelligence, les sens et les mouvements de l'hypnotique, c'est avant tout par son intensité [26]. » M. Binet revient avec plus de détails sur cette supposition dans un article, plus curieux que convainquant, sur l'intensité des images mentales [27]. Il me semble que les faits signalés dans cette étude peuvent être admis, mais interprétés autrement.

J'aurai d'abord quelques réserves à faire que l'on trouvera peut-être bien abstraites et pour ainsi dire métaphysiques sur cette expression - « l'intensité des phénomènes psychologiques. » Dans une discussion très remarquable à propos de la psycho-physique, un mathématicien anonyme, qui est en même temps un philosophe [28], faisait remarquer que les sensations ne peuvent ni s'égaliser, ni s'additionner ; qu'en un mot deux sensations, fussent-elles toutes deux des *minima*, n'étaient pas comparables comme des unités mathématiques. Sans doute, les causes extérieures de nos sensations, le son, la température, etc., et même les effets de nos sensations dans le monde extérieur, mouvements, contractions musculaires, etc., sont mesurables et peuvent avoir des intensités différentes, mais les sensations elles-mêmes, considérées par leur côté interne et vraiment seul réel, ont-elles des quantités correspondantes 9 Cela ne me parait pas évident. La température passe de 0° à 15° et de 15° à 30°, et ma sensation passe du froid au tiède et du tiède au chaud. Peut-on dire que ma sensation de chaud soit un multiple de ma sensation de froid ? C'est une différence de qualité correspondant sans doute, d'après notre manière de nous représenter scientifiquement le monde extérieur, à des différences de quantité, mais qui n'en est pas une elle-même. Avant de soutenir qu'une image est plus intense ou moins intense qu'une autre, il serait bon de nous prouver que les deux images sont restées identiques en nature et qu'on ne prend pas une différence de qualité pour une différence de quantité.

C'est justement ce qui arrive, à mon avis, dans la plupart des exemples cités par M. Binet. Un sujet, nous dit-il, peut avoir dans l'esprit des idées qui ne lui paraissent pas des hallucinations ou qui ne se traduisent pas par des actes : il peut penser à un chien sans le voir, entendre parler d'une action sans l'exécuter ; mais si on insiste, si on commande plus longtemps, l'idée devient hallucination et action. C'est qu'au début elle devait être faible et qu'elle est maintenant plus forte [29]. Je pense au contraire que cette différence dans les résultats est due à ce que l'idée est maintenant toute différente. Les théories psychologiques qui assimilent à juste titre l'image et la sensation ne sont vraies que pour les phénomènes simples : l'image de la couleur bleue (quand elle n'est pas un simple mot) est identique en nature à la sensation du bleu. Mais il ne faut pas en conclure que l'idée d'un chien soit la même chose que la vue d'un chien et qu'il n'y ait entre les deux qu'une différence de degré. Il s'agit là de deux ensembles qui diffèrent énormément par la qualité et la complexité des images qui en font partie. L'idée d'un chien peut n'être qu'un rapport abstrait entre diverses images ou divers caractères ; elle peut être un simple mot de nature différente suivant les personnes, ou n'être qu'une image très vague de couleur uniforme, en un mot quelque chose de très simple. La sensation réelle ou l'hallucination d'un chien est un ensemble d'images visuelles, tactiles, auditives même très variées. Pour passer de l'une à l'autre, il faut, non pas renforcer, mais compléter l'image. Ce serait être bien maladroit, en face d'un sujet qui voit difficilement les hallucinations, que de répéter, même en criant très fort: « Tu vois un chien, tu vois un chien » on n'arriverait à rien. Il faut préciser et compléter l'image « Tu vois ses oreilles, tu vois sa queue, tu vois ses longs poils de couleur jaune, tu entends qu'il aboie », ou bien, si l'on a affaire à un sujet qui en soit capable, il faut lui laisser le temps de développer lui-même son image. Si, dans une conversation rapide, je dis à Léonie qu'il y a des moutons dans la prairie, au bord de la rivière, etc., j'éveille par chaque mot une image incomplète et vague qui ne sera pas une hallucination -, mais si après avoir dit : « Il y a mouton devant toi», je m'arrête brusquement et ne lui parle plus ; son idée se développe peu à peu, elle voit des détails nouveaux, sent la toison, entend le cri et finit par dire - « C'est un vrai mouton, » c'est-à-dire un mouton complet et non pas une image plus forte d'un mouton. La complexité de l'image a donné naissance à son objectivité [30]. Il en serait de même pour les actes qui se réaliseront ou ne se réaliseront pas, suivant que l'image motrice aura ou n'aura pas l'occasion de se compléter suffisamment.

M. Binet cherche aussi des preuves de sa théorie de l'intensité des images mentales dans l'étude des suggestions posthypnotique, que nous ne pouvons examiner maintenant. Il remarque, ce qui est très vrai, que l'idée seule d'un acte indiquée au sujet pendant la veille ne suffit pas pour l'exécuter, ; il faut encore que l'acte lui ait été réellement suggéré pendant un somnambulisme et que cette suggestion n'ait pas été effacée par une crise ou quelque autre incident, et il en conclut que l'idée suggérée pendant le somnambulisme est plus intense que si elle a été seulement indiquée pendant le somnambulisme et oubliée après le réveil et dont le souvenir persiste : on pourrait tout aussi bien soutenir le contraire. En réalité, l'idée suggérée pendant le somnambulisme n'est pas représentée de la même manière, ni par les mêmes images, n'est pas associée aux mêmes souvenirs, ne fait pas partie de la même conscience que l'idée indiquée pendant la veille.. Elle est toute différente et non pas plus forte.

Enfin, M. Binet cite et interprète une observation que j'avais moi-même faite autrefois [31]. Ayant remarqué que Lucie n'obéissait qu'à moi seul et voulant m'expliquer cette électivité, j'avais chargé une autre personne, M. M.... de faire dans la journée une suggestion à Lucie en mon nom : « M. Janet, avait-il dit, veut que vos deux bras se lèvent en l'air. » Le commandement avait été exécuté immédiatement, tandis que lorsque M. M... parlait en son nom propre, absolument rien n'était fait. M. Binet, en racontant ce petit fait, dis que le commandement fait en mon nom a été plus intense. J'ai été bien surpris en lisant cette explication, car M. Binet me semblait oublier une des théories les plus ingénieuses et les plus vraies qu'il avait lui-même contribué à établir, celle des suggestions avec point de repère. Quand on a dit à un sujet qu'il y a un portrait sur un papier, pourquoi le voit-il sur ce papier-là et non sur un autre ? Est-ce parce que l'image de ce papier en particulier est plus intense ? Non, l'auteur nous avait fort bien dit que le portrait était associé avec tel aspect d'un papier et que l'image n'était réveillée que par cet aspect. Pourquoi ne pas dire de même que, par habitude et dressage, la suggestibilité de Lucie a été pour ainsi dire endiguée et son obéissance rattachée à un point de repère toujours le même qui est mon nom et ma personne. C'est par sa qualité et non par son intensité que mon nom a amené l'acte. Lucie, en obéissant à un étranger qui lui commandait en mon nom, s'est trompée (inconsciemment il est vrai, mais nous verrons que cela importe peu), comme une somnambule qui verrait le portrait sur un autre papier que sur la carte désignée. D'ailleurs, dans le somnambulisme qui a suivi cette expérience, elle s'est montrée furieuse de son erreur automatique et s'est bien promis de ne plus s'y laisser prendre. Elle a tenu parole et cette expérience n'a plus jamais réussi. Les erreurs de ce genre ne sont pas rares chez les somnambules ; j'avais commandé à N... de s'endormir quand je lèverais le bras. Elle s'endort quand une personne quelconque lève le bras, voilà une sottise inconsciente dont Lucie et Léonie sont bien incapables. Est-ce que l'image du bras d'un étranger qui se lève est plus intense pour N... que pour Lucie ? Elle est au contraire moins nette puisque ce bras est confondu avec le mien.

Je n'insiste pas sur les paralysies et les anesthésies que M. Binet explique par une diminution des images et qui me semblent se rattacher à une tout autre cause [32] ; mais je désire m'arrêter sur une expression particulière de cet auteur. Les individus suggestibles, dit-il, sont atteints d'une *hyperexcitabilité psychique* qui donne naissance aux hallucinations et aux impulsions. L'expression a son importance, car on la rencontre dans différents auteurs ; c'est déjà la même idée qui se trouve dans la psychologie morbide de Moreau (de Tours), quand il attribue l'origine des impulsions à une *excitation psychique.* Ce mot, tout à fait inexact, comme nous allons le montrer, a contribué pour beaucoup à engager l'auteur dans son paradoxe célèbre sur le génie et la folie, « tant nous nous laissons facilement piper par les mots. » Sans parler de ces conséquences, examinons l'expression en elle-même. Peut-on dire que les individus suggestibles soient, au point de vue psychologique, des hyperexcités ? Mais ce sont des gens accablés d'anesthésies, d'amnésies, de paralysies de toute espèce, ce qui n'a jamais été une preuve d'excitation. Lucie est anesthésique totale, Rose anesthésique et paraplégique, Marie hémi-anesthésique, aveugle d'un œil et sourde d'une oreille, Blanche a tous ses sens réduits au minimum, etc. Comment peut-on dire que, si Lucie obéit à ma voix, c'est que le phénomène psychologique, ici l'image auditive, est plus intense dans une conscience hyperexcitée ? Elle entend donc ma voix comme un coup de canon ; mais non, elle est à moitié sourde et elle m'entend à peine. Peut-on dire que Marie imite mes mouvements, parce que ce phénomène visuel est plus intense chez elle que chez une autre ? mais elle est presque aveugle et ne lit que les plus grosses lettres du tableau : singulières manifestations de l'hyperexcitabilité. Cette excitation n'est pas dans les sens, dira-t-on, elle est dans l'ensemble de l'esprit. Soit, mais que penser alors de l'exemple de Blanche, la plus suggestible de toutes celles que j'ai vues, qui est presque une idiote, restant inerte tout le jour et ne s'agitant qu'à l'heure des repas.

En un mot, considérez en fait les gens suggestibles et vous les trouverez faibles, hypo-excités, si l'on peut ainsi dire, et non hyperexcités. Mais faisons maintenant une vérification inverse: excitons réellement ces individus par les agents qui remplissent ce rôle. Je me suis souvent servi des passes dans ce but, non pas que je leur accorde une importante particulière, mais parce que, en pratique, c'était un excellent procédé pour exciter les sensibilités des hystériques. Mais si ce procédé déplaît, employons-en un autre. Le meilleur serait sans doute le bain électrique par la machine statique, mais les psychologues n'ont pas encore des laboratoires bien montés à leur disposition. Contentons-nous de faire passer dans les bras, les jambes, le tronc d'un sujet anesthésique, comme Rose, des courants de moyenne intensité, ou plus simplement mettons-lui autour du front un certain nombre de plaques de plomb ou d'étain qui agissent sur elle -, au bout d'un certain temps, assez long quelquefois, et s'il n'est pas survenu d'accident, elle va recouvrer toutes ses sensibilités. C'est bien maintenant qu'elle a une hyperexcitabilité psychologique, elle sent les plus légères impressions et retrouve tous les souvenirs de son existence. Eh bien, comme nous l'avons déjà remarqué, elle n'est absolument plus suggestible. Son ouïe, qui est hyperexcitée puisqu'elle saisit les plus légers sons, n'amène plus ni hallucination ni impulsions ; sa vue, qui est devenue très perçante, ne provoque aucune imitation. Le sujet est devenu normal au point de vue de la volonté, comme au point de vue de la sensibilité et des souvenirs. Ce fait se vérifie avec Lucie et avec Marie ; il nous permet d'affirmer que la suggestibilité serait plutôt une preuve de la faiblesse que de la force des phénomènes psychologiques.

---

1. Durand de Gros (Dr Philips). *Revue hypnotique,* I, 351.
2. Ch. Richet. *L'homme et l'intelligence,* 530.
3. Beaunis. Revue *philosophique,* 1885, II, 116.
4. Bernheim. *De la suggestion,* 1886, 166.
5. Id. *Ibid,* 227.

6. Mesnet. *Automatisme*, 1874, 16.

7. Mesnet. D'après Gilles de la Tourette, *Hypnotisme*, 239. - Cf. Taine. *Intelligence*, II, 18.

8. Maury. *Le sommeil et les rêves*, 124, 128, 394. - Joly. *Imagination*, 58, 120.

9. Cf. IIe partie, ch. I.

10. Moreau (de Tours). *Le kaschich*, 156.

11. Id. *Ibid*, 93.

12. Cf. Paul Richer. *Op. cit.*, 711.

13. Charcot. *Maladie du système nerveux*, III, 339.

14. Demarquay et Giraud-Teulon. *Recherches sur l'hypnotisme*, 1860, 21.

15. Cf. Fontan et Ségard. *Médecine suggestive*, 29, 192. - Ribot, *Maladie de la volonté*, 137.

16. Fontan et Ségard, *ibid.*, 178. - Cullerre. *Magnétisme*, 268.

17. Binet et Féré. *Magnétisme animal*, 73 et 214.

18. Gilles de la Tourette. *Hypnotisme*, 375.

19. Cf. Gilles de la Tourette, 144.

20. Liébault. *Le sommeil et les états analogues*, 350.

21. Dr Philips. *Cours sur le braidisme*, 97.

22. Bernheim. *De la suggestion*, 149.

23. Id. *Ibid.*, 10, Cf. 71.

24. Azam. *Double conscience*, 133, 135.

25. Jules Janet. *Hystérie et somnambulisme d'après la théorie de la double personnalité*. Revue scientifique, 1888, I, 616.

26. Binet et Féré. *Magnétisme animal*, 130.

27. Binet. *L'intensité des images mentales*. Revue philosophique, 1887, I, 473.

28. Cf. *Revue scientifique*, 1875, I. 876.

29. Binet. *Op. cit*, 475.

30. Cf. Souriau. *Sensations et perceptions*. Revue philosophique, 1883. II, 75

31. Binet. *Op. cit.*, 476.

32. Cf. IIe part, ch. II.

19

L'AMNÉSIE ET LA DISTRACTION

C'est la théorie exprimée déjà à plusieurs reprises par M. Richet qui nous paraît avoir le plus de vraisemblance et à laquelle nos propres expériences nous poussent à nous rallier. Lorsqu'il exposait quelques exemples de ces changements si curieux de la personnalité par suggestion, M. Richet disait qu'il y avait là deux phénomènes essentiels : d'abord une amnésie de toutes les notions qui constituaient la personnalité ancienne, puis la formation d'une nouvelle idée de la personnalité : « elles ont d'abord perdu la notion de leur ancienne existence, puisqu'elles vivent, parlent, pensent absolument comme le type qu'on leur a présenté [1]. » Plus tard, reprenant d'une manière plus générale la même question, il disait que la suggestibilité ou l'abolition de la volonté personnelle s'expliquerait sans doute par une sorte d'amnésie. « Pour arrêter une pensée, il en faut une autre qui y mette obstacle ; pour entraver un sentiment, un autre plus fort doit prendre naissance. On peut supposer *que c'est la mémoire simultanée de deux sentiments ou de deux pensées qui fait défaut* [2]. » La supposition me semble rester encore vraie malgré toutes les observations nouvelles.

Il est facile en effet de remarquer qu'au moment où les sujets s'abandonnent à une suggestion, ils ont tout oublié et ne peuvent rappeler aucun souvenir opposé à l'idée qui envahit leur conscience. Quand Be... me voit entrer par la fenêtre, elle oublie que la fenêtre est fermée, que les rideaux sont tirés, qu'on ne peut les ouvrir du dehors, etc. Quand Blanche voit l'éléphant dont je lui parle, elle oublie que nous sommes dans un cabinet de travail, que la porte d'entrée est petite, qu'il y a un escalier, un couloir par où les éléphants ne passent guère, etc. Quand Rose monte avec moi au sommet de la tour Eiffel, elle oublie que la tour n'est pas achevée, ce qu'elle vient de dire l'instant précédent. Inversement, quand les sujets ne sont plus suggestibles, ils présentent, comme premier caractère, un retour frappant de ces souvenirs antagonistes. On se souvient de ce mot de Lucie que j'ai cité quand, dans son second somnambulisme, elle se rit des suggestions : « Vous me croyez donc bien bête pour vous figurer que je vais voir un oiseau *dans ma chambre.* » Elle se souvient donc qu'elle est dans sa chambre, que les oiseaux n'y entrent pas, etc. Enfin nous pouvons artificiellement faire une dernière vérification : en fournissant nous-même au sujet ces souvenirs qu'il a perdus, nous arrêterons une suggestion qui, sans cette précaution, allait se réaliser. Blanche, sur mon ordre, tire la langue ; je lui fais remarquer qu'elle est devant son père, elle cesse de suite ce mouvement. Elle me fait un pied de nez, je lui dis que ce n'est pas convenable, et voici la main qui baisse. Mais il faut que ces images antagonistes soient fournies quelquefois en assez grand nombre et surtout dès le début de la suggestion afin de pouvoir l'arrêter. Ces différentes constatations prouvent bien qu'une *amnésie considérable accompagne toujours les actes accomplis par suggestion.*

Ainsi l'amnésie serait la cause principale de la suggestion, comme elle est la raison essentielle du somnambulisme, tellement la mémoire joue un grand rôle dans notre vie psychique. Seulement l'amnésie, comme la mémoire elle-même, ne peut pas être un phénomène primitif ; nous l'avons déjà remarqué à propos des variations de la mémoire pendant les divers états somnambuliques, que nous devons encore y revenir maintenant. De même que la mémoire dépend de la sensation, l'amnésie dépend de l'anesthésie, et c'est parce qu'une personne n'est plus capable de sentir une certaine sensation qu'elle n'en retrouve plus l'image. Si nos sujets ont des pertes de mémoire au moment où ils exécutent une suggestion, ils doivent avoir des anesthésies correspondantes.

Pour certains d'entre eux, le fait semble assez facile à vérifier, car ils présentent constamment des anesthésies considérables et bien connues. Je ne crois donc pas m'avancer beaucoup, en tout cas, je résume mes propres observations en disant que les personnes nettement suggestibles, au moins de la façon que nous étudions maintenant, ont pour la plupart de sérieuses anesthésies. Les alcooliques ont la plus grande partie de la surface cutanée insensible ; les somnambules naturels de M. Mesnet avaient perdu plusieurs sens ; les hystériques que j'ai étudiées avaient des lacunes graves dans leur sensibilité. D'autre part, la guérison de leur maladie est surtout caractérisée par le retour des sensations perdues, et, à ce premier point de vue, on pourrait dire assez facilement que *la suggestion est liée à l'anesthésie* qui enlève au sujet non seulement des sensations particulières, mais encore tous les souvenirs qui sont exprimés par des images du même genre.

Cependant la démonstration ainsi faite serait tout à fait insuffisante :

d'un côté, en effet, il y a des personnes très suggestibles qui ont à peine ou même qui n'ont absolument pas d'anesthésie hystérique. Be... serait un excellent exemple de cette catégorie ; suggestible au degré que j'ai indiqué, elle a, quand on les examine, toutes les sensibilités intactes. D'autre part, l'anesthésie hystérique constante n'explique pas bien le genre d'amnésie qui accompagne et produit la suggestibilité. La perte du sens tactile ou du sens des couleurs amène l'oubli constant d'une certaine catégorie générale de souvenirs liés aux sensations tactiles ou colorées, mais n'explique pas la perte particulière et momentanée de tel souvenir particulier qui peut être exprimé par diverses images. Ainsi, quand je dis à Léonie qu'elle est une princesse, elle oublie d'abord qu'elle est une paysanne : c'est la condition nécessaire pour que l'hallucination se développe. C'est incontestable ; mais l'anesthésie de Léonie n'explique pas qu'elle oublie maintenant sa qualité de paysanne dont elle avait le souvenir il y a un instant, alors que son insensibilité était la même.

Il faut reconnaître, ici encore, l'existence d'une seconde espèce d'anesthésie moins connue, mais dont l'importance psychologique est très grande. Un individu qui a une sensibilité normale est capable non seulement d'exercer tous ses sens successivement, mais, en outre, dans une certaine mesure, d'apprécier diverses sensations simultanément. Placé dans une réunion de plusieurs personnes, il peut suivre une conversation particulière, et entendre cependant une question qu'on lui adresse derrière lui, voir une personne nouvelle qui entre et se retourner à propos. Ce sont là des choses fort simples dont les personnes au tempérament suggestible sont complètement incapables. Si elles regardent une personne et lui parlent, elles n'entendent plus et même ne voient plus les autres. Lucie avait, à ce propos, une conduite bien singulière : dès qu'elle ne parlait plus directement à une personne, elle cessait de pouvoir l'entendre. On pouvait se mettre derrière elle, l'appeler, lui crier des injures aux oreilles [3], sans qu'elle se retournât ; on pouvait se mettre sous ses yeux, lui montrer des objets, la toucher, etc., sans qu'elle s'en aperçût. Que Léonie tricote ou qu'elle écrive, c'est toujours avec la même tension d'esprit apparente ; on peut ouvrir la porte, lui toucher les bras ou la figure, lui parler sans qu'elle s'en aperçoive. Chose plus singulière, elle a sous les seins et sur l'ongle du pouce des points hyperesthésiés et hystérogènes dont le simple frôlement provoque des cris de douleur et même des convulsions. Quand elle est ainsi occupée par un travail ou par une simple conversation, je puis frapper sur sa poitrine ou sur son pouce sans qu'elle dise mot. Une anesthésie de ce genre a été bien souvent signalée pendant le somnambulisme. Tel somnambule n'entend que la voix de son magnétiseur et n'entend pas la voix des autres personnes ; tel autre ne voit que la lumière qu'il allume et non celle que d'autres peuvent avoir allumée. Nous aurons à revenir, sinon sur l'explication, au moins sur la description de ces faits [4]; contentons-nous de remarquer maintenant que cette anesthésie n'est pas particulière au somnambulisme électif, elle existe à un haut degré chez tous les individus qui sont suggestibles. C'est un état exagéré de *distraction*, qui n'est pas momentané et ne résulte pas d'une attention volontaire dirigée uniquement dans un sens ; c'est *un état de distraction naturelle et perpétuelle qui empêche ces personnes d'apprécier aucune autre sensation en dehors de celle qui occupe actuellement leur esprit.* Remarquons, enfin, que, lorsque ces individus, dans diverses circonstances maintenant connues, cessent d'être suggestibles, cette distraction disparaît et nous pourrons dire qu'elle joue un grand rôle dans tous les phénomènes que nous étudions.

En effet, cette anesthésie par distraction entraîne avec elle une amnésie particulière qui est précisément celle dont nous avons besoin pour comprendre la suggestion. Voici un exemple instructif : Lucie, qui cesse d'entendre et de voir les gens dès qu'elle ne leur parle plus, oublie également leur présence, ainsi qu'on peut le voir par différents traits de sa conduite. Elle se figure que les gens sont sortis dès qu'elle cesse de leur parler, et, quand on la force à faire de nouveau attention à eux, elle dit : « Tiens, vous êtes donc rentré ? » Ce qui est plus frappant, c'est qu'elle ne tient plus compte de leur présence, dit tout haut ses secrets sans être retenue par la pensée de la présence de ces personnes. Léonie est de même, pendant son somnambulisme au moins, car elle n'est pas, comme Lucie, suggestible consciemment à l'état de veille. Elle commence par me dire qu'elle ne veut causer qu'avec moi et qu'elle ne me quittera pas. Je la fais causer avec une autre personne et je cesse de lui parler, alors elle m'oublie complètement et, quand cette personne sort, elle veut la suivre comme s'il n'y avait plus qu'elle au monde. Il n'est pas plus difficile de comprendre maintenant pourquoi Léonie, quand je lui parle d'une princesse, a oublié sa situation de paysanne ; elle est si distraite qu'elle cesse à ce moment d'avoir la sensation de sa robe, de son tablier, de son bonnet, les seules choses qui puissent lui rappeler actuellement sa vie antérieure. La même distraction explique que Marie, ne voyant plus la chambre, les murs, le parquet, oublie que nous sommes dans une chambre d'hôpital et que personne n'a apporté de bouquet. De même que l'anesthésie tactile générale enlève tous les souvenirs liés au sens tactile, de même cette anesthésie, variable et momentanée pour certains objets que cause la distraction, enlève momentanément tous les souvenirs qui sont liés à la sensation de ces objets.

Puisque, dans les phénomènes étudiés jusqu'à présent, cette anesthésie et cette amnésie causées par la distraction ne portent que sur les images opposées à l'acte suggéré, elles laissent subsister isolée et par conséquent plus développée la conscience de cet acte lui-même. On sait les sottises que nous pouvons commettre dans un instant de distraction ; eh bien, si l'on tient compte des conditions de sa production, un acte suggéré qu'exécute le sujet est l'idéal de la distraction.

---

1. Ch. Richet. *L'homme et l'intelligence*, 236.
2. Ch. Richet. *L'homme et l'intelligence*, 529.
3. Nous réservons toujours pour la seconde partie tout ce qui a rapport à l'action et à l'audition latentes ou subconscientes.
4. Cf. IIe part., ch. II, le passage sur la sensibilité élective.

la vie ordinaire qui vient subitement parla fermeture des yeux ne montre-t-il pas que le champ de conscience était bien petit et se composait presque uniquement de ces phénomènes qu'on leur enlève.

Quelles sont les personnes qui satisfont à cette condition, qui ont une conscience de ce genre et qui seront par conséquent suggestibles ? Il faudrait répondre à cette question par des faits et des statistiques que je ne puis établir ; j'indiquerai seulement ce qui me paraît vraisemblable. Les individus dont le champ de la conscience est restreint d'une manière anormale me paraissent former deux groupes : ce sont des malades ou des enfants. Chez les uns, il semble qu'une sorte de fatigue ou de faiblesse restreigne la quantité des phénomènes qui peuvent entrer dans une même conscience, car, dans la plupart des maladies débilitantes, on retrouve ces symptômes psychologiques : la distraction, l'absorption sur un point de toute la pensée, l'oubli des assistants, la suggestibilité qui est si manifeste en particulier dans certaines formes de la fièvre typhoïde. Chez les autres, la conscience semble peu développée dans tous les sens, elle est aussi restreinte dans son étendue que dans sa nature et sa variété ; les actes impétueux des enfants, leurs croyances naïves, leurs colères et leurs larmes d'un instant, tout le prouve facilement.

Mais il ne faut pas en conclure, du moins je le crois, que les enfants soient hypnotisables, ce n'est pas la même chose. La suggestion met en usage d'une façon réfléchie un mécanisme de la conscience qui existe déjà et qui agit de lui-même et au hasard toute la journée ; l'hypnotisme, pour amener l'état somnambulique, doit déranger l'orientation actuelle de la pensée pour lui en substituer une autre. Or, les enfants, heureusement, n'ont pas d'ordinaire l'instabilité mentale et les anesthésies qui permettent ce bouleversement. Un somnambulisme véritable se produisant facilement chez un enfant me paraîtrait la marque d'une tare héréditaire et d'une névrose commençante. Aussi ne doit-on pas dire comme on l'a trop répété, que « la mère est le premier des hypnotiseurs », ce qui serait bien malheureux, mais que la mère est la première à diriger les croyances et les actes de l'enfant, ce qui est tout naturel, car elle a du jugement et de la volonté pour lui qui n'en a pas.

Pourquoi maintenant les individus mis en somnambulisme ont-ils quelquefois, dans cette nouvelle existence, un champ de conscience très rétréci et une forte suggestibilité ? Parce que cette seconde existence ressemble souvent à celle des malades et à celle des enfants. Les sujets en somnambulisme perdent quelquefois la sensibilité au moins au début ; ils présentent, dit M. Richet, une hyperexcitabilité des muscles qui les rend analogues à des hystériques [11]. Comme tous mes sujets étaient déjà si fortement hystériques et malades à l'état de veille qu'ils ne pouvaient guère le devenir davantage, j'ai surtout été frappé du deuxième caractère, *l'analogie du somnambulisme et de l'enfance.* Le fait est remarqué depuis long-

20

LE RÉTRÉCISSEMENT DU CHAMP
DE LA CONSCIENCE

Nous n'avons tenu compte jusqu'à présent dans nos études que de la qualité des phénomènes qui occupaient la conscience ; mais il est probable que les existences psychologiques peuvent présenter d'autres différences que celles qui résultent de la nature des images auditives, visuelles et tactiles. Sans parler de l'intensité propre à chaque image, ce qui nous parait un caractère peu clair, n'est-il pas possible, d'une part, qu'il y ait aussi des différences dans la quantité, dans le nombre des phénomènes psychologiques qui remplissent ces diverses consciences ; d'autre part, que tous les hommes ne soient pas à ce point de vue aussi riches les uns que les autres et disposent dans un temps donné d'un nombre d'idées très différent. C'est là une supposition qui nous parait très propre à expliquer les caractères des anesthésies que nous avons signalés. Cherchons d'abord à l'exposer en elle-même et à montrer qu'elle est intelligible et vraisemblable, puis nous verrons comment elle peut expliquer les phénomènes que nous étudions.

« Les phénomènes qui font l'objet de la physiologie, écrivait Herbert Spencer [1], se présentent sous la forme d'un nombre immense de séries réunies ensemble. Ceux qui font l'objet de la psychologie ne se présentent que sous la forme d'une simple série. » C'est, en effet, une opinion assez répandue que la conscience d'un homme ne renferme au même moment qu'un seul phénomène, et que, par conséquent, la vie psychologique est constituée par une succession de phénomènes venant à la suite les uns des autres, formant une longue série qui se prolonge pendant toute la vie de l'individu, mais restant chacun isolé sans être accompagné d'autres faits simultanés. Sans doute, nous avons bien l'idée de la coexistence et même la notion des objets disséminés dans l'espace ; mais cette notion, loin d'être primitive, serait dérivée de la notion de succession et de l'idée du temps. On sait comment Spencer prétend former le rapport de coexistence par l'union de deux rapports de séquence, et comment, depuis Stuart Mill, l'école anglaise s'est attachée à démontrer que « le temps est père de l'espace ». Si l'on adopte entièrement cette opinion, comme semble le faire M. Taine qui regarde la conscience comme un centre inétendu, une sorte de point mathématique, on trouvera peut-être singulier de parler encore du nombre des phénomènes psychologiques dans la conscience à un moment donné ; puisque, à tous les moments, cette quantité doit être l'unité. Nous pourrions cependant faire encore des réserves : ainsi que l'ont montré les beaux travaux de Wundt et de ses élèves sur la durée des phénomènes psychiques, ces phénomènes ne se succèdent pas toujours avec la même rapidité, et deux individus pourraient encore, dans un temps donné, présenter une quantité très différente d'images mentales.

Mais nous ne croyons pas que l'on puisse adopter sans restrictions l'hypothèse de Stuart Mill et de Spencer et réduire ainsi l'étendue de la conscience. Il ne nous parait guère possible, malgré les démonstrations curieuses données par les psychologues anglais, de faire sortir la notion d'espace de la notion de temps et le rapport de coexistence du rapport de succession. L'idée d'espace, qui est une idée originale, dérive en réalité de la sensation d'étendue que nous procure la coexistence réelle d'un grand nombre de sensations simultanées du sens de la vue ou du sens tactile [2]. D'autre part, l'observation de nous-même ne nous montre pas la conscience ainsi réduite à l'unité. Pendant que j'écris cette page et que je pense aux différentes opinions des philosophes sur l'étendue de la conscience, je vois mon papier, ma lumière, ma chambre et j'entends en même temps le bruit sourd d'un concert dans la maison voisine, ce qui ne laisse pas de me causer une impression désagréable. Tout cela existe à la fois dans mon esprit ; je ne dis pas que mon travail en soit meilleur, non, il vaudrait mieux sans doute ne penser qu'à lui ; mais enfin, tel qu'il est, il avance cependant malgré le bourdonnement de sensations et d'images qui se heurtent en ce moment dans ma conscience. D'ailleurs est-il possible qu'il en soit autrement ? Un seul acte, celui d'écrire, ne demande-t-il pas plusieurs phénomènes conscients, la vue du papier, de la plume, des traits noirs, l'image sonore ou musculaire des mots, l'expression parlée des idées, etc. Si je n'avais en tête qu'une seule image, je l'exprimerais sans doute parfaitement, car elle serait traduite par tout mon corps, mais je ne bougerais plus, je ne penserais plus, je deviendrais une statue, comme les cataleptiques que nous avons étudiées.

C'est, en effet, dans la catalepsie que l'unité presque absolue de la conscience existe, c'est-à-dire tout au début du retour de la conscience, au sortir d'une sorte d'anéantissement, quand l'esprit presque épuisé est incapable de concevoir plusieurs sensations à la fois. Une seule sensation subsiste : elle vit de sa vie propre et donne aux sujets cette apparence d'automate humain. Peut-être aussi, à l'autre extrémité du développement intellectuel, quand la vie de l'intelligence tout à fait parfaite permettra à un esprit d'embrasser dans une vaste synthèse toutes les images, de réunir en une seule idée celles d'un rapport très général, toutes les sensations qu'il éprouve ou dont la mémoire lui rappelle le souvenir, peut-être alors, si cet état est possible, retrouverions-nous l'unité intellectuelle réalisée un moment par de grands génies dans une haute pensée. Mais la vie ordinaire de la pensée ne tombe pas si bas et ne s'élève pas si haut : elle se maintient à une hauteur moyenne à laquelle les images présentées à l'esprit sont nombreuses et où leur systématisation est loin d'être complète. C'est ce que comprenait très bien M. Dumont [3] quand il écrivait: « Il y a en nous à chaque instant un groupe de nombreuses sensations coexistantes... Le moi est à la fois série et groupe ; il est une série de groupes », et plus récemment un magnétiseur très psychologue [4], quand il nous dit : « A l'état de veille, malgré le monoïdéisme apparent qui a séduit plusieurs psychologues, notre pensée est toujours très compliquée ; nous avons simultanément une foule de sensations qui luttent entre elles et une foule de souvenirs qui cherchent à se débarrasser de la pression des idées dominantes ».

C'est d'ailleurs, il faut le reconnaître, l'opinion à laquelle M. Spencer se rattache lui-même, en pratique, toutes les fois qu'il s'agit d'expliquer un phénomène réel. « La conscience du rêve est comme celle du vieillard ou de l'homme indolent, les éléments en sont moins cohérents et *moins abondants... Le rétrécissement de l'aire de la conscience* se trahit par l'absence de ces *innombrables pensées collatérales* que les scènes successives provoquent d'ordinaire... » [5]. Et ailleurs : « Quoique les phénomènes de conscience forment une série, il y a des *changements simultanés : le* champ visuel n'est pas absolument réduit à un point, il y a conscience vague des points environnants... Dans la trame de la conscience, il y a plusieurs fils ; les externes sont lâches et mal adhérents, mais à l'intérieur, il y a une série de changements dont le tissu est serré et qui forme ce que nous pouvons appeler la conscience proprement dite » [6]. Cette dernière restriction est très juste ; ce petit groupe de phénomènes mieux connus que les autres, c'est la part de l'attention, de l'aperception, comme dirait Wundt après Leibniz, qui ne s'étend pas aussi loin que la conscience elle-même ; mais l'auteur n'en reconnaît pas moins que la conscience humaine, claire ou non, s'étend ordinairement assez loin sur un grand nombre d'images collatérales et coexistantes.

Spencer nous fournit même un terme excellent, très précis et très utile que nous conserverons : l'aire ou le champ de la conscience. On sait, en effet, ce que l'on appelle le champ visuel : « c'est toute l'étendue de l'espace d'où nous pouvons recevoir une impression lumineuse, l'œil restant immobile et le regard fixe » [7]. Ne pourrait-on pas appeler de même *champ de la conscience* ou étendue maximum de la conscience, le nombre le plus grand de phénomènes simples ou relativement simples qui peuvent se présenter à la fois dans une même conscience, en réservant, comme le propose Wundt [8], le terme de « point de regard interne » pour cette partie des phénomènes de la conscience vers laquelle est dirigée l'attention ? Il serait, je crois, de la plus haute importance pour la psychologie expérimentale de pouvoir déterminer, ne fût-ce que d'une manière approximative, le champ de la conscience, comme on mesure le champ visuel avec un campimètre ou un périmètre. Wundt est le seul, croyons-nous, qui ait essayé une détermination expérimentale de ce genre [9]. Malheureusement, il se sert de procédés et de raisonnements qui ne nous paraissent ni bien clairs, ni bien certains, et il passe très vite sur cette question difficile. Sa conclusion est que « nous serons autorisés à considérer douze représentations simples comme étant l'étendue maximum de la conscience ». A première vue, et peut-être à tort, je trouve que ce chiffre doit être beaucoup trop faible. Le champ visuel binoculaire, qui n'est cependant qu'une petite partie du champ total de la conscience, renferme évidemment bien plus de douze phénomènes visuels simultanés ; la conscience, qui contient en outre les autres sensations et leurs images, doit en contenir bien davantage. Mais il y a ici une foule de questions à soulever sur le sens même des mots, sur l'idée que l'on se fait d'une représentation simple, qui font de ce problème l'un des plus délicats de la psychologie expérimentale, quoiqu'il reste à mon avis un des plus importants.

Malgré ces difficultés et malgré l'impossibilité où nous sommes ici, à notre grand regret, d'apporter des mesures précises, il nous semble cependant qu'il y a un point assez facile à établir. Le champ de la conscience comme le champ visuel peut varier; il n'est point le même chez tous les individus, ni à tous les moments de la vie chez un même homme. Entre un individu cataleptique n'ayant, comme nous l'avons montré, qu'une seule image à la fois et un chef d'orchestre entendant simultanément tous les instruments, voyant les acteurs, et suivant, par la mémoire ou par la lecture, la partition de l'opéra, il y a tous les degrés possibles. Les degrés inférieurs nous intéressent le plus en ce moment, car il est facile de montrer que les individus suggestibles ont un champ de conscience très rétréci et que ce caractère joue un grand rôle dans les modifications de leur volonté.

Le rétrécissement du champ de la conscience, du moment que nous ne pouvons pas le mesurer directement, doit se manifester d'une manière un peu indirecte peut-être, mais très certaine par des anesthésies. Considérons à un instant donné deux individus qui ont des champs de conscience différents ; quand l'un sent dix phénomènes, l'autre n'en sent que cinq ; ne devons-nous pas conclure qu'il y a cinq phénomènes que le second ne peut pas sentir, au moins à ce moment, et que dans une certaine mesure il est momentanément anesthésique ? Aussi quand une personne comme Lucie ne peut entendre qu'une personne à la fois, je suppose tout naturellement que le champ de sa conscience est petit, qu'il est comme un vase déjà plein de liquide, dans lequel on ne peut plus faire pénétrer une seule goutte. Ce n'est qu'une supposition, mais elle rend bien compte des faits.

Mais, dira-t-on, l'anesthésie n'est pas une preuve du rétrécissement du champ de la conscience, car les images fournies par les sens restants peuvent être à elles seules fort nombreuses et compenser la perte des autres sens. Cela arrive en effet quelquefois ainsi : chez les aveugles de naissance, par exemple, les sens qui subsistent s'aiguisent et se perfectionnent et peuvent quelquefois combler le vide laissé par les sensations visuelles ; un homme qui fait attention à un objet peut ne plus voir les autres, mais il aura à propos de cet objet des sensations plus vives et plus nombreuses qui empêcheront son champ de conscience d'être véritablement rétréci. Tout cela est exact, mais les choses ne se passent pas ainsi dans l'anesthésie hystérique. La perte d'un sens n'amène pas un accroissement dans l'acuité des autres sens, bien au contraire ; la concentration de la conscience sur un objet ne rend pas les sensations relatives à cet objet plus nombreuses, comme dans l'attention. Une hystérique pense peu de choses, mais le peu qu'elle pense, elle ne le connaît pas mieux pour cela, car les sens qui lui restent sont diminués de toute façon et elle n'a que des notions fort confuses des objets mêmes qu'elle regarde. L'anesthésie chez elle, même quand elle est momentanée et due à la distraction, est une perte sans compensation.

Une autre preuve de ce rétrécissement du champ de la conscience chez les suggestibles doit être tirée des phénomènes produits chez ces personnes lorsqu'on ferme les seuls sens qui leur restent. Tous les auteurs ont signalé l'abrutissement, l'oblitération de l'intelligence et de la mémoire qui surviennent subitement chez une hystérique anesthésique quand on lui ferme les yeux ou qu'on lui met du coton dans les oreilles [10]. Il semble que les images visuelles ou auditives qui pourraient subsister ne suffisent plus pour former une vie psychologique : la petite lumière qui subsistait encore semble s'éteindre et toute conscience disparaît dans un sommeil complet. Il est vrai qu'il y a ici une grande différence entre l'hystérique et l'idiot ou même l'épileptique. Tandis que ceux-ci, si on leur supprimait leurs faibles moyens de penser, resteraient abrutis comme je l'ai constaté chez R.... celle-là en prend assez vite son parti, et, puisqu'on lui détruit son existence psychologique ordinaire, elle en commence une seconde. C'est peut-être là tout le secret de l'hypnotisation si facile des hystériques par occlusion des paupières. Laissons de côté la seconde existence qui peut être identique ou supérieure à la première, ce sommeil, cette destruction de temps ; « le commencement de la mensambulance (somnambulisme), remarque un magnétiseur, le comte de Rédern, est une espèce d'enfance qui exige une véritable éducation » [12]. Parmi les modernes, MM. Fontan et Ségard ont très justement insisté sur ce caractère [13]. Rien n'est plus curieux en effet que de voir des femmes de trente ans, sérieuses et froides à l'état de veille, prendre, une fois en somnambulisme, des airs de bébé, gesticuler, jouer sans cesse, rire à tout propos, parler en zézayant, réclamer des petits noms comme Nichette ou Lili, et en réalité prendre toutes les allures de très jeunes enfants. Peut-être, comme je l'ai remarqué, le retour du sens musculaire qui prédomine pendant l'enfance est-il pour quelque chose dans ce caractère ; mais le principal me paraît être la formation d'une nouvelle forme d'existence sans beaucoup de souvenirs ni d'expériences qui lui soient propres. Le somnambule en effet peut avoir, si on les lui demande, les souvenirs de la veille, mais il les évoque peu spontanément ; ils sont pour lui comme des souvenirs exprimés dans une langue étrangère qu'il ne comprend qu'avec un peu d'effort. Ou bien, s'il se rappelle ces souvenirs, il en tient peu de compte, comme de l'expérience d'autrui. « Cela ennuierait beaucoup l'autre, disait Léonie 2, mais moi cela m'est égal. » Ces rapprochements sont peut-être hypothétiques, mais il y a un fait certain : c'est que le vrai somnambulisme débute par un arrêt de la conscience normale, la petite mort de Félida, comme disait M. Azam, après lequel la conscience renaît peu à peu ; elle débute sous forme de catalepsie, qui est un « monoïdéisme » presque complet ; elle se présente naturellement ensuite avec un champ assez restreint, jusqu'à ce que, dans son développement parfait, elle s'étende fort loin et qu'il n'y ait plus aucune suggestibilité. Ce n'est pas en tant que somnambulisme que cet état est favorable à la suggestion, c'est en tant que la seconde existence ressemble par son étroitesse aux existences faibles des malades ou des enfants.

La conscience peut donc, à chaque moment de la vie, s'étendre sur un champ plus ou moins étendu ; chaque fois que nous voyons chez une personne *l'obéissance aux suggestions, ou* mieux les oublis et les distractions auxquelles cette disposition a été ramenée, nous constatons en même temps chez elle *un rétrécissement notable du champ de la conscience* et une diminution manifeste du nombre des phénomènes simultanés qui peuvent à chaque instant remplir l'esprit.

---

1. H. Spencer. *Principes de psychologie.* Trad. I, 419. - Voir Ribot. *Psychologie anglaise,* 207.
2. Voir Rabier. *Leçons de philosophie,* I, 227.
3. L. Dumont. *Théorie scientifique de la sensibilité,* 85, 87.
4. L. Ochorowiez. *Suggestion mentale,* 502.
5. H. Spencer. *Principes de psychologie, I,* 645.
6. Id. *Ibid.,* I, 426.
7. Dr Chauvel. *Précis théorique et pratique de l'examen de l'œil et de la vision, 1883, 69.*
8. Wundt. *Eléments de psychologie physiologique.* Trad. 1886, II, 231.

9. Id. *Ibid.*, II, 241.
10. Binet et Féré. *Archives de physiologie*, 1887, II, 373.
11. Richet. *L'homme et l'intelligence*. 512.
12. Cité par Perrier. *Journal du magnétisme*, 1854, 69.
13. Fontan et Ségard. *Médecine suggestive*, 1887, 55.

21

INTERPRÉTATION DES PHÉNOMÈNES DE SUGGESTION. LE RÈGNE DES PERCEPTIONS.

Un médecin du 18' siècle, précurseur à certains points de vue de Maine de Biran, Rey Régis, disait déjà que le mouvement des membres peut être déterminé par trois choses : par la volonté, par la *pensée*, par la passion. « Cette doctrine d'une détermination immédiate de la faculté motrice par la pensée sans l'intermédiaire de la volonté est une de celles par lesquelles Rey Régis se distingue de Maine de Biran et va rejoindre la psychologie anglaise de nos jours » [1], « Penser, disait en effet Bain [2], c'est se retenir de parler et d'agir ». Cela est juste pour nous qui pouvons nous retenir, mais, pour les individus que nous décrivons, penser c'est parler et agir. Jamais on ne peut étudier plus facilement cette action de la pensée sur le mouvement qu'en regardant agir tantôt sous une influence suggestive, tantôt par eux-mêmes, ces individus dont la conscience est rétrécie et qui ont par conséquent des anesthésies nombreuses et des amnésies consécutives.

Quand le champ de la conscience est aussi restreint que possible et ne renferme plus qu'un seul phénomène à la fois, ce fait se présente sous forme de sensation ou d'image, et, en étudiant les actions des individus cataleptiques, nous ne pouvions voir que l'automatisme des images. Mais dès que le champ de la conscience est un peu plus étendu, chaque sensation ne reste plus isolée, elle est accompagnée de nombreuses images accessoires et interprétatives qui permettent la formation de l'idée du moi, de l'idée du monde extérieur et du langage; en un mot les phénomènes se présentent sous forme de *perception*, et, en regardant agir des individus de ce genre, nous pouvons nous rendre compte de *l'automatisme des perceptions.*

Une perception, comme une émotion, mais avec un degré de complexité bien plus grand, est une synthèse, une réunion d'un très grand nombre d'images. Ces systèmes ont été organisés autrefois quand chacun de nous a *compris,* pour la première fois, la situation d'un objet, l'utilité d'un instrument, ou le sens d'une parole. Nous savons déjà, par nos études sur les émotions et sur les mémoires, que de pareils systèmes sont durables et tendent à se conserver le plus longtemps possible. Ici, comme précédemment, un des termes du groupe étant donné évoque tous les autres. Aussi, sans revenir sur les études précédentes, il suffit de montrer: 1º comment cet automatisme des perceptions ressemble au mécanisme des sensations et des émotions, et 2º par quels traits, grâce à sa complexité plus grande, il en diffère.

1º Cet automatisme nouveau est, sur certains points, identique au premier et simplement plus compliqué Quand un esprit de ce genre entend cette phrase : « Fais le tour de la chambre », il est capable de la comprendre, c'est-à-dire qu'il aura à ce propos dans la conscience des images (musculaires ou visuelles suivant les cas) du mouvement de ses jambes, des images visuelles de l'aspect de la chambre au moment où il part, puis d'autres images motrices et d'autres images visuelles d'un aspect nouveau de la salle, et ainsi une longue suite de représentations variées jusqu'à une dernière qui reproduira le premier aspect de la salle. Mais il s'arrête là, le champ de la conscience est trop petit pour recevoir d'autres images ; le sujet n'entendra pas les moqueries sur son passage, ne verra pas les personnes présentes, et par conséquent ne se souviendra pas des raisons qui rendent son acte ridicule ou inutile. Il ne fera point de jugements qui demandent la comparaison de plusieurs perceptions, ou du moins n'en fera que de très simples entre les deux ou trois perceptions, de ses membres, des aspects de la salle qu'il peut avoir simultanément, et ne pourra parler que pour dire : « Je fais le tour de la salle. » Mais nous avons admis que des images se présentant dans des conditions semblables, sans rencontrer de contradiction ni de rectification, non seulement étaient associées à un mouvement réel, mais étaient elles-mêmes, à un autre point de vue, un mouvement véritable. Il n'y a donc rien de surprenant à ce que cette personne, pensant ce que nous avons dit, marche réellement et fasse sous nos yeux le tour de la chambre.

Le développement automatique des perceptions amène un phénomène nouveau, celui de l'hallucination, qui semble demander une explication particulière. Le phénomène produit semble être en effet quelque chose de différent, se passer dans l'esprit, au lieu de se manifester par un mouvement du corps. En réalité, cette différence n'est, comme nous l'avons vu, que très superficielle ; car, dans tout acte suggéré, il y avait déjà une hallucination, et toute hallucination suggérée est, en quelque façon, un acte, un mouvement du corps que l'on commande. Mais, pourra-t-on dire, l'hallucination présente un caractère nouveau et essentiel ; au lieu de rester interne, de paraître au sujet subjective comme l'image d'un mouvement, elle paraît appartenir au monde extérieur et devenir objective. D'abord cette différence n'est pas absolue : Rose qui, sur l'ordre de remuer sa jambe, la voit en l'air, a bien une image objective à propos d'un acte ; Léonie, qui sent une douleur vague, ou le chaud ou le froid, a bien des images subjectives quoique hallucinatoires. Nous pourrions dire que la notion d'objectivité se joint à l'hallucination quand celle-ci est suffisamment complexe ; car, ainsi qu'on l'a très bien expliqué, c'est du degré de complexité que dépend notre distinction entre les images internes et les perceptions objectives. « Nos représentations ordinaires nous paraissent internes parce qu'elles sont beaucoup moins complexes que les perceptions réelles [3]. » Les sujets que nous étudions ayant, grâce au développement automatique des images, des représentations très complexes, doivent les confondre avec les objets extérieurs. Le plus souvent, d'ailleurs, la question est beaucoup plus simple ; car l'hallucination, associée d'une manière indissoluble avec une perception réelle, prend naturellement la même apparence et la même nature. Quand Marie voit un oiseau perché sur l'appui de la fenêtre, elle ne peut croire que l'oiseau soit en elle et l'appui de la fenêtre, à l'extérieur. Il n'y a donc pas là de problème nouveau. Sans aucun doute, les hallucinations provoquées par suggestion soulèvent bien des problèmes particuliers et intéressants, et d'ailleurs elles ont déjà été étudiées à part dans des travaux remarquables. Mais quand on considère d'une manière générale l'automatisme de l'esprit, on ne voit pas de raison pour séparer l'hallucination suggérée et l'acte suggéré.

Quant aux suggestions plus compliquées, aux hallucinations avec point de repère, aux changements de personnalité, on comprend qu'elles soient la conséquence de perceptions plus complexes. Dans l'esprit du sujet, s'est formé autrefois une certaine idée d'une princesse ou d'un archevêque ; évoquée par un mot, puis livrée à elle-même, cette idée subsiste et nous montre, sous forme d'actes et d'hallucinations, les éléments qu'elle renferme, car, dans cet esprit restreint, aucune perception ne se forme en ce moment pour faire obstacle à l'idée suggérée.

2° Ces caractères ressemblent fort à ceux que présentait déjà l'automatisme des images isolées pendant la catalepsie. Voyons maintenant les traits nouveaux qui appartiennent en propre à l'automatisme des perceptions. Les actes que nous étudions maintenant sont, à bien des points de vue, supérieurs aux attitudes cataleptiques par leur nombre, leurs variétés, leur adaptation aux circonstances et même quelquefois leur indépendance.

La conscience étant, pendant la catalepsie, trop restreinte pour permettre l'intelligence des signes et du langage, les actes ne peuvent être provoqués que par les émotions en assez petit nombre qu'il est possible de faire naître. Parmi ces émotions, celles-là seulement se développent et provoquent des actes associés qui font partie d'un système, d'un ensemble déjà fréquemment réalisé : la scène de la colère, la scène religieuse de la communion, le salut, etc., voilà à quoi se réduisent les actions complexes de Léonie pendant la catalepsie. Cela ne peut se comparer avec la diversité infinie des actes et des hallucinations que la parole peut provoquer chez les sujets simplement suggestibles. Les actes cataleptiques sont parfaits, sans hésitation, sans un signe qui ne concoure à l'expression générale ; les actes suggérés sont moins parfaits, et jamais les expressions de la physionomie n'acquièrent la même unité ni la même intensité.

Les premiers sont encore invariables, comme nous l'avons montré ailleurs ; les suggestions ne sont pas toujours exécutées de la même manière. C'est qu'en effet les premiers ne s'adaptent point aux circonstances et se déroulent sans souci des obstacles, ou s'arrêtent quand l'obstacle est insurmontable. Insistons sur ce dernier point : Léonie, quand elle joue la scène de la communion, parcourt quelques mètres en avant et un peu à droite. Si l'espace lui manque, si elle se heurte à un mur, elle ne songe pas à obliquer légèrement, elle s'arrête contre ce mur, la tête baissée et les mains jointes, appuyant sur la muraille jusqu'à la fin de la catalepsie. Une de ces personnes dont nous parlons maintenant agit tout différemment. Si j'ai dit à Marie de marcher, d'aller à un endroit désigné, elle ne s'arrête pas devant les murs, sait trouver les portes et éviter les obstacles. Elle change et elle corrige son acte suivant les circonstances. Je lui ai dit un jour de balayer la pièce, elle se dirige vers un coin où elle comptait trouver un balai, mais ne le trouvant pas et sans attendre que j'ajoute rien, elle va à un autre endroit où elle le trouve et se met alors à balayer. Lucie, quand je lui commande d'écrire, prend un crayon si elle est dans son lit, et va chercher une plume et de l'encre si elle est levée. Enfin la cataleptique ne voit rien, n'entend rien en dehors de l'acte par lequel sa très petite conscience est occupée tout entière ; la somnambule qui exécute une suggestion est aussi très distraite et insensible à bien des impressions ; mais elle peut, dans une certaine mesure, entendre quelques paroles, voir quelques objets qui s'accordent assez bien avec sa perception dominante, et s'adapter un peu à ces impressions nouvelles.

Cette différence se comprend ; elle correspond à celle qui existe entre une sensation et une perception, l'une invariable, parce qu'elle est unique et ne peut exister que d'une seule manière et n'amener qu'une série d'images ayant les mêmes caractères ; l'autre variable, parce qu'elle contient des éléments multiples qui peuvent changer en partie suivant les circonstances sans que la perception d'ensemble disparaisse. Si j'osais faire une semblable comparaison, je dirais que les cataleptiques ressemblent à des canards sans cerveau que M. Ch. Richet a eu l'obligeance de me montrer dans son laboratoire. Au premier abord, les canards sans cerveau ne se distinguaient pas des autres, ils fuyaient en criant et en écartant les ailes comme leurs camarades ; mais quand toute la bande était arrivée contre un mur, leur infériorité éclatait ; tandis que les canards au cerveau intact se dispersaient à droite et à gauche, les canards sans cerveau se heurtaient du bec contre la muraille et ne bougeaient plus. Cette comparaison peut sembler dangereuse, car elle semble avoir pour conséquence le rapprochement des actes opérés par suggestion des actes exécutés par les canards intacts, c'est-à-dire de la conduite des bêtes. Cette assimilation ne me paraît pas trop absurde, car les animaux intelligents se conduisent eux aussi d'après des perceptions complexes qui leur permettent de varier leurs actes et de les adapter dans une certaine mesure aux circonstances.

Une autre différence se rattache à la précédente. La cataleptique exécute peu d'actes, ne les modifie jamais, mais elle ne résiste jamais ; son esprit réduit à un seul fait ne permet pas l'opposition des éléments ; la perception plus étendue des suggestibles permet la résistance. Non pas que le sujet puisse résister librement et par un acte de volonté, il n'en possède en réalité aucune ; mais, parmi les éléments constitutifs d'une perception ou parmi les images qu'elle évoque, il peut s'en rencontrer d'opposés, ou mieux, il peut se rencontrer des images qui font partie d'une autre perception, d'une autre synthèse opposée à la première et qui la réveillent. Si je dis à Léonie de s'agenouiller, elle ne le fait pas, c'est que son premier magnétiseur la faisait agenouiller pour la punir et elle s'écrie. « Mais je n'ai rien fait de mal, je ne veux pas être punie. » J'ai voulu une fois (il est vrai que l'idée était malheureuse) la transformer en son propre mari pour voir comment elle jouerait le rôle d'une personne qu'elle déteste. L'hallucination ne fit que commencer, elle se vit un instant avec un costume d'homme ; mais alors elle frappait sur elle-même avec indignation en repoussant ce costume ; les images opposées étaient plus nombreuses que les images suggérées. Un autre jour, je veux lui suggérer de voler des billets dans un coffre-fort, elle s'arrête épouvantée avant de faire l'acte. Je commande à Lucie de faire sa prière, elle répond par des gestes irrévérencieux et par des railleries contre la religion. L'idée de prière a éveillé ce qu'elle contenait dans l'esprit du sujet, c'est-à-dire des images tout à fait opposées à sa réalisation. Plus la conscience du sujet s'élargit, plus la renaissance de ces idées devient probable et moins la puissance de la suggestion est considérable.

Cependant, chez les sujets que nous avons étudiés, dont le champ de la conscience est toujours très restreint, cette résistance est assez rare et ne me paraît pas constituer une véritable liberté. C'est simplement une image qui s'oppose à une autre et dont le pouvoir moteur fait équilibre à celui de la première. C'est alors que l'esprit ressemble à une balance qui oscille et penche du côté du poids le plus fort. Mais rien n'a été changé au mécanisme de l'action et de la croyance qui sont toujours uniquement déterminées par des perceptions. Comme la catalepsie était toute entière le règne des sensations et des émotions, les états que nous avons étudiés sont le règne de la perception.

---

1. Paul Janet. *Un précurseur de Maine de Biran*. Revue philosophique, 1882, I, 374.
2. Bain. *Les sens et l'intelligence*. Trad. 1874, 298.
3. Souriau. *Sensations et perceptions*. Revue philosophique, 1883, II, 75.

22

LE CARACTÈRE DES INDIVIDUS SUGGESTIBLES

Ces conclusions et les précédentes se heurtent à une difficulté et soulèvent une objection grave qu'il faut tourner en vérification de nos hypothèses. Si la suggestion n'a pas de pouvoir qui lui soit propre et n'agit que comme une perception déposée dans un esprit d'un certain genre, elle ne doit pas seule provoquer chez ces sujets des actes automatiques. Toutes les idées, toutes les perceptions doivent trouver chez eux le même terrain favorable à leur développement et donner à la conduite de ces individus un aspect tout particulier.

Eh bien, nous croyons qu'il en est réellement ainsi et que notre théorie du règne des perceptions s'applique aussi bien à leurs actes naturels qu'à leurs actes suggérés. Rien n'est plus curieux, en effet, que le caractère et la conduite de ces personnes faibles dont la conscience éprouve les plus singulières modifications par suite même de son rétrécissement. On comprend que ce sujet ait tenté bien des romanciers qui, obéissant au goût du jour, mettent dans leurs ouvrages le portrait d'une hystérique ou d'une somnambule. Malheureusement la plupart, à mon avis du moins, se contentent de quelques termes scientifiques récoltés au hasard et croient avoir tout dit quand ils ont parlé d'une crise de nerfs à quatre phases et d'une héroïne hémi-anesthésique. Le portrait des hystériques a été aussi la tentation de tous ceux qui se sont occupés des maladies mentales : les descriptions de Legrand du Saulle, de Moreau (de Tours) [1], de M. Ball [2], de M. Ribot [3], sont parmi les plus intéressantes. Nous n'avons par bonheur à essayer rien de semblable. Il nous suffit de rassembler, à un seul point de vue, les quelques observations que nous avons pu faire et qui confirment l'idée générale que nous avons émise sur la nature de la conscience chez ces malades.

Une observation que je fis un jour par hasard, ce sont les meilleures, m'expliqua mieux que toutes les recherches la nature de l'intelligence des personnes faibles dont nous parlons. J'arrivai un jour auprès de Lucie, dans l'intention de faire quelques recherches sur les phénomènes d'anesthésie ; elle prétendit être fatiguée et mal disposée pour me répondre. En réalité, elle avait été ennuyée par mes expériences de la veille et ne voulait pas recommencer. « Soit, lui dis-je, nous serons paresseux aujourd'hui, mais pour que je ne sois pas venu pour rien, tu vas me raconter une histoire. - Quelle folie ! je n'en sais pas. Vous ne voulez pas que je vous raconte Ali-baba ? - Mais si, pourquoi pas? J'écoute. » Et la voici qui, moitié riant, moitié fâchée, commence l'histoire d'Ali-baba. D'abord elle raconte mal et s'arrête à chaque instant pour voir si j'écoute. Peu à peu, elle s'excite, raconte avec plus d'entrain et ne s'occupe plus de moi... Elle pousse un cri et s'arrête les yeux fixés sur un coin du mur, puis elle parle tout bas pour elle-même : « Les voilà, tous les voleurs... dans de grands pots... ». Elle ne raconte plus, elle voit, elle suit toute la scène qui se déroule devant ses yeux et, de temps en temps, murmure son opinion comme les enfants au spectacle . « On va les tuer tous... c'est bien fait. » Quant à moi, l'histoire d'Ali-baba ne m'avait jamais paru aussi intéressante et je me gardais bien de l'interrompre. C'est qu'en effet je voyais devant moi la manière dont pensent les hystériques et les somnambules ; au lieu d'être terne et abstraite comme chez nous, la pensée est chez elles colorée et vivante, elle est image et presque toujours hallucination. M. Richet demandait à une somnambule l'heure où une chose était arrivée : « Attendez, disait-elle... je ne vois pas » ; puis elle dit : « Je sais maintenant. » Elle voyait devant elle un cadran dont les aiguilles marquaient l'heure. Une pensée qui se présente avec cette vivacité ne peut guère être hésitante et variable comme la nôtre. « Je l'ai vu, de mes propres yeux vu », disons-nous quand nous sommes certains ; mais ces esprits-là voient tout avec la même force et la même netteté ; il n'est pas surprenant qu'ils soient convaincus de tout. « Tout fantôme interne renferme une conception affirmative », disait M. Taine [4]. Sans doute, mais l'affirmation sera d'autant plus forte que le fantôme sera plus coloré et plus réel, et si la plus légère de nos imaginations s'accompagne déjà d'une certaine conviction de l'existence de l'objet, combien cette conviction devra-t-elle être plus forte chez des personnes dont chaque pensée équivaut à une sensation. Quand nous rêvons, les idées les plus absurdes nous semblent des réalités, parce qu'elles prennent une forme et se placent devant nous ; les esprits de ce genre rêvent toujours et tout est devant eux comme un objet réel. Sainte Thérèse a décrit d'une manière bien précise cet état d'esprit qu'elle devait connaître : « Je connais, dit-elle, des personnes dont l'esprit est si faible qu'elles s'imaginent voir tout ce qu'elles pensent. Cet état est bien dangereux » [5]. Aussi, quelle que soit l'idée qui remplisse actuellement leur esprit, rien n'égale leur conviction : il n'est au pouvoir d'aucun raisonnement, d'aucune objection, quelque fondée qu'elle soit, de l'ébranler, car c'est plus qu'une conviction, c'est l'impossibilité de penser autrement. Il ne faut pas discuter avec les suggestibles, c'est inutile: quand je veux modifier une conviction de Léonie, j'obtiens toujours cette réponse qui, au fond, est pleine de bon sens : « Je vois que cela est ainsi, pourquoi voulez-vous que je ne croie pas que cela est ? vous croyez bien, vous, ce que vous voyez... Vous ne voyez pas la même chose que moi... que voulez-vous que j'y fasse ? c'est que vous ne savez pas voir, tant pis pour vous. » N'est-ce pas ainsi que parlent les croyants dans les religions : « Vous ne comprenez pas cela... c'est que vous n'avez pas la foi, c'est un sens qui vous manque ; mais moi je sens, je vois... donc je crois. » Et cette conviction pourra devenir l'origine de tous les dévouements et de tous les fanatismes.

Nous constatons chez les mêmes personnes un autre caractère de l'intelligence qui semble, au premier abord, tout à fait opposé au précédent et qu'il ne sera pourtant pas bien difficile de concilier avec lui. C'est une extraordinaire crédulité. Lorsqu'on leur raconte des histoires, au lieu de les leur faire raconter, elles y croient tout autant et les prennent également pour des réalités. Je ne parle pas ici de ces hallucinations que l'on communique volontairement à une somnambule, je parle de faits journaliers qui se passent dans la vie normale de ces esprits faibles. Lucie, en passant dans une rue, a entendu dire quelques mots sur une personne de sa connaissance. Le propos tel qu'elle me le raconta était absurde et n'avait probablement pas été dit de cette manière : elle en resta cependant complètement convaincue et il me fut impossible de la faire changer d'idée. Le plus invraisemblable exemple que j'aie vu de cette crédulité est le suivant : une hystérique entend dire dans sa jeunesse, par un maladroit, que les femmes atteintes de sa maladie mouraient à la ménopause. Vingt ans plus tard, au moment des premières manifestations de l'âge critique, elle se prépare à mourir, étouffe et serait peut-être morte, si nous n'avions fini par découvrir son secret et par lui modifier, non sans peine, sa conviction. Elle se décida à vivre et depuis se porte très bien. Rose était malade et paralysée ; aucun remède ni physique ni moral ne semblait avoir de prise sur elle. Pendant le délire d'une crise d'hystérie, je l'entends dire : « On ne me guérira pas; ce n'est pas une maladie que j'ai, je suis ensorcelée par ce vieux sorcier que j'ai fâché contre moi ; il n'y a rien à faire. » Je lui fis avouer cette singulière histoire ; je parvins avec bien des difficultés à lui enlever cette conviction vraiment délirante, et je n'eus plus de peine à supprimer la paraplégie. Mais laissons de côté ces cas extrêmes où la crédulité a des conséquences dramatiques ; constatons d'une manière générale que les hystériques éveillées ou endormies, peu importe, sont comme les petits enfants, qu'elles n'ont point besoin de pratiques hypnotiques pour être convaincues et qu'elles croient tout ce qui frappe leur esprit.

Leur activité, comme cela est naturel, présente les mêmes caractères que leur pensée ; elle est d'abord extrêmement rapide et comme instantanée ; aussitôt une idée conçue, il faut l'exécuter, et le mouvement est accompli comme par une décharge convulsive. Lucie pense à quitter la salle, et la voilà au travers des rues à peine habillée, courant et gesticulant. Léonie, en somnambulisme, veut descendre au jardin ; la porte résiste un peu, brusquement la voici sur la fenêtre ouverte, et j'ai à peine le temps de la retenir ; s'intéresse-t-elle à quelqu'un, elle se précipite toujours pour le chercher ou pour le suivre dès qu'elle en entend parler. Des exemples nombreux sont inutiles ; il faudrait citer toute la vie et toutes les actions, car on retrouve toujours ce même caractère de précipitation irraisonnée. Aussi les motifs des actes même les plus graves sont-ils futiles. Une somnambule disait à Bertrand [6] « qu'elle allait sur les toits pour chercher une épingle ou un clou qu'elle croyait y avoir aperçu ». Lucie s'en va acheter un jour une foule d'objets d'ameublement qu'elle ne peut payer: « J'avais envie, dit-elle, de voir l'effet que ferait ma chambre un peu plus remplie. » Les motifs de ces actes sont encore tous déterminés par les désirs ou les sensations présentes, ils ne sont pas fournis par la pensée d'un bonheur futur ou d'un mal éloigné. L'insouciance des femmes hystériques est invraisemblable et elle se retrouve dans la conduite de tous les êtres faibles ou dégradés.

Ces actes brusques et étourdis sont cependant quelquefois violents et durables ; s'ils ressemblent souvent à des convulsions, ils ressemblent parfois à des contractures. Rose se met en tête de faire un travail au crochet, une aube pour un prêtre, je crois ; elle y travaille sans cesse, ne parle que de cela, même en somnambulisme et même pendant ses crises : pendant huit jours, elle n'a pas pu penser à autre chose ; puis une remarque subite, un dégoût, et elle n'a plus voulu y toucher. Quand elle se met à bâiller, elle continue pendant des heures sans pouvoir s'arrêter. Après avoir été paralysée pendant sept mois, elle fut guérie par un somnambulisme prolongé; mais alors il semblait qu'elle voulût abuser de ses jambes, car elle courait toute la journée sans pouvoir s'arrêter, jusqu'à épuisement. Marie, ordinairement très douce et de bonne humeur se fâche contre une servante et prend subitement la résolution de ne plus dire un mot à aucune des personnes de l'hôpital. Elle veut bien causer avec moi quand j'arrive, mais reste muette avec tous les autres. Cela dura plus de quinze jours et disparut subitement ; l'accès passé, elle ne veut plus qu'on lui en parle et dit que ce n'était rien. Il serait trop facile d'ajouter ici une quantité d'exemples de ténacité que ces esprits faibles montrent dans des actes qu'ils ont entrepris tout à fait au hasard et qu'ils cessent de même.

L'activité nous montrera un autre caractère parallèle à celui que nous avons déjà vu dans l'intelligence ; quoique brusque et tenace, elle est cependant très modifiable par toutes les influences extérieures. Ces personnes, en apparence spontanées et entreprenantes, sont de la plus étrange docilité quand on sait de quelle manière il faut les diriger. De même que l'on peut changer un rêve par quelques mots adressés au dormeur, de même on peut modifier les actes et toute la conduite d'un individu faible par un mot, une allusion, un signe léger auquel il obéit aveuglément, tandis qu'il résisterait avec fureur si on avait l'air de lui commander. Un mot provoque le rire ou les pleurs, ou la rougeur, un mot les rend douces ou violentes.

Cette modification de leurs actions par l'influence d'autrui se manifeste d'une manière remarquable dans leurs habitudes d'imitation. Nous sommes tous plus ou moins modifiés par les personnes que nous fréquentons, mais, chez les esprits faibles, cette modification est une transformation complète et rapide. Les actes les plus graves n'ont pas d'autre origine que l'imitation. « Un premier suicide se fait au moyen d'une allumette chimique, et qui pourrait faire la statistique des cas de mort de ce genre ? Un malheureux imagina de se jeter sous les roues d'une locomotive : l'instantanéité de ce nouveau genre de suicide a aussitôt donné l'éveil à ceux qui aspirent à déserter la vie, et les imitateurs sont venus maculer de leur sang les roues de la lourde machine » [7]. Bien souvent le crime, comme le suicide, sera le résultat de cette imitation contagieuse, et, pendant toute une période, les assassinats seront du même genre et les cadavres seront mutilés de la même manière. Mais l'imitation peut devenir une maladie et amener certains individus à imiter continuellement l'acte qu'ils voient accomplir [8]. Les maladies nerveuses acquises par imitation, le somnambulisme naturel produit par la lecture de l'histoire du somnambule Caselli, les épidémies démonopathiques, le mal des Andous en Belgique, les possessions du monastère de Kérndrep, de Loudun, de Morzine, sont des faits trop connus pour que j'y insiste.

Pour comprendre cette manière d'agir, cherchons dans quelles circonstances elle paraît s'accentuer davantage. Ces résolutions soudaines et absurdes, ces imitations irrésistibles seront bien plus manifestes à mesure que l'état d'affaiblissement psychologique sera plus considérable. « Un des effets les plus extraordinaires de l'ivresse n'est-il pas de nous faire céder avec une extrême facilité à des impulsions auxquelles nous avions résisté » [9]. Moreau (de Tours), en donne un exemple curieux: un malheureux qui désire en finir avec la vie ne peut prendre la résolution de se tuer, il se décide et va arriver à l'exécution quand il est gris [10]. Le somnambulisme peut être considéré quelquefois comme une existence inférieure à celle de la veille, aussi nous présente-t-il des faits de ce genre : « Un individu, somnambule naturel, est frappé du nombre de vers en *ique* qu'il vient de lire, il s'en moque ; le soir, il s'endort en n'y pensant plus. Le lendemain, il trouve son carnet sur lequel il a écrit pendant la nuit 75 vers en *ique* sur le même sujet [11] :

> Oh ! toi qui sais chanter sur ton luth poétique
> La gloire du prélat et la vertu civique,
> Permets, fils d'Apollon, que ma mure pudique
> Se revête pour toi de sa blanche tunique... etc.

Une autre malade hystéro-épileptique imite dans son sommeil naturel tous les bruits qu'elle a entendus dans la journée [12]. De même que le déchaînement des passions est complet dans le rêve [13], de même qu'un penchant assoupi depuis longtemps pendant la veille reprend pendant le rêve l'empire qu'il avait autrefois [14], de même, des impulsions faibles dans un état peuvent devenir toutes puissantes dans un autre. Trois hystériques étaient dans la même salle de l'hôpital et, comme cela arrive souvent, ne s'aimaient guère et affectaient des manières toutes différentes, pendant leur état normal ; mais, quand elles étaient en crise, elles se copiaient si bien qu'elles avaient le même délire et prononçaient exactement les mêmes paroles. Or, pour l'une au moins que j'avais vue dans une autre salle, cette forme de crise et ce genre de délire qu'elle n'avait pas auparavant étaient une pure imitation. Le haschich donne une disposition de ce genre : « il produit dans la volonté, dans les instincts, un tel relâchement que nous devenons le jouet des impressions les plus diverses. Par un mot, un geste, nos pensées peuvent être tournées sur une foule de sujets » [15]. L'ivresse du haschich ressemble d'ailleurs, dit M. Richet [16], à l'état hystérique et on y trouve la même exagération du sentiment et la même impuissance de la volonté. Toutes les idées se traduisent sans que nous puissions les en empêcher. »

De même que dans la catalepsie, l'automatisme des idées se révèle parfois, non seulement par leur durée, mais encore par leurs associations ; - on voit certains actes s'expliquer ainsi par des liaisons involontaires entre les idées. « On connaît l'histoire de ce pauvre jeune homme de la maison de Mailly, dont la Palatine parle dans ses mémoires. Un sachet lui avait été donné par Mlle de la Forge; ensorcelé par la puissance magique de ce sachet, il suppliait sa famille de consentir au mariage. Les refus le désespérèrent et il résolut de se noyer, mais à peine avait-il ôté le sachet que le charme cessa et l'indifférence la plus glaciale succéda à la passion » [17]. Combien de sottises, de crimes commis sous l'influence d'un sort, comme conséquence d'une idée fixe, pourraient s'expliquer de la même manière. On a perdu, comme dans le rêve, le pouvoir de diriger les pensées ; elles se développent à leur façon, et l'une ou l'autre, la dernière sinon toutes, arrive à l'exécution complète. Dans ce cas l'action semble plus irrésistible encore, car elle ne heurte pas les autres idées de la conscience, elle en sort tout naturellement ; de même que nous ne sommes pas étonnés de nos propres rêves, de même les hystériques et les somnambules sont rarement surprises de leurs propres absurdités, car elles n'ont pas dans l'esprit d'images opposées qui leur puissent servir de terme de comparaison. Cette association des idées a encore, surtout chez ces personnes, un effet singulier qu'il est nécessaire de bien connaître ; elle s'exerce souvent par contraste, et la pensée d'une chose amène rapidement en elle l'idée, puis l'exécution de la chose absolument contraire ; « elles ont envie de rire en voyant pleurer, disent des mots inconvenants en pensant à être pudiques, etc. » [18]. Cette association par contraste que nous avons déjà signalée existe d'une façon naturelle avant de se présenter dans les expériences du transfert. En un mot, il n'y a pas un seul caractère des actes suggérés qui ne trouve son analogue dans la conduite naturelle de ces individus constamment suggestibles.

Faisons maintenant la même étude sur les sentiments et les passions de ces mêmes personnalités faibles, toujours dans les mêmes états que nous avons décrits, lorsque, soit par la maladie, soit par les procédés hypnotisants, le champ de leur conscience a été restreint et ne peut plus contenir simultanément qu'un nombre d'images bien inférieur à celui qu'il devrait régulièrement renfermer.

Il est d'observation banale que les personnes de ce genre sont extraordinairement émotionnables et que, pour le plus léger prétexte, elles semblent éprouver avec une violence inouïe toutes les secousses de la joie, de la peine, de l'amour, de la terreur, etc. Les exemples abondent. Il suffisait de raconter devant Lucie (éveillée ou en premier somnambulisme) quelque histoire absurde d'un chien écrasé ou d'un mari qui bat sa femme, pour qu'aussitôt elle changeât de visage et se retirât dans un coin en pleurant comme une Madeleine. La joie de me revoir bouleverse Léonie, et ce sont, pendant quelques minutes, des secousses, des sanglots, des cris inarticulés, presque un début de crise de nerfs. C'est d'ailleurs ainsi par une véritable crise de nerfs que se terminent toutes les émotions de Rose; je l'ai vue, pendant quarante-huit heures, dans une série de crises presque continuelles à la suite d'une déception, parce qu'une personne qu'elle attendait n'était pas venue la voir.

Que faut-il penser de cette soudaineté et de cette violence dans l'émotion ? Remarquons d'abord que l'expression de l'émotion est ici, si je ne me trompe, beaucoup plus violente que l'émotion elle-même. Ces grands bouleversements de tout leur être, quand ils n'ont pas encore amené la crise, car alors la nature des phénomènes change, se calment aussi vite qu'ils ont été provoqués. Il ne faut pas chercher à consoler une hystérique comme l'on ferait pour une personne ordinaire, en lui parlant de l'objet de son chagrin et en lui montrant qu'il est futile. Non, si on parle de l'objet qui a causé leur colère ou leur désespoir, de quelque manière qu'on en parle, on augmente leurs cris et leurs larmes. Il faut tout simplement, sans aucun art des transitions, parler brusquement de tout autre chose ; elles restent un moment interloquées, hésitantes puis, en quelques secondes, se donnent tout entières au nouveau sujet et rient avec gaieté quand elles ont encore les larmes dans les yeux. Léonie avait perdu un enfant, il y a quelques années, dans les plus tristes circonstances, et c'était, pour la pauvre femme, un bien juste sujet de chagrin. Les incidents les plus futiles, une consonance, une date, la couleur noire d'un morceau de papier, lui rappelaient à chaque instant ce malheur quand elle était en somnambulisme, et ne le lui rappelaient pas quand elle était éveillée. C'était alors des larmes et des cris, puis des contractures interminables. J'essayai d'abord de la consoler, mais en vain ; ce n'est qu'assez tard que je m'avisai du véritable moyen pour arrêter ce chagrin. Dès que sa figure s'attristait et qu'elle commençait à crier: « Oh! ma pauvre petite », de suite, je lui parlais brusquement d'autre chose, elle se mettait à rire et c'était fini. Bien mieux, si on réussit à leur faire avouer ce qu'elles éprouvent, on voit qu'elles sentent en réalité fort peu de chose. Un jour, Lucie, qui était anesthésique totale et qui ne sentait même pas une forte brûlure, se fit une coupure à la main et le sang coula assez fortement. Elle se mit à crier et à pleurer comme si elle endurait un véritable martyre. J'en fus un peu surpris, car, à ce moment même, elle ne sentait pas une épingle enfoncée dans sa main sans la prévenir, et je lui demandai si réellement elle souffrait beaucoup : « Mais... non, pas précisément, dit-elle, mais vous voyez bien, mon sang coule, je dois souffrir beaucoup, il est tout naturel que je crie... ah ! ... » Je trouve ce mot qui lui échappa très significatif ; elle ne crie pas parce qu'elle souffre réellement, ici je crois qu'elle ne sentait rien, mais parce qu'elle doit souffrir. Une idée plus ou moins vague de la souffrance, peut-être une image hallucinatoire très faible d'une douleur ancienne, voilà tout ce qu'il y avait au-dessous de ces grands cris et de ce désespoir.

Dans certains cas, dira-t-on, l'émotion est bien réelle ; le chagrin de Léonie en pensant à son enfant, la terreur de Lucie pendant sa crise, sont des sentiments vrais. Soit, mais cela n'empêche pas que l'expression de l'émotion ne joue encore un grand rôle ; car je suis disposé à croire ici que le sentiment réel est postérieur à l'expression extérieure. Un psychologue américain dont le nom est bien connu, M. William James, a soutenu une théorie très séduisante sur l'origine des émotions [19]. D'après lui, c'est un tort de dire avec le sens commun : Nous perdons notre fortune, nous sommes chagrins, nous pleurons. « Cet ordre n'est pas correct, le second état mental n'est pas immédiatement introduit par le premier, les manifestations physiques doivent être interposées entre eux. L'ordre rationnel est que nous nous sentons chagrins parce que nous pleurons, colères parce que nous frappons, etc. » Toutes nos pensées produisent en nous des modifications physiques, mouvements, modifications de la circulation, de la respiration, de l'état de la peau, des glandes, de la vessie, etc. Par une sorte de choc en retour, la sensibilité ramène à la conscience la notion de ces changements et nous donne une émotion qui n'est précisément que la sensation plus ou moins confuse de toutes ces modifications. L'auteur en concluait qu'un individu totalement insensible ne devrait pas avoir conscience de ces changements organiques et par conséquent ne plus éprouver d'émotions, et il m'écrivit à ce sujet quand, dans mes premières études, j'avais signalé Lucie comme anesthésique totale. Je lui répondis que les hystériques me semblaient assez mal choisies pour vérifier cette théorie, d'abord parce que leur anesthésie n'était pas bien réelle [20], ensuite parce qu'elles étaient au contraire très émotionnables. Il m'a semblé depuis que ces observations étaient en réalité plus favorables à l'opinion de M. William James, mais d'une autre manière qu'il ne le croyait lui-même. L'émotion n'est pas supprimée chez l'hystérique par son anesthésie; car, si elle ne sent pas les modifications de sa peau, elle voit ses propres mouvements et entend ses cris ; mais elle semble être produite chez elle et entretenue par l'exagération même des manifestations. Semblables à ces gens qui font de grands mouvements et poussent de grands cris pour se mettre en colère, elles gesticulent beaucoup pour la moindre des choses et se prennent elles-mêmes à leurs propres grimaces. « Oh ! comme je crie bien, pourrait dire Lucie; je dois être bien en colère, donc je le suis. » Même dans le cas d'émotion réelle, c'est la puissance et le caractère de la manifestation physique déterminée toujours par les mêmes lois qui amènent la force de l'émotion.

Ces quelques observations sur la conduite des personnes suggestibles trouveront leur confirmation et leur conclusion dans quelques phénomènes assez connus et célèbres. Il est aujourd'hui admis comme axiome que les hystériques et les personnes du même genre mentent continuellement, et plus d'un répète cette formule, d'après quelques cas célèbres, sans avoir cherché à en vérifier l'exactitude. Je ne tiens pas à réhabiliter leur réputation, mais je crois juste de dire qu'elles ne mentent pas beaucoup plus que le commun des mortels. Sur une quinzaine de personnes que j'ai étudiées et qui, certes, n'étaient pas parfaites, je n'en ai guère rencontré qu'une, chez qui l'habitude du mensonge fût véritablement curieuse. Lorsque ce caractère existe, et, comme je viens de le dire, il se rencontre, il ne faut pas s'indigner, ce qui est ici parfaitement déplacé, il vaut mieux chercher à l'expliquer.

Beaucoup de psychologues, qui raisonnaient plus qu'ils n'observaient, ont soutenu que la véracité, l'habitude d'aimer et de dire la vérité, était une chose naturelle à l'homme qui se retrouvait constamment, lorsque l'esprit humain était observé dans toute sa candeur primitive, chez l'enfant et chez le sauvage. Je ne parlerai pas du sauvage que je ne connais pas, mais je remarquerai que les enfants, à moins d'être de petits prodiges, sont loin de dire toujours scrupuleusement la vérité, qu'ils embellissent leurs récits, et qu'ils savent mentir aussitôt qu'ils savent parler. Le fait me semble d'ailleurs tout naturel et tout simple. L'idée de la vérité est en réalité une idée fort abstraite, le résultat d'une série de jugements complexes que l'on ne fait pas en venant au monde. Je crois même que l'on n'a bien l'idée de la vérité et de son importance que du jour où l'on s'est intéressé aux sciences. L'esprit de vérité et l'esprit scientifique sont deux choses analogues, et celui qui ne comprend pas l'intérêt qu'il y a à savoir ce qui est, ne sent pas l'importance qu'il y a à dire ce qui est. Aussi, tout esprit simple, rudimentaire, qui fait peu de rapports abstraits, ne dirige pas ses paroles par l'idée abstraite de la vérité, mais les dirige par les images dominantes dans son esprit. Or, l'esprit de l'hystérique est justement, par la perte de plusieurs sens et par le rétrécissement de la conscience, un esprit rudimentaire ; elle ne comprend rien à la science et ne s'imagine pas que l'on puisse s'y intéresser ; elle dit ce qui lui vient à l'esprit, sans autre préoccupation. Si l'on songe au caractère hallucinatoire de toutes leurs idées, à l'absence de contrôle qui caractérise leur pensée, au lieu de se scandaliser de leurs mensonges qui sont d'ailleurs très naïfs, on s'étonnera bien plutôt qu'il y en ait encore autant d'honnêtes.

Il est facile de faire une remarque analogue pour leur conduite. La morale n'est pas plus que la vérité une chose naturelle ; ce n'est pas l'avilir que de la considérer comme le plus beau résultat du travail de l'intelligence humaine. L'idée du bien, l'idée du devoir sont des rapports abstraits, des jugements, de véritables découvertes; pour les concevoir, il faut réunir dans une même pensée un très grand nombre de termes en apparence étrangers : l'idée de l'acte présent, de ses conséquences futures même lointaines, la pensée des autres hommes, de leur ressemblance avec nous-mêmes, de leurs droits, etc. Il n'y a rien d'étonnant à ce qu'un pauvre esprit, dans un moment où il ne peut avoir qu'une seule image, ne réunisse pas et ne compare pas toutes ces idées. Si ses actions restent morales, c'est que le hasard des circonstances ou les habitudes de la pensée ramènent heureusement dans son esprit des images d'actions honnêtes ou insignifiantes ; mais le même hasard pourra amener des images d'actions malhonnêtes qui se réaliseront sans rencontrer plus d'obstacles. Nous sommes très surpris que certains auteurs puissent parler à tout propos de responsabilité morale et aient admis son existence même dans les rêves. « M. Fodéré est d'opinion qu'un homme qui aurait fait une mauvaise action pendant son sommeil ne serait pas tout à fait excusable... Il n'aurait fait qu'exécuter les projets dont il se serait préoccupé à l'état de veille » [21]. Sans doute la pensée du rêve répète quelquefois celle de la veille ; mais, dans la veille, elle a été arrêtée par les autres idées simultanées ; dans le rêve, elle est seule et domine. L'homme n'a-t-il pas assez fait en résistant tant qu'il le pouvait, tant qu'il avait une volonté ; comment serait-il responsable maintenant de pensées et d'actes qui se développent automatiquement ? Il en est de même pour les individus suggestibles, ils n'ont point de responsabilité parce qu'ils n'ont point de volonté. Ils sont égoïstes, vaniteux, jaloux, car ce sont leurs principaux vices, mais ils ne peuvent pas être autrement ; la force de leur esprit est devenue suffisante pour former l'idée de personnalité et diriger la conduite d'après cette idée; mais elle ne peut s'élever au-delà et donner aux actions des motifs plus généraux. La morale est comme la science, elle demande des esprits complets, elle est inabordable pour ces intelligences appauvries dans lesquelles les éléments de la pensée sont plus vivants que l'ensemble.

---

1. *Psychologie morbide*, 76.
2. *Maladies mentales*, 519.
3. *Maladies de la volonté*, 1883, 111.
4. Taine. *Intelligence*, II, 76. Cf. *Ibid*, I, 89.
5. Hack Tuke. *Le corps et l'esprit*, 14.
6. Bertrand. *Du somnambulisme*, 87.
7. Legrand du Saulle. La *folie devant les tribunaux*, 537.
8. Cf. Saury. *Les dégénérés*, 96. - Cullerre. *Magnétisme*, 253.
9. Moreau (de Tours). *Le haschich*, 137.
10. Id. *Psychologie morbide*, 404.
11. *Le révélateur du magnétisme*, avril 1838.
12. *Journal du magnétisme*, 1855, 487.
13. Maury. *Du sommeil*, 87.
14. Charma. *Du sommeil*, 1852, 19.
15. Moreau (de Tours). *Haschich*, 66.
16. Ch. Richet. *L'homme et l'intelligence*, 124.
17. De Gasparin. *Les tables tournantes*, 1855, I, 427.
18. Liébault. *Du sommeil*, 235.
19. William James. *What is an emotion*, from Mind., n° XXXIV.
20. Voir IIe part., ch. II.
21. Georget. *Maladies mentales*, 126.

CONCLUSION

Les études que nous venons de faire sur tous ces phénomènes si nombreux et si compliqués nous ont fait connaître une nouvelle forme de l'automatisme psychologique, qui, par certains côtés, se rapproche des phénomènes déjà étudiés dans les chapitres précédents, et qui, par d'autres, en diffère notablement. Parmi les auteurs qui, de nos jours, ont étudié le phénomène de la suggestion, il en est qui, entraînés par la discussion, semblent avoir élargi démesurément le sens de ce mot. Pour eux, toute action, toute pensée humaine, déterminée et régulière, semble être de la suggestion. Sans doute, ils se servaient surtout de cette expression pour faire comprendre que tous ces états réguliers, tous ces actes déterminés, étaient dus avant tout à des causes psychologiques et non à des causes physiques ; en cela ils avaient complètement raison, et ils ont contribué à rendre à la conscience l'importance qu'elle doit avoir dans l'explication de la personne humaine. Mais, cela une fois admis, il faut pourtant constater que tous les phénomènes psychologiques ne sont pas identiques et qu'il n'y a aucun avantage à remplacer les anciens mots connus de mémoire, émotion, association des idées, par ce mot nouveau de suggestion, comme si tous ces phénomènes venaient d'être découverts. Pour nous, la suggestion désigne un automatisme d'un genre particulier, celui auquel donnent naissance le langage, et en général les perceptions.

Cet automatisme est en partie analogue aux précédents. De même qu'une émotion ou une mémoire est constituée par une réunion de phénomènes partiels qui ont été agrégés, synthétisés autrefois par la conscience, de même, l'intelligence du langage et une perception en général sont un ensemble de phénomènes complexes, qui ont été autrefois réunis au moment où le langage a été appris, où la perception a été formée pour la première fois. Cette synthèse une fois faite, puisque nous n'avons pas à nous occuper, dans ce travail, de l'activité qui a présidé à sa formation, se conserve ; lorsqu'un de ses termes est donné, la perception totale qui est commencée se complète et amène les autres images qui la constituent. Par des lois, sur lesquelles nous n'avons pas a revenir, ces images successives forment des hallucinations, des croyances et des actes. Cela était déjà contenu dans l'automatisme des sensations et dans celui de la mémoire, il est tout naturel que ce même caractère se retrouve dans l'automatisme des perceptions.

Le langage pouvant exprimer toutes choses, il peut arriver qu'à son plus bas degré, la suggestion provoque des actes très simples, analogues à ceux que déterminaient les sensations les plus simples, et qu'à un degré plus élevé, elle provoque des changements plus complexes, analogues à ceux qu'amènent les modifications de la mémoire. Mais ces suggestions ne peuvent avoir leur puissance que parce qu'il y avait déjà un automatisme des images et des souvenirs qu'elles mettent en œuvre d'une façon plus compliquée.

Déjà, en étudiant, dans le chapitre précédent, l'automatisme de la mémoire, nous avions rencontré un fait nouveau qui semblait tout à fait étranger aux phénomènes automatiques que nous décrivions et qui venait cependant s'y mêler. Il s'agît de ces jugements que le sujet faisait de temps en temps sur ses propres phénomènes et sur les états où il se trouvait. Les phénomènes, sensations, images, souvenirs qui remplissaient la conscience, étaient amenés automatiquement ; mais, de temps en temps, ils étaient comparés, synthétisés en une idée nouvelle et complexe, celle d'une nouvelle personnalité. C'était l'activité unifiante et synthétisante actuelle de la conscience, se manifestant au milieu de l'automatisme des images et des souvenirs. Ce phénomène nouveau a pris une importance bien plus grande dans l'étude que nous venons de faire. Lorsque nos sujets devenaient capables de faire en grand nombre de ces synthèses nouvelles, de coordonner et de comparer une quantité de sensations et de perceptions, ils cessaient d'être suggestibles. Cela nous apprend que l'automatisme des perceptions, fondement de la suggestion, est le résultat d'une activité ancienne qui continue à agir de la même façon, mais qu'elle est en opposition avec l'activité actuelle de la pensée. Plus celle-ci se développe, plus elle est capable de faire des combinaisons nouvelles avec les éléments plus nombreux qui sont apportés à la conscience, plus l'automatisme est réduit. Plus l'état psychologique était simple et le champ de la conscience restreint, plus l'activité automatique était manifeste. Aussi ne pouvons-nous pas pousser plus loin notre étude dans la direction que nous avons suivie jusqu'à présent: en passant des phénomènes conscients les plus simples aux plus complexes, nous avons vu l'automatisme décroître de plus en plus. Il nous faut maintenant passer à un autre point de vue et voir si cette activité régulière et déterminée ne se dissimule pas et n'existe pas sous une autre forme quand elle paraît avoir disparu de la conscience.

Fin de la première partie : Automatisme total.

DEUXIÈME PARTIE : AUTOMATISME PARTIEL

PARTIE I

LES ACTES SUBCONSCIENTS

LES ACTES SUBCONSCIENTS

LES ACTES SUBCONSCIENTS

Les états psychologiques très différents les uns des autres qui ont été passés en revue dans les études précédentes avaient un caractère commun ; ils étaient une disposition, une manière d'être de l'esprit du sujet tout entier. Les personnes observées étaient complètement ou en état de veille, ou en somnambulisme, ou en délire, mais elles n'étaient jamais à moitié dans un état et à moitié dans un autre ; aussi leur conscience étendue ou restreinte, quelle que fut sa nature, embrassait-elle tous les phénomènes psychologiques du sujet. Les sensations, normales ou anormales, ressuscitées par le somnambulisme ou par l'électricité, les actes spontanés ou suggérés, tout était connu par le sujet. « Je sens que j'ai un bras en l'air, je sens qu'il remue, je vois un oiseau. » Tel était le langage de nos sujets au moment où l'on dirigeait leurs actes ou leurs sensations. En est-il toujours de même, et la vie automatique des phénomènes de l'esprit se développe-t-elle toujours avec une pareille unité, de manière à laisser subsister cette conscience commune ? S'il en était ainsi, les trois quarts des phénomènes observés dans les états maladifs ou même normaux seraient inexplicables. Toutes les lois psychologiques paraissent fausses si l'on ne cherche leur application que dans les phénomènes conscients dont l'individu se rend compte. À chaque instant, l'on rencontre des faits, hallucinations ou actes qui semblent inexplicables, parce qu'on ne trouve pas leur raison d'être, leur origine dans les autres idées que reconnaît la conscience, et, en présence de ces lacunes, le psychologue est trop souvent disposé à se déclarer incompétent et à demander à la physiologie un secours qu'elle ne peut guère lui fournir. La psychologie ne peut pas se constituer si elle reste incomplète et si elle néglige des phénomènes dont la connaissance est nécessaire pour expliquer les problèmes qu'elle pose. Si on considère en particulier la question qui nous occupe, on ne tardera pas à remarquer que les lois de l'automatisme psychologique sont bien souvent en défaut.

Ces lois sont cependant, croyons-nous, exactes et générales et les difficultés seront levées, si on admet que ces lois psychologiques, tout en étant les mêmes, peuvent, dans certains cas, s'appliquer d'une manière toute particulière. L'automatisme psychique, au lieu d'être complet, de régir toute la pensée consciente, peut être partiel et régir un petit groupe de phénomènes séparés des autres, isolés de la conscience totale de l'individu qui continue à se développer pour son propre compte et d'une autre manière.

Ce n'est donc pas une nouvelle recherche que nous entreprenons, c'est une application particulière de nos études précédentes à des circonstances nouvelles. Nous pensons, dans notre examen, suivre le même ordre, montrer l'automatisme simple des sensations, celui des perceptions plus complètes, la constitution des mémoires et des personnalités distinctes, comme nous l'avons déjà fait ; mais, dans ces études, nous n'examinerons que les phénomènes ignorés par le sujet même qui les éprouve et en apparence inconscients.

1

LES CATALEPSIES PARTIELLES

Nous ne pouvons donner au début de nos recherches une définition claire et générale des actes inconscients ou prétendus tels, il suffit, pour les observer et les décrire, de s'en tenir à cette notion banale : on entend par acte inconscient une action ayant tous les caractères d'un fait psychologique sauf un, c'est qu'elle est toujours ignorée par la personne même qui l'exécute au moment même où elle l'exécute [1]. Nous ne considérons donc pas comme acte inconscient l'action qu'une personne oublie immédiatement après l'avoir faite, mais qu'elle connaissait et décrivait pendant qu'elle l'accomplissait. Cet acte manque de mémoire et non de conscience, comme nous l'avons déjà montré. Nous considérerons maintenant les actes dont le sujet n'accuse jamais aucune conscience. Les actes de cette sorte peuvent se présenter de deux manières : ou bien l'individu, au moment où il exécute l'acte, semble n'avoir aucune espèce de conscience ni de l'acte ni d'autre chose, il ne parle pas et n'exprime rien. C'est un cas analogue à ceux que nous avons longuement étudiés en parlant de la catalepsie, nous n'y reviendrons plus maintenant. Tantôt, au contraire, l'individu conserve la conscience claire de tous les autres phénomènes psychologiques, sauf d'un certain acte qu'il exécute sans le savoir. L'individu parle alors avec facilité, mais d'autres choses que de son action ; nous pouvons alors vérifier, et il le peut lui-même, qu'il ignore entièrement l'action que ses mains accomplissent. C'est cette forme d'inconscience particulière qu'il nous semble maintenant très important de bien comprendre.

Des actes inconscients de ce genre ont été depuis longtemps signalés et étudiés à différents points de vue. Les philosophes spéculatifs ont été, sur ce point, des précurseurs et ont soutenu l'existence de phénomènes inconscients dans l'esprit humain, bien avant que des observations réelles aient pu les faire constater. On connaît la doctrine des petites perceptions ou perceptions sourdes de Leibniz. « J'accorde aux cartésiens, dit-il, que l'âme pense toujours actuellement ; mais je n'accorde point qu'elle s'aperçoit de toutes ses pensées, car nos grandes perceptions et nos grands appétits dont nous nous apercevons sont composés d'une infinité de petites perceptions et de petites inclinations dont on ne saurait s'apercevoir. Et c'est dans ces perceptions insensibles que se trouve la raison de ce qui se passe en nous, comme la raison de ce qui se passe dans les corps sensibles consiste dans les mouvements insensibles [2]. » Et ailleurs : « Ainsi, il est bon de faire distinction entre la perception qui est l'état intérieur de la monade représentant les choses externes et l'aperception qui est la conscience ou la connaissance réfléchie de cet état intérieur, laquelle n'est point donnée à toutes les âmes ni toujours à la même âme [3]. » Beaucoup de philosophes, en Allemagne surtout, reprirent à plusieurs reprises des idées analogues à celles de Leibniz ; on en trouvera l'indication plus complète que je ne puis la donner ici dans le grand traité de Hartmann sur l'inconscient, dans l'introduction de la thèse de M. Colsenet sur le même sujet et dans un article de M. Renouvier consacré à la discussion de ces doctrines [4]. Je voudrais seulement signaler un passage très intéressant de Maine de Biran, où l'illustre psychologue français, sur lequel nous nous sommes déjà appuyé en traitant de la catalepsie, semble encore adopter et défendre les idées que nous allons exposer sur l'inconscient : « En écartant ce qu'il y a d'absolu dans le système de Leibniz, on conçoit que les affections propres aux monades composantes ou éléments sensibles peuvent avoir lieu sans être représentées ou aperçues par la monade centrale qui fait le moi, ou le principe d'unité [5]. » Cabanis, Condillac, Hamilton, plus récemment Hartmann, Léon Dumont [6], Colsenet [7] et bien d'autres ont exprimé des idées analogues.

Tous ces philosophes n'ont parlé des phénomènes inconscients que d'une manière théorique ; ils ont montré que, d'après leurs systèmes, de pareils faits étaient possibles ; tout au plus ont-ils essayé d'interpréter dans ce sens quelques faits d'observation journalière. Ceux qui ont cherché à constater d'une manière expérimentale l'existence et les propriétés de ces phénomènes ignorés sont beaucoup moins nombreux et moins connus. Pendant les anciennes épidémies de possessions, les exorcistes eurent bien des fois l'occasion de constater ces faits ; mais il est inutile de dire qu'ils étaient bien incapables de les comprendre. Dans les épidémies de convulsionnaires plus récentes, comme celle de Saint-Médard, on trouve des descriptions plus intéressantes, comme celle-ci de Carré de Montgeron : « Il arrive souvent que la bouche des orateurs prononce une suite de paroles indépendantes de leur volonté, en sorte qu'ils s'écoutent eux-mêmes comme les assistants et qu'ils n'ont connaissance de ce qu'ils disent qu'à mesure qu'ils le prononcent [8]. » Il faut le reconnaître, ce sont les adeptes d'une des plus curieuses superstitions de notre époque, les spirites, qui, en faisant tourner les tables vers 1850 et en interrogeant les esprits, ont le plus attiré l'attention sur les phénomènes inconscients. Ils les ont observés et même produits dans toutes leurs variétés ; mais la façon dont ils les expliquent est si étrange, leurs descriptions sont tellement altérées par leur enthousiasme religieux que l'on ne peut prendre leurs études sur l'inconscient comme le point de départ d'un travail. Il sera plus naturel de revenir à leurs descriptions quand nous aurons observé assez de choses pour pouvoir les comprendre et quelquefois les expliquer. Mais le problème soulevé par eux fut étudié avec plus de précision dans les travaux de Faraday et de Chevreul [9], 1854, qui, les premiers, montrèrent l'intervention de véritables phénomènes psychologiques inconscients. Ces études furent, comme on sait, continuées dans le travail que M. Ch. Richet dédiait récemment à l'illustre centenaire [10], et dans les recherches de M. Gley sur le même problème [11]. Depuis cette époque, les recherches furent beaucoup plus nombreuses et nous aurons à en tenir compte dans notre travail.

Une autre question, qui fut soulevée à peu près vers 1840, amena, par une autre voie, à l'étude de phénomènes analogues. Sir Henry Holland soutint que les deux hémisphères du cerveau humain étaient deux organes indépendants fonctionnant chacun pour son propre compte [12]. Depuis, Wigan, Mayo, Laycock, Carpenter, Brown-Séquard, Luys, etc., étudièrent les faits favorables ou défavorables à cette hypothèse et constatèrent que, dans certains cas, l'homme semble double, faire, d'une part, des actions qu'il ignore, de l'autre. Certaines études sur l'hypnotisme furent dirigées dans cette voie, on constata des états dimidiés n'affectant qu'un seul côté du corps ; on étudia des catalepsies hémilatérales et l'on fit des suggestions à la fois aux deux côtés d'un sujet, afin de lui donner simultanément deux pensées et deux expressions [13]. Nous n'insisterons pas beaucoup sur ces phénomènes, qui nous semblent se rattacher assez facilement aux précédents.

Les actes inconscients les plus simples de tous ont été désignés par Lasègue [14], qui les signale le premier, sous le nom de *catalepsies partielles*, expression fort juste et que nous conserverons. Ce sont en effet des phénomènes cataleptiques tout à fait identiques à ceux que nous avons rencontrés tout au début de nos recherches dans l'attaque de catalepsie complète : continuation de l'attitude ou du mouvement, imitation, association des mouvements, tous ces faits se retrouvent ici presque tels que nous les avons décrits. Mais maintenant ils sont partiels, c'est-à-dire n'existent que dans une partie du corps du sujet, tandis que le reste du corps est occupé par de tout autres actes et présente des caractères tout différents. Un bras,

par exemple, se comporte comme s'il était le bras d'une personne en catalepsie, mais le sujet tout entier, loin d'être dans cet état, rit et cause sans se
préoccuper de ce que devient son bras [15].

M. Liébault [16] signale à plusieurs reprises des faits de ce genre ; des
somnambules gardent leur bras étendu sans paraître s'en apercevoir, tout
en causant d'autre chose, et semblent même pouvoir conserver plusieurs
idées fixes à la fois. Mais ces phénomènes ont été l'objet d'une étude minutieuse de MM. Binet et Féré [17]. Nous ne ferons que résumer les observations qu'ils ont données et que nous avons pu vérifier, en insistant
seulement sur quelques détails qui nous ont paru nouveaux et
intéressants.

Ces expériences se font surtout sur des hystériques atteintes d'anesthésie totale ou partielle de la peau et des muscles ; elles réussissent
surtout quand on expérimente sur le côté ou sur les membres atteints
d'anesthésie et ne peuvent être répétées, sans des précautions particulières
que nous indiquerons plus loin, sur les membres restés sensibles. Considérons une personne de ce genre, Rose ou Marie, qui sont anesthésiques
totales, ou Léonie qui est anesthésique du côté gauche, et prenons la
précaution de cacher au sujet son bras ou sa jambe dont nous voulons
observer les mouvements. Pour cela, on se contente souvent de fermer les
yeux du sujet ; ce procédé nous paraît défectueux, car très souvent, chez
des sujets de ce genre, il produit une modification générale de la
conscience et même le somnambulisme complet, ce que nous voulons
maintenant éviter ; il vaut mieux détourner simplement la tête du sujet et
cacher le bras par un écran. Prenons alors le bras et mettons-le en l'air dans
une position quelconque ; très fréquemment, quand les précautions précédentes ont été prises, le bras reste immobile dans la position où nous
l'avons mis. Si nous imprimons un mouvement au bras, le mouvement se
continue exactement avec la régularité d'un pendule. Ces positions et ces
mouvements peuvent persister fort longtemps. MM. Binet et Féré les ont
observés pendant plus d'une heure, sans qu'il y eut, ni dans le membre,
aucune oscillation, ni dans la respiration du sujet, aucune modification qui
manifestât de la fatigue. Ce sont exactement, comme on le voit, les caractères de la catalepsie générale ; mais on ne saurait trop y insister, le sujet
n'est pas en catalepsie, il parle et peut faire avec les autres membres les
mouvements qu'il désire ; seulement il ne sent absolument rien de ce qui
se passe dans le bras que nous avons mis en l'air et semble même avoir
oublié son existence. Si on lui parle de ce bras auquel il ne parait plus
penser, tantôt il peut le baisser facilement, tantôt il se trouve incapable de
le mouvoir volontairement.

On peut compliquer ces mouvements ignorés du sujet, lui faire envoyer
des baisers ou tracer en l'air des signes de croix ; on peut même, après
avoir mis un crayon dans sa main et refermé les doigts sur lui, imprimer

au bras au-dessus d'une feuille de papier les mouvements nécessaires pour l'écriture ; la main va écrire indéfiniment la lettre ou même le mot dont vous avez fait dessiner les caractères. « Il est difficile d'immobiliser les doigts qui ont commencé un mouvement inconscient de ce genre ; si on retire le crayon ils continuent le mouvement à vide [18]. » Un jour, je voulus arrêter un mouvement de ce genre chez Léonie et je lui serrai la main droite, le tremblement passa à la main gauche ; j'arrêtai celle-ci également, ce fut le pied droit qui se mit à remuer. Ordinairement quand le sujet regarde sa main, il peut l'arrêter immédiatement ; mais chez certains sujets, comme chez Rose, le mouvement se prolonge quelque temps, même quand elle le voit et essaye de l'arrêter.

Le second phénomène caractéristique de la catalepsie générale était l'imitation ou la répétition des actes et des paroles ; il est rare et difficile à observer dans ces catalepsies partielles. Cependant on peut remarquer des imitations de ce genre que le sujet accomplit sans s'en douter pendant qu'il parle d'autre chose. M. Despine en cite de curieux exemples : Il lui suffisait de toucher d'une main la tête d'un sujet et de faire quelques gestes avec l'autre main restée libre, pour que tous ces mouvements fussent immédiatement reproduits. Si on interrogeait cette personne, elle répondait: « Monsieur, je ne sais pas, je ne veux rien faire... j'obéis malgré moi, il me semble que le membre ne m'appartient plus... je sais que je fais quelque chose, mais je ne puis dire ce que c'est, je l'ignore absolument [19]. »

Je viens d'observer un fait analogue assez curieux, parce qu'il a eu lieu pendant un délire, chez une femme au dernier degré de la phtisie pulmonaire. Elle imitait à peu près tous les gestes faits devant elle, sans interrompre pour cela son délire. Dans beaucoup de maladies, on a signalé des faits semblables, sur lesquels il ne faut pas insister maintenant, car l'anesthésie des membres qui font les mouvements inconscients et qui est ici la condition principale du phénomène n'y existe pas toujours. Au contraire, j'ai observé avec Léonie quelques faits bien plus comparables aux précédents et plus nets. Si je me place devant elle pendant la veille complète et si elle ne regarde pas ses bras, elle imite mes gestes avec son bras gauche qui est anesthésique et jamais avec son bras droit qui est sensible.

Pendant le somnambulisme, cette imitation inconsciente peut être plus complète. J'étais en train d'écrire de la main droite auprès de Léonie en somnambulisme et je la touchais de la main gauche, quand je m'aperçus que sa main droite tremblait continuellement, quoiqu'elle prétendit ne pas s'en apercevoir. En réalité, sa main répétait inconsciemment à peu près tous les mouvements que faisait la mienne pour écrire : il suffisait de ne plus toucher le sujet pour interrompre le phénomène. Je fis d'autres gestes de la main droite tout en la touchant de la main gauche et ces gestes furent répétés. Je mangeai et je bus auprès d'elle, et elle fit, sans le savoir, tous les mouvements, même ceux de la déglutition ; ce dernier point est d'autant plus curieux que, si elle veut boire alors consciemment, elle ne peut y parvenir. J'ai même tiré, dans une circonstance curieuse, un usage pratique de cette imitation inconsciente. Léonie fut atteinte dans ces derniers temps d'assez violentes attaques d'asthme hystérique ; elle eut pendant un somnambulisme un véritable arrêt de respiration avec étouffement. Après différentes tentatives infructueuses pour la remettre, je m'approchai d'elle en lui tenant les deux mains et je me mis à respirer très fort et bruyamment. Au bout d'un instant, elle commença à copier ma respiration de la manière la plus singulière, toussant si je toussais, respirant vite ou lentement comme moi ; je régularisai ma respiration, elle fit de même et l'accès d'asthme fut terminé.

Nous avons vu que, pendant la catalepsie véritable, les mouvements se généralisaient et donnaient à tout le corps une expression harmonieuse ; on ne peut s'attendre à voir ici le phénomène d'une manière aussi complète. Cependant MM. Binet et Féré [20] décrivent quelque chose d'analogue quand ils disent que, chez les hystériques anesthésiques, tout phénomène moteur provoqué d'un côté du corps détermine un phénomène analogue quoique plus faible de l'autre côté. Ils ne parlent pas des expressions de la physionomie dans ces catalepsies partielles et disent n'en avoir pas remarqué [21]. J'ai eu l'occasion de constater deux fois qu'un changement de physionomie peut cependant se produire même dans ces circonstances. Quand je place les mains de Léonie dans la position de la prière, en prenant des précautions pour qu'elle ne les voie pas, j'ai vu sa figure prendre une expression extatique analogue à celle qui se produit pendant la catalepsie totale, tandis que la bouche parlait avec indifférence de tout autre chose. Cette expression était très imparfaite et ne se généralisait pas comme cela a lieu dans l'état complet. Une autre fois, je mis les mains de Lucie dans la position qu'elles prenaient pendant la crise de terreur qui forme une des périodes de sa grande crise hystérique. Toute la figure prit une expression de terreur très marquée, quoique les paroles qu'elle prononçait alors n'eussent rapport à rien d'effrayant. Je lui demandai si elle ressentait quelque sentiment de peur: « Pas du tout, dit-elle ; pourquoi voulez-vous que j'aie peur ? » Mais ces expressions dans la catalepsie partielle doivent être fort rares ; je ne les ai constatées que deux fois.

Ce qui est plus fréquent, c'est l'association, la coordination des mouvements inconscients entre eux et avec les impressions qui leur servent de point de départ. Si on tire les deux bras en avant, tout le corps se soulève et les mouvements se coordonnent pour maintenir la station debout [22], sans que le sujet se doute qu'il est levé. Si on dérange un mouvement qui se produit inconsciemment, quelquefois le bras corrige la déviation et revient au mouvement primitif [23].

Le bras anesthésique semble comprendre l'intention de l'expérimentateur et, sur la plus légère impulsion, poursuivre tel ou tel mouvement. Il suffit même d'une impression initiale pour que les mouvements se développent dans un certain sens. En effet, si l'on met, sans qu'il le sache, un poids sur le bras du sujet ainsi levé, le bras ne plie pas sous le poids surajouté, mais au contraire la tension des muscles s'adapte au poids à supporter [24]. Cela était surtout remarquable chez Lem., un homme hystérique que j'ai étudié à l'hôpital militaire avec M. le Dr Pillet: je mettais sur son bras étendu tantôt un poids très léger comme une plume, tantôt un poids de plusieurs kilos et la tension des muscles s'adaptait à son insu à chaque poids nouveau, de telle façon qu'il n'y avait aucun changement dans la position du bras. Chez Léonie cette adaptation va plus loin, car sa main saisit le poids et le retient pour qu'il ne tombe pas. Si on met un crayon dans cette main anesthésique, les doigts, ainsi qu'on l'a remarqué, se courbent inconsciemment et se placent d'eux-mêmes à l'insu du sujet dans la position voulue pour écrire.

J'ajouterai que les choses se passent de même pour tous les objets. Je mets dans la main gauche de Léonie (le côté gauche est complètement anesthésique) une paire de ciseaux et je cache cette main par un écran. Léonie, que j'interroge, ne peut absolument pas me dire ce qu'elle a dans la main gauche, et cependant les doigts de la main gauche sont entrés d'eux-mêmes dans les anneaux de ciseaux qu'ils ouvrent et ferment alternativement. Je mets de même un lorgnon dans la main gauche ; cette main ouvre le lorgnon et se soulève pour le porter jusqu'au nez, mais, à mi-chemin, il entre dans le champ visuel de Léonie qui le voit alors et reste stupéfaite. « Tiens, dit-elle, c'est un lorgnon que j'avais dans la main gauche. » Ces phénomènes présentent évidemment quelque chose de contradictoire : la main, avions-nous dit, est anesthésique et ne sent rien, et, d'autre part, elle sent des ciseaux, un lorgnon, afin d'adapter ses mouvements à la nature de l'objet ; il n'y a pas là seulement acte inconscient, il y a aussi sensation inconsciente. Constatons simplement le fait, dont nous ferons plus tard une étude plus détaillée.

On voit donc que tous les phénomènes de la catalepsie peuvent exister partiellement, tandis que la conscience ordinaire du sujet semble, d'autre part, rester intacte. Faisons quelques remarques générales sur l'ensemble des circonstances dans lesquelles ces faits se présentent, avant d'essayer de les interpréter. Nous ne parlerons pas ici de l'influence de tel ou tel opérateur pour produire ces phénomènes, les membres anesthésiques du sujet ayant leurs préférences et obéissant à telle personne et non à telle autre : l'analyse de ce fait rentre dans l'étude de l'électivité que nous ferons plus tard. Remarquons plutôt que pour que de pareils phénomènes se présentent, il faut qu'il y ait de l'anesthésie. Les catalepsies partielles n'existent pas naturellement sans procédés spéciaux dans les membres qui ont conservé leur sensibilité. Bien mieux, si par un procédé quelconque, courant électrique ou plaque métallique ou simplement suggestion, quand cela est possible, je rends la sensibilité au bras de Rose ou de Marie, l'état cataleptique disparaît, leur bras ne reste plus en l'air, quand je l'y mets. Si parfois, comme dans un des somnambulismes profonds de Rose, le bras gauche reste encore en 'air, quoiqu'il y ait sensibilité en apparence, c'est que la sensibilité n'est pas complète, elle est cutanée et n'est pas musculaire ; le sujet arrive à peu près à apprécier la position de son bras par les frottements des vêtements, les plis de la peau, etc., mais il ne sait pas si ses muscles sont contractés ou ne le sont pas, ce que l'on vérifie facilement en provoquant des contractures qu'il ignore. Il y a toujours une anesthésie, quand il y a une catalepsie de ce genre. Bien mieux, quand, sur un sujet normalement sensible, on provoque une catalepsie partielle, elle est accompagnée d'une anesthésie identique ; ainsi Be... est normalement parfaitement sensible ; si le Dr Powilewicz qui l'étudiait lui suggérait que son bras restât dans toutes les positions, le bras devenait cataleptique, mais n'était plus sensible. Je n'avais pas d'influence sur elle et ne pouvais lui faire cette suggestion à l'état de veille ; je lui mis au doigt l'aimant recourbé d'Ochorowicz, cela amena une anesthésie de tout le côté gauche. Immédiatement ce côté gauche devint cataleptique pour moi, quoiqu'il ne le fût pas primitivement. Si l'on objecte des cas où le bras reste en l'air même quand il est sensible, je dirai que l'on retombe alors dans l'étude de la suggestion consciente faite dans le chapitre précédent et que ce n'est pas une catalepsie partielle. Le même phénomène, on ne s'en est pas toujours assez aperçu, peut se présenter de bien des manières différentes.

Cette catalepsie partielle n'est pas particulière à l'état de veille ; elle peut se rencontrer quand le sujet se trouve dans d'autres états très différents les uns des autres, pourvu que ses deux conditions principales, l'anesthésie du membre et une certaine électivité inconsciente pour l'opérateur, aient subsisté. Quand une hystérique est mise dans un état somnambulique léger, elle conserve ordinairement ses diverses anesthésies, et ses membres obéissent de la même manière sans qu'elle le sache. Il y a ainsi un état cataleptique des membres, tandis que le sujet peut parler et comprendre ce qu'on lui dit. Il ne faut pas confondre cette catalepsie partielle par anesthésie pendant le somnambulisme avec l'attaque de catalepsie complète.

On a signalé ces actes partiels pendant la catalepsie générale ellemême : chaque bras du sujet peut exécuter un geste différent. Ainsi, chez Léonie, le bras droit peut lancer des coups de poing, pendant que le bras gauche garde la position de la prière, et chacun de ces mouvements amène sur une partie de la figure l'expression qui lui correspond.

Mais je ne crois pas que l'on ait signalé cette catalepsie partielle pendant la crise d'hystérie. Quand Rose est en grande crise d'hystérie, à n'importe quelle période, je puis, pour ainsi dire, m'emparer d'un bras ou d'une jambe en les touchant légèrement. Le membre que j'ai touché quelques instants reste alors inerte et ne prend plus part aux tremblements ni aux convulsions du reste du corps. Si je le soulève, il reste dans la position où je le mets ou oscille régulièrement, tandis que les autres membres continuent leurs convulsions. J'ai même, dans ces circonstances, mis un crayon dans sa main droite et je lui ai fait écrire un a et un b. La main a continué d'écrire ces deux lettres pendant près d'une minute, tandis que le corps se courbait en arc et que la main gauche frappait de grands coups de poings sur la poitrine. Ce fait se vérifie, et plus facilement encore, pendant les délires hystériques et les somnambulismes naturels. En un mot, quel que soit l'état dans lequel se trouve actuellement la partie principale de la conscience, ces actions cataleptiques peuvent exister à part et vivre pour ainsi dire de leur vie propre.

Comment devons-nous interpréter ces nouveaux phénomènes cataleptiques ? Nous retrouvons toutes les hypothèses et toutes les discussions qui ont été déjà étudiées à propos de la catalepsie complète. Nous croyons inutile de les répéter. Ici encore, nous pensons qu'il n'y a pas de raison valable pour exclure complètement la conscience de ces phénomènes ; bien plus, qu'une seule est capable d'expliquer l'unité, la coordination qui se manifestent dans ces mouvements. Ce sont des sensations musculaires qui expliquent, dans les circonstances normales, des mouvements analogues ; nous devons croire que ce sont encore des sensations musculaires et tactiles qui provoquent et dirigent ces mouvements du même genre.

Mais il y a ici une difficulté de plus que nous ne rencontrions pas au début. Maintenant, il y a déjà une conscience dans le sujet qui nous dit : « Je vois, j'entends, mais je ne sens pas que mon bras remue ». Cette conscience, qui est dans le sujet, n'est pas la conscience des mouvements cataleptiques, puisqu'elle déclare les ignorer. Est-il donc possible que, dans l'esprit du même sujet, il y ait une autre conscience ? Contentons-nous de montrer pour le moment que cela n'est pas absurde, et nous verrons si d'autres faits peuvent confirmer cette hypothèse. Quand nous avons parlé de la conscience pendant la catalepsie, nous avons admis, avec Maine de Biran, qu'elle devait être très inférieure, qu'elle consistait en sensations et en images et non point en perceptions. Nous avons dit que le caractère de ces images élémentaires était de n'être pas réunies dans une même pensée, de ne pas former une personnalité ; c'étaient des images conscientes sans idées du moi ; il n'est donc pas surprenant que ces images ne fassent pas partie de la conscience normale du sujet qui nous parle, qui dit « je », et dont l'esprit est fort compliqué. Si des images de ce genre pouvaient exister seules dans l'esprit, je ne vois pas d'absurdité à admettre qu'elles puissent maintenant exister à part, tandis que l'esprit ordinaire du sujet semble fonctionner d'une manière normale. Nous trouvons dans un passage de Dumont l'expression complète de cette hypothèse: « Les mots conscience et inconscience sont pris tantôt dans un sens relatif et tantôt dans un sens absolu. On dira, par exemple, qu'un phénomène est inconscient pour exprimer l'idée que le moi n'en a pas conscience, mais sans affirmer par là que le phénomène n'est pas conscient en lui-même et pour son propre compte. La physiologie tend à établir qu'il s'accomplit ainsi, dans l'organisme humain, un nombre immense de faits de conscience qui sont, pour le moi, comme s'ils appartenaient à d'autres personnes et, même avec ce désavantage en plus, qu'ils ne se trouvent pas en rapport avec des facultés d'expression [25]. » Ajoutons que ces phénomènes, dans les cas que nous étudions, étant isolés et, pour des raisons particulières, ne trouvant pas de résistance à leur manifestation, se comportent suivant la loi des phénomènes psychologiques isolés ; ils se manifestent, ce qui pour eux est exister et durer. Les catalepsies partielles nous montrent le premier germes des consciences partielles que nous verrons grandir et se préciser dans nos autres études.

<hr />

1. Ce chapitre et le suivant contiennent un certain nombre d'études que nous avons déjà publiées dans la *Revue philosophique sous* ces titres : *Les actes inconscients et le dédoublement de la personnalité*, 1886, II, 577. *L'anesthésie systématisée et la dissociation des phénomènes psychologiques, ibid* 1887, I, 449. *Les actes inconscients et la mémoire pendant le somnambulisme, ibid.*, 1888, I, 238. *Nous* reprenons ces études pour les compléter et les rattacher à des théories plus générales.
2. Leibniz. *Edition Dutens*, II, 214.
3. Leibniz. *Principes de la nature et de la grâce*, § 4.
4. Renouvier. *Critique philosophique*, 1874, I, 21.
5. Maine de Biran. *Œuvres inédites*, II, 12.
6. Léon Dumont. *Théorie scientifique de la sensibilité*, 102.
7. Colsenet. *La vie inconsciente de l'esprit*, 1880.
8. Carré de Montgeron. Cité par Bérillon. *De la dualité cérébrale*, 103.
9. Chevreul. *Lettre à M. Ampère sur une close particulière de mouvements musculaires*. Revue des Deux-Mondes, 1833. *De la baguette divinatoire, du pendule dit explorateur et des tables tournants, au point de vue de l'histoire, de la critique et de la méthode expérimentale*. 1854.
10. Ch. Richet. Revue *philosophique*, 1884, II, 653, et *Des Mouvements inconscients*, dans l'hommage à Chevreul, 1886.
11. Gley. Société de biologie. Juillet 1884.
12. Voir Bastian. *Le cerveau*, II, 127. - Ribot. *Maladies de la personnalité*, 114.
13. Cullerre. *Magnétisme*, 286, 296.
14. Lasègue. *Études médicales*, II, 35.
15. Saint-Bourdin. *Catalepsie*, 29 et 59.
16. *Du sommeil*, 72.
17. *Archives de physiologie*, 1er octobre 1887.
18. Binet et Féré. *Loc. cit.*, 351.
19. Despine. *Somnambulisme*, 193. - Cf. Barety. *Magnétisme animal*, 1886, 390. - Hack Tuke. *L'esprit et le corps*, 41, signale également un fait analogue d'imitation inconsciente.
20. *Loc. cit.*, 353.
21. Binet et Féré. *Loc. cit*, 342.
22. Id, *Ibid* 342, 326.
23. Id, *Ibid* 342.
24. Binet et Féré. *Loc. cit*, 343.
25. Dumont. *Sensibilité*, 102.

2

LA DISTRACTION ET LES ACTES SUBCONSCIENTS

L'anesthésie était la condition essentielle des phénomènes précédents ; la catalepsie n'existait normalement que sur les membres insensibles et disparaissaient dès le retour de la sensibilité. Or tous les observateurs ont remarqué incidemment que quelquefois les membres sensibles participaient à cet état et restaient, ne fût-ce qu'un moment, dans la position où on les mettait. J'ai cherché quelles étaient les conditions de ce nouveau fait et elles m'ont semblé tenir à un état de distraction momentané du sujet. La distraction en effet, comme nous l'avons vu, équivaut chez les hystériques à une anesthésie au moins momentanée.

Léonie étant bien réveillée, je la laisse causer avec une autre personne et, pendant un instant où, tout entière à la conversation, elle ne songeait plus à moi, je soulève doucement son bras droit ; ce bras reste en l'air, continue le mouvement commencé, etc., se comporte exactement comme faisait tout à l'heure le bras gauche. Il y a cependant une différence entre les mouvements inconscients du bras droit et ceux du bras gauche, c'est qu'ils existent dans celui-ci, même quand Léonie est prévenue et fait attention à moi, pourvu que le bras soit dissimulé par un écran, l'anesthésie du bras gauche rendant inutile la distraction ou plutôt étant elle-même une distraction suffisante; tandis que les mouvements inconscients du bras droit n'existent que si l'attention de Léonie est complètement distraite sur un autre objet. Cesse-t-elle de parler, elle s'aperçoit de ce que fait son bras droit et l'arrête de suite. Sans doute, théoriquement, le mouvement inconscient peut-être plus facilement simulé par le bras droit sensible que par le bras gauche anesthésique [1], mais nous ne nous arrêterons pas à cette objection trop générale et trop vague qui porterait sur toute espèce d'expérimentation psychologique. C'est à l'observateur à prendre ses précautions et à mettre à l'épreuve la bonne foi du sujet dans une foule d'expériences préalables. La meilleure preuve de la réalité des faits nous semble être, comme nous l'avons dit, dans leur complication, dans le lien que les expériences ont les unes avec les autres : le plus souvent le sujet ne comprend pas ce que l'on fait et il simulerait tout de travers.

Si la distraction précédente a produit une anesthésie momentanée du sens tactile et musculaire dans le bras droit, elle pourra produire d'autres anesthésies pour les autres sens. Voici d'abord une anesthésie visuelle obtenue par ce moyen. Quand les yeux de Léonie sont ouverts et que je ne me sers pas d'écran, il n'y a pas de mouvements inconscients, le mouvement que je commence s'arrête de suite. Mais, dès qu'on lui parle, le bras gauche se relève et reprend, même devant les yeux, la position que je voulais lui donner. Il avait enregistré l'ordre sans pouvoir l'exécuter ; à la première occasion, c'est-à-dire à la première distraction de Léonie, il se hâte de reprendre sa place.

La même distraction produira (sans qu'il soit possible dans ce chapitre d'expliquer comment) des anesthésies particulières de l'ouïe au moins pour mes propres paroles. Léonie, avec cette distraction facile qui est, comme nous l'avons vu, le propre des hystériques, écoutera les autres personnes qui lui parlent, mais ne m'écoutera plus et ne m'entendra pas, même si je lui commande à ce moment quelque chose. Cette femme ne présente pas, comme d'autres sujets, une véritable suggestibilité à l'état de veille. Si je m'adresse directement à elle et lui commande un mouvement, elle s'étonne, discute, et n'obéit pas. Mais quand elle parle à d'autres personnes, je puis réussir à parler bas derrière elle sans qu'elle se retourne. Elle ne m'entend plus, et c'est alors qu'elle exécute bien les commandements, mais sans le savoir. Je lui dis tout bas de tirer sa montre, et les mains le font tout doucement ; je la fais marcher, je lui fais mettre ses gants et les retirer, etc., toutes choses qu'elle n'exécuterait pas si je les lui commandais directement quand elle m'entend. Il en est de même dans d'autres états. Dans son premier somnambulisme, état de Léonie 2, elle est si peu suggestible qu'elle paraît toujours agir avec indépendance et que d'ailleurs elle s'en vante. En fait, il faut crier très fort et répéter longtemps la même phrase, quand on veut lui faire directement une suggestion. Mais on peut procéder autrement, la laisser causer avec une autre personne, ce qui la distrait beaucoup plus encore qu'à l'état de veille, puis lui parler tout doucement et les commandements que l'on fait ainsi sont immédiatement exécutés sans qu'elle s'en aperçoive [2]. Un jour, Léonie 2, tout affairée, causait avec des personnes présentes et m'avait complètement oublié ; je lui commandai tout bas de faire des bouquets de fleurs pour les offrir aux personnes qui l'entouraient. Rien n'était curieux comme de voir sa main droite ramasser une à une des fleurs imaginaires, les déposer dans la main gauche, les lier avec une ficelle aussi réelle et les offrir gravement, le tout sans que Léonie 2 s'en fût doutée ou ait interrompu sa conversation. Ces mêmes faits n'existent pas dans le deuxième somnambulisme, en l'état de Léonie 3 car, ainsi que nous l'étudierons plus loin, elle n'entend plus que moi et ne peut plus par conséquent être distraite.

Les mêmes suggestions par distraction se rencontrent très facilement chez d'autres sujets. C'est chez Lucie que je les avais remarquées pour la première fois pendant le somnambulisme et pendant la veille sans les bien comprendre. Au début, elle acceptait mes ordres ou bien les refusait et alors ne les exécutait pas. Pour éviter ces résistances, je lui commandais à voix basse quand elle n'y faisait pas attention et alors elle exécutait toujours ce que j'avais dit sans protester. Mais je fus alors tout surpris de voir qu'elle exécutait inconsciemment. Je lui ai dit de faire un pied de nez et ses mains se placent au bout de son nez. On l'interroge sur ce qu'elle fait, elle répond toujours qu'elle ne fait rien et continue à causer pendant long-temps, sans se douter que ses mains s'agitent au bout de son nez. Je la fais marcher au travers de la chambre, elle continue à parler et croit être assise. Bien plus, j'essayai un jour, sans l'avoir prévenue, une autre expérience : je priai une autre personne, M. M.... de lui commander un acte en mon absence, mais en mon nom. Au milieu de la journée, M. M... dit derrière elle : « M. Janet veut que les deux bras se lèvent en l'air. » Ce fut fait immé-diatement, les deux bras restèrent contracturés au-dessus de sa tête. Mais Lucie n'en fut aucunement émue et continua ce qu'elle disait. Quand on produisait ainsi une action permanente, comme la contracture des bras, on pouvait la forcer à s'en apercevoir en la contraignant à chercher ses bras, à les regarder, à essayer de les mouvoir. Alors elle s'effrayait, gémissait et aurait commencé une crise si, par un mot, on ne supprimait tout le mal. Mais, une fois guérie et les larmes encore dans les yeux, elle ne se souve-nait plus de rien et reprenait ses occupations au point où elle les avait interrompues. La suggestion inconsciente chez elle, comme chez Léonie d'ailleurs, pouvait s'opposer à sa volonté consciente. Lorsque l'une ou l'autre refusait de faire ou même de dire quelque chose, il suffisait de les distraire et de le leur commander tout bas, elles le faisaient sans le savoir ou disaient brusquement la phrase au milieu d'une conversation qu'elles reprenaient ensuite, sans se rendre compte de l'interruption. Par exemple, le docteur Powilewicz demande à Lucie de chanter quelque chose, elle refuse énergiquement. Je murmure derrière elle : « Allons, tu chantes, tu chantes quelque chose. » Elle arrête sa conversation et chante un air de *Mignon*, puis reprend sa phrase, convaincue qu'elle n'a pas chanté et ne veut pas chanter devant nous.

La plupart des autres sujets nous présenteraient, en grand nombre, des phénomènes identiques avec des variantes insignifiantes ; il est plus intéressant d'examiner les mêmes faits sur un sujet d'un tout autre genre. Les sujets précédents sont des femmes hystériques, qui ont été fréquemment hypnotisées auparavant. Il s'agit cette fois d'un homme, P.., âgé de quarante ans, que nous n'avons aucune raison de considérer comme hystérique et qui n'a jamais été hypnotisé, P... est amené à l'hôpital dans le service du Dr Powilewicz pour une attaque de délire alcoolique subaigu. Nous avons déjà décrit les suggestions que l'on pouvait lui faire en s'adressant directement à lui et qu'il exécutait consciemment ; mais il présentait aussi des actes d'un autre genre.

Pendant que le médecin lui parlait et lui faisait expliquer certains détails de sa profession, je me mis derrière lui et lui commandai de lever les bras ; la première fois, il me fallut toucher le bras pour provoquer l'acte, l'obéissance inconsciente eut lieu ensuite sans difficulté ; je le fis marcher, s'asseoir, s'agenouiller, le tout sans qu'il le sût. Je lui dis même de se coucher à plat-ventre sur le sol, et il tomba immédiatement, mais sa tête se levait encore pour répondre aux questions du docteur. Celui-ci lui dit: « Comment vous tenez-vous donc, pendant que je vous parle. - Mais, dit-il, je suis debout près de mon lit, je ne bouge pas. - Vous ne voyez donc pas comme vous êtes devenu petit ? - Oh, j'ai toujours été plus petit que vous, mais je ne suis pas plus petit qu'à l'ordinaire. » Je ne pouvais croire qu'un homme dans son bon sens, car il ne délirait pas, et bien éveillé pût croire être debout quand il était couché par terre sur le ventre. En réalité, il y avait une sorte d'hallucination qui venait se joindre à l'inconscience pour produire ce résultat singulier. Le lendemain, quand je voulus recommencer l'étude, cette disposition du malade aux actes inconscients avait beaucoup diminué ; deux jours après, tout avait disparu. Le délire alcoolique avait cessé et avec lui ces phénomènes d'inconscience.

Nous n'avons étudié jusqu'à présent que des actes suggérés de cette manière à l'insu du sujet pendant sa distraction ; qu'arriverait-il si nous suggérions des hallucinations et non des actes ? À première vue, cela semble presque absurde, car une hallucination ne saurait être inconsciente ; faisons cependant l'expérience quand même, elle nous montrera qu'une suggestion de ce genre peut se réaliser de deux manières absolument différentes. L'une est assez simple ou du moins se rattache assez facilement à tous les actes subconscients que nous venons d'examiner. La suggestion semble s'exécuter sans que le sujet en sache rien, sans qu'il en ait conscience et ne se manifeste à nous que par des actes ou des expressions de la physionomie, comme tous les actes précédents. M. Ch. Richet a déjà signalé cette façon dont une hallucination pouvait se réaliser et a fait remarquer combien le phénomène était curieux. Il donne un verre d'eau à une personne en lui suggérant que l'eau est amère, cette personne fait en buvant toutes sortes de grimaces : quand on l'interroge et qu'on lui demande si l'eau est amère et mauvaise : « Mais non, dit-elle, l'eau n'est pas amère et cependant je ne puis m'empêcher de faire des grimaces comme si c'était amer. » Le même sujet à qui on a dit qu'il y avait un serpent devant lui recule avec des gestes de terreur, tout en disant qu'il ne voit rien devant lui [3]. C'est tout à fait de cette façon que les choses se passent avec Lucie : si je lui dis tout bas (toujours par le même procédé de la distraction et non par suggestion directe qui aurait un autre résultat) qu'il y a un papillon devant elle, la voici qui le suit des yeux, fait des gestes pour l'attraper, etc., tout en parlant d'autre chose, et, en disant, si on l'interroge, qu'elle ne voit rien. C'est là un phénomène identique aux précédents, les choses se passaient de même quand Léonie cueillait des fleurs sans le savoir.

Mais bien souvent, et avec la plupart des autres sujets, les choses se passent autrement. Le commandement n'est pas entendu par le sujet, l'origine de l'hallucination est inconsciente, mais l'hallucination elle-même est consciente et entre tout d'un coup dans l'esprit du sujet. Ainsi, pendant que Léonie ne m'écoute pas, je lui dis tout bas que la personne à qui elle parle a une redingote du plus beau vert. Léonie semble n'avoir rien entendu et cause encore avec cette personne, puis elle s'interrompt et éclate de rire : « Oh! mon Dieu, comment vous êtes-vous habillé ainsi, et dire que je ne m'en étais pas encore aperçue. » Je lui dis de même tout bas qu'elle a un bonbon dans la bouche ; elle semble bien n'avoir rien entendu et, si je l'interroge, elle ne sait ce que j'ai dit, mais la voici maintenant qui fait des grimaces et qui s'écrie : « Ah! qui est-ce qui m'a donc mis cela dans la bouche ? » Ce qui me paraît le plus singulier, c'est que, si je parle directement à ce sujet (qui est peu suggestible directement), et si je lui commande une hallucination de la sorte, il va me résister, dire que c'est absurde et en réalité n'éprouvera pas l'hallucination, à moins que je n'insiste très fort. Tandis que, si je fais le commandement par distraction, Léonie ne saura pas si je lui commande quelque chose, ne me résistera pas, et éprouvera tout de suite cependant l'hallucination commandée. Ce phénomène est fort complexe, il comprend un mélange de faits inconscients et de faits conscients reliés à un certain point de vue et cependant séparés à un autre. Nous avons cru nécessaire de signaler ici son existence pour ne pas laisser une lacune grave dans l'énumération des suggestions par distraction, mais nous ne croyons pas pouvoir en montrer d'autres exemples variés et les discuter avant d'avoir terminé d'autres études ; nous reprendrons plus tard leur examen.

Revenons aux phénomènes qui sont uniquement et complètement subconscients : un caractère facile à constater c'est l'intelligence qui peut se manifester dans de pareils faits séparés de l'esprit normal du sujet.

Nous ne sommes plus en présence d'une catalepsie partielle où les actes sont simplement déterminés par une sensation ou une image ; nous sommes plutôt, comme nous le verrons, en présence d'un somnambulisme partiel, où les actes sont déterminés par des perceptions intelligentes. Le sujet ne répète pas les paroles, il les interprète et les exécute ; il y a donc là de l'intelligence qu'il assez facile de manifester de différentes manières.

Ainsi je commande à Léonie de lever le bras, non pas immédiatement, mais quand j'aurai frappé dix fois dans mes mains. Je frappe dans mes mains, et, au dixième coup, le bras se lève. Tout cela a été pour elle inconnu, le commandement, le bruit des coups dans mes mains, et l'acte lui-même: il y a ici évidemment un phénomène de numération inconsciente. Mais ces calculs inconscients, ayant été étudiés plus complètement à propos d'un autre problème, nous remettrons un peu leur étude. Je donne à Léonie une autre suggestion intelligente également, celle de répondre à mes questions par un signe, non pas de la bouche (ce qui est possible, mais ce qui interrompt la conversation normale), mais par un signe de la main ; vous me serrerez la main pour dire « oui », et vous me la secouerez pour dire « non ». Je lui prends la main gauche qui est anesthésique, elle ne s'en aperçoit pas et cause avec d'autres personnes. Puis je cause aussi avec elle, mais sans qu'elle paraisse m'entendre : sa main seule m'entend et me répond par de petits mouvements très nets et très bien adaptés aux questions.

Allons plus loin, si nous ne voulons pas la faire parler sans qu'elle le sache, nous pouvons du moins la faire écrire ; je lui mets un crayon dans la main droite et la main serre le crayon, comme nous le savons ; mais, au lieu de diriger la main et de lui faire tracer une lettre qu'elle répétera indéfiniment, je pose une question : « Quel âge avez-vous ? Dans quel ville sommes-nous ici ?... etc. », et voici la main qui s'agite et écrit la réponse sur le papier, sans que, pendant ce temps, Léonie se soit arrêtée de parler d'autres choses. Je lui ai fait faire ainsi des opérations arithmétiques par écrit, qui furent assez correctes ; je lui ai fait écrire des réponses assez longues qui manifestaient évidemment une intelligence assez développée.

Ce genre d'écriture est connu sous le nom d'écriture automatique, expression assez juste si l'on veut dire qu'elle est le résultat du développement régulier de certains phénomènes psychologiques, mais par laquelle il ne faut pas entendre, je crois, que cette écriture n'est accompagnée d'aucune espèce de conscience. M. Taine, dans la préface de son ouvrage sur l'Intelligence, montre très bien la possibilité et l'intérêt de ce phénomène singulier : « Plus un fait est bizarre, plus il est instructif. À cet égard, les manifestations spirites elles-mêmes nous mettent sur la voie de ces découvertes, en nous montrant la coexistence au même instant, dans le même individu, de deux pensées, de deux volontés, de deux actions distinctes, l'une dont il a conscience, l'autre dont il n'a pas conscience et qu'il attribue à des êtres invisibles... Il y a une personne qui, en causant, en chantant, écrit sans regarder son papier des phrases suivies et même des pages entières, sans avoir conscience de ce qu'elle écrit. À mes yeux, sa sincérité est parfaite ; or, elle déclare qu'au bout de sa page, elle n'a aucune idée de ce qu'elle a tracé sur le papier. Quand elle le lit, elle en est étonnée, parfois alarmée... Certainement on constate ici un dédoublement du moi, la présence simultanée de deux séries d'idées parallèles et indépendantes, de deux centres d'actions, ou, si l'on veut, de deux personnes morales juxtaposées dans le même cerveau ; chacune a une œuvre, et une œuvre différente, l'une sur la scène et l'autre dans la coulisse [4]. »

La distraction jouait déjà un rôle considérable dans les suggestions ordinaires exécutées consciemment que nous avons étudiées dans le chapitre précédent ; mais alors elle ne portait que sur les idées antagonistes et laissait subsister la conscience de l'acte suggéré lui-même. Nous venons de voir que la distraction donne naissance à une autre espèce de suggestions ; pendant que la conscience distraite est occupée d'idées indifférentes, l'acte suggéré s'exécute également mais à l'insu du sujet. En un mot, la distraction semble scinder le champ de la conscience en deux parties : l'une qui reste consciente, l'autre qui semble ignorée par le sujet. Les suggestions précédemment étudiées provoquaient des phénomènes appartenant à la première partie du champ de la conscience ; celles que nous signalons maintenant déterminent des actions qui semblent rester dans la seconde et qui gardent complètement l'apparence des catalepsies partielles et inconscientes. Avant d'expliquer ces faits davantage, il nous faut les voir sous d'autres aspects et dans d'autres circonstances.

---

1. Binet et Féré. *Op. cit.*, 333.
2. Charpignon avait déjà remarqué un fait analogue quand il dit que, si un somnambule refuse de faire un acte consciemment, on peut le lui faire exécuter automatiquement, sans qu'il le sache. *Physiologie magnétique,* 379.
3. Ch. Richet. *Revue philosophique,* 1886, II, 326.
4. Taine. *De l'intelligence.* Préface, I, 16.

3

LES SUGGESTIONS POSTHYNOPTIQUES. HISTORIQUE ET DESCRIPTION

La persistance des commandements au-delà du somnambulisme et leur exécution après le retour à l'état normal étaient des phénomènes si bien connus par les anciens magnétiseurs que leur description peut encore être considérée comme exacte aujourd'hui. « Le magnétiseur, dit Deleuze, peut, après en être convenu avec eux, leur imprimer pendant le somnambulisme une idée ou une volonté qui les détermineront dans l'état de veille, sans qu'ils en sachent la cause. Ainsi le magnétiseur dira au somnambule : « Vous rentrerez chez vous à telle heure ; vous n'irez point ce soir au spectacle, vous vous couvrirez de telle manière ; vous ne ferez aucune difficulté de prendre tel remède vous ne prendrez point de liqueurs, point de café ; vous ne vous occuperez plus de tel objet; vous chasserez telle crainte, vous oublierez telle chose, etc. » Le somnambule sera naturellement porté à faire ce qui lui a été prescrit ; il *s'en souviendra sans se douter que c'est un souvenir ; il* aura de l'attrait pour ce que vous lui avez conseillé, de l'éloignement pour ce que vous lui avez interdit [1]... » Cependant cet auteur, qui connaissait si bien la puissance des suggestions après le réveil, ne semble pas reconnaître qu'il y a un phénomène du même genre dans l'action de son *eau magnétisée* qui « tantôt purge et tantôt constipe suivant le besoin [2] », et qui « conserve sa puissance pendant cinq ans ». Bertrand comprend mieux le rôle de la suggestion posthypnotique dans ces phénomènes, et il s'en sert pour produire tous les effets attribués au magnétisme. Il décrit, l'un des premiers, cette expérience très curieuse qui consiste à commander à un sujet pendant son sommeil de revenir tel jour, à telle heure. « Il ne sera pas nécessaire, ajoute-t-il, de le faire ressouvenir de sa promesse (quand il sera éveillé) pour qu'il l'exécute ; et, au moment désigné, le désir de faire ce qu'il aura voulu en somnambulisme naîtra spontanément en lui sans qu'il puisse se rendre compte du motif qui le pousse [3]. »

Puisque, dès cette époque (1823), la suggestion posthypnotique était ainsi connue et utilisée, il n'est pas surprenant que tous les écrivains postérieurs nous donnent des exemples très nets et très curieux de ce phénomène. Teste, qui n'avait pas les mêmes scrupules que Deleuze, fait de véritables expériences et ordonne à ses sujets d'allumer du feu le lendemain, de broder pendant une heure, etc. [4]. Il propose même, avec autant de conviction que certains hypnotiseurs d'aujourd'hui, « de régulariser par là la vie morale et physique des sujets qu'on endort et de travailler à leur amélioration morale [5] ». Dans cette même voie d'ailleurs. Aubin Gauthier réussit, dit-il, à changer les sentiments d'une jeune fille et à la réconcilier par suggestion avec sa mère: la scène touchante qu'il décrit à propos est bien singulière [6].

Charpignon est plus précis dans ses expériences ; il constate qu'une hallucination complexe suggérée de la sorte (celle d'avoir reçu en cadeau un portefeuille) persiste deux jours après le réveil [7], et il démontre le rôle de la suggestion dans le sommeil provoqué par l'envoi de jetons magnétisés, en montrant que le sommeil se produit aussi si les jetons n'ont pas été magnétisés et si le sujet a été simplement prévenu pendant le somnambulisme précédent qu'ils le seraient [8].

Le *Journal du magnétisme* de Dupotet contient naturellement un grand nombre de faits de ce genre ; j'y remarque une expérience intéressante sur le sommeil provoqué à l'heure dite [9] ; mais je crois qu'il vaut mieux citer entièrement le résumé, donné par un magnétiseur intéressant qui mériterait d'être plus connu, des phénomènes d'hallucinations au réveil par suggestion posthypnotique. « Il est souvent facile, écrit le Dr A. Perrier [10], de faire naître à volonté ce genre de névrose (l'hallucination) chez les somnambules et de le prolonger même à leur réveil. Nous leur avons fait voir à notre gré des personnes absentes ou mortes depuis longtemps ; ils rapportaient à leurs boissons ou à leur aliments le goût qu'il nous avait plu de leur donner ; leur odorat accusait la sensation des parfums les plus variés qui n'existaient réellement que dans notre imagination. Nous possédons en ce moment une somnambule, chez laquelle l'insensibilité la plus parfaite et l'illusion du goût persistent pendant plusieurs heures à son retour à la vie normale. Avant de la *réveiller,* nous émettons une volonté quelconque, et, à son réveil, elle éprouve toutes les hallucinations des sens que nous lui avons imposées. *Un individu présent reste pour elle parfaitement invisible,* elle en voit un autre dont elle n'entend pas la voix ; un troisième la pince et elle ne le sent pas. Les liquides ont dans sa bouche la saveur que nous désirons ; l'ouïe perçoit les sons les plus variables. Ses perceptions se transfigurent comme les images de nos pensées... etc. » Il est difficile de donner un résumé plus complet de toutes les hallucinations, même de celles qu'on a désignées plus récemment sous le nom d'hallucinations négatives, qui peuvent être produites par suggestion. Liébault, en 1860, parle de suggestions durant 52 jours et étudie leur exécution [11].

Cependant, tel était, à cette époque, le mépris puéril que l'on affectait pour le magnétisme animal que toutes ces descriptions psychologiques furent complètement oubliées et l'on crut véritablement à une découverte toute récente quand M. Ch. Richet [12] publia en 1875 ses observations sur quelques suggestions exécutées après le réveil. On eut de la peine à croire qu'une femme, ayant oublié tout ce qu'on lui avait dit pendant le somnambulisme, pût cependant revenir au bout de huit jours à l'heure dite sans savoir pourquoi. Mais, en 1823, Bertrand considérait déjà cette expérience comme banale. Il faut reconnaître que les descriptions de M. Richet eurent plus de succès que celles de Bertrand. Elles purent convaincre plus de personnes et, depuis, l'étude de la suggestion exécutée après le réveil fut faite par un grand nombre d'observateurs qui retrouvèrent l'un après l'autre tous les faits qu'avaient aperçus les anciens. Nous ne reprendrons pas la description de ce phénomène qui est maintenant bien connu : les citations précédentes pouvant tenir lieu d'une description générale ; nous n'insisterons que sur les détails, qui nous feront mieux connaître le fonctionnement de l'esprit dans ces opérations singulières.

Remarquons d'abord que cette persistance d'une idée, malgré le passage d'un état à un autre se présente aussi en dehors de l'hypnotisme. « Ordinairement, dit Moreau (de Tours) [13], les rêves s'arrêtent avec le sommeil, quelquefois ils persistent dans la veille... Un individu rêve qu'il peut voler en l'air ; réveillé, il éprouve le besoin de l'essayer en sautant un fossé. » « Un autre rêve à son père qui est mort et en voit le fantôme, il continue à le voir dans le demi-réveil et même un peu pendant la veille [14]. » « Le délire de beaucoup d'aliénés prend son point de départ dans les rêves de leur sommeil [15]. » Les crises nerveuses et les états extatiques nous montrent des phénomènes du même genre. M. Fontaine, un des convulsionnaires de Saint-Médard, annonce, pendant une crise, que, tout le reste du carême, il ne prendra qu'un repas par jour et qu'il le prendra au pain et à l'eau ; après ses crises il ne se souvient de rien et cependant il est forcé de jeûner et d'exécuter sa prescription [16]. Liébault [17] parle d'un malade qui rêve qu'il est devenu muet et qui au réveil a réellement perdu la parole. Dans le même sens, qu'il nous soit permis de citer le procédé ingénieux d'un amoureux qui obtint la permission de s'approcher de sa belle pendant qu'elle dormait et de murmurer son propre nom *à* son oreille. Cette jeune personne eut dans la suite beaucoup de tendresse pour lui par une sorte de rêve récurrent [18]. Enfin M. Charcot cite un hystérique qui, après une crise où il croit avoir été mordu par des animaux, examine ses bras pour y chercher les traces des morsures qu'il croit avoir subies [19], et Maudsley parle d'un médecin qui croyait posséder un cheval blanc auquel il avait rêvé pendant le délire de la fièvre typhoïde [20]. Tous ces phénomènes sont évidemment identiques à ceux qui se passent après le sommeil hypnotique, mais ils ne sont ni aussi nets ni aussi accessibles à l'expérimentation.

1. Deleuze. *Instruction pratique*, 1825, 118.
2. Deleuze, *Histoire critique*, I, 125. Instruction, 65.
3. Bertrand. *Traité du somnambulisme*, 1823, 199.
4. Teste, *Magnétisme expliqué*, 1845, 341.
5. Id. *Ibid.*, 435.
6. A. Gauthier, *Histoire*, II, 361.
7. Charpignon, *Physiologie du magnétisme*, 82.
8. Id. *Ibid.*, 94, 362.
9. *Journal du magnétisme*, 1855, 181.
10. A. Perrier, *Recherches médico-magnétiques*. - *Journal du magnétisme*, 1854, 76.
11. Liébault, Du *sommeil*, 153.
12. Ch. Richet. *L'homme et l'intelligence*, 251.
13. Moreau (de Tours). *Le haschich*, 252.
14. Id. *Ibid.*, 230.
15. Id. *Ibid.*, 261.
16. Gasparin. *Tables tournantes*, II, 62. - Regnard. *De la sorcellerie*, 178.
17. Liébault. *Revue hypnotique*, I, 145, et *Le Sommeil*, 157.
18. *Proceed.* S. P. R., 1882, 287.
19. Charcot, *Maladies du syst. nerv.*, III, 262.
20. Maudsley, *Pathologie de l'esprit*, 219.

4

EXÉCUTION DES SUGGESTIONS PENDANT UN NOUVEL ÉTAT SOMNAMBULIQUE

Nous connaissons déjà dans quelles circonstances une suggestion du genre que nous étudions maintenant doit être faite : elle ne diffère pas en ce point de celles qui ont été étudiées dans le chapitre précédent. Il faut que le sujet soit normalement ou artificiellement dans un état psychologique incomplet où ses phénomènes de conscience en nombre restreint n'opposent pas une résistance suffisante aux idées qu'on lui suggère. Mais, dans quelles circonstances de pareilles suggestions sont-elles accomplies ? C'est ici que les choses ne sont plus aussi simples. En effet, si l'on réveille le sujet, pour employer l'expression consacrée, on le ramène dans un état psychologique différant du précédent en deux points. D'abord la nature des images prédominantes n'étant plus la même, le souvenir du somnambulisme et le souvenir de la suggestion elle-même semblent complètement perdus, et ensuite le nombre des phénomènes simultanés étant ordinairement plus considérable, le *sujet n'est plus actuellement suggestible*. On se demande alors comment cette suggestion peut se représenter à son esprit et comment elle peut avoir une puissance que les autres sensations et les autres souvenirs ne possèdent pas en ce moment. La réponse à ces questions est assez difficile, parce que le mécanisme de la suggestion posthypnotique est loin d'être le même chez tous les sujets.

Commençons par mettre à part les sujets qui n'ont pas de véritable somnambulisme, c'est-à-dire qui n'ont pas une seconde vie bien distincte de la première. Certaines personnes, comme Blanche dont j'ai parlé, ou comme une hystérique que j'ai souvent endormie, G.... gardent le même état de sensibilité quand elles sont éveillées ou endormies et par conséquent conservent la mémoire à peu près complète de leur second état. En outre, le champ de leur conscience varie peu, étant toujours fort restreint, et elles sont aussi suggestibles dans un état que dans l'autre. Il n'y a pas de véritable changement, leur sommeil ou leur réveil n'est qu'un simulacre obtenu par suggestion. Chez de semblables sujets, qui sont assez nombreux, la suggestion posthypnotique est identique à une de ces suggestions ordinaires avec point de repère précédemment étudiées. Si je dis à G.... pendant qu'elle dort, de faire le tour de la chambre quand je frapperai dans mes mains, cette idée reste consciemment dans son esprit et se réalise au signal donné. Je la réveille maintenant avant la réalisation, qu'importe, puisque chez elle le souvenir du somnambulisme persiste assez complètement. (Il est vrai qu'elle se souvient plus facilement des suggestions que des autres paroles, c'est probablement qu'elle y a attaché plus d'importance.) Réveillée, elle me dit encore : « Je sais bien ce que vous venez de me demander, vous m'avez dit de faire le tour de la chambre.» Comme elle est très suggestible à l'état de veille, elle ne sait pas plus résister à cette idée qu'elle ne faisait tout à l'heure et, au signal donné, elle se lève en disant pour s'expliquer son action à elle-même. «Vous avez vraiment de drôles d'idées... c'est bien ennuyeux..., enfin puisque vous y tenez... Vous savez, si je n'avais pas voulu faire le tour de la chambre, je serais restée sur ma chaise.... c'est parce que je le veux bien. -» Ses idées sont en réalité un peu plus nombreuses et rapides que pendant l'état précédent ; aussi a-t-elle un peu l'idée de résistance et l'idée de la liberté. Cette idée n'est pas absolument fausse, car il est de fait qu'elle peut résister à ce genre de suggestion. Je lui ai dit un jour de me faire des pieds de nez quand elle sera réveillée. Je la réveille : elle a encore gardé le souvenir et me dit : « Vous croyez que je vais vous faire des pieds de nez... ah ! mais non... je ne suis pas si sotte. » Et, en réalité, elle n'en fait pas. D'ailleurs, ne savons-nous pas qu'un sujet résiste très bien même pendant le somnambulisme ; il n'y a là rien de nouveau. Cela confirme seulement notre constatation : il y a des sujets chez qui l'état de veille et de somnambulisme sont presque identiques et qui exécutent des suggestions posthypnotiques de la même manière que des suggestions ordinaires.

On arrivera à une conclusion à peu près semblable en considérant des sujets en apparence tout différents. Je veux parler de ceux qui ont un véritable somnambulisme différent de la veille sous tous les rapports, avec perte complète des souvenirs au réveil. Examinons avec soin leur état psychologique après et pendant l'exécution d'une suggestion posthypnotique. Un premier fait très important a été constaté par M. Beaunis : de quelque manière qu'ils aient exécuté l'ordre reçu, une fois l'action accomplie, ils en perdent entièrement le souvenir, ils ne savent plus ce qu'ils ont fait, quoiqu'ils aient agi pendant la veille. Je dis à N... d'aller après le réveil embrasser Mme X... Elle se lève, exécute délibérément cette action, plaisante même comme si elle était bien éveillée. Un instant après, je lui demande pourquoi elle s'est levée et ce qu'elle désirait. « Ah ! je ne sais pas, dit-elle, c'était pour marcher un peu. - Que disiez-vous donc tout bas à Mme X ... ? - Rien du tout, voilà une demi-heure que je ne lui ai parlé.» Il en est ainsi presque toujours et le fait a été trop complètement décrit pour que j'y insiste davantage. Passons à un second fait signalé pour la première fois, je crois, par M. Gurney et qui a une importance au moins égale à celle du précédent. Si on interroge un sujet pendant qu'il exécute une suggestion posthypnotique, on constatera qu'il a, à ce moment, le souvenir de tous ses somnambulismes précédents, quoique ordinairement il ait complètement perdu ces souvenirs. « On lui dit une nouvelle pendant l'état hypnotique ; au réveil, il ne s'en souvient pas, mais quand il exécute une suggestion, il se souvient de la nouvelle qui lui a été dite pendant l'hypnose [1]. » J'ai vérifié ce caractère, surtout avec Marie, de la façon la plus nette.

Un troisième caractère, lié naturellement à celui-ci, se trouve indiqué dans l'article de M. Gurney et a pu être vérifié par nous d'une manière intéressante. « Si on donne une suggestion à un sujet dans un état où il est insensible et si on le réveille dans un autre état où il est normalement sensible, il redevient insensible au moment où il exécute la suggestion [2]. » J'ai constaté un fait qui confirme celui-ci, quoiqu'il semble en apparence l'inverse. Rose était normalement anesthésique totale, mais dans un certain somnambulisme elle reprenait la sensibilité du côté droit et n'était plus qu'hémianesthésique gauche ; au réveil, elle perdait toujours cette sensibilité et redevenait complètement insensible. Dans ce somnambulisme particulier, je lui commande de chercher un objet sur une table et de venir me le montrer. Puis je la réveille complètement, quelques instants après, elle se lève, marche un peu dans la pièce, va à la table, prend l'objet qu'elle m'apporte, Quand elle passe près de moi, je lui pince le bras droit, elle pousse un cri et se retourne, ce qu'elle ne faisait jamais à l'état de veille. L'instant suivant, elle avait perdu et le souvenir de m'avoir montré quelque chose et la sensibilité de son côté droit. Marie ne présente pas, dans le premier somnambulisme ordinaire, de grandes variations de la sensibilité, elle est anesthésique totale comme à l'état de veille ; mais voici un détail que j'ai constaté régulièrement. Son œil droit (elle était alors complètement aveugle de l'œil gauche) a, pendant la veille une acuité visuelle très faible, un huitième du tableau de Wecker ; pendant le somnambulisme, si on lui fait ouvrir les yeux, l'acuité visuelle de l'œil droit monte toujours sans aucune suggestion à un quart ou un tiers. Pendant ce somnambulisme, je lui suggère de prendre un balai et de balayer la salle quand elle sera réveillée. Quelque temps après le réveil, elle prend le balai et balaye, « parce que c'est sale », dit-elle. Je la place alors, sans lui retirer son balai, au même endroit que précédemment, à cinq mètres du tableau et je la fais lire. L'acuité visuelle est un tiers. Quelque temps après, le balai étant retiré, je mesure encore l'œil droit, l'acuité visuelle est un huitième. En un mot, elle a repris, au moment d'exécuter la suggestion posthypnotique, l'état sensoriel qu'elle avait dans le somnambulisme. C'est ainsi qu'il faut interpréter, croyons-nous, les observations de certains auteurs d'après lesquelles une anesthésie particulière caractériserait l'exécution des suggestions posthypnotiques. Cela n'a lieu que si l'état pendant lequel la suggestion a été faite était lui-même un état d'anesthésie. En un mot, chez les sujets de cette catégorie, l'état de la sensibilité au moment où une suggestion est exécutée est le même qu'au moment où elle a été reçue.

Enfin M. Gurney signale encore un autre fait que nous mettrons en quatrième lieu. Si nous prenons un sujet qui ne soit pas suggestible à l'état de veille, mais qui le soit nettement en somnambulisme, il reprend, au moment d'exécuter une suggestion posthypnotique, cette disposition *à* la suggestion qu'il n'avait plus pendant la veille normale. « Pendant cette exécution, on peut imposer au sujet un nouveau commandement qui serait regardé comme une plaisanterie si le sujet était éveillé et qui est alors exécuté comme s'il était donné pendant l'état hypnotique [3]. » J'ai vérifié ce nouveau fait, mais je ne trouve pas que mon observation ait grande valeur, car le sujet sur lequel je l'ai effectué était assez fortement suggestible même pendant la veille normale.

Il y a lieu de reprendre cette expérience, car l'observation de Gurney reste très intéressante. Ainsi, en résumé, on peut, dans certains cas, constater quatre caractères psychologiques importants au moment de l'exécution d'une suggestion posthypnotique : 1° oubli de l'acte après qu'il a été accompli ; 2° souvenir au moment de l'accomplissement de la suggestion des somnambulismes précédents ; 3° variations de l'état sensitivo-sensoriel ; 4° augmentation de la suggestibilité. Le rapprochement semble maintenant évident et ces quatre caractères sont précisément ceux qui distinguaient l'état somnambulique de l'état de veille. Certains sujets, pour exécuter des suggestions posthypnotiques, se remettent dans un état somnambulique identique à celui pendant lequel la suggestion a été reçue. Cette idée a déjà été exprimée par MM. Fontan et Ségard [4] et par M. Delbœuf qui lui a même donné, du moins à mon avis, une portée trop générale, mais elle n'avait pas été démontrée suffisamment. L'auteur en effet insiste sur la variation de la physionomie des sujets qui prennent des yeux hagards au moment où ils exécutent une suggestion posthypnotique. Le choix de ce caractère me paraît malheureux, car les somnambules n'ont pas nécessairement les yeux hagards. Comme nous l'avons dit et comme on semble aujourd'hui disposé à l'admettre, il n'y a pas de signe physique du somnambulisme. Mais les phénomènes psychologiques sont ici bien caractéristiques et montrent que, dans certains cas, les sujets sont de nouveau en somnambulisme quand ils exécutent la suggestion.

Dirons-nous cependant que cette constatation, tout intéressante qu'elle soit, résout complètement le problème de la suggestion posthypnotique ? Évidemment non. D'abord il est essentiel de remarquer que les choses ne se passent pas ainsi chez tous les sujets et qu'il est même très rare de constater, pendant l'exécution d'une suggestion posthypnotique, les quatre caractères que j'ai signalés. Il y a des sujets qui n'ont ni la mémoire ni la sensibilité du somnambulisme au moment où ils exécutent une suggestion, ils ne retombent donc pas en état hypnotique. En outre, même chez les sujets conformes à la description précédente, ces phénomènes sont loin d'être tous expliqués. Si la suggestion s'exécute aussitôt après le réveil apparent, on peut dire avec assez de vraisemblance qu'ils ne se sont pas réellement réveillés. Mais si, comme cela est habituel, la suggestion s'exécute beaucoup plus tard, deux jours au même cent jours après, il reste à expliquer un fait essentiel : Pourquoi se rendorment-ils à ce moment-là?

Il ne sert à rien de dire, ce qui d'ailleurs n'est guère exact, que toute suggestion posthypnotique équivaut à celle-ci : « Tu te rendormiras à tel moment et tu feras telle chose, » car la suggestion posthypnotique du sommeil est tout aussi difficile à expliquer qu'une autre. Après le réveil, ils ont parfaitement oublié qu'ils devaient se rendormir et ils ne pensent point à cette suggestion avant le moment où elle doit s'exécuter. Pourquoi ce souvenir oublié se représente-t-il à ce moment ? Après leur sommeil, ils ne sont plus suggestibles ; on peut, comme l'a remarqué M. Beaunis [5], leur fait croire qu'une suggestion a été faite pendant qu'ils dormaient: si la suggestion n'a pas été réellement faite pendant le somnambulisme, cette idée ne suffit pas et l'acte ne s'exécute pas. Pourquoi cette idée de sommeil survenant parmi d'autres idées a-t-elle le pouvoir de s'exécuter ? Cela n'est pas expliqué, même si nous admettons que toute suggestion est exécutée pendant un somnambulisme nouveau. Pour avancer dans l'étude de ce problème, il nous faut examiner d'autres sujets qui présentent d'une manière nette, en quelque sorte typique, une autre façon d'exécuter la suggestion. Les phénomènes nouveaux que nous verrons chez ces sujets existaient déjà chez les autres, mais sans précision, mélangés avec d'autres faits ; il vaut mieux les examiner à part avant de revenir aux phénomènes plus complexes.

1. Gurney. *Problems of hypnotism. Proceed. S. P. R.*, 1887, 273.
2. Gurney, *Problems of hypnotism. Proceed.* S. P. R. II, 65.
3. Curney. *Proceed.* S. P. R, 1887, 271, 273.
4. *Médecine suggestive*, 158.
5. Beaunis. *Somnambulisme, 208*.

EXÉCUTION SUBCONSCIENTE DES SUGGESTIONS POSTHYPNOTIQUES

Une femme hystérique, que j'ai eu l'occasion d'étudier, présentait au plus haut degré et d'une manière extrêmement nette un phénomène important qui existe chez tous les autres sujets d'un manière plus ou moins dissimulée. C'est un de ces cas prérogatifs dont parle Bacon qu'il faut bien comprendre avant de passer aux autres. Il s'agit de Lucie, cette jeune femme de 19 ans, qui avait tous les jours de grandes crises d'hystéro-épilepsie et que j'avais endormie pour la première fois 'au milieu d'une attaque. Après avoir étudié sur elle les suggestions ordinaires pendant l'état hypnotique qui réussissaient d'une manière remarquable, je lui donnai des ordres à accomplir après le réveil et je fus frappé de la manière singulière dont elle les exécutait. Elle avait, à ce moment, l'apparence la plus naturelle, parlait et agissait en se rendant bien compte de tous les actes qu'elle faisait spontanément ; mais, au travers de tous ces actes naturels, elle accomplissait, comme par *distraction*, les actes commandés dans le sommeil. Non seulement, comme la plupart des sujets, elles les oubliait après les avoir accomplis, mais elle ne paraissait pas les connaître au moment même où elle les exécutait. Je lui dis de lever les deux bras en l'air après son réveil : à peine est-elle dans l'état normal qu'elle lève les deux bras au-dessus de sa tête, mais elle ne s'en inquiète pas ; elle va, vient, cause, tout en maintenant ses deux bras en l'air. Si on lui demande ce que font ses bras, elle s'étonne d'une pareille question et dit très sincère-ment : « Elles ne font rien du tout mes mains, elles sont comme les vôtres. » Par ce procédé, je lui fais faire des pieds de nez, je la fais marcher au travers de la chambre; je lui commande de pleurer et au réveil elle sanglote réellement ; mais elle continue au milieu de ses pleurs à parler de choses très gaies ; les sanglots arrêtés, il ne restait plus trace de ce chagrin qui ne semblait pas avoir été conscient. Je la priai même un jour de faire tous ses efforts pour me résister ; elle ne parut pas très bien comprendre, car elle ne se souvenait pas de son obéissance. Elle m'assura en riant qu'elle ne ferait certainement pas l'acte que j'allais dire. Je commande quelque chose pendant un instant de sommeil et mon commandement est aussitôt exécuté au réveil ; mais elle continue à rire en disant toujours : « Essayez donc de me commander, je ne ferai rien du tout. » En un mot, tout ce qui avait rapport à la suggestion posthypnotique semblait ne plus pénétrer dans sa conscience.

Les choses se passaient un peu différemment quand ce n'était plus un acte, mais une hallucination qu'on prescrivait pour le réveil. Le commandement était également ignoré ; mais l'hallucination elle-même était ou semblait consciente, c'est-à-dire qu'elle envahissait brusquement la conscience sans que Lucie pût savoir d'où elle venait. « Vous allez, lui dis-je, boire un verre de cognac. » Réveillée, elle dit n'avoir rien entendu et veut parler d'autre chose ; mais son bras se lève automatiquement, la main s'approche des lèvres, Lucie semble goûter quelque chose et, interrogée, dit qu'elle boit du cognac, ce dont elle est bien contente parce que le médecin le lui a défendu [1]. L'oubli d'ailleurs est très rapide et il faut interroger assez vite pour constater cette conscience passagère de l'hallucination. Sauf dans ce cas, où la suggestion s'exécutait avec une certaine perception, la conscience semblait complètement abolie.

Une fois convaincu de cette inconscience qui, sans doute, a déjà été remarquée par bien des observateurs, mais que je n'avais pas encore constatée à ce degré, j'ai essayé de déterminer jusqu'où elle s'étendait, c'est-à-dire quels étaient les actes, les phénomènes psychologiques qui pouvaient revêtir ce caractère ; en même temps, j'ai essayé d'apporter quelque lumière sur un petit problème de psychologie qui a été signalé autrefois à propos de la suggestion hypnotique.

M. Paul Janet, dans les articles qu'il a publiés sur l'hypnotisme [2] et par lesquels il a fait connaître aux philosophes ces phénomènes curieux et trop négligés de la pensée humaine, avait élevé quelques doutes sur un genre particulier de suggestion. MM. Richet et Bernheim, à l'exemple de la plupart des magnétiseurs anciens, avaient cité des exemples de suggestions que le sujet devait accomplir à son réveil, non à une échéance fixe marquée par un signe, mais au bout d'un certain nombre de jours : « à S..., dit M. Bernheim, j'ai fait dire en somnambulisme qu'il reviendrait me voir au bout de treize jours ; réveillé, il ne se souvient de rien. Le treizième jour, à dix heures, il était présent. » M. Paul Janet écrit à ce propos - « J'admets que ces souvenirs ignorés, comme les appelle M. Richet, puissent se réveiller à une époque quelconque, suivant telle ou telle circonstance. Je comprendrais encore le retour même à une époque fixe de ces images et de ces actes qui en sont la suite, si l'opérateur les associait à l'apparition d'une sensation vive ; par exemple, « le jour où vous verrez M. un tel, vous l'embrasserez », la vue de M. un tel devant servir de stimulant au réveil de l'idée. Mais ce que je ne comprends absolument pas, c'est le réveil à jour fixe sans aucun point de rattache que la numération du temps, par exemple, dans treize jours. Treize jours ne représentent pas une sensation ; c'est une abstraction. Pour rendre compte de ces faits, il faut supposer une faculté inconsciente de mesurer le temps ; or, c'est là une faculté inconnue. » M. Ch. Richet répondit quelques mots [3] ; mais, si je ne me trompe, il ne fit guère que confirmer l'exactitude du fait et le rattacha assez vaguement à d'autres du même genre : « l'intelligence, dit-il, peut travailler en dehors de moi et, puisqu'elle travaille, elle peut mesurer le temps ; c'est une opération évidemment plus simple que de trouver un nom, de faire des vers, de résoudre un problème de géométrie, toutes choses qu'elle peut accomplir sans que le moi y participe. »

Depuis, M. Bernheim a tenté une explication ingénieuse cette mesure du temps, dit-il, a eu lieu réellement et consciemment ; de temps en temps, le souvenir de la suggestion est revenu dans la conscience et, de temps en temps, le sujet a compté les jours écoulés, mais cette réflexion a passé rapidement dans son esprit et il l'a oubliée. « Il ne se souvient plus qu'il s'est souvenu [4]. » Il en est de même quand nous nous couchons avec l'intention de nous réveiller le lendemain à une heure fixe ; de temps en temps on se réveille, on surveille l'heure, puis on se rendort et, « quand nous sommes éveillés, nous ne nous rappelons pas que nous avons songé toute la nuit à ne pas manquer l'heure et nous croyons que le réveil a été spontané et inconscient [5]. » La supposition est intéressante et elle avait déjà séduit plusieurs philosophes, on la trouve dans l'article de Jouffroy sur le sommeil [6] et dans le travail de Charma sur le même sujet : « Les actes intelligents, les précautions prises dans le sommeil sont prises en réalité dans un instant de veille qui sépare deux sommeils immédiats et qui est oublié après. C'est pour cela que nous nous réveillons à un bruit qui nous intéresse et non à un autre, parce que, après l'autre, nous nous rendormons sans en garder souvenir [7]. » Cette explication aurait l'avantage de simplifier les choses et de substituer un phénomène d'oubli à un phénomène d'inconscience. Je crois cependant qu'elle est encore insuffisante ; d'abord cette théorie ne nous expliquerait pas pourquoi le souvenir de la suggestion, qui semble ne pas exister, revient de temps en temps et qu'est-ce qui pousse le sujet à prendre ces précautions. En outre, la supposition ne me paraît pas conforme aux faits. Si on examine sérieusement l'esprit d'un sujet dans tous les moments qui précèdent l'exécution de la suggestion, on ne trouvera pas un instant où il en ait réellement le souvenir. Il y a là, non pas un oubli, mais une vraie inconscience, comme M. Beaunis [8] le remarquait en discutant la supposition de M. Bernheim.

Pour éclaircir un peu cette question, j'avoue que je ne poserais pas le problème de la même manière que M. Paul Janet. « C'est là, dit-il, [9] un fait nouveau, d'un tout autre ordre que les précédents et qui s'il était vrai, nous ferait entrer dans le domaine des facultés mystérieuses et inconnues du magnétisme animal, double vue, pressentiment, etc. » Je ne puis partager ce sentiment: le somnambule à qui on a suggéré d'accomplir un acte dans treize jours n'a pas besoin d'une faculté particulière et mystérieuse pour mesurer le temps ; il se trouve dans les mêmes conditions que nous tous ; il voit le jour et la nuit ; il voit l'heure sur les horloges et je ne sais pas pourquoi il mesurerait le temps d'une façon mystérieuse, quand rien ne l'empêche de le mesurer de la façon ordinaire. Mais, dira-t-on, il n'a pas souvenir, il n'a pas conscience de la suggestion ; cela n'empêche pas que les jours et les nuits ne fassent impression sur lui et pour exécuter la suggestion à l'heure dite, il n'a qu'à les compter. Il est vrai que ce compte doit être fait sans conscience, puisque le sujet, dans sa conscience ordinaire, ne sait pas qu'il a une action à accomplir dans treize jours. Mais, de toute façon, ce n'est qu'une faculté de compter inconsciemment des choses parfaitement réelles et non une faculté mystérieuse de mesurer le temps qui me parait ici inutile. Cela dit, je trouve que M. Paul Janet a parfaitement raison d'autre part, de distinguer cette opération d'un souvenir ordinaire, et ce genre particulier de suggestion de toutes les autres. Quand on fait une suggestion ordinaire : « Dès que vous verrez M. X..., vous l'embrasserez, » le somnambule, une fois réveillé, ne garde rien dans sa conscience, ou plutôt il conserve une association d'idées latente qui n'a pas besoin de se traduire actuellement en phénomène psychologique. Nous-mêmes, nous ne savons pas toutes les associations latentes qu'il y a dans notre esprit ; la vue de telle personne doit peut-être réveiller en nous une idée triste ou gaie dont nous ne nous doutons pas maintenant. Le somnambule réveillé a dans sa tête une association latente de plus ; la vue de M. X... éveillera en lui l'idée de l'embrasser. Il n'y a rien là qui sorte de la psychologie la plus normale. Mais, dans le second cas, quand on lui a dit : « Vous ferez tel acte dans treize jours, » sa pensée ne peut pas oublier entièrement la suggestion au réveil ; celle-ci ne peut pas rester latente jusqu'au treizième jour, car ce treizième jour n'étant pas en lui-même différent des autres n'éveillerait pas en lui l'idée de la suggestion plus que le douzième ou le quatorzième. Il faut que, depuis son réveil et dans tout l'intervalle, il pense sans cesse : « C'est aujourd'hui le premier jour, ou le second... » puis quand il pensera : « C'est le treizième », l'association se fera. Or, il est évident pour tout le monde que les somnambules réveillés n'ont pas un tel souvenir même par instants, et n'ont pas conscience de faire ces remarques et ce compte. Cependant le compte doit être fait. Nous avons ici, non pas une association, c'est-à-dire une pure possibilité persistant à l'état latent, mais de véritables phénomènes psychologiques, des remarques, des comptes, en un mot des jugements persistant pendant treize jours dans la tête d'un individu, sans qu'il en ait conscience : un jugement inconscient est tout autre chose qu'une association latente.

Le problème ainsi ramené à des termes qui me paraissaient plus simples, j'ai essayé avant tout de vérifier la réalité du fait en question. La personne dont je m'occupais me présentait, comme les autres d'ailleurs, bien des exemples d'associations latentes. Je lui avais suggéré de s'endormir dès que je lèverais le bras et je l'endormis ainsi avec la plus grande facilité. Je l'interrogeai un jour à l'état de veille pour voir si elle savait le procédé dont je me servais pour la mettre en somnambulisme; elle l'ignorait absolument. Je lui parlai d'un signe, du bras levé : elle crut à une plaisanterie et cependant la vue de mon bras levé l'endormit immédiatement. C'est là un fait bien connu: M. Bernheim avait déjà remarqué que si, pendant le somnambulisme, on a fait comprendre au sujet que l'aimant produisait le transfert, il n'a conservé à son réveil aucun souvenir de ce qu'on lui a dit à ce propos. « Cependant, si je répète l'expérience de transfert faite pendant le sommeil avec suggestion, les mêmes phénomènes se reproduiront à leur grand étonnement, preuve que le cerveau avait conservé dans l'état de veille le souvenir inconscient des phénomènes suggestifs provoqués pendant l'état hypnotique [10]. » Il y a donc des associations latentes dans l'esprit des sujets, mais y a-t-il de même des jugements inconscients et le sujet peut-il faire des comptes sans le savoir?

Lucie étant en état de somnambulisme constaté, je lui dis du ton de la suggestion : « Quand j'aurai frappé douze coups dans mes mains, vous vous rendormirez ». Puis je lui parle d'autre chose et, cinq ou six minutes après, je la réveille complètement. L'oubli de tout ce qui s'était passé pendant l'état hypnotique et de ma suggestion en particulier était complet. Cet oubli, chose importante ici, m'était garanti, d'abord par l'état de sommeil précédent qui était un véritable somnambulisme avec tous les signes caractéristiques, par l'accord de tous ceux qui se sont occupés de ces questions et qui ont tous constaté l'oubli au réveil de semblables suggestions, enfin par la suite de toutes les expériences précédentes faites sur ce sujet où j'avais toujours constaté cette inconscience. D'autres personnes entourèrent Lucie et lui parlèrent de différentes choses ; cependant, retiré à quelques pas, je frappai dans mes mains cinq coups assez espacés et assez faibles. Remarquant alors que le sujet ne faisait aucune attention à moi et parlait vivement, je m'approchai et je lui dis : « Avez-vous entendu ce que je viens de faire ? - Quoi donc, je ne faisais pas attention. - Et cela ? (Je frappe dans mes mains). - Vous venez de frapper dans vos mains. - Combien de fois ? - Une seule ». Je me retire et continue à frapper un coup plus faible de temps en temps ; Lucie distraite ne m'écoute plus et semble m'avoir complètement oublié. Quand j'ai ainsi frappé six coups qui, avec les précédents, faisaient douze, Lucie s'arrête immédiatement, ferme les yeux et tombe en arrière endormie. « Pourquoi dormez-vous ? lui dis-je. - Je n'en sais rien, cela m'est venu tout d'un coup. » Si je ne me trompe, c'est là l'expérience de MM. Richet et Bernheim, mais réduite à une plus grande simplicité. La somnambule avait aussi dû compter, car je m'appliquais à faire les coups égaux et le douzième ne se distinguait pas des précédents ; mais, au lieu de compter des jours, ce qui avait fait croire à une mesure de temps, elle avait compté des bruits. Il n'y avait aucune faculté nouvelle, car tous les coups étaient faciles à entendre, quoiqu'elle prétendit n'en avoir entendu qu'un seul : elle avait dû les écouter et les compter, mais sans le savoir, inconsciemment. L'expérience était facile à répéter et je l'ai refaite de bien des manières : Lucie a compté ainsi inconsciemment jusqu'à 43, et les coups furent tantôt réguliers, tantôt irréguliers, sans que jamais elle se soit trompée sur le résultat. Une des expériences les plus frappantes fut celle-ci. Je commande: « Au troisième coup vos mains se lèveront; au cinquième elles se baisseront ; au sixième vous ferez un pied de nez ; au neuvième vous marcherez dans la chambre ; au seizième vous vous endormirez dans un fauteuil ». Nul souvenir au réveil et tous ces actes s'accomplissent dans l'ordre voulu, tandis que, pendant tout le temps, Lucie répond aux questions qu'on lui adresse, et n'a aucune conscience qu'elle compte des bruits, qu'elle fait un pied de nez ou qu'elle se promène.

Après avoir répété l'expérience, il fallait songer à la varier et j'ai essayé d'obtenir ainsi des jugements inconscients très simples. La disposition de l'expérience reste toujours la même ; les suggestions sont faites pendant le sommeil hypnotique bien constaté, puis le sujet est complètement réveillé, les signes et l'exécution ont lieu pendant la veille. « Quand je dirai deux lettres pareilles l'une après l'autre, vous resterez toute raide ». Après le réveil, je murmure les lettres « a... c... d... e... a... a... », Lucie demeure immobile et entièrement contracturée ; c'est là un jugement de ressemblance inconscient. Voici des jugements de différence : « Vous vous endormirez quand je dirai un nombre impair », ou bien : « Vos mains se mettront à tourner l'une sur l'autre quand je prononcerai un nom de femme. » Le résultat est le même: tant que je murmure des nombres pairs ou des noms d'homme, rien n'arrive ; la suggestion est exécutée quand je donne le signe : Lucie a donc inconsciemment écouté, comparé et apprécié ces différences.

J'ai essayé ensuite de compliquer l'expérience pour voir jusqu'où allait cette faculté inconsciente de jugement. « Quand la somme des nombres que je vais prononcer fera 10, vos mains enverront des baisers. » Mêmes précautions ; elle est réveillée, l'oubli est constaté et, loin d'elle, pendant qu'elle cause avec d'autres personnes qui la distraient le plus possible, je murmure 2... 3... 1... 4... et le mouvement est fait. Puis j'essaye des nombres plus compliqués ou d'autres opérations : « Quand les nombres que je vais prononcer deux par deux, soustraits l'un de l'autre, donneront comme reste six, vous ferez tel geste, » ou des multiplications ou même des divisions très simples. Le tout s'exécute presque sans erreur, sauf quand l'opération devient trop compliquée et ne pourrait plus être faite de tête. Comme je l'ai déjà remarqué, il n'y avait là aucune faculté nouvelle, mais des phénomènes ordinaires s'exécutant inconsciemment.

Il me semble que ces expériences se rapportent assez directement au problème soulevé dans la *Revue littéraire* et, en général, au problème de l'exécution intelligente des suggestions qui paraissent oubliées. Les faits signalés sont parfaitement exacts : les somnambules peuvent compter les jours et les heures qui les séparent de l'accomplissement d'une suggestion, quoiqu'ils n'aient aucun souvenir de cette suggestion elle-même. En dehors de leur conscience, nous ne savons comment, il y a un souvenir qui persiste, une attention toujours éveillée et un jugement bien capable de compter les jours, puisqu'il peut faire des multiplications et des divisions. Mais il n'en est pas moins vrai que ces phénomènes sont, au premier abord, étranges et qu'il faut essayer de pousser plus loin leur étude, afin de mieux comprendre et le phénomène des suggestions posthypnotiques et peut être la nature générale de la vie consciente.

Pour faire quelques progrès dans cette étude, il fallait tâcher de pénétrer dans cette inconscience, de rendre sensibles ces opérations psychologiques qui étaient en dehors de l'esprit normal et dont nous n'avions vu jusqu'ici que les résultats. Comment les rendre manifestes par un signe, un langage quelconque ? Les paroles ne me révélant rien, essayons d'un autre genre de signes, de l'écriture. « Quand j'aurai frappé dans mes mains, lui dis-je en disposant toujours l'expérience de la même manière, vous prendrez sur la table un crayon et du papier et vous écrirez le mot « Bonjour. » Au signe donné, le mot est écrit rapidement, mais, d'une écriture lisible. Lucie ne s'était pas aperçue de ce qu'elle faisait ; mais ce n'était là que du pur automatisme qui ne manifestait pas grande intelligence. « Vous allez multiplier par écrit 739 par 42. » Le main droite écrit régulièrement les chiffres, fait l'opération et ne s'arrête que lorsque tout est fini. Pendant tout ce temps, Lucie, bien éveillée, me racontait l'emploi de sa journée et ne s'était pas arrêtée une fois de parler pendant que sa main droite calculait correctement. Je voulais laisser plus d'indépendance à cette intelligence singulière. « Vous écrirez une lettre quelconque. » Voici ce qu'elle écrivit sans le savoir, une fois réveillée : « Madame, je ne puis venir dimanche, comme il était entendu ; je vous prie de m'excuser. Je me ferais un plaisir de venir avec vous, mais je ne puis accepter pour ce jour. Votre amie, Lucie. - P. S. - Bien des choses aux enfants, s. v. p. » Cette lettre automatique est correcte et indique une certaine réflexion. Lucie parlait de tout autre chose et répondait à plusieurs personnes pendant qu'elle l'écrivait. D'ailleurs, elle ne comprit rien à cette lettre quand je la lui montrai et soutint que j'avais copié sa signature. Chose assez curieuse, quand je voulus recommencer cette expérience, Lucie écrivit une seconde fois la même lettre sans changer un mot ; il semblait que la machine fut montée dans ce sens et ne pût pas être dérangée. L'écriture de ces lettres est intéressante ; elle est analogue à l'écriture normale de Lucie, mais non identique ; c'est une écriture penchée et très lâche ; les mots ont une tendance à s'allonger indéfiniment. M. Ch. Richet, à qui j'ai montré ces fragments d'écriture automatique, m'a appris que ce caractère était fréquent dans les écritures de médiums dont nous parlerons plus tard et que, dans leurs lettres, souvent un mot remplissait toute une ligne.

Après avoir fait écrire à Lucie plusieurs lettres automatiques de ce genre, j'eus l'idée de l'interroger au moment où je lui faisais la suggestion et de lui commander de me répondre par écrit. J'ai commencé par poser la question pendant le sommeil ; puis je réveillais le sujet afin d'être plus certain de l'oubli et de l'inconscience. A un signal convenu, Lucie prenait la plume et écrivait la réponse sans le savoir. Je ne tardai pas à m'apercevoir qu'il n'était pas nécessaire de la rendormir pour chaque question. Il suffisait de lui suggérer, pendant le sommeil, de répondre par écrit à mes questions, pour que, une fois réveillée, elle le fit toujours et de la même manière automatique. A ce moment, Lucie, quoique éveillée, semblait ne plus me voir ni m'entendre consciemment ; elle ne me regardait pas et parlait à tout le monde, mais non à moi; si je lui adressais une question, elle me répondait par écrit et sans interrompre ce qu'elle disait à d'autres. Il me fallait changer de ton entièrement et même lui prendre la main pour la forcer à m'écouter de nouveau de la façon ordinaire. Alors elle frissonnait légèrement et paraissait un peu surprise de me revoir. « Tiens, j'avais oublié que vous étiez là. » Mais, dès que je m'éloignais un peu, elle m'oubliait de nouveau et recommençait à me répondre par écrit.

Nous ne pouvons étudier maintenant d'une manière plus complète ces conversations par écriture automatique et l'intelligence qui s'y manifeste ; nous ne pourrons le faire qu'après avoir signalé d'autres phénomènes. Mais, avant d'aller plus loin, il nous faut modifier un peu nos affirmations précédentes sur l'inconscience de ces actes exécutés par suggestion post-hypnotique. Cette expression, appliquée aux faits précédents, n'a plus guère de sens : qu'est-ce qu'un jugement inconscient, une multiplication inconsciente. Si la parole est pour nous un signe de la conscience d'autrui, pourquoi l'écriture n'en serait-elle pas un signe caractéristique ? Ces phénomènes semblent appartenir à une conscience particulière au-dessous de la conscience normale de l'individu. Ce n'est pas là une explication sans doute, c'est la constatation d'un fait, si bizarre qu'il paraisse, et nous ne ferons que résumer ces observations en appelant désormais ces actes des faits subconscients, ayant une conscience au-dessous de la conscience normale, quitte, quand nous les connaîtrons mieux, à revenir avec plus de précision sur leur nature.

Cette façon particulière d'exécuter les suggestions posthypnotiques sous forme d'actes subconscients se rencontre aussi chez d'autres sujets, quoiqu'en général avec beaucoup moins de netteté que chez Lucie. Pendant le somnambulisme, j'ai commandé à Léonie d'ôter son tablier à son réveil et de le remettre. Une fois bien réveillée, Léonie me reconduit à la porte et me demande à quelle heure je viendrai le lendemain. Pendant qu'elle parle, ses mains défont doucement le nœud de son tablier et l'enlèvent entièrement. Par un geste, j'attire l'attention de Léonie sur son tablier. « Tiens, dit-elle, mon tablier qui tombe, » et brusquement, avec conscience cette fois, elle le reprend et le renoue, puis parle d'autre chose ; mais voici que les mains recommencent leur opération, dénouent les cordons, enlèvent complètement le tablier. Comme cette fois, Léonie ne regarde pas, ses mains, après avoir enlevé le tablier, le reprennent et le remettent bien proprement. La suggestion, semble-t-il, n'avait pas été entièrement exécutée la première fois, puisque Léonie avait remis le tablier elle-même et les mains voulaient recommencer l'opération pour aller jusqu'au bout. Cette fois, d'ailleurs, l'acte était terminé, il n'y eut plus rien ; le sujet n'avait pas eu la moindre conscience de tous ces actes.

J'ai reproduit sur un autre sujet, N..., des expériences plus compliquées, les suggestions à échéance calculée qui étaient si curieuses chez Lucie: N... additionnait des chiffres sans le savoir et même sans les entendre. D'ailleurs, elle présentait également l'écriture automatique par suggestion posthypnotique. « Si je vous parle, lui ai-je dit pendant qu'elle dormait, vous me répondrez par écrit. » Elle est bien réveillée et cause avec plusieurs autres personnes : « Quel âge avez-vous ? » lui dis-je tout bas derrière elle. Sa main prend un crayon et écrit : « Trente ans. » - « Avez-vous des enfants ? » elle écrit encore « Oui, deux garçons et une fille. » Si on l'arrête en lui disant « Qu'écrivez-vous donc ? - Mais je n'écris rien, fait-elle tout étonnée. » Elle regarde le papier et dit : « Qui donc a griffonné cela ? » Inutile de multiplier les exemples ; j'ai pu reproduire sur ce sujet à peu près toutes les expériences que j'ai rapportées dans l'étude précédente sur Lucie.

Ces sujets, cependant, ne se ressemblent pas tout à fait. N... se rapproche du type que nous avons décrit au début de cette étude sur la suggestion posthypnotique : elle exécute quelquefois un ordre avec une conscience en apparence complète, il est vrai avec perte de souvenir consécutive. Léonie se rapprocherait plutôt du second ; elle a une tendance à s'endormir complètement dans l'exécution d'une suggestion, et il faut quelquefois la réveiller entièrement après un acte de ce genre comme après une séance de somnambulisme. Certains actes seulement sont exécutés par ces deux sujets de la manière que nous venons de décrire.

L'étude de ces phénomènes sur ces nouveaux sujets nous permet de faire une autre remarque qui a son importance. Quand il y a plusieurs somnambulismes différents et successifs, comme chez Léonie, la suggestion posthypnotique peut être faite d'un somnambulisme à l'autre, comme d'un somnambulisme à la veille, et elle a encore le même caractère. Ainsi supposons Léonie dans son dernier somnambulisme que nous avons décrit, en état de Léonie 3, je lui commande alors de chercher un foulard et de le mettre ; puis je la réveille, c'est-à-dire que je la fais passer de cet état profond à un autre état qui est encore du somnambulisme, mais dans lequel le souvenir de Léonie 3 est complètement perdu. Dans cet état, Léonie 2 ne se souvient point de l'ordre donné et parle d'autre chose, mais ses mains cherchent le foulard et le mettent au cou à son insu. La chose s'est exécutée subconsciemment, comme si le sujet était dans un état de veille par rapport au deuxième somnambulisme. Il en est de même chez Lucie ; comme nous ne l'avions pas vu tout d'abord, les suggestions faites en Lucie 3 s'exécutent inconsciemment pendant le premier somnambulisme. On peut même dire qu'en général, les suggestions semblaient toujours s'adresser à ce groupe de phénomènes de troisième ordre, car elles étaient rarement connues même pendant le premier somnambulisme. Ces remarques sur l'exécution des suggestions sont donc générales; elles s'appliquent, non seulement au passage du somnambulisme à la veille, mais à tous les changements d'état. Une suggestion donnée dans un état plus profond prend la forme d'un acte subconscient quand le sujet est revenu à un état différent et surtout moins profond.

C'est encore à la persistance d'une pensée subconsciente que je rapporterais l'action de la plupart des suggestions posthypnotiques à effet thérapeutique sur lesquelles nous n'insistons pas. La formation d'une plaque rouge sur la peau en forme d'une étoile, qu'elle ait lieu après le réveil ou pendant le somnambulisme comme précédemment, ne peut également s'expliquer que par une pensée. Il ne suffit pas de dire que cette rougeur est due à l'excitation d'un nerf vaso-moteur, car il n'y a pas de nerf qui se distribue précisément à cet endroit sous forme d'une étoile à six branches. C'est une excitation partielle et systématique de plusieurs nerfs que je ne puis comprendre sans l'intervention d'une pensée qui coordonne ces excitations. Pendant le somnambulisme, le sujet exprimait directement cette pensée et nous disait : « J'ai tout le temps pensé à votre sinapisme » Maintenant qu'il est réveillé aussitôt après la suggestion, il semble n'y plus penser et n'a conscience de rien, mais quelque chose doit y penser en lui de la même manière quoique à son insu. On voit quelquefois cette pensée thérapeutique se manifester par des actes subconscients. Rose, parmi ses divers accidents hystériques, eut des hémorragies utérines assez prolongées : nous ne pûmes réussir à les arrêter par une suggestion directe en lui défendant simplement d'en avoir. Elle raconta, pendant le somnambulisme, qu'elle avait déjà arrêté un accident semblable en buvant une potion à l'ergotine. « Soit, lui dis-je, vous boirez toutes les deux heures une cuillerée d'une potion à l'ergotine. » Je la réveille et je m'abstiens de lui parler de la suggestion précédente. Toutes les deux heures, Rose fit un singulier manège ; sa main droite se fermait comme pour tenir une cuillère, et la portait à la bouche qui s'ouvrait et un rapide mouvement de déglutition avait lieu. En vain on lui demandait ce qu'elle faisait, elle soutenait qu'elle n'avait pas bougé. Le plus curieux de l'observation c'est que l'hémorragie s'arrêta, la pensée subconsciente avait été dans ce cas très visible.

Nous avons admis au début de cette étude que toutes les suggestions posthypnotiques ne s'exécutaient pas de la même manière chez tous les sujets, que certains d'entre eux restaient en état de veille normale pour les accomplir et que d'autres retombaient à ce moment en un véritable somnambulisme. Grâce aux études nouvelles que nous venons de faire sur les actes subconscients, nous pouvons revenir un peu sur nos premières descriptions et les compléter. Nous n'insisterons pas sur les sujets qui restent sans cesse en état de veille normale avec souvenir de la suggestion et de son exécution ; ceux-là, comme nous l'avons dit, n'ont pas été hypnotisés, ils étaient simplement suggestibles à l'état normal : mais montrons que les seconds, ceux qui se rendorment au moment de la suggestion, ne diffèrent que peu de ceux qui exécutent inconsciemment et qu'il n'y a entre eux qu'une différence de degré.

Léonie exécute, disions-nous, les suggestions subconsciemment, mais, pour cela, il ne faut pas qu'elles soient trop compliquées. Je n'entends pas seulement par suggestion compliquée celle qui comporte un grand nombre d'actes successifs à accomplir ; dans ce cas, comme on l'a déjà remarqué [11], chaque partie de l'acte apparaît successivement et graduellement à l'esprit du sujet et il n'y a pas de complication réelle ; mais je parle des actes délicats qui demandent un effort intellectuel comme un calcul ou une réflexion. La suggestion est encore difficile à exécuter, on le comprend, quand elle a été peu ou mal expliquée, ou quand elle ne l'a pas été verbalement, comme dans les cas de suggestion mentale dont j'ai été amené à m'occuper. Dans ces cas, le sujet est troublé sans savoir pourquoi ; il sent en lui un effort, un travail intense dont il ne se rend pas compte. Il essaye en vain de résister, le travail subconscient augmente, prend pour lui toutes les forces de la pensée et l'individu conscient ordinaire s'évanouit. La suggestion est alors exécutée dans un état somnambulique complet, ce qui arrive fréquemment chez Léonie. Mais ici encore cet accès de somnambulisme n'est que secondaire. S'il n'y avait pas un travail subconscient préalable, on ne s'expliquerait pas pourquoi le sujet s'endormirait sans raison justement à ce moment-là.

C'est donc seulement en apparence que les suggestions posthypnotiques présentent des caractères différents ; en réalité, ces phénomènes renferment toujours un élément commun. L'idée qui a été suggérée pendant le somnambulisme ne disparaît pas après le réveil, quoique le sujet semble l'avoir oubliée et n'en conserver aucune conscience. Elle subsiste et se développe en dehors et au dessous de la conscience normale. Quelquefois elle arrive à son achèvement complet et amène l'exécution de l'acte suggéré sans jamais avoir pénétré dans cette conscience ; quelquefois, au terme de son développement, lors de cette exécution, elle entre pour un moment dans la pensée, la modifie, et ramène plus ou moins complètement l'état somnambulique initial. L'essentiel, c'est l'existence de la pensée subconsciente que les suggestions posthypnotiques, plus que tout autre phénomène, viennent nous révéler, car elles ne peuvent pas être comprises sans elle.

---

1. C'est là un phénomène complexe analogue à ceux que nous avons signalés plus haut.
2. *Revue littéraire*, 26 juillet, 2, 9, 16 août 1884.
3. *Revue littéraire*, 23 août 1884.
4. *De la suggestion*, 174.
5. *De la suggestion*, 172.
6. Jouffroy, *Mélanges philosophiques*, 1875, 233.
7. Charma, *Du sommeil*, 1852, 26.
8. Beaunis, *Somnambulisme*, 243.
9. Réponse à M. Richet. *Revue littéraire*, 23 août 1884.
10. Bernheim. *Revue philosophique*, 1885, I, 312. - *Cf. De la suggestion*, 161.
11. De Rochas. *Les forces non définies*. 1887, 215.

CONCLUSION

En examinant les catalepsies partielles et les suggestions par distraction, nous avons été amenés à penser qu'elles devaient dépendre comme les actes suggérés ordinaires d'une image et d'une perception qui se développaient automatiquement. Mais comme cette image ou cette perception paraissait complètement absente de l'esprit du sujet, nous étions forcé de supposer son existence en dehors de la conscience. L'étude des suggestions posthypnotiques semble bien propre à confirmer cette supposition, car elles sont inexplicables si on n'admet pas une pensée qui garde le souvenir du somnambulisme malgré le réveil et qui persiste au-dessous de la pensée normale. Mais nous n'avons encore vu cette seconde conscience se manifester que par des actes : or, l'étude des actes est propre à révéler une conscience, mais non à l'expliquer. Il faut, pour comprendre cette nouvelle pensée, étudier les sensations ou les images qu'elle renferme et joindre à l'étude des actes subconscients celle des sensibilités subconscientes.

PARTIE II

LES ANESTHÉSIES ET LES EXISTENCES PSYCHOLOGIQUES SIMULTANÉES

LES ANESTHÉSIES ET LES EXISTENCES PSYCHOLOGIQUES SIMULTANÉES

Nous arrivons à une étude très importante et, disons-le tout de suite, très difficile. Les problèmes que nous avons étudiés nous ont ramenés l'un après l'autre et comme nécessairement à un même point. De quoi dépend le somnambulisme et l'oubli qui le caractérise ? De la disparition au réveil d'une certaine sensibilité dominante pendant l'état second, c'est-à-dire d'une anesthésie. Comment s'expliquer l'obéissance aux suggestions sans consentement volontaire ? Par un rétrécissement du champ de la conscience qui se manifeste tantôt par une anesthésie complète et durable, tantôt par une anesthésie transitoire et systématique. Quelles sont les conditions de la catalepsie partielle et de la suggestion par distraction ? Une anesthésie complète et durable d'un membre pour la première, une distraction, c'est-à-dire une anesthésie passagère et systématique pour la seconde. Enfin, quel était le plus important caractère de l'exécution des suggestions posthypnotiques ? C'est que le sujet y pense sans le savoir et les exécute sans en avoir conscience ; c'est qu'il est à leur égard vraiment anesthésique, Tout nous ramène à l'étude psychologique de cette anesthésie singulière que nous avons si souvent signalée, qui consiste, non dans la lésion d'un organe des sens, mais dans l'abolition d'une véritable faculté mentale, de tous ses pouvoirs et de tous les souvenirs qu'elle a acquis. L'étude de ce problème est d'autant plus délicate que, si je ne me trompe, elle n'a guère encore été abordée à ce point de vue. On trouve de nombreuses et excellentes études sur l'anesthésie hystérique considérée au point de vue physique, dans sa localisation, et dans ses lésions supposées ; mais on ne trouve guère d'auteurs qui considèrent ce phénomène au point de vue psychologique, qui cherchent les résultats moraux qu'il peut avoir et les troubles intellectuels dont il dépend. L'importance du problème dans nos études sur l'automatisme nous force cependant à nous y engager. Les observations et les expériences que nous rapportons et qui peuvent avoir quelque intérêt feront excuser les tentatives d'explications qui leur sont subordonnées.

6

LES ANESTHÉSIES SYSTÉMATISÉES. - HISTORIQUE

L'anesthésie s'est présentée à nous sous deux formes : tantôt elle était générale et enlevait au sujet toutes les sensations ordinairement fournies par un sens, tantôt elle était *systématique et n'enlevait au sujet qu'un certain nombre, un certain système de sensations ou d'images, en laissant parvenir à la conscience la connaissance de tous les autres phénomènes fournis par ce même sens.* C'est celle-ci que nous examinerons la première, car il est facile de la reproduire artificiellement et de l'étudier, grâce à une expérience très curieuse et connue depuis fort longtemps sous le nom de *suggestion d'hallucination négative ou suggestion d'anesthésie systématisée.* En effet, grâce à la suggestion, on peut interdire une chose à une somnambule, aussi facilement que l'on peut lui en commander une, et, lorsque l'interdiction porte sur les sensations, elle peut produire une surdité ou une cécité artificielle, comme le commandement positif amenait une hallucination. Cette interdiction est surtout intéressante quand elle n'enlève pas au sujet la vision de tous les objets, mais seulement d'un certain objet *qui* demeure invisible, tandis que tous les autres sont clairement distingués.

Des faits de ce genre sont signalés depuis fort longtemps : « On profite souvent de l'heure du somnambulisme, disait Deleuze en 1825, pour faire prendre au malade un remède pour lequel il a de la répugnance. J'ai vu une dame qui avait de l'horreur pour les sangsues s'en faire appliquer aux pieds pendant le somnambulisme et dire à son magnétiseur: « Défendez-moi maintenant de regarder mes pieds, quand je serai éveillée. » En effet, elle ne s'était jamais doutée qu'on lui eût posée des sangsues [1]. » Bertrand, à la même époque, écrivait: « J'ai vu la personne qui magnétisait les somnambules leur dire quand elles étaient endormies : Je veux que vous ne voyiez en vous éveillant aucune des personnes qui se trouvent dans la chambre, mais que vous croyiez voir telle ou telle personne qu'il leur désignait et qui souvent n'était pas présente. La malade ouvrait les yeux et, sans paraître voir aucune des personnes *qui* l'entouraient, adressait la parole à celles qu'elle croyait voir [2]... » Voici un récit curieux de Teste: « Mme G... est endormie, M... dirige sur quelques personnes présentes deux ou trois grandes passes longitudinales. Mme G... qu'il éveille ensuite n'aperçoit plus que lui et moi ; tout le reste de la chambre, où elle paraît persuadée d'être seule avec nous deux, lui semble remplie, dit-elle, d'un nuage blanchâtre: « C'est prodigieux, dit-elle, j'entends des voix qui me parlent... mais où sont ces messieurs, et Mme***, qu'est-elle devenue ? Il est certain que je les entends ; dites-leur donc de se montrer, je vous en prie, cela me fait peur [3]. » Le plus singulier, c'est la façon dont Teste explique le phénomène. « C'est le fluide magnétique, vapeur inerte, opaque et blanchâtre, séjournant comme un brouillard où la main le dépose, qui cache les objets à la somnambule. » Il faut citer tout entier un passage de Charpignon [4], où malgré la fausseté des théories analogues à celles-ci, on trouve une description psychologique vraiment très précise : « La faculté de faire passer dans la vie ordinaire le souvenir de ce qui a lieu dans l'état somnambulique s'étend aux modifications que l'on opère sur les fonctions des sens. Ainsi, ayant présenté à des somnambules trois oranges, dont une seule avait été magnétisée et entourée d'une couche épaisse de fluide, avec l'intention qu'elle restât visible, cette orange le fut en effet lorsque ces somnambules furent rendues à leur état normal. En vain nous affirmions que le plateau portait trois oranges, elles riaient de nous et nous présentaient les deux oranges qu'elles saisissaient. Enfin tâtonnant de la main, elles rencontrent un corps qu'elles prennent, le charme disparaît, et les trois oranges deviennent visibles. (Le dernier détail forme une observation intéressante que nous avons quelquefois vérifiée.) Je demande à une autre somnambule si elle voit la petite table qui est au milieu de notre salon, elle répond oui. Alors j'enveloppe tout le pied du fluide et elle s'étonne de voir un dessus de table suspendu. Au réveil, l'étonnement ne peut être décrit ; cette demoiselle presse de tous côtés cette table aérienne, elle la trouve solide et s'en va fort inquiète sur notre compte. Nous avons varié de mille façons ces expériences, que nous croyons très peu connues et nous avons toujours réussi, lorsque nous avions affaire à un somnambule bien lucide. » Il ne faudrait pas d'ailleurs prêter à tous les magnétiseurs anciens cette explication un peu puérile ; Bertrand, comme on sait, soutenait une théorie tout à fait analogue à celle de Braid. « L'impression suggérée, dit celui-ci en 1843, s'est à tel point emparée de l'esprit du patient que l'on peut, sous son influence, suspendre les fonctions de la vue, le rendre aveugle devant un objet placé devant lui ou provoquer la pensée que cet objet est transformé en un autre [5]... » Cette théorie du phénomène se retrouve avec peu de modifications dans l'ouvrage du Dr Philips [6] et dans celui du Dr Liébault [7].

M. Bernheim, qui reprend l'étude du même fait, distingue avec précision l'hallucination ordinaire ou positive de cette suppression de sensation qu'il appelle *hallucination négative*. « A une dame G... de mon service, je suggère qu'à son réveil elle ne me verra plus, ne m'entendra plus, je ne serai plus là. Réveillée, elle me cherche, j'ai beau lui corner à l'oreille que je suis là, lui pincer la main qu'elle retire brusquement sans découvrir l'origine de cette sensation... Cette illusion négative, que j'avais déjà produite chez elle dans d'autres séances, mais qui n'avait persisté que cinq à dix minutes, persista cette fois pendant tout le temps, vingt minutes, que je restai auprès d'elle [8]. » M. Bernheim cite d'autres faits, mais sans varier beaucoup l'expérience. On a vivement reproché à M. Bernheim le nom qu'il a choisi pour désigner ce fait. Ce n'est pas là une hallucination, dit-on, mais la suppression de la perception d'un objet déterminé qui laisse intacte la perception d'un autre objet... C'est un phénomène analogue aux paralysies systématisées du mouvement, perte de mouvements spéciaux avec la conservation des mouvements d'un autre genre, c'est une *anesthésie systématisée* [9]. Sans doute, le fait en question se rapproche plutôt des anesthésies que des hallucinations, et il est, comme nous le verrons, de la même nature que les paralysies ; les deux mots *hallucination négative* forment aussi une association assez incorrecte ; à moins d'appeler l'anesthésie générale une hallucination négative totale, ce qui n'est pas l'habitude, il semble plus naturel de désigner ce fait par l'expression *d'anesthésie systématisée*, que MM. Binet et Féré ont adoptée. Cependant M. Bernheim a raison de ne pas faire de ce phénomène une véritable anesthésie, une véritable suppression de la sensation. « Je n'ai pas produit, dit-il, une paralysie de l'œil, le sujet voit tous les objets à l'exception de celui qui a été suggéré invisible pour lui ; j'ai effacé dans son cerveau une image sensorielle, j'ai neutralisé ou rendu négative la perception de cette image : j'appelle cela une hallucination négative [10]. » Les faits que nous avons étudiés confirment cette opinion de M. Bernheim, et si nous adoptons le mot nouveau, c'est parce qu'il nous parait plus juste de désigner par un terme analogue les anesthésies générales des hystériques et ces anesthésies partielles qui sont, comme nous le montrerons, du même genre.

Les derniers auteurs qui aient fait une étude spéciale de ce phénomène sont, je crois, M. Paul Richer [11] et MM. Binet et Féré qui ont indiqué, à ce sujet, plusieurs expériences d'une très grande précision :

1º Si on a suggéré à une somnambule qu'une personne, M. X..., avait disparu, la somnambule ne peut plus le voir à quelque endroit de la chambre qu'il se tienne; mais si on ajoute un objet sur M. X.... un chapeau par exemple, comme il n'est pas compris dans la suggestion, ce chapeau reste visible et parait alors se tenir en l'air. Au contraire, si M. X... tire un mouchoir de sa poche, ce mouchoir reste invisible comme lui. J'ai eu l'occasion d'observer, comme les auteurs le remarquent eux-mêmes, que ces deux phénomènes et d'autres du même genre sont très variables. Pour une somnambule, tout objet ajouté à M. X... devient toujours invisible comme lui, pour une autre il est toujours visible. J'ai vu une fois une personne qui voyait l'objet à moitié, comme coupé en deux, quand il était tenu à la fois par la personne invisible et par une personne visible.

2° La personne ou l'objet que l'on a rendu invisible cache réellement les objets qu'il recouvre, mais la somnambule supplée à la vision de ces objets par une hallucination qui les remplace ; c'est d'ailleurs ce que nous faisons journellement pour les objets qui viennent se peindre sur la tache aveugle de la rétine. Cette hallucination peut aller fort loin : j'ai vu une fois un sujet, à qui j'avais suggéré de ne point voir la chambre, la remplacer par l'hallucination d'un autre appartement dont je n'avais pas parlé.

3° L'objet invisible doit être réellement perçu, car il produit quelquefois une image consécutive de couleur complémentaire qui, elle, est visible: fait-on disparaître un papier rouge, le somnambule ne le voit pas, mais, au bout de quelque temps, verra une couleur verdâtre à la même place. Je n'ai pas observé ce phénomène d'une manière assez nette, mais les conditions physiques et morales dont le somnambulisme dépend sont si complexes qu'il ne faut jamais s'étonner de ne pas rencontrer exactement les mêmes phénomènes que d'autres observateurs.

4° « Entre dix cartons d'appartenance semblable, nous en désignons un à la malade somnambule et celui-là seul sera invisible. À son réveil en effet nous lui présentons successivement les dix cartons, celui-là seul est invisible sur lequel nous avons, pendant le somnambulisme, attiré son attention. Si la malade se trompe quelquefois, c'est que le point de repère vient à lui manquer et que les cartons sont trop semblables ; de même si nous ne lui montrons qu'un petit coin des cartons, elles les verra tous. [12]. » Cette expérience est, à mon avis, capitale et elle nous indique la véritable position de la question. Il ne s'agit plus, en effet, de paralysie de la rétine ni complète, ni partielle, « il faut que le sujet reconnaisse cet objet pour ne pas le voir... La reconnaissance du carton, qui exige une opération très délicate et très complexe, aboutit cependant à un phénomène d'anesthésie ; il est donc probable que cet acte se passe tout entier dans l'inconscient... Il y a toujours un raisonnement inconscient qui précède, prépare et guide le phénomène d'anesthésie ». Non seulement, cela est probable, mais cela est nécessaire ; réveillée, la somnambule ne se souvient plus de ce qu'on lui a commandé, elle ne sait pas qu'il y a un objet qu'elle ne doit pas voir, ni quel est cet objet. Lorsqu'on lui montre le carton, il faut cependant que ce souvenir renaisse et qu'elle reconnaisse ce carton à certains signes, quoiqu'elle n'ait connaissance de rien de cela. Il me semble qu'il y a quelque analogie entre cette question et l'un des problèmes que nous avons étudiés dans le chapitre précédent. Comment une somnambule à qui on a commandé de revenir dans huit jours compte-t-elle ces huit jours, quand elle n'a aucun souvenir de la suggestion ? Comment reconnaît-elle un signe dont elle ne se souvient pas et qu'elle paraît même ne point voir ? Ces deux problèmes sont identiques et si l'observation du sujet dont nous avons parlé, de Lucie, m'a permis d'apporter quelque lumière sur le premier point, peut-être me permettra-t-elle d'éclaircir un peu le second.

---

1. Deleuze. *Instruction pratique*, 4e édit., 1853, 119.
2. Bertrand. *Traité du somnambulisme*, 1823, 256.
3. Teste. *Magnétisme expliqué*, 1845, 415.
4. Charpignon. *Physiologie du magnétisme*, 1848, 81.
5. Braid. *Neurypnologie*, 1883, 247.
6. *Cours de braidisme*, 1860, 120.
7. *Du sommeil*, 279.
8. *De la suggestion*, 1884, 27.
9. Binet et Féré. *Revue philosophique*, 1885, I, 23.
10. *De la suggestion*, 2e édit. 1886, 45.
11. *La grande hystérie*, 1885, 724.
12. Binet et Féré. *Magnétisme animal*, 236.

PERSISTANCE DE LA SENSATION MALGRÉ L'ANESTHÉSIE SYSTÉMATISÉE

Les expériences rapportées précédemment rendent « probable », disaient leurs auteurs, l'existence d'une distinction inconsciente du signe; répétons-les d'abord avec précision. Pendant le sommeil hypnotique complet, je mets sur les genoux de la somnambule cinq cartes blanches dont deux sont marquées d'une petite croix. « Quand vous serez réveillée, lui dis-je, vous ne verrez plus les papiers marqués d'une croix.» Je la réveille le plus complètement possible une dizaine de minutes plus tard, et elle n'a conservé aucun souvenir de mon commandement ni de ce qu'elle a pu faire pendant le somnambulisme. Comme elle s'étonne de voir des papiers sur ses genoux, je la prie de les compter et de me les remettre un à un. Lucie, prend l'un après l'autre trois papiers, ceux qui ne sont pas marqués, et me les remet. J'insiste et demande les autres, elle soutient ne plus pouvoir m'en remettre, car il n'y en a plus. La physionomie ne semble pas altérée et elle paraît bien éveillée ; elle peut causer librement et se souvient de tout ce qu'elle fait, même de m'avoir répondu qu'il n'y avait que trois papiers sur ses genoux. Je prends tous les papiers et je les étale sur ses genoux à l'envers, de manière à dissimuler les croix, elle en compte cinq et me les remet tous. Je les replace en laissant les croix visibles, elle ne peut prendre que les trois noms marqués et laisse les deux autres. C'est là l'expérience de MM. Binet et Féré, et il semble naturel d'en conclure comme eux que les croix sont vues et reconnues d'une manière quelconque. On peut rendre cette supposition plus vraisemblable encore en compliquant l'expérience. Je rendors le sujet et lui mets sur les genoux vingt petits papiers numérotés. « Vous ne verrez pas, lui dis-je, les papiers qui portent des chiffres multiples de trois. » Réveil, même oubli et même étonnement de Lucie devant ces papiers qui sont encore sur ses genoux. Je la prie de me les remettre un à un : elle m'en remet quatorze et en laisse six qu'elle a bien soin de ne pas toucher ; les six restants sont les multiples de trois. J'ai beau insister, elle n'en voit point d'autres. Ici n'a-t-il pas fallu se souvenir qu'il s'agissait des multiples de trois et voir les chiffres pour reconnaître ces multiples. On peut terminer par cette plaisanterie : suggérer au sujet de ne pas voir le papier sur lequel il y a écrit le mot « Invisible » et de fait c'est ce papier qu'il ne voit pas.

Cet objet qui parait invisible est donc vu. Cela est vraisemblable ; mais nous savons, et nous ne sommes pas le seul à le constater, que le sujet est sincère quand il dit qu'il ne le voit pas. La vision de ces objets doit être du même genre, du même niveau que les actes subconscients dont nous parlions tout à l'heure. Démontrons-le. J'ai dit à Lucie pendant le somnambulisme, je ne répète plus la disposition de l'expérience qui est toujours la même, que le Dr Powilewicz, alors présent, vient de sortir. Au réveil, elle ne le voit plus et demande pourquoi il est sorti, je lui dis de ne pas s'en inquiéter. Puis, me mettant derrière elle pendant qu'elle parle, comme il est dit à propos des suggestions par distraction, je lui dis tout bas : « Lève-toi et va-t'en donner la main au docteur.» La voici qui se lève, s'avance vers le docteur et lui prend la main, cependant ses yeux continuent à le chercher. On lui demande ce qu'elle fait et à qui elle donne la main, elle répond en riant - « Vous le voyez bien, je suis assise sur ma chaise et je ne donne la main à personne. » Comme elle se croyait assise et immobile, elle ne sentait probablement pas de raison pour remuer et restait debout et la main tendue. Il fallut lui commander de la même manière de revenir à sa place. Naturellement Lucie n'eut aucun souvenir de s'être levée et d'avoir donné la main ; mais elle se souvenait de tout le reste, en particulier de la disparition du docteur. Il y avait eu un acte subconscient ; mais nous remarquerons que la vision subconsciente du docteur était restée attachée à cet acte malgré sa disparition apparente pour Lucie.

La même expérience peut se faire autrement ; c'est la personne disparue maintenant qui lui fait des commandements et lui dit de se lever, de faire des pieds de nez, etc. Le tout s'exécute parfaitement, quoique Lucie soutienne toujours ne pas voir et ne pas entendre cette personne. J'ai même fait à ce propos cette remarque avec un autre sujet, Marie. Les personnes peu connues, qui ne peuvent lui faire aucune suggestion lorsqu'elles sont vues et entendues normalement, prennent un pouvoir analogue à celui du magnétiseur lorsqu'elles sont ainsi disparues. Elles commandent alors au groupe des phénomènes subconscients moins résistant que le groupe des phénomènes conscients. C'est à des phénomènes de ce genre qu'il faut rattacher l'observation de M. Beaunis, que des personnes ainsi disparues peuvent cependant endormir le sujet par des passes [1]. Cela est tout naturel, puisqu'elles sont encore en relation avec ces phénomènes subconscients dont le somnambulisme est, comme nous le verrons, le plus grand développement. D'ailleurs, par un commandement adressé directement et fortement au sujet, on peut lui faire retrouver le souvenir de tous ces commandements qu'il était censé ne pas avoir entendus. En général, on peut, par suggestion, rétablir le souvenir de toutes les sensations qui semblent avoir été supprimées par l'anesthésie systématisée ; mais nous retrouverons tout à l'heure, à propos de l'anesthésie générale, cette question du souvenir des phénomènes subconscients.

D'après ces observations qui suffisent maintenant, il est donc vraisemblable au plus haut point d'abord que la sensation supprimée existe encore et ensuite qu'elle se rattache d'une certaine manière aux actes subconscients. L'emploi de l'écriture automatique dont nous avons déjà parlé va apporter ici une vérification définitive. Reprenons nos premières expériences. Lucie ne voit ni les papiers marqués d'une croix, ni les papiers qui portent un chiffre multiple de trois, et me les a pas remis. A ce moment, je m'écarte d'elle, et profitant d'un instant de distraction suffisant, je commande de prendre un crayon et d'écrire ce qu'il y a sur les genoux. La main droite écrit: « Il y a deux papiers marqués d'une petite croix. - Pourquoi Lucie ne me les a-t-elle pas remis ? - Elle ne peut pas, elle ne les voit pas. » -Ou bien elle écrit: « Il y a sur les genoux six petits papiers. - Et qu'y a-t-il sur ces papiers ? - Des chiffres 6, 15, 12, 3, 9, 18, je les vois bien. » - La même expérience fut répétée en faisant disparaître les multiples de deux, puis les multiples de cinq. J'ai mis ensuite devant elle des papiers marqués d'une lettre et j'ai fait disparaître les voyelles ou les consonnes ; puis je me suis servi de papiers marqués de plusieurs traits et j'ai fait disparaître ceux qui en portaient trois ; enfin, lui montrant pendant le sommeil des papiers colorés, je lui ai interdit de voir le rouge. Le résultat de ces expériences a été exactement le même que celui des précédentes. Lucie ne voyait aucunement l'objet supprimé ; mais le groupe des phénomènes subconscients, que nous ne savons pas encore désigner autrement, répondait par l'écriture automatique qu'il les voyait parfaitement.

Restait à voir si des anesthésies plus étendues présenteraient le même caractère. Pendant le sommeil, je suggère qu'au réveil elle sera complètement aveugle. Au réveil, cécité complète qui, heureusement, ne l'effraye pas trop, car elle invente, comme explication, que la lampe s'est éteinte et que nous sommes tous dans l'obscurité. Une forte lumière projetée directement dans les yeux ne lui fait même pas détourner le regard ; ordinairement, en telle circonstance, elle cache ses yeux avec terreur et tombe même en catalepsie. Cette expérience rappelle celle de MM. Binet et Féré, qui ont fait disparaître par suggestion un gong dont le bruit n'était plus alors entendu par la malade et ne provoquait plus la catalepsie. Malgré la cécité apparente de Lucie, j'interroge par les procédés ordinaires l'inconscient qui, lui, prétend voir très clair et désigne par écrit tous les objets que je lui montre.

Je ne parle pas d'autres expériences d'anesthésie systématisée faites sur le sens de l'ouïe ou le sens de l'odorat, en faisant disparaître une odeur ou bien le son de la voix de telle personne qui n'est plus entendue consciemment, mais qui peut encore commander des actes inconscients ; ces expériences donnent toujours les mêmes résultats. Il me parait plus intéressant d'insister un peu sur les mêmes observations appliquées au sens du tact. L'anesthésie systématisée du toucher peut s'observer de deux manières : ou bien on dit au sujet qu'il ne sentira pas le contact de tel objet parmi une foule d'autres, et les choses se passent comme précédemment. Ou bien on indique une partie du corps du sujet (sur un côté du corps ordinairement sensible) et on déclare que cette partie ne sent plus rien, tandis que le reste demeure sensible. C'est l'expérience que faisait déjà Charpignon [2] quand il se vantait de pouvoir rendre insensible à volonté une main ou un bras. Je me souviens de mon étonnement quand M. Gilbert me montra que l'on pouvait tracer un cercle sur le bras droit de Léonie et rendre ce cercle insensible, tandis que le reste du bras demeurait normal. Ici on est plus disposé à croire à une anesthésie réelle : l'anesthésie, dans ce cas, dit-on, n'est pas systématique, elle est partielle : un nerf ne sent plus rien, de même qu'un œil ou une partie de la rétine peut ne rien sentir. Je ne crois pas qu'il en soit ainsi. Le cercle ou l'étoile anesthésique que l'on trace sur le bras ne correspond pas exactement à la zone de répartition superficielle d'un nerf cutané. Ce n'est pas un seul nerf dans son ensemble qui est anesthésié, c'est une portion de l'un, plus une portion de plusieurs autres.

Cette répartition intelligente de l'anesthésie de manière à dessiner un cercle ou une étoile ne peut se faire que par une idée consciente. Pour me répondre correctement quand je l'interroge en piquant son bras, il faut que le sujet sache, même sans regarder, quand ma piqûre entre dans le cercle ; il faut donc qu'il la sente. Aussi ne serons-nous pas surpris que l'inconscient nous réponde par écriture automatique qu'il sent très bien ce que nous faisons et qu'il distingue une piqûre, un attouchement, un objet chaud ou froid même sur cette plaque anesthésiée.

Ayant ainsi déterminé l'existence d'une sorte de conscience nouvelle pendant les anesthésies systématisées, j'ai voulu examiner l'étendue de cette conscience, c'est-à-dire le nombre des phénomènes qu'elle pouvait contenir. Reprenons la première expérience ; elle n'est pas dramatique et a l'inconvénient de n'amuser ni le public ni les somnambules, mais elle est très précise. Pendant le sommeil, je mets encore les cinq papiers sur ses genoux et je répète le même commandement: « Vous ne verrez pas les papiers marqués d'une croix. » Au réveil, je n'interroge pas Lucie, comme je le faisais précédemment, et je ne lui fais pas enlever les papiers qu'elle voit. C'est le groupe des phénomènes subconscients que j'interroge maintenant le premier, et c'est par actes subconscients que je me fais remettre les papiers qui sont sur les genoux. Les yeux se baissent un instant et la main me tend deux papiers, les deux marqués d'une croix. J'insiste, la main ne bouge plus, enfin elle écrit: « Il n'y en a plus. » J'interpelle alors Lucie - « Donnez-moi les papiers qui sont sur vos genoux. » Elle regarde et me donne sans hésitation les trois papiers qui restent. Ainsi tous les papiers ont été vus, et remis, mais les uns l'ont été par Lucie et les autres par un personnage au-dessous d'elle qu'elle parait ignorer, mais ni l'une ni l'autre ne les a vus tous.

Si la remarque précédente est vraie, et j'ajoute que les expériences n'ont pas été sur ce point aussi nombreuses ni aussi précises que sur le précédent, elle doit avoir cette conséquence : tout phénomène surajouté artificiellement au second groupe sera enlevé à la conscience normale de Lucie constituée par le premier groupe, et on doit faire ainsi l'anesthésie systématisée pour Lucie, en produisant dans le groupe subconscient un phénomène positif. Essayons : pendant le sommeil ou pendant la veille, peu importe, je m'adresse au personnage subconscient par le procédé de la suggestion pendant la distraction : « Vous verrez, lui dis-je, les papiers marqués d'une croix, les multiples de 3, etc. » Le résultat est exactement le même qu'autrefois. Lucie, interrogée la première, ne voit plus ces mêmes papiers. J'avais remarqué que le personnage secondaire ne se servait pas des yeux pour écrire et qu'en général il ne voyait pas ; je lui suggère de se servir de ses yeux et de voir clair. C'est ce qui a lieu, mais aussitôt Lucie s'écrie - « Qu'y a-t-il donc, je ne vois plus.,» et je suis obligé de la rendormir pour dissiper son trouble. Remarquons *à* ce propos que nous avons déjà vu des faits de ce genre en étudiant les suggestions posthypnotiques. Les actes subconscients ainsi obtenus ont un caractère général, évident et même nécessaire : ils sont accompagnés, sinon constitués, par une anesthésie systématisée du genre de celle que nous étudions maintenant. J'ai dit à Léonie de me faire un pied de nez ; au réveil, elle lève ses mains et les met au bout de son nez sans le savoir ; c'est un acte inconscient, soit, mais elle ne voit pas ses mains qui sont devant ses yeux. J'ai dit à N... de lever le bras droit, elle le fait étant éveillée, mais elle ne sent pas son bras en l'air ; cependant elle n'a pas ordinairement perdu le sens musculaire de son bras droit. Je compte des nombres, je frappe des coups derrière elles, et elles ne les entendent pas ; cependant elles ne sont pas sourdes. Voici un exemple plus net encore : J'avais suggéré un soir à Lucie, pendant le somnambulisme, de venir le lendemain chez M. le Dr Powilewicz à deux heures. Quand elle arriva le lendemain, je ne pus jamais lui faire reconnaître où elle était ; elle soutenait toujours être chez elle. Il y a là, sans doute, un acte inconscient par suggestion posthypnotique, mais c'est encore un beau cas d'anesthésie systématisée. Lucie n'avait vu ni la route, ni la maison, ni le cabinet où elle se trouvait ; elle suppléait à cette vision absente par une hallucination ; nous savons que c'est la règle, mais le fait principal restait l'anesthésie visuelle. J'avais tout simplement suggéré un acte au personnage subconscient et par conséquent la connaissance de la route, de la maison, du cabinet ; en même temps, sans le savoir, j'avais enlevé ces connaissances à Lucie en vertu de cette loi de désagrégation mentale qui semble de plus en plus caractériser les phénomènes subconscients.

Toutes ces expériences faites sur tous les sens, soit en provoquant directement l'anesthésie par suggestion, soit en la provoquant directement en commandant une action posthypnotique, nous amènent à cette conclusion : *Dans la suggestion d'anesthésie systématisée, la sensation n'est pas supprimée et ne peut pas l'être, elle est simplement déplacée, elle est enlevée à la conscience normale, mais peut être retrouvée comme faisant partie d'un autre groupe de phénomènes, d'une sorte d'autre conscience.*

---

1. Beaunis. *Somnambulisme,* 179.
2. Charpignon. *Physiologie du magnétisme,* 282.

8

ÉLECTIVITÉ OU ESTHÉSIE SYSTÉMATISÉE

On sera sans doute surpris de me voir examiner ici le phénomène qui va faire l'objet de ce paragraphe, car on n'a pas l'habitude de rapprocher *l'électivité* des somnambules de leurs anesthésies systématisées. Ces deux phénomènes me semblent cependant très voisins ou, pour mieux dire, ils ne sont, à mon avis, qu'un seul et même fait considéré de deux points de vue différents.

Les somnambules sont toujours ou presque toujours électives, telle est l'observation qui a été faite sans cesse depuis l'époque de Mesmer et de Puységur. On entend par là que, dans cet état particulier du somnambulisme, les *sujets ne ressentent pas toutes les sensations indifféremment, mais qu'ils semblent faire un choix parmi les différentes impressions qui tombent sur leurs sens, pour percevoir celles-ci et non point celles-là.* La plupart des sujets une fois endormis entendent très bien leur magnétiseur et causent avec lui, mais paraissent n'entendre aucune autre personne, aucun autre bruit, pas même celui d'un pistolet que l'on tire auprès d'eux, comme dans les expériences de Dupotet. « Les sons mêmes d'un piano ne sont entendus que si le magnétiseur le touche [1]; » « les sons ne sont entendus que s'ils sont magnétisés ; il faut que le magnétiseur touche l'air ou les touches du piano pour que le somnambule entende les notes qui auront été touchées [2]. » « Un bouquet n'a d'odeur que s'il a reçu le souffle du magnétiseur [3]. » « Un sujet ne sent pas les épingles enfoncées dans sa peau, quoiqu'il ait un sens du tact très fin pour se conduire [4]. » « Le sujet sentira le crayon qui a été touché par le magnétiseur et ne sentira pas le crayon s'il a été touché par un autre [5]. »

Ce lien entre le sujet et certaines personnes ou certains objets qui lui permet de les sentir à l'exclusion des autres, a reçu le nom de *rapport magnétique*, et l'on met une personne en rapport avec le sujet quand on force le sujet à la voir ou à l'entendre. Ce fait du rapport magnétique est très intéressant et très facile à constater: il existait à un degré plus ou moins élevé chez la plupart des sujets que j'ai étudiés. Léonie en premier somnambulisme ne présente guère ce caractère, elle entend et voit tout le monde ; elle le présente beaucoup plus fortement en second somnambulisme, car alors elle n'entend que moi et encore seulement quand je la touche. Elle a une électivité plus grande dans tous les états pour ce qui concerne les suggestions, car elle n'obéit jamais qu'à moi. Marie et Rose sont en général plus électives que Léonie ; dès l'instant où elles s'endorment, elles semblent perdre la notion du monde extérieur pour ne plus voir, entendre ou sentir que celui qui les a endormies. Marie garde seulement pour les autres personnes un peu de sensibilité tactile, si on peut l'appeler ainsi, car elle éprouve un sentiment de souffrance et de répugnance très marqué quand elle est touchée par une personne étrangère non en rapport avec elle. Rose ne sent jamais rien de semblable. Je ne parle pas ici de Lucie, qui était très peu élective et ne me distinguait des autres personnes que pour m'obéir.

Cet isolement se manifeste de différentes manières ; une des plus curieuses et des plus connues est la suivante : si j'ai levé leur bras en l'air dans une position particulière, il est resté immobile, et je le déplace très facilement rien qu'en y touchant. Mais si un autre veut le déplacer, le bras devient subitement raide et résiste violemment au mouvement que l'on veut lui imposer. Le force-t-on à changer de position, il revient comme par élasticité, dès qu'on l'abandonne, à la position où je l'avais mis.

On sait que cette électivité peut être différente dans les différentes parties du corps du sujet. La partie droite peut obéir à un expérimentateur et la partie gauche à un autre. Aucun des deux ne peut dépasser la ligne médiane et pénétrer sur le territoire réservé à l'autre. Je n'ai pas répété souvent cette expérience qui, du moins à ce que j'ai vu, fatigue énormément les sujets.

Cette électivité peut être modifiée par différents procédés qui permettent à un observateur de se substituer à un autre dans les préférences de la somnambule : les uns, pour arriver à ce résultat, emploient l'attouchement du vertex, les autres, les passes, quelques-uns réussissent simplement par la parole. Cette substitution d'un magnétiseur à un autre est tantôt facile, tantôt difficile : pour les sujets que j'ai observés, la personne qui les a le plus souvent endormis est celle qui prend et qui garde le plus facilement cette influence. Quand j'ai endormi fréquemment une personne, aucun autre observateur ne peut se substituer à moi, et je puis facilement la reprendre en ma possession, même si un autre a commencé le somnambulisme. Quand le sujet a été endormi souvent par toutes sortes de personnes, ces substitutions sont faciles pour tout le monde ; mais, en général, dans ce cas, toute électivité ne tarde pas à s'effacer.

Il est plus ou moins facile également, sans perdre la domination sur une somnambule, de lui faire entendre une autre personne que l'on veut mettre en rapport avec elle. Avec Rose, cela est très difficile ; il faut commander fortement à la somnambule d'entendre M. un tel, et encore, ce rapport ainsi établi dure-t-il très peu. Avec Marie, au contraire, cela est fort simple, il suffit d'une présentation. Elle ressemble à une jeune personne réservée qui attend pour causer avec les étrangers qu'on les lui ait présentés. Il suffit de lui dire: « Marie, voici M. un tel qui vient te dire bonjour, » pour qu'elle le reçoive très bien et continue à l'entendre pendant tout le reste de la séance. Chose curieuse, cette simple parole a suffi pour qu'elle ne craigne plus son contact. Avec Léonie, en second somnambulisme, il faut prendre à la fois la main du sujet et de l'autre côté la main de la personne étrangère. Léonie prétend alors entendre une voix lointaine qui passe au travers de mon corps. « C'est comme dans un téléphone, dit-elle. »

Dans quelques cas plus complexes, on peut établir ce rapport au moyen de la *chaîne magnétique*, comme disaient les anciens opérateurs. J'ai moi-même rapporté autrefois un exemple de ce genre [6] : plusieurs personnes peuvent se tenir par la main, et, suivant que le magnétiseur, en se cachant et à l'insu du sujet, touche ou ne touche pas la dernière, ces personnes sont ou ne sont pas en rapport avec le sujet. La difficulté est ici de comprendre de quelle manière le sujet apprend que le magnétiseur touche ou ne touche pas les personnes de la chaîne ; quant au phénomène du rapport lui-même, il est identique aux précédents.

Je ne prétends pas expliquer tous ces détails dont l'étude n'appartient pas entièrement à nos sujets. Ils contiennent des hallucinations, des souvenirs, des habitudes, peut-être même, je me garde de le nier, des phénomènes physiques tout particuliers et jusqu'à présent bien mal connus. Retenons seulement le fait principal, c'est que les sujets n'entendent, ne voient, ou même ne sentent au toucher qu'un petit nombre de personnes qui, dans différentes circonstances, peuvent changer ; mais qu'ils semblent être sourds, aveugles et insensibles pour les autres.

On retrouve des faits analogues pendant les somnambulismes naturels que nous ne pouvons nous dispenser de citer, quoiqu'ils soient fort connus. « Dans une crise survenue naturellement, une malade, dont parle M. Paul Richer, ne peut entendre et sentir qu'une seule personne [7]. » Je viens de recueillir le récit très authentique d'un fait semblable : M. X... avait eu l'occasion de rendre un grand service à un individu atteint d'hystérie grave ; il le trouve un jour en proie à une grande crise de nerfs, pendant laquelle il ne pouvait entendre aucune des personnes présentes, et lui prend le bras pour le maintenir. Le malade s'arrête et, en gardant les yeux fermés, se met à dire : « Ah ! c'est toi... je te dois tout, je ne dois pas te résister... Tu veux que je sois sage, eh bien! je ne bouge plus. » Dès que M. X... lâchait le bras, les convulsions recommençaient et aucune autre personne ne pouvait les arrêter. J'ai déjà rapporté des faits semblables constatés sur des hystériques que j'étudiais, mais celui-là est bien plus intéressant, car M. X... n'avait jamais songé à hypnotiser ce malade, et aucune influence somnambulique ne vient expliquer cette électivité due à la seule reconnaissance.

L'électivité des somnambules naturels ne porte pas en général sur des personnes, mais sur des objets. De même que le sujet magnétisé n'entend qu'une certaine personne, le somnambule naturel ne paraît voir que certains objets, tandis qu'il est complètement insensible pour certains autres. Qui ne connaît la description si souvent citée du somnambule Castelli, qui n'était éclairé que par sa chandelle à lui et qui se croyait dans l'obscurité, quand elle s'éteignait [8] ? Il n'y a pas d'observation plus curieuse et plus complète, à ce point de vue, que celle de l'automate étudié par le Dr Mesnet. Pendant ses accès de somnambulisme, cet individu semblait ne disposer que du sens du tact au moyen duquel il se dirigeait et recevait des objets environnants toutes sortes de suggestions. Aucun autre sens ne pouvait être éveillé chez lui, il ne voyait pas et n'entendait pas. Mais quand, par le moyen du sens du toucher, son attention avait été attirée sur un objet, il voyait fort bien cet objet. « Le sens de la vue ne s'éveillait qu'à l'occasion du toucher et son exercice restait limité aux objets seulement avec lesquels il était actuellement en rapport par le toucher [9]. » « Le malade, dit encore l'auteur, voit certains objets et ne voit pas certains autres ; le sens de la vue est ouvert sur tous les objets personnels en rapport avec lui par les impressions du toucher et fermé au contraire sur les choses extérieures à lui... Il voit son allumette, il ne voit pas la mienne [10]. » Un des sujets que j'ai étudiés, Lucie, présenta à plusieurs reprises des phénomènes analogues pendant certaines attaques de somnambulisme naturel. Elle se lève une nuit avec l'idée fixe de faire le ménage, c'était une des habitudes qu'elle avait pendant le somnambulisme et non pendant la veille. Elle allume une lampe, descend de sa chambre avec sa lumière et se met à tout essuyer et à tout mettre en ordre. Une personne qui l'avait suivie cherche en vain à se faire entendre ou à se faire voir ; Lucie ne paraît rien voir de tout ce que cette personne lui met devant les yeux. Mais voici que la lampe apportée par Lucie commence à baisser, aussitôt la somnambule de se précipiter sur elle et de la remonter : elle ne voyait pas les personnes présentes cherchant en vain à attirer son attention, mais elle voit tout de suite que sa lampe a besoin d'être remontée.

Ces phénomènes d'électivité ne diffèrent des anesthésies systématisées qu'en un point, c'est qu'ils sont ou paraissent être inverses. Au lieu que précédemment le sujet devenait aveugle pour une personne ou un objet déterminé en continuant à voir tous les autres, il paraît maintenant ne voir qu'un objet déterminé en demeurant aveugle pour tous les autres. On peut facilement passer d'un cas à l'autre : supposons que le sujet entende primitivement toutes les personnes présentes et que je lui défende d'entendre M. X ce sera de l'anesthésie systématisée, si je continue et lui interdis d'entendre M. Y ... M. Z ... , etc. jusqu'à ce qu'il ne puisse plus entendre que moi, ce sera de l'électivité. Ce dernier phénomène n'est en effet qu'une sorte d'anesthésie systématisée très considérable, dans laquelle les phénomènes supprimés sont plus nombreux que les phénomènes conservés, et, pour exprimer cette analogie, on pourrait la désigner par un mot déjà usité par quelques auteurs, celui *d'esthésie systématisée*.

S'il en est ainsi, n'est-il pas naturel de pousser plus loin la comparaison et de chercher si les phénomènes psychologiques, en apparence disparus, sont bien réellement absents. La plus simple réflexion montre que cela n'est pas vraisemblable. Puisque le sujet m'entend et me voit, c'est qu'il n'a ni l'ouïe, ni la vue paralysée. Puisqu'il n'entend et ne sent que moi, c'est qu'il distingue ma voix et mon attouchement de tous les autres. Cela n'est pas bien difficile, car on reconnaît facilement une personne à sa voix ou à son contact, mais encore faut-il qu'il entende et sente les autres pour opérer cette distinction et cette reconnaissance, et qu'il possède les sensations en apparence supprimées.

C'est une supposition naturelle qui vient à l'esprit de plusieurs auteurs : « Les dormeurs profonds, dit Liébault [11], qui semblent isolés, ont cependant des sensations, quoiqu'ils paraissent les ignorer ; ils peuvent les raconter plus tard comme par une intuition propre. » « Le somnambule isolé, dit Ochorowicz [12], n'entend pas les personnes étrangères, mais on se trompe si l'on croit que les sensations auditives restent complètement sans action. Elles entrent dans le cerveau, et c'est alors que se produit un phénomène que je nommerai volontiers audition latente ; elles peuvent se combiner avec les autres et donner des résultantes qui, à un moment donné, peuvent apparaître parmi les autres états plus intenses. »

Ces suppositions peuvent, dans certains cas, être assez facilement vérifiées. Ainsi un jeune homme, H.... qui, dans un somnambulisme, avait paru ne pas entendre deux personnes qui s'efforçaient de lui parler, put me répéter plus tard, sur ma demande, tout ce qu'elles lui avaient dit, en remarquant que, sur le moment, il ne pouvait pas leur répondre. Quelquefois il faut commander fortement au sujet de se souvenir, pour que la mémoire de ces phénomènes en apparence non sentis revienne complète, mais d'autres sujets retrouvent ce souvenir plus vite et plus facilement encore. Il suffit qu'on les mette en rapport avec une personne, pour que cette opération ait en quelque sorte un effet rétroactif et leur rende le souvenir de tout ce qui a été dit antérieurement. Marie n'entend absolument pas et ne voit pas M. X ... qui lui parle. Au bout de quelques minutes, je présente M. X ... «Marie, regarde donc ce monsieur qui vient te voir.» Elle le voit maintenant et l'entend, et, de ce moment, elle se souvient de sa conversation antérieure et y répond. N'ai-je pas le droit de dire qu'elle l'avait entendue ?

Comme précédemment, la personne qui paraît n'être pas entendue peut donner des suggestions qui sont exécutées inconsciemment. Si M. X... dit à Marie : « Lève le bras, » elle lève le bras quoiqu'elle n'entende pas M. X.... qui n'a pas encore été présenté. Enfin, une autre, N.... qui, en somnambulisme, prétend ne pouvoir entendre que moi, se trompe parfois d'une manière originale. Elle entend d'autres personnes et leur répond, mais elle les appelle alors de mon nom et les prend pour moi. Ce n'est que par erreur qu'elle leur répond et qu'elle a conscience de les entendre ; mais cette erreur n'est possible que parce que les paroles des étrangers étaient réellement entendues. Je n'ai malheureusement pas eu l'occasion de vérifier par l'écriture automatique cette audition réelle, quoique subconsciente, des personnes non mises en rapport. Lucie, qui avait à un si haut degré l'écriture automatique, ne présentait pas d'électivité naturelle. Mais les remarques précédentes me paraissent suffisantes pour établir l'identité entre le phénomène de l'électivité et celui de l'anesthésie systématique, et pour proposer de les expliquer de la même manière. *Les sensations dont le sujet paraît n'avoir aucune conscience ne sont pas disparues et subsistent encore en lui d'une autre manière.*

---

1. De Lausanne. *Principes et procédés du magnétisme*, 1819, II, 160.
2. Charpignon. *Physiologie magnétique*, 79. - Voir aussi Baréty, *Magnétisme*, 398. - Myers, *Proceed.*, 1882, 255. *Ibid.*, 1887, 538. - Ochorowicz, *Suggestion mentale*, 404.
3. Baréty, 284.
4. Demarquay et Girauld-Teulon. *Hypnotisme*, 32.
5. Ochorowiez. *Suggestion mentale*, 337.
6. Les phases intermédiaires de l'hypontisme. Revue scientifique, 1886, I, 581.
7. Paul Richer. Op. cit., 318.
8. Cf. Gilles de la Tourette. *Op. cit.*, 179.
9. Mesnet. *Automatisme*, 1874, 19.
10. Id. *Ibid.*, 22.
11. Liébault Du sommeil, 68.
12. Ochorowiez. Suggestion mentale, 227.

ANESTHÉSIE COMPLÈTE OU ANESTHÉSIE NATURELLE DES HYSTÉRIQUES

Les anesthésies précédemment étudiées étaient incomplètes elles supprimaient la perception de tel ou tel objet, en laissant subsister la perception de tel ou tel autre. Il semble que les résultats de l'observation doivent être tout différents, si on examine les anesthésies complètes qui se produisent beaucoup plus fréquemment dans le cours naturel de l'hystérie [1]. En effet, dans ce cas, le sujet semble avoir totalement perdu une certaine espèce de sensibilité ; au lieu de faire un choix parmi les objets, de voir, d'entendre, de sentir les uns quand il ne sent plus les autres, il paraît n'en sentir aucun. L'oreille est sourde pour tous les bruits ; l'œil aveugle pour toutes les lumières, la peau insensible à tous les contacts. Ne peut-on pas dire ici que l'anesthésie est toute différente et qu'elle tient à un état de l'organe lui-même ? Ne peut-on pas croire qu'il n'y a plus lieu de soutenir ici la persistance de la sensation en réalité disparue ?

Il y a sans doute des différences entre l'anesthésie complète des hystériques et l'anesthésie systématisée ; mais il ne faut pas croire à une opposition absolue entre ces deux phénomènes qui se rapprochent par bien des points. Je signalerai d'abord un petit détail singulier qui avait échappé à mes observations et qui m'a été signalé par mon frère sur une malade de l'Hôtel-Dieu. Il y a quelquefois de l'électivité même dans ces anesthésies naturelles, et les malades qui ont en apparence complètement perdu toute sensibilité peuvent cependant reconnaître encore certains objets en particulier. Voici les faits : Une femme hystérique, M.... très gravement malade, semblait avoir totalement perdu toute sensibilité cutanée, au moins aux deux mains et aux deux bras, les seules parties de son corps qui aient été soumises devant moi à une observation régulière ; elle ne ressentait aucune douleur, ne reconnaissait aucun objet, n'appréciait aucune température. Cependant elle reconnaissait parfaitement au contact certains objets habituels de sa toilette. Elle savait, en touchant son oreille, si elle avait ou n'avait pas ses boucles d'oreille, elle reconnaissait sa bague et savait quand on la lui mettait ou quand on la lui retirait, sans avoir besoin de bien regarder. J'ai cru d'abord que ces bijoux en or avaient sur son toucher une influence particulière, et je lui mis dans les doigts une pièce d'or ; elle ne parvint pas à la sentir et persista à dire qu'elle n'avait rien dans sa main, tandis qu'elle sentait de suite sa boucle d'oreille. D'ailleurs, elle sentait également dans ses cheveux ses épingles en fer ou en écaille qu'elle pouvait chercher par le contact, ôter ou remettre, même si on les déplaçait. Il faut reconnaître qu'il y a là, pendant la veille normale, un cas d'anesthésie élective tout à fait identique à ce qui se passe pendant le somnambulisme. M... sent ses épingles et ne sent pas une pièce d'or, comme Lucie en somnambulisme naturel voit sa lampe baisser et ne voit pas les personnes qui l'entourent. Le fait ne doit pas être rare chez les hystériques et je crois l'avoir retrouvé chez Marie. A un moment où elle ne sent rien avec ses mains, elle peut se coiffer sans glace et sentir si la position de ses cheveux a été dérangée. L'anesthésie complète se rapproche de l'anesthésie systématique.

En deuxième lieu, l'anesthésie complète, c'est-à-dire portant sur tous les objets extérieurs, est rarement générale, elle s'étend rarement à tout le corps et même à un organe sensoriel tout entier. L'anesthésie cutanée n'existe pas sur toute la peau, mais sur quelques parties seulement, souvent sur une moitié du corps, et alors le plus souvent sur la moitié gauche, mais parfois aussi sur des plaques irrégulières disséminées sur tous les membres et sur le tronc. L'anesthésie du goût, de l'odorat, même de la vue, est aussi rarement complète ; elle occupe des portions de la langue et de la muqueuse nasale, et laisse les autres parties sensibles [2] ; elle s'étend irrégulièrement sur la rétine, tantôt rétrécissant concentriquement le champ visuel, tantôt le coupant par la moitié, tantôt formant des scotomes irréguliers, c'est-à-dire des taches d'insensibilité au milieu d'une rétine restée normale [3]. Il me semble qu'il y a dans cette répartition singulière de l'insensibilité quelque chose d'analogue aux phénomènes de l'anesthésie systématique. En effet, cette répartition ne s'explique aucunement par des caractères anatomiques ou physiologiques des organes, elle ne correspond point en particulier à la répartition sur la surface du corps des nerfs cutanés, ni à la distribution des artères. Dans certains cas, quand un membre est atteint de paralysie hystérique, l'anesthésie, dit M. Charcot [4], est terminée par une ligne circulaire perpendiculaire à l'axe du membre. Cela est peut-être très logique, car les choses se passent comme si le malade se figurait que son membre a été coupé par une opération chirurgicale, mais il suffit de regarder une planche d'anatomie pour voir que cela ne correspond à aucune notion physiologique bien nette. J'ai vu une hystérique dont le bras a été partagé naturellement, pendant quelques jours, en une série de zones parallèles, alternativement sensibles et insensibles. Voilà quelque chose qui n'est guère anatomique, mais qui rappelle singulièrement les carrés et les cercles que l'on pouvait par suggestion rendre insensibles sur la peau de Léonie. Beaucoup de psychologues actuels sont disposés à croire, avec Wundt, qu'une « nuance locale de la sensation tactile ou de la sensation de pression varie continuellement d'un point du corps à un autre [5] », et que, par conséquent, « chaque point de notre épiderme ayant une manière spéciale de sentir, la qualité de la sensation varie avec la région de la peau [6] ». S'il en est ainsi, et en considérant les avantages que cette hypothèse présente pour expliquer bien des problèmes, je suis, pour ma part, à peu près certain de sa vérité ; il ne faut pas dire que les hystériques ont perdu la sensibilité de telle région de la peau, il faut dire qu'elles ont perdu certains groupes de sensations tactiles de telle nuance, de telle qualité et qu'elles ont conservé d'autres sensations tactiles d'une autre nuance. C'est une réflexion qui nous rapproche singulièrement des observations précédentes, car il s'agit toujours de conserver une certaine sensation, quand on en a perdu une certaine autre. Ces deux sensations ne diffèrent pas par l'organe qui les reçoit, puisque le même rameau nerveux innerve la plaque sensible et la plaque insensible, ces deux sensations ne diffèrent que par la qualité. C'est encore une personne qui, avec le même œil, voit toujours M. X.... n'importe où il se place, et ne voit jamais M. Y... Cette distinction, nous l'avons démontré, ne peut être faite que si les deux personnes, les deux groupes de sensations tactiles sont senties réellement. L'étude de l'anesthésie partielle nous amène à la même conclusion que l'étude de l'anesthésie systématisée.

Mais l'anesthésie peut être tout à fait générale, s'étendre sur toute la surface cutanée, supprimer complètement un œil ou une oreille ; il en était ainsi chez Lucie qui n'avait de sensibilité tactile absolument sur aucun point du corps, ou chez Marie qui ne voit rien de l'œil gauche et se trouve dans l'obscurité complète quand on ferme son œil droit. Ici encore on pourrait, par un raisonnement peut-être un peu subtil, parler encore d'anesthésie systématisée, car les sensations tactiles diffèrent en qualité des sensations auditives qui sont conservées ; les sensations de l'œil gauche ne sont pas qualitativement les mêmes que celles de l'œil droit, et le malade montre encore dans cette anesthésie quelque électivité. Mais l'analogie, j'en conviens, est un peu lointaine, et, pour arriver, à propos de l'anesthésie générale, aux mêmes conclusions que pour les insensibilités précédentes, il faut la soumettre à des observations nouvelles.

Tous les observateurs qui se sont occupés de cette cécité partielle des hystériques qui semble leur enlever complètement un œil, ont remarqué avec étonnement un fait bien singulier: les malades prétendent ne voir absolument rien par l'œil gauche et être plongés dans la nuit la plus complète quand on ferme l'œil droit ; mais si on leur laisse les deux yeux ouverts, ils voient, sans s'en douter, aussi bien à gauche qu'à droite. Les observations faites sur ce point sont résumés dans l'article publié par M. Bernheim, [7] et dans le livre de M. Pitres [8]. Elles sont très concluantes et faciles à répéter. En voici une des plus simples que j'emprunte au livre de M. Pitres : « Pratiquons maintenant l'expérience de l'écran. J'écris sur le tableau une ligne de lettres : une lame de carton est placée verticalement devant le milieu du visage de la malade et celle-ci est assise en face du tableau. L'œil droit fermé, elle déclare qu'elle est incapable de distinguer les caractères écrits sur le tableau. L'œil gauche fermé, elle lit sans hésitation les lettres placées à droite de l'écran. Les deux yeux ouverts, elle lit toutes les lettres, aussi bien celles qui sont à la gauche de l'écran que celles qui sont à droite. » D'autres expériences en très grand nombre ont été faites et ont toutes la même conclusion que M. Pitres exprime ainsi: « L'amblyopie hystérique se corrige d'elle-même, parce qu'il est dans sa nature d'exister seulement dans la vision monoculaire. Aussitôt que les deux yeux sont ouverts et qu'ils agissent synergiquement l'amblyopie disparaît et la vision devient normale. » Ce qui revient à dire : l'hystérique est aveugle de l'œil gauche quand elle y fait attention et qu'elle croit ne voir que par cet œil ; elle n'est plus aveugle du tout, quand elle n'y pense pas et quand elle croit voir tout de l'œil droit.

La proposition de M. Pitres résumait bien les observations précédentes, mais je crois qu'il faut aller beaucoup plus loin et constater des faits nouveaux et plus graves. Je prétends que l'hystérique amaurotique y voit parfaitement de son œil gauche, même quand l'œil droit est fermé, que cette amblyopie n'existe même pas dans la vision monoculaire, et qu'en général les anesthésies hystériques même les plus complètes ne suppriment aucune sensation. Tenons-nous-en aux faits sans essayer de comprendre maintenant comment cette singulière contradiction est possible. Pour vérifier cette sensibilité des parties anesthésiques, il ne faut pas s'adresser directement au sujet et attendre une réponse immédiate, il faut employer des procédés un peu indirects que je ramènerais à deux principaux: l'examen de la mémoire et l'étude des actes subconscients.

S'il est un point admis en psychologie, c'est que la mémoire n'est que la conservation des sensations : toute sensation peut, pour différentes raisons, ne pas devenir un souvenir, mais tout souvenir a été une sensation consciente. Si nos sujets ne sentent réellement pas les impressions faites sur les parties anesthésiées de leur corps, ils ne doivent évidemment pas en conserver le souvenir. Que penser alors des quelques expériences suivantes ? L'œil droit de Marie étant soigneusement fermé, elle prétend, comme nous savons, être dans une obscurité profonde. Sans me préoccuper de ce qu'elle dit, je fais passer plusieurs fois devant son œil gauche un petit dessin que je retire ensuite. Le dessin représentait un arbre et un serpent qui grimpait autour du tronc. Je lui laisse alors ouvrir l'œil droit et je l'interroge : elle prétend n'avoir absolument rien vu. Quelques minutes plus tard, je lui applique sur la tempe gauche une plaque de fer qui est son métal de prédilection ; des picotements se font sentir dans le côté gauche de la tête, et l'œil, comme on sait, reprend pour quelque temps la sensibilité ordinaire. Je lui demande alors si elle se souvient de ce que je lui ai montré. « Mais oui, fait-elle, c'était un dessin, un arbre avec un serpent qui grimpait autour. » Quelques jours plus tard, je refais l'expérience ainsi : je montre uniquement à l'œil gauche qui était devenu de nouveau anesthésique un dessin : c'était une grande étoile dessinée au crayon bleu. Puis, quand les deux yeux sont ouverts, je lui montre une dizaine de petits dessins parmi lesquels se trouve l'étoile ; elle n'en reconnaît aucun et prétend les voir pour la première fois. J'applique la plaque de fer sur la tempe, la sensibilité revient, et Marie prend le papier où est l'étoile bleue et me dit : « Sauf celui-ci cependant que j'ai déjà vu une fois. »

La même expérience peut être faite sur le sens tactile : je mets un jour dans la main complètement anesthésique du même sujet un petit objet (c'était un bouton de rose) et je l'y laisse quelques instants, en prenant toutes les précautions pour qu'elle ne puisse le voir. Je lui demande si elle a quelque chose dans la main, elle cherche avec attention et assure qu'elle n'a absolument rien. Je n'insiste pas et retire le bouton de rose sans qu'elle s'en aperçoive Quelque temps après, par l'application d'une plaque de fer, je rends la sensibilité tactile à cette main ; à peine le frisson qui chez elle signale le retour de la sensation est-il terminé qu'elle me dit spontanément : « Ah ! je me suis trompée, vous m'aviez mis dans la main un bouton de rose, où est-il ? » J'ai refait cette expérience plusieurs fois sur ce sujet et sur trois autres hystériques anesthésiques, et j'ai modifié l'expérience de diverses manières. Quelquefois il suffit, comme pour les anesthésies systématisées, de commander au sujet de se souvenir, pour que la mémoire revienne en ramenant aussi la sensibilité ; dans d'autres cas, on peut suggérer le retour de la sensibilité qui ramène alors la mémoire ; enfin, il faut parfois avoir recours au courant électrique, aux plaques métalliques, différentes selon les sujets, pour ramener la sensibilité ; j'ai même laissé une fois un intervalle de deux jours entre l'instant où j'avais fait sentir l'objet par la main anesthésique et l'instant où je rendais la sensibilité : le résultat a toujours été le même. Lorsque la sensibilité redevenait consciente, le souvenir de cette sensation qui, en apparence, n'avait pas existé, réapparaissait complètement.

Enfin j'ai songé à faire la même expérience avec Rose, sur le sens musculaire ou kinesthésique. Je donne à son bras qui est anesthésique une position quelconque, je lui mets deux doigts en l'air et les autres fermés, ou je lui fais faire un geste menaçant : Rose n'en sait rien, car j'ai bien caché le bras par un écran. Je baisse maintenant le bras et le remets sur ses genoux, puis, par un courant électrique faible (la suggestion ne peut pas établir les sensibilités de ce sujet), je rends à Rose la sensibilité complète cutanée et musculaire de son bras ; elle peut maintenant m'indiquer les positions que son bras avait précédemment et répéter les gestes avec conscience.

Nous avons déjà étudié, à propos de la mémoire des somnambules, des expériences analogues ; mais alors le retour de la sensibilité ramenait la mémoire d'une sensation qui avait été réellement reconnue par le sujet au moment où elle avait lieu et qui avait été simplement oubliée. Ici la sensation n'a jamais été reconnue par le sujet, mais elle a dû cependant avoir lieu de même, puisqu'elle peut être remémorée de la même manière. On pourra parler d'enregistrement physiologique inconscient, quoique ce soit loin d'être clair ; mais comment un phénomène physiologique, qui n'a pas amené de sensation à son début quand il était fort, peut-il amener un souvenir conscient deux jours après au moment où la trace en est évidemment plus faible? Cela est bien opposé à l'idée que l'on se fait ordinairement de la mémoire. J'aime mieux, pour ma part, supposer que cette sensation, dont le souvenir peut être si durable et si net, a réellement existé et a été un phénomène conscient.

Considérons d'ailleurs les choses d'un autre point de vue et notre supposition va se confirmer. Nous savons que les actes sont la suite et la manifestation des états conscients ; examinons les actes qui suivent ces impressions, en apparence non senties, faites sur des membres anesthésiques. Je ne parle pas, pour éviter de compliquer la question, de ces actes réflexes qui subsistent en grand nombre malgré la disparition de la sensation consciente ; on a l'habitude de les considérer, à tort je crois, comme des phénomènes purement physiologiques. Prenons pour objet de nos études des actes complexes qui ne peuvent avoir lieu qu'à la suite d'un phénomène conscient, précis et intelligent. Lucie ou Léonie ont les yeux bandés et plusieurs personnes, sans faire de bruit, soulèvent leur bras gauche complètement anesthésique et l'abandonnent ensuite ; le bras soulevé retombe lourdement sans que le sujet s'aperçoive de rien ; je le soulève à mon tour sans rien qui puisse les prévenir et le bras reste en l'air en état cataleptique. Il n'y rien là de merveilleux, le bras obéit parce que c'est moi, c'est une suggestion à point de repère. Mais encore faut-il que la main anesthésique ait distingué au toucher le contact des différentes personnes qui soulevaient le bras. Lucie ne sent point les contractions de ses muscles, soit : mais alors pourquoi donc, quand je lui ferme le poing sans qu'elle le puisse voir, prend-elle sur sa figure l'expression de la colère ? Je dis à Marie de toucher son oreille avec la main gauche, elle se trompe et touche son bonnet, puis corrige son mouvement et descend à l'oreille ; elle prétend n'avoir point senti l'attouchement de son bonnet, et je veux bien le croire, mais pourquoi a-t-elle corrigé son mouvement ? Je fis croire un jour à Rose que j'électrisais sa jambe et j'employai à dessein un appareil qui ne marchait pas et ne donnait aucun courant. Après lui avoir caché les yeux par un écran, j'appliquai les électrodes sur sa peau absolument insensible en apparence et il se produisit des contractions musculaires. C'est une suggestion, soit ; mais pourquoi donc les contractions cessaient-elles subitement dès que je soulevais les électrodes, et reprenaient-elles de plus belle dès que, sans la prévenir, je les appliquais doucement sur la peau ? Une liste de faits analogues serait interminable. Tous les observateurs ont dû en constater beaucoup ; passons à des observations plus décisives encore.

Nous avons signalé, dans les études précédentes, le phénomène curieux de l'écriture automatique ; nous avons vu comment on le produit et comment il permet de pénétrer dans des régions de la conscience que le sujet ne connaît pas lui-même. Ce phénomène étant extrêmement net chez Lucie, c'est à ce sujet que nous aurons recours. Pendant qu'elle cause avec d'autres personnes, je lui pince fortement le bras gauche. Lucie, comme je le savais depuis longtemps, ne sourcille pas, mais sa main droite dans laquelle j'ai mis un crayon écrit brusquement : « Mais vous me pincez. » Je pose des questions à cette écriture subconsciente pendant que Lucie cause d'autre chose : « Quel est le doigt que je touche ? - Le petit... le second, » écrit la main droite. « Qu'est-ce que je mets dans la main gauche ? - Un petit crayon... un sou. - Où est placé votre bras ? - Il est levé ... vous l'avez étendu... vous avez mis une main sur sa tête ... Maintenant elle touche l'oreille. » On pouvait s'attendre à ce résultat, il n'était que la suite des faits précédents ; mais j'en fus cependant fort surpris, tant j'étais habitué à considérer cette personne comme absolument anesthésique. Par curiosité, j'ai mesuré à l'œsthésiomètre cette sensibilité subconsciente et, tandis que Lucie était incapable de sentir même une forte brûlure faite subitement, l'écriture automatique montre qu'elle apprécie fort bien l'écartement des deux pointes de l'instrument comme pourrait faire une personne normale. A la face inférieure du poignet, l'écartement minimum que l'on peut donner aux deux points, pour que l'écriture accuse encore sans erreur deux piqûres, est à droite de 22 millimètres, et à gauche de 30 millimètres. La même observation, faite sur des personnes normales, me donnent des chiffres variant entre 25 et 35. La sensation, malgré l'anesthésie apparente, est donc très fine. Nous ne pénétrons jamais réellement la conscience d'une personne ; nous ne l'apprécions que d'après les signes extérieurs qu'elle nous en donne. Si je crois à la parole de Lucie, qui me déclare qu'elle ne sent pas, pourquoi ne dois-je pas croire à son écriture, qui me déclare qu'elle sent ? L'écriture est quelque chose d'aussi compliqué que la parole ; quand elle s'adapte à des questions, elle manifeste tout aussi bien l'intelligence et la conscience, et je ne vois pas de raison pour refuser toute créance à l'une des manifestations plutôt qu'à l'autre.

Remarquons plutôt que toutes ces observations sur les diverses espèces d'anesthésies sont absolument concordantes : qu'il s'agisse d'anesthésie systématisée obtenue par suggestion, de l'esthésie systématisée ou de l'électivité des somnambules, de l'anesthésie par plaques des hystériques, de leurs amauroses ou de leurs anesthésies générales, les résultats sont exactement les mêmes. Remarquons aussi que ces observations sont en complet accord avec celles de M. Bemheim, de M. Pitres et de bien d'autres sur l'amaurose unilatérale des hystériques. De même qu'ils ont constaté que l'hystérique voit par son œil aveugle dans bien des cas où elle croit le contraire, de même j'ai montré qu'elle sent dans bien des cas où elle se figure ne point sentir. Admettons donc les faits, même si nous ne pouvons pas les comprendre. De même qu'il y a un grand nombre d'actes inconscients compliqués que le sujet peut accomplir intelligemment sans le savoir, *de même il y a un grand nombre de sensations qu'il peut éprouver, dont il peut se souvenir, sur lesquelles il peut raisonner sans en avoir aucune conscience* [9].

---

1. L'anesthésie hystérique a été si complètement étudiée dans le dernier ouvrage de M. le Dr Pitres : *Des anesthésies hystériques* (Bordeaux, 1887), que je ne puis insister que sur les faits particuliers qui justifient mon interprétation.
2. Pitres. *Op. cit.*, 41, 96, etc.
3. Id. *Ibid.*, 54.
4. Charcot. *Maladies du système nerveux*, III, 348.
5. Wundt. *Psychologie physiologique*. Traduct, I, 415.
6. Binet. *Psychologie du raisonnement*, 1886, 99.
7. Bernheim. *De l'amaurose hystérique et de l'amaurose suggestive*, Revue de l'hypnotisme, 1887, 68.
8. Pitres. *Op. cit.*, 58 et sq.
9. Un article de M. Binet. *Recherches sur les altérations de la conscience chez les hystériques.* Revue philosophique, 1889, I, 135, trop récent malheureusement pour que nous ayons pu en profiter dans ce travail, vient confirmer complètement et par quelques expériences nouvelles les conclusions de cette étude sur l'anesthésie hystérique. Nous sommes très heureux de constater cet accord, qui a son importance quand il s'agit de recherches faites dans des conditions très différentes sur des phénomènes aussi délicats. Nous ferons remarquer, dans le chapitre suivant, sur quel point particulier les études de M. Binet complètent les nôtres. D'autres travaux, dont nous n'avons pu nous servir, ont également paru depuis janvier 1889 ; nous remarquerons seulement avec plaisir qu'ils s'accordent complètement avec les observations sur l'anesthésie hystérique que nous avions nous-mêmes publiées en 1886 et en 1887 dans la *Revue philosophique*.

10

DIFFÉRENTES HYPOTHÈSES
RELATIVES AUX PHÉNOMÈNES
D'ANESTHÉSIE

Nous rencontrons bien peu d'hypothèses qui aient été proposées pour expliquer les faits que nous venons de passer en revue, car l'anesthésie hystérique a été rarement présentée de cette manière, et, en particulier, elle a été rarement rapprochée de l'anesthésie systématisée dont elle n'est cependant qu'un cas particulier.

Nous n'insisterons pas sur l'hypothèse la plus simple et la plus banale qui vient naturellement à l'esprit en considérant des sujets de ce genre ; ils prétendent ne point sentir et cependant on peut démontrer qu'ils sentent parfaitement, ils ont donc menti et ce sont de simples simulateurs. On a usé et abusé de la simulation hystérique pour supprimer des problèmes qu'on ne comprenait pas, et cette hypothèse trop simple n'a ici aucun sens. D'abord on ne peut pas simuler l'anesthésie : « il suffit d'un peu d'attention pour déjouer les supercheries », comme M. Pitres [1] l'a montré à propos d'un individu qui faisait profession de s'exhiber comme homme insensible et qui avait appris à réprimer les manifestations de la douleur. Ensuite, il ne faut pas oublier que ces sujets ne se vantent pas de leur anesthésie, que, le plus souvent, ils l'ignorent absolument et que c'est nous qui la leur révélons. Enfin, il ne faut pas prendre toutes les hystériques pour des personnes stupides et leur prêter des simulations qui sont aussi absurdes et aussi maladroites. Le premier venu saura bien que, s'il simule la cécité de l'œil gauche, il ne doit pas lire les lettres placées à gauche de l'écran. Marie, qui n'est point sotte, saurait bien, si elle simulait, qu'il ne faut pas se souvenir des dessins montrés à son œil gauche, et cependant nous avons vu qu'elle s'en souvient toujours. N'insistons pas autrement.

Nous n'étudierons pas davantage les suppositions physiologiques ou anatomiques qui ont été faites, d'abord, parce qu'elles ne sont pas de notre compétence, et ensuite, parce qu'elles ne nous semblent être qu'une manière détournée de présenter des hypothèses psychologiques. Ainsi M. Pitres explique l'anesthésie générale des hystériques par une inertie fonctionnelle des centres basilaires du cerveau, c'est-à-dire des groupes cellulaires de la protubérance et du pédoncule [2]. Pourquoi cette hypothèse ? C'est parce qu'il se représente l'anesthésie, au point de vue psychologique, comme étant une lésion, non de l'intelligence ou de la perception, mais de la sensation brute, et que ces centres basilaires sont considérés aujourd'hui comme étant les organes de la sensation brute. Qu'il soit amené à faire une autre hypothèse psychologique, et l'auteur indiquera une autre localisation anatomique. Après avoir remarqué les curieux phénomènes relatifs à l'amaurose unilatérale des hystériques, M. Pitres admettra la multiplicité des centres corticaux de la vision [3] et laissera entendre que la lésion siège dans ces centres ; c'est qu'ici il a vu, sans qu'il le dise clairement, que la modification se trouve dans les perceptions et non dans les sensations brutes. Ce parallélisme entre les hypothèses anatomiques et psychologiques n'a rien qui doive surprendre, il serait même à souhaiter, pour le progrès des deux sciences, qu'il fût poussé beaucoup plus loin. Mais, comme il est naturel, nous ne nous occuperons que des hypothèses psychologiques en elles-mêmes, sans parler de la traduction anatomique qu'il est toujours possible d'en faire.

Nous venons de signaler une première hypothèse psychologique qui paraît, au premier abord, être très naturelle et traduire simplement les faits. Les individus anesthésiques ne présentent point d'autres troubles psychologiques que leur insensibilité ; ils raisonnent bien sur ce qu'ils connaissent ; ils ne présentent point, à propos des sensations conservées, ces troubles d'interprétation et de reconnaissance si caractéristiques dans la cécité verbale et la surdité verbale. Le malade qui présente un trouble intellectuel dans « les organes de l'élaboration psychique des sensations », voit et entend en réalité, mais ne reconnaît pas ou ne comprend pas ce qu'il voit ou entend bien. L'anesthésie hystérique n'a pas ce caractère ; elle supprime telle ou telle sensation purement et simplement, c'est *une lésion de la sensation brute.*

Nous ne pouvons pas partager cette opinion. Au point de vue théorique, l'élaboration intellectuelle des phénomènes descend plus bas que les auteurs ne paraissent le supposer. L'élaboration qui permet de comprendre le langage ou l'écriture et dont la lésion cause la surdité verbale ou la cécité verbale est une élaboration supérieure au-dessous de laquelle il y en a plusieurs autres. Et telle modification d'une élaboration élémentaire, tout en respectant la sensation brute, peut parfaitement empêcher une personne d'avoir la conscience personnelle qu'elle voit ou qu'elle entend. Au point de vue expérimental, les faits sont en complète opposition avec cette théorie et nous montrent constamment que la sensation brute n'a pas été détruite. M. Pitres reconnaît lui-même que, dans le cas d'anesthésie monoculaire, les sensations de l'œil aveugle ne sont pas définitivement supprimées et que le sujet peut parfaitement les apprécier dans certaines circonstances. Les expériences sur l'anesthésie systématisée montrent que, dans certains cas, le sujet peut être convaincu qu'il ne voit pas un objet, tandis que nous savons qu'il doit nécessairement le voir pour le reconnaître. Enfin les expériences que j'ai indiquées et qui sont quelquefois faciles à reproduire montrent que l'on peut toujours retrouver la sensation en apparence disparue et démontrer son existence.

Non seulement les anesthésies naturelles ou expérimentales ne semblent pas supprimer la sensation, mais elles ne réussissent même pas à la modifier. Voici une recherche que j'ai faite à ce propos. Pendant le somnambulisme, je défends à Lucie de voir la couleur rouge ; au réveil, elle ne distingue pas cette couleur, mais le personnage subconscient déclare, par l'écriture automatique, qu'il la voit très bien. Or, on sait que la couleur blanche est formée par des rayons rouges et des rayons vert-bleuâtres ; une personne dont la rétine fatiguée ne distingue plus les rayons rouges, ne sent dans une couleur blanche que les rayons verts et la voit verte. C'est du moins l'explication que l'on donne des images consécutives de couleur complémentaire. Si l'anesthésie modifie les sensations comme la fatigue de la rétine, Lucie qui ne distingue plus le rouge doit donc voir aussi un papier blanc avec la couleur verte. Je lui montre du papier blanc, et elle le trouve absolument blanc, le rouge seul est invisible et sa disparition n'influence en rien les autres couleurs qui sont vues normalement (avec une certaine confusion pour quelques-unes dues à une légère achromatopsie qui existait déjà avant l'expérience). D'autre part, si la seconde conscience voit le rouge, elle devrait dans la couleur blanche distinguer les rayons rouges, ce qu'elle ne fait pas, car elle ne distingue pas un papier blanc. On retrouverait le même fait, je crois, dans l'achromatopsie naturelle ; une hystérique qui ne reconnaît plus le rouge continue cependant à voir la couleur blanche sans modifications. De ces expériences il me semble que l'on peut tirer cette conclusion qui confirme les remarques précédentes : l'anesthésie ne change aucunement les sensations brutes. Ce n'est donc pas dans l'étude des sensations en elles-mêmes que l'on pourra trouver la raison de ces insensibilités ; il faut la chercher plus haut, dans le mécanisme de la perception élémentaire. Quoiqu'il n'y ait pas là de véritable cécité verbale ou de surdité verbale, M. Bernheim a cependant raison de dire: « Ces phénomènes sont dus à une illusion de l'esprit.... la cécité des hystériques est une cécité psychique [4]. »

Il est pourtant nécessaire d'examiner auparavant une autre théorie qui ne se trouve pas, que je sache, exposée nettement par un auteur, mais qui le sera quelque jour, car elle présente assez de vraisemblance. Ne pourrait-on pas expliquer l'anesthésie ou la subconscience par la faiblesse de certaines images, de même que l'on a voulu expliquer la suggestion consciente par la force de certaines autres. Ne pourrait-on pas dire, par exemple, que l'image visuelle du dessin montré à l'œil gauche de Marie est très faible et que les applications métalliques ont pour résultat d'en augmenter la force et de la rendre perceptible ? Nous nous sommes déjà expliqué sur les hypothèses de M. Binet relativement à la suggestion, et notre opinion n'est pas jusqu'à présent modifiée par ces faits nouveaux. Je ne vois aucune raison pour admettre que la sensation produite sur les organes anesthésiques soit une sensation faible. Cette sensation est précise, elle permet au sujet de reconnaître des détails fort petits de l'objet qu'on lui montre et de les indiquer plus tard par le souvenir ou immédiatement par l'écriture automatique.

Quand peut-on dire qu'une personne ait une sensation vive et forte, en admettant que ce mot ait un sens quelconque, si ce n'est quand elle apprécie des détails minimes de l'impression causée sur ce sens ? On mesure l'acuité visuelle en faisant lire des lettres petites, on mesure l'acuité du sens tactile en faisant distinguer des sensations tactiles rapprochées, c'est-à-dire presque semblables. Il ne peut rien y avoir de plus dans une sensibilité forte, si ce n'est un mélange de phénomènes douloureux étrangers à la sensation elle-même, qui sont des modifications de nature et non de la quantité de la sensation. Or, ces organes anesthésiques apprécient des choses fort délicates. L'œil gauche de Marie, ainsi que je l'ai vérifié, reconnaît mon dessin même quand il est petit et placé assez loin ; la main de Lucie reconnaît l'écartement des pointes de l'œsthésiomètre à une distance où bien des gens qui ont une sensibilité soi-disant forte ne l'apprécient pas ; les actes inconscients de Léonie montrent qu'elle reconnaît ma main au simple contact, ce qui n'est pas la marque d'une sensation faible. D'autre part, si les sujets méconnaissaient ces sensations produites sur leurs organes anesthésiques à cause de leur faiblesse, ils ne devraient avoir conscience d'aucune autre impression faible. Nous savons cependant qu'un sujet peut être anesthésique d'un sens et en avoir un autre très délicat ; Rose, qui ne sent pas les piqûres faites sur ses membres, se fâche parce que, loin d'elle, dans la cour, elle entend quelqu'un qui chante faux. Ce n'est donc pas la petitesse ou la faiblesse de ces sensations qui empêche le sujet d'en avoir conscience.

La meilleure étude sur ces phénomènes que je connaisse est celle de M. Bernheim qui a pour titre *De l'amaurose hystérique et de l'amaurose suggestive* [5]. L'auteur admet comme démontrés deux points très importants : 1° l'analogie complète entre l'anesthésie hystérique naturelle et l'anesthésie systématisée produite par suggestion : c'est bien, dans les deux cas, une certaine sensation distincte des autres, non pas par l'organe qui la produit, mais par sa qualité psychologique qui n'arrive pas à entrer dans la conscience du sujet ; 2° la sensation existe réellement avec tous ses caractères psychologiques ; l'image visuelle ou tactile est complètement réelle et consciente. Nous partageons entièrement, sur ces deux points, l'opinion de l'auteur et nous croyons avoir apporté quelques observations qui contribuent à la fortifier. Mais l'auteur cherche à expliquer le phénomène dans un langage qui me semble manquer un peu de précision et de clarté : « L'image visuelle perçue, l'hystérique la neutralise inconsciemment avec son imagination... La cécité psychique est la cécité par l'imagination ; elle est due à la destruction de l'image par l'agent psychique. » M. Pitres, qui cite cette théorie, ne semble pas, à mon avis, lui attribuer une importance suffisante. « Je ne comprends pas, dit-il [6], comment l'hystérique peut neutraliser inconsciemment avec son imagination les perceptions monoculaires et ne pas neutraliser inconsciemment aussi les perceptions binoculaires ou, tout au moins, la partie des perceptions binoculaires qui provient de l'œil amblyotique. » M. Bernheim répondrait sans doute, si je puis me permettre de parler pour lui, que l'hystérique ne neutralise pas les perceptions binoculaires, parce qu'elle ne se figure pas être aveugle des deux yeux, mais seulement de l'œil gauche, qu'elle ne neutralise pas non plus une partie de ces perceptions binoculaires, parce qu'elle ne sait pas que ces perceptions Viennent de l'œil gauche, parce qu'elle croit voir tout par l'œil droit. Faites-lui remarquer, dans les expériences, que tel objet ne peut être vu que par l'œil gauche, et elle ne le verra plus.

Je ferai pour ma part, une autre critique à l'expression de M. Bernheim : je trouve que l'image n'est ni neutralisée ni détruite, car elle existe encore et elle manifeste son existence par les actes subconscients et l'écriture automatique. En outre, cette image n'a pas eu besoin d'être neutralisée, car elle n'a jamais été dans la conscience du sujet : on ne peut pas dire que Marie commence par voir mon dessin, puis cesse de le voir ; elle n'a pas de pareille négation à faire, car elle n'a jamais vu ce dessin. Enfin le rôle que M. Bernheim attribue à l'imagination ne correspond guère à sa définition ordinaire ; cette faculté de représentation et de combinaison des images semble avoir plutôt pour rôle de les évoquer que de les nier. Nous n'espérons pas d'ailleurs être beaucoup plus heureux que M. Bernheim pour expliquer clairement ces phénomènes délicats et complexes, et peut-être ne ferons-nous qu'exprimer autrement une théorie sur bien des points analogues à la sienne.

---

1. Pitres. *Op. cit.*, 156.

2. Id. *Ibid.*, 137.

3. Pitres. *Op. cit.*, 63.

4. Bernheim. *De l'amaurose hystérique et l'amaurose suggestive.* Revue de l'hypnotisme, 1887, 71.

5. *Revue de l'hypnotisme*, 1887, 68.

6. Pitres. *Op. cit*, 60.

11

LA DÉSAGRÉGATION PSYCHOLOGIQUE

Le phénomène qui se produit dans notre conscience à la suite d'une impression faite sur nos sens et qui se traduit par ces expressions : « Je vois une lumière... Je sens une piqûre », est un phénomène déjà fort complexe : il n'est pas constitué seulement par la simple sensation brute, visuelle ou tactile ; mais il renferme encore une opération de synthèse active et présente à chaque moment qui rattache cette sensation au groupe d'images et de jugements antérieurs constituant le moi ou la personnalité. Le fait, simple en apparence, qui se traduit par ces mots : « Je vois, je sens », même sans parler des idées d'extériorité, de distance, de localisation, est déjà une perception complexe. Nous avons insisté déjà sur cette idée en étudiant les actes automatiques pendant la catalepsie ; nous avons adopté l'opinion de Maine de Biran, qui distinguait dans l'esprit humain une vie purement affective des sensations seules, phénomènes conscients mais non attribués à une personnalité, et une vie perceptive des sensations réunies, systématisées et rattachées à une personnalité.

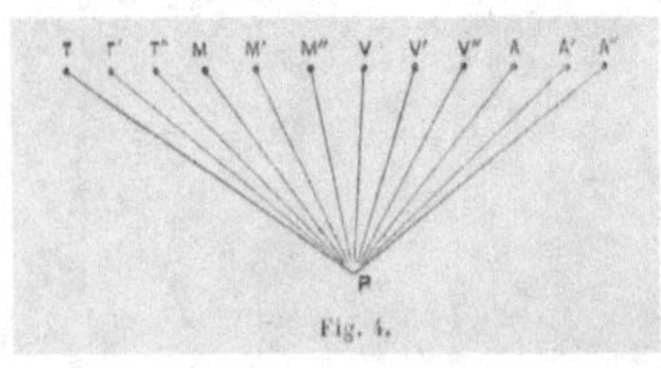

Fig. 4.

Nous pouvons, tout en n'attachant à ces représentations qu'une valeur purement symbolique, nous figurer notre perception consciente comme une opération à deux temps - l'existence simultanée d'un certain nombre de sensations conscientes tactiles, comme TT'T", musculaires comme MM'M", visuelles comme VV"V", auditives comme AA'A". Ces sensations existent simultanément et isolément les unes des autres, comme une quantité de petites lumières qui s'allumeraient dans tous les coins d'une salle obscure. Ces phénomènes conscients primitifs, antérieurs à la perception peuvent être de différentes espèces, des sensations, des souvenirs, des images, et peuvent avoir différentes origines : les uns peuvent provenir d'une impression actuelle faite sur les sens, les autres être amenés par le jeu automatique de l'association à la suite d'autres phénomènes. Mais, pour ne pas compliquer un problème déjà assez complexe, ne considérons d'abord, dans ce chapitre, que le cas le plus simple et supposons maintenant que tous ces phénomènes élémentaires soient de simples sensations produites par une modification extérieure des organes des sens.

2° Une opération de synthèse active et actuelle par laquelle ces sensations se rattachent les unes aux autres, s'agrègent, se fusionnent, se confondent dans un état unique auquel une sensation principale donne sa nuance, mais qui ne ressemble probablement d'une manière complète à aucun des éléments constituants ; ce phénomène nouveau, c'est la perception P. Comme cette perception se produit à chaque instant, à la suite de chaque groupe nouveau, comme elle contient des souvenirs aussi bien que des sensations, elle forme l'idée que nous avons de notre personnalité et dorénavant on peut dire que quelqu'un sent les images TT'T" MM'M", etc. Cette activité, qui synthétise ainsi à chaque moment de la vie les différents phénomènes psychologiques et qui forme notre perception personnelle, ne doit pas être confondue avec l'association automatique des idées. Celle-ci, comme nous l'avons déjà dit, n'est pas une activité *actuelle,* c'est le résultat d'une ancienne activité qui autrefois a synthétisé quelques phénomènes en une émotion ou une perception unique et qui leur a laissé une tendance à se produire de nouveau dans le même ordre. La perception dont nous parlons maintenant, c'est la synthèse au moment où elle se forme, au moment où elle réunit des phénomènes *nouveaux* en une unité à chaque instant *nouvelle.*

Nous n'avons pas à expliquer comment ces choses se passent ; nous avons seulement à constater qu'elles se passent ainsi ou, si l'on préfère, à le supposer et à expliquer que cette hypothèse permet de comprendre les caractères précédents des anesthésies hystériques.

Chez un homme théorique, tel qu'il n'en existe probablement pas, toutes les sensations comprises dans la première opération T T' T", etc., seraient réunies dans la perception P, et cet homme pourrait dire: « Je sens», à propos de tous les phénomènes qui se passent en lui. Il n'en est jamais ainsi, et, dans l'homme le mieux constitué, il doit y avoir une foule de sensations produites par la première opération et qui échappent à la seconde. Je ne parle pas seulement des sensations qui échappent à l'attention volontaire et qui ne sont pas comprises « dans le point de regard » le plus net ; je parle de sensations qui ne sont absolument pas rattachées à la personnalité et dont le moi ne reconnaît pas avoir conscience, car, en effet, il ne les contient pas.

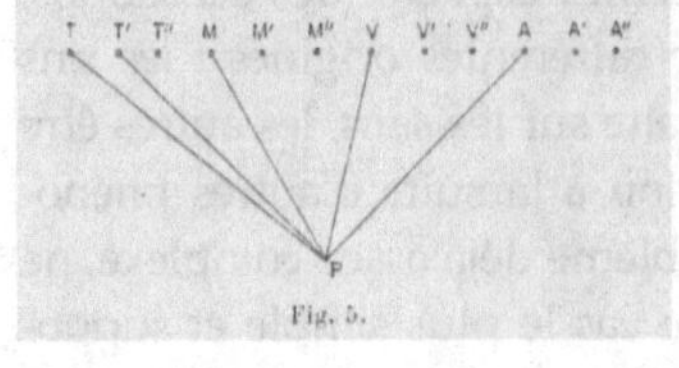
Fig. 5.

Pour nous représenter cela, supposons que la première opération restant la même, la seconde seule soit modifiée. La puissance de synthèse ne peut plus s'exercer, à chaque moment de la vie, que sur un nombre de phénomènes déterminé, sur 5 par exemple et non sur 12. Des douze sensations supposées T T' T" M M'M", etc., le moi n'aura la perception que de cinq, de T T' M V A par exemple. A propos de ces cinq sensations, il dira : « Je les ai senties, j'en ai eu conscience » ; mais si on lui parle des autres phénomènes de T'V'A', etc., qui, dans notre hypothèse, ont été aussi des sensations conscientes, il répondra « qu'il ne sait de quoi on parle et qu'il n'a rien connu de tout cela ». Or, nous avons étudié avec soin un état particulier des hystériques et des névropathes en général que nous avons appelé le rétrécissement du champ de la conscience. Ce caractère est précisément produit, dans notre hypothèse, par cette faiblesse de synthèse psychique poussée plus loin qu'à l'ordinaire, qui ne leur permet pas de réunir dans une même perception personnelle un grand nombre des phénomènes sensitifs qui se passent réellement en eux.

Les choses étant ainsi, les phénomènes sensitifs qui se passent dans l'esprit de ces individus sont divisés naturellement en deux groupes : 1° le groupe T T'M V A qui est réuni dans la perception P et qui forme leur conscience personnelle ; 2° les phénomènes sensitifs restants T" M' M" V' V' A' A", qui ne sont pas synthétisés dans la perception P. Ne nous occupons pour le moment que du premier groupe.

Dans la plupart des cas, les phénomènes qui entrent dans le premier groupe, celui de la perception personnelle, tout en étant de nombre limité, peuvent cependant varier et ne restent pas toujours les mêmes. L'opération de synthèse semble pouvoir choisir et rattacher au moi, par conséquent à la conscience personnelle, tantôt les uns, tantôt les autres, les sensations du sens tactile aussi bien que celles du sens visuel ; à un moment, le groupe perçu sera T T'M V A, à un autre, il sera M M'V'A A'.

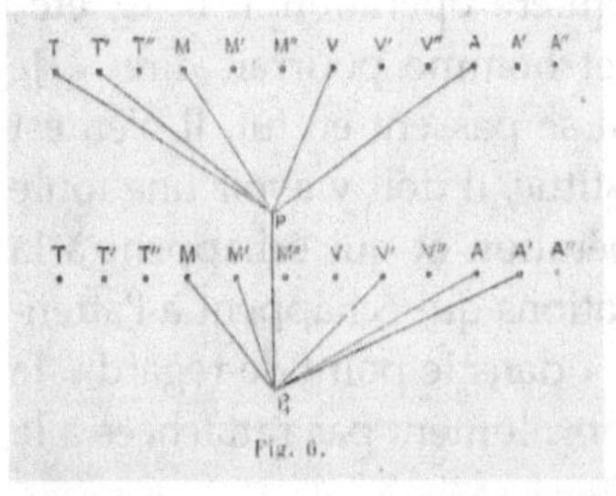
Fig. 6.

Quand les choses se passent ainsi, il y a bien à chaque moment des phénomènes ignorés et qui restent non perçus, comme M' au premier moment, ou V au second ; mais, d'une part, ces phénomènes ignorés ne sont pas perpétuellement inconscients, ils ne le sont que momentanément, et, de l'autre, ces phénomènes, qui sont inconscients n'ap-

276

partiennent pas toujours au même sens ; ils sont tantôt des sensations musculaires, tantôt des sensations visuelles. Cette description me semble correspondre à ce que nous avons observé dans une forme particulière de rétrécissement du champ de la conscience par distraction, par électivité ou esthésie systématisée, en un mot, dans toutes les anesthésies à limites variables. Le sujet hystérique distrait qui n'entend qu'une personne et n'entend pas les autres, parce qu'il ne peut pas percevoir tant de choses à la fois et que, s'il synthétise les sensations auditives et visuelles qui lui viennent d'une personne, il ne peut rien faire de plus, l'hynoptisé qui entend tout ce que dit son magnétiseur et sait tout ce qu'il fait, sans pouvoir entendre ni sentir aucune autre personne, la somnambule naturelle qui voit sa lampe et sent ses propres mouvements, mais ne s'aperçoit pas des autres sensations visuelles se formant dans son esprit, sont des exemples frappants de cette première forme de synthèse affaiblie et restreinte. Chez ces personnes, en effet, aucune sensation n'est perpétuellement inconsciente, elle ne l'est que momentanément; si le sujet se tourne vers vous, il va entendre ce que vous lui dites ; si je vous mets en rapport avec l'hypnotisé il va vous parler ; si la somnambule rêve à vous, elle vous verra. En outre, les sensations disparues n'appartiennent pas toujours au même sens et, si le sujet est interrogé par une personne successivement sur chacun de ses sens, il lui prouvera qu'il sent partout fort bien et n'a pas en apparence de réelle anesthésie.

C'est à ce type, du moins je suis disposé à le croire, qu'il faut rattacher les hystériques sans anesthésies. Elles sont fort rares ; M. Pitres dit en avoir rencontré deux, mais je n'ai pas eu l'occasion d'en voir. Ces hystériques doivent avoir encore le caractère essentiel de leur maladie, le rétrécissement du champ de la conscience, la diminution du pouvoir de synthèse perceptive ; mais elles ont gardé le pouvoir d'exercer successivement cette faculté sur tous les phénomènes sensibles quels qu'ils soient.

Pour quelle raison perçoivent-elles à un moment tel groupe de sensations plutôt que tel autre ? Il n'y a pas ici de choix volontaire comme dans l'attention, car, pour qu'un pareil choix soit possible, il faut qu'il y ait eu d'abord une perception générale de tous les phénomènes sensibles, puis une élimination raisonnée. L'électivité n'est ici qu'apparente, elle est due au développement automatique de telle ou telle sensation qui se répète plus fréquemment, qui s'associe plus facilement avec telle ou telle autre. Quand une hystérique regarde une personne, elle entendra plutôt les paroles de cette personne que les paroles d'une autre, parce que la vue de la bouche qui parle, des gestes, de l'attitude, s'associe avec les paroles que prononce cette personne et non avec les paroles que prononcent les autres. Une somnambule qui fait son ménage verra plus facilement sa lampe qui baisse qu'elle ne verra une personne étrangère dans la salle, parce que la vue de la lampe s'associe avec la vue des autres objets de ménage et remplit ce petit champ de conscience, sans laisser de place à l'image de l'étranger. Dans d'autres cas, une sensation reste dominante et amène celles qui lui sont liées, parce qu'elle a dominé dans un moment de rétrécissement plus grand encore du champ de la conscience réduit presque à l'unité. Au début de l'hypnotisme, le sujet à demi cataleptique ne peut percevoir qu'une seule sensation ; celle du magnétiseur s'impose, car il est présent, il touche les mains, il parle à l'oreille, etc. Le champ de conscience s'élargit un peu ; mais c'est toujours la pensée du magnétiseur qui garde sa suprématie et qui dirige les associations vers telle ou telle autre sensation. Dans tous ces cas, l'esthésie systématisée est une forme de cet automatisme qui réunit dans une même perception les sensations ayant entre elles quelque affinité, quelque unité. L'activité actuelle, par une sorte de paresse, ne fait guère que continuer ou répéter les synthèses déjà faites autrefois.

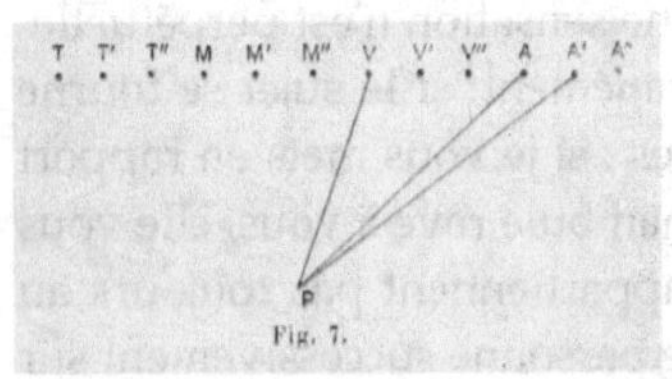

Fig. 7.

Mais les choses peuvent se passer d'une tout autre manière. Le faible pouvoir de synthèse peut s'exercer souvent dans un même sens, réunir dans la perception des sensations toujours d'une même espèce et perdre l'habitude de réunir les autres. Le sujet se sert plus des images visuelles et ne s'adresse que rarement aux images du toucher ; si sa puissance de synthèse diminue, s'il ne peut plus réunir que trois images, il va renoncer totalement à percevoir les sensations de telle ou telle espèce. Au début, ils les perd momentanément, et il peut à la rigueur les retrouver ; mais bientôt les perceptions qui lui permettaient de connaître ces images ne se faisant pas, il ne peut plus, même s'il l'essaye, rattacher à la synthèse de la personnalité des sensations qu'il a laissé s'échapper. Il renonce ainsi, sans s'en rendre compte, tantôt aux sensations qui viennent d'une partie de la surface cutanée, tantôt aux sensations de tout un côté du corps, tantôt aux sensations d'un œil ou d'une oreille. C'est encore la même faiblesse psychique, mais elle se traduit cette fois par un symptôme beaucoup plus net et plus matériel, par une anesthésie permanente à limite fixe du bras, de l'œil ou de l'oreille. Le sujet que vous interrogez ne peut vous dire que ce qu'il perçoit et ne peut vous parler des sensations qui se passent en lui sans qu'il le sache, puisqu'il ne les perçoit plus jamais.

Pourquoi l'anesthésie se localise-t-elle de certaines manières ? On le soupçonne dans certains cas, on ne le devine guère dans les autres. Les hystériques perdent plus volontiers la sensibilité tactile, parce que c'est la moins importante, non pas psychologiquement, mais pratiquement. Au début de la vie, le sens tactile sert à acquérir presque toutes les notions ; mais plus tard, grâce aux perceptions acquises, les autres sens le suppléent presque toujours. Ces personnes perdent plutôt la sensibilité du côté gauche que celle du côté droit, probablement parce qu'elles se servent moins souvent de ce côté. J'ai cru remarquer qu'il est des parties du corps, le bout des doigts, les lèvres, etc., auxquelles elles conservent la sensibilité plus longtemps qu'aux autres, probablement parce que les sensations qu'elles procurent sont particulièrement utiles ou agréables. Une hystérique que j'ai observée avait perdu la sensibilité aux membres, mais conservait des bandes sensibles au niveau de toutes les articulations : cela favorisait peut-être ses mouvements. Mais si nous considérons les îlots disséminés d'anesthésie que certains sujets ont sur la peau, nous ne connaissons pas assez les variations des sensations locales, leurs ressemblances et leurs différences pour comprendre les raisons de ces répartitions bizarres.

Les sensations fournies par ces parties anesthésiques existent toujours, et il suffit de la moindre des choses pour que la perception qui a perdu l'habitude de les saisir les raccroche une fois, si je puis m'exprimer ainsi. Forcez-les à penser à une image visuelle ordinairement liée à une image tactile, dites à Marie qu'une chenille se promène sur son bras et voilà tout le bras qui redevient sensible ; seulement cela ne peut durer, car le champ de la conscience est resté tout petit ; il s'est déplacé, mais il ne s'est pas agrandi, et il faudra bien qu'il retourne aux sensations les plus utiles à ce sujet qui n'a pas assez de force psychique pour se permettre des perceptions de luxe. Il en est de même pour les sensations des deux yeux qui sont associés ensemble et se complètent réciproquement. Si faible que soit leur puissance de perception, ces sujets ne peuvent pourtant pas s'arrêter à la moitié d'un mot quand la sensation voisine qui est bien présente forme le mot complet. Les sensations de l'œil droit, qui sont conservées au centre du petit champ de perception comme utiles et indispensables, amènent la perception des images fournies par l'œil gauche, dès qu'il y a une raison quelconque pour les reprendre, comme l'image d'une chenille sur le bras amène le sens tactile du bras. Mais qu'il n'y ait plus, dans le champ restreint de la perception, d'image évocatrice, que l'œil droit soit fermé, ou même que l'œil droit regarde un objet disposé de manière à pouvoir être vu tout entier par un seul œil, et les sensations fournies par l'œil gauche, trop négligées par la perception, ne sont pas reprises. Si je suis à la droite de Marie et si je lui parle, les personnes qui s'approchent à gauche ne sont pas vues, quoiqu'elle ait les deux yeux ouverts ; si je passe à sa gauche, en attirant son attention, elle continue à me voir de l'œil gauche. L'anesthésie semblait avoir une limite fixe, mais, comme il n'y a entre ces diverses sortes d'anesthésie aucune séparation absolue, elle se comporte dans bien des cas comme une anesthésie systématisée à limite variable. C'est l'importance de la perception dominante qui fait changer la sensation et qui amène au jour, suivant les besoins, telle ou telle image, puisque aucune n'était réellement disparue.

Peut-être les plaques métalliques, les courants, les passes agissent-ils de la même manière. C'est possible, mais, sans me prononcer, j'avouerais que j'en doute. Ces procédés, qui peuvent à la fin amener le dernier somnambulisme, c'est-à-dire un élargissement complet du champ de la conscience, me paraissent augmenter directement la force de perception. Mais, peu importe, pour une raison ou pour une autre, le moi contient maintenant les sensations qu'il avait perdues, il les retrouve telles qu'elles étaient avec les souvenirs enregistrés en son absence. Il reconnaît un dessin qu'il n'a pas vu, il se souvient d'un mouvement qu'il n'a pas senti, car il a repris les sensations qui avaient vu ce dessin et senti ce mouvement. Les anesthésies complètes qui embrassent tout un organe ne diffèrent donc des anesthésies systématisées que par le degré. La même faiblesse de perception, qui fait négliger par telle personne une image particulière, amène telle autre à négliger presque entièrement les images fournies par l'œil gauche, sauf quand elles sont nécessaires pour compléter celles de l'œil droit, et amène une troisième à négliger définitivement, de manière à ne plus pouvoir les retrouver, les sensations d'un bras ou d'une jambe.

Sans doute, ce n'est là qu'une manière de se représenter les choses, une tentative pour réunir des faits en apparence contradictoires et par conséquent inintelligibles. Cette supposition présente, à ce point de vue, des avantages évidents. Elle explique comment certains phénomènes peuvent à la fois être connus par le sujet et ne pas être connus par lui ; comment le même œil peut voir et ne pas voir, car elle nous montre qu'il y a deux manières différentes de connaître un phénomène : la sensation impersonnelle et la perception personnelle, la seule que le sujet puisse indiquer par son langage conscient. Cette hypothèse nous explique encore comment les impressions faites sur un même sens peuvent se subdiviser, car elle nous apprend que ce n'est pas toujours toutes les sensations brutes d'un sens qui restent en dehors de la perception personnelle, mais quelquefois une partie seulement, tandis que les autres peuvent être reconnues. Ces explications semblent résumer les faits avec quelque clarté et c'est pour cela que nous sommes disposés à considérer *l'anesthésie systématisée ou même générale comme une lésion, un affaiblissement, non de la sensation, mais de la faculté de synthétiser les sensations en perception personnelle, qui amène une véritable désagrégation des phénomènes psychologiques.*

12

LES EXISTENCES
PSYCHOLOGIQUES SIMULTANÉES

Reportons-nous encore une fois à la figure symbolique qui nous a permis de comprendre les anesthésies et étudions-là maintenant à un autre point de vue. Au lieu d'examiner les trois ou quatre phénomènes visuels ou auditifs VV'' AA' (fig. 8, ci-dessous) qui sont réunis dans la perception personnelle P et dont le sujet accuse la conscience, considérons maintenant en elles-mêmes les sensations restantes TT' T'' M, etc., qui ne sont pas perçues par le sujet mais qui existent néanmoins. Que deviennent-elles ? Le plus souvent elles jouent un rôle bien effacé ; leur séparation, leur isolement fait leur faiblesse. Chacun de ces faits renferme une tendance au mouvement qui se réaliserait s'il était seul, mais ils se détruisent réciproquement et surtout ils sont arrêtés par le groupe plus fort des autres sensations synthétisées sous forme de perception personnelle. Tout au plus peuvent-ils produire ces légers frémissements des muscles, ces tics convulsifs du visage, cette trémulation des doigts qui donnent à beaucoup d'hystériques un cachet particulier, qui font si facilement reconnaître, comme on dit, une nerveuse.

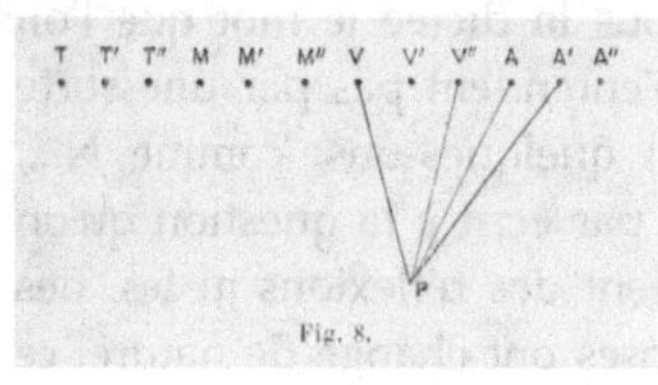

Mais il est assez facile de favoriser leur développement, il suffit pour cela de supprimer ou de diminuer l'obstacle qui les arrête. En fermant ses yeux, en distrayant le sujet, nous diminuons ou nous détournons dans un autre sens l'activité de la personnalité principale et nous laissons le champ libre à ces phénomènes subconscients ou non perçus. Il suffit alors d'en évoquer un, de lever le bras ou de le remuer, de mettre un objet dans les mains ou de prononcer une parole, pour que ces sensations amènent, suivant la loi ordinaire, les mouvements qui les caractérisent. Ces mouvements ne sont pas connus par le sujet lui-même, puisqu'ils se produisent tout justement dans cette partie de sa personne qui est pour lui anesthésique. Tantôt ils se font dans des membres dont le sujet a perdu complètement et perpétuellement la sensation, tantôt dans des membres dont le sujet distrait ne s'occupe pas à ce moment ; le résultat est toujours le même. On peut faire remuer le bras gauche de Léonie sans autre précaution que de le cacher par un écran, parce qu'il est toujours anesthésique ; on peut faire remuer son bras droit en détournant ailleurs son attention, parce qu'il n'est anesthésique que par accident. Mais, dans les deux cas, le bras remuera sans qu'elle le sache. À parler rigoureusement, ces mouvements déterminés par les sensations non perçues ne sont connus par personne, car ces sensations désagrégées réduites à l'état de poussière mentale, ne sont synthétisés en aucune personnalité. Ce sont bien des actes cataleptiques déterminés par des sensations conscientes, mais non personnelles.

Si les choses se passent quelquefois ainsi, il n'est pas difficile de s'apercevoir qu'elles sont bien souvent plus complexes. Les actes subconscients ne manifestent pas toujours de simples sensations impersonnelles ; les voici qui nous montrent évidemment de la mémoire. Quand on lève pour la première fois le bras d'une hystérique anesthésique pour vérifier la catalepsie partielle, il faut le tenir en l'air quelque temps et préciser la position que l'on désire obtenir ; après quelques essais, il suffit de soulever un peu le bras pour qu'il prenne de lui-même la position voulue, comme s'il avait compris à demi-mot. Un acte de ce genre a-t-il été fait dans une circonstance déterminée, il se répète de lui-même quand la même circonstance se présente une seconde fois : j'ai montré un exemple des actes subconscients de Léonie à M. X..., en faisant faire à son bras gauche des pieds de nez qu'elle ne soupçonne pas ; un an après, quand Léonie revoit cette même personne, son bras gauche se lève et recommence à faire des pieds de nez. Certains sujets, comme Marie, se contentent, quand on guide leur main anesthésique, de répéter le même mouvement indéfiniment, d'écrire toujours sur un papier la même lettre ; d'autres complètent le mot qu'on leur a fait commencer ; d'autres écrivent sous la dictée le mot que l'on prononce quand ils sont distraits et qu'ils n'entendent pas par une sorte d'anesthésie systématisée, et enfin en voici quelques-uns, comme N..., Léonie ou Lucie, qui se mettent à répondre par écrit à la question qu'on leur pose. Cette écriture subconsciente contient des réflexions justes, des récits circonstanciés, des calculs, etc. Les choses ont changé de nature, ce ne sont plus des actes cataleptiques déterminés par de simples sensations brutes, il y a là des perceptions et de l'intelligence. Mais cette perception ne fait pas partie de la vie normale du sujet, de la synthèse qui la caractérise et qui est figurée en P dans notre figure, car le sujet ignore cette conversation tenue par sa main, tout aussi bien qu'il ignorait les catalepsies partielles. Il faut de toute nécessité supposer que les sensations restées en dehors de la perception normale se sont à leur tour synthétisées en une seconde perception P'. Cette seconde perception est composée probablement, il faudra le vérifier, des images T'M' tactiles et musculaires dont le sujet ne se sert jamais et qu'il a définitivement abandonnées, et d'une sensation auditive A" que le sujet peut saisir, puisque, dans certains cas, il peut m'entendre, mais qu'il a momentanément laissée de côté, puisqu'il s'occupe des paroles d'une autre personne. Il s'est formé une seconde existence psychologique, en même temps que l'existence psychologique normale, et avec ces sensations conscientes que la perception normale avait abandonnées en trop grand nombre.

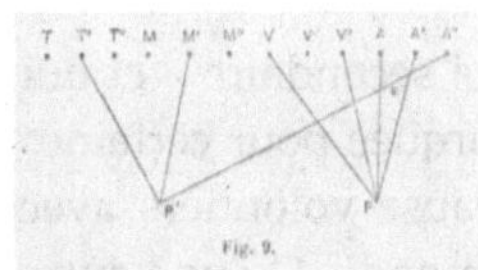

Quel est, en effet, le signe essentiel de l'existence d'une perception ? C'est l'unification de ces divers phénomènes et la notion de la personnalité qui s'exprime par le mot: « Je ou Moi » ; or cette écriture subconsciente emploie à chaque instant le mot : « Je », elle est la manifestation d'une personne, exactement comme la parole normale du sujet. Il n'y a pas seulement perception secondaire, il y a personnalité secondaire, « secondary self », comme disaient quelques auteurs anglais, en discutant les expériences sur l'écriture automatique que j'avais publiées autrefois. Sans doute ce « secondary self » est bien rudimentaire au début et ne peut guère être comparé au « normal self », mais il va se développer d'une manière bien invraisemblable.

Ayant constaté, non sans quelque étonnement je l'avoue, l'intelligence secondaire qui se manifestait par l'écriture automatique de Lucie, j'eus un jour avec elle la conversation suivante, pendant que son moi normal causait avec une autre personne. « M'entendez-vous, lui dis-je ? - (Elle répond par écrit) Non. -Mais pour répondre il faut entendre. - Oui, absolument. - Alors, comment faites-vous ? - Je ne sais. - Il faut bien qu'il y ait quelqu'un qui m'entende ? - Oui. - Qui cela ? - Autre que Lucie. - Ah bien ! une autre personne. Voulez-vous que nous lui donnions un nom ? - Non. - Si, ce sera plus commode. - Eh bien Adrienne [1]. - Alors, Adrienne, m'entendez-vous ? - Oui. » -Sans doute c'est moi qui ai suggéré le nom de ce personnage et lui ai donné ainsi une sorte d'individualité, mais on a vu combien il s'était développé spontanément. Ces dénominations du personnage subconscient facilitent beaucoup les expériences ; d'ailleurs l'écriture automatique prend presque toujours un nom de ce genre, sans que l'on ait rien suggéré, comme je l'ai constaté dans des lettres automatiques écrites spontanément par Léonie.

Une fois baptisé, le personnage inconscient est plus déterminé et plus net, il montre mieux ses caractères psychologiques. Il nous fait voir qu'il a surtout connaissance de ces sensations négligées par le personnage primaire ou normal ; c'est lui qui me dit que je pince le bras, ou que je touche le petit doigt, tandis que Lucie a depuis bien longtemps perdu toute sensation tactile ; c'est lui qui voit les objets que la suggestion négative a enlevés à la conscience de Lucie, qui remarque et signale mes croix et mes chiffres sur les papiers. Il use de ces sensations qu'on lui a abandonnées pour produire ses mouvements. Nous savons en effet qu'un même mouvement peut être exécuté, au moins par un adulte, de différentes manières, grâce à des images visuelles ou des images kinesthésiques ; par exemple, Lucie ne peut écrire que par des images visuelles, elle se baisse et suit sans cesse des yeux sa plume et son papier ; Adrienne, qui est la seconde personnalité simultanée, écrit sans regarder le papier, c'est qu'elle se sert des images kinesthésiques de l'écriture. Chacune a sa manière d'agir, comme sa manière de penser.

Un des premiers caractères que manifeste ce « moi secondaire » et qui est visible pour l'observateur, c'est une préférence marquée pour certaines personnes. Adrienne, qui m'obéit fort bien et qui cause volontiers avec moi, ne se donne pas la peine de répondre à tout le monde. Qu'une autre personne examine en mon absence ce même sujet, comme cela est arrivé, elle ne constatera ni catalepsie partielle, ni actes subsconscients par distraction, ni écriture automatique, et viendra me dire que Lucie est une personne normale très distraite et très anesthésique. Voilà un observateur qui n'a vu que le premier moi avec ses lacunes et qui n'est pas entré en relations avec le second. D'après les observations de MM. Binet et Féré, il ne suffit pas qu'une hystérique soit anesthésique pour qu'elle présente de la catalepsie partielle. Sans aucun doute, il faut, pour ce phénomène, une condition de plus que l'anesthésie, une sorte de mise en rapport de l'expérimentateur avec les phénomènes subconscients. Si ces phénomènes sont très isolés, ils sont provoqués par tout expérimentateur, mais s'ils sont groupés en personnalité (ce qui arrive très fréquemment chez les hystériques fortement malades), ils manifestent des préférences et n'obéissent pas à tout le monde.

Non seulement le moi secondaire n'obéit pas, mais il résiste à l'étranger. Quand j'ai soulevé et mis en position cataleptique le bras de Lucie ou celui de Léonie qui présente le même phénomène, personne ne peut les déplacer. Essaye-t-on de le déplacer, le bras semble contracturé et résiste de toutes ses forces ; le fléchit-on avec effort, il remonte comme par élasticité à sa première position. Que je touche le bras de nouveau, il devient subitement léger et obéit à toutes les impulsions. Il faut se souvenir de ce caractère d'électivité qui appartient au personnage subconscient et qui nous servira plus tard à mieux préciser sa nature.

Cette personnalité a d'ordinaire peu de volonté, elle obéit à mes moindres ordres. Nous n'avons pas à insister sur ce caractère déjà bien connu : la suggestion s'explique dans ce cas, comme dans les circonstances précédemment étudiées. Elle est produite ici, comme toujours, par la petitesse, la faiblesse de cette personnalité greffée à côté de la première et qui est encore plus étroite qu'elle. Le seul fait à rappeler, car nous le connaissons déjà, c'est que ces suggestions s'exécutent (dans les cas typiques, les seuls que nous considérions maintenant) [2] sans être connues par le sujet lui-même. C'est un second individu plus suggestible encore que le premier qui agit à côté et à l'insu du sujet que nous étudions, mais qui agit exactement d'après les mêmes lois.

Cependant, de même que les individus les plus suggestibles se sont montrés capables de résistance et de spontanéité, de même, le personnage secondaire se montre parfois très indocile. J'ai eu des querelles bien amusantes avec ce personnage d'Adrienne si docile au début et qui, en grandissant, le devenait de moins en moins. Il me répondait souvent d'une manière impertinente et écrivait « Non, non », au lieu de faire ce que je lui commandais. Il fut un jour tellement en colère contre moi qu'il refusa complètement de me répondre ; catalepsie partielle, actes inconscients, écriture automatique, tout avait disparu par la simple mauvaise humeur d'Adrienne. Peut-on, ainsi que certains auteurs, considérer ces phénomènes de catalepsie à l'état de veille comme des phénomènes purement physiologiques et musculaires, quand on les voit disparaître subitement à la suite d'une colère qui s'est manifestée par l'écriture automatique ? Je fus forcé alors de causer avec le personnage normal, avec Lucie, qui, tout à fait ignorante du drame qui se passait au dedans d'elle-même, était de très bonne humeur. Quand je fus parvenu à me réconcilier avec Adrienne, les actes cataleptiques recommencèrent comme auparavant. Des faits de ce genre sont loin d'être rares et je les ai observés sur plusieurs autres sujets.

Ces résistances du personnage secondaire nous préparent à comprendre plus facilement ses actes spontanés, car j'ai été forcé de constater qu'il en existait de semblables. Un autre sujet, Léonie, avait appris à lire et à écrire passablement, et j'avais profité de ses nouvelles connaissances pour lui faire écrire pendant la veille quelques mots ou quelques lignes inconsciemment ; mais je l'avais renvoyée sans lui rien suggérer de plus. Elle avait quitté le Havre depuis plus de deux mois quand je reçus d'elle la lettre la plus singulière. Sur la première page se trouvait une petite lettre d'un ton sérieux : « elle était indisposée, disait-elle, plus souffrante un jour que l'autre, etc., et elle signait de son nom véritable « Femme B... » ; mais sur le verso commençait une autre lettre d'un tout autre style et que l'on me permettra de reproduire à titre de curiosité : « Mon cher bon monsieur, je viens vous dire que Léonie tout vrai, tout vrai, me fait souffrir beaucoup, elle ne peut pas dormir, elle me fait bien du mal ; je vais la démolir, elle m'embête, je suis malade aussi et bien fatiguée. C'est de la part de votre bien dévouée Léontine. » Quand Léonie fut de

retour au Havre, je l'interrogeai naturellement sur cette singulière missive :
elle avait conservé un souvenir très exact de la *première lettre;* elle pouvait
m'en dire encore le contenu ; elle se souvenait de l'avoir cachetée dans l'enveloppe et même des détails de l'adresse qu'elle avait écrite avec peine ;
mais elle n'avait pas le moindre souvenir de la *seconde lettre.* Je m'expliquais d'ailleurs cet oubli : ni la familiarité de la lettre, ni la liberté du style,
ni les expressions employées, ni surtout la signature n'appartenaient à
Léonie dans son état de veille. Tout cela appartenait au contraire au
personnage inconscient qui s'était déjà manifesté à moi par bien d'autres
actes. Je crus d'abord qu'il y avait eu une attaque de somnambulisme spontané entre le moment où elle terminait la première lettre et l'instant où elle
cachetait l'enveloppe. Le personnage secondaire du somnambulisme qui
savait l'intérêt que je prenais à Léonie et la façon dont je la guérissais
souvent de ses accidents nerveux, aurait apparu un instant pour m'appeler
à son aide ; le fait était déjà fort étrange. Mais depuis, ces lettres subconscientes et spontanées se sont multipliées et j'ai pu mieux étudier leur
production. Fort heureusement, j'ai pu surprendre Léonie, une fois, au
moment où elle accomplissait cette singulière opération. Elle était près
d'une table et tenait encore le tricot auquel elle venait de travailler. Le
visage était fort calme, les yeux regardaient en l'air avec un peu de fixité,
mais elle ne semblait pas en attaque cataleptique ; elle chantait à demi-voix
une ronde campagnarde, la main droite écrivait vivement et comme à la
dérobée. Je commençai par lui enlever son papier à son insu et je lui
parlai ; elle se retourna aussitôt bien éveillée, mais un peu surprise, car,
dans son état de distraction, elle ne m'avait pas entendu entrer. « Elle avait
passé, disait-elle, la journée à tricoter et elle chantait parce qu'elle se
croyait seule. » Elle n'avait aucune connaissance du papier qu'elle écrivait.
Tout s'était passé exactement, comme nous l'avons vu pour les actes
inconscients, par distraction, avec la différence que rien n'avait été
suggéré.

Cette forme de phénomènes subconscients n'est pas aussi facile à
étudier que les autres ; étant spontanée, elle ne peut être soumise à une
expérimentation régulière. Voici quelques remarques seulement que le
hasard m'a permis de faire. D'abord le personnage secondaire qui écrit ces
lettres est intelligent dans ses manifestations spontanées, comme dans ses
manifestations provoquées. Il montre, dans ce qu'il écrit, beaucoup de
mémoire : une lettre contenait le récit de l'enfance même de Léonie ; il
montre du bon sens dans des remarques ordinairement justes. Voici même
un exemple de perspicacité inconsciente, comme dirait M. Richet. La
personne subconsciente s'aperçut un jour que la personne consciente,
Léonie, déchirait les papiers qu'elle avait écrits quand elle les laissait à sa
portée à la fin de la distraction. Que faire pour les conserver ? Profitant
d'une distraction plus longue de Léonie, elle recommença sa lettre, puis

elle alla la porter dans un album de photographies. Cet album, en effet, contenait autrefois une photographie de M. Gibert qui, par association d'idées, avait la propriété de mettre Léonie en catalepsie. Je prenais la précaution de faire retirer ce portrait quand Léonie était dans la maison ; mais l'album n'en conservait pas moins sur elle une sorte d'influence terrifiante. Le personnage secondaire était donc sûr que ses lettres mises dans l'album ne seraient pas touchées par Léonie. Tout ce raisonnement n'a pas été fait en somnambulisme, je le répète, mais à l'état de veille et subconsciemment. Léonie distraite chantait ou rêvait à quelques pensées vagues, pendant que ses membres, obéissant à une volonté en quelque sorte étrangère, prenaient ainsi des précautions contre elle-même. La seconde personne profite ainsi de toutes ses distractions. Léonie se promène seule dans les rues et imprudemment s'abandonne à ses rêveries ; elle est toute surprise, quand elle fait attention à son chemin, de se trouver en un tout autre endroit de la ville. *L'autre* a trouvé spirituel de l'amener à ma porte. La prévient-on par lettre qu'elle peut revenir au Havre, elle s'y retrouve sans savoir comment ; l'autre, pressée d'arriver, l'a fait partir le plus vite possible et sans bagages. Ajoutons enfin, comme dernière remarque, que ces actes subconscients et spontanés ont encore un autre trait de ressemblance avec les actes provoqués ; ils amènent dans la conscience normale un vide particulier, une anesthésie systématique. Léonie étant venue souvent chez moi, je croyais qu'elle connaissait bien mon adresse ; je fus bien étonné, en causant un jour avec elle pendant l'état de veille, de voir qu'elle l'ignorait complètement, bien plus, qu'elle ne connaissait pas du tout le quartier. Le second personnage ayant pris pour lui toutes ces notions, le premier semblait ne plus parvenir à les posséder.

Nous ne pouvons terminer cette étude sur le développement de la personnalité subconsciente sans rappeler un fait déjà signalé et sur lequel par conséquent nous n'insisterons point. Les actes subconscients et les sensations latentes peuvent exister pendant le somnambulisme, comme pendant la veille, et se développer aussi à ce moment sous la forme d'une personnalité. Tantôt elle présentera les mêmes caractères que pendant la veille, comme cela arrive chez Lucie ; tantôt elle sera toute différente, comme cela a lieu chez Léonie. Il ne faut pas oublier ces complications possibles.

Nous avons insisté sur ces développements d'une nouvelle existence psychologique, non plus alternante avec l'existence normale du sujet, mais absolument simultanée. La connaissance de ce fait est en effet indispensable pour comprendre la conduite des névropathes et celle des aliénés. Nous n'avons étudié, dans ce chapitre, que des cas typiques, pour ainsi dire théoriques, de ce dédoublement, afin de le voir dans les circonstances les plus simples et de pouvoir le reconnaître plus tard quand les cas deviennent plus complexes. Cette notion, importante, croyons nous, dans l'étude de la psychologie pathologique, ne manque pas non plus d'une certaine gravité au point de vue philosophique. On s'est accoutumé à admettre sans trop de difficultés les variations successives de la personnalité ; les souvenirs, le caractère qui forment la personnalité pouvaient changer sans altérer l'idée du moi qui restait une à tous les moments de l'existence. Il faudra, croyons-nous, reculer plus encore la nature véritable de la personne métaphysique et considérer l'idée même de l'unité personnelle comme une apparence qui peut subir des modifications. Les systèmes philosophiques réussiront certainement à s'accommoder de ces faits nouveaux, car ils cherchent à exprimer la réalité des choses, et une expression de la vérité ne peut pas être en opposition avec une autre.

1. Il y eut une petite difficulté à propos du nom de ce personnage, il changea deux fois de nom, je n'insiste pas sur ce détail insignifiant dont j'ai parlé ailleurs. *Revue philosophique*, 1886, II, 589.
2. Voir les exceptions au chapitre suivant.

13

LES EXISTENCES PSYCHOLOGIQUES SIMULTANÉES COMPARÉES AUX EXISTENCES PSYCHOLOGIQUES SUCCESSIVES

En étudiant, chez certains sujets, cette seconde personnalité qui s'est révélée à nous au-dessous de la conscience normale, on ne peut se défendre d'une certaine surprise. On ne sait comment s'expliquer le développement rapide et quelquefois soudain de cette seconde conscience. Si elle résulte, comme nous l'avons supposé, du groupement des images restées en dehors de la perception normale, comment cette systématisation a-t-elle pu se faire aussi vite? La seconde personne a un caractère, des préférences, des caprices, des actes spontanés : comment, en quelques instants, a-t-elle acquis tout cela? Notre étonnement cessera si nous voulons bien remarquer que cette forme de conscience et de personnalité n'existe pas maintenant pour la première fois. Nous l'avons déjà vue quelque part et nous n'avons pas de peine à reconnaître une ancienne connaissance : elle est tout simplement le personnage du somnambulisme qui se manifeste de cette nouvelle manière pendant l'état de veille.

C'est la mémoire qui établit la continuité de la vie psychologique, c'est elle qui nous a permis d'établir l'analogie de divers états somnambuliques, aussi est-ce encore elle qui va rapprocher l'existence subconsciente, qui a lieu pendant la veille du sujet, de l'existence alternante qui caractérise le somnambulisme. Nous pouvons montrer en effet : 1º que les phénomènes subconscients pendant la veille contiennent les souvenirs acquis pendant les somnambulismes, et 2º que l'on retrouve pendant le somnambulisme le souvenir de tous ces actes et de toutes ces sensations subconscientes.

1º Le premier point pourrait être déjà considéré comme démontré par l'étude que nous avons faite des suggestions posthypnotiques. Le sujet exécute quelquefois toute la suggestion sans le savoir, comme nous l'avons vu faire à Lucie, mais, dans les autres cas, il fait, au moins de cette manière, tous les calculs, toutes les remarques nécessaires pour exécuter correctement ce qui lui a été commandé. Quand la suggestion est rattachée à un point de repère, c'est la personne inconsciente qui garde le souvenir de ce signal : « Vous m'avez dit de faire telle chose quand l'heure sonnera », écrit automatiquement Lucie après son réveil du somnambulisme. C'est elle aussi qui reconnaît ce signal dont la personne normale ne se préoccupe pas. « Il y a sur ce papier une tache en haut et à gauche », écrit Adrienne à propos de l'expérience du portrait. C'est elle qui combine les procédés dans ces supercheries inconscientes si curieuses que M. Bergson avait signalées [1]. Quand il y a un calcul à faire, c'est encore ce même personnage qui s'en charge, qui compte les bruits que je fais avec mes mains, ou fait les additions que j'ai commandées. L'écriture automatique de Lucie l'affirme à chaque instant. M. Gurney [2] raconte qu'il avait commandé à un sujet de faire un acte dans dix jours et qu'il l'interrogea le lendemain au moyen de la planchette des spirites (c'est un procédé à mon avis fort inutile, dont les Anglais se servent presque toujours pour provoquer l'écriture automatique). Ce sujet, qui consciemment ne se souvenait d'aucune suggestion, écrivit, sans le savoir, qu'il fallait encore attendre neuf jours ; le lendemain il écrivit qu'il ferait l'acte dans huit jours. J'ai voulu répéter l'expérience et j'ai obtenu un résultat différent, mais tout aussi démonstratif. Je suggère à Rose, pendant le somnambulisme, de m'écrire une lettre dans quarante-deux jours, puis je la réveille. Le lendemain, sans la rendormir, je lui demande, var le procédé déjà décrit de la distraction, quand elle m'écrira. Je croyais qu'elle allait écrire, comme le sujet de M. Gurney « dans quarante et un jours », mais elle écrivit simplement : « le 2 octobre ». Et, de fait, elle avait raison, cela faisait bien quarante-deux jours et le personnage subconscient avait justement fait le calcul. La suggestion devenait une simple suggestion à point de repère inconscient qui d'ailleurs s'exécuta très correctement.

Quand il faut supprimer la vue d'un objet au personnage conscient, dans l'expérience de l'hallucination négative ou de l'anesthésie systématisée, c'est encore notre second personnage qui s'en charge. Il prend pour lui la vue de cet objet dont il conserve le souvenir et, par conséquent, empêche le personnage primaire de réunir ces sensations dans sa perception ordinaire. Voici un exemple qui résume tous ces phénomènes. J'ai commandé un soir à Lucie, pendant l'état somnambulique, de venir le lendemain à trois heures chez M. le docteur Powilewicz. Elle arrivait en effet le lendemain vers trois heures et demie : mais lorsqu'elle me parlait en entrant, elle semblait éprouver une singulière hallucination ; elle croyait être chez elle, prenait les meubles du cabinet pour les siennes et soutenait n'être pas sortie de la journée. Adrienne que j'interrogeai alors me répondit sensément par écrit que, sur mon ordre, elle s'était habillée à trois heures, qu'elle était sortie et qu'elle savait fort bien où elle était. Le souvenir de la suggestion, la reconnaissance du signal, l'acte commandé, l'anesthésie systématique, tout dépendait du second personnage qui accomplissait mes ordres pendant la veille au-dessous de la personne consciente, comme il l'aurait fait pendant le somnambulisme lui-même. En un mot, les suggestions posthypnotiques établissent un lien très net entre le premier somnambulisme et la seconde existence simultanée.

Mais les suggestions ne forment qu'une petite partie des souvenirs du somnambulisme, et l'écriture subconsciente montre encore le souvenir de tous les autres incidents. Voici une expérience facile à répéter que décrit M. Gurney [3]. Pendant l'état somnambulique, il cause avec un sujet et lui raconte quelque histoire, puis il le réveille complètement. A ce moment, le sujet a complètement perdu le souvenir de ce qu'on vient de lui dire, mais s'il met la main sur « la planchette » et la laisse écrire en apparence au hasard, on va lire sur le papier le récit complet de cette histoire que le sujet prétend ignorer et qu'il ne peut raconter, même si on lui offre un souverain pour le faire. Voici des faits analogues : Pour diverses expériences j'avais demandé à N.... pendant qu'elle était en somnambulisme, de faire au crayon quelques petits dessins, et elle avait esquissé une maison, un petit bateau avec une voile et une figure de profil avec un long nez. Une fois réveillée, elle n'a gardé de tout cela aucun souvenir et parle de tout autre chose ; mais sa main qui a repris le crayon se met à dessiner sur un papier à son insu. N... finit par s'en apercevoir et, prenant le papier, me dit : « Tiens, regardez donc ce que j'ai dessiné : une maison, un bateau et une tête avec un long nez; qu'est-ce qui m'a pris de dessiner cela ? » J'avais fait voir à V..., pendant le somnambulisme, un petit chien sur ses genoux et elle l'avait caressé avec une grande joie. Quand elle fut réveillée, je m'aperçus qu'elle avait un mouvement bizarre de la main droite qui semblait caresser encore quelque chose sur les genoux ; il fallut la rendormir pour enlever cette idée du petit chien, qui persistait dans la seconde conscience. On avait eu le tort de parler de spiritisme devant Léonie pendant qu'elle était en somnambulisme. A son réveil, elle conserva divers mouvements subconscients, des tremblements de la main, comme si elle voulait écrire, et des mouvements singuliers de la tête et des yeux qui semblaient chercher quelque chose sous les meubles : la seconde personne pensait toujours aux esprits. Il est inutile de citer d'autres exemples ; il suffit de rappeler qu'avec un sujet présentant à un haut degré l'écriture automatique, comme Lucie, on peut continuer par ce moyen, pendant la veille, toutes les conversations commencées pendant le somnambulisme.

Nous avons déjà constaté que, pendant le somnambulisme lui-même, le sujet peut retrouver parfois le souvenir de certains états oubliés pendant la veille et cependant distincts de l'état hypnotique, le souvenir de certains rêves, de quelques délires et quelquefois des crises d'hystérie. Aussi ne serons-nous pas surpris que l'écriture subconsciente renferme également ces souvenirs. Tandis que Léonie a oublié ses somnambulismes naturels, ses cauchemars et ses crises, quand elle est éveillée, son écriture automatique qui signe Adrienne va nous raconter tous les incidents de ces sortes de crises. C'est là un fait tout naturel qui résulte trop simplement du phénomène précédent pour que j'y insiste.

Une autre conséquence de ce souvenir, c'est que la personne subconsciente a complètement le caractère et les allures qui caractérisent le somnambulisme lui-même. Les sujets, quand ils écrivent inconsciemment, prennent les mêmes noms qu'ils ont déjà pris dans tel ou tel état hypnotique : Adrienne, Léontine, Nichette, etc. Ils montrent, dans les actes de ce genre, la même électivité que pendant le somnambulisme. Si les actes inconscients, si la catalepsie partielle ne peuvent être provoqués que par moi sur Lucie ou Léonie, c'est que, étant endormies en état second, elles n'obéissent aussi qu'à moi seul. Enfin la nature de l'intelligence pendant le somnambulisme a la plus grande influence sur la nature de l'acte inconscient. Lem. n'a aucune mémoire pendant le somnambulisme, aussi ne peut-il pas exécuter de suggestions posthypnotiques à échéance. Les actes inconscients de N... sont enfantins, comme le caractère même de N. 2 ou de Nichette, mais, comme elle a beaucoup de mémoire, ces actes inconscients peuvent être obtenus à n'importe quelle époque avec une grande précision. Voici à ce propos une observation faite par hasard et qui n'en est pas moins curieuse. Dans les premières études que j'avais faites sur N.... j'avais constaté une très grande aptitude aux suggestions par distraction à l'état de veille ; j'avais ensuite cessé ces expériences et perdu de vue cette personne pendant plusieurs mois. Quand je la vis de nouveau, je voulus essayer ces mêmes suggestions sans somnambulisme préalable, mais elles n'eurent pas le même résultat qu'autrefois. Le sujet, qui parlait à une autre personne, ne se retournait pas quand je lui commandais quelque chose et semblait ne pas m'entendre : il y avait donc bien l'anesthésie systématique nécessaire à l'acte subconscient, mais cet acte n'était pas exécuté. Il me fallut alors endormir le sujet, mais même dans le somnambulisme, les allures de N... restaient si singulières que je ne reconnaissais plus les caractères étudiés quelque temps auparavant. Le sujet m'entendait mal ou ne comprenait pas ce que je lui disais : « Qu'avez-vous donc aujourd'hui ? lui dis-je à la fin. - Je ne vous entends pas, je suis trop loin. - Et où êtes-vous ? - Je suis à Alger sur une grande place, il faut me faire revenir. » Le retour ne fut pas difficile : on connaît ces voyages de somnambules par hallucination. Quand elle fut arrivée, elle poussa un soupir de soulagement, se redressa et se mit à parler comme autrefois. « M'expliquerez-vous maintenant, lui dis-je, ce que vous faisiez à Alger ? - Ce n'est pas ma faute ; c'est M. X... qui m'y a envoyée il y a un mois ; il a oublié de me faire revenir, il m'y a laissée... Tout à l'heure vous vouliez me commander, me faire lever le bras (c'était la suggestion que j'avais essayé de faire pendant la veille), j'était trop loin, je ne pouvais pas obéir. » Vérification faite, cette singulière histoire était vraie : une autre personne avait endormi ce sujet dans l'intervalle de mes deux études, avait provoqué différentes hallucinations, entre autres celle d'un voyage à Alger ; n'attachant pas assez d'importance à ces phénomènes, elle avait réveillé le sujet sans enlever l'hallucination. N.... la personne éveillée, était restée en apparence normale ; mais le personnage subconscient qui était en elle conservait plus ou moins latente l'hallucination d'être à Alger. Et quand, sans somnambulisme préalable, je voulus lui faire des commandements, il entendit mais ne crut pas devoir obéir. L'hallucination une fois supprimée, tout se passa comme autrefois. Une modification dans l'intelligence pendant le somnambulisme avait donc amené, même deux mois après, une modification correspondante dans les actes subconscients, de même que les colères de Lucie 2 pendant le somnambulisme amènent après le réveil la mauvaise humeur manifestée par l'écriture automatique.

2° Une autre considération, à laquelle nous pouvons passer maintenant, rapproche encore ces deux états, c'est que les *actes subconscients ont un effet en quelque sorte hypnotisant et contribuent par eux-mêmes à amener le somnambulisme.* J'avais déjà remarqué que deux sujets surtout, Lucie et Léonie, s'endormaient fréquemment malgré moi au milieu d'expériences sur les actes inconscients à l'état de veille ; mais j'avais rapporté ce sommeil à ma seule présence et à leur habitude du somnambulisme. Le fait suivant me fit revenir de mon erreur. M. Binet avait eu l'obligeance de me montrer un des sujets sur lesquels il étudiait les actes subconscients par anesthésie, et je lui avais demandé la permission de reproduire sur ce sujet les suggestions par distraction. Les choses se passèrent tout à fait selon mon attente : le sujet (Hab ...), bien éveillé, causait avec M. Binet ; placé derrière lui, je lui faisais à son insu remuer la main, écrire quelques mots, répondre à mes questions par signes, etc. Tout d'un coup, Hab... cessa de parler à M. Binet et se retournant vers moi, les yeux fermés, continua correctement, par la *parole consciente* la conversation qu'elle avait commencée avec moi par *signes subconscients;* d'autre part, elle ne parlait plus du tout à M. Binet, elle ne l'entendait plus, en un mot, elle était tombée en somnambulisme électif. Il fallut réveiller le sujet qui naturellement avait tout oublié à son réveil. Or Hab... ne me connaissait en aucune manière, ce n'était donc pas ma présence qui l'avait endormie ; le sommeil était donc bien ici le résultat du développement des phénomènes subconscients qui avaient envahi, puis effacé la conscience normale. Le fait d'ailleurs se vérifie aisément. Léonie reste bien éveillée près de moi tant que je ne provoque pas des phénomènes de ce genre ; mais quand ceux-ci deviennent trop nombreux et trop compliqués, elle s'endort. Cette remarque assez importante nous explique un détail que nous avions noté, sans le comprendre, dans l'exécution des suggestions posthypnotiques. Tant qu'elles sont simples. Léonie les exécute à son insu, en parlant d'autre chose ; quand elles sont longues et compliquées, le sujet parle de moins en moins en les exécutant, finit par s'endormir et les exécute rapidement en plein somnambulisme. La suggestion posthypnotique s'exécute quelquefois dans un second somnambulisme, non pas que l'on ait suggéré au sujet de se rendormir, mais parce que le souvenir de cette suggestion et l'exécution elle-même forment une vie subconsciente si analogue au somnambulisme que, dans quelques cas, elle le produit complètement.

Le sujet est maintenant de nouveau en somnambulisme : l'analogie entre les états que nous voulons comparer va se montrer encore d'une autre manière. Tous les auteurs ont remarqué que le sujet exécute au réveil *les suggestions posthypnotiques* sans savoir qui les lui a données, mais *que, dans un nouveau somnambulisme, il retrouve ce souvenir* [4]. On pourrait croire que le sujet se souvient seulement de l'ordre reçu pendant un somnambulisme précédent et qu'il n'y a là qu'un souvenir d'un somnambulisme à l'autre. On peut choisir des suggestions qui se sont exécutées inconsciemment, mais dont l'exécution a été caractérisée par un petit détail non prévu, et l'on voit que le sujet, quand on l'endort de nouveau, a un souvenir complet de ces actes qui n'ont pas été connus par la conscience normale. Il est inutile de citer des exemples : on n'a qu'à se souvenir des suggestions posthypnotiques dont nous avons parlé et dont nous avons noté l'inconscience pendant la veille. Tous les sujets répètent, quand je les endors de nouveau, ce qu'ils ont fait pour m'obéir et les divers incidents qui ont caractérisé l'exécution de mes commandements.

Tout ce que je viens de dire s'applique exactement *aux actes subconscients spontanés*, en particulier à ceux de Léonie. *En somnambulisme en état de Léonie 2, elle en garde un souvenir partait*. Dans la lettre dont j'ai parlé, il y avait une partie ignorée du sujet éveillé et signée du nom de Léontine. On voit maintenant ce que ce nom signifiait, car c'est ainsi qu'elle se désigne elle-même pendant l'état somnambulique. Elle put me dire en effet dans cet état qu'elle avait voulu m'écrire pour me prévenir de la maladie de *l'autre* et me récita les termes de la lettre. Une excellente preuve d'ailleurs que les actes de cette espèce sont bien des actions de Léonie 2, c'est que, comme nous l'avons dit, le sujet peut s'endormir pendant leur accomplissement: les mêmes actes sont alors continués pendant le somnambulisme sans modification. Je surpris une fois Léonie, en train d'écrire une lettre inconsciemment de la façon que j'ai décrite et je pus l'endormir sans l'interrompre ; Léonie 2 continue alors sa lettre avec bien plus d'activité.

Il est inutile de décrire ce phénomène de mémoire chez d'autres sujets, car il reste absolument identique ; mais je passe de suite à une remarque très importante. Certains sujets, comme N.... ont, dès le début du somnambulisme, le souvenir de tous les actes subconscients de la veille, quels qu'ils soient, même de ceux qui ont été obtenus par anesthésie ou par distraction. Le sujet dont parle souvent M. Gurney était de ce genre. « Quand il a écrit une phrase automatiquement à la planchette, il l'ignore à l'état de veille, mais, endormi, il la répète presque toujours sans erreur [5]. » Il ne faut pas se figurer que tous les sujets font ainsi, car on rencontrerait bien vite une quantité d'exceptions à la loi que nous signalons. Lucie ne retrouve dans ce premier somnambulisme aucun souvenir de ses actes subconscients, Léonie, Rose ou Marie ne retrouvent dans ce même état que le souvenir d'un certain nombre d'actes de ce genre.

Quand cela arrive, quand un sujet ne retrouve pas, une fois en somnambulisme, le souvenir de ses actes subconscients de la veille, nous remarquerons que ces actes existent encore de la même manière et que la conscience continue à présenter le même dédoublement. La catalepsie partielle du côté gauche, et les actes inconscients par distraction existent encore chez Léonie pendant le premier somnambulisme. En outre, ces actes semblent rester associés avec ceux qui se sont produits pendant la veille et qui n'ont pas été remémorés. Chez Lucie, le personnage subconscient, quand il écrivait pendant la veille, signait ses lettres du nom d'Adrienne, il les signe encore du même nom pendant le somnambulisme et continue à montrer dans ces lettres les mêmes connaissances et les mêmes souvenirs. Ai-je commandé pendant la veille à Léonie un acte qui s'est exécuté à son insu pendant une distraction ; elle l'ignore encore quand elle est maintenant en somnambulisme. Mais si, pendant cet état même, je profite d'une distraction pour commander « le même acte que tout à l'heure », sans spécifier davantage, cet acte est très exactement reproduit, mais encore à l'insu de Léonie 2, comme tout à l'heure, de Léonie 1. Quand je fais parler, soit par signes, soit par écriture automatique, cet inconscient qui semble subsister encore, il peut très exactement raconter tous les autres actes inconscients qui restent encore ignorés. Il semble donc que, chez ce sujet, les actes subconscients et les images dont ils dépendent fassent, au-dessous du somnambulisme, une nouvelle synthèse de phénomènes, une nouvelle existence psychique, de même que la vie somnambulique elle-même existait au-dessous de la veille.

Quand les choses se présentent ainsi, il faut endormir davantage le sujet, car la persistance des actes subconscients ainsi que des anesthésies indique qu'il y a des somnambulismes plus profonds. Nous connaissons ces états somnambuliques variés que l'on obtient tantôt par de gradations insensibles, tantôt par des sauts brusques à travers des états léthargiques ou cataleptiques. *Chaque état nouveau de somnambulisme amène avec lui le souvenir d'un certain nombre de ces actes subconscients.* Léonie 3 est la première à se souvenir de certains actes et se les attribue. « Pendant que l'autre parlait, dit-elle à propos d'un acte inconscient de la veille, vous avez dit de tirer sa montre, je l'ai tirée pour elle, mais elle n'a pas voulu regarder l'heure... » « Pendant qu'elle causait avec M. un tel, dit-elle à propos d'un acte inconscient du somnambulisme, vous m'avez dit de faire des bouquets, j'en ai fait deux, j'ai fait ceci et cela... », et elle répète tous les gestes que j'ai décrits et qui avaient été tout à fait ignorés pendant les états précédents. Léonie 3 se souvient également bien des actions qui ont été exécutées pendant la catalepsie complète qui, chez ce sujet, précède le second somnambulisme. C'est à ce souvenir que nous faisions allusion au début de cet ouvrage, pour montrer que les actions faites dans cet état n'étaient pas absolument dépourvues de conscience. Lucie qui n'avait, dans le premier somnambulisme, absolument aucun souvenir des actes subconscients, ni du personnage d'Adrienne, reprend ces souvenirs de la façon la plus complète dans son second somnambulisme. Il ne faut donc pas nier le rapport entre les existences successives et les existences simulta- nées, parce que le sujet ne retrouve pas, tout de suite, dans son premier somnambulisme, le souvenir de certains actes subconscients ; il suffit souvent de l'endormir davantage pour que sa mémoire soit complète.

Ces faits se comprennent d'ailleurs très facilement, si on réfléchit aux conditions déjà étudiées du retour de la mémoire. Le souvenir d'un acte est lié à la sensibilité qui a servi à l'accomplir, il disparaît avec elle, reste subconscient tant que cette n'est pas rattachée à la perception normale, il réapparaît quand cette sensibilité est elle-même rétablie. Prenons un exemple : pendant que Léonie est bien réveillée, je lui mets une paire de ciseaux dans la main gauche qui est anesthésique ; les doigts entrent dans les anneaux, ouvrent et ferment alternativement les ciseaux. Cet acte dépend évidemment de la sensation tactile des ciseaux, et il est incons- cient, parce que cette sensation est désagrégée, existe à part et n'est pas synthétisée dans la perception normale de Léonie à ce moment. J'endors le sujet et je constate que, dans ce nouvel état, il est encore anesthésique du bras gauche. Il est donc tout naturel que le souvenir de l'acte précédent ne soit pas réapparu et reste en dehors de la conscience personnelle. Je mets le sujet dans un autre état, il a retrouvé la sensibilité du bras gauche et il se souvient maintenant de l'acte qu'il vient de faire avec les ciseaux. C'est là une application nouvelle, mais facile à prévoir, des études que nous avons faites sur la mémoire. Il se forme, dans ce cas, plusieurs personnalités subconscientes simultanées, de même qu'il s'est formé précédemment plusieurs somnambulismes successifs.

Je rattacherai à cette remarque un fait assez connu. Quand une sugges- tion a été donnée à un sujet dans un somnambulisme particulier, elle ne peut être enlevée que si l'on ramène le sujet exactement au même somnam- bulisme. Si j'ai fait un commandement à Léonie 3, je ne l'enlèverai pas en parlant à Léonie 2, ou à Léonie 1. Pourquoi cela ? Parce que mon comman- dement fait partie d'un certain groupe, d'un certain système de phéno- mènes psychologiques qui a sa vie propre en dehors des autres systèmes psychologiques qui existent dans la tête de cet individu. Pour modifier mon commandement, il faut commencer par atteindre ce groupe de phénomènes dont il fait partie, car on ne change pas un ordre donné à M. A., en allant faire un discours à M. B. Quelquefois ces systèmes psychologiques subconscients, formés à part de la perception personnelle, sont en petit nombre, deux chez Lucie ou Léonie, un seul chez Marie, trois ou quatre chez Rose ; quelquefois ils sont, je crois, très nombreux. Les somnambulismes d'un sujet ne sont presque jamais identiques les uns aux autres, ils changent surtout quand ils sont produits par différents expérimentateurs. Je m'expliquerais ainsi les mésaventures d'une somnambule racontées par M. Pitres [6]. Un mauvais plaisant l'avait endormie et lui avait suggéré le désir d'embrasser l'aumônier de l'hôpital, puis l'avait réveillée et était parti. La suggestion tourmentait abominablement cette malheureuse , mais personne ne pouvait réussir à la lui enlever, quoiqu'on la mît dans le sommeil hypnotique. C'est que l'on ne parvenait pas à reproduire le même sommeil hypnotique. Le groupe des phénomènes psychiques qui avait reçu la suggestion restait toujours en dehors de l'état de conscience que l'on pouvait provoquer et continuait à agir dans la direction qu'il avait prise. Cette remarque, *qui nous montre différentes existences subconscientes comme différents somnambulismes,* n'a pas grande importance théorique, mais est souvent très utile dans la pratique.

Ces relations entre les existences subconscientes et simultanées d'une part, et les divers somnambulismes successifs d'autre part, sont évidemment compliquées et peut-être, malgré tous mes efforts, difficiles à comprendre. Aussi avais-je essayé autrefois [7] de représenter ces faits par une figure schématique qui malheureusement n'a pas paru bien claire, peut-être parce que j'avais essayé d'y faire entrer trop de choses. Essayons maintenant de représenter le résultat de ces observations d'une manière différente et, j'espère, plus simple. La vie consciente d'un de ces sujets, de Lucie par exemple, semble se composer de trois courants parallèles les uns sous les autres. Quand le sujet est réveillé, les trois courants existent : le premier est la conscience normale du sujet qui nous parle, les deux autres sont des groupes de sensations et d'actes plus ou moins associés entre eux, mais absolument ignorés par la personne qui nous parle. Quand le sujet est endormi en premier somnambulisme, le premier courant est interrompu et le second affleure, il se montre au grand jour et nous fait voir les souvenirs qu'il a acquis dans sa vie souterraine.

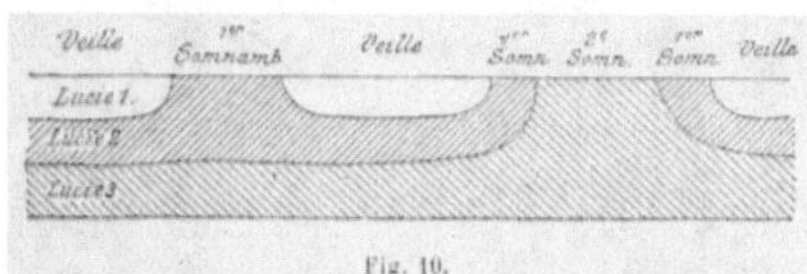

Fig. 10.

Si nous passons au second somnambulisme, le second courant est interrompu à son tour, pour laisser subsister seul le troisième qui forme alors toute la vie consciente de l'individu, dans laquelle on ne voit plus ni anesthésies ni actes subconscients. Au réveil les courants supérieurs reparaissent en ordre inverse. Il faudrait compliquer la figure pour représenter d'autres sujets qui ont des états somnambuliques plus nombreux, des somnambulismes naturels, des crises d'hystérie, etc., mais la disposition générale pourrait, je crois, rester la même.

1. Bergson. *La simulation inconsciente.* Revue philosophique, 1886, II, 525.
2. Gurney. Proceed. S. P. R, 1887, 294.
3. *Proceed. S. P. R.,* 1887, 294.
4. Gilles de la Tourette. *Op. cit.,* 153.
5. Gurney. *Proceed.* S. P. R., 1887, 296.
6. D'après Gilles de la Tourette. *Op. cit,* 127.
7. *Les actes inconscients et la mémoire pendant le somnambulisme.* Revue philosophique, 1888, I, 279.

14

IMPORTANCE RELATIVE DES DIVERSES EXISTENCES SIMULTANÉES

Une vérité ne doit jamais être exagérée sous peine de se transformer en erreur : que la vie subconsciente ressemble à la vie somnambulique, cela est évident: qu'elle soit absolument identique au somnambulisme et puisse lui être assimilée, c'est ce qu'on ne peut admettre. Léonie 2, le personnage somnambulique, bavard, pétulant, enfantin, ne peut pas exister complet et tel quel au-dessous de Léonie 1, cette femme âgée, calme et silencieuse. Ce mélange amènerait un délire perpétuel. En outre, le personnage somnambulique qui a les sensibilités absentes viendrait toujours compléter le personnage normal et ne lui laisserait aucune paralysie visible. Voici à ce propos un détail que mon frère m'a raconté. Une hystérique ayant les jambes anesthésiques, Witt.... appuie ses pieds sur une boule d'eau chaude et, ne sentant rien, ne s'aperçoit pas que l'eau est trop chaude et lui brûle les pieds. Ce sujet renfermait cependant une seconde personnalité qui se manifestait parfaitement par des signes subconscients ou dans un somnambulisme profond et qui avait alors la sensibilité tactile. Quand on l'interrogea, ce second personnage prétendit avoir très bien senti la douleur aux pieds. « Eh bien, alors, pourquoi, n'as-tu pas tiré les jambes ? - Je ne sais pas [1]. » Il est évident que le second personnage qui possède la sensibilité tactile des jambes ne devait pas exister pendant la veille de la même manière qu'il existe maintenant en somnambulisme profond. En un mot, la seconde personnalité n'existe pas toujours de la même manière et les rapports ou les proportions entre les différentes existences psychologiques doivent être fort variables.

Pour examiner ces variations, nous pouvons partir d'un premier point extrême : *L'état de santé psychologique parfaite. La puissance de synthèse étant assez grande, tous les phénomènes psychologiques, quelle que soit leur origine, sont réunis dans une même perception personnelle,* et par conséquent la seconde personnalité n'existe pas. Dans un pareil état, il n'y aurait aucune distraction, aucune anesthésie, ni systématique ni générale, aucune suggestibilité et aucune possibilité de produire le somnambulisme, puisqu'on ne peut développer des phénomènes subconscients qui n'existent pas. Les hommes les plus normaux sont loin d'être toujours dans un pareil état de santé morale, et, quant à nos sujets, ils y parviennent bien rarement. Cependant, pendant plus de dix-huit mois, Lucie est restée sans anesthésie, sans suggestibilité et sans qu'on pût l'hypnotiser. Marie est maintenant dans une période de ce genre, je ne sais pour combien de temps. C'est un état de santé relatif.

Quand cette santé parfaite n'existe pas, *la puissance de synthèse psychique est affaiblie et laisse échapper, en dehors de la perception personnelle, un nombre plus ou moins considérable de phénomènes psychologiques: c'est l'état de désagrégation.* Je n'appelle pas cela l'état hystérique, quoique cet état existe constamment pendant l'hystérie, car je crois que l'état de désagrégation est quelque chose de plus générale que l'hystérie et qu'il peut exister encore dans bien d'autres circonstances. C'est le moment des distractions, des anesthésies systématisées, des anesthésies générales, des suggestions exécutées consciemment par le sujet. Mais les phénomènes désagrégés restent encore incohérents, tellement isolés que, sauf pour quelques-uns qui amènent encore des réflexes très simples, ils n'ont, pour la plupart, aucune action sur la conduite de l'individu, ils sont comme s'ils n'existaient pas. Quand Witt... s'est brûlé les pieds, il y avait quelque part en elle des phénomènes de douleur, mais tellement élémentaires, isolés et incohérents qu'ils pouvaient tout au plus provoquer quelques contractions convulsives ici ou là, mais ne pouvaient pas diriger un mouvement d'ensemble, coordonné, comme celui d'écarter et de déplacer les jambes. C'est dans cet état que restent nos sujets le plus souvent, quand on ne s'occupe pas d'eux et surtout quand on ne les a pas endormis depuis longtemps.

Les seules modifications qui se produisent naturellement dans cet état consistent dans les diverses répartitions de l'anesthésie. Ainsi, pour prendre un exemple, Marie, pendant plusieurs mois, a oscillé entre trois formes d'anesthésie. 1° Elle est le plus souvent hémi-anesthésique gauche : le corps est divisé en deux parties par une ligne verticale passant par le milieu. A droite, toutes les sensibilités générales ou spéciales sont conservées, à gauche toutes les sensations de tous les sens ont disparu. 2° Après être restée quinze jours ou trois semaines dans ce premier état, elle passe souvent, sans raison apparente, dans un second. Elle est encore hémi-anesthésique, mais d'une autre manière : le corps est divisé en deux parties par une ligne horizontale passant un peu au-dessus des seins, au niveau des épaules. Toute la partie inférieure est absolument anesthésique ; toute la partie supérieure y compris la tête et les sens spéciaux (en exceptant pour des raisons particulières l'œil et la tempe gauches) recouvrent la sensibilité complète. 30 Souvent elle change encore d'état et se trouve pendant quelque temps sensible sur tout le corps, mais d'une manière extrêmement obtuse ; comme si la même quantité de sensibilité s'était répartie en diminuant de moitié sur une surface double. D'autres sujets pourront répartir leur sensibilité d'une autre manière, en choisissant dans chaque sens, pour les percevoir, certaines impressions particulières et en abandonnant les autres. Nous avons vu que l'électivité et la distraction sont des formes du rétrécissement du champ de la conscience et de la désagrégation psychique, comme l'anesthésie elle-même. Telles sont quelques-unes des variations que présentera naturellement l'état de désagrégation abandonné à lui-même.

Si la personne qui endort les sujets s'approche d'eux, ils éprouvent une émotion toute particulière qui leur fait sentir un changement dans leur conscience. C'est qu'en effet les phénomènes subconscients et désagrégés se sont groupés sous cette excitation, ont pris de la force et ont même ravi à la conscience normale quelques phénomènes dont elle avait conservé jusque-là la propriété. Les anesthésies ont augmenté : Lucie, qui entendait auparavant tout le monde, ne m'entend plus. « Je vois vos lèvres remuer, dit-elle, mais je n'entends pas ce que vous dites. » C'est que le personnage subconscient qui s'est formé a pris à ce moment mes paroles pour lui. La suggestibilité aussi a augmenté, mais elle s'exerce de deux manières, en provoquant tantôt les actes conscients du premier personnage, tantôt les actes du second ignorés par le premier ; c'est l'instant de la catalepsie partielle, des suggestions par distraction et de l'écriture automatique. C'est l'état dans lequel les spirites sont si heureux de voir leurs médiums, afin d'évoquer les esprits par l'intermédiaire des phénomènes désagrégés. Cet état correspond assez bien, il me semble, à celui qui a été déjà décrit sous le nom de *somnovigil* ou de *veille somnambulique* [2]. On a critiqué ce nom, en disant que ce n'était pas de la veille. Il est évident que, si on entend par le mot veille un état psychologique absolument normal, le sujet n'est pas en état de veille normale. Nous n'avons pas l'habitude, quand nous sommes bien éveillés, de marcher ou d'écrire sans le savoir ; mais il ne faudrait pas en conclure que le sujet soit dans un état de sommeil hypnotique complet. M. Beaunis [3] en donne fort bien la preuve : c'est qu'il y a continuité de mémoire entre la veille normale et les paroles du sujet dans cet état il se souviendra indéfiniment d'une partie de ce qu'il a fait il était donc au moins en partie en état de veille. Mais l'autre partie de son être, dont nous avons surabondamment montré l'existence et les caractères et qui maintenant est manifeste, est bien en somnambulisme, ainsi que le prouve une autre continuité de souvenirs que nous venons d'étudier. Mais ici encore l'état somnambulique n'est pas complet. Le second personnage a un peu d'ouïe qu'il a ravie au premier, il sent le toucher et les mouvements ; mais il ne voit pas, du moins à l'ordinaire, il ne remue pas très facilement et surtout il ne parle pas ou très difficilement, toutes choses qu'il pourrait faire pendant le somnambulisme complet. C'est donc un demi-somnambulisme comme une demi-veille, et M. Ch. Richet avait évidemment trouvé le mot juste, que nous garderons pour désigner cet état, quand il l'appelait un *hémi-somnambulisme* [4].

L'état précédent est un état transitoire et pour ainsi dire fragile qui oscille entre une veille plus parfaite et un somnambulisme complet.

Excitons encore un peu ces systèmes d'idées subconscientes, ou faisons disparaître par une fatigue quelconque cette première personnalité chancelante, et nous arrivons au somnambulisme véritable. La première personnalité n'existe plus, mais la seconde s'est enrichie de ses dépouilles, elle a pris maintenant, outre les phénomènes qui lui étaient propres, ceux qui appartenaient à l'autre synthèse ; elle voit, elle remue, elle parle comme elle veut. Elle se souvient de son humble existence précédente : « C'est moi qui ai fait cela, qui ai senti cela » mais elle ne comprend pas comment elle ne pouvait ni bouger ni agir tout à l'heure, car elle ne se rend pas compte du changement qui s'est produit. Après le somnambulisme, la première personnalité reparaît et la seconde diminue sans disparaître entièrement. Celle-ci persiste plus ou moins longtemps suivant sa force et les suggestions posthypnotiques qui lui ont été faites ; elle se relève de temps en temps pour les accomplir, puis elle diminue encore pour ne plus occuper que le petit espace que lui laissent les anesthésies pendant l'état de désagrégation qui est maintenant rétabli. Si le retour à la santé était complet, elle disparaîtrait entièrement et il y aurait une nouvelle restauration de l'unité psychique qui se ferait sans doute autour d'un autre centre, mais qui serait analogue, pour l'étendue du champ de la conscience et pour l'indépendance, au somnambulisme complet. Essayons, dans une nouvelle figure un peu moins schématique que la précédente, de représenter ces étendues relatives des diverses personnalités, en supposant pour plus de simplicité qu'il n'en existe que deux.

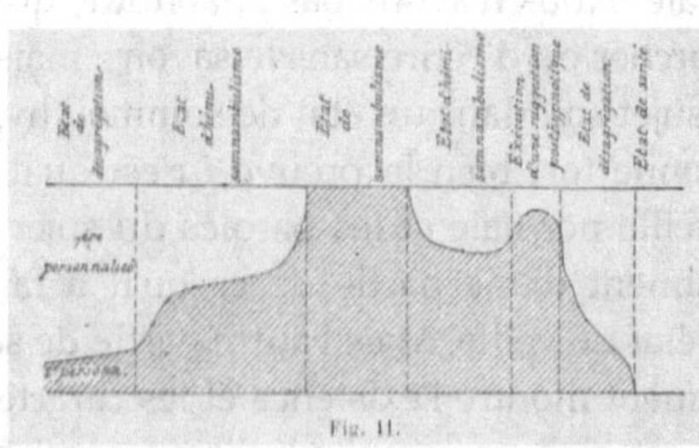

Fig. 11.

Le problème des rapports entre la personnalité secondaire successive

302

pendant le somnambulisme et la personnalité secondaire simultanée pendant la veille peut se présenter d'une manière plus précise et prendre une forme particulière : on sait que, pendant le somnambulisme complet, la seconde personne a la mémoire non seulement de ses propres actions pendant les somnambulismes précédents, ou même des actes qu'elle a faits pendant l'hémi-somnambulisme au-dessous de la conscience primaire, mais même des actions accomplies consciemment pendant la veille par la première personne, par « l'autre », comme disent les somnambules. Puisque cette personnalité somnambulique existe déjà pendant l'hémi-somnambulisme sous la conscience de la veille, n'est-il pas naturel qu'elle ait déjà à ce moment la connaissance des actes accomplis au-dessus d'elle par la personnalité ordinaire ? J'avais été frappé par ce raisonnement et, dans mes premiers articles sur ce sujet, j'avais admis, comme une sorte de loi, que la première personnalité ignorait complètement la seconde agissant au-dessous d'elle, mais que celle-ci connaissait fort bien la première ; je me servais même de cette remarque pour expliquer le souvenir de la veille pendant le somnambulisme. M. Gurney, qui, peu de temps après, publiait des études sur le même problème, admettait encore cette loi, mais commençait à faire des réserves [5]. « Dans bien des cas, disait-il, il n'est pas du tout évident que la seconde personnalité ait une connaissance exacte de la première au moment où elle agit au-dessus d'elle. » Non seulement je reconnais maintenant la justesse des réserves de M. Gurney, mais je suis disposé à les augmenter encore.

Il ne faut pas céder à cette illusion qui nous porte à identifier la seconde personnalité pendant le somnambulisme avec la seconde personnalité subconsciente pendant l'hémi-somnambulisme. Elle a, dans le premier état, quand elle est complète, des connaissances et des souvenirs qui sont dus aux sensibilités qu'elle a récupérées ; elle a le souvenir des actes de la veille, parce qu'elle a repris les sensibilités de la veille, outre les siennes. Mais quand elle était rudimentaire ou imparfaite à côté de la conscience normale, elle n'avait pas ces sensibilités et ne devait pas avoir la connaissance complète de ce que faisait le premier personnage. Quand Lucie 1 ou Lucie 2, pour prendre un exemple, existent simultanément, elles agissent en général chacune de leur côté, et elles s'ignorent réciproquement. Si l'une connaissait l'autre, si les images du sens tactile s'associaient avec les images du sens visuel, une conscience commune au profit de l'une des deux personnes se reconstituerait, ce qui ne semble pas avoir lieu.

Une des grandes difficultés de l'observation, quand on veut vérifier ces choses, c'est qu'il n'est pas possible d'interroger la seconde personnalité sur un fait quelconque, sans lui en donner par là même la connaissance et sans l'enlever à la personnalité primaire. « Le personnage subconscient, disait M. Gurney [6], entend cependant des signaux, décrit des objets du monde extérieur dont on le prie de parler. » Sans doute, mais il est facile de vérifier qu'à ce moment, la première personnalité ignore ces signaux et ne voit plus ces objets ; quand le moi normal continue réellement à voir quelque chose, il n'est pas du tout certain que le moi anormal le voit aussi au même moment ; nous n'osons plus conclure, comme M. Gurney, qu'il y a une différence entre les deux personnalités et que l'une connaît l'autre sans être connue par elle : la situation doit être la même pour les deux.

Il ne faut pas oublier d'ailleurs que nous ne parlons, dans ce chapitre, que des cas de désagrégation les plus simples, les plus théoriques en quelque sorte. Il est facile d'observer un très grand nombre de variétés et de complications dans lesquelles les deux personnages peuvent plus ou moins se connaître mutuellement et réagir l'un sur l'autre. Nous évitons d'entrer maintenant dans l'étude de ces complications.

L'examen de la figure schématique que nous venons d'étudier nous suggère encore une réflexion nouvelle qui a son intérêt. On remarque de suite que la représentation de l'état somnambulique complet est absolument identique à celle de la santé parfaite, ces deux états étant également caractérisés par la réunion de tous les phénomènes psychologiques dans une seule et même conscience. A un certain point de vue, cette ressemblance ne doit pas nous surprendre et s'accorde assez bien avec les études antérieures qui nous ont montré l'intégrité absolue de la sensibilité et de la volonté dans le somnambulisme complet, comme dans la santé parfaite. Mais, d'un autre côté, cette ressemblance soulève une difficulté. Ne savons-nous pas, en effet que, pendant le somnambulisme, la mémoire aussi est intacte et embrasse toutes les périodes de la vie, même les périodes de la veille, tandis que la veille et l'état normal seraient caractérisés par l'oubli des états somnambuliques. Comment, si cette différence dans l'état de la mémoire est bien réelle, ces deux états de somnambulisme complet et de santé parfaite pourraient-ils être identiques ? Quand deux états psychologiques sont absolument semblables, la mémoire doit être réciproque.

Eh bien, peut-être en est-il réellement ainsi, peut-être l'état de santé parfaite, quand il existe, amène-t-il le souvenir complet du somnambulisme lui-même. Si nos sujets, après le réveil, ne conservent pas le souvenir de leur somnambulisme, c'est qu'ils ne reviennent pas à la santé parfaite et qu'ils gardent toujours des anesthésies et des distractions plus ou moins visibles ; s'ils guérissaient radicalement, s'ils élargissaient leur champ de conscience jusqu'à embrasser définitivement dans leur perception personnelle, toutes les images, ils devraient retrouver tous les souvenirs qui en dépendent et se rappeler complètement même leurs périodes de crise ou de somnambulisme. Je dois dire que je n'ai jamais constaté ce retour de la mémoire et que cette remarque est fondée sur l'examen d'une figure schématique et sur le raisonnement plus que sur l'expérience. Peut-être aurait-on pu constater quelque chose de ce genre pendant les époques où Lucie semblait complètement guérie ; mais je ne songeais alors à ce problème et je n'ai fait aucune recherche sur ce point. Je crois d'ailleurs qu'elles auraient eu un résultat négatif, jamais je n'ai vu ces personnes hystériques retrouver après leur guérison apparente le souvenir de leurs secondes existences. Peut-être, ces femmes jeunes encore et, chez qui, de légers signes d'hystérie reparaissent de temps en temps, n'ont-elles jamais une guérison assez complète pour que ce phénomène puisse être manifeste.

Si l'observation ne nous renseigne pas sur ce point, l'histoire nous fournit peut-être quelques indications à recueillir. On connaît les mésaventures d'un sujet, qui fut célèbre au moment des plus grandes querelles provoquées par l'étude du magnétisme animal. Pendant plusieurs années, une femme nommée Pétronille internée à la Salpêtrière, avait présenté tous les phénomènes du somnambulisme, ainsi que l'oubli au réveil le plus net et le mieux constaté. Beaucoup plus tard, dans sa vieillesse, cette femme sortie de l'hôpital, prétendit faire des aveux et soutint avoir continuellement simulé tous les phénomènes du somnambulisme. Pour prouver son dire, elle racontait tout ce qu'on lui avait fait faire pendant les prétendus sommeils et retrouvait tous les souvenirs. Ce fait fit un assez grand bruit et fut l'occasion de bien des railleries triomphantes contre les magnétiseurs. Aujourd'hui encore, certains auteurs assez superficiels, qui ne voient dans tous les phénomènes nerveux, le somnambulisme, l'hystérie, peut-être même l'épilepsie, que de pures comédies, répètent de temps en temps, comme un « delenda Carthago », cet avertissement solennel aux hypnotiseurs : « cave Pétronille. »

Des faits du même genre se rencontrent également dans l'histoire du spiritisme dont nous parlerons bientôt. Les misses Fox, qui ont été, en 1848, l'occasion du développement de tout le spiritisme américain, devenues âgées, se moquent maintenant, parait-il [7], de leurs anciens exploits et prétendent avoir toujours simulé leurs mouvements inconscients et leurs conversations avec les esprits. En réalité, que Pétronille ait été sincère ou non, que les misses Fox en 1848 aient eu des accidents hystériques véritables et des mouvements automatiques réels ou qu'elles aient exploité une supercherie lucrative, cela nous est assez indifférent. Nous pourrions même faire remarquer que l'on ne peut guère accepter le témoignage d'une femme de soixante ans, quand elle prétend expliquer les sentiments qu'elle éprouvait à dix-huit ans. Elle n'est plus la même personne et n'est plus capable de comprendre sa propre jeunesse. Elle peut fort bien s'accuser maintenant d'une fourberie, qui n'a jamais été commise, pour s'expliquer des choses dont le souvenir est réapparu et qu'elle ne peut interpréter autrement.

Ces phénomènes, en effet, ne peuvent-ils pas être compris d'une façon intéressante. N'est-il pas possible qu'à soixante ans, l'hystérie, la désagrégation mentale qui existait à vingt ans, ait totalement disparu et que l'esprit entièrement reconstitué ait récupéré toutes les images, comme pendant un somnambulisme parfait. Des phénomènes de ce genre justifieraient la comparaison théorique que nous avons été amenés à faire entre l'état de santé et l'état de somnambulisme. Mais il est inutile de discuter davantage sur des faits aussi anciens et aussi mal connus ; peut-être, ceux qui ont pu suivre pendant fort longtemps des hystériques ont-ils pu faire des observations du même genre sur ce retour complet des souvenirs après la disparition de la maladie. Il serait intéressant de les réunir: elles fourniraient un signe curieux de la guérison complète de l'hystérie et viendraient confirmer les hypothèses que nous avons faites sur les existences psychologiques distinctes dans le même individu.

En laissant de côté ces problèmes dont la solution est encore douteuse, nous pouvons conclure par cette remarque. La désagrégation psychologique donne naissance à des groupes de pensées inégaux dont l'importance relative varie sans cesse. L'état de veille parfaite et l'état de somnambulisme complet sont deux extrêmes : entre eux se trouvent bien des degrés dans lesquels les diverses existences coexistent avec des proportions changeantes.

L'étude des maladies nerveuses a fait un grand progrès quand on a prouvé qu'une femme n'est pas seulement malade au moment où elle a sa crise d'hystérie, mais qu'elle est tout le temps hystérique, même dans l'intervalle de ses crises. Il faut faire un progrès analogue dans l'étude du somnambulisme et il faut admettre qu'un individu ne devient pas somnambule, quand on le veut, pendant quelques instants, puis qu'après le réveil tout est fini, mais qu'un sujet est hypnotisable parce qu'il était déjà en quelque manière somnambule et qu'il continue à l'être après le réveil, pendant un temps quelquefois très long. *Les existences psychologiques simultanées, que nous avons été obligé d'admettre pour comprendre les anesthésies, sont dues à cette persistance plus ou moins complète de l'état somnambulique pendant la veille.*

---

1. Voir à ce propos les expériences très intéressantes de M. Binet, dans l'article dont j'ai parlé plus haut, sur les phénomènes de douleur subconsciente. Revue *philosophique*, 1889, I, 143. L'auteur remarque, comme moi, que ces phénomènes de simple douleur produisent moins de mouvements que les sensations précises ; et il en donne une raison qui me paraît fort juste, c'est la simplicité et l'absence de coordination de ces phénomènes. Nous avons déjà fait une allusion à des faits du même genre dans le premier chapitre de cet ouvrage, p. 61, en discutant les théories de Bain.
2. Beaunis. *Somnambulisme provoqué*, 166.
3. Beaunis. *Somnambulisme provoqué*, 166.
4. Ch. Richet. *Les mouvements inconscients*, dans l'hommage à Chevreul, 93.
5. *Poceed.* S. P. R., 1887, 320.
6. *Proceed.*, 1887, 317.
7. Cf. *Journal of the society for physical Research*. 1888, 360.

15

L'ANESTHÉSIE ET LA PARALYSIE

Une hypothèse doit être défendue de deux manières, en montrant : 1° qu'elle est utile, c'est-à-dire qu'elle réunit et résume clairement certains faits ; 2° qu'elle est féconde, c'est-à-dire qu'elle permet d'interpréter d'autres phénomènes nouveaux pour lesquels elle n'avait pas été imaginée. L'hypothèse de la désagrégation des phénomènes psychologiques et de leur réunion en deux ou plusieurs groupes distincts, quoique simultanés, nous a paru représenter facilement les diverses anesthésies et leurs caractères singuliers ; cherchons s'il n'y a pas d'autres phénomènes nouveaux dont l'interprétation peut se rattacher à la même supposition.

L'étude de l'amnésie soulèverait un problème psychologique extrêmement intéressant. Quand un souvenir paraît oublié, et que l'on n'y pense pas, est-il complètement disparu de la conscience ? Ne peut-on pas dire de lui, comme des sensations ignorées des anesthésiques, qu'il se conserve dans quelque région obscure que la conscience ne connaît pas ? C'est une théorie bien séduisante et à certains points de vue bien vraisemblable ; elle est admirablement exprimée dans saint Augustin et a été défendue avec beaucoup d'adresse par des philosophes contemporains, comme M. Bouillier et M. Colsenet [1]. Il est certain que cette hypothèse parait se rattacher aux thèses que nous avons soutenues jusqu'à présent, et cependant nous ne la discuterons pas. Nous avons eu, en composant ce travail, la prétention, justifiée ou non, de faire un ouvrage de psychologie expérimentale et de nous écarter le moins possible des faits que nous avons pu, plus ou moins bien, observer nous-mêmes ; or nous n'avons pas constaté de faits qui se rattachent directement à cette hypothèse un peu transcendante. La grande différence entre une étude expérimentale et une théorie philosophique, c'est que la première n'a pas besoin de pousser les idées jusqu'à leurs plus lointaines conséquences et qu'elle s'arrête au point où la base solide des observations et de l'expérience paraît se dérober.

La seule amnésie que nous ayons étudiée est beaucoup plus simple, c'est la perte d'un souvenir au moment où il devrait normalement se présenter à la conscience. Un sujet à qui on a suggéré pendant le somnambulisme d'oublier tel souvenir ne peut plus le retrouver au réveil, pas plus qu'il ne peut avoir la sensation d'un objet qu'on lui a interdit de voir. Mais le souvenir, comme la sensation, persiste dans une seconde conscience et peut être retrouvé par les mêmes procédés. Nous n'insisterons pas non plus sur ce fait, car nous avons assez étudié les conditions de la mémoire pour admettre sans examen nouveau que les diverses amnésies de ce genre s'expliquent de la même manière que les diverses anesthésies. Pour comprendre cette amnésie, nous n'avons qu'à rappeler une remarque déjà signalée. Dans toutes les figures qui ont été examinées au paragraphe VI du présent chapitre pour expliquer la perception, les phénomènes simples T, T', M., etc., antérieurs à la synthèse qui forme la perception, peuvent être des souvenirs ou des images aussi bien que des sensations, et toutes les études sur la réunion ou la désagrégation de ces images resteraient identiques.

Mais on rencontre souvent dans les études de psychologie pathologique deux phénomènes nouveaux et très importants : *les paralysies* et les *contractures. Si* ces faits peuvent être rattachés à cette théorie de la désagrégation psychologique que nous avons esquissée, ils lui apporteront une vérification assez sérieuse ; nous devrons donc leur consacrer une étude particulière.

En règle générale, toute anesthésie et toute amnésie amènent toujours à leur suite une paralysie : si j'ai oublié le nom ou la place d'un objet, je ne puis pas prononcer ce nom, ni faire le mouvement pour prendre l'objet à sa place. Une hystérique qui perd complètement le souvenir de toute espèce d'images verbales, ou qui perd toute sensibilité d'un membre, ne peut plus parler ou ne peut plus remuer ce membre. D'autre part, les paralysies et les contractures sont presque toujours, sauf dans des cas tout à fait exceptionnels, accompagnées par des anesthésies. « L'anesthésie tactile et musculaire accompagne toujours la paralysie hystérique, » disait M. Charcot [2]. « Le malade, dit un autre auteur, n'a conscience de son membre que comme d'un corps étranger dont le poids est gênant et se fait sentir dans la partie du thorax restée sensible [3]. » De même les contractures sont en général indolentes et accompagnées d'une anesthésie profonde du muscle et presque toujours également de la peau qui le recouvre [4]. Ces anesthésies amènent, comme de juste, des amnésies, et une hystérique, paralysée comme V... par exemple, ne peut plus arriver à se représenter l'image visuelle ou musculaire de la jambe en mouvement. D'une manière générale, ce sont les hystériques présentant des anesthésies et des amnésies nombreuses qui ont ces accidents, et elles les ont du côté qui est surtout anesthésie ; inversement, quand les anesthésies disparaissent, on voit les contractures céder et les membres paralysés recouvrer leurs mouvements. Après tout ce que nous avons dit sur le rôle moteur des sensations et des images, ce rapport entre la suppression d'une image et la suppression d'un mouvement parait si naturel qu'il n'est pas nécessaire d'insister sur les cas typiques et réguliers ; il vaut mieux examiner les exceptions qui sont nombreuses et importantes, et chercher comment on peut les ramener à la règle.

Une théorie, autrefois assez répandue et qui aujourd'hui n'est plus guère soutenue, semble s'opposer à l'assimilation que nous voulons faire ; car elle sépare absolument, comme deux phénomènes différents et indépendants l'un de l'autre, les paralysies et les anesthésies. M. Joly, dans un article paru récemment, exposait avec détails tous les faits qui, selon lui, montrent la séparation de ces deux maladies, et on peut résumer sous deux titres tous les arguments qu'il donne : 1° il *existe des anesthésies sans paralysie*, et 2° *il existe des paralysies sans anesthésie. Pouvons-nous expliquer les faits de ce genre ?*

1° « Un épervier à qui l'on coupe les nerfs sensitifs de la patte ne sent plus dans ce membre les attouchements ou les piqûres, disait Claude Bernard, mais il conserve la faculté de se tenir sur son perchoir et de marcher [5]. » D'une manière plus générale, on peut, par la section des racines sensitives, supprimer la sensibilité en laissant persister la motilité ; c'est l'ancienne expérience de Bell et de Magendie. Donc, dit M. Joly, le mouvement existe sans la sensibilité. En aucune façon ; les lésions chirurgicales sont, à mon avis, un mauvais procédé d'expérimentation psychologique, car jusqu'à présent elles ne sont pas assez délicates et n'atteignent pas avec précision le fait que l'on veut supprimer. La section d'une racine sensitive supprime simplement la communication matérielle entre les impressions extérieures et la faculté de sensibilité de l'animal ; elle ne détruit absolument pas cette faculté. L'épervier de Claude Bernard est toujours capable de sentir les sensations relatives à sa patte et, par conséquent, il conserve la mémoire de toutes les images des sensations anciennes qui lui ont été transmises par ce nerf autrefois intact. Personne n'a jamais prétendu que le mouvement fût toujours produit par une sensation actuelle : nous pouvons écrire maintenant sans avoir des modèles d'écriture sous les yeux ; mais cela ne prouve pas que l'écriture ne soit pas un mouvement produit par des images d'anciennes sensations visuelles ou musculaires. Il en est ainsi de la plupart des exemples cités par l'auteur : l'anesthésie dont il parle n'est produite que par des lésions anatomiques, hémorragies, tumeurs etc., qui interrompent la conduction, mais ne suppriment point la faculté psycho-physiologique de la sensation et de l'image. Il n'y a pas de paralysie sans doute, mais c'est qu'il n'y a pas d'amnésie, parce que l'anesthésie n'est pas complète.

C'est uniquement dans les névroses que le psychologue peut étudier avec fruit les troubles de la sensibilité et du mouvement. Or M. Joly ne semble pas en faire grand cas, car, dit-il, « les désordres de la sensibilité dans les névroses n'atteignent que la région périphérique du système nerveux [6]. » Cette proposition me paraît insoutenable, car c'est précisément dans ces maladies que la lésion est véritablement centrale et psychologique. Voyons donc si, dans les névroses, il y a des troubles de la sensibilité sans troubles du mouvement. Cela est certain ; tous les observateurs, en effet, ont remarqué qu'il y a des hystériques absolument anesthésiques et qui remuent fort bien. L'observation célèbre de Deneaux nous dispensera de description : « Elle mettait ses muscles en jeu sous l'influence de la volonté, mais elle n'avait pas conscience des mouvements qu'elle exécutait. Elle ne savait pas qu'elle était la position de son bras, il lui était impossible de dire s'il était étendu ou fléchi. Si on disait à la malade de porter la main à son oreille, elle exécutait immédiatement le mouvement ; mais lorsque ma main était interposée entre la sienne et son oreille elle n'en avait pas conscience. Si j'arrêtais son bras au milieu du mouvement, elle ne s'en apercevait pas ; si je fixais, sans qu'elle pût s'en apercevoir, son bras sur le lit et lui disais ensuite de porter la main à sa tête, il y avait un moment d'effort, puis elle restait tranquille, croyant avoir exécuté le mouvement. Si je lui disais d'essayer encore, elle essayait de mettre en jeu les muscles du côté opposé du corps (elle n'était frappée que d'hémianesthésie) elle reconnaissait qu'on s'opposait au mouvement [7]. » C'est là un bel exemple d'anesthésie tactile et musculaire complète sans paralysie. Beaucoup des sujets que j'ai étudiés, Marie surtout, donneraient lieu à une description absolument identique. Comment ces mouvements se produisent-ils ?

Je réponds sans hésiter, avec la plupart des observateurs, que *ces mouvements s'exécutent au moyen d'autres images et ici au moyen des images visuelles*. « La perte des images motrices du langage, disait autrefois M. Charcot, n'amène pas toujours la perte du langage, car il y a des gens qui parlent avec des images auditives et ceux-là perdent impunément les images musculaires ; ils ne sentent pas leur bouche parler, mais ils parlent tout de même [8]. » Les hystériques de même ne sentent pas leur bras remuer, mais elles le remuent cependant, parce qu'elles se représentent l'image visuelle du mouvement de leur bras et que cette image visuelle, comme nous l'avons vu dans toutes les expériences relatives à l'imitation, suffit pour produire le mouvement effectif. Le rôle des images visuelles peut se démontrer, je crois, par deux observations au moins. J'ai remarqué, à deux reprises différentes, que lorsqu'une hystérique perd complètement le sens tactile et musculaire, elle devint plus facilement paralysée des jambes que paralysée des bras. Dès que Rose devient anesthésique, elle est paraplégique ; V... de même ne peut pas perdre la sensibilité musculaire sans perdre l'usage de ses jambes ; mais toutes les deux conservent toujours le mouvement de leurs bras. Or, pour des femmes surtout, le mouvement des bras est beaucoup plus visible que le mouvement des jambes et laisse dans la mémoire des images visuelles bien plus nettes ; c'est pourquoi elles savent remuer leurs bras et ne savent pas, comme Lucie, remuer aussi leurs jambes avec le sens de la vue ; elles sont moins habituées que cette dernière à faire sans cesse usage de la mémoire visuelle [9]. Une seconde observation est banale : depuis longtemps Duchenne (de Boulogne), Bell, Lasègue, etc., ont observé que ces femmes, si remuantes quand elles ont les yeux ouverts, ne peuvent plus bouger quand elles ont les yeux fermés, ou quand elles ne regardent pas leurs membres : « Une mère nourrissant son enfant est atteinte de paralysie, elle perd la puissance musculaire d'un côté et en même temps la sensibilité de l'autre. Circonstance étrange et vraiment alarmante, cette femme ne pouvait tenir son enfant au sein, avec le bras qui avait conservé la puissance musculaire qu'à la condition de regarder son nourrisson. Si les objets environnants venaient à *distraire* son attention de la position de son bras, ses muscles fléchisseurs se relâchaient peu à peu et l'enfant était en danger de tomber [10]. » En un mot, quand elle était distraite, d'autres images visuelles remplissaient son petit champ de conscience, et les images visuelles du mouvement de son bras s'effaçaient. C'était donc bien les images visuelles qui remplaçaient les images musculaires absentes et masquaient, par leur mouvement, la paralysie que cette anesthésie aurait dû produire.

Cependant cette dernière observation n'est pas absolument convaincante. Si quelques hystériques anesthésiques, comme Lucie en était un exemple, tombent absolument paralysées quand on leur ferme les yeux, la plupart conservent encore des mouvements, ou au moins, suivant l'observation de M. Pitres, peuvent continuer le mouvement qui a été commencé les yeux ouverts, si elles ne peuvent pas en commencer un autre les yeux fermés. Cela s'explique d'ailleurs facilement, car les images visuelles subsistent même après la fermeture des yeux et peuvent, comme les sensations visuelles elle-mêmes, déterminer un mouvement. Mais alors pourquoi, dans certains cas, perdent-elles le mouvement quand elles ont les yeux fermés et, dans d'autres cas, le conservent-elles ? Je crois qu'il y a une notion importante dont il faut tenir compte, c'est *la notion de la position de leur bras au moment de commencer un mouvement*. Si Marie peut lever le bras les yeux fermés, quoique étant insensible, c'est que, au moment où je lui demande un mouvement, elle se représente sa main qui était visible sur ses genoux avant que les yeux n'aient été fermés. Elle part de cette représentation pour faire le mouvement, ou pour continuer le mouvement dont le commencement a été vu. Mais maintenant j'arrête son mouvement sans lui laisser voir où tombe sa main, ou bien je déplace le bras sans la prévenir et je le mets sur sa tête. Elle n'en a rien senti, croit son bras sur ses genoux, ou mieux ne sait plus où il est, et dit qu'elle l'a perdu. Je lui demande de me tendre la main, et son bras ne bouge pas ou n'a que des tremblements incohérents, c'est que, ignorant la position initiale de son bras, elle ne sait plus ce qu'il faut se représenter visuellement pour me tendre la main. Bien mieux, sans toucher à son bras, je lui fais croire que je le déplace ; cela suffit pour qu'elle ne sache plus où il est et me dise d'un ton navré : « Mais laissez-moi regarder et je vous donnerai la main. » Il n'est même pas nécessaire de la laisser regarder, il suffit, comme nous l'a appris une bien jolie observation de Lasègue reproduite par M. Pitres, de placer sa main sur une partie du corps qui soit restée sensible, la joue droite par exemple, pour qu'elle soit contente d'apprendre la position initiale de son bras, qu'elle puisse se représenter le mouvement et par conséquent le faire. Ces réflexions sur l'importance de la notion visuelle de la position du bras me permettent de comprendre une de mes anciennes observations que d'abord je ne m'expliquais pas. Pour étudier un signe bien connu de l'anesthésie hystérique, je prenais le bras de ces personnes et je le leur mettais derrière le dos ; elles ne pouvaient plus parvenir à le reti-rer ; si au contraire je les priais de mettre elles-mêmes leur main derrière le dos, elles pouvaient, pour la plupart, la retirer facilement. C'est que, dans le premier cas, elles ne voyaient pas où j'avais mis leur bras et que, dans le second, elles conservaient la représentation visuelle de la position du bras déplacé par elles-mêmes Les exceptions rentrent donc assez facilement dans la règle - s'il y a des anesthésies musculaires qui ne soient pas accom-pagnées de paralysies, c'est que toute sensibilité relative au mouvement n'a pas été supprimée, que les sensations et les images visuelles sont inter-venues pour remplacer celles qui étaient perdues, et on ne peut pas en conclure que le mouvement existe indépendamment des images senso-rielles.

2' Considérons maintenant la seconde forme que peut prendre cette discussion : il y a, dit-on, *des paralysies sans anesthésie*. Écartons d'abord, comme précédemment, les paralysies dues à des lésions anatomiques dont le type serait la paralysie produite par la section de la racine motrice en laissant intacte la racine postérieure [11]. On pourrait faire, à mon avis, l'ex-périence d'une manière bien plus simple, attacher fortement les pattes de l'animal de manière qu'il ne puisse remuer, et dire ensuite : « Vous voyez bien qu'il y a paralysie sans anesthésie, puisque ce chien sent et ne bouge pas, » Ce serait tout aussi démonstratif. Il faut encore ici, pour l'étude psychologique, rechercher des paralysies sans lésion et voir comment elles peuvent se produire malgré la conservation de la sensibilité. Quelques auteurs, comme Huchard, Prégel, Lober citent des paralysies psychiques de ce genre qui ne s'accompagnent pas d'anesthésie [12]. Comment pouvons-nous comprendre cette irrégularité.

Prenons comme exemple, une suggestion expérimentale. Je trace à la craie une ligne sur le plancher et je déclare à une femme hystérique qu'elle ne pourra pas traverser cette raie. Elle hausse les épaules, prétend que je plaisante et ne fait pas attention à ce que j'ai dit. Quelques minutes plus tard, elle se lève pour sortir et marche rapidement droit devant elle. Les deux jambes s'arrêtent toutes raides au bord de la ligne et le corps reste penché en avant sans pouvoir avancer. La voici furieuse, qui recule pour prendre son élan, elle court, mais elle est encore arrêtée brusquement au même point. C'est une sorte de paralysie, car elle est incapable de lever ses jambes et de franchir la raie blanche ; mais il est facile de voir que la sensibilité n'a pas varié, ses jambes sont comme auparavant l'une sensible, l'autre insensible (c'était une hémi-anesthésique). On peut faire beaucoup d'expériences de ce genre, dire à un sujet que son bras est collé à la table, qu'il ne peut prendre un objet, etc. M. Bernheim remarque que, si on a dit, pendant le somnambulisme, que tel objet paralysait, cet effet se produit encore après le réveil, sans que le sujet sache pourquoi [13].

Dans tous ces cas, la suppression du mouvement ne me semble pas être une paralysie véritable, c'est un acte qui a pour résultat une immobilité apparente, mais qui n'en est pas moins énergique. La suggestion, soit pendant le somnambulisme, soit pendant la distraction, a provoqué une idée fixe subconsciente qui arrête le mouvement au moment où le sujet veut le produire et pourrait d'ailleurs le faire au moyen des images sensorielles qu'il a complètement conservées. Le sujet n'est pas plus paralysé que ne serait un homme dans une prison qui se heurte contre les murs. Les pseudo-paralysies naturelles sans anesthésie doivent être de cette nature : « Je m'habille pour sortir, disait un malade de Descourtis, et en même temps je reste immobile ; on est obligé de me pousser dehors, je suis incapable d'entrer dans un magasin, ou, si j'entre, je suis inerte... Je sens qu'il y a deux personnes en moi, deux volontés et ces deux volontés successives se contrebalancent, et me font rester en place [14]. » M. Charcot a analysé des cas très importants et très curieux de ce genre dont il a donné la véritable explication [15]. L'émotion causée par un accident, le « nervous shock », provoquait un état mental analogue à l'hypnotisme ou, du moins, différent de l'état psychologique normal, pendant lequel l'idée de blessure, de paralysie pénétrait dans l'esprit. La conscience revenue à l'état normal, cette idée persistait néanmoins au-dessous et arrêtait, « inhibait » tous les mouvements que le malade voulait faire. Au point de vue psychologique, comme au point de vue physiologique, la suppression apparente des mouvements peut provenir tantôt « d'une abolition véritable de l'activité des appareils moteurs, tantôt d'une augmentation de l'activité des appareils d'arrêts [16] ». La première seule est une véritable paralysie : les études précédentes ne nous semblent pas avoir réussi à la séparer de l'anesthésie.

---

1. Colsenet. La *vie inconsciente de l'esprit*, 227 et Bouillier, *Ce que deviennent les idées*, Revue philosophique, 1887, I, 150.
2. Charcot. *Maladies du système nerveux*, III, 302.
3. Berber. *Hystérie et traumatisme*, 1887, 19.
4. Cf. *Proceed.* S. P. R. 1881, 228.
5. Joly. *Sensibilité et mouvement*. Revue philosophique, 1886, II, 125.
6. Joly. *Sensibilité et mouvement*. Revue philosophique, 1886, II, 117.
7. Id. *Ibid.*, 125.
8. Ballet. Langage intérieur. 123.
9. Des sujets de ce genre pourront conserver les images visuelles du mouvement de leurs jambes et rester cependant paralysées, car ce sont les images musculaires seules qui chez elles mettent les jambes en mouvement . Rose pouvait avoir l'hallucination de voir ses jambes remuer et rester cependant paraplégique. Lucie n'aurait pas pu avoir une semblable hallucination sans remuer les jambes, ou, inversement ne peut être paraplégique que si elle perd les images visuelles comme les images musculaires.
10. Observation de Ch. Bell., Joly. *Op. cit.*, 129.
11. Dans toute cette discussion, d'ailleurs, nous ne faisons aucune allusion aux paralysies et aux contractures dues à une cause organique, qui peuvent présenter de tout autres caractères.
12. Lober. *Paralysies, contractures..., de cause psychique*, 1886, 17.
13. Bernheim. *De la suggestion*, 163.
14. D'après Langle. *De l'action d'arrêt ou de l'inhibition dans les phénomènes psychiques*. Thèse, 1886.
15. Charcot *Maladies du système nerveux*, III 355.
16. Beaunis. *Recherches expérimentales sur les conditions de l'action cérébrale*, 1884, I. 145.

LES PARALYSIES ET LES CONTRACTURES EXPLIQUÉES PAR LA DÉSAGRÉGATION PSYCHOLOGIQUE

Loin de pouvoir se développer indépendamment des anesthésies, ces deux phénomènes de paralysie et de contracture : 1e *présentent les mêmes variétés, peuvent être rangés dans les mêmes classifications; 2e naissent dans les mêmes circonstances, et 3e enfin peuvent être interprétés exactement de la même manière que les phénomènes d'insensibilité.*

1° De même qu'il peut y avoir des anesthésies générales supprimant absolument toutes les sensations d'un sens, de même il peut exister des paralysies *totales*, supprimant absolument tous les mouvements d'un membre, et des contractures totales, raidissant au plus haut degré possible tous les muscles d'un bras ou d'une jambe. Ces deux formes de la paralysie et de la contracture sont les plus simples et, si l'on veut, les plus fréquentes ; elles se reconnaissent à des signes constants. Dans la paralysie complète, le membre retombe toujours inerte, obéissant aux lois de la pesanteur ; dans la contracture générale, un membre, et quelquefois le corps entier, prend une position fixe, invariable, déterminée par la position et la force relative des différents muscles. Cette attitude des membres dans la contracture générale a été souvent décrite à propos des attaques de tétanos ou de certaines crises d'épilepsie: la jambe, par exemple, sera dans l'extension forcée, parce que les muscles extenseurs prédominent sur les fléchisseurs, le poing sera fermé, légèrement tourné en dedans, le corps courbé en arrière légèrement en arc, etc. De même que l'anesthésie peut être partielle, n'atteindre qu'une partie de l'œil ou une portion de la surface cutanée, de même, la paralysie ou la contracture peuvent être *partielles* et n'atteindre qu'un muscle ou qu'un groupe de muscles auxquels aboutit un même nerf, mais ceux-là seulement. C'est dans cette classe qu'il faut ranger les griffes cubitales, médianes et radiales qui ont été si souvent décrites. Enfin, il y a un troisième groupe d'anesthésies dont les précédentes se rapprochent beaucoup : il contient celles que nous avons décrites sous le nom d'anesthésies *systématisées*. Il est facile de constater qu'il y a des paralysies et des contractures exactement correspondantes.

Les anciens magnétiseurs avaient déjà remarqué que l'on peut défendre à un sujet de faire un certain mouvement, de prononcer tel mot, ou d'écrire telle lettre. « Un individu ne peut arriver à écrire la lettre A, il la supprime quand il écrit son nom [1] ». « Les paralysies systématiques consistent dans la perte de mouvements spéciaux, de mouvements adaptés. Le sujet qui en est atteint ne perd pas complètement l'usage de son membre ; il est seulement incapable de s'en servir pour exécuter un acte déterminé et cet acte seul [2]. » Il est facile de comprendre combien un sujet qui peut faire de son bras tous les mouvements possibles, sauf ceux qui sont nécessaires pour écrire un A, ressemble au sujet qui peut avec son œil voir tous les objets, sauf une seule personne désignée. Il y a même, quoique ce soit un fait moins connu, des contractures systématisées, c'est-à-dire des contractures dans lesquelles tous les muscles du bras ou de la main ne sont pas contractés au plus haut degré, mais dans lesquelles quelques-uns seulement sont contractés et les uns plus, les autres moins, de manière à donner au membre une attitude également rigide, mais expressive. Les bras, par exemple, pourront rester contracturés dans la posture de la menace ou dans celle de la prière. *Les paralysies et les contractures peuvent donc présenter toutes les modifications que présentaient les anesthésies et être classées de la même manière.*

2° À un autre point de vue, si nous étudions les phénomènes obtenus par suggestion, nous verrons que les paralysies et les contractures se produisent dans les mêmes circonstances où se produisaient les anesthésies, et donnent lieu aux mêmes expériences. La suggestion posthypnotique amenait des insensibilités partielles et des anesthésies systématiques, elle produira des paralysies et des contractures du même genre.

Pendant le somnambulisme, je commande à N... de faire sa prière, puis je la réveille avant qu'elle n'ait commencé. Quand elle est éveillée, les deux mains se rapprochent sans qu'elle s'en aperçoive et prennent la position de la prière pendant qu'elle parle d'autre chose. C'est là un des actes subconscients accompagnés d'anesthésie systématique que nous connaissons. Au bout d'un instant, ayant besoin de faire un mouvement, elle déplace spontanément ses mains, et rien ne paraît plus subsister de la suggestion. À ce moment, on demande à N... de mettre ses mains dans la position de la prière ; elle refuse d'abord, trouvant la demande ridicule, enfin elle essaye en plaisantant, mais elle ferme les poings au lieu d'étendre les mains. « Tiens, dit-elle avec agacement, je ne sais plus mettre mes mains en prière... ah! comme cela. » Et elle croise les doigts. « Non, lui dit-on, les mains jointes comme les statues dans les églises. - Je sais bien ce que c'est, fait-elle en interrompant, mais je ne sais plus comment on s'y prend. » Ce langage rappelle naturellement celui de l'agraphique qui a perdu la faculté d'écrire ; mais, chez celui-ci, la faculté est détruite, chez l'hystérique, elle n'est que désagrégée. En effet, N... ne veut plus s'occuper de sa prière et parle d'autre chose, mais pendant qu'elle parle, les mains se relèvent à son insu et se mettent fort bien l'une contre l'autre : M. ne sait plus prier qu'inconsciemment. N'est-ce pas exactement ce que nous avions constaté à propos des anesthésies, quand l'écriture automatique nous montrait la connaissance d'un objet que le sujet ne pouvait plus voir. Un autre jour, je suggère au même sujet de faire au réveil des nœuds à une ficelle que je lui donnai. Au réveil, les mains faisaient des nœuds rapidement, sans que N... s'en doutât. On s'adresse alors à elle et on lui demande de faire des nœuds à une autre ficelle qu'on lui donne ; elle y consent par plaisanterie. Mais voici sa colère qui recommence, car elle s'embrouille étonnamment, fait des cercles, des boucles avec sa ficelle et jamais ne peut faire un nœud. Elle y renonce et ne s'en occupe pas ; les mains reprennent la ficelle sur les genoux et font subconsciemment des nœuds très corrects. Voici les mêmes expériences faites sur un autre sujet. « Quand vous serez éveillée, dis-je à Lucie 2 pendant le somnambulisme, vous allez me réciter les nombres et vous les écrirez sur un papier. » Pendant qu'elle les écrit après le réveil, de la façon automatique que nous avons souvent observée chez elle, une autre personne interroge Lucie, et la prie de compter jusqu'à 10. Elle croit qu'on se moque d'elle et essaye de compter, mais, à sa grande stupéfaction, elle ne sait plus un seul nombre et cependant à ce même moment la main les écrit toujours. Je fais, par ce procédé, écrire l'alphabet, Lucie ne le sait plus. Je demande au personnage subconscient l'orthographe d'un mot, « chapeau, maison, etc. », il l'écrit correctement ; mais si on le demande à Lucie à ce même moment, elle cherche et prétend l'avoir oublié. Bien mieux si, avec quelques précautions, on arrête cette écriture automatique, sans détruire l'état d'hémisomnambulisme qui subsiste alors, on constate que Lucie a, en ce moment, totalement perdu la faculté d'écrire consciemment et qu'elle ne peut s'exprimer que par la parole.

Dans ces mêmes circonstances, il se produit quelquefois, plus rarement il est vrai, au lieu de la paralysie, une contracture. Je veux recommencer avec N... une des expériences précédentes et je lui suggère encore de faire sa prière à son réveil. Les choses semblent se passer comme précédemment, mais les mains tardent plus à se baisser. Trouvant que l'expérience avait assez duré, je veux les lui prendre pour les défaire de leur singulière position et je suis tout étonné de rencontrer une grande résistance ; les muscles des bras et des mains étaient entièrement contracturés et maintenaient indéfiniment les bras dans cette position. Comme le sujet maintenant s'apercevait de sa contracture et commençait à s'effrayer, il fallut le rendormir et la contracture se dissipa alors facilement. Léonie présenta aussi, mais une seule fois, un phénomène analogue. Je lui avais suggéré de prendre à son réveil une fleur dans un bouquet, elle le fit inconsciemment ; mais, au bout d'un instant, elle jette les yeux sur ses mains et pousse un cri. La main était toute contracturée dans une position élégante, mais gênante, le pouce et l'index rapprochés et serrant une rose, les autres doigts légèrement courbés, mais également rigides. Chez elle, il m'était facile d'atteindre le personnage subconscient même pendant la veille ; je laissai le sujet se distraire et m'oublier, puis je lui demandai tout bas de me donner la main, elle l'étendit très facilement et me la donna sans le savoir. Sans chercher d'autres exemples, nous voyons que les *contractures, comme les paralysies, peuvent se présenter d'une manière systématisée à propos d'une suggestion posthypnotique,* exactement comme l'anesthésie, et nous constatons en outre que ces *phénomènes ne sont pas plus réels et définitifs que les anesthésies elles-mêmes, qu'ils n'existent que pour la conscience normale du sujet et disparaissent complètement si on s'adresse à une autre conscience ou à une autre personnalité.*

Cependant les exemples que nous venons de citer ont un grave inconvénient : ils ont été observés sur des sujets habitués aux expériences hypnotiques et ils ont été produits artificiellement. Les paralysies et les contractures ont-elles des caractères analogues quand elles se reproduisent naturellement ? Je le pense, quoique ce soit quelquefois assez difficile à vérifier. La grande différence entre les hystériques qui ont déjà été étudiées et hypnotisées et les hystériques qui ne l'ont jamais été, c'est que, chez les premières, le groupe des phénomènes désagrégés séparé de la conscience normale a été plus ou moins réorganisé en une personnalité qui connaît l'opérateur et lui obéit, tandis que, chez les secondes, ce groupe de phénomènes qui existe aussi bien, ainsi que le prouvent leurs anesthésies et leurs paralysies, est incohérent, incapable le plus souvent de comprendre et d'obéir. Malgré ces difficultés, on peut quelquefois constater les mêmes phénomènes que précédemment.

Plusieurs auteurs, entre autres M. le Dr. Lober [3], ont déjà remarqué que l'on peut parfois provoquer des mouvements dans un membre douloureux en détournant l'attention du malade. J'ai eu l'occasion de faire à ce propos une observation plus générale, qui me paraît intéressante et que je demande la permission de résumer.

M. le Dr. Piasecki (du Havre), sachant que je désirais examiner un cas de paralysie hystérique naturelle, dont il n'y avait pas à ce moment d'exemple à l'hôpital, eût l'obligeance de me conduire auprès d'une de ses malades. C'était une jeune femme de 30 ans que nous avons déjà citée quelquefois sous le nom de V... [4]. Elle était atteinte depuis six semaines d'une paraplégie complète d'origine évidemment hystérique. Pour ne pas interrompre notre étude actuelle, je ne parle que des caractères de cette malade qui nous intéressent en ce moment : les jambes, qui étaient absolument flasques et qui tombaient par leur propre poids, avaient perdu jusqu'aux hanches toute sensibilité tactile ou musculaire. Le tronc avait conservé une sensibilité normale et présentait même de nombreux points d'hyperesthésie surtout le long de la colonne vertébrale. Les membres supérieurs n'avaient qu'une sensibilité tactile et musculaire extrêmement obtuse. La face et les sens spéciaux étaient restés *à* peu près normaux, sauf l'œil gauche assez fortement dyschromatopsique. Les mouvements des jambes étaient totalement impossibles, même quand la malade les regardait ; les bras au contraire paraissaient avoir des mouvements faciles et gesticulaient sans cesse ; mais je ne tardai pas à m'apercevoir qu'ils ne se remuaient ainsi qu'à une condition. Il fallait que V... eût les yeux ouverts et les regardât sans cesse ; quand elle avait les yeux fermés ou ne regardait pas ses mains, elle perdait le mouvement des bras comme celui des jambes. Si je lui levais le bras à son insu pendant qu'elle regardait d'un autre côté, le bras restait en l'air et prenait toutes les positions cataleptiques que je voulais. Si je demandais à V... de remuer, sans le regarder, le bras que je venais de mettre en l'air, elle faisait de vains efforts qui se traduisaient par des trémulations convulsives de tout le corps, se plaignait de souffrir beaucoup et aurait commencé une crise, si je n'avais pas baissé le bras qui n'avait pas bougé.

Après avoir fait rapidement ces quelques remarques sur l'état de la conscience du sujet, je fis signe au Dr. Piasecki de faire ce qui avait été convenu entre nous : il se mit à parler sérieusement avec la malade de manière à détourner complètement son attention. De mon côté, je m'écartai d'elle sous prétexte d'écrire quelques mots, quand je vis que, suivant l'habitude des hystériques, elle avait complètement oublié ma présence, je lui commandai tout bas de lever un bras, de faire tel ou tel geste. Tandis que précédemment elle ne pouvait faire aucun mouvement sans regarder son bras et commençait une crise quand elle voulait essayer, elle remuait son bras maintenant sans le savoir de toutes façons, même derrière son dos. Enhardi par ce résultat, je lui commande sans hésitation de lever la jambe droite, puis la jambe gauche, de les plier, etc. Tout cela s'accomplit très exactement et avec la plus grande facilité. Ainsi, ses jambes paralysées depuis six semaines pouvaient parfaitement se remuer, dès qu'on leur commandait un mouvement. Seulement ce mouvement avait lieu subconsciemment, en dehors de la personnalité réelle du sujet qui, elle, avait bien perdu le mouvement des deux jambes. Je ne raconte pas ici comment, à la fin de cette séance je pus, sans toucher le sujet et par quelques paroles, guérir définitivement cette paraplégie qui n'a pas reparu depuis un an. De cette façon ma visite et mes expériences psychologiques furent aussi avantageuses pour le sujet que pour moi.

Les contractures hystériques sont beaucoup plus fréquentes que les paralysies, car les muscles anesthésiques ont une tendance curieuse à se contracturer sans cesse sous la plus légère influence, le massage, la pression circulaire, l'approche d'un aimant, etc. Nous avons pu faire plusieurs observations qui rapprochent les contractures naturelles de celles qui se sont produites dans nos expériences.

Une femme de 26 ans, évidemment hystérique, a une querelle avec son mari et lève le poing pour le frapper : comme par une punition céleste, le bras droit reste contracturé dans la position du coup de poing. Elle vint au bout de trois jours demander assistance, car la contracture n'avait pas cédé : M. le Dr. Gibert eut l'obligeance de me la montrer. J'ai d'abord essayé les expériences avec l'aimant qui, je dois le dire, n'eut aucune influence sur cette paysanne très ignorante des théories du transfert. Mais elle fut très émotionnée, pleurait et ne comprenait plus rien à ce qu'on lui disait. Je profitai de son émotion pour lui faire des suggestions à l'état de veille ; par un mot, je fis passer la contracture de droite à gauche, de gauche à droite et enfin je la fis disparaître.

Autre exemple analogue. Un jeune marin de 19 ans, atteint d'hystéro-épilepsie et anesthésique de presque tout le corps reçoit un choc assez violent au bas de la poitrine. Il n'eut en réalité aucun mal, mais il resta complètement courbé en avant dans la position la plus pénible, qu'il gardait depuis un mois, quand M. le Dr. Pillet, médecin-major de l'hôpital, m'offrit obligeamment de l'examiner. Tous les muscles antérieurs de la poitrine et de l'abdomen étaient contracturés et il était impossible de le redresser. Ce fut cette fois par hypnotisme que je cherchai à atteindre l'idée fixe qui évidemment tenait sous sa dépendance cette contracture vraiment systématique. Je l'endors très facilement et, sans rien lui commander, je lui demande simplement s'il peut se redresser. « Pourquoi pas ? » répondit-il de ce ton bête qu'ont les somnambules au début du sommeil. - « Eh ! bien, alors, redresse-toi mon garçon ». C'est ce qu'il fit immédiatement et l'on put constater que la guérison se maintint très bien après le réveil. Il est inutile de citer d'autres exemples de faits de ce genre qui sont aujourd'hui bien connus. Ceux que j'ai cités suffisent pour montrer que ces *accidents naturels ont les mêmes caractères que les paralysies et les contractures* suggérées, comme les anesthésies naturelles étaient identiques aux anesthésies artificielles.

3° Puisqu'il ressort de ces discussions que les paralysies et les contractures se rapprochent à un tel point des anesthésies, nous avons le droit de chercher s'il n'est pas possible de les expliquer par les mêmes hypothèses.

Le médecin psychologue du XVIIIe siècle, Rey Regis, dont nous avons déjà parlé, avait remarqué que les paralytiques qui ont perdu le mouvement d'un membre peuvent le retrouver quand, en remuant ce membre, en leur montrant ses mouvements, on leur apprend de nouveau à s'en servir, ce qu'ils paraissaient avoir oublié [5]. La paralysie doit être, en effet, une amnésie, le mouvement des membres étant, comme nous l'avons vu, déterminé par la succession de certaines images dans la conscience, il suffit, pour perdre le mouvement, d'oublier ces images motrices. En réalité, ces deux choses, l'oubli et la paralysie, ne sont qu'un seul et même phénomène considéré de deux côtés différents, comme l'image et le mouvement. Cette assimilation est aujourd'hui généralement admise. Mais il faut ajouter, croyons-nous, que cette amnésie est du même genre que toutes les autres, que c'est une désagrégation beaucoup plus qu'une destruction des souvenirs. Il faut admettre que ces images existent encore et font simplement partie d'un autre groupe plus ou moins coordonné de phénomènes psychologiques, afin de comprendre comment le mouvement des membres paralysés se conserve et a lieu, quand on le désire, à l'insu du sujet lui-même.

La simple désagrégation des phénomènes psychologiques produit la paralysie en même temps que l'anesthésie et l'amnésie, mais il faut supposer une activité véritable du second groupe d'images séparées de la conscience pour expliquer les paralysies par arrêt dont nous avons parlé et les contractures. Certains sujets paraplégiques, comme Rose, ne peuvent essayer de mouvoir leurs membres sans qu'il se produise aussitôt de petites contractions incohérentes dans tous les muscles. Chez d'autres, le membre dont ils ont perdu la direction s'agite convulsivement ou se raidit entièrement. Ne peut-on pas supposer que ces mouvements et ces contractions permanentes sont dues à la persistance indéfinie de quelques images motrices, en dehors de la conscience du sujet qui les ignore et ne peut s'opposer à leur action. C'est pour cela qu'il suffit quelquefois d'entrer en rapport avec le second personnage, soit par la distraction, soit par le somnambulisme, pour lui faire cesser cette mauvaise plaisanterie. On peut aussi occuper à quelque travail le second groupe de phénomènes qui oublie, pendant ce temps, de maintenir la contracture. « Quand l'inconscient est occupé dans l'écriture automatique, a-t-on remarqué, les procédés qui ordinairement contracturent ou paralysent le bras n'ont plus d'action, la main continue à écrire [6]. » Quand les contractures de Rose réapparaissaient trop souvent, je pouvais les faire disparaître en suggérant la sueur sur la jambe ou en appliquant un sinapisme imaginaire. Il semble vraiment que l'inconscient, occupé à faire suer la jambe ou à rougir la place de mon sinapisme en étoile, ne songeait plus à contracturer les muscles. Car la contracture disparaissait ainsi, tandis que des suggestions directes, commandant de remuer la jambe, n'avaient aucun succès. Lucie eut les muscles de la mâchoire contracturés et aucune suggestion ne pouvait lui faire ouvrir la bouche ; il suffit de lui suggérer de tirer la langue pour que la contracture disparût. Il semble donc que les contractures se rattachent à la désagrégation psychologique comme les paralysies elles-mêmes.

1. Dr Philips. *Cours de braidisme*, 120.
2. Binet et Féré. *Magnétisme animal*, 253.
3. Dr Lober. *Paralysies, contractures, affections douloureuses de cause psychique*, 1886, p. 45.
4. Pour quelques détails biographiques, voir à l'Appendice.
5. Paul Janet. *Un précurseur de Maine de Biran*, Revue philosophique, 1882, II, 379.
6. Binet et Féré. *Archives de physiologie*. Loc. cit, 351.

CONCLUSION

Les études contenues dans ce chapitre ont fait faire, croyons-nous, à la théorie de l'automatisme que nous désirons exposer, des progrès assez grands pour qu'il soit utile de résumer d'une manière générale les résultats obtenus, sans tenir compte de l'ordre particulier suivi dans la découverte et dans la démonstration. Tandis que, dans les analyses précédentes, nous considérions toujours des phénomènes positifs, sensations, hallucinations, mouvements, nous avons surtout examiné dans celle-ci des phénomènes inverses et pour ainsi dire négatifs : anesthésies, amnésies et paralysies. Eh bien, cette nouvelle manière de considérer les choses est venue absolument confirmer la première ; de même qu'il n'y avait jamais sensation ou hallucination sans un mouvement correspondant, de même, il n'y a jamais d'anesthésie ou d'amnésie sans une suppression ou une modification du mouvement correspondante. Ici encore le côté extérieur et visible de l'activité humaine n'est que l'ombre de son activité interne et psychologique.

Mais pénétrons alors dans l'étude de ces phénomènes négatifs, anesthésie et amnésie, et cherchons à en comprendre la nature. Nous nous trouvons en présence d'une quantité énorme de faits curieux, étranges, contradictoires, observés depuis très longtemps et qui rendent cette anesthésie totalement incompréhensible. L'impression générale, qui restait de leur étude, c'est que, d'un côté, certainement les sujets étaient sincères et ne sentaient absolument pas les impressions produites sur leurs membres anesthésiques, et, de l'autre, qu'ils devaient parfaitement sentir et que toute leur conduite serait inexplicable si on prenait leur anesthésie au sérieux. En présence de ce problème, je ne prétends pas dire comment sont les choses dans leur réalité absolue ; les hypothèses scientifiques ne sont pas si ambitieuses, elles n'ont d'autre but que de réunir dans une même conception un très grand nombre de faits qui, isolés, ne pourraient être ni retenus ni compris. À ce point de vue, il me semble que l'on fait une supposition économique et utile qui, réunit et représente bien les faits, en disant : *Les choses se passent comme si les phénomènes psychologiques élémentaires étaient aussi réels et aussi nombreux que chez les individus les plus normaux, mais ne pouvaient pas, à cause d'une faiblesse particulière de la faculté de synthèse, se réunir en une seule perception, en une seule conscience personnelle;* ou encore: Les choses se passent comme si le système des phénomènes psychologiques qui forme la perception personnelle chez tous les hommes, était, chez ces individus, désagrégé et donnait naissance à deux ou plusieurs groupes de phénomènes conscients, groupes simultanés mais incomplets et se ravissant les uns aux autres les sensations, les images et, par conséquent, les mouvements qui doivent être réunis normalement dans une même conscience et un même pouvoir.

L'examen de cette hypothèse nous a fait connaître une altération très curieuse et jusqu'à présent peu connue de la conscience humaine, c'est le dédoublement simultané de la personnalité. Les systèmes de phénomènes psychologiques qui formaient les personnalités successives du somnambulisme ne disparaissaient pas après le réveil, mais subsistent plus ou moins complets au-dessous de la conscience normale qu'ils peuvent altérer et troubler de la façon la plus singulière.

À un point de vue plus général, l'examen de cette hypothèse nous a encore fait connaître une chose se rattachant de très près à l'automatisme qui fait l'objet principal de nos études, je veux dire l'activité qui est antagoniste à l'activité automatique. D'un côté, en effet, nous avons déjà démontré que la puissance de l'automatisme dépendait du rétrécissement du champ de la conscience. La série des pensées et des actes était d'autant plus régulière, d'autant plus identique à ce qu'elle avait déjà été autrefois, que les phénomènes réunis dans la conscience actuelle étaient moins nombreux et moins variés. Mais cette agrégation des phénomènes dans la conscience actuelle, dans la perception personnelle de chaque instant, dépend précisément de cette puissance de synthèse dont les anesthésies nous ont fait voir l'existence et les variations. D'un autre côté, qu'était-ce pour nous jusqu'à présent que la succession automatique des images et des actes ? Rien autre chose sinon le résultat ou mieux la continuation d'une synthèse exécutée autrefois, et qui, quand on la commençait aujourd'hui, tendait à se recompléter. La synthèse qui forme la perception personnelle à chaque moment de la vie nous montre donc l'activité originelle qui a été autrefois la source de ce que nous appelons aujourd'hui l'automatisme ; car les perceptions qu'elle forme maintenant deviendront plus tard l'origine d'habitudes et de suggestions analogues à celles que nous avons étudiées. Nous avons donc connu, dans ces recherches, l'activité qui est à la fois l'obstacle et la source de l'automatisme. Il ne nous reste plus qu'à entrer dans quelques détails et à mieux voir les relations que ces deux activités, celle du passé et celle du présent, peuvent avoir entre elles.

PARTIE III

DIVERSES FORMES DE LA DÉSAGRÉGATION PSYCHOLOGIQUE

DIVERSES FORMES DE LA DÉSAGRÉGATION PSYCHOLOGIQUE

Pour étudier et pour comprendre un phénomène, l'observateur est toujours obligé de l'isoler ; il faut qu'il choisisse les cas où ce phénomène se produit avec la plus grande simplicité ou qu'il essaie, par les précautions expérimentales, d'éliminer les circonstances qui pourraient le compliquer et l'obscurcir. Pour analyser le phénomène de la désagrégation, nous avons choisi les sujets qui le présentaient au plus haut degré et, tantôt en leur fermant les yeux, tantôt en travaillant à les distraire, nous avons supprimé autant que possible les causes qui le modifient ou le compliquent. Il faut maintenant nous mettre en face de la réalité, et considérer le même fait tel qu'il se présente dans différents états plus ou moins maladifs avec ses variétés et ses détails. Ce sera d'ailleurs une nouvelle façon de démontrer plus fortement l'existence de cette modification psychologique qui semble au premier abord en opposition avec toutes nos croyances.

Le caractère essentiel de la désagrégation psychologique était la formation dans l'esprit de deux groupes de phénomènes : l'un constituait la personnalité ordinaire, l'autre, susceptible d'ailleurs de se subdiviser, formait une personnalité anormale, différente de la première et complètement ignorée par elle. Sans entrer dans trop de détails compliqués et obscurs, on peut dire que la désagrégation psychologique revêt plusieurs formes selon les relations qui existent entre ces deux personnalités et selon le degré de leur indépendance réciproque. Nous distinguerons un premier cas dans lequel la séparation est incomplète : la seconde personnalité n'est pas absolument indépendante de la première, elle en dépend et ne fait que répéter ou développer ses pensées ou ses actions. 2° Les deux personnalités sont aussi indépendantes que possible et se développent dans des sens différents. C'est la forme simple et théorique de la désagrégation dont il sera intéressant de voir des exemples naturels et spontanés, après l'avoir étudiée d'une manière expérimentale. 3° Les deux personnalités sont de nouveau rapprochées et dépendantes, mais d'une manière tout inverse : c'est la seconde personnalité, celle qui est anormale et subconsciente, qui domine et détermine les idées et les actes de la première personnalité. Peut-être, en étudiant ces trois cas, aurons-nous l'occasion de décrire et d'éclaircir un peu quelques phénomènes psychologiques peu connus et intéressants.

17

LA BAGUETTE DIVINATOIRE. - LE PENDULE EXPLORATEUR. - LA LECTURE DES PENSÉES.

Les croyances et les superstitions populaires, devançant en cela la spéculation philosophique, ont toujours attribué une très grande importance aux mouvements subconscients de nos membres. Nous sommes tellement convaincus que nos bras et nos jambes sont faits pour obéir aveuglément à tous les caprices de notre volonté personnelle, que nous sommes absolument stupéfaits quand nous constatons chez eux une émancipation passagère. Qui n'a été surpris par une crampe, un tremblement, un mouvement involontaire de ses membres ? Mais cet étonnement augmente et devient bientôt une terreur superstitieuse quand ces mouvements, qui nous échappent, prennent un sens, expriment une idée, un conseil, une menace. C'est une intelligence qui parle, ce doit être un esprit étranger à l'humanité, bon ou mauvais, qu'il faut implorer ou qu'il faut craindre.

Une des pratiques les plus anciennes et les plus simples pour ces révélations mystérieuses est l'usage de la *baguette divinatoire*. C'est une baguette, ordinairement de coudrier, qui a la forme d'une fourche et qui servait autrefois dans les campagnes pour découvrir les sources, les métaux cachés et même les traces des criminels. Le devin, car ce n'est qu'une personne privilégiée qui peut se servir de cet instrument, prend dans ses deux mains les deux branches de la fourche et s'avance sur le terrain qu'il doit explorer, en ayant soin de ne pas bouger volontairement les bras. Si, sur un point du parcours, la baguette oscille, s'incline jusqu'à tordre les poignets du devin qui ne peut résister, c'est là qu'il faut fouiller pour trouver les sources ou les trésors. Le fameux Jacques Aymar conduisit même ainsi les magistrats sur la piste de deux criminels depuis

Lyon jusqu'à Toulon [1]. Il est probable que, dans quelques campagnes, subsiste encore la croyance aux révélations de la baguette divinatoire.

Si les devins de village ont recours à la baguette de coudrier, il y a dans les villes des diseuses de bonne aventure qui se servent d'un procédé plus élégant. Un anneau suspendu au bout d'un fil plonge dans un verre : la sybille tient l'extrémité de ce *pendule explorateur* et lui pose des questions auxquelles il doit répondre par les mouvements ou les battements de l'anneau contre le verre. Ce petit jeu mérite quelque célébrité, car il a provoqué les premières recherches de M. Chevreul et il a été le point de départ des études expérimentales sur les phénomènes subconscients de l'esprit humain.

Cependant un autre jeu de salon a hérité aujourd'hui de la faveur accordée autrefois au pendule. Cet exercice est appelé en Angleterre, où il est très répandu, le « *willing game* », le jeu du vouloir, et en France la *lecture des pensées* ou le *cumberlandisme*, du nom de celui qui l'a introduit il y a quelques années. J'emprunte la description du cumberlandisme à des auteurs qui en ont fait une étude minutieuse et qui nous indiquent les termes usuels qui le caractérisent. Le « willing game » a lieu ordinairement ainsi : un membre de la société qui doit jouer le rôle de « thought reader », lecteur de la pensée, ou de « percipient », devin, quitte la salle ; les autres personnes qui restent choisissent quelque action simple qu'il doit accomplir ou cachent quelque objet qu'il doit trouver ; le devin est alors ramené et un ou plusieurs « willers », conducteurs, lui touchent légèrement la main ou l'épaule. Dans ces conditions, l'action choisie est souvent assez vite accomplie ou bien l'objet est retrouvé. Le « willer », le conducteur affirme cependant et avec une parfaite bonne foi qu'il n'a donné aucune impulsion directrice [2]. » J'ai eu l'occasion d'assister une fois à une séance de ce genre donnée par un Russe, Osip Feldmann, qui a eu, il y a quelques années, une assez grande réputation comme émule de Cumberland. Quoique des séances de ce genre, surtout lorsqu'elles sont publiques, laissent toujours quelque doute et ne puissent pas être rapportées avec autant de confiance que des expériences personnelles, je crois que, dans ce cas, les mesures de précaution contre des supercheries possibles étaient assez bien prises. Dans cette séance de « mentévisme », comme il disait, Osip Feldmann arrivait, non pas toujours, mais assez souvent, à exécuter l'acte auquel on pensait en lui serrant fortement le poignet. Il réussissait mieux les expériences compliquées que les plus simples, celles qui comportaient beaucoup de mouvements que celles qui devaient être faites sur place. Il réussissait également mieux avec certaines personnes qu'avec d'autres : ainsi, j'essayai en vain de le diriger, il ne comprit rien à ce que je pensai, tandis qu'il comprenait très bien plusieurs de mes amis. Il parvenait même à comprendre une personne qui ne le touchait pas, mais se contentait de le suivre partout en restant à un mètre de distance : cette expérience est déjà décrite en Angleterre [3]. Mais voici un tour de force de ce genre que je n'ai vu rapporté nulle part. Au lieu de se faire tenir directement par la personne qui avait choisi l'action à accomplir et qui jouait le rôle de « willer », il interposait entre elle et lui une troisième personne totalement ignorante de ce qu'il y avait à faire et dont le rôle consistait uniquement à tenir d'un côté le poignet du devin et de l'autre la main du willer sans penser elle-même à rien de précis. J'ai vu cette expérience curieuse réussir une fois avec beaucoup de précision.

Il n'est pas nécessaire, pour voir des expériences de ce genre, d'assister aux séances toujours un peu suspectes données par des devins de profession, beaucoup de personnes peuvent, sans aucune préparation, les réussir très bien. J'ai vu des jeunes filles jouer ce rôle de devin d'une manière remarquable et, simplement dirigées par une personne qui leur tenait la main et s'efforçait de rester immobile, non seulement faire les mouvements, mais même écrire, comme sous la dictée, les mots que cette personne pensait.

Nous avons rapproché ces trois faits, la baguette divinatoire, le pendule explorateur et la lecture des pensées, qui sont certainement analogues. Il est évident que l'on ne peut expliquer ces phénomènes de mouvement par l'action des objets physiques extérieurs, des sources, des métaux, des traces des criminels, des objets cachés, sur la baguette ou sur le devin, comme beaucoup l'ont cru autrefois [4]. « Pourquoi, disait déjà Gasparin, les corpuscules de l'eau ne se font-ils pas sentir quand on est à la poursuite de l'or, pourquoi la baguette d'Aymar tournait-elle sur les traces des assassins et demeurait-elle insensible aux corpuscules d'un grand fleuve comme le Rhône [5] ? » En Angleterre, où l'on a, pour toutes ces questions, une curiosité intelligente et active, plusieurs observateurs ont entrepris, afin d'étudier la baguette divinatoire, une série d'expériences longues et coûteuses que l'on n'aurait jamais songé à faire en France. On trouverait le compte rendu de ces expériences dans les articles de MM. Sollas [6] et Edw. Pease [7], qui donnent en outre une bibliographie complète sur la question.

La conclusion de ces recherches fut celle que l'on pouvait attendre. « Tout dépend de la perspicacité ordinaire du devin et la baguette n'y est pour rien... L'action de l'objet caché ne porte pas sur la baguette, mais sur l'esprit du devin. » C'est à la même conclusion que parvient M. Chevreul quand il montre que les objets physiques n'influent pas sur le pendule, mais que la pensée ou la vue d'un mouvement détermine ses oscillations : « Lorsque je tenais le pendule à la main, écrit-il, un mouvement musculaire de mon bras, quoique insensible pour moi, fit sortir le pendule de l'état de repos et les oscillations une fois commencées furent bientôt augmentées par l'influence que la vue exerça pour me mettre dans cet état particulier de disposition ou de tendance au mouvement [8]... »

Imagine-t-on que le pendule doit osciller dans un sens, il prend ce mouvement ; se représente-t-on qu'il s'arrête, il reste immobile [9]. Enfin il est évident que c'est la pensée du conducteur qui joue le rôle principal dans les expériences de lecture des pensées. Dans la séance dont j'ai parlé, le devin semblait une fois se tromper et faire un tout autre acte que celui qui avait été choisi, nous en fîmes la remarque ; « mais c'est moi qui me trompe, répondit celui qui le conduisait, j'avais oublié l'acte qui était convenu et je pensais à autre chose. » « J'ai remarqué, écrit un observateur anglais, que si un objet a été d'abord caché dans un endroit, puis déplacé pour être mis dans un autre, la personne qui me conduit ne manque pas de me mener d'abord à la première place, puis elle m'entraîne à la véritable [10]. » En un mot, dans toutes ces expériences, le rôle de la pensée est indiscutable.

Mais il ne faut pas oublier que, dans tous ces cas, le sujet qui a tenu la baguette, le pendule, ou qui a dirigé le devin, affirme, et nous avons souvent des raisons suffisantes pour croire à sa sincérité, qu'il n'a fait aucun mouvement volontaire et qu'il est le premier surpris de voir les phénomènes qui ont lieu. Plusieurs personnes à qui j'ai fait tenir le pendule de Chevreul furent stupéfaites et effrayées de voir l'anneau m'obéir et osciller dans le sens que j'indiquais. Le mouvement est cependant réel ; « les patients, dit un expérimentateur, prétendent n'avoir pas bougé quand en réalité ils se sont servis de ma main comme d'une plume [11]. » Il faut bien en conclure qu'ils ont *remué 1° sans le vouloir et 2° sans le savoir*.

1° Le premier point, c'est-à-dire le mouvement produit sans le vouloir, ne doit plus nous surprendre ; nous savons déjà que la volonté n'est pas nécessaire pour produire des actes les plus compliqués, que des perceptions, ou même des sensations, s'accompagnent ou s'expriment toujours par des mouvements quand elles sont isolées. Ici, on prie le sujet de ne penser qu'à une seule chose et les images restent, par conséquent, aussi isolées que possible. Aussi, tantôt les paroles, comme dans mes expériences sur le pendule, ou bien la vue d'un mouvement suffisent pour le provoquer. M. A. Bertrand, reprenant l'expérience de M. Chevreul, a même montré que l'imagination d'un mouvement produit les mêmes effets que la perception réelle. « Le cercle que j'imagine, dit-il, donne une impulsion tout aussi nette, quoique peut-être plus faible, que le cercle que j'aperçois [12]. » Pour pouvoir reproduire cette expérience, il faut appartenir au type visuel et avoir habituellement des mouvements déterminés par des images visuelles. C'est pourquoi plusieurs personnes, qui agissent d'ordinaire autrement, ne peuvent pas mettre le pendule en mouvement par ce procédé. Nous savons déjà, par toutes les études précédentes, que l'on peut sans hésitation conclure comme M. Chevreul: « Il y a donc une liaison intime entre l'exécution de certains mouvements et l'acte de la pensée qui y est relative, quoique cette pensée ne soit pas encore la volonté qui commande aux organes musculaires [13]. »

2° Mais il y a une seconde question qui me paraît au moins aussi intéressante et dont on ne tient pas assez compte ordinairement. Pourquoi ces individus font-ils ces mouvements sans *le* savoir ? Un mouvement automatique déterminé par une image n'est pas forcément un mouvement ignoré. Quand nous bâillons en voyant bâiller quelqu'un, nous savons bien ce que nous faisons. Le mouvement est provoqué par l'image visuelle ou auditive ; soit, mais pourquoi n'amène-t-il pas à sa suite la sensation musculaire qui suit d'ordinaire tout mouvement. Il y a évidemment là un commencement d'anesthésie au moins momentanée et systématique. J'ai cru observer que les individus qui appartiennent au type moteur ou musculaire ne sont pas, comme on pourrait le penser, les meilleurs sujets pour ce genre d'expériences. Habitués à se servir de leurs sensations musculaires et à y faire attention, ils ne laissent pas passer inaperçus ces mouvements involontaires de leur main et ils les arrêtent dès leur début. Ce sont, au contraire, les auditifs et surtout les visuels qui réussissent le mieux, car ils ne tiennent jamais grand compte de leurs sensations musculaires. Dans ce cas en particulier, absorbés par l'image à laquelle on les force à faire attention, ils négligent entièrement les sensations musculaires. Mais c'est exactement le mécanisme que nous avons rencontré dans la formation des actes subconscients, et on peut dire que, dans toutes les expériences que nous avons rappelées, il y a au moins un commencement de désagrégation psychologique avec sensations et mouvements subconscients.

Pour le vérifier, nous remarquerons que ces expériences du pendule explorateur, par exemple, réussissent d'autant mieux que l'on choisit un sujet chez qui cette désagrégation psychologique est plus nette et plus avancée. Entre les doigts d'une hystérique anesthésique, le pendule fait merveille et exécute tous les mouvements possibles, parce que l'anesthésie musculaire est déjà complète et que ces sensations ne viennent pas gêner le mouvement produit par les images visuelles ou auditives. Jusqu'ici ce ne sont que des mouvements très légers, « peut-être moins une contraction qu'un relâchement de la tension musculaire au moment où le pendule ou le devin s'avance dans la bonne direction [14] ». Le groupe des phénomènes subconscients n'intervient pas d'une manière active, il se contente de retenir au dehors de la conscience normale les sensations musculaires. Mais quelquefois les choses ne sont pas aussi simples, et les mouvements produits ne sont pas uniquement explicables par l'action des images conscientes. Le mouvement, à peine commencé par leur influence, est augmenté, précisé, interprété tout à fait à l'insu du sujet. Pour expliquer l'expérience particulière d'Osip Feldmann que j'ai rapportée, il faut supposer que la personne intermédiaire entre le willer et le devin répétait, sans le savoir, de la main gauche les impressions qu'elle avait reçues, sans les sentir, sur sa main droite. Le devin qui se laisse guider n'interprète pas toujours consciemment les petites impulsions qu'il reçoit. Il est lui-même tout surpris de l'acte qu'il a accompli et dont il ne se rendait pas compte en le faisant [15]. Il assure qu'il n'a pas senti comment on le dirigeait et qu'il ne sait pourquoi il a fait une chose au lieu d'une autre Bien mieux, on a vu des personnes jouer ce rôle de devin, sans avoir l'air de comprendre les petites impulsions qui leur étaient communiquées, ne rien accomplir, et cependant pouvoir dire exactement ce qu'on avait pensé, ce qu'on avait voulu leur faire faire, si on les hypnotisait quelque temps après l'expérience [16]. La sensation avait si bien appartenu à la seconde conscience qu'elle ne se manifestait que dans la seconde existence mise au jour par le somnambulisme. Il y a donc, dans certains cas, plus qu'un acte automatique, manifestation involontaire d'une image visuelle ou auditive ; il y a une véritable action subconsciente, une véritable collaboration de la seconde personnalité avec la première.

Une pareille collaboration, évidente dans certains cas, n'est pas toujours facile à comprendre. N'avons-nous pas admis, tout en faisant des réserves, que les deux groupes de phénomènes s'ignoraient réciproquement et que, par conséquent, ils ne pouvaient pas collaborer à une même œuvre. Sans doute, les deux personnalités (nous les nommons ainsi par convention, car, dans le cas présent, la seconde est loin d'être complète) ne se connaissent pas directement et ne réunissent pas les différentes pensées dans une même conscience. Mais elles peuvent se connaître indirectement, comme nous pouvons connaître les idées d'autrui. Un des sujets dont j'ai parlé, N.... mêlait quelquefois dans son écriture automatique des mots qui n'avaient point de sens, mais qui étaient la reproduction de ceux qu'elle prononçait par la bouche. Si je lui faisais faire une opération arithmétique inconsciemment par l'écriture et si une autre personne lui demandait de prononcer des chiffres consciemment, on constatait dans l'écriture la confusion des deux sortes de chiffres. Ce mélange eut lieu aussi, mais très rarement, chez Léonie je ne me souviens pas de l'avoir jamais constaté avec Lucie mais il s'explique facilement. Il suffit que je prononce un mot pour que la main du sujet l'écrive automatiquement ; pourquoi n'écrirait-elle pas aussi comme sous la dictée, les mots que prononce la bouche même du sujet? La communication entre les deux personnalités est ici le son de la parole, comme entre des personnes normales. Mais allons plus loin: nous savons que la seconde personnalité possède la sensibilité tactile et musculaire dans les membres anesthésiques et que cependant la première personne peut les mouvoir au moyen des images visuelles. N'est-il pas naturel que l'inconscient sente ces mouvements qu'il n'a pas produits, mais qu'il constate. J'ai suggéré à Léonie que si elle touche mon papier, elle aura le bras contracturé. Elle a oublié complètement ce commandement et veut faire une plaisanterie en déchirant mes notes suivant sa déplorable habitude : à peine a-t-elle touché le papier que son bras se raidit. La contracture est bien produite par la seconde personne, qui d'ailleurs s'en vante par écrit: elle a donc senti, par le sens kinesthésique, le mouvement que Léonie faisait, elle, au moyen des images visuelles, et le contact du papier. Une des observations qui m'ont paru les plus originales, dans l'article de MM. Binet et Féré sur les actes inconscients des hystériques, a rapport à ce qu'ils appellent, très heureusement, le bégaiement de l'écriture. Une hystérique, anesthésique de la main droite, ne pouvait écrire, même spontanément, sans répéter deux ou trois fois, et à son insu, la même lettre. La collaboration est, dans tous ces exemples, évidente : l'acte est commencé par la conscience normale, grâce aux images qui lui restent ; cet acte provoque une sensation musculaire ou autre, chez le second personnage et celui-ci faible, inintelligent, la répète ou la développe automatiquement.

Cependant, dans certains cas, cette explication de la collaboration ne doit pas être suffisante. Il est très probable que la pensée consciente amène, par association d'idées, d'autres pensées qui, elles, sont subconscientes et qui se développent alors à leur façon, sans que la personne qui a senti le premier phénomène sente les suivants. Cette supposition semble bizarre, car il faut admettre que les phénomènes sont, d'un côté, réunis par l'association des idées et, de l'autre, désagrégés en deux perceptions personnelles, mais cela ne nous paraît pas incompréhensible. Cependant comme l'explication de ce fait est plus délicate et qu'il joue en réalité un rôle assez faible dans les expériences que nous venons de rapporter, nous renvoyons cette discussion à la fin de ce chapitre où nous rencontrerons des phénomènes de ce genre plus nombreux et plus précis.

Il suffit de constater ici que, soit d'une manière soit de l'autre, la collaboration des deux groupes de phénomènes est nécessaire. M. Chevreul pousse aussi loin que possible l'explication des faits par la tendance au mouvement créée par les images conscientes, mais quand les faits dépassent cette théorie, il retombe dans les explications banales par la fourberie et la simulation. Il faut voir alors comme M. de Mirville triomphe facilement, en montrant que le pendule enregistreur peut être très spirituel sans que la personne qui le tient en sache rien, et il revient à son refrain : c'est le démon ou ses agents subalternes qui parlent par le pendule. Il faut aller plus loin que M. Chevreul et, après avoir admis des actes sans volonté, il faut parler des pensées sans conscience ou en dehors de notre conscience, si l'on veut se débarrasser des innombrables petits diables de M. de Mirville.

1. Cf. Gasparin. *Des tables tournantes*, 1855, II, 124. - De Mirville. *Des esprits et de leurs manifestations fluidiques*, 1863, I. - Appendice, 61, etc.
2. Myers, Gurney, Podmore. *Phantasms of the living*, 1886, I, 14.
3. Myers, Gurney, Podmore. *Phantasms of the living*, 1886, I, 15.
4. Charpignon. *Physiologie magnétique*, 61. Rutter. *Journal du magnétisme*, 1852, 64, etc.
5. Gasparin. *Les tables tournantes*, II, 140.
6. The dividing rod. *Proceed*, S. P. R., II, 73.
7. *Ibid.*, II, 79.
8. Chevreul. *De la baguette divinatoire, du pendule explorateur et des tables tournantes*, 1854, 155.
9. A. Bertrand. *Deux lois psycho-physiologiques*. Revue philosophique, 1884, I, 249.
10. Myers. *Automatic writing*. Proceed. S. P. R., 1885, 4.
11. *Proceed.*, 1882, 293.
12. *Revue philosophique*, 1884, I, 251.
13. Chevreul. *Op. cit*, 158.
14. *Phantasms of the living.*, I, 14.
15. Id., I, 16.
16. *Proceed.* S. P. R, II, 22.

18

RÉSUMÉ HISTORIQUE DU SPIRITISME

Les faits que nous venons d'observer à propos de quelques jeux de société sont bien élémentaires et bien simples si on les compare à ceux qui ont donné lieu à l'une des plus curieuses superstitions de notre époque : je veux dire *les discours des tables parlantes et les messages des médiums écrivants*. On s'est montré injuste envers les spirites comme envers les magnétiseurs ; on s'est trop moqué d'eux et on les a trop dédaignés. Eux aussi avaient des théories absurdes pour expliquer des faits qui étaient importants et bien observés. Il y a des années que les chefs du spiritisme connaissent ces faits de désagrégation psychologique que nous venons de décrire. Il semble que toute science doit passer par une période de superstition bizarre : l'astronomie et la chimie ont commencé par être l'astrologie et l'alchimie. La psychologie expérimentale aura commencé par être le magnétisme animal et le spiritisme : ne l'oublions pas et ne nous moquons pas de nos ancêtres.

Les ouvrages des spirites, comme ceux des magnétiseurs, peuvent se diviser en deux groupes. Les uns qui exposent une quantité de théories plus ou moins banales ou fantastiques pour expliquer un petit nombre de faits à peine décrits : ceux-là sont en général complètement illisibles. Les autres, tout en parlant encore beaucoup trop des esprits et de leur hiérarchie, insistent davantage sur les faits observés et les descriptions des séances ; ils sont intéressants et plus agréables à lire que l'on ne croirait.

Après avoir commencé, non sans effroi, la lecture des gros volumes de M. de Mirville, l'étude de la *Revue spirite*, celle des théories de Gasparin ou de Chevillard sur le spiritisme, j'ai fini par y prendre un certain plaisir. On trouve de tout dans ces ouvrages qui sont quelquefois écrits avec une verve et un enthousiasme presque communicatifs. Tantôt ce sont des histoires délicieuses, comme celle de ce bon M. Bénézet et de son guéridon qui interrompt sa conversation pour courir après des papillons, celle de ces esprits malins et peu convenables qui se dissimulent sur les chaises et mordent les personnes... quand elles s'assoient, et surtout le récit des mésaventures de ce pauvre M. X... qui fuit devant la révolte de son mobilier et se cache derrière un canapé resté fidèle ; tantôt ce sont des recherches d'érudition absolument dépourvues de critique, il est vrai, mais quelquefois bien curieuses ; tantôt ce sont des observations psychologiques très intéressantes et très fines et qui sont loin d'être inutiles pour les observateurs de nos jours. Il est fâcheux que les dimensions de cet ouvrage ne me permettent pas d'insister suffisamment sur ces différents auteurs. Nous ne pouvons que rechercher les faits les plus fréquemment observés par des écrivains opposés les uns aux autres et, par conséquent, les plus vraisemblables, et les extraire de toutes ces réflexions, ces discussions, ces théories qui les étouffent. Une science naissante donne beaucoup plus de place aux systèmes qu'aux faits ; c'est justement l'inverse qui a lieu dans une science un peu plus avancée.

On connaît, dans ses grands traits, l'histoire du spiritisme, et je ne puis entrer ici dans des détails qui formeraient tout un volume. On sait que, vers 1848, deux jeunes filles américaines, misses Fox [1], ont eu le singulier honneur d'entendre les premières des coups mystérieux que rien ne pouvait expliquer : elle les attribuèrent tout naturellement à l'âme d'un individu décédé dans la maison, et, avec un courage au-dessus de tout éloge, engagèrent la conversation avec ce personnage. D'après une convention établie par ces demoiselles, un coup signifiait « oui » et deux coups signifiaient « non ». M. de Mirville semble réclamer le mérite de cette invention pour un des témoins dans l'affaire du presbytère de Gideville [2]. C'est là une question de priorité à débattre entre la France et l'Amérique. Je ne crois pas, cependant, que la question ait grande importance, car un passage d'Ammien Marcellin assure qu'au IVe siècle de notre ère, les chefs d'une conspiration contre l'empereur Valence interrogèrent des tables magiques d'une façon à peu près analogue [3]. Le procédé serait donc fort ancien. En tout cas, c'est en Amérique, de Mirville en convient lui-même, que, grâce aux misses Fox et au juge Edmonds, l'épidémie spirite fit ses premiers progrès. Ce dernier fut surtout stupéfait de la connaissance que les esprits qu'il interrogeait avaient de ses propres pensées. « Mes plus secrètes pensées, dit-il [4], étaient connues de l'intelligence qui correspondait avec moi. » Grâce aux coups dans les murs et aux mouvements des objets, « les esprits se mirent à prêcher en Amérique les vérités spirituelles, et leurs arguments visibles amenèrent une conviction qu'un genre de prédication moins sensible n'aurait pu produire [5] ». Leur influence se répandit rapidement dans toutes les sociétés américaines.

Ces faits étranges survenus dans le nouveau monde furent d'abord annoncés par les journaux dans différentes villes d'Allemagne, Brême, Bonn, Stettin, etc. ; ils furent annoncés en France par une petite brochure de M. Guillard sous le titre : « Table qui danse, et table qui répond. » « On y rend compte en grand détail des nombreuses questions auxquelles une table et une énorme commode ont répondu de la façon la plus pertinente [6]. » Mais bientôt une lettre d'un négociant de New York, adressée à un habitant de la ville de Brême vint indiquer les procédés à suivre pour reproduire les mêmes merveilles. On essaya sur-le-champ : plusieurs personne se mirent autour d'une table dans la position cabalistique, de manière que le petit doigt de chaque personne touchât le petit doigt de la personne voisine et l'on attendit. Bientôt les dames poussèrent de grands cris, car la table tremblait sous leur main et se mettait à tourner [7]. On fit tourner d'autres meubles, des fauteuils, des chaises, puis des chapeaux, et même des personnes en faisant la chaîne autour de leurs hanches [8] ; on commanda à la table : « danse », et elle dansa ; « couchetoi », et elle obéit ; on fit sauter des balais, comme s'ils étaient devenus les chevaux des sorciers [9] ; on fit encore bien d'autres choses aussi merveilleuses.

L'épidémie ne tarda pas à passer en France : quoique certains auteurs prétendent qu'il y eut des tentatives de ce genre dès 1842, ce n'est vraiment qu'en 1853 que l'on trouve des expériences bien authentiques à Bourges [10], à Strasbourg, à Paris. Le succès fut complet et ne tarda pas à dépasser même celui des Allemands. Sous la pression des mains rangées autour d'elle avec méthode, la table ne se contenta plus de tourner et de danser, elle imita les diverses batteries du tambour, la petite guerre avec feux de file ou de peloton, la canonnade, puis le grincement de la scie, les coups de marteaux, le rythme de différents airs [11] ; c'était, comme on le comprend, un vaste champ ouvert aux expériences. Mais en Europe, comme en Amérique, on se lassa de ces jeux insignifiants et on apprit aux tables des exercices plus intelligents. On les pria de répondre aux questions par un nombre de coups conventionnels qui signifiaient « oui » ou « non », ou qui correspondaient aux différentes lettres de l'alphabet. Il fut désormais facile de leur poser des questions et d'entretenir des conversations avec elles.

Cependant ces procédés étaient encore bien primitifs et bien compliqués ; on les perfectionna de deux manières. D'un côté, on simplifia les signes dont les tables devaient se servir et, par des progrès successifs que je ne puis passer en revue [12], on essaya les signes plus rapides et plus connus de l'écriture. D'abord on attacha un crayon au pied d'une table légère, puis on se servit pour cet usage de guéridons plus petits, de simples corbeilles, de chapeaux, et enfin de petites planchettes spécialement construites pour cet usage et qui écrivent sous la plus légère impulsion. D'autre part, un grand progrès fut accompli par la découverte des *médiums*. On ne tarda pas à remarquer, en effet, que les dix ou douze personnes réunies autour de la table ne jouaient pas toutes un rôle également important. La plupart pouvaient se retirer sans inconvénient, sans que les mouvements de la table fussent arrêtés ou modifiés. Quelques-unes, au contraire, semblaient indispensables, car, si elles se retiraient, tous les phénomènes étaient supprimés et la table ne bougeait plus. On désigna sous le nom de *médiums* ces personnes dont la présence, dont l'intermédiaire était nécessaire pour obtenir les mouvements et les réponses des tables parlantes.

Grâce à ces progrès, les opérations deviennent plus simples et plus régulières : au lieu d'une douzaine de personnes debout autour d'une table, écoutant et comptant le nombre des bruits qu'elle produit dans son mouvement, il n'y a plus que le médium, la main appuyée sur une petite planchette mobile, ou même, dans la plupart des cas, tenant directement un crayon. Sa main, entraînée par un mouvement dont il ne se rend pas compte, écrit, *sans le concours de sa volonté ni de sa pensée*, des choses qu'il ignore lui-même et qu'il est tout surpris de lire ensuite.

Les médiums, ces individus essentiels et privilégiés, n'ont pas, tous, les mêmes pouvoirs et se rangent en catégories innombrables que nous ne pouvons énumérer toutes : les médiums à effets physiques ou les médiums typtologues, comme les misses Fox en Amérique, provoquent, par leur seule présence, des bruits dans les murs ou sous les tables ; les médiums mécaniques se servent d'une planchette, d'une toupie, d'une corbeille à bec, etc. [13] ; les médiums gesticulants répondent aux questions par des mouvements involontaires de la tête, du corps, de la main, ou bien en promenant les doigts sur les lettres d'un alphabet avec une extrême vitesse [14] ; les médiums écrivants tiennent le crayon eux-mêmes, et écrivent à l'endroit ou à l'envers, ou se servent de l'écriture spéculaire [15], ou obtiennent des écritures diversement transformées ; les médiums dessinateurs laissent leur main errer au hasard et sont tout surpris de voir « la maison habitée par Mozart dans la planète Jupiter toute en notes de musique [16] ». C'est l'œuvre d'un de ces médiums dessinateurs que la *Revue spirite* offrait en prime à ses abonnés: « une superbe tête de Christ composée et dessinée médianimiquement par le médium J. Fabre, reproduction photographique, 3 fr. 50 [17] ». Quelques-uns, parmi ceux-ci, dessinent seulement le fond de leur tableau, les figures ressortent en clair comme sur les négatifs des photographes. Il y a des médiums pantomimes « qui imitent, sans pouvoir s'en rendre compte, la figure, la voix, la tournure des personnes qu'ils n'ont jamais vues, et jouent des scènes de la vie de ces personnes d'une telle façon qu'on ne peut s'empêcher de reconnaître l'individu qu'ils représentent [18] ». Les médiums parlants ne peuvent empêcher leur bouche de dire des paroles dont ils ne soupçonnent pas le sens et qu'ils sont tout surpris d'entendre ; la même puissance « agit chez eux sur l'organe de la parole, comme elle agit sur la main des médiums écrivants.... Le médium s'exprime sans avoir la conscience de ce qu'il dit, quoi qu'il soit parfaitement éveillé et dans son état normal... Il conserve rarement le souvenir de ce qu'il a dit [19] ». Les médiums auditifs ou visuels entendent malgré eux des paroles ou voient des spectacles qu'ils rapportent ensuite volontairement [20]. Enfin les médiums intuitifs ou impressibles « sont affectés mentalement et ils traduisent ensuite leurs impressions par l'écriture ou la parole » [21]. Toutes ces variétés, les dernières surtout, sont très intéressantes à connaître et semblent quelquefois se rapprocher de bien des faits connus.

« Ce qui distingue l'école spirite, dite américaine, écrit la *Revue spirite*, c'est la prédominance de la partie phénoménale, dans l'école européenne on remarque au contraire la prédominance de la partie philosophique [22] ». Cette remarque paraît assez juste : les observateurs français semblent se préoccuper fort peu des phénomènes physiques qui avaient au début attiré l'attention, des coups dans les murs ou de la danse des tables ; ils ne s'occupent guère non plus des conditions dans lesquelles le médium écrit, ni des circonstances extérieures du phénomène ; ils ne s'occupent que de ce qu'ils appellent la partie philosophique, c'est-à-dire le contenu même du message qu'ils cherchent à interpréter. Ce choix n'était peut-être pas fort heureux, car il les conduit à bien d'étranges suppositions.

Tous s'accordent sur un point, c'est que les paroles, les idées contenues dans ce message doivent provenir d'une intelligence étrangère à celle du médium lui-même ; mais ils sont loin de s'entendre sur la nature de cette intelligence. Les uns prétendent que cette intelligence est certainement celle d'un esprit mauvais et diabolique et ne voient dans ces écritures mystérieuses que des manifestations du démon. C'est la thèse du chevalier Gouguenot des Mousseaux, de M. de Mirville et de M. de Richemond qui termine ainsi son mystère de la danse des tables : « Au lieu de regarder et de faire danser des tables, prêtres et laïques fidèles frémiront en pensant au danger qui les a menacés, et leur foi, rajeunie par la vue des prestiges qui rappellent les temps de la primitive Église, deviendra capable de soulever des montagnes. Alors, saisissant leur bâton pastoral pour la défense de leur cher troupeau, NN. SS. les évêques, et, s'il le faut, N. S. P. le pape lui-même, s'écrieront au nom de celui à qui tout pouvoir a été donné au ciel, sur la terre et aux enfers : « *Vade retro, satanas,* » parole qui n'aura jamais reçu une plus juste application [23]. »

Mais la plupart des personnes qui faisaient innocemment tourner des tables ne purent accepter une supposition aussi terrible et ne comprirent pas cet avertissement solennel. Ils supposèrent, pour expliquer les messages de leurs médiums, des causes toujours intelligentes, mais beaucoup plus inoffensives. C'étaient simplement les âmes des grands hommes de l'antiquité, de nos parents ou de nos amis qui nous ont précédés dans l'autre monde et qui, par ce procédé, veulent bien entretenir avec nous des relations amicales. Il était facile d'échafauder sur cette donnée un petit système de philosophie élémentaire qui expliquât tant bien que mal la plupart des faits observés et donnât en même temps une satisfaction aux sentiments les plus profonds du cœur humain et une pâture à l'amour du merveilleux. Ce fut l'œuvre d'un certain M. Rival, ancien vendeur de contre-marques, paraît-il [24], qui rédigea, sous le nom d'Allan Kardec, le code et l'évangile du spiritisme. Son « Livre *des esprits* [25] » *ainsi* nommé parce qu'il est « dicté, revu et corrigé par les esprits », eut un très grand succès ; tous les autres auteurs, les journaux et les revues qui étaient de plus en plus nombreux [26] et, chose curieuse, les médiums eux-mêmes dans leur écriture automatique, ne firent bientôt plus que de le commenter. « Ce livre, dit avec raison la *Revue spirite*, qui était d'ailleurs fondée par Allan Kardec, est aujourd'hui le point auquel converge la majorité des esprits [27]. »

Il est absolument inutile de résumer ici ce système philosophique qui n'a d'ailleurs aucune espèce d'intérêt ; cette étude a été faite dans le petit livre de M. Tissandier qui examine moins les faits que les théories du spiritisme [28]. Il suffit de savoir que cette doctrine est un mélange des idées religieuses courantes et d'un spiritualisme banal, qu'elle soutient naturellement la doctrine de l'immortalité des âmes et la complète par une théorie vague de la réincarnation analogue à la transmigration et à la métempsychose des anciens. La seule idée un peu originale, quoique déjà connue, c'est la théorie du périsprit : c'est une enveloppe matérielle, bien qu'impalpable, que l'esprit traîne avec lui et qui, à la manière du médiateur plastique de Cudworth, établit un intermédiaire entre l'âme et le corps. C'est grâce au périsprit que l'esprit incarné dans un corps met en mouvement ses membres et que, désincarné après la mort, il entre en relation avec les tables ou avec la main des médiums.

Sous l'influence de cette doctrine, les expériences faites d'abord un peu au hasard se régularisèrent, prirent une forme convenue et solennelle. D'innombrables sociétés se formèrent dans lesquelles on conversait facilement avec l'âme de son arrière-grand-père ou avec l'esprit de Socrate. Les revues publient une quantité de petites lettres signées de noms illustres auxquels est associé, comme cela est de toute justice, le nom du médium qui sert d'intermédiaire. Voici, par exemple, comment se terminent quelques messages : Mesmer, médium M. Albert ; Eraste, médium M. d'Ambel ; Jacquard, médium M. Leymarie Paul, apôtre, médium M. Albert; Jacques de Molé, médium Mlle Béguet ; Jean l'Évangéliste, médium Mme Costel, etc. [29] On entretient avec tous ces personnages les meilleures relations : Gutenberg ayant improvisé, par la main de M. Leymarie, un petit discours en bon français, sur l'imprimerie naturellement, le président de la séance adresse tout haut des remerciements à l'esprit de Gutenberg, en le priant de vouloir bien prendre part aux entretiens de la société quand il le jugerait convenable. Gutenberg répond immédiatement par la main d'un autre médium: « Monsieur le président, je vous remercie de votre aimable invitation ; c'est la première fois qu'une de mes communications a été lue à la société spirite de Paris, et ce ne sera pas, j'espère, la dernière [30]. » On n'est pas plus convenable. En même temps, de jeunes personnes éprises de métaphysique laissent leur main errer sur le papier et lisent ensuite avec délices d'interminables dissertations sur la réincarnation des âmes, sur l'origine du globe terrestre, sur la théorie des fluides, etc. : leur intrépidité égale leur fécondité.

Malheureusement on se lasse de tout, et quand on eut fait écrire par tous les grands hommes possibles des variantes sur le livre d'Allan Kardec, on s'aperçut que le jeu n'était guère varié et l'on s'engagea dans des entreprises plus aventureuses encore. Depuis 1868, les spirites du continent tendaient de plus en plus à rejoindre leurs frères d'Amérique et à s'occuper de ces phénomènes physiques qu'ils avaient un peu négligés. On avait assez fait parler les esprits par la main ou par la bouche des médiums, on voulut un peu les voir et même prendre leur photographie, c'était bien naturel, et il ne fut plus question que des phénomènes de matérialisation. Grâce à l'intermédiaire obligé du médium, qui jouait ici un rôle assez difficile à préciser, on fit mouvoir des objets que personne ne touchait, on fit écrire des crayons qui se levaient et se dirigeaient tout seuls, on fit apparaître des écritures sur des ardoises enfermées dans des boîtes scellées, enfin on fit voir aux fidèles stupéfaits, des bras, des têtes, des corps qui apparaissaient dans l'air au milieu d'une chambre obscure. Les frères Eddy, William Douglas, Home, Miss Florence Cook, le médium si connu de M. Crookes, et d'autres s'acquirent dans ces exercices une juste célébrité.

Tantôt on photographiait ces apparitions, tantôt on les moulait, ce qui était bien plus original. « M. Reymers, dit la *Revue spirite,* nous a envoyé gracieusement une caisse de pieds et de mains d'esprits moulés avec de la paraffine [31]. » Les esprits avaient été assez complaisants pour mettre leurs mains ou leurs pieds dans les moules. Ces tentatives aboutirent, d'un côté, aux célèbres photographies de Katie King et, de l'autre, au procès retentissant du photographe Buguet que M. Bersot a raconté d'une manière si amusante. Ce procès ne termina rien: un des personnages les plus compromis, le médium Leymarie, reçut, après sa condamnation, une foule de lettres de condoléance : le juge Carter des États-Unis d'Amérique joint à la sienne une remarquable photographie « le représentant, disait-il, entouré de vingt-trois esprits obtenus par la photographie spirite... [32] ». La photographie des esprits continue peut-être encore.

Mais le spiritisme se transformait de plus en plus et devenait peu à peu cette industrie que M. Gilles de la Tourette a dévoilée, et qui n'a plus guère d'autre but que d'exploiter les naïfs. Il ne faudrait pas, je crois, confondre complètement ce spiritisme d'aujourd'hui avec celui qui existait autrefois et qui provoquait l'enthousiasme d'Allan Kardec et les terreurs religieuses de Mirville : ce sont deux choses très différentes. Les quelques croyants sincères qui subsistent encore défendent péniblement les doctrines du maître contre des sectes et des religions nouvelles, l'occultisme ou la théosophie, beaucoup plus ambitieuses et plus compliquées que cette modeste conversation avec les âmes des trépassés.

1. Sur l'histoire des misses Fox, Cf. Bersot: Mesmer. *Le magnétisme et les tables tournantes*, 4e édit, 1879, 119.
2. De Mirville. Pneumatologie. *Des esprits et de leurs manifestations diverses*. Mémoires adressés aux académies, 4 vol. in-8, 4e édition, 1863, I, 328.
3. Lafontaine. *Art de magnétiser*, 27.
4. *Journal du magnétisme*, 1854, 90.
5. *Le mystère de la danse des tables dévoilé dans ses rapports avec les manifestations spirituelles d'Amérique, par un catholique* (M. de Richemond), 1853, p. 5.
6. Id, *Ibid*. 1.
7. *Instruction explicative et pratique des tables tournantes*, par Ferdinand Silas, 3e édit., 1853, p. 14.
8. Id. *Ibid*, 20.
9. Id. *Ibid.*, 21, 24, etc.
10. Silas. *Op. cit.*, 28.
11. Allan Kardec. *Le livre des médiums*, 19e édition, p. 72.
12. Cf. Bersot. *Op. cit.*, 107.
13. Allan Kardec. *Op. cit.*, 196.
14. Bersot. *Op. cit.*, 123.
15. Gibier. *Le spiritisme ou fakirisme occidental*, 1887, 170.
16. Gibier. *Le spiritisme ou fakirisme occidental*, 1887, 220.
17. *Revue spirite*, 1876, 136.
18. *Mystères de la danse des tables*, 15.
19. Allan Kardec. *Op. cit.*, 203.
20. Allan Kardec. *Op. cit.*, 203.
21. *Journal du magnétisme*, 1854, 92.
22. *Revue spirite*, 1864, 148.
23. *Mystère de la danse des tables*, 31.
24. Gilles de la Tourette. *Hypnotisme*, 476.
25. Philosophie spiritualiste, *Le livre des Esprits*, contenant les principes de la doctrine spirite, sur l'immortalité de l'âme, la nature des esprits et leurs rapports avec les hommes selon l'enseignement donné par les esprits supérieurs à l'aide de divers médiums, recueillis et mis en ordre par Allan Kardec, 11e édition, 1864.
26. En 1864, on en remarque 10 en Europe, et, en 1876, on en compte 46.
27. *Revue spirite*, 1864, 4.
28. Tissandier. *Des sciences occultes et du spiritisme*, 1866.
29. *Revue spirite*, 1864, *passim*.
30. *Revue spirite*, 1864, 123.
31. Revue spirite, 1878, 71.
32. Revue spirite, 1876, 42.

19

HYPOTHÈSES RELATIVES AU SPIRITISME

Les phénomènes qui ont donné lieu aux doctrines que nous venons de résumer méritent une étude attentive et une discussion. Le scepticisme dédaigneux, qui consiste à nier tout ce qu'on ne comprend pas et à répéter partout et toujours les mots de supercherie et de mystification, n'est pas plus de mise ici qu'à propos des phénomènes du magnétisme animal. Le mouvement qui a provoqué la fondation d'une cinquantaine de journaux différents en Europe, qui a inspiré les croyances d'un nombre considérable de personnes est loin d'être insignifiant. Il est trop général et trop persistant pour être dû à une simple plaisanterie locale et passagère.

Cependant, si l'on examine les phénomènes allégués par les écrivains du spiritisme, il est absolument nécessaire de faire quelques distinctions. La crédulité exagérée qui consisterait à prendre au sérieux toutes les balivernes qui encombrent les revues de ce genre serait plus ridicule encore que le scepticisme : la doctrine du tout ou rien n'est pas de la critique scientifique. Mais, dira-t-on, le choix est ici absurde et arbitraire, car on élimine précisément ce que l'on ne peut expliquer. Non, le choix n'est pas arbitraire : il est déterminé, comme dans toute étude historique, par la critique des témoignages. Un auteur intelligent, qui montre son bon sens et ses qualités de critique dans d'autres ouvrages, mérite davantage d'être cru que le premier venu, célèbre seulement par sa naïveté. Quand M. Bénézet, de joviale mémoire, nous raconte qu'il a vu tomber du plafond des dragées encore humides, parce que le diable les avait sucées, on me permettra de passer. Or, les annales du spiritisme sont remplies de faits de ce genre [1] racontés par des auteurs aussi candides. Après avoir lu quelques-unes de leurs lettres, personne ne croirait ces gens-là, quand même ils nous rapporteraient les choses les plus vraisemblables, un orage ou la chute d'un bolide ; pourquoi doit-on les prendre au sérieux quand ils parlent de leur commerce avec l'autre monde ? L'élimination est d'ailleurs très facile et tous les auteurs un peu importants ne parlent jamais que d'un petit nombre de phénomènes toujours les mêmes, les seuls que nous considérerons.

Même parmi ces derniers faits fréquemment et sérieusement signalés, je crois nécessaire de faire encore une distinction. Les spirites désignent sous le nom de phénomènes physiques ceux qui se produisent en dehors du médium et en apparence sans son intervention : les coups dans les murs, la fameuse écriture directe qui a lieu loin du médium au moyen d'un crayon marchant tout seul [2], et surtout les soulèvements de table sans contact, les déplacements d'objets non touchés qui ont été si bien étudiés par Gasparin et par Crookes. Ces choses, au moins les dernières, ne doivent pas être niées à la légère ; ce sont peut-être les éléments d'une science future dont on parlera plus tard, mais, de toutes manières, elles n'ont pas à intervenir dans notre étude. Que le médium agisse au moyen de son bras et écrive comme tout le monde, ou qu'il manifeste sa pensée par le mouvement du crayon placé loin de lui, cela est très différent au point de vue physique ; mais au point de vue psychologique, cela ne modifie pas la nature de la pensée qui se manifeste et les problèmes qui nous intéressent restent exactement les mêmes. Je me hâte d'ajouter que ces phénomènes réservés sont infiniment rares et que je serais fort embarrassé pour en parler, car, malgré toute ma curiosité, je n'ai jamais vu rien qui y ressemblât. Les neuf dixièmes au moins des personnes qui se sont occupées de spiritisme avoueront, si elles sont sincères, que ce ne sont pas ces phénomènes d'écriture directe ou de soulèvement sans contact qui ont déterminé leurs convictions, car elles ne les connaissent aussi que de réputation. Contentons-nous d'étudier le problème psychologique de l'écriture des médiums, sans parler d'un phénomène physique dont l'existence est encore au moins problématique.

Un premier effort pour expliquer le mouvement des tables tournantes fut fait dès les débuts de leurs succès par quelques physiciens. M. l'abbé Moigno [3] s'efforce de prouver, dans le Cosmos du 8 juillet 1854, que les tables ne tournent que parce qu'on les pousse. Il cite plusieurs expériences ingénieuses imaginées par M. Strombo, professeur de physique à l'université d'Athènes, qui mettent cette impulsion en évidence. Si, par exemple, on recouvre la surface de la table d'une couche de talc très mobile, les doigts des expérimentateurs glissent sur la table et ne parviennent pas à lui communiquer le mouvement. Les appareils de Babinet et de Faraday, les couches de papier successives qui tournaient sous la pression dans le sens du mouvement de la table, l'aiguille indicatrice qui prévenait les assistants de leurs moindres mouvements, sont trop connus pour que j'y insiste ; ces procédés mettaient en évidence le mouvement des expérimentateurs et des médiums. Mais, répondrons-nous avec M. de Mirville, il n'est pas nécessaire d'inventer tant d'appareils pour nous prouver que la main du médium remue, nous nous en doutions bien un peu ; les meilleurs médiums sont ceux qui n'ont point besoin de tables et qui tiennent eux-mêmes le crayon, et tout le monde peut voir les mouvements de leur main. Ce qu'il faut nous expliquer, c'est de quelle *manière ce mouvement peut être involontaire et inconscient, tout en restant cependant intelligent.*

Les deux premiers caractères de ce mouvement involontaire et inconscient semblaient aux physiologistes des choses assez communes et assez simples. Bien des mouvements, disait Carpenter, se passent en nous sans que nous le sachions, non seulement des mouvements de la vie organique, mais encore un grand nombre d'actes de la vie de relation que l'habitude ou la distraction rendent momentanément involontaires et inconscients. On rit, on se gratte, on se mouche sans le savoir et sans interrompre sa conversation. « J'ai vu, écrit cet auteur, John Stuart Mill passer le long de Cheapside l'après-midi, lorsque cette rue est pleine de monde, et circuler sans peine sur le trottoir étroit sans coudoyer personne ni se heurter aux becs de gaz, et lui-même m'a assuré que son esprit était tout occupé de son système de logique, dont il avait médité la plus grande partie en allant chaque jour de Kensington aux bureaux de la compagnie des Indes, et qu'il avait si peu conscience de ce qui se passait autour de lui qu'il ne reconnaissait pas ses meilleurs amis [4]... » Et l'on peut citer un grand nombre de faits de ce genre plus ou moins curieux : Gasparin, qui explique d'une manière analogue le mouvement des tables ; M. Bersot, qui trouve un peu trop facilement que les choses sont simples, et plusieurs autres qui rapprochent de la même manière les faits du spiritisme de ces actes automatiques que l'on accomplit par distraction. Il me semble voir ici quelque chose d'analogue à une supposition déjà signalée à propos de la suggestion. Nous bâillons, disait-on, quand nous voyons bâiller, nous rougissons quand nous voyons rougir, donc il est tout simple qu'un sujet ramasse des fleurs quand on le lui commande et qu'une flamme imaginaire lui brûle la peau. Sans doute il y a une légère analogie entre la marche involontaire du logicien distrait et l'écriture automatique des médiums ; mais quelle différence, quel hiatus entre les deux phénomènes. Les actes involontaires que l'on allègue sont habituels, de simples répétitions, sans originalité et sans intelligence ; l'écriture automatique au contraire, il ne faut pas l'oublier, est fort intelligente. « Quelques-uns veulent bien accorder aux tables un fluide béotien, disait Des Mousseaux, et voilà qu'elles revendiquent de l'esprit ; elles parlent, conversent et dialoguent avec nous ou se livrent parfois à des monologues intéressants [5]. »

Il est trop facile de démontrer cette intelligence dans les phénomènes spirites ; la simple table primitive qui frappe des coups en correspondance avec les lettres de l'alphabet montre une mémoire parfois surprenante de ces signes conventionnels. « On admet en Belgique que, pour aller plus vite, la table parlera avec ses trois pieds : pour cela, on divise l'alphabet en trois groupes de lettres : l° de A à H, 2° de I à P, 3° de Q à Z; on numérote les lettres dans chaque groupe, A est désigné par un coup, B par deux, etc., I de nouveau par un, J par deux, etc. Mais chaque pied correspond à un de ces groupes et ne s'occupe pas des autres. Ainsi, si le premier pied frappe trois coups, c'est un C, la troisième lettre du premier groupe, si le deuxième pied frappe un coup, c'est 1, la première lettre du second groupe, et ainsi de suite. » Avec un petit système de ce genre, on obtient rapidement une longue communication qui, par-dessus le marché, est écrite à l'envers [6]. Comment peut-on comparer un calcul de ce genre à l'acte automatique de se gratter ou de cligner des yeux ? Les communications écrites de cette manière sont loin, comme nous le verrons, d'être des œuvres de génie, mais encore sont-elles incomparablement plus qu'un simple réflexe mécanique. On connaît les expériences de tables tournantes de Mme de Girardin. Elle interrogeait la table et lui demandait la définition de l'amour, la table répondait : « Souffrance [7]. » Le mot n'est pas nouveau, mais, pour une table, il n'en est pas moins curieux. Il y a des planchettes qui font des vers latins, écrivent des fables, racontent la création du monde [8], ou bien se permettent des calembours. La main du médium qui écrit à son insu discute, raisonne ou plaisante ; elle s'interrompt brusquement quand elle en a assez et termine en disant : « A demain, au revoir, assez pour aujourd'hui... » Puis il n'est plus possible de rien obtenir [9]. En présence de pareils faits qui sont innombrables, on ne peut s'empêcher de trouver que les physiologistes, avec la théorie de la cérébration inconsciente, se sont arrêtés au seuil de la question. La *Revue spirite* d'Allan Kardec prend pour épigraphe cette phrase : « Tout effet a une cause, tout effet intelligent a une cause intelligente. » Et Mirville n'a pas tort quand il conclut : « Il y a dans ces tables des phénomènes de pensée, d'intelligence, de raison, de volonté, de liberté même lorsqu'elles refusent de répondre, et de telles causes ont toujours été appelées par les philosophes des esprits ou des âmes [10]. »

Une autre explication assez célèbre rend aussi bien compte de deux caractères du mouvement automatique, mais en néglige encore un troisième : elle va nous montrer comment ce mouvement est intelligent et involontaire, mais elle ne nous dira pas comment il peut être inconscient. Il s'agit, comme on le comprend, des théories de M. Chevreul que nous avons déjà indiquées à propos du pendule enregistreur et que l'auteur a essayé d'appliquer plus tard à tous les phénomènes du spiritisme. « La faculté de faire frapper une table d'un pied ou de l'autre une fois acquise, ainsi que la foi en l'intelligence de la table, je conçois comment une question adressée à la table éveille, en la personne qui agit sur elle sans qu'elle s'en doute, une pensée dont la conséquence est le mouvement musculaire capable de faire frapper un des pieds de la table, conformément au sens de la réponse qui paraît le plus vraisemblable à cette personne [11]. » En un mot, les pensées provoquent, comme nous le savons, des mouvements involontaires ; c'est la pensée consciente du médium qui met la table en mouvement à son insu ; « les oracles promulgués par les planchettes ne sont que le décalque de ce qui est dans la tête des personnes qui dirigent les planchettes [12], » et les expériences spirites ne sont qu'un degré plus compliqué de l'expérience du pendule enregistreur.

Cette explication simple se heurte à une difficulté que nous avions déjà constatée à propos du pendule, mais qui devient ici beaucoup plus grave. Ces actes intelligents ne sont pas seulement involontaires, ils sont encore inconscients : non seulement le sujet ignore son mouvement, mais il ignore la pensée qui dirige ce mouvement. Ce ne sont pas ses pensées, les réponses qui lui semblent vraisemblables, qui se manifestent par les mouvements de sa main, ce sont d'autres pensées et d'autres réponses qu'il ne soupçonnait pas et dont il est tout le premier surpris quand il les lit. Ce caractère ne semble pas bien connu par les auteurs qui discutent le spiritisme, car on les voit parler aussitôt de plaisanterie et de supercherie, dès qu'il s'agit de cette inconscience du médium. C'est pourtant là le point essentiel de tous ces phénomènes, celui qui a donné lieu à toutes les croyances superstitieuses.

La meilleure preuve de cette inconscience serait celle dont les spirites parlent sans cesse et qu'ils ne donnent jamais. « L'expérience a constaté, dit Des Mousseaux [13], que la table m'apprend des choses que je ne puis savoir et qui surpassent la mesure de mes facultés. » Voilà un fait qui serait décisif, mais dont la démonstration complète demanderait des précautions minutieuses dont ces enthousiastes sont bien incapables. On peut dire qu'il n'y a pas un fait authentique de ce genre. D'ailleurs, si j'ai complètement évité de parler de la lucidité et d'autres facultés analogues à propos des somnambules, ce n'est pas pour traiter la question incidemment à propos des médiums. En dehors de la lucidité proprement dite, on cite d'autres faits analogues qui séparent complètement l'écriture automatique de la conscience normale du sujet. Certaines personnes, paraît-il, peuvent répondre automatiquement au moyen de la planchette à des questions posées mentalement, non exprimées par la parole, et dont leur conscience normale n'a aucune connaissance. Les faits signalés par M. Myers et surtout le cas de M. Newnham [14], si l'auteur peut garantir l'exactitude littérale des termes de cette observation, sont des plus extraordinaires et indiquent à la psychologie une voie absolument nouvelle. Mais ces phénomènes de suggestion mentale dans l'écriture automatique, qui devaient être signalés, demandent une discussion toute spéciale qui nous détournerait entièrement de l'objet actuel de nos études. Disons seulement que, dans certains cas, la main répond automatiquement à des questions dont la conscience du sujet n'a en effet et n'a pu avoir aucune connaissance, mais que ces cas sont les plus rares et ne peuvent fournir une preuve générale de l'inconscience des mouvements spiritiques.

Cherchons des preuves moins décisives sans doute mais plus faciles à vérifier. Je signalerai d'abord une opposition, un antagonisme qui se constate facilement entre le caractère et les pensées actuelles du médium et le contenu de l'écriture automatique. N'insistons pas sur ces jeunes filles honnêtes et chastes qui restent stupéfaites en lisant les obscénités grossières que leur main a écrites sans les prévenir : le fait est banal et tous ceux qui se sont occupés de ce problème l'ont signalé. Mais voici un individu qui croit à la puissance des esprits et les invoque sérieusement dans une circonstance grave de sa vie ; il s'attend à une réponse sérieuse, et il y pense. Il est indigné des plaisanteries que les Esprits lui répondent et qui sont en opposition avec son attention expectante. Malgré lui, la main du médium ne fait que des plaisanteries d'un goût douteux, dessine des arabesques, signe « Pompon la Joie », etc. ; le médium d'un caractère sérieux proteste que ces sottises ne sont pas de son fait : « Mon caractère, dit-il, ne peut changer ainsi, quelque bonne volonté que j'y mette ; il m'est impossible de comprendre ces variations mentales subites et extrêmes se renouvelant dix ou quinze fois dans une soirée, sous l'influence d'une cause aussi simple que celle-ci, toucher ou ne pas toucher le bord d'une planchette [15]. » Ailleurs on voit que, au lieu de répondre sérieusement aux questions, le crayon s'occupe à faire des petits dessins et, quand on insiste, il répond qu'il a bien le droit de s'amuser [16], ou bien, une autre fois, au lieu de répondre comme le médium le désire il écrit : « It is time to go to sleep, go to bed [17] », « Va te coucher. » Cette opposition de caractère entre un médium et son esprit peut aller jusqu'aux reproches réciproques et jusqu'aux disputes violentes. L'abbé Almignana a grand'peine à répondre aux sottises que lui adresse sa propre main [18], et ne s'explique pas comment il peut se trouver en lui deux êtres aussi antipathiques l'un à l'autre. D'autres esprits ne se gênent pas pour expliquer leurs erreurs par la bêtise de leurs médiums auxquels ils reprochent de n'être pas assez passifs et de déranger leur écriture [19]. Ce mécontentement, plus ou moins légitime, peut s'exaspérer et aller jusqu'à la colère ; non seulement l'esprit est alors distinct du médium, mais il le persécute et le martyrise de mille manières ; on se trouve alors en présence de ces obsessions qu'Allan Kardec trouve très naturelles [20], et qui sont des cas de folie malheureusement trop réels [21].

Une seconde catégorie de preuves, relatives à l'inconscience des phénomènes médianimiques, nous sera fournie par les observations si intéressantes recueillies par M. Myers. Le médium sait si peu ce que sa main écrit qu'il ne peut pas se relire et qu'il est obligé de faire appel à d'autres personnes pour comprendre ce que contient son message ; ou bien, ce qui est plus curieux encore, il est obligé de prier l'esprit de répéter et d'écrire plus lisiblement, ce que ce dernier fait d'ailleurs avec assez de bonne volonté ; ou bien encore, le médium se trompe en lisant le message, il lit par exemple J. Celen au lieu de Helen [22], et l'esprit est obligé de le reprendre et de rectifier. Dans d'autres cas, l'écriture à la planchette se permet des plaisanteries bizarres ; ainsi elle intercale, sans prévenir, un mot grec auquel personne ne comprend rien. On lit avec surprise le mot CHAIRETE et l'on est assez longtemps sans comprendre que c'est le mot grec (en grec dans le texte) [23], ou bien la planchette, au lieu de répondre sérieusement, embrouille ses lettres et fait des anagrammes. L'histoire de l'esprit qui s'intitule lui-même Clelia [24] forme réellement un document psychologique dont on ne saurait exagérer l'importance. Une personne qui essaie l'écriture automatique et qui, selon la coutume, pose des questions à l'esprit, n'obtient comme réponse qu'une série de lettres juxtaposées en apparence sans signification « What is man ? » demande-t-elle ; « Tefi Hasl Esble Lies » fut la réponse. « How shall I believe ? « « neb 16 vbliy ev 86 e earf ee », et ainsi toujours, quelle que soit la question. Cependant, quand on insiste, quand on demande à l'esprit si c'est un anagramme, la planchette daigne répondre « Yes ». Ce n'est que le lendemain et après bien des efforts que le médium put disposer les lettres de manière à leur donner un sens un peu près intelligible « Life is the less able » « believe by fear even 1866», et la planchette se déclara à peu près satisfaite, quoique, dans certaines interprétations, elle indiqua une autre disposition des mêmes mots. Y a-t-il rien de plus curieux que cet individu qui se pose des problèmes à lui-même et qui ne parvient pas toujours à en trouver la véritable solution ? Toutes ces observations de M. Myers, qui sont fort nombreuses, mettent parfaitement en lumière l'indépendance des deux séries de phénomènes conscients, ceux qui forment l'esprit ordinaire du médium, et ceux qui se manifestent par l'écriture de la planchette.

Enfin, pour admettre cette inconscience des phénomènes spiritiques, je crois qu'il faut nous en rapporter au témoignage des médiums eux-mêmes que nous ne pouvons pas récuser légèrement. Il faudrait répéter ici tout ce que M. Ch. Richet disait autrefois à propos du somnambulisme, quand il voulait démontrer son incontestable réalité. J'ai vu des personnes très honnêtes écrire à la façon des spirites et elles m'ont assuré qu'elles ne savaient pas ce que leur main écrivait. Quand on aurait cru leur parole sur des sujets plus graves, peut-on la mettre en doute maintenant ? Or ce sont des milliers d'individus qui, depuis trente ans, répètent la même affirmation, comment le même mensonge peut-il se prolonger si longtemps en Amérique, en Allemagne, en France, en Angleterre ? On peut prendre ces paroles de Des Mousseaux comme l'expression sincère de ce que pensent et disent tous les médiums : « Lorsque mon esprit semble me parler du sein de la table, j'ai donc perdu la conscience de son action, puisque je n'ai ni le sentiment de ce qu'il éprouve en son domicile additionnel, ni de ce qu'il y pense, puisque j'ignore, au moment même où j'attends les faveurs de sa parole, et ce qu'il va me dire et s'il daignera me parler ou opérer [25]... » D'ailleurs, il est facile de le comprendre, c'est précisément ce caractère qui a fait a fortune de la religion spirite. Un mouvement involontaire en rapport avec nos propres pensées, comme dans les expériences de Cumberland, n'eût pas autrement surpris ; mais ce qui a paru inexplicable, ce sont ces calculs, ces réflexions, ces discours étrangers à la conscience du médium. C'est, après avoir senti l'impossibilité de rattacher d'une manière quelconque ces manifestations intelligentes à l'intelligence normale du médium, que l'on a cru nécessaire de faire appel à un esprit différent du sien. On comprend alors pourquoi les explications de Chevreul, comme celles de Faraday et de Carpenter, ont été raillées par les véritables spirites, c'est qu'elles restaient aussi au-dessous de la question principale.

La supposition que faisaient les spirites, de leur côté, était-elle alors nécessaire et, s'il fallait une intelligence autre que celle du médium pour expliquer les messages, devait-on forcément invoquer les âmes de ceux qui ne sont plus ? Si une hypothèse ne doit pas être au-dessous des faits, elle ne doit pas non plus être au-dessus, et celle-là dépasse infiniment le problème que l'on veut expliquer. Comment les lecteurs de ces messages ne se sont-ils pas aperçus que ces élucubrations, tout en présentant quelques combinaisons intelligentes, sont au fond horriblement bêtes et qu'il n'est pas nécessaire d'avoir sondé les mystères d'outre-tombe pour écrire de semblables balivernes. Corneille, quand il parle par la main des médiums, ne fait plus que des vers de mirliton, et Bossuet signe des sermons dont un curé de village ne voudrait pas pour son prône. Wundt, après avoir assisté à une séance de spiritisme, se plaint vivement de la dégénérescence qui a atteint, après leur mort, l'esprit des plus grands personnes, car ils ne tiennent plus que des propos de déments et de gâteux [26]. Allan Kardec, qui ne doute de rien, évoque tour à tour des âmes qui habitent des séjours différents et les interroge sur le ciel, l'enfer et le purgatoire. Après tout, il a raison, car c'est là un bon moyen d'être renseigné sur des questions intéressantes. Mais qu'on lise la déposition [27] de M. Samson ou de M. Jobard, de ce pauvre Auguste Michel ou du prince Ouran, et l'on verra que ces braves esprits ne sont pas mieux informés que nous et qu'ils auraient grand besoin de lire eux-mêmes les descriptions de l'enfer et du paradis, données par les poètes, pour savoir un peu de quoi il s'agit. Le même auteur, toujours intrépide, consacre un chapitre à l'évocation des suicidés par amour. On peut lire par curiosité les doléances de Mlle Palmyre, ainsi que l'histoire lamentable de « Louis et de la piqueuse de bottines [28] » ; mais, après cette lecture écœurante, il est nécessaire de réciter les beaux vers sur les lugentes campi... « hic quos durus amor crudeli tabe peredit » et de revoir la grande ombre de Didon « Illa solo fixos oculos aversa tenebat... » Voilà qui est bien plus vrai, quoique l'auteur n'ait évoqué personne. Ce serait vraiment à renoncer à la vie future, s'il fallait la passer avec des individus de ce genre.

Que les spirites n'invoquent pas, pour leur défense, les noms dont l'écriture automatique signe ses messages, les changements d'écriture ou de style, la conformité des déclarations avec telle ou telle opinion. L'écriture de la planchette est extrêmement docile et elle fait tout ce que l'on veut, elle correspond à la pensée des personnes présentes et répète toutes leurs doctrines. Chez des catholiques, l'abbé Bautain voit une corbeille se tordre comme un serpent et s'enfuir devant le livre des Évangiles qu'on lui présente, demander des prières et des indulgences [29]. Chez des protestants, les tables n'ont plus peur de l'eau bénite, n'ont plus de respect pour les scapulaires et annoncent avant dix ans la chute de la papauté. M. Des Mouseaux, qui voit des démons partout, interroge ainsi : « Est-ce toi qui as tenté la première femme ? - Oui, répond la planchette. - Est-ce sous la forme du serpent ? - Oui. - Es-tu du nombre des démons qui entrèrent dans le corps des pourceaux ? - Oui. - Qui tourmentèrent Madeleine ? - Oui. » Il aurait demandé avec le même air de conviction : « Es-tu Achille », ou « Es-tu Don Quichotte », que la table aurait encore répondu « Oui ». Chez ceux qui croient à l'ancienne magie noire, les esprits obéissent aux formules magiques et tremblent devant les triangles sacrés. Il est vrai, comme l'a vérifié Morin, que l'on peut, au lieu de réciter les formules fatales, déclamer des vers d'Horace et que l'on obtient le même succès.

Cette intelligence, qui existe certainement et qui se manifeste par l'écriture de la planchette, devient tout ce que l'on veut ; n'en faisons donc rien de trop relevé et ne mélangeons pas avec une question de psychologie positive les problèmes les plus troublants de la métaphysique et de la religion.

<hr>

1. Cf. Gasparin. *Tables tournantes*, II, 443.
2. Guldenstubde. *La réalité des esprits*, 1873.
3. Article résumé dans le Journal du magnétisme, 1854, 83.
4. Carpenter. *Revue scientifique*, 1er mai 1878.
5. D'après Gasparin, II, 508.
6. *Revue spirite*, 1864, 310.
7. Gibier. *Spiritisme*, 125.
8. Mirville. *Des esprits*, II, 79 et *passim*.
9. *Revue spirite*, 1878, 249. - Le même fait dans Mirville, II, 86, et dans bien d'autres.
10. Propos de l'abbé Bautain, rapporté par Mirville, II, 76.
11. Chevreul. *De la baguette...* 224.
12. Casparin. *Op. cit*, I, 80.
13. D'après Gasparin, *Op. cit*, II, 76.
14. Myers. *Automating writing, Proceed.* S. P. R., 1885, 8.

15. *Revue spirite*, 1878, 250.
16. Myers. *Op. cit.*, 1885, 20.
17. Myers. *Op. cit*, 20.
18. *Journal du magnétisme*, 1855, 164.
19. *Mystère de la danse des tables*, 21.
20. Allan Kardec. *Le livre des médiums*, 310.
21. Mirville, II, 84.
22. Myers. *Automatic writing. Proceed.* S. P. R., 1885, 37.
23. Myers. *Automatic writing. Proceed.* S. P. R, 1885, 26.
24. Id. *On a telepathic explanation of some so called spiritualistic phenomena.* Proceed, II, 226.
25. D'après Gasparin, II, 508.
26. Wundt. *Spiritismus. Revue philosophique*, 1879, I, 666.
27. Allan Kardec. *Le ciel et l'enfer selon le spiritisme*, 1869, 4e édition, *passim*.
28. Id. *Ibid.*, 364.
29. Mirville, II, 76.

LE SPIRITISME ET LA DÉSAGRÉGATION PSYCHOLOGIQUE

« Tout est dit... », écrivait-on déjà au dix-septième siècle, et naturellement cette remarque du moraliste est encore bien plus vraie aujourd'hui: les hypothèses qui semblent les plus originales et les plus inattendues ont eu des précurseurs qui les avaient déjà exprimées sans que l'on daignât y faire attention. Les théories de la désagrégation psychologique qui viennent d'être étudiées tout récemment par M. Ch. Richet, par M. Myers, et que j'avais essayé de compléter moi-même, me semblaient absolument nouvelles, quand, à ma grande surprise, Je les ai trouvées parfaitement exprimées dans un petit ouvrage qui remonte à 1855. C'est une courte brochure de 93 pages sans nom d'auteur que j'ai prise sur les quais à cause de la singularité du titre : « Seconde lettre de gros Jean à son évêque au sujet des tables parlantes, des possessions et autres diableries. Paris, Ledoyen, 1855. » Je n'ai pu retrouver le nom véritable de celui qui se dissimule ainsi : je pense que c'est un philosophe qui se rattache à l'école éclectique dont il a la clarté, le style aisé et agréable, et dont il partage les doctrines. Il a l'habitude, comme les psychologues de cette école, de personnifier les facultés de l'esprit humain, mais il arrive par ce moyen à expliquer de la manière la plus sensée et la plus scientifique des phénomènes si peu étudiés et si mal compris de son temps.

Quelques citations nous permettront de résumer la théorie psychologique contenue dans cette petite brochure : « Incitées par le monde extérieur, ou fécondant les matériaux déjà conquis, nos facultés intellectuelles forment en nous des idées ou des pensées ; la conscience ou sens intime nous en donne connaissance ; notre volonté ou faculté de réagir sur nous-mêmes fournit en même temps à la conscience l'idée de notre personnalité, l'idée du moi. Reste à établir le lien. Par ce mouvement de la volonté sur l'intelligence qu'on appelle l'attention, l'idée ou pensée est affirmée dans sa relation avec le moi, rapportée, unie à lui. Voilà ce qui se passe dans l'état ordinaire normal [1]... Le sommeil, c'est la période pendant laquelle la volonté, les facultés intellectuelles et l'organisme, s'affaissant sur eux-mêmes, relâchant les liens qui les unissent, réparent en silence les forces épuisées par le travail du jour. Le sommeil est-il cependant un état absolu et toujours le même ? Loin de là.... sommeil et veille ne constituent qu'une seule et même hiérarchie d'états qui, par modifications successives, d'une part, descendent vers le sommeil parfait, immobilité et disjonction presque complète de la volonté, de l'intelligence et de l'organisme, et, de l'autre, s'élèvent vers l'état parfait de veille, tension suprême de la volonté, des facultés intellectuelles et de l'appareil physique dirigés vers un but ardemment poursuivi, chaque modification résultant du *degré différent d'activité et du rapport plus ou moins étroit de la volonté, de l'intelligence et de l'organisme* doués chacun d'une certaine vie propre [2]...

« Chez certains individus, pour une cause ou pour une autre, la vie organique, la sensibilité, l'intelligence se surexcitent, s'exaltent, pendant que la volonté demeure en un état de faiblesse, de mollesse, d'intermittence. Qu'y aura-t-il alors de plus naturel, de plus simple, de plus facile à concevoir que la *rupture momentanée et partielle du* lien hiérarchique ? Le phénomène qui nous occupe (les tables parlantes) n'est autre chose en effet que cette suspension plus ou moins complète, plus ou moins prolongée, de l'action de la volonté sur l'organisme, sur la sensibilité, sur l'intelligence conservant toute leur activité, et les divers degrés de cette *disjonction* comme les formes différentes qu'elle revêt, se succèdent fort naturellement les unes aux autres [3]... Dans les expériences des tables parlantes, la jeune fille entend la question et forme bien la réponse dans son esprit où doit être préalablement déposée la connaissance du mode convenu pour traduire, au moyen des mouvements de la table, toutes les idées et pensées possibles : tels sont les premiers éléments du phénomène : mais ici se présentent plusieurs états ou degrés différents du même état.

« 1° Non seulement la jeune fille a conscience de la réponse formée dans son esprit, mais elle la rapporte à ses propres facultés : c'est la situation psychologique ordinaire. Mais voici en quoi consiste l'anormalité, c'est que la réponse est exprimée par les mouvements du meuble sans l'intervention de la volonté libre et réfléchie... La volonté, le moi ne s'est séparé que de l'appareil physique qui se trouve seul dans une situation d'indépendance (c'est, comme nous savons, le cas du pendule enregistreur). 2°La volonté ayant commencé à faire scission avec l'intelligence, la jeune personne n'a qu'une demi-connaissance de la réponse qui est plus complète, plus étendue ou même exprimée en d'autres termes ; l'esprit, en un mot, est dans une situation semi anormale. L'organisme au contraire opère dans les mêmes conditions que précédemment, dirigé par l'intelligence sans l'intervention de la volonté (nous avons vu quelques cas de ce genre dans l'étude du willing game). 3e Ce degré coïncide surtout avec l'écriture et la parole involontaire, mais il doit S'observer aussi dans le phénomène des tables parlantes. La jeune fille sait la réponse qui se forme dans son intelligence, mais elle la connaît en elle comme si elle ne venait pas d'elle ; l'attention la recueille, mais sans établir de lien entre cette pensée et le moi (ce degré me paraît correspondre aux possessions et aux folies impulsives dont nous parlerons plus loin). 4° La jeune fille n'a *aucune connaissance interne de la réponse qui s'est formulée dans son intelligence en dehors du moi* ; elle n'en est instruite qu'à mesure que les mouvements de la table l'expriment : la *division intellectuelle est complète*. La pensée dissidente agrandit en même temps son domaine. Il n'est plus adressé de questions à la table et c'est elle au contraire qui, spontanément, interroge l'une après l'autre des personnes présentes, aborde tel ou tel sujet, se jette dans tel ou tel ordre d'idées ; souvenirs lointains réveillés sans que la jeune fille en ait conscience, inventions romanesques, fantaisies sentimentales, divagations, tout ce que peuvent produire l'intelligence et l'imagination abandonnées à elles-mêmes, tout ce qui se joue dans nos rêves, avec cette différence que nous assistons à nos rêves ordinaires et que ceux-là, quoique également formés en nous, ne nous sont cependant révélés qu'au moment où ils le sont à tout le monde. Tel est, en premier aperçu psychologique, le phénomène de la table parlante [4]...

« Que faut-il pour que la plume soit remplacée par la parole que l'impulsion se communique à d'autres nerfs... Cela est accompagné ordinairement d'un grave désordre de l'innervation : il n'y a rien d'étonnant à cela. L'homme dont la main seulement se dérobe à l'action de la volonté n'est pas enlevé à lui-même comme celui dont la langue, la parole, cet instrument si direct de la pensée, de la volonté, s'affranchit de l'autorité du moi... Chez nos paisibles writings médiums, la pensée ordinaire persiste calme, mais quand la crise physique revêtait un caractère violent, oh ! alors la division interne était complète, absolue, persistante ; bien plus, la *seconde personnalité* exaltée, ardente, effrénée, *étouffait l'autre* pour un moment anéantie et, sous les noms de Jupiter ou d'Apollon, possédait seule toute l'intelligence et tout l'organisme de la prêtresse en délire. *Deus, ecce Deus...* [5]. Nous avons vu dans le même individu *deux courants simultanés de pensées, l'un qui constituait la personne ordinaire, l'autre qui se déroulait en dehors d'elle.* Nous sommes maintenant en présence de la *seconde personne seule* (dans le somnambulisme), l'autre restant anéantie dans le sommeil, d'où dérive cette impossibilité pour la personne ordinaire de se rien rappeler à son réveil de ce qui s'est accompli pendant son accès. Tel est le somnambulisme ou sybillisme parfait... [6]. Table parlante, écriture involontaire, parole involontaire, rappings ou knockings médiums, somnambulisme, telles sont les différentes formes que revêt le phénomène de scission intellectuelle qu'on pourrait peut-être convenablement désigner sous le nom de sybillisme, d'après son mode de manifestation le plus élevé et celui sans aucun doute qui a joué dans le monde le rôle le plus important, puisque, transformé en institution publique, il a été pendant des siècles la base et la sanction des religions » [7].

On me pardonnera, je l'espère, cette longue citation en raison de son importance et de la difficulté de se procurer la brochure : il faut reconnaître que, sous son titre bizarre, se trouve très bien résumé tout ce que quelques auteurs contemporains et moi-même nous croyions avoir découvert en étudiant l'écriture automatique et le somnambulisme. D'ailleurs, cette coïncidence entre les réflexions inspirées par un simple bon sens et les conclusions d'expériences précises ne peut qu'être considérée comme heureuse et prouve que, d'une manière comme de l'autre, on s'est approché de la vérité.

Le point essentiel du spiritisme, c'est bien, croyons-nous, ainsi que le dit Gros Jean, la désagrégation des phénomènes psychologiques et la formation, en dehors de la perception personnelle, d'une seconde série de pensées non rattachée à la première. Quant aux moyens que la seconde personnalité emploie pour se manifester à l'insu de la première, mouvement des tables, écriture ou parole automatique, etc., c'est une question secondaire. D'où proviennent les bruits entendus dans les tables ou dans les murs et répondant à des questions ? Est-ce d'un mouvement des orteils, de cette contraction du tendon péronier supposée par Jobert de Lamballe et qui a fait tant de bruit à l'Académie? Est-ce d'une contraction de l'estomac et d'une véritable ventriloquie, comme Gros Jean le suppose, ou bien d'une autre action physique particulière encore inconnue ? Sont-ils produits par des mouvements automatiques du médium lui-même, ou bien, comme cela me paraît probable dans certains cas, au milieu de l'obscurité réclamée par les spirites, par des actions subconscientes de quelqu'un des assistants, qui trompe les autres et se trompe lui-même, et qui devient compère sans le savoir ? Cela importe peu maintenant. Cette action, quelle qu'elle soit, est toujours une action involontaire et inconsciente de l'un ou de l'autre, et « la parole involontaire des intestins n'est pas plus miraculeuse que la parole involontaire de la bouche [8] ». C'est le côté psychologique du phénomène qui est le plus intéressant et qui doit être étudié davantage.

Quoique l'ouvrage que nous venons d'analyser ait été écrit en 1855, il ne fut pas compris et n'eut aucune influence, ni sur les spirites, ce qui est naturel, ni sur les psychologues, ce qui est plus étonnant ; les uns continuèrent à admirer, les autres à railler les tables parlantes, sans que leur étude avançât autrement. Cependant on doit signaler quelques passages courts, mais assez nets, de M. Liébault, qui expriment une opinion analogue : « Ce dédoublement de l'action de l'attention dans les opérations intellectuelles a aussi lieu pendant la veille, et alors ces opérations sur deux plans opposés ne se présentent pas toujours à la fois toutes les deux à la conscience, il en est souvent une qui est inconsciente [9]. » Littré, dans sa *Philosophie positive*, 1878, et Dagonet dans les *Annales médico-psychologiques*, 1881, font allusion à des théories du même genre pour expliquer les discours des convulsionnaires des Cévennes [10]. M. Taine, comme nous l'avons déjà signalé, indique, dans sa préface, un cas assez ordinaire d'écriture automatique ; il remarque que le fait est curieux, mais n'insiste pas autrement.

Il faut arriver jusqu'à ces dernières années pour trouver, dans un article de M. Ch. Richet, l'expression précise d'une théorie du spiritisme, comparable à celle que nous venons de lire : « Supposons, dit-il, qu'il y ait chez quelques individus un état *d'hémisomnambulisme* tel qu'une partie de l'encéphale produise des pensées, reçoive des perceptions, sans que le moi en soit averti. La conscience de cet individu persiste dans son intégrité apparente : toutefois des opérations très compliquées vont s'accomplir en dehors de la conscience, sans que le moi volontaire et conscient paraisse ressentir une modification quelconque. Une autre personne sera en lui qui agira, pensera, voudra, sans que la conscience, c'est-à-dire le moi réfléchi, conscient, en ait la moindre notion [11]. » Et ailleurs : « Ces mouvements inconscients, ne sont pas livrés au hasard ; ils suivent, au moins lorsqu'on opère avec certains médiums, une vraie direction logique, qui permet de démontrer, à côté de la pensée consciente, normale, régulière du médium, l'existence simultanée d'une autre pensée collatérale qui suit ses périodes propres, et qui n'apparaîtrait pas à la conscience, si elle n'était pas révélée au dehors par ce bizarre appareil d'enregistrement [12]. » On trouve, paraît-il, des idées semblables et une étude plus complète sur cette interprétation du spiritisme dans deux ouvrages allemands que je n'ai pas eu l'occasion de lire, la « Philosophie *der mystick* » du Baron du Prel [13] et le livre de M. Hellenbach, intitulé : « Geburt *und* Tod [14]. » Mais l'auteur qui, à ma connaissance, a le plus contribué à développer l'étude scientifique des phénomènes spiritiques est certainement M. Fr. Myers. Cet auteur, en effet, dans plusieurs articles importants publiés par la « Society *for psychical research* [15] » a exposé une théorie très ingénieuse, à la fois psychologique et physiologique de la désagrégation mentale. Nous n'exposerons pas ici les théories de M. Myers sur le spiritisme, elles sont plus développées que les précédentes, et entrent davantage dans le détail des phénomènes. Nous préférons exposer d'abord, d'une manière générale, comment nous rattachons ces faits aux études que nous venons de faire dans cet ouvrage, pour revenir ensuite sur les points de détail qui séparent notre interprétation de celle de M. Myers.

A peu près à la même époque, en effet, sans connaître aucun des ouvrages dont nous venons de parler et sans songer à étudier le spiritisme, nous examinions, au point de vue psychologique, le somnambulisme des hystériques et les actes qu'elles accomplissent par suggestion. Cette étude nous a amené à constater des actes subconscients, des anesthésies partielles, des écritures automatiques, en un mot tous les caractères des phénomènes spiritiques. Tandis que ces auteurs partaient de l'étude du spiritisme pour arriver à la théorie des personnalités multiples et à l'étude de l'hypnotisme, nous nous trouvions les rejoindre quoique en étant parti d'un point de départ tout opposé. Cette rencontre nous porte à croire, ce qui nous paraît facile à démontrer, que les phénomènes observés par les spirites sont exactement identiques à ceux du somnambulisme naturel ou artificiel et que nous avons le droit d'appliquer littéralement à cette question nouvelle les théories et les conclusions auxquelles nous sommes parvenus dans le chapitre précédent.

1. *Lettre de Gros Jean à son évêque...* 1855, 4.
2. *Ibid.,* 5.
3. *Lettre de Gros Jean à son évêque...,* 7.
4. *Lettre de Gros Jean à son évêque ...* 1855, 9-11.
5. *Ibid.,* 23.
6. *Lettre de Gros Jean à son évêque ...* 1855, 44.
7. *Ibid,* 43.
8. *Lettre de Gros* Jean à son *évêque* 1855, 31.
9. Liébault. *Du sommeil,* 1866, 249.
10. Cf. Myers. *Automatic writing. Proceed.,* 1885, 61.
11. Ch. Richet. *La suggestion mentale et le calcul des probabilités.* Revue philosophique, 1884, II, 650.
12. Id. *Les mouvements inconscients* dans l'hommage à M. Chevreul, 1886.
13. Leipzig, 1885.
14. Vienne, 1885.
15. *On a telepathic explanation of some so-called spiritualistic phenomena.* Proceed. S. P. R, II, 217. *Automatic writing. Ibid.,* 1885.

COMPARAISON DES MÉDIUMS ET DES SOMNAMBULES

L a première remarque qui rapprochera le spiritisme de nos études précédentes, c'est que la plupart des médiums, dont nous lisons les descriptions, ont des allures et présentent des accidents maladifs qui ne nous sont pas inconnus ; presque toujours (je ne dis pas toujours pour ne pas préjuger une question importante), ce sont des névropathes, quand ce ne sont pas franchement des hystériques. Le mouvement des tables ne commence que lorsque des femmes ou des enfants, c'est-à-dire des personnes prédisposées aux accidents nerveux viennent y mettre les mains [1] ; pendant que l'on fait la chaîne autour d'une table qui opère d'ailleurs très bien, on est malheureusement obligé de s'interrompre, parce que deux dames tombent à la renverse en convulsions [2]. Un homme qui avait beaucoup d'action sur la table parlante était malheureusement affecté d'un tremblement et d'une oscillation continuelle des bras qui le gênait même pour manger [3]. Une jeune fille, excellent médium, entrait dans une violente crise de nerfs quand on lui montrait un chapelet béni pendant qu'elle se livrait à ces opérations spirituelles [4]. « C'est sans doute à cause de l'horreur que les démons ont pour le chapelet. » Oui, peut-être ; mais il est permis aussi de supposer autre chose. « Quand les esprits se fâchent, les médiums sont plongés subitement dans un état de perturbation nerveuse ou de raideur tétanique... [5]. » On lit souvent dans les relations américaines que les speaking médiums ont été « vigorously exercised [6] », violemment tourmentés par les esprits, ce qui veut dire en bon français qu'ils ont eu au milieu de leurs opérations une violente crise de nerfs. Dans les relations anglaises, on est, au contraire, très sobre de renseignements sur ce point, tout au plus remarque-t-on de temps en temps que le médium présente quelques mouvements choréiques [7], ou bien que les expériences d'écriture automatique le fatiguent énormément et qu'on est obligé de les interrompre à cause de sa santé délicate [8]. J'avoue que j'aurais été curieux d'avoir quelques renseignements complémentaires sur cette santé délicate. Mais cette discrétion des auteurs anglais sur les accidents de leurs médiums se rattache à une opinion générale sur la désagrégation mentale que nous discuterons à part. Ne disons donc pas que tous les médiums ont des crises de nerfs, ce qui serait exagéré, mais qu'ils en ont très souvent et que leurs opérations prédisposent aux accidents nerveux.

Rien n'est plus décisif, à ce point de vue, qu'une observation de M. Charcot sur plusieurs jeunes gens d'une même famille qui deviennent tous hystériques à la suite des pratiques du spiritisme [9]. Cette coïncidence entre la crise de nerfs et l'acte d'écrire inconsciemment se retrouve chez nos sujets. Tantôt une crise d'hystérie qui débute peut être transformée par suggestion en mouvements inconscients et en actes automatiques, tantôt les tentatives pour provoquer la catalepsie partielle et l'écriture subconsciente amènent une crise d'hystérie. G... pouvait facilement et sans danger être mise en somnambulisme complet, mais elle ne tolérait pas l'hémi-somnambulisme. Je dus renoncer à étudier sur elles les suggestions par distraction à l'état de veille : elles amenaient fatalement une crise de nerfs, qu'il fallait arrêter alors par un somnambulisme complet.

Si les médiums ne présentent pas d'accidents nerveux au moment où ils évoquent les esprits, ils ne restent pas cependant toujours indemnes, et ils terminent souvent d'une manière fatale leur brillante carrière. Tôt ou tard beaucoup d'entre eux tombent dans « la subjugation », comme dit Allan Kardec avec un heureux euphémisme, c'est-à-dire qu'ils finissent tout simplement par la folie [10] : chacun en connaît malheureusement plusieurs exemples. Faut-il dire que c'est le spiritisme qui les a rendus fous ; ce serait, je crois, exagérer, mais la faculté de médium "doit dépendre d'un état morbide particulier analogue à celui d'où peuvent sortir plus tard l'hystérie ou l'aliénation - la médiumnité est un symptôme et non pas une cause.

Jamais ces rapports entre la médiumnité et les accidents nerveux ne sont si visibles que lorsque les spirites s'avisent de soigner une véritable hystérique qui a des crises convulsives. Voici en abrégé deux observations qui sont bien instructives : Une jeune fille avait de violentes crises d'hystérie, les assistants lui mettent en tête qu'elle est possédée par un esprit méchant nommé Frédégonde, et la voici maintenant qui, dans ses crises, voit Frédégonde et en parle sans cesse. « Je vois, dit-elle, des esprits lumineux que Frédégonde n'ose pas regarder, etc. » On lui demande, pendant qu'elle est en crise, de prier pour son ennemie afin de l'apaiser. « Oh ! je le ferai bien, dit-elle, je pardonne à Frédégonde, » et dès ce moment les crises se calment [11]. Une autre hystérique ayant des accidents convulsifs, les esprits, immédiatement consultés par l'intermédiaire d'un médium, déclarent qu'elle est sous une fatale influence, celle d'un mauvais esprit nommé Jules. Le susdit Jules est alors interpellé, avec précaution il est vrai, car son évocation fatigue le médium ; on lui parle avec douceur et sur un ton plaisant pour ne pas trop le fâcher. Après maint pourparler et des aventures épiques, surtout grâce à l'intervention d'un bon petit esprit nommé Carita, on obtient de ce vilain Jules la promesse qu'il laissera sa victime tranquille. L'hystérique naturellement, dès la première nouvelle de ces négociations, avait changé la nature de ses crises et ne cessait de crier pendant ses accès : « Va-t'en, va-t'en. » Quand elle connut la conclusion du traité de paix, elle se calma et obtint une guérison relative [12]. Quoique je ne possède pas une pareille autorité sur les esprits du monde invisible, j'ai obtenu un résultat à peu près semblable auquel j'ai déjà fait allusion. Une femme, dans ses crises, parlait sans cesse d'un sorcier qui lui avait jeté un sort, j'ai fait apparaître l'âme du sorcier, qui a demandé qu'on priât pour elle dix grains de chapelet pour lever sa malédiction. Après avoir accompli cette formalité, la malade s'est portée beaucoup mieux, ou du moins elle a changé la nature de son mal, comme font d'ordinaire les hystériques. On voit, par tous ces exemples, qu'il y a de grandes analogies entre les sujets dont nous avons étudié le dédoublement et ces médiums qui servent à l'évocation des esprits.

Mais, poussons plus loin notre comparaison et nous pourrons signaler des analogies plus précises encore entre la médiumnité et le somnambulisme proprement dit. Les spirites ont beau dire qu'il est impossible de trouver des somnambules aussi obéissants et aussi discrets que leur table ou leur lavabo [13] ; cette table ne marche pas toute seule, il faut un médium pour la faire tourner et celui-ci ne diffère pas beaucoup d'un simple somnambule. On pourrait, pour le prouver, montrer que bien des caractères de l'écriture spirite ressemblent à ceux du somnambulisme: ainsi les médiums sont électifs et n'opèrent pas devant tout le monde. Une jeune fille anglaise, Mlle S..., dont l'histoire très intéressante a été publiée en Angleterre [14], possède, par une fortune singulière, cinq ou six esprits familiers : Johnson, Eudora, Moster, etc. Je désirais vivement assister à leurs exploits, et Mlle S..., qui était alors au Havre, eut la complaisance de se prêter à quelques expérimentations. Malheureusement les esprits furent ce jour-là de fort mauvaise humeur et la fameuse planchette sur laquelle le médium appuyait la main n'écrivit que des mots insignifiants : « Johnson must go... Eudora is writing », et surtout ces mots perpétuellement répétés : « Most of things, most of men... » Mlle S... attribua cet insuccès à l'absence de son frère qui d'ordinaire interrogeait et dirigeait les esprits. Cette explication me paraît fort vraisemblable, je ne pouvais me faire entendre des esprits, ni leur donner des ordres, de même qu'une personne étrangère ne pourrait faire de suggestions par distraction à Léonie ou à Lucie. N'est-il pas curieux de remarquer ce caractère de l'électivité somnambulique, même chez les Esprits d'un médium naturel ?

Mais il y a des faits plus décisifs qui nous dispensent d'insister sur ceux-ci : « Les personnes qui réussissent le mieux à faire tourner les tables sont celles qui ont d'autre part des crises de somnambulisme [15]. » « Un bon somnambule est, en général, un excellent médium [16]. » Enfin, de même que les médiums tombent quelquefois en crise pendant leurs opérations, ils tombent aussi très souvent en somnambulisme. « Me trouvant un jour, dit un magnétiseur, dans un groupe spirite où la demoiselle de la maison, qui était médium, s'était endormie à table par la communicabilité des fluides magnétiques parcourant la chaîne, et les esprits s'étant retirés sans la dégager, comme ils en avaient l'habitude, grand fut alors l'embarras de la société... lorsque me faisant connaître comme un magnétiseur, je m'offris pour réveiller le sujet et le dégageai en l'espace de trois minutes à la satisfaction générale [17]. » Voici, à ce propos, une aventure qui m'a été racontée par les témoins eux-mêmes et de telle manière qu'elle me paraît présenter de grandes chances de vérité. Une assemblée de spirites était dans une grande joie, car l'esprit qui daignait leur répondre n'était rien moins que l'âme de Napoléon. La main du médium qui servait d'intermédiaire écrivait en effet des messages plus ou moins intéressants signés du nom de Bonaparte. Tout d'un coup, le médium, qui parlait librement pendant que sa main écrivait, s'arrête brusquement ; la figure pâle, les yeux fixes, il se redresse, croise les mains sur sa poitrine, prend une expression hautaine et médiative et se promène autour de la salle dans l'attitude traditionnelle que la légende prête à l'empereur. Nul ne put se faire entendre, mais le médium s'affaissa bientôt de lui-même et tomba dans un sommeil profond dont on ne sût pas davantage le réveiller. Il ne sortit de ce sommeil qu'une heure après, se plaignant d'un grand mal de tête et ayant complètement oublié tout ce qui s'était passé. Les spirites expliquent ces faits à leur manière. Quant à moi, je ne puis y voir qu'un développement naturel de l'hémi-somnambulisme qui devient une catalepsie ou un somnambulisme complet.

Ces faits sont si fréquents que les magnétiseurs les ont remarqués et ont essayé de tirer à eux les phénomènes étudiés par les spirites. « Les médiums sont des somnambules incomplets, écrit Perrier [18]. » Chevillard, l'âme damnée des spirites, d'autant plus détesté qu'il approche davantage de la vérité, insiste sur ce point à plusieurs reprises : « C'est le même phénomène, dit-il, qui produit le somnambulisme et le spiritisme [19]... » « Le médium produit les coups lui-même dans la table, mais n'en a pas la sensation musculaire et ne les croit pas de lui » [20]. « Le médium est un somnambule ou un hypnotisé partiel, le consultant devient magnétiseur inconscient et le médium est bien un magnétisé, mais partiel, puisqu'il conserve une certaine initiative. » [21]. Et Lafontaine écrit de même : « Le médium est dans un état mixte qui n'est pas le somnambulisme, mais qui n'est pas non plus l'état de veille... Sous sa direction inconsciente, le crayon trace des phrases dont il n'a jamais eu conscience. » [22]. Voilà qui est parfait, mais ces auteurs n'expliquent pas comment tout cela est possible, comment l'existence somnambulique peut se continuer sous la veille en une seconde personnalité. Les spirites ne comprennent pas ce que l'on veut dire : « Mais le médium n'est pas somnambule, s'écrie Allan Kardec, puisqu'il est bien éveillé et qu'il cause d'autre chose. » [23]. « N'est-ce pas une folie, dira Mirville, que cette seconde âme des magnétiseurs existant en même temps que l'autre » [24].

Sans doute, c'est peut-être bizarre, mais c'est vrai, et l'on peut montrer par des exemples empruntés aux spirites eux-mêmes que l'état somnambulique, c'est-à-dire la seconde existence *successive et alternante* se présente chez les médiums et qu'elle est identique à cette seconde existence *simultanée* se manifestant par l'écriture subconsciente pendant la veille. « Mlle O... étend les mains sur la table et s'endort... bientôt une voix étrangère s'annonçant sous la personnalité d'une Portugaise, Luisa, décédée de longue date et s'exprimant à peine en français, nous salue par la bouche du médium qu'elle vient d'emprunter... » [25]. Voilà le somnambulisme et la seconde existence successive. « À la fin, Luisa dit : « La petite est fatiguée, je vais « m'en aller... » et O... se rendort paisiblement et se réveille à l'improviste. » Une fois éveillée, elle a encore des écritures subconscientes signées du nom de Luisa. Voilà la désagrégation et la seconde existence simultanée.

Il faut absolument exposer, à ce propos, avec quelques détails, une observation remarquable, publiée par le revue spirite. Mme Hugo d'Alesy [26] est un excellent médium, elle prête sa main avec complaisance à tous les esprits qui désirent entrer en relation avec nous. Grâce à elle, un grand nombre d'âmes, Eliane, Philippe, Gustave, et bien d'autres, ont écrit des messages sur leurs occupations dans l'autre monde. Mais cette dame a en outre une propriété bien plus merveilleuse : elle peut prêter aux esprits non seulement son bras, mais sa bouche et tout son corps, elle peut disparaître elle-même pour leur céder la place et les laisser *s'incarner* dans son cerveau. Il suffit pour cela de l'endormir un peu, un magnétiseur s'en charge : après une première période de somnambulisme ordinaire où elle parle encore en son nom, elle se raidit un instant, puis tout est changé. Ce n'est pas Mme Hugo d'Alesy qui nous parle, c'est un esprit qui a pris possession de son corps. C'est Eliane, une petite jeune personne avec une prononciation légèrement précieuse, un brin de caprice, un petit caractère qu'il faut manier délicatement. Nouvelle contracture et changement de tableau, c'est Philippe, ou M. Tétard qui chique et qui boit du gros vin, ou l'abbé Gérard qui veut faire des sermons, mais qui se trouve la tête lourde et la bouche amère à cause de l'incarnation précédente, ou M. Aster un grossier personnage obscène qu'on renvoie bien vite, ou bien un bébé, une petite fille de trois ans : « Comment t'appelles-tu, ma mignonne ? - Zeanne. - Et que veux-tu ? - Va cerçer maman... et mon ti frère et papa. » Elle joue et ne veut plus partir. Nouvelle contracture et voici Gustave ; ah, Gustave mérite qu'on l'écoute. On lui demande de faire de la peinture, parce qu'il était « rapin » de son vivant : « Écoute bien, répond-il par la bouche de ce pauvre médium qui dort toujours », il faut du temps pour brosser quelque chose qui ait du chien, ce serait trop long, on se ferait des cheveux pendant ce temps-là... J'ai déjà essayé tant de fois de me manifester, mais pour cela il faut des fluides... pour communiquer sur la terre avec les copains, c'est très difficile : là-haut on est comme les petits oiseaux, mais sur la terre, c'est plus ça. Ah ! c'est embêtant d'être mort ! » Le vaillant Achille a déjà dit cela quand il venait boire le sang noir des victimes, décidément les médiums spirites n'ont pas l'esprit inventif.) Gustave continue : « Pourtant on n'a plus un tas de choses qui ne sont pas amusantes, on n'a pas à aller au bureau, on n'a pas à se lever le matin, on n'a pas de bottes avec des cors aux pieds..., mais je ne suis pas resté assez sur la terre, je suis parti au moment où j'allais m'amuser.... si je reviens sur la terre, je veux être peintre.... j'irai à l'école des beaux-arts pour chahuter avec les autres et rigoler avec les petits modèles.. Sur ce je vous souhaite le bonsoir. » [27]. Qui va venir après Gustave ? Parbleu, le poète Stop pour finir, « parce que Stop veut dire arrête ». Celui-là est mélancolique et il dit d'un ton chantant : « Mon âme avait besoin d'amour et je cherchais sans en trouver... Si j'avais eu un peu plus de temps, je vous aurais mis cela en vers.... je sais bien que ça perd à être en prose ... , mais, vu l'heure avancée, j'ai pris ce que j'avais de plus court. » Après cette séance qui a dû être fatigante, on réveille le médium qui se retrouve être Mme Hugo d'Alésy comme devant.

Je voudrais bien savoir quelle différence psychologique les spirites peuvent trouver entre ces incarnations que publie leur Revue et les changements de personnalité ou objectivation des types que M. Ch. Richet décrivait à peu près à la même époque dans la *Revue philosophique:* des profanes comme moi ne réussissent pas à en trouver. Mais voici où cette observation devient tout à fait intéressante, c'est lorsque l'auteur de ces articles, M. Camile Chaicneau, essayer de nous prouver que ce sont bien des esprits qui s'incarnent ainsi dans le corps de la somnambule. Pendant la veille du médium, sans que la personnalité de Mme Hugo d'Alésy disparaisse, il est possible d'obtenir des communications écrites de ces mêmes esprits ; mais elles seront alors subconscientes, produites à l'insu du sujet lui-même, qui continue à parler d'autre chose. Dans ces messages, Eliane fait encore la coquette, l'abbé Gérard écrit des sermons, Gustave fait les mêmes plaisanteries et essaye de dessiner le petit tableau qu'il a promis : ils ont conservé le même caractère, les mêmes expressions, les mêmes souvenirs, quoique le médium ignore maintenant tout cela [28]. Voilà

qui est parfaitement observé et qui prouverait, s'il le fallait, que le spiritisme ne doit pas être dédaigné par les psychologues. Mais je poserai
maintenant une seconde question - en quoi donc ces personnalités
subconscientes et post-somnambuliques diffèrent-elles des personnages
d'Adrienne, de Léonore, etc., écrivant, pendant la veille de Lucie et de
Léonie, à leur insu, et montrant les mêmes souvenirs des somnambulismes
précédents ? En un point peut-être, ces observations sont plus compliquées
que les miennes. Tandis que je constatais, sous la veille, la persistance du
simple somnambulisme, l'auteur met au jour, sous la veille, la persistance
du somnambulisme modifié par des hallucinations et des changements de
personnalité.

En un mot, c'est une combinaison des expériences de M. Richet et des
miennes. Eh bien, essayons cette combinaison ingénieuse. Pendant que
Lucie est en somnambulisme, je lui suggère qu'elle n'est plus elle-même,
mais qu'elle est un petit garçon de sept ans nommé Joseph, scène de
comédie qui est connue et sur laquelle je passe. Sans défaire l'hallucination, je la réveille brusquement, et la voici qui ne se souvient de rien et
qui semble dans son état normal ; quelque temps après, je lui mets un
crayon dans la main et je la distrais en lui parlant d'autre chose. La main
écrit lentement et péniblement sans que Lucie s'en aperçoive, et quand je
lui prends le papier, voici la lettre que je lis : « Cher grand-papa, à l'occasion du jour de l'an, je te souhaite une santé parfaite et je te promets
d'être bien sage. Ton petit enfant, Joseph. » Nous n'étions pas au jour de
l'an, et je ne sais pas pourquoi elle a écrit cela, peut-être parce que, dans
sa pensée, une lettre d'un enfant de sept ans éveillait l'idée des souhaits
de bonne année ; mais n'est-il pas manifeste que l'hallucination s'est
conservée dans la seconde personnalité. Un autre jour, je la mets encore
en somnambulisme ; pour voir des transformations de caractère et pour
profiter de son érudition littéraire, je la transforme en Agnès de Molière
et lui fais jouer le rôle de la candeur naïve ; je lui demande cette fois
d'écrire une lettre sur un sujet que je lui indique ; mais, avant qu'elle ait
commencé, je la réveille. La lettre fut écrite inconsciemment pendant la
veille, manifesta le même caractère et fut signée de ce nom d'Agnès.
Encore un exemple : je la change cette fois en Napoléon avant de la
réveiller ; la main écrivit automatiquement un ordre à un général quelconque de rallier les troupes pour une grande bataille et signa avec un
grand paraphe « Napoléon». Je demande encore en quoi l'histoire de
Mme Hugo d'Alésy diffère-t-elle de celle de Lucie ? Jusqu'à preuve du
contraire, je suis disposé à croire que les deux phénomènes sont absolument les mêmes, et que, par conséquent, ils doivent s'expliquer de la
même manière par la désagrégation de la perception personnelle et par la
formation de plusieurs personnalités qui tantôt se succèdent et tantôt se
développent simultanément.

1. Baragnon. *Magnétisme animal*, 375.
2. Silas. *Op. cit.*, 20.
3. Id, *Ibid.*, 22.
4. Mirville. *Op. cit*, II, 97.
5. Id. *Ibid.*, I, 405.
6. *Mystères de la danse des tables*, 15.
7. Myers. *Proceed.*, 1885, 32.
8. Id, *Ibid.*, 1885, 9.
9. Charcot. *Maladies du système nerveux*, III, 228.
10. Silas. *Op. cit*, 23. *Revue spirite*, 1877, 141. Cf. Maudsley. *Pathologie de l'esprit*, trad. 1883, 85.
11. *Revue spirite*, 1864, 14.
12. *Revue spirite*, 1864, 177.
13. *Journal du magnétisme*, 1855, 143.
14. *Proceed. S. P. R*, 1887, 216.
15. *Journal du magnétisme*, 1855, 120.
16. Guldenstubbe. *Réalité des esprits*, 82.
17. Dr Peladan. *Revue spirite*, 1876, 191.
18. *Journal du magnétisme*, 1854, 79.
19. Chevillard. *Études expérimentales sur certains phénomènes nerveux et solution rationnelle du problème spirite*, 1875, 19.
20. Id., *Ibid.*, 31, 93.
21. Id., *Ibid.*, 31, 93.
22. Lafontaine. *L'art de magnétiser*, 1860, 31.
23. Allan Kardec. *Le livre des médiums*, 46.
24. Mirville. *Op. cit.*, I, 64.
25. *Journal du magnétisme*, 1855, 565.
26. *Revue spirite*, 1879. Plusieurs articles, *passim*. 148, 271 et sq.
27. *Revue spirite*, 1879, 157 et sq.
28. *Revue spirite*, 1879, 159.

2 2

LA DUALITÉ CÉRÉBRALE COMME EXPLICATION DU SPIRITISME

Les difficultés ne commencent véritablement que si l'on pénètre dans les détails, si on essaye de se rendre compte de la forme et des lois particulières de la désagrégation dans tel ou tel cas déterminé. C'est à propos de ces détails que je serais disposé, quoique avec hésitation, à me mettre en opposition avec M. Myers, qui a si bien étudié tous ces phénomènes curieux. Je ne parle pas de sa disposition à considérer les phénomènes de désagrégation comme compatibles avec la santé la plus normale, c'est là une question générale qui porte sur le somnambulisme comme sur le spiritisme et dont nous parlerons un peu plus loin. Mais il essaye d'expliquer les phénomènes du spiritisme et en général le développement de deux consciences parallèles par un caractère anatomique bien connu du système nerveux, la division de l'encéphale en deux parties symétriques et l'existence chez l'homme de deux cerveaux.

Cette division du cerveau en deux parties a déjà donné lieu à bien des hypothèses. Depuis La Mettrie qui dit que Pascal avait un cerveau fou et un cerveau intelligent, depuis Gaétan de Launay qui considère les rêves faits sur le côté droit comme absurdes et ceux faits sur le côté gauche comme logiques [1], il y a eu bien des anatomistes et des physiologistes qui ont rapporté à cette dualité tous les phénomènes compliqués et embarrassants de l'esprit humain. Si j'ai évité de parler de ces hypothèses, c'est que, d'un côté, je me suis engagé à ne pas entrer dans des études de physiologie cérébrale, et, de l'autre, que cette supposition ne me paraît pas expliquer grand-chose. En fait, nous avons, tous, deux cerveaux, et nous ne sommes ni fous, ni somnambules, ni médiums. Les états hypnotiques diminués, les hallucinations unilatérales de caractère différent pour chaque côté du corps, sont des faits psychologiques intéressants qui ont été, dans ces derniers temps, rattachés à la dualité cérébrale [2]. Ils me paraissent en général dépendre d'autre chose : ce sont des hallucinations à point de repère [3], que la maladie naturelle ou bien la suggestion ont rattachées les unes à droite, les autres à gauche. Ces hallucinations et toutes les expériences de ce genre ne me semblent guère démonstratives. Si j'avais à exprimer une opinion sur les théories de localisation cérébrale, je me rattacherais volontiers à celle de Bastian [4] qu'il exprime en ces termes : « Nous avons peut-être affaire moins à des aires topographiquement séparées du tissu cérébral qu'à des mécanismes distincts de cellules et de fibres existant d'une manière plus ou moins diffuse et entremêlée. » C'est pour ces raisons que je n'avais pas soumis ces hypothèses sur la dualité cérébrale à une discussion distincte.

Mais M. Myers, quand il revient à cette théorie, à propos du spiritisme, l'expose avec des arguments qui sont plus nettement psychologiques et qui, par conséquent, demandent ici une discussion.

Pour résumer sa théorie en quelques mots, M. Myers pense qu'il y a une grande analogie entre les phénomènes d'inconscience des médiums et l'écriture automatique, d'une part, et, d'autre part, les troubles de la cécité ou de la surdité verbale, de l'agraphie ou de l'aphasie qui se produisent à la suite de certaines lésions localisées de l'hémisphère gauche. Or, dans ces cas, la restauration du langage et de l'écriture, quand elle a lieu, s'opère grâce à une suppléance de l'hémisphère droit. Donc l'écriture automatique doit se rattacher de même au fonctionnement de l'hémisphère droit. « L'écriture automatique semble, dit-il, une action obscure de l'hémisphère le moins utilisé ; dans le cas de Louis V.... c'est l'alternance de l'hémisphère droit et du gauche qui produit les variations motrices et sensorielles [5]. L'écriture automatique vient de la même cause que l'écriture des agraphiques, l'emploi dans l'écriture des centres non exercés de l'hémisphère droit du cerveau. » [6]. Sans me prononcer sur le fond de la question qui est physiologique, je ne trouve pas que les arguments de M. Myers soient concluants.

« Le médium qui écrit de cette manière, dit cet auteur, ne sent pas sa propre main qui écrit, il ressemble à un individu atteint de cécité verbale [7] qui ne peut lire l'écriture. » En aucune façon, le malade en question a la sensation des lettres, mais il ne les comprend pas ; le médium n'a pas la sensation des mouvements, il est simplement anesthésique à ce moment et, pour ce point particulier ; s'il a la sensation, s'il regarde son papier pour voir les lettres, il les lira parfaitement. Mais il y a des cas où il hésite et ne peut pas arriver à lire. C'est que le message est mal écrit : il arrive à moi aussi de ne pas pouvoir lire ma propre écriture, et je ne suis pas atteint de cécité verbale. « Dans ce cas, répondra-t-on, le médium fait appel aux mouvements de sa main pour recommencer le message ; il ressemble au célèbre malade de M. Charcot qui ne pouvait lire qu'en suivant les lettres, il se servait des sensations musculaires pour lire et non des sensations visuelles ; le médium ne sent pas davantage les sensations musculaires quand le message est écrit pour la seconde fois, il fait appel aux sensations visuelles, pour lire cette fois une lettre mieux écrite. Il n'y a rien dans tout cela qui ressemble à de la cécité verbale.

« Mais considérons maintenant l'écriture elle-même, elle est quelquefois gauche, embarrassée, réduite à une lettre indéfiniment répétée ou à un simple gribouillage ; donc, prétend M. Myers, elle est le produit du cerveau droit qui n'est pas assez exercé. » Conclusion hardie : on peut écrire mal sans se servir uniquement du cerveau droit. L'écriture est plus inexpérimentée parce qu'elle a lieu dans des conditions nouvelles, sans que le sujet voie le papier, sans qu'il use des images visuelles, etc. ; elle dépend d'une intelligence nouvelle qui dispose uniquement des images musculaires qui est souvent rudimentaire et ne sachant quelquefois, comme les cataleptiques, que répéter la même lettre [8]. « Cette écriture automatique, nous dit-on encore, montre souvent un mauvais caractère, vaniteux, menteur, immoral, elle abuse des jurons et des obscénités. Cela ressemble aux jurons que conserve seuls le malade aphasique et, dans un cas comme dans l'autre, il faut les reprocher à l'hémisphère droit du cerveau qui est sans éducation et sans morale. » Comment, les jurons, les obscénités et les sottises ne peuvent provenir que de l'hémisphère droit ? Faut-il donc retourner à la théorie des rêves de M. Gaétan de Launay ? L'explication de ces inconvenances de l'écriture automatique me paraît beaucoup plus simple : nous les retrouvons, quoi qu'on en ait dit, dans le somnambulisme, dans l'hystérie, dans l'enfance, partout où la personnalité est faible et incapable de gouverner ses paroles.

Un argument plus intéressant est tiré d'un caractère curieux de l'écriture automatique ; elle affecte souvent, paraît-il, la forme renversée, telle qu'il faut, pour lire le message, regarder la feuille à l'envers par transparence ou la lire dans un miroir. Cette forme d'écriture se rencontre chez les enfants qui sont gauchers et quelquefois chez les aphasiques. Je ne discuterai point cette question, car je n'ai jamais eu l'occasion d'observer le fait ; aucune des personnes qui présentaient l'écriture automatique n'a écrit devant moi de cette manière. Le phénomène serait donc assez rare et ne pourrait guère servir à établir une théorie générale. D'autre part, nous savons que le groupe des phénomènes subconscients qui se manifestent par l'écriture des médiums est le même qui apparaît dans le somnambulisme ; si cette écriture est celle d'un gaucher, pourquoi les sujets ne deviennent-ils pas tous gauchers en somnambulisme ? Eh bien, sur un assez grand nombre de sujets, je n'en ai pas vu un seul qui présentât ce caractère, et M. Myers n'en cite qu'un exemple qu'il a bien raison de considérer lui-même comme douteux. Enfin remarquons que l'écriture en miroir n'est pas si difficile qu'on le croit généralement. Après deux ou trois essais de quelques instants, je suis arrivé à écrire de cette façon assez rapidement. Cette forme d'écriture, qu'il serait intéressant d'étudier, me paraît dépendre de certaines circonstances toutes particulières et ne pas être un caractère général de l'écriture automatique. Les arguments de M. Myers ne nous semblent donc pas suffisants pour que l'on puisse assimiler l'écriture automatique des médiums aux troubles de l'agraphie produits par une lésion localisée d'un hémisphère.

Considérons la question à un autre point de vue. Est-il donc bien certain qu'un individu qui a perdu le langage articulé par une lésion de l'hémisphère gauche ne puisse le retrouver que grâce à la suppléance du lobe droit. M. Charcot lui-même, par sa théorie des différents types sensoriels du langage, nous a indiqué une autre hypothèse possible. Le malade peut restaurer son langage, la faculté de représentation auditive par exemple, pour suppléer à l'effacement des images visuelles [9], et on assistera alors à une nouvelle éducation du langage ou de l'écriture pouvant présenter toutes les phases qu'a signalées M. Myers, sans que le cerveau droit ait à intervenir plus particulièrement qu'à l'ordinaire. Cette remarque nous montre qu'il peut se produire, chez un même individu, plusieurs espèces de langages différant par les images psychologiques employées bien plus que par l'hémisphère cérébral qui les produit.

C'est une différence de ce genre, psychologique bien plutôt qu'anatomique, qui semble exister entre les divers langages simultanés du médium, comme entre les diverses actions des sujets en hémi-somnambulisme. Chacune de ces personnalités qui se développent en même temps, est constituée par une synthèse d'images se groupant autour de centres différents; mais les images constituant les personnalités nouvelles ne sont pas produites par des organes nouveaux et surajoutées à celles qui formaient la conscience normale. Non, les images restent toujours les mêmes, produites par la totalité ou par une partie du cerveau, peu importe, comme elles le sont chez tous les hommes. C'est leur groupement et leur répartition qui sont changés : elles sont agrégées en groupes plus petits qu'à l'ordinaire, qui donnent lieu à la formation de plusieurs personnalités incomplètes, au lieu d'une seule plus parfaite. Ces séparations et ces nouveaux groupements des phénomènes psychologiques se font quelquefois d'une manière très régulière suivant la qualité des images provenant de tel ou tel sens : l'un des groupes comprendra par exemple les images tactiles, l'autre les images visuelles. Les choses doivent se passer ainsi chez les médiums franchement hystériques, car leur désagrégation, comme nous le savons, va jusqu'à l'anesthésie complète. Mais il se peut que, chez d'autres personnes, chez les médiums *en apparence* à peu près bien portants, la division et le groupement des phénomènes soient beaucoup moins simples, les images d'un même sens pouvant être réparties dans des synthèses différentes d'après des lois d'association très complexes. Chez ces personnes, en effet, la désagrégation ne va pas jusqu'à l'anesthésie à limites fixes, mais s'arrête à cette anesthésie à limites variables, qui est la distraction. Dans l'un et dans l'autre cas, il ne s'agit toujours que du groupement des images produites normalement dans l'esprit.

Cette interprétation nous permet de comprendre certains faits qui seraient peu explicables, croyons-nous, dans la théorie de M. Myers. Comment certains médiums, comme Mlle S.... pourraient-ils avoir plusieurs esprits de caractères différents et indépendants les uns des autres ? M. Myers, comme il l'a fait à propos des six existences de Louis V.... range toutes les existences anormales en une seule, qu'il oppose à l'existence normale. Mais cela est fort artificiel, l'existence psychologique qu'on appelle normale n'a pas de caractères si nets qui l'opposent aux autres. Les différents groupes anormaux ne sont pas non plus des formes différentes obtenues par hallucination d'une même personnalité ; ils sont bien distincts les uns des autres, comme le somnambulisme est distinct de la veille. Léonie et Lucie ont trois personnalités et non deux ; Rose en a quatre au moins bien distinctes ; faut-il supposer qu'elles ont trois ou quatre cerveaux ? Ce n'est guère vraisemblable ; j'aime mieux croire qu'il s'agit de simples groupements psychologiques qui peuvent être nombreux, car ils ne correspondent pas à la division physique du système nerveux. Sans doute, une certaine modification physiologique doit accompagner, j'en suis convaincu, cette désagrégation psychologique ; mais elle nous est absolument inconnue, et elle doit être anormale et bien plus délicate que cette division régulière du cerveau en deux hémisphères.

Quoi qu'il en soit de ces hypothèses, le spiritisme nous a montré de nombreux exemples, qui n'étaient pas sans utilité, de cette désagrégation mentale que nous avions étudiée expérimentalement. Les médiums, quand ils sont parfaits, sont des types de la division la plus complète dans laquelle les deux personnalités s'ignorent complètement et se développent indépendamment l'une de l'autre.

---

1. Cf. Bérillon. *La dualité cérébrale et l'indépendance fonctionnelle des deux hémisphères cérébraux*, 1884, 115.
2. Id. *Ibid.*, 109. Cif Magnin. *Etude clinique et expérimentale sur l'hypnotisme*, 1884, 157.
3. Cf. 1re partie, eh. III, p. 153.
4. Bastian. *Le cerveau, organe de la pensée*, 149.
5. Myers. *Multiplex personnality*. Proceed. S. P. R., 1887, 499.
6. Id. *Automatic writing*. Proceed, 1885, 39.
7. Myers. *Ibid.*, 47 et sq.
8. Myers. *Automatic writing*, 1885, 38.
9. Ballet. Langage intérieur, 115.

23

DE LA FOLIE IMPULSIVE

Ce n'est pas seulement dans le sommeil hypnotique et dans des expériences préméditées que l'on rencontre les suggestions et les impulsions irrésistibles : bien des malheureux sont naturellement et pendant toute leur vie sous la domination d'une idée fixe de ce genre et se sentent poussés par une puissance invincible à un acte qui leur fait horreur. C'est dans la folie impulsive que se rencontrent ces aberrations singulières de la volonté humaine, si instructives pour le psychologue. Cette maladie a été trop bien étudiée par les aliénistes et par quelques psychologues, comme M. Ribot, pour que je reprenne une description qui est bien connue. Je veux seulement montrer comment cette forme particulière d'automatisme psychologique se rattache à toutes celles qui ont déjà été étudiées dans cet ouvrage.

Laissons de côté les actes commis brusquement par certains épileptiques pendant une éclipse momentanée de la conscience [1]. Ces actions ressemblent trop, comme nous l'avons déjà montré, aux actes des individus cataleptiques, pour mériter ici une étude nouvelle. Accomplis brusquement, sans réflexion, sans résistance, sans laisser de traces dans la mémoire normale, ils sont l'expression brutale, instantanée d'une image subsistant seule dans une conscience presque entièrement détruite. Se reproduisant toujours les mêmes à chaque accès [2], ils font partie d'une crise, ils appartiennent à un mécanisme automatique qui se met en marche, dès que la conscience personnelle est obscurcie. Les impulsions qui nous intéressent le plus sont celles qui ont lieu pendant la veille du malade, pendant qu'il est capable de perception et de réflexion. Il peut les constater, et sent qu'il se laisse entraîner comme par une force étrangère.

Les actes les plus simples de ce genre seront des mouvements nerveux, des tics, des grimaces saccadées de la face, du tronc, des extrémités [3], mouvements que le sujet déclare accomplir malgré lui, mais qu'il connaît et auxquels il pourrait à la rigueur résister. Certains mouvements choréiques sont de ce genre, mais présentent déjà une plus grande complication ; il est juste, en effet, de distinguer la chorée vulgaire ou gesticulatoire, qui se rapproche des simples tics, de la grande chorée rythmique, qui en diffère en ce que les mouvements irrésistibles ne sont pas faits au hasard, mais paraissent ordonnés et avoir un but déterminé [4]. Il y a des variétés tournantes, grimpantes, criantes, dans lesquelles les malades sautent, courent, poussent des cris d'animaux, etc. Peut-être faut-il rattacher à ces variétés, quoique ce ne soit pas l'habitude, ces grimaces ou expressions de la physionomie involontaires et persistantes ; « certaines expressions, dit M. Luys, semblent se figer en permanence sur la physionomie, des traits de terreur persistèrent huit mois après l'accident qui les avait causés. » Toutes ces folies choréiques, disait Maudsley [5] sont caractérisées par leur caractère automatique, chaque centre nerveux semble agir pour son propre compte. Ce sont bien des impulsions pendant la veille et la durée de la conscience normale, mais l'individu qui les sent semble ne pas y résister.

Mais, dans d'autres cas qui sont plus dramatiques, l'individu qui a conscience de son impulsion peut y résister plus ou moins longtemps et ne succombe qu'après une lutte désespérée. Ce sont des désirs violents et subits qui leur traversent l'esprit et qui les poussent à accomplir une action absurde ou criminelle. Ils sentent ce que leur désir a de ridicule ou d'odieux, ils y résistent et essayent de penser à autre chose. *L'envie* de faire cet acte revient plus précise, plus implacable, ils la repoussent et cherchent à se fuir eux-mêmes. Ils ne peuvent y parvenir et restent haletants, tout en sueur, dans cette lutte insensée contre eux-mêmes, qui finit presque nécessairement par leur défaite. L'acte est accompli, alors ils respirent, se calment, se réjouissent, non pas de l'acte qu'ils ont fait et qui leur est toujours en horreur, mais du soulagement qu'ils éprouvent à ne plus sentir cette horrible torture et à reprendre la libre disposition de leur esprit. On trouverait, dans tous les ouvrages sur l'aliénation, des exemples innombrables de cette maladie morale vraiment cruelle; M. le Dr Saury a résumé, dans son dernier livre sur « les dégénérés », les formes les plus typiques et les plus fréquentes que prennent les impulsions. Nous ne pouvons nous étendre sur ces impulsions à des actes puérils comme celui d'enlever une pierre d'un mur ou de ramasser des brins de paille [6], ou terribles, comme le crime de l'homicide ou l'incendie. Le caractère de ces désirs tels que les décrivent tous les malades, c'est qu'ils paraissent déraisonnables à celui-là même qui les éprouve, ils n'ont ni motif plausible ni intérêt [7], ils sont en contradiction avec les sentiments les plus profonds et les plus chers. Une femme sent une impulsion irrésistible à tuer ses enfants qu'elle adore ; un malheureux jeune homme se sauve en Afrique, puis va lui-même se faire enfermer dans un hôpital pour ne pas tuer sa mère, car il sent qu'il ne peut plus résister à la terrible impulsion qui l'entraîne. C'est pourquoi le malade résiste de toutes ses forces avec une lucidité singulière et demande des secours de tous côtés. Tandis que le fou véritable s'abandonne à son délire et s'y complaît, l'impulsif le repousse comme quelque chose d'étranger. C'est là un caractère remarquable qui donne à cette perturbation mentale une importance toute particulière.

Qu'il me soit permis, pour préciser cette description, de résumer en peu de mots une observation que j'ai pu faire à l'hôpital du Havre, non pas que le cas ait en lui-même grand intérêt, car il rentre dans une catégorie de phénomènes très connus, mais parce que la discussion se fait plus facilement sur un exemple particulier. Un malheureux jeune homme de dix-sept ans, D.... est fils de père et mère aliénés tous les deux et qui tous deux ont terminé leur vie par le suicide. Il a eu, jusqu'à ces derniers temps, une existence relativement calme, quoique troublée de temps en temps par des accidents nerveux. Il eut ainsi de violents accès de mélancolie durant lesquels il se cache, s'isole et reste à pleurer sans aucune raison sur son sort. Il se demande avec angoisse comment il gagnera son pain, comment il apprendra son métier, etc. ; en même temps il se raisonne lui-même, constate que ces inquiétudes n'ont pas de raison d'être, et cependant il recommence à gémir; à d'autres moments, il a des bouffées de chaleur à la face et des tremblements choréiques de la jambe gauche qui durent des nuits entières. Une fois, ces tremblements convulsifs se sont généralisés à tous les membres, jusqu'à faire croire (tout à fait à faux, à mon avis) à une crise d'épilepsie. Il a presque constamment, depuis quelques années, la terreur d'être seul, et cependant il déteste la société, aussi ne sait-il que faire, et se met-il encore à gémir. Il a une agoraphobie intense, et, quand il faut traverser une place, il supplie une personne de l'accompagner ou bien suit les gens à la trace, en ayant une peur affreuse qu'on ne le renvoie. Voici le dernier accident plus tragique qui l'a amené à l'hôpital : Un soir il sent une de ses crises d'angoisse qui commence, ne peut arriver à manger ni à boire, passe la nuit éveillé à gémir ; la jambe gauche tremble et se secoue continuellement. Cependant il fait un effort le matin pour se rendre à son ouvrage habituel et, comme il est garçon coiffeur, se met en devoir de raser un client. A peine tient-il le rasoir en main, que la sueur lui vient à la face, que ses tremblements augmentent et gagnent les bras. Une pensée horrible lui traverse l'esprit, il désire, il veut couper la gorge de cet individu qu'il est en train de raser. Épouvanté de cet acte, il résiste avec une sorte de rage et s'accroche à la chaise pour ne pas tomber. Il essaie encore de lever son rasoir, mais l'impulsion revenant plus terrible, il se sauve dans sa chambre en poussant de grands cris. On court après lui et on n'a que le temps de le saisir au moment où il allait se couper la gorge à lui-même. Transporté à l'hôpital, il fut pendant deux jours dans un état d'ahurissement complet, refusant de manger et sans cesse agité de mouvements choréiques. Puis il s'est calmé et m'a alors raconté tout ce qu'il avait éprouvé ; il se sent maintenant mieux portant, mais il a une nouvelle idée mélancolique à laquelle il ne pensait pas auparavant : il est persuadé que tôt ou tard il se tuera comme ont fait ses parents, et cette idée ne contribue pas peu à l'attrister.

Nous venons de dire, en commençant ce paragraphe, que ces impulsions ressemblaient aux suggestions faites à des somnambules ; il y a cependant en apparence une grande différence qui saute aux yeux et rend cette comparaison singulière. Les sujets que nous avons étudiés exécutaient les suggestions de deux manières principales : ou bien avec pleine conscience, mais alors ils acceptaient l'acte, le faisaient volontiers et se croyaient libres dans leur conduite ; ou bien sans accepter l'acte, mais alors ils l'ignoraient complètement et l'accomplissaient sans le savoir. Dans les deux cas, ils sont différents du fou impulsif qui n'agit pas inconsciemment, sait très bien ce qu'il fait et cependant en a horreur et résiste de toutes ses forces ; il y a là quelque chose d'original et de nouveau. Nos somnambules ont cependant présenté des phénomènes analogues que nous n'avons pas signalés jusqu'à présent, parce que ce sont des exceptions compliquées et qu'il ne fallait pas embarrasser l'exposition de phénomènes relativement simples. Nous devons maintenant revenir sur ces cas irréguliers.

Pendant le somnambulisme, Léonie me dit un jour qu'elle a reçu une lettre intéressante, je lui demande de me l'apporter le lendemain, mais je ne lui rappelle pas cette recommandation après l'avoir réveillée. Le lendemain, bien éveillée, elle m'apporte en effet la lettre, mais me dit avec un peu d'inquiétude : « Je ne sais pas ce qui m'arrive avec cette lettre, voilà trois fois que je la prends pour l'emporter, chaque fois je l'ai retirée de ma poche et je l'ai serrée parce que je n'en ai pas besoin, et puis voilà que j'ai dû la reprendre, car elle est encore dans ma poche. » Autre observation du même genre : je dis encore à Léonie, pendant son somnambulisme, de m'apporter de chez elle, quand elle reviendrait au Havre, un certain paquet de papiers qu'elle avait. Voici ce qui se passa quelques mois plus tard quand elle se prépara pour venir au Havre. Elle allait fermer sa valise, quand elle aperçut au-dedans un paquet de papiers assez volumineux. « Suis-je assez sotte et étourdie, dit-elle, d'avoir pris cela, je ne m'en servirai certainement pas », et elle retira le paquet. Quelques instants plus tard, elle visite de nouveau ses bagages : le paquet y était encore. « Ah c'est trop fort », dit-elle, et elle retire le paquet, l'enferme sous clef, et arrive au Havre sans l'avoir apporté. Je conviens un jour avec un jeune homme que je savais hypnotisable, qu'il me dira sincèrement au réveil les impressions qu'il aura éprouvées. Pendant le sommeil hypnotique, qui fut assez profond, je lui demandai d'aller prendre mon chapeau sur une table et de venir me le mettre sur la tête, puis je le réveillai. Je l'interroge alors suivant nos conventions, mais il ne me dit rien d'intéressant, car il avait tout oublié, et, détail singulier mais déjà signalé, il était convaincu que je n'avais pas réussi à l'endormir, tandis que, depuis une demi-heure, je lui avais fait éprouver plusieurs hallucinations. Cependant au bout d'un instant, il prend un aspect anormal, erre dans la chambre et se plaint d'un peu de mal de tête qui vient d'arriver subitement. Pendant qu'il parle, il s'est décidément rapproché de mon chapeau ; il le prend et le retourne dans tous les sens, mais voici qu'il le rejette brusquement, en s'écriant . « Ah ça, qu'est-ce que j'ai donc *envie* de faire avec votre chapeau et qu'est-ce que je fais là, c'est vraiment trop bête ! » Il va se rasseoir et tout se dissipe. Il est inutile de citer d'autres exemples du même genre.

Quoique l'acte semble avoir été ici connu par le sujet, qui tantôt l'a accepté comme dans le premier cas, tantôt l'a repoussé, je crois que cette conscience est tout à fait secondaire et que l'essentiel de la suggestion s'est passé subconsciemment. Le souvenir de la suggestion, la notion du moment où elle devait s'exécuter, tout cela appartenait, comme toujours, à la deuxième couche de phénomènes, à la personne du somnambulisme persistant sous la veille : l'acte a été commencé, à demi exécuté par des images motrices appartenant à cette couche et par conséquent séparées de la conscience normale. Mais la division n'a pas été complète, comme dans les expériences simples avec Lucie, ou du moins, elle n'est pas restée complète. Les résultats de l'acte, ou tout simplement les mouvements des membres, ont été vus par la première personnalité. Celle-ci n'a pas senti l'acte en lui-même, car, encore maintenant, elle ne sait de quoi il s'agit, mais elle en a aperçu les manifestations extérieures comme elle aurait fait pour l'acte d'une personne étrangère [8]. Elle a accepté alors cet acte qui recommençait, ou bien elle l'a supprimé par une résistance énergique. Il en est ainsi dans bien des suggestions exécutées soi-disant avec conscience ; le sujet continue avec bonne volonté un acte qu'il n'a pas commencé lui-même, il en prend même la responsabilité et il invente des raisons pour l'expliquer ; mais l'acte n'en était pas moins un phénomène subconscient soumis aux lois de la désagrégation psychologique.

On peut quelquefois, d'une manière pour ainsi dire expérimentale, donner ou enlever au sujet cette *conscience en retour* de l'acte commencé par le deuxième groupe psychique. Si l'on distrait le sujet pendant qu'il exécute l'acte, il ne s'apercevra de rien et les choses seront très régulières ; si on ne le distrait pas, il va employer sa petite force de perception à regarder ses propres actes et il pourra les accepter ou leur résister.

D'ordinaire on parlait toujours à Lucie pendant qu'elle exécutait les suggestions et nous avons vu comme la désagrégation était chez elle remarquable. Je lui suggère un jour pendant le somnambulisme un acte assez compliqué : aller prendre un objet dans la poche d'une personne qui m'avait accompagné, et j'évite de lui parler après le réveil. Elle parut surprise de mon silence, se leva comme pour marcher dans la chambre, mais elle se livrait au plus singulier manège. Elle faisait trois pas dans la direction de la personne que je lui avais indiquée, puis s'arrêtait net et s'en retournait ; elle avançait de nouveau de trois pas et s'arrêtait encore. Elle frappait du pied, grinçait des dents, prenait un ouvrage pour faire autre chose, puis se levait pour recommencer. Tous ses gestes pouvaient se traduire ainsi : Pendant un instant de distraction, les jambes marchaient pour faire l'acte que la seconde personnalité voulait exécuter. Lucie, qui n'était pas assez distraite, s'apercevait de ce mouvement et se disait en trépignant : « Ah ça, qu'est-ce que je vais faire là? » Et, volontairement, elle allait se rasseoir. Cette lutte entre les deux consciences dura plus de vingt minutes, avant que l'acte fût exécuté entièrement dans un moment de distraction plus durable ; tandis que, au contraire, la suggestion aurait été exécutée immédiatement, si j'avais pris quelques précautions pour éviter cette conscience en retour et pour empêcher Lucie de se préoccuper de ses actes subconscients.

Il en est de même pour l'écriture automatique : ordinairement on prend des précautions pour empêcher le sujet de s'en apercevoir, on choisit des personnes dont le bras est anesthésique, on le cache par un écran, on distrait le sujet en lui parlant d'autre chose ; mais quand ces précautions ne sont pas prises, ou simplement quand le sujet a conservé en partie le sens musculaire du bras, il s'aperçoit de son écriture et la lit à mesure qu'elle s'écrit, ou il la sent d'après les mouvements de son bras. Mlle S.... dont j'ai parlé, sentait les mouvements de la planchette sous ses doigts et, par un assez long exercice, était arrivée à deviner son écriture automatique avant de la lire. Elle me disait, sans regarder la planchette : « Ah c'est Johnson qui a écrit cela », et en effet *l'Esprit* avait signé « Johnson. » Beaucoup de spirites ont remarqué ce fait, mais ils ont indiqué quelquefois une chose plus curieuse, c'est que le médium, devinant ainsi l'écriture de son esprit, la complète quelquefois consciemment et collabore avec lui dans ces singulières rédactions. « S'il y a, au début, division absolue, de telle sorte que les idées ne soient connues qu'au fur et à mesure que les mots apparaissent, le mot déjà tracé faisant souvent deviner celui qui va suivre, la jeune fille devient, sans le vouloir, au moins la collaboratrice de la seconde personne qui s'est formée en elle »... « C'est la comtesse qui écrit, dit Mlle N... en parlant de son esprit, mais nous pensons ensemble [9]. » Le sens musculaire devient ainsi, comme le disait M. Richet [10], la voie par laquelle un grand nombre de phénomènes subconscients rentrent dans la conscience après un commencement d'exécution. D'ailleurs, bien des faits de la vie ordinaire sont du même genre ; « Quand vous lisez un livre ou que vous entendez un discours peu récréatif, vous pouvez rester quelque temps dans un état d'indifférence, mais, si vous sentez quelque bâillement involontaire, alors vous ne doutez plus, vous êtes avertis authentiquement de votre ennui et la conscience que vous en avez l'augmente [11]. » Ces remarques nous montrent qu'il peut y avoir une sorte de connaissance et de conscience de l'acte qui est cependant inconscient, c'est-à-dire qui a son point de départ en dehors de la personnalité du sujet.

Comment les sujets comprennent-ils et expriment-ils l'état psychologique que nous venons de décrire ? Qu'est-ce qu'ils pensent d'eux-mêmes en se voyant ainsi agir d'une façon bizarre ? Ils emploient toujours le même mot pour désigner leur état. « Mais qu'est-ce que tu as donc? » dis-je à Lucie dans une circonstance analogue à celle que j'ai décrite. - « C'est drôle comme *j'ai envie* de faire cela, et c'est pourtant si bête. » J'avais suggéré à Léonie de venir chez moi ! comme elle n'arrive pas, je vais à sa rencontre et je la trouve dans la rue. « J'ai été jusqu'à votre porte, dit-elle, et je reviens : je ne sais pas pourquoi *j'avais envie* d'aller chez vous. » « Qu'est-ce que *j'ai envie* de faire avec votre chapeau ? » disait le jeune homme dont j'ai décrit la suggestion. En un mot ils interprètent tous leur état en disant qu'ils ont envie de faire quelque chose, et ils cèdent ensuite à cette envie, ou bien ils y résistent suivant le cas. Cette expression ne doit pas nous surprendre, car la conscience d'un désir n'est guère autre chose, si on veut l'analyser, « que la sensation des mouvements naissants ébauchant une fonction ou un acte [12]. » Or nos sujets sentent précisément un acte qui s'ébauche, et comme ils ignorent la véritable origine, ils en font une envie ou un désir.

Nous pouvons maintenant revenir à nos malades impulsifs dont le caractère psychologique devient plus intelligible. D'un côté, ce sont bien des individus désagrégés, quoiqu'ils aient conscience de leurs impulsions. « L'homme a perdu son unité, dit à ce propos Leuret ; il connaît encore ; mais, en lui-même, quelque chose différent de son moi connaît aussi ; il veut encore, mais le quelque chose qui est en lui a aussi sa volonté : il est dominé, il est esclave, son corps est une machine obéissant à une volonté qui n'est pas la sienne. » [13] De l'autre côté, ils connaissent les mouvements qu'ils accomplissent, ils sentent l'impulsion, l'interprètent comme une envie personnelle, l'acceptent ou lui résistent, tout ce que les individus désagrégés ne faisaient pas d'ordinaire. « C'est quelque chose qui me pousse derrière les épaules, » disait un malade observé par Georget. « J'avais une peur affreuse de couper la gorge à l'homme que je rasais, me disait ce malheureux D... - Pourquoi aviez-vous peur de faire cela? lui demandai-je. - Je voyais bien ma main qui se levait pour frapper, je n'ai eu que le temps de me sauver. » Le malade ne comprend pas que l'idée et, par suite, l'acte de couper la gorge a été suggéré, par l'attouchement du rasoir, un groupe de phénomènes dont il ne soupçonne pas l'existence en lui. Il n'a vu que le résultat de la suggestion, le mouvement du bras, et c'est pour cela qu'il interprète en disant : « J'avais une envie affreuse de lui couper la gorge. » Ces impulsions nous ont donc montré une forme intéressante d'acte désagrégé incomplet, c'est-à-dire à demi connu par le sujet, mais dont le point de départ, au lieu d'être dans la première conscience, comme nous l'avions vu dans nos études sur le pendule enregistreur, se trouve en réalité dans la seconde.

---

1. Cf. Maudsley. *Pathologie de l'esprit*, 363. - Ribot. *Maladies de la volonté*, 75. .

2. Luys. *Maladies mentales*, 440.

3. Moreau (de Tours). *Psychologie morbide*, 151.

4. Mirville, II, 188, les décrit très bien, quoique en les rapportant, comme toujours, au diable.

5. Maudsley. *Op. cit.*, 288.

6. Id., *Ibid.*, 334.

7. Michéa. *Médication stupéfiante*, 12, Georget. *Maladies mentales*, 22, etc. - H. Saury. *Études cliniques sur la folie héréditaire, les dégénérés*, 1886, 223.

8. « Le sujet, dit M. Richet en décrivant des faits à peu près analogues, constate que la suggestion a réussi ou non et s'amuse du spectacle qu'il se donne à lui-même. » *Revue philosophique*, 1886, II, 325.

9. *Lettres de Gros Jean*, 17.

10. Ch. Richet. *Homme et intelligence*, 517.

11. Joly, *Sensibilité et mouvement*. Revue philosophique, 1886, II, 250.

12. Id, *Ibid.*, 230.

13. Leuret. *Frag. psychol. sur la folie*, 1834, 259.

24

LES IDÉES FIXES. - LES HALLUCINATIONS

Les impulsions existent quelquefois sous une autre forme qui semble un peu différente ; au lieu de se présenter comme un acte, au moins comme un désir, une envie, c'est une simple idée également fixe et obsédante, mais qui ne semble pas avoir de disposition à provoquer un acte quelconque. Tantôt ces idées se manifestent sous la forme d'une hallucination de l'ouïe, c'est une phrase que les malades entendent tout d'un coup résonner *à* leurs oreilles sans aucune raison plausible, « sans qu'elle ait aucun rapport avec les pensées précédentes [1]. » L'un entend une voix qui lui répète : « Ne bouge pas ou tu es perdu », et il reste alors immobile dans une apparente stupeur [2]. Un autre entend une voix qui lui commande de jeter dix francs dans la Seine [3]. Tantôt ces idées semblent rester plus abstraites, sans prendre la forme d'une hallucination de l'ouïe [4]. Ce sera, par exemple, une question que le malade se pose sans cesse : « Pourquoi les couleurs sont-elles inégalement réparties ? pourquoi les arbres sont-ils verts ? pourquoi porte-t-on le deuil en noir ? [5] » Ce sera une crainte, une idée de persécution : « un individu pense sans cesse qu'il sera empoisonné par le raisin d'une vigne près de laquelle est tombé un fragment de nitrate d'argent [6] » ; ou tout simplement une idée insignifiante et absurde : « M. N... pense sans cesse que son domestique aime le vin et cette idée s'acharne après lui, il ne peut s'en débarrasser [7]. » Ces malheureux n'acceptent pas leur idée fixe comme faisant partie de leur pensée, comme nous faisons dans nos rêves pour les idées les plus absurdes, ils résistent à ces idées et ils ont conscience de l'absurdité de leur état. « L'idée fixe leur apparaît comme un corps étranger logé en eux qu'ils ne peuvent expulser, mais elle ne parvient pas à les envahir tout entiers [8] ». « Si je pouvais penser comme vous, disait l'un d'eux, je serais heureux, mais je suis accablé par des idées sinistres auxquelles je ne puis m'empêcher de croire, j'aimerais mieux être fou complètement que d'avoir conservé mon intelligence sur la plupart des sujets... [9] » Dans d'autres cas enfin, l'idée fixe apparaît subitement à la conscience sous la forme d'une hallucination visuelle qui surgit, sans que le malade se rende compte de son origine. Les faits de ce genre sont si connus qu'il suffit de les signaler et de chercher comment ces différentes espèces d'idées fixes se rattachent aux lois de l'automatisme psychologique.

Le problème est le même que pour les impulsions motrices le phénomène anormal n'est pas intégré dans la personnalité, il est étranger au moi qui voudrait le repousser, il semble appartenir à un autre groupe psychique, comme les phénomènes désagrégés, et cependant il est conscient, tandis que ces faits de désagrégation étaient inconscients.

Nous trouvons encore des analogies dans nos expériences hypnotiques qui permettent d'étudier la psychologie de l'aliénation. Léonie avait une sorte de crise d'hystérie incomplète, elle s'agitait et criait sans qu'il me fût possible de la calmer. Tout d'un coup elle s'arrête et me dit avec terreur : « Oh ! qui donc me parle ainsi? cela me fait peur. - Personne ne vous parle, je suis seul avec vous. - Mais si, là à gauche. » Et la voici qui se lève et veut ouvrir une armoire placée à sa gauche pour voir si quelqu'un y est caché. « Qu'entendez-vous donc ? lui dis-je. - J'entends à gauche une voix qui répète : « Assez, assez, tiens-toi donc tranquille, tu nous ennuies. » Certes la voix qui parlait ainsi était dans son droit, mais je n'avais rien suggéré de pareil et ne pensait guère à provoquer à ce moment une hallucination de l'ouïe. Un autre jour, le même sujet, pendant le premier somnambulisme, était bien calme, mais refusait obstinément de répondre à ce que lui demandais. Elle entendit encore à gauche la même voix qui lui dit : « Allons, sois donc sage, il faut dire. » Ces paroles provenaient évidemment, on connaît assez ce sujet pour le deviner, du personnage inférieur qui existait au-dessous de cette couche de conscience. Il fut très facile de le vérifier par l'écriture automatique ou en amenant un somnambulisme plus profond. Mais comment, d'après les théories de la désagrégation que nous avons exposées, est-il possible que les idées du second personnage subconscient deviennent des hallucinations de l'ouïe pour le premier ?

Reproduisons le fait expérimentalement : pendant un état somnambulique profond, je charge Léonie 3 de dire quelque chose à l'autre, par exemple de lui dire « Bonjour », puis je la réveille. L'hallucination se produit de même et Léonie demande encore : « Qui donc dit « Bonjour ? » Mais cette fois, moi aussi j'ai entendu le mot « Bonjour », car la bouche l'a parfaitement prononcé, quoique tout bas. Ces hallucinations d'origine subconsciente étaient dues, dans ce cas, à l'audition d'une véritable parole automatique analogue à l'écriture des médiums. Le sujet entendait sa propre parole subconsciente, de même que le médium lisait son écriture automatique, et l'un et l'autre attribuaient cette parole ou cette écriture à des êtres différents d'eux-mêmes.

Ces paroles d'origine subconsciente ne sont pas plus rares que les autres impulsions du même genre et se présentent avec les mêmes caractères. « Souvent, disait un des petits prophètes cévenols, j'ignore comment finira le mot que l'esprit m'a déjà fait commencer. Il m'est arrivé quelquefois que croyant aller prononcer une parole ou une sentence, ce n'était qu'un simple chant inarticulé qui se formait par ma voix... Pendant que je parle, mon esprit fait attention à ce que ma bouche prononce, comme si c'était un discours prononcé par un autre, mais qui laisse des impressions vives dans ma mémoire [10] ». La célèbre Lisa Andersdocter, en 1841, chantait et prononçait malgré elle les discours plus ou moins éloquents [11]. Mme X., âgée de cinquante ans, ancienne hystérique, éprouve, de temps en temps, le besoin d'aller vociférer dans un coin et dire ses secrets [12]. » Enfin les dégénérés, dont parle M. Saury, ont très souvent des impulsions à dire des jurons et des obscénités malgré eux, comme les médiums avaient des dispositions à en écrire. Mais lorsque le sujet entend sa propre voix qui parle ainsi, ou quand il sent par le sens musculaire le début de ces paroles, il se figure entendre une voix étrangère qu'il localise à telle ou telle place et qu'il précise var ses propres suppositions. « Un malade parle lui-même tout haut et prétend ensuite que c'est une voix qu'il entend ; si on lui tient les lèvres fermées, il entend encore la voix, mais on sent les lèvres remuer sous les doigts [13]. » « M. X. entend des voix, mais il est facile de constater que sa langue remue malgré lui au moment où parle la voix intérieure [14] ». J'ai eu l'occasion de vérifier tout récemment le fait sur un aliéné. Un individu excité et à demi maniaque prétendait communiquer de loin avec des comtes et des marquis habitant Paris. Je le priai de dire bonjour de ma part à M. le marquis - il se frotta la tête d'un côté (c'était son signe cabalistique pour se transporter chez le marquis) et dit tout haut : « M. le marquis je suis chargé de vous souhaiter le bonjour » ; puis il pencha la tête de côté comme pour écouter avec grande attention ; mais sa bouche parlait tout bas et murmurait : « Vous direz à ce monsieur que... » Je ne pus entendre la suite, mais le malade se redressa et me dit tout haut : « M. le marquis m'a chargé de vous remercier... je l'ai parfaitement entendu. » C'était évidemment sa propre parole qui lui suggérait son hallucination de l'ouïe.

N'est-il pas naturel d'interpréter de la même manière les idées fixes que nous avons signalées, et ne devons-nous pas, avec beaucoup d'aliénistes, comme Moreau (de Tours), Max Simon [15] et d'autres, considérer ces idées fixes comme des impulsions de la fonction du langage ? « On influence ma pensée, disait une folle..., on me fait parler malgré moi [16]. » Elle avait parfaitement raison, car s'entendre parler malgré soi, c'est penser malgré soi ; répéter sans cesse une même phrase sans qu'on ait la volonté de le faire, c'est avoir une idée fixe [17]. L'esprit conscient développe son idée fixe comme il le veut et augmente son délire, mais l'idée elle-même vient d'une parole automatique qui ne dépend pas de cette pensée consciente. Moreau (de Tours) ne croyait-il pas à une théorie analogue quand il écrivait : « Dans les conceptions mentales de l'aliéné, ce qu'il y a d'actif ou d'appartenant à l'état de veille, ce sont les conséquences psychologiques qu'entraîne l'idée fixe, les déductions que le malade tire logiquement de cette idée, les sentiments et les passions qu'elle soulève ; mais l'idée fixe, la pensée morbide qui résume en elle tout le délire, parce qu'elle est le point de départ de toutes les aberrations, cette pensée appartient tout entière à l'état passif du sommeil, elle a pris naissance dans des conditions psycho-organiques analogues [18] ».

Quelle que soit la simplicité et, dans quelques cas, la vérité de ces hypothèses, je ne crois pas qu'elles suffisent à expliquer toujours ces sortes de collaboration du groupe des phénomènes subconscients et du groupe des phénomènes conscients. Bien souvent l'intermédiaire entre les deux groupes, c'est-à-dire le phénomène physique produit par l'un et senti par l'autre, n'est pas visible ; il n'y a pas toujours un geste ou une parole qui vienne communiquer à l'une des personnes les pensées et les modifications de l'autre. Quand une pensée, une hallucination auditive et surtout une hallucination visuelle apparaît subitement à la conscience de l'aliéné, il faut admettre que les phénomènes inconscients ont amené tout d'un coup et automatiquement un phénomène conscient sans intermédiaire. Ce fait est évident ; mais comme nous l'avons déjà remarqué au début de ce chapitre à propos de la baguette divinatoire, il n'est pas facile à comprendre. Ne disions-nous pas, en effet, que ces deux groupes de phénomènes étaient séparés, désagrégés, et que c'était précisément ce caractère qui formait les deux champs de la conscience ? Comment ces phénomènes peuvent-ils la fois se rattacher l'un à l'autre par association et cependant être désagrégés ?

Remarquons d'abord que ce fait naturel présenté par les maladies mentales ne nous est pas inconnu et que nous l'avons déjà souvent rencontré dans nos études expérimentales. Quand nous décrivions les suggestions par distraction, nous avons signalé au passage un fait bien curieux, c'est l'hallucination consciente produite par une suggestion qui est restée subconsciente. Je rappelle le fait. Je commande à Léonie pendant qu'elle est distraite et qu'elle cause avec une autre personne, et je murmure tout bas que cette personne a un bel habit vert. Léonie n'a pas entendu ce que je disais (phénomène subconscient désagrégé appartenant au second champ de conscience), et cependant elle pousse un cri et dit : « Oh ! comme votre habit est drôle, il est tout vert, je ne l'avais pas remarqué » (phénomène conscient appartenant au premier champ de conscience). Ainsi donc par une sorte d'association d'idées, malgré la désagrégation, un phénomène subconscient a produit un phénomène conscient.

Mais voici bien d'autres exemples du même genre. Je murmure tout bas : « Quand je toucherai ton pouce, tu verras du rouge, quand je toucherai ton petit doigt, tu verras du jaune. » C'est une suggestion par distraction avec point de repère. Mais je touche la main gauche qui est *anesthésique : cependant* l'attouchement du pouce *qu'elle ne sent pas amène* l'hallucination consciente du rouge, l'attouchement du petit doigt celle du jaune, et il n'y a jamais d'erreur. Avec un autre sujet, anesthésique total à ce moment, j'opère autrement. Je lui pince le dos de la main, Marie ne sent rien ; mais je lui demande avec une insistance qui équivalait pour elle à une suggestion : « Entends-tu quelque chose ? - « Mais oui, dit-elle, on dirait des cloches. » Quelques instants plus tard, je la pince au bras et quoiqu'elle ne sente rien je demande encore : « Entends-tu quelque chose *d'autre ?* -Mais oui, fait-elle, on dirait un sifflet. » Depuis, quand je la pince sur le dos de la main, elle entend toujours des cloches ; quand je la pince au bras, elle entend toujours un sifflet. Or, je le répète, elle ne sent absolument rien à son bras : c'est une sensation subconsciente qui sert de point de repère à l'hallucination consciente [19].

Mais est-il nécessaire de chercher de nouveaux faits ? On trouve des exemples de ce genre parmi les phénomènes les plus connus de l'hypnotisme. L'ancienne expérience du portrait en est un excellent. On a suggéré au sujet de voir un portrait sur une carte et de fait il voit toujours le portrait sur la carte désignée. Il la reconnaît à certains signes, sans doute, mais la sensation de ces signes n'a jamais été consciente et ce n'est que le second personnage qui m'a dit par écriture automatique qu'il y avait une tache en haut du papier. Le point de repère était encore ici subconscient, quoique l'hallucination fût consciente. Que résulte-t-il de ces faits ? Simplement une chose que nous avions déjà prévue. C'est que l'association automatique des idées est une chose, et que la synthèse qui forme la perception personnelle à chaque moment de la vie et l'idée du moi en est une autre. Celle-ci peut être détruite, tandis que celle-là subsiste. Cette supposition d'ailleurs s'accorde assez bien avec tout ce que nous avons dit de ces deux opérations. L'association des idées est la manifestation d'une synthèse élémentaire qui a déjà été effectuée autrefois et qui a rattaché les phénomènes les uns aux autres une fois pour toutes. La perception personnelle est formée par l'activité synthétique actuelle qui, par un effort continuel répété à chaque instant, ramène à l'unité du moi tous les phénomènes qui se produisent, quelle que soit leur origine. Cette force de synthèse peut être aujourd'hui affaiblie, rendre le sujet incapable de percevoir telle sensation auditive ou telle sensation tactile et cependant, par un automatisme d'origine ancienne qui n'a pas été détruit, cette sensation non perçue peut amener d'autres images faisant partie de celles que le sujet perçoit encore.

Quoique ces remarques ne suppriment point sans doute toutes les difficultés, elles nous permettent de comprendre comment ces phénomènes nouveaux, les idées fixes et certaines hallucinations sont simplement des applications plus compliquées des lois anciennement connues.

---

1. Maury. *Sommeil et rêves*, 158.
2. Ellis. *Aliénation mentale*, 200.
3. Ball. D'après Paulhan. *Revue philosophique*, 88, II, 119.
4. Cf. Ribot. *Psychologie de l'attention*, 124.
5. Saury. *Les dégénérés*, 63.
6. Michéa. *Médication stupéfiante*, 14.
7. Moreau (de Tours). *Haschich*, 119.
8. Westphal. D'après Ribot. *Psychologie de l'attention*, 135.
9. Dr C. Pinel. *De la monomanie*, 1856, 41.
10. Avertissements prophétiques d'Élie Marion. - Gasparin. *Op. cit.*, II, 22.
11. Mirville. *Op. cit.*, I, 241.
12. Luys. *Maladies mentales*, 212.
13. Moreau (de Tours), *Haschich*, 354.
14. Ballet. *Langage intérieur*, 64. - D'autres exemples, Despine. *Somnambulisme*, 66, etc.
15. Max Simon. *Le monde des rêves*, 1888, 106.
16. Moreau. *Haschich*, 330.
17. Cf. Wundt. *Psychologie physiologique*, II, 433.
18. Moreau (de Tours). *Psychologie morbide*, 147.
19. M. Binet vient de faire paraître, sur cette persistance de l'association des idées malgré la désagrégation et la subdivision du champ de la conscience, une étude si complète que je me contente d'y renvoyer le lecteur. Dans cet article (*Les altérations de la conscience chez les hystériques*, Revue philosophique, 1889, I, 135), il a montré comment toutes les associations anciennes, même les plus légères, entre les sensations tactiles actuellement subconscientes et les images visuelles encore conscientes, subsistent toutes malgré la division de la perception personnelle. Les expériences que j'avais faites depuis longtemps et que je viens de résumer n'avaient porté que sur les associations *artificielles, produites par* suggestion, entre le point de repère subconscient et l' hallucination consciente ; M. Binet a constaté que les choses se passent de même quand il s'agit d'associations naturelles entre le contact d'un doigt anesthésique, par exemple, et l'image visuelle et consciente de ce doigt. Ses observations extrêmement curieuses et qui me semblent très exactes, au moins pour une catégorie d'individus, ceux qui appartiennent au type visuel, complètent un point de mon travail qui était resté évidemment incomplet.

2 5

LES POSSESSIONS

L'élément désagrégé de la pensée s'est donc manifesté déjà, dans ces phénomènes complexes, soit par des actes commençant, soit par une parole légère sans cesse répétée, soit par des hallucinations ; il peut se manifester de bien d'autres manières et porter, dans la santé physique et morale de l'individu conscient, les troubles les plus variés.

Nous savons déjà que ce peut être l'origine des crises, de l'anesthésie, des contractures et des paralysies, nous n'avons pas à y revenir. Mais pourquoi cette pensée ne produirait-elle pas des attitudes expressives du corps et de la physionomie qui resteraient fixées, malgré le malade, et l'entretiendraient par contre-coup dans un perpétuel état de terreur, ou de tristesse ? Avoir son corps dans l'attitude de la terreur, c'est sentir l'émotion de la terreur, et, si cette attitude est déterminée par une idée subconsciente, le malade n'aura dans la conscience que l'émotion seule sans savoir pourquoi il est ému. « J'ai peur et je ne sais pas pourquoi, » pouvait dire Lucie au début de sa crise, quand elle prend des yeux hagards et des gestes terrifiés. C'est que l'inconscient a son rêve, il voit les hommes derrière les rideaux et met le corps dans l'attitude de la terreur. Si Lucie ne s'en préoccupe pas trop, c'est qu'elle est anesthésique. « Je pleure et je ne sais pourquoi, disait Léonie, cela me rend triste sans raison et c'est ridicule » ; c'est la seconde personne qui est désolée d'être partie du Havre et qui provoque les larmes. « Je ne sais pas pourquoi je suis triste, me disait un pauvre garçon atteint de folie mélancolique, je soupire tout le temps. » Nous devons supposer aussi qu'il y a ici une idée subconsciente qui provoque directement les soupirs et indirectement la mélancolie du malheureux.

Il faudrait passer en revue toute la pathologie mentale et peut-être même une partie importante de la pathologie physique pour montrer tous les désordres psychologiques et corporels que peut produire une pensée persistant ainsi en dehors de la conscience personnelle. Qu'il me soit permis seulement, pour donner un dernier exemple complexe de ces perturbations, de résumer encore une de mes observations. Les faits en eux-mêmes ont toujours leur intérêt, et il n'y a pas d'inconvénient à donner de nombreuses descriptions quand même les interprétations seraient erronées.

Un de mes sujets, que j'ai souvent cité sous le nom de Marie, a présenté une maladie et une guérison également curieuses. Cette jeune fille fut amenée de la campagne à l'hôpital du Havre à l'âge de dix-neuf ans, parce qu'on la considérait comme folle et que l'on désespérait presque de sa guérison. En réalité, elle avait des périodes de crises convulsives et de délire qui duraient des journées entières. Après quelque temps d'observation, il était facile de constater que la maladie se composait d'accidents périodiques revenant régulièrement au moment de ses époques et d'autres accidents moins graves se prolongeant et survenant irrégulièrement dans les intervalles. Considérons d'abord les premiers. A l'approche de ses règles, Marie changeait de caractère, devenait sombre et violente, ce qui ne lui était pas habituel, et avait des douleurs et des secousses nerveuses dans tous les membres. Cependant les choses se passaient à peu près régulièrement pendant la première journée, mais, vingt heures à peine après le début, les règles s'arrêtaient subitement et un grand frisson secouait tout le corps, puis une douleur vive remontait lentement du ventre à la gorge et les grandes crises d'hystérie commençaient. Les convulsions, quoique très violentes, ne duraient pas longtemps et n'avaient jamais l'aspect de trem- blements épileptoïdes : mais elles étaient remplacées par un délire des plus longs et des plus forts. Tantôt elle poussait des cris de terreur, parlant sans cesse de sang et d'incendie et fuyant pour échapper aux flammes ; tantôt elle jouait comme une enfant, parlait à sa mère, grimpait sur le poêle ou sur les meubles, et dérangeait tout dans la salle. Ce délire et ces convul- sions alternaient, avec d'assez courts instants de répit, pendant quarante- huit heures. La scène se terminait par plusieurs vomissements de sang après lesquels tout rentrait à peu près dans l'ordre. Après une ou deux journées de repos, Marie se calmait et ne se souvenait de rien. Dans l'inter- valle de ces grands accidents mensuels, elle conservait des petites contrac- tures tantôt aux bras ou à la poitrine dans les muscles intercostaux, des anesthésies variées et très changeantes et surtout une cécité absolue et continuelle de l'œil gauche. (Nous avons vu ailleurs la nature de cette cécité hystérique.) En outre, elle avait de temps en temps des petites crises sans grand délire, mais qui étaient caractérisées surtout par des poses de terreur. Cette maladie, rattachée si évidemment aux époques menstruelles, semblait uniquement physique et peu intéressante pour le psychologue.

Aussi ne me suis-je d'abord que fort peu occupé de cette personne. Tout au plus ai-je fait avec elle quelques expériences d'hypnotisme et quelques études sur son anesthésie, mais j'évitai tout ce qui aurait pu la troubler vers l'époque où approchaient les grands accidents. Elle resta ainsi sept mois à l'hôpital sans que les diverses médications et l'hydrothérapie qui furent essayées eussent amené la moindre modification. D'ailleurs les suggestions thérapeutiques, en particulier, les suggestions relatives aux règles, n'avaient que de mauvais effets et augmentaient le délire.

Vers la fin du huitième mois elle se plaignait de son triste sort et disait avec une sorte de désespoir qu'elle sentait bien que tout allait recommencer : « Voyons, lui dis-je par curiosité, explique-moi une fois ce qui se passe quand tu vas être malade. -Mais vous le savez bien..., tout s'arrête, j'ai un grand frisson et je ne sais plus ce qui arrive. » Je voulus avoir des renseignements précis sur la façon dont ses époques avaient commencé et comment elles avaient été interrompues. Elle ne répondit pas clairement, car elle paraissait avoir oublié une grande partie des choses qu'on lui demandait. Je songeai alors à la mettre dans un somnambulisme profond, capable, comme on l'a vu, de ramener des souvenirs en apparence oubliés, et je pus ainsi retrouver la mémoire exacte d'une scène qui n'avait jamais été connue que très incomplètement. A l'âge de treize ans, elle avait été réglée pour la première fois, mais, par suite d'une idée enfantine ou d'un propos entendu et mal compris, elle se mit en tête qu'il y avait à cela quelque honte et chercha le moyen d'arrêter l'écoulement le plus tôt possible. Vingt heures à peu près après le début, elle sortit en cachette et alla se plonger dans un grand baquet d'eau froide. Le succès fut complet, les règles furent arrêtées subitement, et, malgré un grand frisson qui survint, elle put rentrer chez elle. Elle fut malade assez longtemps et eut plusieurs jours de délire. Cependant tout se calma et les menstrues ne reparurent plus pendant cinq ans. Quand elles ont réapparu, elles ont amené les troubles que j'ai observés. Or, si l'on compare l'arrêt subit, le frisson, les douleurs qu'elle décrit aujourd'hui en état de veille avec le récit qu'elle fait en somnambulisme et qui, d'ailleurs, a été confirmé indirectement, on arrive à cette conclusion : Tous les mois, la scène du bain froid se répète, amène le même arrêt des règles et un délire qui est, il est vrai, beaucoup plus fort qu'autrefois, jusqu'à ce qu'une hémorragie supplémentaire ait lieu par l'estomac. Mais, dans sa conscience normale, elle ne sait rien de tout cela et ne comprend même pas que le frisson est amené par l'hallucination du froid ; il est donc vraisemblable que cette scène se passe au-dessous de cette conscience et amène tous les autres troubles par contre-coup.

Cette supposition vraie ou fausse étant faite, et après avoir pris l'avis du Dr Povilewicz, j'ai essayé d'enlever de la conscience somnambulique cette idée fixe et absurde que les règles s'arrêtaient par un bain froid. Je ne pus tout d'abord y parvenir ; l'idée fixe persista et l'époque menstruelle qui arrivait deux jours après fut à peu près comme les précédentes. Mais, disposant alors de plus de temps, je recommençai ma tentative : je ne pus réussir à effacer cette idée que par un singulier moyen. Il fallut la ramener par suggestion à l'âge de treize ans, la remettre dans les conditions initiales du délire, et alors la convaincre que les règles avaient duré trois jours et n'avaient été interrompues par aucun accident fâcheux. Eh bien, ceci fait, l'époque suivante arriva à sa date et se prolongea pendant trois jours, sans amener aucune souffrance, aucune convulsion ni aucun délire.

Après avoir constaté ce résultat, il fallait étudier les autres accidents. Je passe sur des détails de la recherche psychologique qui fut quelquefois difficile : les crises de terreur étaient la répétition d'une émotion que cette fille avait éprouvée en voyant, quand elle avait seize ans, une vieille femme se tuer en tombant d'un escalier, le sang dont elle parlait toujours dans ses crises était un souvenir de cette scène ; quant à l'image de l'incendie, elle survenait probablement par association d'idées, car elle ne se rattache à rien de précis. Par le même procédé que tout à l'heure, en ramenant le sujet par suggestion à l'instant de l'accident, je parvins, non sans peine, à changer l'image, à lui montrer que la vieille avait trébuché et ne s'était pas tuée, et à effacer la conviction terrifiante : les crises de terreur ne se reproduisirent plus.

Enfin je voulais étudier la cécité de l'œil gauche, mais Marie s'y opposait lorsqu'elle était éveillée, en disant qu'elle était ainsi depuis sa naissance. Il fut facile de vérifier, au moyen du somnambulisme, qu'elle se trompait : si on la change en petit enfant de cinq ans suivant les procédés connus, elle reprend la sensibilité qu'elle avait à cet âge et l'on constate qu'elle y voit alors très bien des deux yeux. C'est donc à l'âge de six ans que la cécité a commencé. À quelle occasion ? Marie persiste à dire quand elle est éveillée, qu'elle n'en sait rien. Pendant le somnambulisme et grâce à des transformations successives pendant lesquelles je lui fais jouer les scènes principales de sa vie à cette époque, je constate que la cécité commence à un certain moment à propos d'un incident futile. On l'avait forcée, malgré ses cris, à coucher avec un enfant de son âge qui avait *de la gourme sur tout le côté gauche de la face.* Marie eut, quelque temps après, des plaques de gourme qui paraissaient à peu près identiques et qui siégeaient *à la même place;* ces plaques réapparurent plusieurs années à la même époque, puis guérirent, mais on ne fit pas attention qu'à partir de ce moment, *elle est anesthésique de la face du côté gauche et aveugle de l'œil gauche.* Depuis, elle a toujours conservé cette anesthésie, du moins, pour ne pas dépasser ce qui a pu être observé, à quelque époque postérieure que je la transporte par suggestion, elle a toujours cette même anesthésie, quoique le reste du corps reprenne à certaines époques sa sensibilité complète. Même tentative que précédemment pour la guérison. Je la ramène avec l'enfant dont elle a horreur, je lui fais croire que l'enfant est très gentil et n'a pas la gourme, elle n'en est qu'à demi convaincue. Après deux répétitions de la scène, j'obtiens gain de cause et elle caresse sans crainte l'enfant imaginaire. La sensibilité du côté gauche réapparaît sans difficulté et, quand je la réveille, Marie voit clair de l'œil gauche.

Voilà cinq mois que ces expériences ont été faites, Marie n'a plus présenté le plus léger signe d'hystérie, elle se porte fort bien et surtout se renforcit beaucoup. Son aspect physique a absolument changé. Je n'attache pas à cette guérison plus d'importance qu'elle n'en mérite, et je ne sais pas combien de temps elle durera, mais j'ai trouvé cette histoire intéressante pour montrer l'importance des idées fixes subconscientes et le rôle qu'elles jouent dans certaines maladies physiques aussi bien que dans les maladies morales.

Augmentons et compliquons davantage les phénomènes, supposons que cette vie subconsciente ne se manifeste pas seulement à l'esprit étonné du malade, par des contractions involontaires, des gestes, des mots répétés à tort et à travers, mais qu'elle agisse sans cesse d'une manière intelligente et coordonnée. Le malade constate que ses bras et ses jambes font à son insu et malgré lui des actes compliqués, il entend sa propre bouche lui commander ou le railler ; il résiste, il discute, il combat contre un individu qui s'est formé en lui-même. Comment peut-il interpréter son état, que doit-il penser de lui-même? N'est-il pas raisonnable quand il se dit possédé par un esprit, persécuté par un démon qui habite au dedans de lui-même. Comment douterait-il, quand cette seconde personnalité, empruntant son nom aux superstitions dominantes, se déclare elle-même Astaroth, Lévia-than ou Belzébuth ? La croyance à la possession n'est que la traduction populaire d'une vérité psychologique.

Tantôt les deux personnalités vivent en assez bon accord et ne se persé-cutent pas réciproquement. Certaines femmes sont même assez fières de ce détraquement de leur personnalité et se plaisent à consulter, sur toutes les affaires de la vie, « la petite affaire qu'elles croient avoir au cœur ou à l'es-tomac et qui leur donne de bons conseils [1] ». « Elle ont des colloques amicaux avec une surintelligence révélatrice qui parle par leur bouche [2]. » Estelle, la célèbre malade du Dr Despine, ne fait rien sans consulter « un bon génie auquel elle se sent forcé d'obéir [3] ». « Un sujet ne répondait jamais aux questions, disait Charpignon [4], sans dire : « Je vais consulter l'autre.... c'est le génie chargé de me guider et de m'éclairer. » Le plus souvent l'esprit secondaire n'est pas d'aussi bonne composition, il tour-mente sa victime et ne lui donne que des mauvais conseils. On connaît bien le malade de Moreau (de Tours), si curieux dans ses disputes avec « la souveraine [5] », les convulsionnaires de Saint-Médard que leurs esprits forcent à tourner indéfiniment sur un pied ou qu'il empêchent de manger [6], et les religieuses de Loudun tourmentées par tous les esprits mauvais qui incarnaient leurs passions [7]. Quelquefois il y a plusieurs esprits dans une même personne, les uns bons, les autres mauvais, qui se disputent entre eux : « Un enfant est possédé par deux esprits, l'un mauvais, l'autre bon ; dans ses crises, sa bouche changeant de ton, parlait successivement pour l'un et pour l'autre [8]. »

Ces esprits ne se contentent pas de parler, ils agissent. Voici un récit de la supérieure de Loudun que nous étions bien disposés à considérer comme mensonger : « L'un des esprits qui était en elle, Belzébuth, la voulait brûler, elle ne consentait pas, il la jeta contre le feu et elle fut trouvée tout assoupie, la tête touchant presque au feu [9]. » Cependant un fait analogue s'est passé presque sous nos yeux : une personne, mécontente de l'écriture automatique que sa main voulait faire, prenait les papiers écrits de la sorte et les jetait au feu ; la seconde personnalité fut furieuse et, par une convulsion, mit la main du sujet dans le feu, la brûla sérieusement, puis s'en vanta ensuite dans toutes ses communications automatiques. L'un des meilleurs résumés de tous ces phénomènes se trouve dans la description qu'un possédé de ce genre donne de son propre état : « Je ne saurais vous expliquer ce qui se passe en moi pendant ce temps et comment cet esprit s'unit avec le mien sans lui ôter la connaissance ni la liberté, en faisant néanmoins comme un autre moi-même et comme si j'avais deux âmes dont l'une est dépossédée de son corps et de l'usage de ses organes et se tient à quatre en voyant faire celle qui s'y est introduite. Les deux esprits se combattent dans un même champ qui est le corps, et l'âme est comme partagée ; selon une partie de soi, elle est le sujet des impressions diaboliques, et, selon l'autre, des mouvements qui lui sont propres et que Dieu lui donne [10]. » Les diverses épidémies de possessions de Loudun, de Saint-Médard, de Morzine, de Verzegnin, de Plédran, etc. [11], sont bien connues ; elles nous montrent tous les exemples possibles de ces diverses destructions du composé mental.

---

1. Deleuze. *Mémoire sur la faculté de prévision,*1836, 148.
2. Bertrand. *Somnambulisme*, 233. - Cf. Mirville. *Op. cit.*, I, 65.
3. Pigeaire. *Puissance de l'électricité animale*, 1839, 269.
4. Charpignon. *Physiologie magnétique*, 414.
5. Moreau, *Haschich*, 337. - Cf. Ball. *Maladies mentales*, 91.
6. Gasparin. *Op. cit.*, II, 60.
7. Paul Richer. *La grande hystérie*, 825.
8. Maudsley. *Pathologie de l'esprit*, 294.
9. Paul Richer. *Op. cit.*, 811.
10. Déposition du père Surin, d'après Berillon. - *Dualité cérébrale,* 102.
11. Cf. Regnard. *La sorcellerie*, 1887, 40, 70... *passim.*

CONCLUSION

La désagrégation mentale, la formation des personnalités successives et simultanées dans le même individu, le fonctionnement automatique de ces divers groupes psychologiques isolés les uns des autres ne sont pas des choses artificielles, résultat bizarre de manœuvres expérimentales. Ce sont des choses parfaitement réelles et naturelles que l'expérience nous permet de découvrir et d'étudier, mais qu'elle ne crée pas. Ces choses se montrent naturellement de toutes les manières et avec tous les degrés. Tantôt une séparation très légère ne laisse en dehors de l'esprit que des phénomènes insignifiants, incapables d'agir par eux-mêmes et dociles serviteurs de la pensée consciente. Ils exagèrent, ils modifient les manifestations de la pensée normale, mais ils ne s'y opposent pas. Tantôt la seconde personnalité parle pour son propre compte, prend le nom d'un esprit et met au jour ses réflexions, mais seulement quand la première personnalité le lui permet et la laisse libre d'agir. Tantôt enfin le groupe anormal est assez riche par lui-même pour s'imposer à l'attention du sujet, pour le troubler et lui enlever sa liberté. Mais, depuis l'acte subconscient le plus insignifiant jusqu'aux possessions les plus terribles, c'est toujours le même mécanisme psychologique qui amène peu à peu la dissolution complète de l'esprit.

Nous n'avons pas cherché dans ce chapitre les lois nouvelles, nous avons simplement constaté des applications nombreuses, et quelquefois compliquées, de lois anciennes. Nos hypothèses nous ont paru rester suffisantes pour expliquer les faits variés de la divination par la baguette, du spiritisme, de la folie impulsive et de l'hallucination. C'est là une confirmation qui a bien sa valeur. Mais, en même temps que nos hypothèses se confirmaient en s'appliquant à des faits nouveaux, elles se précisaient dans leurs parties les plus délicates. Nous avons vu, en effet, dans le présent chapitre, beaucoup mieux que dans le précédent, la différence, et quelquefois même l'opposition qui existe entre l'automatisme pur et simple résultat de synthèses simples et anciennes, et l'activité actuelle de l'esprit qui réunit les phénomènes dans des groupes et des unités nouvelles. Les phénomènes qui sont réunis et dépendants dans le premier automatisme peuvent très bien être séparés et indépendants dans le second. Les deux activités de la pensée se distinguent et se précisent de plus en plus.

PARTIE IV

LA FAIBLESSE ET LA FORCE MORALES

LA FAIBLESSE ET LA FORCE
MORALES

Un phénomène peut être naturel et, dans une certaine mesure, n'être pas absolument normal ; il peut se rencontrer comme une modification anormale produite par des circonstances accidentelles et ne point appartenir, cependant, au moins sous cette forme, à la vie régulière et moyenne de la plupart des hommes. Les remarques de Claude Bernard nous ont déjà montré à ce propos que les phénomènes même maladifs et exceptionnels ne sont pas absolument nouveaux, qu'ils présentent seulement un développement, dans un sens ou dans un autre, des forces naturelles et restent soumis aux mêmes lois. Il est juste cependant de rechercher, avant de conclure, dans quelle mesure l'automatisme dont nous avons examiné les principales formes est un phénomène maladif et d'examiner en quoi et dans quel degré la volonté normale et libre, au moins en apparence, diffère de cette activité mécanique et rigoureusement déterminée.

LA MISÈRE PSYCHOLOGIQUE

Les sujets hypnotisables, ainsi que les médiums spirites, puisque nous savons qu'ils sont identiques, sont-ils des malades ou des gens bien portants? Cette question a donné lieu aux controverses les plus vives et les plus embarrassantes. Les uns n'ont vu, dans ces phénomènes automatiques, que la manifestation de la maladie hystérique la plus caractérisée, les autres ont pensé qu'ils étaient compatibles avec la santé la plus parfaite. Pour ceux-là, un somnambulisme est une crise d'hystérie : pour les autres, c'est une forme du sommeil naturel. L'écriture automatique elle-même a soulevé les mêmes oppositions : tandis que les uns y voient une forme de l'idée impulsive et de la folie, les autres la considèrent comme très naturelle. « Certaines personnes, disent les écrivains anglais, écrivent sans le savoir, comme d'autres fredonnent un air sans y faire attention [1]. » Ce débat ne pourrait être tranché que par de longues études médicales et des statistiques très précises que nous ne pouvons présenter ; nous essayerons seulement, sans parler d'une manière générale, de montrer à quelle position intermédiaire nos propres observations nous ont amené.

Un premier point nous semble absolument indiscutable, c'est que la maladie hystérique est de beaucoup le terrain le plus favorable au développement des phénomènes automatiques. Il est même difficile de comprendre comment certains auteurs ont pu penser que les manifestations hystériques rendaient les expériences difficiles. Sans doute, une hystérique peut interrompre une étude d'hypnotisme par des contractures ou par une crise. Mais, d'un côté, ces crises sont en elles-mêmes des phénomènes d'automatisme extrêmement curieux, et, de l'autre, il est très facile, quand on connaît bien le mécanisme du sujet, de les éviter par quelques précautions simples. A mon avis, les plus belles études sur les somnambulismes ou existences successives, sur les suggestions, sur les actes subconscients ou existences simultanées, sont faites sur des hystériques, et afin de fournir des exemples nets et faciles à étudier je n'ai guère cité dans cet ouvrage que des expériences accomplies avec ces malades. Je ne crois pas me tromper beaucoup en disant que, pour la plupart des observateurs, il en est de même. Sans aucun doute. un certain nombre de savants, je ne dis pas tous, ont dû se tromper quand ils ont décrit l'état de santé de leurs meilleurs sujets et ont méconnu les signes de la maladie hystérique. « Ceux qui croient à l'hypnotisme des sujets sains ont pour critérium de l'hystérie la crise convulsive antérieure, et les stigmates permanents, amblyopie, anesthésies... ne sont pas recherchés [2]. » Une des raisons principales de cette erreur (je puis d'autant mieux la signaler que j'ai été trompé par elle au début de mes recherches), c'est que le somnambulisme provoqué remplace et par conséquent supprime momentanément la plupart des symptômes hystériques. « On fait disparaître les crises, quand on les remplace par du somnambulisme, disaient déjà les magnétiseurs [3], mais seulement à cette condition ; dès que l'on cesse, les crises reprennent. » « Chose curieuse, disent de même les modernes, le somnambulisme provoqué fait disparaître le somnambulisme naturel... et les crises d'hystérie [4]. » Mes observations sont très nettes sur ce point : trois séances de somnambulisme arrêtaient complètement les crises de Lucie ; Rose n'avait pas de crise quand je l'hypnotisais et les recommençait quand je cessais; bien mieux, Léonie, après un grand nombre de magnétisations, avait perdu tous les symptômes d'hystérie et ne conservait que le seul somnambulisme. Mais l'hystérie reste encore latente, facile à reconnaître presque toujours à des troubles sensoriels, en tous les cas, prête à se manifester fortement à la première occasion, comme il arriva pour Léonie au moment de la ménopause.

Une remarque inverse qui ne me parait pas suffisamment connue est encore de très grande importance : quand l'hystérie guérit sérieusement et non pas seulement en apparence, le somnambulisme et la suggestibilité disparaissent. Quelques auteurs remarquent ce fait. « Le meilleur signe du retour à la santé parfaite, écrit Despine, c'est la cessation de l'aptitude au somnambulisme [5]. » « Je dois dire qu'au fur et à mesure que la malade revenait à la santé, son impressionnabilité aux moyens que j'employais diminuait, dit M. Baréty [6]. » « A mesure que la santé revient, remarquent MM. Fontan et Ségard, le sujet est de moins en moins hypnotisable [7]. » Lors de mes premières études sur Lucie, j'ignorais absolument cette loi ; je cherchais, dans l'intérêt du sujet et pour la commodité même de mes expériences, à faire disparaître les symptômes hystériques, mais je comptais bien conserver le somnambulisme. Aussi ai-je été fort désappointé quand il a fallu constater que mes expériences devenaient impossibles, car le sujet n'avait plus d'actes subconscients et ne pouvait plus être hypnotisé. On ne peut pas dire que je ne savais pas l'endormir, puisque, pendant un mois, j'avais fait presque tous les jours toutes les expériences possibles avec elle. D'autre part, cette personne, habituée au somnambulisme, mettait la meilleure volonté à se laisser hypnotiser : elle consentit à essayer tous les procédés auxquels j'eus recours et cependant se fatigua sans aucun résultat. Le somnambulisme qui était si complet et si facile avait absolument disparu avec les derniers symptômes hystériques. Dix-huit mois plus tard, elle vint se plaindre de quelques troubles nerveux, migraines, cauchemars, etc. : l'anesthésie était revenue et elle fut hypnotisée en un instant. Ces troubles guérirent en quelques jours et tout somnambulisme disparut encore ; n'est-ce pas là un véritable cas de « cross-expérimentation » ? Eh bien, cette observation curieuse, je viens de la répéter avec Marie : ce sujet, comme je l'ai raconté, est resté malade pendant huit mois et, pendant tout cet intervalle, a été hypnotisé irrégulièrement, mais fréquemment, par le Dr. Povilewicz ou par moi ; il était donc aussi habitué que possible aux manœuvres hypnotiques. La voici guérie, au moins momentanément, par les singuliers procédés qui ont été décrits, eh bien, il est impossible de l'endormir ou de lui faire la plus légère suggestion hypnotique. Or, elle n'a jamais entendu parler de l'histoire précédente de Lucie et était convaincue, par tout ce qu'elle voyait ou entendait, que je lui commandais ce que je voulais. Si j'insiste sur ces faits, c'est qu'ils me semblent avoir quelque importance et qu'il est juste de les opposer aux auteurs qui voudraient séparer trop complètement l'hystérie et l'hypnotisme.

Un autre fait qu'il suffit de rappeler, car il a été sans cesse signalé dans cet ouvrage, c'est l'identité entre tous les phénomènes hypnotiques et tous les accidents hystériques. Certains auteurs ont prétendu comparer l'état hypnotique avec le sommeil normal; je ne puis m'empêcher de trouver cette comparaison forcée. Sans doute, le sujet en somnambulisme peut prendre l'apparence d'une personne endormie naturellement : Léonie, si je lui fais croire qu'elle est dans son lit, dort et ronfle pendant le somnambulisme de la façon la plus naturelle. Mais qu'importe, le sujet peut aussi bien prendre l'apparence d'un homme ivre ou d'un homme qui a la fièvre, dirons-nous que le somnambulisme est une ivresse ou une fièvre ? Si on laisse de côté, comme cela est naturel, les somnolences, les sommeils légers, etc., produits par la fatigue ou par l'ennui, dans lesquels on peut rencontrer de la suggestibilité comme pendant la veille, mais qui n'ont aucun rapport avec l'état hypnotique, le somnambulisme est avant tout un état anormal, pendant lequel se développe une nouvelle forme d'existence psychologique avec des sensations, des images, des souvenirs qui lui sont propres, capable dans certains cas de persister au second plan après le réveil et de se continuer sous la première existence la plus ordinaire. Le sommeil est avant tout un repos et une interruption plus ou moins complète de l'existence psychologique. Pendant le sommeil et à propos de cette interruption, il peut se développer du somnambulisme, comme, pendant le somnambulisme, il peut intervenir des repos, des interruptions, des sommeils, mais, malgré ces coïncidences possibles, le somnambulisme n'est pas un sommeil normal.

Au contraire, les phénomènes hystériques sont bien plus justement comparables à ceux du somnambulisme. Toutes les crises sont identiques, même dans leurs variétés et leurs détails, à telle ou telle forme de somnambulisme complet ; les accidents postérieurs à la crise, contractures ou paralysies, sont comparables aux suggestions posthypnotiques ; tous les signes, anesthésies ou tares diverses qui persistent entre les crises, sont de la même nature que les signes caractéristiques de l'hémi-somnambulisme. Les crises sont d'ailleurs des états modifiables par l'influence morale, comme les somnambulismes eux-mêmes et les contractures postérieures à la crise se défont, comme s'effacent les suggestions posthypnotiques. On peut, par suggestion, changer la nature d'une crise comme on change celle d'un somnambulisme. J'ai remplacé des crises convulsives par des contractures, des tremblements, même par des accès de sueurs, générales ; j'ai supprimé les crises de Lucie en lui disant de s'endormir dès qu'elle sentirait l'aura. Au lieu de se rouler en convulsions, elle se couchait bien tranquillement et restait immobile ; si on lui parlait elle répondait, d'un ton convaincu: « Ne me dérangez pas, M. Janet m'a défendu de bouger. » Cela durait tout le temps qu'aurait duré la crise. Bien mieux, les crises sont modifiées naturellement par imitation comme les somnambulismes. Trois hystériques qui avaient, comme je le savais, des crises fort différentes les unes des autres, avaient été réunies dans la même salle. Je fus tout étonné de voir qu'elles avaient confondu leurs symptômes et qu'elles avaient maintenant toutes les trois la même crise, avec les mêmes mouvements et le même délire, les mêmes invectives contre le même individu. Un peu plus, il se formait dans cette salle un nouveau type d'hystérie qu'on aurait pu étudier plus tard comme naturel.

Il est tout simple que l'on retrouve le souvenir de la crise dans certains somnambulismes, et que même les crises puissent être complètement remplacées par des somnambulismes, car ce sont des états absolument du même genre. Les magnétiseurs anciens ont exprimé souvent une pensée qui ne manque pas de vérité : « Les individus qui ont des crises sont des somnambules imparfaits. » Et l'on peut considérer comme certain que l'hystérie est l'état le plus favorable pour la production de tous ces phénomènes d'automatisme.

Faut-il s'arrêter là et soutenir que le somnambulisme n'est rien d'autre qu'une manifestation de l'hystérie ? C'est une opinion qui serait bien exagérée. D'abord l'hystérie est quelque chose de bien vague, une maladie protéiforme, comme on l'a souvent dit, que l'on peut retrouver presque partout, et qui ne renseignerait guère sur les conditions de production du somnambulisme. Les symptômes d'hystérie n'appartiennent pas à une maladie unique, toujours la même dans son origine et dans son évolution ; ils se retrouvent au cours d'autres maladies tout à fait différentes. Dans la fièvre typhoïde, dans l'anémie, dans la syphilis même à la période secondaire, si on en croit M. Fournier [8], il y a des contractures et des anesthésies. Certains empoisonnements comme l'alcoolisme, le saturnisme [9], l'empoisonnement par le sulfure de carbone, d'après des travaux tout récents [10], amènent des symptômes que l'on peut confondre avec ceux de l'hystérie. Il y aurait tout un travail médical à faire et des plus curieux sur les symptômes hystériques dans les maladies banales. Il est vrai que l'on rencontre une objection facile : ces accidents ne se montrent que sur des sujets prédisposés, par l'hérédité et par leurs antécédents pathologiques, à l'hystérie elle-même, et, en définitive, l'alcool ou le plomb n'ont fait que réveiller la diathèse névropathique. Rien n'est plus vague que cet argument ; M. Pitres qui l'accepte quand il s'agit de la syphilis, le réfute quand il s'agit de l'alcoolisme ou du saturnisme, c'est un peu arbitraire. Il faudrait démontrer que, dans chaque cas déterminé, il y a eu l'hystérie antérieure à la maladie actuelle, sans cela on s'expose à voir l'hystérie partout. C'est d'ailleurs ce qui arrive, car à mesure que le champ de l'hystérie s'étend, les symptômes perdent de leur précision. Il ne s'agit plus de crises, ce ne sont plus des contractures, mais des crampes ; au lieu de cécités, ce sont des amblyopies, et, au lieu d'anesthésies, de simples distractions. Alors, toutes les femmes seraient donc régulièrement hystériques tous les mois, et, nous tous, nous aurions passé par des périodes d'hystérie indiscutable.

Si l'on cherche à éviter cette confusion et si l'on restreint le nom d'hystérie à un ensemble de symptômes bien caractérisés, il faut avouer alors que le somnambulisme, la suggestion et la désagrégation mentale existent en dehors de l'hystérie franche. Un médecin qui s'occupait aussi d'hypnotisme m'a fait remarquer avec quelle facilité la plupart des phtisiques entraient en somnambulisme ; cela est très vrai, quoiqu'ils n'aient pas tous des symptômes hystériques. On obtient, dans la fièvre typhoïde, la catalepsie partielle, les mouvements suggérés, etc., avec la plus grande facilité, et, n'étaient des scrupules trop naturels, on pourrait très vite hypnotiser les malades entièrement. Les suggestions à l'état de veille, les pilules d'arcanum et les plaques magnétisées font merveille sur les jeunes filles chlorotiques. L'ivresse de l'alcool, comme nous en avons montré un exemple curieux, rend un homme plus suggestible et plus automatique qu'une somnambule. Les études de Moreau (de Tours) sur l'ivresse du haschich sont encore plus précises sur ce point [11]. Le sommeil, qui n'est pas par lui-même un état hypnotique, peut être très favorable à la suggestion et à la formation du somnambulisme [12]. Les époques menstruelles, comme je l'ai constaté chez Lucie et chez Marie, rendent de nouveau hypnotisables et suggestibles des personnes qui ne l'étaient plus. Enfin, *les* impulsions et les idées fixes sont bien des formes de désagrégation mentale et de suggestion, et elles se présentent chez une foule d'individus qui ne sont pas des névropathes, au sens précis du mot [13]. Ces remarques permettent de comprendre comment certains médecins, expérimentant dans des hôpitaux où d'ordinaire se trouvent surtout des malades, aient obtenu tant d'exemples de somnambulisme sur des sujets qui, à strictement parler, ne méritaient pas le nom d'hystériques.

Doit-on en conclure que le somnambulisme et les autres phénomènes soient des phénomènes normaux existant pendant la santé la plus complète ? En aucune manière : on ne pourrait plus comprendre comment les malades cessent d'être hypnotisables quand ils se portent mieux, comment tant de personnes résistent à l'hypnotisme. Que d'observateurs ont remarqué, comme le dit franchement le Dr Despine, que « les effets du somnambulisme sont nuls chez les personnes bien portantes [14]. » Que l'on fasse une expérience bien simple, que l'on prenne une vingtaine de personnes, des hommes de préférence, de trente à quarante ans, bien portants au physique et au moral, n'ayant aucune hérédité, ni aucun antécédent névropathique, et que, sans procédés fatigants qui commencent par les rendre malades, on essaye de provoquer chez eux le somnambulisme caractéristique ou l'écriture automatique. Si on obtient ces phénomènes sur la moitié seulement de ces personnes, nous nous rendrons très volontiers et nous reconnaîtrons que le somnambulisme est normal. Mais l'expérience n'ayant pas été faite, nous doutons encore beaucoup du résultat. Nous sommes disposés à croire que les phénomènes d'automatisme et de désagrégation dépendent d'un état qui est maladif, mais qui n'est pas uniquement hystérique. Cet état serait, au contraire, plus large de beaucoup que l'hystérie, il comprendrait les symptômes hystériques parmi ses manifestations, mais il se révélerait aussi par les idées fixes, les impulsions, les anesthésies dues à la distraction, l'écriture automatique et enfin le somnambulisme lui-même. « Ce n'est pas l'hystérie qui constitue un terrain favorable à l'hypnotisme, mais c'est la sensibilité hypnotique qui constitue un terrain favorable pour l'hystérie et pour d'autres maladies [15]. »

En quoi consiste cet état maladif : il est assez difficile de le déterminer exactement ; nous ne pouvons en avoir qu'une notion approximative par le raisonnement et par l'observation. Nos études ont eu pour résultat de ramener les phénomènes si variés de l'automatisme à leurs conditions essentielles : la plupart dépendent d'un état d'anesthésie ou de distraction. Cet état se rattache au rétrécissement du champ de la conscience, et ce rétrécissement lui-même est dû à la faiblesse de synthèse et à la désagrégation du composé mental en divers groupes plus petits qu'ils ne devraient être normalement. Ces divers points sont faciles à vérifier ; l'état de distraction, d'incohérence, de désagrégation, en un mot, des individus suggestibles a été bien souvent constaté. « On s'apercevait, dit Saint-Bourdin en parlant d'une hystérique, que, de temps en temps, elle interrompait son discours et en commençait un autre, sans se souvenir de ce qui avait été en question auparavant [16]. » Tous les phénomènes de la folie impulsive, dit excellemment Moreau (de Tours), tirent leur origine d'un fait primordial que l'on peut exprimer par ces mots : « Le vague, l'incertitude, l'incohérence, la mobilité des idées, c'est une *désagrégation,* une véritable dissolution du composé intellectuel.... la séparation, l'isolement des idées et des molécules dont l'union formait un tout harmonieux et complet [17]. »

Mais cet auteur me paraît mal s'exprimer, quand il rattache cet état de désagrégation lui-même à un état d'excitation. « Il faut, pour expliquer la folie, une *excitation,* fait primitif, générateur de tous les phénomènes du délire et de la *désagrégation* moléculaire de l'intelligence [18]. » Ce n'est qu'une question de mots, mais je crois qu'elle a son importance : la désagrégation n'est pas une excitation, c'est une dépression et une faiblesse. C'est une illusion naturelle ; en entendant un fou crier et une hystérique babiller, que de les croire excités. Mais cette rapidité de leurs idées vient de leur impuissance à les coordonner, de la faiblesse avec laquelle ils se laissent aller à toutes les impressions, et laissent s'exprimer toutes les images que le jeu automatique de l'association amène successivement dans leur esprit. C'est une faiblesse de la synthèse psychologique qui laisse les idées se désagréger et se grouper autour de plusieurs centres différents. Quelques observations, en petit nombre malheureusement, nous montrent l'existence d'une semblable faiblesse chez les individus automatiques : ces personnes manifestent leur affaiblissement d'une manière visible, quand il existe au physique comme au moral. « L'abbé Faria remarquait déjà que la faiblesse joue un rôle (dans le sommeil magnétique) et que l'extraction d'une certaine quantité de sang rendait epoptes (somnambules) ceux qui n'avaient aucune disposition antérieure à le devenir [19]. » Les premiers auteurs qui aient décrit l'hystérie remarquaient qu'elle est souvent produite par des saignées très copieuses [20], et M. le Dr Gibert m'a précisément raconté un cas très net dans lequel des hémorragies abondantes ont amené une hystérie convulsive qui n'existait pas auparavant. On peut dire avec M. Féré « que les hystériques sont dans un état permanent de fatigue, de paralysie psychique [21] ». On comprend alors plus facilement que la phtisie, la fièvre typhoïde, la période secondaire de la syphilis et même certaines intoxications amènent des anesthésies, du somnambulisme et de l'automatisme, non pas en lésant tel ou tel nerf, mais en déprimant l'individu au point de vue psychologique aussi bien qu'au point de vue physique, et en le rendant incapable de synthétiser suffisamment ses phénomènes psychologiques.

Peut-être trouverions-nous une vérification inverse de cette supposition dans les phénomènes qui amènent la guérison de certains états automatiques. Il suffit souvent, pour guérir l'hystérie et le somnambulisme, de faire manger le sujet et de le faire dormir. On sait que les hystériques, comme les anémiques, ne mangent pas et n'assimilent pas ; comme dans ces cercles vicieux pathologiques qui sont fréquents, c'est là à la fois le principe et la conséquence de leur mal. Mais si, par des procédés indirects, on arrive à les faire manger et dormir, on les métamorphose. Rose, anesthésique, paraplégique, ayant plusieurs crises tous les jours, était au dernier degré de la désagrégation et de l'affaiblissement moral. J'avais remarqué que le sommeil hypnotique prolongé avait sur elle un bon effet. « Le sommeil hypnotique est à lui seul très réparateur, disait M. Beaunis [22]. » « La somnolence magnétique a des effets sédatifs incontestables », écrivait M. Despine [23]. Je laisse alors ce sujet endormi pendant quatre jours et demi avec l'ordre de ne bouger que pour manger et de manger beaucoup. Le premier jour, elle eut encore des crises, malgré le somnambulisme, mais sans se réveiller ; le second, elle fut très calme, le troisième, elle retrouva le mouvement des jambes et une partie de la sensibilité. Quand je la réveillai, elle semblait presque guérie : malheureusement cette force surajoutée ne dura que quelques jours, et le sujet retomba malade, mais moins fortement. D'après ces raisonnements et ces observations, on peut donc conclure qu'il y a une faiblesse morale particulière consistant dans l'impuissance qu'a le sujet faible de réunir, de condenser ses phénomènes psychologiques, de se les *assimiler*, et, de même qu'une faiblesse d'assimilation du même genre a reçu le nom de misère physiologique, nous proposons d'appeler ce mal moral la misère psychologique.

Cet état de misère psychologique peut exister sous deux formes. Quelquefois elle est constante et durable au moins pendant un certain temps de la vie : la force morale de l'individu n'est pas en rapport avec son âge, avec le nombre de sensations qu'il éprouve et le nombre d'images que sa mémoire renferme, c'est un esprit d'enfant dans un corps de femme. Mais la petite pensée de l'enfant suffisait à coordonner son petit nombre de sensations et de souvenirs ; il était petit, mais non incohérent. L'idiot également a gardé une force psychique d'enfant, mais il a également gardé un petit nombre de sensations et d'images ; il est faible, mais il est assez ordonné et régulier. C'est un administrateur très médiocre, mais à qui il n'a été confié que peu de capitaux, et qui ne peut guère faire de grandes sottises. L'hystérique a des sens subtils qui s'exercent sans cesse et une riche mémoire, où vivent indéfiniment toutes les images du passé et tous les systèmes psychologiques, organisés autrefois, mais elle n'a qu'un pouvoir ordonnateur actuel analogue à celui de l'enfant et de l'idiot : aussi ne sait-elle que faire de sa fortune. Elle oublie, elle jette au hasard des sensations et des souvenirs et les laisse agir à leur guise ; c'est le même administrateur très médiocre, à la tête d'une grande usine, qui oublie ses fonctions et qui laisse les employés et les machines s'amuser et s'affoler sans surveillance. Dans un pareil état psychologique, tous les accidents que nous avons décrits et qui sont la conséquence de l'automatisme des éléments psychologiques, deviennent possibles et fréquents. Mais ils ont un caractère particulier ; ils sont extrêmement changeants. Le même état de misère psychologique, durant sans cesse, permet au jeu automatique des éléments de prendre toutes les formes. Un autre fait caractéristique, c'est qu'il est très facile de modifier artificiellement la nature des accidents ou la forme que l'automatisme prend à tel ou tel moment, car, en raison de sa faiblesse, l'esprit du sujet est d'une *plasticité extraordinaire.*

Supprimer l'existence personnelle que le sujet a en ce moment et la remplacer par une autre, ce n'est pas une chose bien difficile, puisque cette forme d'existence n'est qu'une centralisation très instable d'un petit nombre d'éléments pris presque au hasard au milieu d'un grand nombre d'autres qui ne demandent qu'à agir et à se manifester. On peut produire cette seconde existence ou le somnambulisme de deux façons : 1° en supprimant par une fatigue quelconque la première combinaison psychique actuelle ; le sommeil, l'état chloroformique, la fatigue causée par une fixation prolongée seront de bonnes occasions, pour les autres éléments jusqu'alors incohérents, de se centraliser un peu à leur tour et de prendre l'avantage ; 2° on peut aussi, bien plus simplement, chez les sujets qui ont déjà eu une seconde existence sous une forme quelconque, rêve, crise ou somnambulisme, exciter un des éléments de cet état nouveau qui existe au-dessous de la conscience actuelle. Il suffisait de parler de vipère à Louis V.., ou de grenouilles à une malade du Dr Pitres, pour amener la crise d'hystérie ; il suffit de mettre les bras de Lucie dans la posture de la terreur pour provoquer la grande crise d'hystéro-épilepsie. Ce dernier exemple est d'autant plus curieux que Lucie, qui est anesthésique, ne sent pas consciemment cette position de ses bras, et que c'est bien l'inconscient seul qui est réveillé et excité. Il suffit de presser les points hystérogènes, c'est-à-dire de provoquer une sensation déterminée appartenant aux phénomènes psychologiques de la crise, pour amener l'accès de convulsions. De même, il suffit d'appeler quelques-uns des sujets, qui ont été décrits, du nom que je leur ai donné pendant le somnambulisme, pour amener d'abord un état d'hémi-somnambulisme, puis le somnambulisme complet. Enfin, quand on le voudra, on réveillera à leur tour les éléments qui formaient la veille normale, et l'individu passera ainsi d'une existence à une autre.

Grâce à cet accès facile dans les parties subconscientes de l'esprit, on peut modifier à plaisir tous les accidents de ces individus automatiques. Est-ce là un moyen de les guérir ? Oui, dans un sens ; car supprimer une contracture, détruire une paralysie sont, dans quelques cas, des choses relativement faciles. Mais a-t-on supprimé par là l'état de misère psychologique qui était le point de départ des accidents et qui, dans quelques mois, dans quelques jours peut-être, va en amener d'autres ? Je ne le crois pas. La meilleure preuve que cet état subsiste encore, c'est le somnambulisme lui-même et la suggestibilité. Du moment que vous pouvez guérir le sujet par suggestion, c'est qu'il est encore malade. À quoi tient cette misère psychologique constante qu'il faudrait atteindre ? Très souvent à l'hérédité ; ce n'est pas seulement en psychologie que la richesse et la pauvreté seraient héréditaires. Peut-être à un état d'affaiblissement physique survenu accidentellement, comme dans la convalescence de certaines maladies. Peut-être à d'autres causes morales que nous ne connaissons pas. Sauf des cas très rares, il ne me semble pas que l'on puisse arriver à guérir par suggestion l'état même de misère psychologique qui est une condition essentielle de l'exécution des suggestions. Mais les progrès de la médecine et de la psychologie unies désormais permettront peut-être de mieux comprendre et de mieux traiter cet état maladif.

Cet état de misère psychologique, point de départ de la désagrégation et des idées fixes, peut se présenter d'une autre manière et amener des résultats un peu différents. Cet état, au lieu d'être constitutionnel et permanent, peut être accidentel et passager. Une femme peut être normalement forte et sensée et tomber, à certains moments, dans un état de faiblesse irritable avec la distraction, les anesthésies systématisées et la suggestibilité caractéristiques. Un homme, qui d'ordinaire résisterait à toute idée fausse, peut prendre un esprit étroit et suggestible, dans un état de fatigue, de sommeil ou d'ivresse. L'épuisement consécutif à de grands efforts d'attention, à des travaux intellectuels prolongés, a souvent ce résultat. Une des causes les plus curieuses et les plus fréquentes d'une misère psychologique momentanée, c'est aussi l'émotion, dont la nature est encore si mal connue. L'émotion, on le sait, rend les gens distraits ; bien plus, elle les rend quelquefois anesthésiques soit passagèrement, soit d'une façon permanente. Hack Tuke cite à plusieurs reprises des individus qui sont devenus aveugles ou sourds à la suite d'une forte émotion [24]. J'ai constaté moi-même que, chez des hystériques en voie de guérison, toute émotion subite ramène des anesthésies. En un mot, l'émotion a une action dissolvante sur l'esprit, diminue sa synthèse et le rend pour un moment misérable.

Quels seront les résultats de cette misère accidentelle ? Ils sont bien différents suivant les circonstances : si, pendant cette période malheureuse, le malade n'a été impressionné par aucune sensation anormale, s'il n'a été frappé par aucune idée précise et dangereuse, il va guérir sans aucune difficulté, conservera peu ou point de souvenir de cet état accidentel et restera, pendant le reste de sa vie, parfaitement libre et raisonnable. Que de gens ont eu ainsi des occasions de devenir fous dont ils n'ont pas profité. Mais si, par malheur, une impulsion nouvelle, caractéristique et dangereuse est faite sur l'esprit à ce moment où il est incapable de résister, elle prend racine dans un groupe de phénomènes anormaux, elle s'y développe et ne s'efface plus. C'est en vain que les circonstances fâcheuses disparaissent et que l'esprit essaye de reprendre sa puissance accoutumée, l'idée fixe, comme un virus malsain, a été semée en lui et se développe à un endroit de sa personne qu'il ne peut plus atteindre, elle agit subconsciemment, trouble l'esprit conscient et provoque tous les accidents de l'hystérie ou de la folie. On a amené à l'hôpital une jeune fille de dix-sept ans qui a commencé des crises de terreur parce qu'elle a été suivie la nuit dans les rues par un inconnu au moment de ses époques ; c'est au même moment que Marie a fait les sottises qui ont laissé une si forte marque sur sa vie ; les exemples de ce genre sont innombrables. En voici de plus rares : « Un ecclésiastique de quarante ans, raconte Erasme Darwin, se trouva un jour en compagnie et il but du vin... Étant complètement ivre, il avala le cachet d'une lettre. Un des convives lui dit en plaisantant : « Vous aurez les boyaux cachetés » ; de ce moment, il devint mélancolique et, au bout de deux jours, il refusa de prendre aucune nourriture solide ou liquide. Il répondait que rien ne pouvait passer et il mourut en conséquence de cette fausse idée [25]. » De même, l'impulsion de couper la gorge avec un rasoir, à laquelle il ne pensait pas auparavant, vint au jeune homme dont j'ai parlé, quand, dans un accès de désagrégation et de faiblesse morale, il eut le malheur de toucher un rasoir. C'est pour cela que les idées fixes de ces malheureux sont rattachées à leur profession, aux livres qu'ils ont l'occasion de lire, aux paroles qu'ils entendent dans leurs moments de faiblesse. « C'est l'actualité qui décide des formes de la folie, parce que ce sont les circonstances actuelles qui les provoquent, mais ces idées ne créent ni la folie ni la prédisposition à la folie, elles n'expliquent pas cet état nerveux, cette hyperesthésie physique et morale que l'hérédité a déposée au fond de leur être et qui finit tôt ou tard par emporter et la raison et la conscience [26]. » Nul en effet n'a mieux exprimé que Moreau (de Tours) la nécessité de cet état primordial de faiblesse psychique momentané pour expliquer l'invasion de la folie. « L'idée fixe, répète-t-il sans cesse de toutes les manières, ne survient pas sans raison, c'est le résultat d'une modification profonde, radicale de toute l'intelligence. C'est une faute énorme de psychologie que de la confondre avec l'erreur... Le fou ne se trompe pas, il agit dans une sphère intellectuelle différente de la nôtre qu'on ne peut pas plus redresser que la *veille ne peut redresser les rêves... Les idées fixes sont les parties détachées d'un état de rêve qui se poursuit dans la veille... C'est un rêve partiel...* [27] » « *L'idée fixe est le résultat de cette décomposition intellectuelle, résultat qui persiste, alors même qu'à beaucoup d'égards cette décomposition a cessé et que l'intelligence s'est en quelque sorte recomposée, c'est l'idée principale d'un rêve qui survit au rêve et qui l'a engendrée* [28]. » Il est impossible d'exprimer mieux ce qui nous semble la vérité, et nous souhaitons seulement, par nos études sur la désagrégation mentale et sur la persistance des idées à l'état subconscient, avoir contribué à préciser et à fortifier les théories du grand aliéniste psychologue.

Un autre caractère de ces idées fixes, résultat d'une désagrégation non permanente mais passagère, c'est qu'il est beaucoup plus difficile de les atteindre et de les modifier. Vous faites de la conscience d'une hystérique tout ce que vous voulez, parce qu'elle est *actuellement* dans l'état de misère psychologique qui la rend maniable. Vous ne modifiez pas de la même manière un aliéné, parce que vous ne l'étudiez d'ordinaire que dans la période où son délire est organisé et quand l'intelligence est revenue à un état d'équilibre stable qu'on ne peut déranger. Il faudrait chercher si l'on ne pourrait pas ramener l'individu à l'état psychologique dans lequel le délire a pris son origine. Ainsi, j'aurais essayé d'enivrer une seconde fois le malade d'Erasme Darwin, afin de rechercher si l'on ne pourrait pas, dans une nouvelle ivresse, avoir plus de pouvoir sur l'idée fixe. On pourrait aussi attendre quelquefois des états périodiques qui ramèneraient les conditions initiales du délire. Mais on comprend que, de toutes manières, on se trouve en présence de toutes autres difficultés. Je persiste cependant à croire que la psychologie pathologique, qui fait depuis quelques années ses premiers pas, réserve des secours inattendus pour le soulagement des aliénés.

Nous nous demandions, après toutes nos études sur l'automatisme, si ces phénomènes étaient absolument créés par la maladie. Nous pouvons répondre maintenant qu'ils n'appartiennent pas à une maladie particulière et en quelque sorte spécifique, qu'ils sont tout simplement le résultat d'une sorte de faiblesse que nous avons appelée *la misère psychologique*. Que ces individus manifestent leur maladie de mille manières différentes ; qu'ils fassent parler les tables et évoquent l'âme de Gutenberg, qu'ils ouvrent un hôpital pour chiens malades, ou fassent des conférences contre la vivisection, qu'ils contracturent: leurs membres ou les contorsionnent de toutes façons dans une sorte de délire musculaire ; tout cela ne change pas leur maladie et ne crée pas des phénomènes psychologiques nouveaux. C'est toujours à cause de la même faiblesse, de la même fatigue, qu'ils s'abandonnent sans résistance et laissent se développer indéfiniment tel ou tel groupe de sensations et d'images.

---

1. Myers. *On a telepathic explanation of some so called spiritualistic phenomena*. Proceed. S. P. R, II, 224.
2. Gilles de la Tourette. *Hypnotisme*, 55.
3. Dupau. *Lettres magnétiques*, 1826, 178.
4. Gilles de la Tourette. *Op. cit.*, 173, 285.
5. Despine. *Somnabulisme*, 242.

412

6. Baréty. *Magnétisme animal*, 1887, 4.

7. Fontan et Ségard. *Médecine suggestive*, 37.

8. Cf. Pitres. *Des anesthésies hystériques*, 151.

9. Id, *idid.*, 149.

10. Marie. *Hystérie dans l'intoxication par le sulfure de carbone.* Semaine médicale, Il nov. 1888.

11. Moreau (de Tours). *Haschich*, 141, 117.

12. Cf. Back-Tuke, 159 ; - Moreau (de Tours), 256, 234. - Cullère. *Les frontières de la folie*, 1888, 211.

13. Moreau (de Tours). Ibid., 106.

14. Despine. *Somnambulisme*, 131.

15. Ochorovicz, *Suggestion mentale*, 255.

16. Saint-Bourdin. *Catalepsie*, 93.

17. Moreau (de Tours). Haschich, 36. - Cet auteur emploie déjà dans ce sens ce mot de désa-grégation que nous lui avons emprunté.

18. Id., *ibid.*, 96.

19. Gilles de la Tourette. *Op. cit.*, 20.

20. Cullerre. *Nervosisme et névrose*, 1887, 61.

21. Féré. *Sensation et mouvement*, 21.

22. Beaunis. *Somnambulisme*, 211.

23. Despine. *Somnambulisme*, 251.

24. Hack-Tuke. *Le corps et l'esprit*, 109.

25. Erasme Darkin. *Zoonomie*, IV, 77.

26. Moreau de Tours). *Psychologie morbide*, 126.

27. Moreau (de Tours). *Haschich*, 123.

28. Moreau (de Tours). *Haschich*, 98.

LES FORMES INFÉRIEURES DE L'ACTIVITÉ NORMALE

S i les phénomènes d'automatisme sont uniquement dus à la faiblesse, ils doivent exister chez l'homme normal comme chez le malade : mais, au lieu d'être seuls comme chez celui-ci, ils sont chez celui-là masqués et dépassés par d'autres phénomènes plus complexes. Le riche possède déjà le pain et l'eau du pauvre, mais il a encore autre chose en plus, l'homme bien portant possède l'automatisme du malade, quoi qu'il ait en plus d'autres facultés supérieures. Recherchons rapidement dans la vie normale les faits analogues à ceux que nous avons étudiés et qui semblent être soumis aux mêmes lois.

Quoique le champ de la conscience soit d'ordinaire assez large et nous permette de réunir dans une même perception personnelle un assez grand nombre de phénomènes conscients, il y a cependant des moments où il se restreint au point de nous mettre dans un état analogue à celui de l'individu suggestible et hallucinable. Au moment de disparaître dans un sommeil complet, ou bien au moment où il se reforme après le sommeil, l'esprit passe par une période de rétrécissement naturel et inévitable. C'est le moment *des rêves : chaque* image qui naît isolément dans la conscience se précise quelque peu, pas assez encore pour se manifester par un mouvement bien complet chez un homme qui n'est pas accoutumé à remuer ses membres par des images de ce genre, mais suffisamment pour paraître extérieure et objective comme les hallucinations. Pas plus que le somnambule suggestible, le rêveur ne s'étonne, ne doute de ce qu'il pense ; il subit sans résistance l'automatisme des éléments auxquels son esprit est réduit. Un léger bruit, une lueur, un pli du drap, un état du corps provoquent la suggestion ; la disposition des organes de telle ou telle manière propre à exprimer une émotion ou une passion, donne au rêve sa direction générale, et tout se passe comme dans un automatisme régulier. Nous avons également, même pendant la veille normale, des phénomènes psychologiques qui nous échappent entièrement. On pourrait compter, parmi ces actes qui se passent en dehors de la perception personnelle, les fonctions physiologiques dont personne ne conteste l'intelligence, quoique l'on ne comprenne pas bien à quel être il faut attribuer cette intelligence des organes. Peut-être y a-t-il, comme le disait Liébault, « une remémoration inconsciente pour chaque fonction vitale, le cœur a appris à battre et les poumons à respirer [1] ». « Peut-être y a-t-il en nous un grand nombre d'âmes spinales ou ganglionnaires susceptibles d'habitudes et d'éducation qui dirigent chaque fonction physiologique [2]. » « Il y a peut-être dans la moelle de l'épine dorsale de l'homme des êtres réels d'une plus grande valeur spirituelle que l'âme de la grenouille [3]. » Mais, quoique ces suppositions nous paraissent vraisemblables, elles dépassent assez la portée des observations que nous avons faites, pour que nous évitions de les discuter dans un ouvrage de psychologie expérimentale. Nous nous contenterons de signaler des faits plus connus que la conscience personnelle abandonne à leur développement automatique, ce sont les phénomènes *de la distraction, ceux de l'instinct, de l'habitude et de la passion.*

Nous disons qu'un homme est distrait quand il ne voit pas ou n'entend pas une chose qu'il devrait voir ou entendre, et ensuite quand il accomplit sans le savoir des actes qu'il n'aurait pas consenti à accomplir s'il les avait connus complètement.

Un homme préoccupé chassera une mouche de son front sans la sentir, répondra à des questions qu'il n'a pas entendues, ou, comme Biren, duc de Courlande, qui avait l'habitude de porter à sa bouche des morceaux de parchemin, détruira un important traité de commerce sans le voir [4]. Qui n'a entendu parler des exploits de ces personnages qui, lorsqu'ils parlent à table, versent de l'eau indéfiniment jusqu'à inonder les convives ou continuent à mettre du sucre dans leur tasse jusqu'à la remplir ? les anecdotes de ce genre sont innombrables.

Ce sont les deux caractères, l'anesthésie systématique et l'acte subconscient, que nous avons signalés chez les malades. Seulement la distraction peut provenir chez l'homme bien portant de raisons différentes : tantôt elle est due, comme chez le malade, à un rétrécissement du champ de la conscience due à la fatigue ou à un demi-sommeil : « Journée de misère et d'abattement extrême, écrit Maine de Biran dans ce journal si curieux où il fait sur lui-même des études de psychologie expérimentale, j'ai dîné chez le chancelier, je me suis trouvé dans un état de trouble, d'embarras, de *surdité momenanée...* Je suis *comme* un *somnambule* au milieu de ce monde gai et léger, mécontent des autres parce que je le suis de moi-même [5]. » Mais la même distraction pourra être due à une concentration excessive de la pensée, d'un autre côté, à une grande puissance d'attention qui *sans rétrécir la pensée véritablement* déplace le champ de la conscience. « Je suis presque toujours, écrit encore le même auteur, comme dit M. Deleuze en parlant du somnambulisme, en rapport avec moi-même et je vois trop en dedans pour bien voir au dehors [6]. » Mais, dans l'un et l'autre cas, un certain nombre de phénomènes psychologiques sont abandonnés à eux-mêmes et se développent selon les lois de leur propre automatisme.

Dès que les phénomènes sont ainsi isolés, soit par l'attention extrême, soit par la distraction, ils amènent la rêverie, quelquefois même l'hallucination. On entend dans le bruit des cloches des paroles scandées, on voit les personnages auxquels on pense, ou bien on fait des gestes brusques et l'on parle tout haut. Tous ces réflexes psychiques ont été étudiés ailleurs quand ils étaient isolés et grossis, il suffit de rappeler qu'ils jouent aussi un rôle considérable dans l'attitude et la physionomie de l'homme le plus normal. C'est à des activités de ce genre qu'il faut rattacher les actes instinctifs qui sont assez rares chez l'homme, tandis qu'ils jouent un rôle important chez l'animal. Il est impossible de supprimer la conscience dans l'instinct et d'en faire un pur mécanisme, mais on ne peut pas non plus en faire un acte intelligent et volontaire. C'est bien, comme le disait M. Lemoine [7], quelque chose d'intermédiaire entre le mouvement de la matière brute et celui de la volonté humaine. L'instinct se rapproche entièrement des actes obtenus par suggestion et, de même que ceux-ci n'étaient que la manifestation d'un phénomène de perception, on peut dire que l'instinct c'est l'activité dirigée par des perceptions nettement conscientes chez l'animal et formant même la totalité de son esprit, presque toujours subconscientes chez l'homme dont l'esprit est rempli par des phénomènes plus élevés [8].

L'activité automatique s'est concentrée chez l'homme dans les phéno-mènes *d'habitude ou de mémoire. Nous* ne recherchons pas, comme nous l'avons déjà fait remarquer, si nos souvenirs subsistent toujours en nous d'une manière consciente, ce qui n'est pas invraisemblable, mais ce qui dépasse nos expériences [9]. Reconnaissons seulement que nos habitudes et nos souvenirs amènent des actes, des liaisons d'idées que nous constatons plus que nous ne les produisons réellement, qui sont souvent en dehors de notre conscience et toujours en dehors de notre volonté. Les phénomènes conscients ne sont pas supprimés, car nous pouvons retrouver la conscience des choses que nous conservons dans le souvenir, ou que nous faisons par habitude, mais elle est négligée, comme si ces phénomènes suffisamment exercés pouvaient être sans inconvénient livrés à eux-mêmes. « L'habitude semble émousser l'organe, disait très bien Jouffroy, ou elle l'aiguise ; le fait est qu'elle ne l'aiguise ni ne l'émousse. L'organe reste le même, les mêmes sensations s'y reproduisent, mais lorsque ces sensations sont intéressantes pour l'âme, elle s'y applique et s'accoutume à les démêler ; lorsqu'elles ne le sont pas, elle s'accoutume à les négliger et ne les démêle pas [10]. » Ces idées confiées au souvenir et à l'habitude sont plus nettes quelquefois que celles de la conscience même et pour trouver l'orthographe d'un mot que nous ignorons, nous laissons notre plume écrire automatiquement, à peu près comme le médium interroge son esprit. Cet oubli des phénomènes livrés à la mémoire automatique nous permet de penser consciemment à autre chose pendant qu'ils s'accomplissent tout seuls avec une régularité parfaite. « Je me rappelle, écrit Erasme Darwin, avoir vu cette jeune et jolie actrice qui répétait sa partie de chant, en s'accompagnant du forte-piano sous les yeux de son maître, avec beaucoup de goût et de délicatesse ; j'aperçus sur sa figure une émotion dont je ne pus définir la cause ; à la fin, elle fondit en larmes ; je vis alors que, pendant tout le temps qu'elle avait employé à chanter, elle avait contemplé son serin qu'elle aimait beaucoup, qui paraissait souffrir et qui, dans ce moment, tomba mort dans sa cage [11]. » Que d'actions intelligentes simultanées ; je ne compte pas, comme fait l'auteur, les battements du cœur et les mouvements de la respiration qui continuaient pendant tout ce temps, mais cette personne chantait, s'accompagnait sur le piano ; jouait des deux mains des notes probablement différentes et cependant employait toute son intelligence consciente à suivre les phases de l'agonie de son serin ; les médiums, ni les somnambules, ne nous ont rien montré de plus compliqué. Cette facilité que nous donne l'habitude pour accomplir des actes intelligents sans perception personnelle nous permet de faire de nouveaux progrès et d'employer notre intelligence à des œuvres plus élevées : cet automatisme psychologique est la condition de nos progrès.

L'étude de l'habitude amène si naturellement à la notion des actes automatiques et subconscients, que beaucoup d'auteurs ne peuvent la décrire qu'en se servant de l'hypothèse des deux personnalités simultanées. La description donnée par Condillac est surtout intéressante pour nous. « Ainsi, dit-il, il y a en quelque sorte deux moi dans chaque homme : le moi d'habitude et le moi de réflexion ; c'est le premier qui touche, qui voit, c'est lui qui dirige toutes les facultés animales, son objet est de conduire le corps, de le garantir de tout accident, de veiller continuellement à sa conservation. Le second, lui abandonnant tous ces détails, se porte à d'autres objets. Il s'occupe du soin d'ajouter à notre bonheur, ses succès multipliant ses désirs... Celui-là est tenu en action par les objets dont les impressions reproduisent dans l'âme les idées, les besoins, les désirs, qui déterminent dans le corps des mouvements correspondants nécessaires à la conservation de l'animal. Celui-ci est excité par toutes choses qui, en nous donnant de la curiosité, nous portent à multiplier nos besoins. Mais, quoiqu'ils tendent chacun à un but particulier, ils agissent souvent ensemble. Lorsqu'un géomètre, par exemple, est fort occupé de la solution d'un problème, les objets continuent encore d'agir sur ses sens. Le moi d'habitude obéit donc à leurs impressions : c'est lui qui traverse Paris, qui évite les embarras, tandis que le moi de réflexion est tout entier à la solution qu'il cherche... Le moi d'habitude suffit aux besoins qui sont absolument nécessaires à la conservation de l'animal... La mesure de réflexion que nous avons au-delà de nos habitudes est ce qui constitue notre raison [12]. » Cette description sans doute n'a ici que la vérité d'une métaphore, car les phénomènes conscients qui se développent automatiquement dans l'habitude ne sont pas chez l'homme normal groupés et synthétisés de manière à former un second moi, comme dans l'hémi-somnambulisme ; mais nos discussions précédentes, qu'il est impossible de reprendre ici, nous apprennent que, malgré cette exagération, il y a, dans cette description, plus de vérité que dans l'opinion la plus banale qui fait des phénomènes automatiques et habituels de simples mouvements physiologiques.

La plus curieuse manifestation de l'automatisme psychologique chez l'homme normal est la passion qui ressemble, beaucoup plus qu'on ne se le figure généralement, à la suggestion et à l'impulsion et qui, pendant un moment, rabaisse notre orgueil en nous mettant au niveau des fous. La passion proprement dite, celle qui entraîne l'homme malgré lui, ressemble tout à fait à une folie, aussi bien dans son origine que dans son développement et dans son mécanisme. Tout le monde sait que la passion ne dépend pas de la volonté et ne commence pas quand nous voulons ; pour prendre un exemple, il ne suffit pas de le vouloir pour devenir amoureux. Bien au contraire, l'effort volontaire que l'on essayerait de faire, la réflexion et l'analyse à laquelle on se livrerait, loin d'amener l'amour proprement dit irrésistible et aveugle, nous en écarterait infailliblement et ne ferait naître que des sentiments tout contraires. De même, c'est en vain qu'on s'exciterait soi-même à l'ambition ou à la jalousie ; on aurait beau déclarer ces passions utiles ou nécessaires, on ne pourrait pas les éprouver. Un autre caractère me paraît moins connu et moins analysé par les psychologues, c'est que la passion ne peut commencer en nous qu'à certains moments, lorsque nous sommes dans une situation particulière. On dit ordinairement que l'amour est une passion à laquelle l'homme est toujours exposé et qui peut le surprendre à un moment quelconque de sa vie, depuis quinze ans jusqu'à soixante-quinze. Cela ne me paraît pas exact et l'homme n'est pas toute sa vie, à tout moment, susceptible de devenir amoureux. Lorsqu'un homme est bien portant au physique et au moral, qu'il a la possession facile et complète de toutes ses idées, il peut s'exposer aux circonstances les plus capables de faire naître en lui une passion, mais il ne l'éprouvera pas. Les désirs seront raisonnés et volontaires, n'entraînant l'homme que jusqu'où il veut bien aller et disparaissant dès qu'il veut en être débarrassé. Au contraire, qu'un homme soit malade au moral, que, par suite de fatigue physique ou de travaux intellectuels excessifs, ou bien après de violentes secousses et des chagrins prolongés, il soit épuisé, triste, distrait, timide, incapable de réunir ses idées, déprimé en un mot, et il va tomber amoureux ou prendre le germe d'une passion quelconque à la première et à la plus futile occasion. Les romanciers, quand ils sont psychologues, l'ont bien compris : ce n'est pas dans un instant de gaieté, de hardiesse et de santé morale que commence l'amour, c'est dans un instant de tristesse, de langueur et de faiblesse. Il suffit alors de la moindre chose ; la vue d'un visage quelconque, un geste, un mot qui nous aurait l'instant précédent laissés tout à fait indifférents, nous frappe et devient le point de départ d'une longue maladie amoureuse. Bien mieux, un objet, qui n'avait fait en nous aucune impression, dans un instant où notre esprit mieux portant n'était pas inoculable, a laissé un souvenir insignifiant qui réapparaît dans un moment de réceptivité morbide. Cela suffit, le germe est maintenant semé dans un terrain favorable, il va se développer et grandir.

Il y a d'abord, comme dans toute maladie virulente, une période d'incubation ; l'idée nouvelle passe et repasse dans les rêveries vagues de la conscience affaiblie, puis semble, pendant quelques jours, disparaître et laisser l'esprit se rétablir de son trouble passager. Mais elle a accompli un travail souterrain, elle est devenue assez puissante pour ébranler le corps et provoquer des mouvements dont l'origine n'est pas dans la conscience personnelle. Quelle est la surprise d'un homme d'esprit quand il se retrouve piteusement sous les fenêtres de sa belle où ses pas errants l'ont transporté sans qu'il s'en doute, quand au milieu de son travail il entend sa bouche murmurer sans cesse un nom toujours le même! Ajoutons que toute idée amène des modifications expressives dans tout le corps qui ne sont pas toujours appréciables pour des étrangers, mais que les sens tactiles et musculaires transmettent à la conscience ; quel doit être alors l'énervement d'un esprit, qui sent à tout moment son organisme révolté commencer des actes qui ne lui ont pas été commandés ! Telle est la passion réelle, non pas idéalisée par des descriptions fantaisistes, mais ramenée à ses caractères psychologiques essentiels.

Nous retrouvons en effet ces mêmes caractères dans toute espèce de passion ; pour avoir plus de liberté dans la description, prenons une passion toute particulière et bien connue, celle de la peur. Etes-vous bien portant, intelligent et gai, vous n'êtes pas peureux et les choses que l'on raconte, les dangers qui nous environnent sont appréciés par vous avec calme et sang-froid, vous vous défendez, vous prenez des précautions : c'est là du raisonnement et non de la peur. Mais vous êtes affaibli, triste et malade, et voilà que vous sentez vos jambes qui commencent à fuir, votre cœur qui bat, votre visage qui se glace, vous vous retrouvez, comme le célèbre peureux de Toppfer, en train de regarder sous votre lit ou de fermer pour la vingtième fois la serrure ; c'est alors que vous sentez les angoisses de la peur et une frayeur invincible. Si l'on peut parler d'une autre passion bien plus minime, la passion du tabac chez un fumeur, nous trouvons dans un article de M. Delbœuf une confession qui a toute la valeur d'un document psychologique : : « Le pot à tabac est a quelque distance de moi à sa place habituelle, je le sens qui m'attire. Tout à coup, je me lève et me dirige inconsciemment vers lui. Je m'aperçois de ma faiblesse, je me rassieds et reprends ma lecture. Voilà que machinalement ma main plonge dans ma poche et en tire le cahier à cigarettes. Irrité contre moi, je remets violemment le cahier à sa place [13], etc. » Pas plus que la suggestion, que l'idée fixe ou la folie impulsive, la passion n'est une erreur ; car une erreur existe tout entière dans l'esprit personnel et peut être combattue et détruite par lui, tandis que la passion a son origine en dehors de l'esprit personnel et ne peut être supprimée par des raisonnements. On aura beau nous démontrer d'une manière irréfutable que cet amour est absurde, que cette frayeur est ridicule, nous en serons convaincus, mais nous seront toujours amoureux et effrayés. La passion se guérit quelquefois par sa satisfaction, quand l'idée fixe a amené définitivement l'acte auquel elle correspond, et disparaît par épuisement ; elle peut aussi se guérir par une secousse nouvelle qui bouleverse encore les couches de la conscience et nous permet de reprendre possession des idées émancipées.

Cette description rapide de la passion n'est-elle pas la reproduction exacte de ce que nous avons observé tant de fois chez le fou ou chez l'hystérique qui a reçu une suggestion? Chez eux aussi un état de faiblesse momentanée de la conscience a permis de semer une idée étrangère qui n'est pas intégrée dans leurs jugements et leur volonté ; cette idée se développe sans eux, malgré eux, et leur fait accomplir des actes qu'ils ignorent quelquefois, qu'ils acceptent dans d'autres circonstances et continuent, auxquels ils peuvent peut-être résister plus ou moins, mais qui leur sont toujours étrangers. Nous n'avons vraiment pas besoin de prendre du haschisch comme faisait Moreau (de Tours) pour savoir par nous-mêmes ce qu'est la folie : qui donc peut se vanter de n'avoir jamais été fou ?

Cette action subconsciente de certaines idées pendant la passion est si vraie et si facile à remarquer qu'elle a donné lieu à une quantité d'expressions morales connues dans tous les temps : la lutte « des deux hommes » qui se partagent notre cœur a été décrite dans toutes les religions et dans toutes les philosophies. Mais un charmant auteur, dans les instants de repos que lui laisse son grand « Voyage autour de sa chambre », a tracé une description si parfaite du « système de l'âme et de la bête » que je ne puis résister au plaisir de la rappeler. « Je me suis aperçu, dit-il, par diverses observations, que l'homme est composé d'une âme et d'une bête. - Ces deux êtres sont absolument distincts, mais tellement emboîtés l'un dans l'autre, ou l'un sur l'autre, qu'il faut que l'âme ait une certaine supériorité sur la bête pour être en état d'en faire la distinction... Un jour de l'été passé, je m'acheminai pour aller à la cour. J'avais peint toute la matinée, et mon âme, se plaisant à méditer sur la peinture, laissa le soin à la bête de me transporter au palais du roi. Que la peinture est un art sublime, pensait mon âme, heureux celui que le spectacle de la nature a touché... Pendant que mon âme faisait ces réflexions, *l'autre* allait son train, et Dieu sait où elle allait ! - Au lieu de se rendre à la cour, comme elle en avait reçu l'ordre, elle dériva tellement sur la gauche, qu'au moment où mon âme la rattrapa, elle était à la porte de Mme de Hautcastel, à un demi-mille du palais royal. Je laisse à penser au lecteur ce qui serait arrivé, si elle était entrée toute seule chez une aussi belle dame... Je donne ordinairement à ma bête le soin des apprêts de mon déjeuner ; c'est elle qui fait griller mon pain et le coupe en tranches. Elle fait à merveille le café et le prend même très souvent sans que mon âme s'en mêle, à moins que celle-ci ne s'amuse à la voir travailler... J'avais couché mes pincettes sur la braise pour faire griller mon pain ; et, quelque temps après, tandis que mon âme voyageait, voilà qu'une souche enflammée roule sur le foyer. - Ma pauvre bête porta la main aux pincettes et je me brûlai les doigts. » Il faudrait citer encore tout l'épisode du portrait de Mme de Hautcastel : « Là, ma main s'était emparée machinalement du portrait de Mme de Hautcastel et *l'autre*, s'amusait à ôter la poussière qui le couvrait. Cette occupation lui donnait un plaisir tranquille, et ce plaisir se faisait sentir à mon âme, quoiqu'elle fût perdue dans les vastes pleines du ciel... Toute la figure parut renaître et sortir du néant. Mon âme se précipita du ciel comme une étoile tombante -, elle trouva *l'autre* dans une extase ravissante et parvint à l'augmenter en la partageant... » Et ailleurs encore : « C'est un parfait honnête homme que M. Joanetti (son domestique). Il est accoutumé aux fréquents voyages de mon âme, et ne rit jamais des inconséquences de l'autre ; il la dirige même quelquefois lorsqu'elle est seule : en sorte qu'on pourrait dire alors qu'elle est conduite par deux âmes. Lorsqu'elle s'habille, par exemple, il m'avertit par un signe qu'elle est sur le point de mettre ses bas à l'envers, ou son habit avant sa veste. Mon âme s'est souvent amusée à voir le pauvre Joanetti courir après la folle sous les berceaux de la citadelle, pour l'avertir qu'elle avait oublié son chapeau, une autre fois son mouchoir ou son épée. » Quel meilleur résumé aurais-je pu faire de l'automatisme de nos pensées dans la distraction, l'habitude ou la passion? Décrire davantage ces phénomènes serait renouveler des études déjà faites, tant ils se rapprochent des faits étudiés pendant les maladies et le somnambulisme.

---

1. Liébault. Du *sommeil*, 137.

2. Dr Philips. *Cours de braidisme*, 104.

3. Lotze. *Psychologie physiologique*, 144. - Cf. Lewes, Maine de Biran, *Œuvres inédites*, II, 13. - Hartmann. *Inconscient*, I, 75. - Colsenet. *Inconscient*, 141, etc.

4. Garnier. *Facultés de l'âme*, I, 325.

5. Maine de Biran. *Journal intime*, 242.

6. Maine de Biran. *Journal intime*, 145. - Cf. Ribot. *Psychologie de l'attention*, 115.
7. Lemoine. *Habitude et* instinct, 137, 150.
8. Cf. Espinas. *L'évolution mentale chez les animaux*, Revue philosophique, 1888, I, 20.
9. Cf. Colsenet. Inconscient, 229.
10. Jouffroy. Mélanges *philosophiques*, 229.
11. Erasme Darwin. Zoonomie, I, 332.
12. Condillac. Traité des animaux. Œuvres complètes, 1798, III, 553.
13. Delbœuf. *Le sentiment de l'effort*. Revue philosophique, 1882, II, 516.

2 8

LE JUGEMENT ET LA VOLONTÉ

Ce qui sépare l'homme normal de ces individus à l'esprit affaibli, c'est qu'il possède une autre activité surajoutée à cette activité automatique qu'il a en commun avec eux. L'automatisme forme toute la vie des personnes suggestibles en état de misère psychologique, il n'existe chez nous que dans certains actes inférieurs, habituels ou passionnels ; il est maintenant complété et dépassé par la volonté. Nous n'avons pas à étudier en elle-même l'activité supérieure ou volontaire, nous devons seulement faire constater son existence et montrer en quoi elle se distingue des activités précédentes.

Il est fort difficile, je ne dis même pas d'expliquer la nature de la volonté, mais même de reconnaître et de décrire un acte volontaire, car les psychologues sont loin d'être d'accord sur les signes qui le caractérisent. Une première définition fort simple se trouve fréquemment répétée. « La différence entre un mouvement volontaire et un mouvement involontaire de la jambe, disait Spencer, c'est que, tandis que le mouvement involontaire se produit sans aucune conscience antécédente du mouvement à faire, le mouvement volontaire ne se produit qu'après qu'il a été représenté dans la conscience... [1]. » « La caractéristique subjective que nous avons du mouvement volontaire, écrit Wundt, c'est qu'il est précédé, dans notre conscience, d'une sensation quelconque qui nous paraît comme la cause interne du mouvement [2]. » C'est dans le même sens que beaucoup de physiologistes, comme Bastian, disent qu'un acte volontaire est simplement précédé par l'idée ou la représentation du genre de mouvement à exécuter. Si on admet cette définition, tous les mouvements possibles exécutés par un être vivant seront des mouvements volontaires : ainsi que toutes nos études l'ont démontré, il 'y a pas d'action même chez les somnambules, même chez les cataleptiques, qui ne soit précédée ou mieux accompagnée par la représentation de l'acte à exécuter, car c'est précisément cette représentation qui amène l'action et les mouvements.

Dira-t-on, comme M. Romanes dans son ouvrage sur l'intelligence des animaux, ou comme M. Delbœuf [3], qu'il y a, entre l'idée et l'acte qui la suit, un intervalle de temps plus considérable quand il s'agit d'un acte volontaire que lorsqu'il s'agit d'un acte automatique, et fera-t-on consister la volonté uniquement dans l'hésitation ? Il suffit de remarquer alors que certains actes franchement automatiques, comme ceux que l'on a suggérés aux somnambules, peuvent s'exécuter très lentement, à cause des résistances qu'ils rencontrent. L'hésitation provient simplement de la lutte de plusieurs idées qui s'opposent les unes aux autres avant que la plus forte n'ait triomphé, et cette lutte peut exister dans les actions mécaniques comme dans les autres.

La plupart des psychologues se sont servis alors de la théorie bien connue du sentiment de l'effort : il y a, disent-ils, en nous, un sentiment, particulier, celui de l'effort qui existe dans l'action volontaire et qui n'existe dans aucune autre. « Si c'était une cause étrangère, disait déjà Rey Regis au XVIIIe siècle, qui donnât le mouvement à mon bras.... je ne sentirais pas plus *d'influence ou d'effort* de la part de mon âme que si quelqu'un, de mon consentement s'amusait à le remuer. Or, j'en appelle à l'expérience, si quelqu'un remue mon bras ou si je le remue moi-même, ne sens-je pas quelque chose de tout différent, surtout si je tiens un corps pesant à la main [4] ? » On sait que Maine de Biran et, plus tard, un très grand nombre de philosophes ont fondé toute une philosophie sur cette sensation particulière de l'effort. Je ne crois pas, pour ma part, qu'il y ait encore lieu de discuter cette théorie, après les études de M. William James (The feeling of effort), qui ne me semblait pas avoir été réfutées. Le sentiment particulier dont parle Rey Régis est un ensemble de sensations musculaires qui existent dans tous les mouvements volontaires ou non, mais qui sont toutes particulières quand nous portons nous-mêmes le poids de notre bras et surtout quand nous le chargeons d'un objet.

Mais, dit-on, cet effort est nécessaire avant l'acte. « J'ai beau vouloir le plus sincèrement du monde que mon bras se remue, j'ai beau répéter ma volition, si sincère et si forte qu'elle soit, mon bras restera dans l'inaction jusqu'à ce que je lui applique moi-même la force motrice par un effort particulier [5]. » Cela revient à dire : chaque individu met son bras en mouvement par des images particulières, musculaires chez l'un, visuelles chez l'autre ; s'il arrive, d'une manière qui reste d'ailleurs toujours assez vague, à se représenter le mouvement de ses membres avec d'autres images, il n'y aura pas de mouvement réel au moins dans le membre auquel il pense. Une hystérique, qui ne sait remuer ses jambes que par l'image du sens kinesthésique, est paralysée quand elle perd ces images ; si elle se représente ce mouvement par des images visuelles, elle aura des mouvements des paupières, des yeux, de la poitrine ou des bras, etc., mais non de la jambe. En un mot, que l'idée d'un mouvement soit représentée d'une manière précise et par les images convenables, et ce mouvement s'exécutera de la même manière, qu'il s'agisse d'un acte volontaire ou d'un acte automatique.

L'acte volontaire ne pouvant pas s'intercaler entre l'idée et le mouvement qui sont toujours indissolublement unis, c'est dans l'idée elle-même, dans le phénomène intellectuel proprement dit qu'il faut le chercher. « Ce qui permet d'établir, entre les formes du vouloir, des différences saisissables, c'est le fait incontesté de leur correspondance avec les formes de la représentation ; celles-ci sont beaucoup plus distinctes que celles-là, ou plutôt elles sont seules distinctes : ce sont elles qui donnent leur couleur aux actes centrifuges par eux-mêmes indéterminés [6]. « Les actes automatiques nous ont présenté deux degrés de perfection correspondant à deux degrés dans les phénomènes intellectuels, soit qu'ils fussent l'expression de simples sensations ou d'images isolées, soit qu'ils correspondissent à des perceptions déjà plus complexes et plus variables. Pour qu'il y ait des actes élevés au-dessus de ces derniers actes automatiques, il faut qu'il y ait, dans l'intelligence, des phénomènes de connaissance supérieurs aux perceptions elles-mêmes.

Nous sommes disposés à croire, quant à nous, que *les jugements ou idées de rapports* sont, dans l'intelligence, des phénomènes différents des sensations, des images et des perceptions, qui ne sont que des groupes d'images associées entre elles. L'idée de ressemblance, par exemple, n'est pas une sensation, ni une image, car elle n'est ni rouge, ni bleue, ni chaude, ni sonore ; elle n'est pas non plus un groupe d'images, car une addition de ce genre formerait une image nouvelle et la ressemblance ne peut en aucune façon être représentée. Cette idée surgit à propos des termes présentés par les sens ou représentés successivement par l'association et la mémoire, mais elle ne semble pas être de même nature. La ressemblance à laquelle je pense en voyant Pierre et Paul n'est identique ni à Pierre ni à Paul ; la vérité, la beauté, la moralité sont, dans mon esprit, quelque chose de différent des objets eux-mêmes à propos desquels j'ai ces conceptions : le jugement esthétique n'est pas identique à une mosaïque de sensations agréables juxtaposées. Que l'on appelle ces phénomènes nouveaux des réflexions, comme fait Maine de Biran [7], ou des aperceptions, comme les nomme Wundt après Leibniz, ou simplement des jugements, peu importe, pourvu qu'on ne les confonde pas avec des phénomènes psychologiques tout différents. Sans doute, je n'ai pas la prétention de traiter ici incidemment la théorie du jugement qui forme, à mon avis, le point capital de la psychologie contemporaine, celui qui sépare le plus les psychologues d'aujourd'hui. Je ne fais que répéter les conclusions brillamment soutenues par plusieurs auteurs et en particulier par M. Rabier. Mais je remarque seulement que si l'on efface cette distinction du jugement et de l'image, on supprime par là même toute séparation possible entre les actes volontaires et les actes automatiques, car les actes volontaires sont précisément ceux qui sont déterminés par des jugements et des idées de rapport.

Nous accomplissons journellement des actes absolument identiques à ceux que nous avons fait accomplir par suggestion à nos somnambules, et cependant nous disons que nos actes sont volontaires et les leurs automatiques : c'est qu'il y avait dans notre esprit quelque chose de plus que dans le leur au moment de l'accomplissement de l'acte. Comme elles, nous avons, dans la pensée, l'image représentative de l'acte à exécuter, mais elles l'exécutent uniquement parce qu'elles en ont l'image en tête, et nous l'exécutons parce que nous *jugeons* en plus qu'il est *utile ou nécessaire*. Le sujet copie automatiquement le mouvement de mon bras et moi je copie volontairement un dessin : c'est que le sujet fait l'acte uniquement parce qu'il pense à l'image de cet acte et sans juger qu'il fait un acte semblable au mien ; moi, je copie en pensant à la *ressemblance* et à cause d'elle. « Au lieu d'agir semblablement dans les cas semblables, disait M. Fouillée, par un pur automatisme sans aucune conscience de la similitude comme la bête, il agira semblablement dans les cas semblables avec conscience de la similitude, c'est-à-dire avec un sentiment de la ressemblance assez fort pour être réfléchi et aperçu [8]. » Le sujet prononce telles paroles simplement parce qu'elles traversent son esprit sans songer à autre chose ; nous, nous parlons ainsi parce que nous jugeons que cela est vrai. En un mot, sans nous préoccuper de la nature des jugements ni de la manière dont ils déterminent l'action, nous disons seulement qu'il n'y a d'activité volontaire que lorsqu'ils interviennent.

Comment le jugement détermine-t-il l'activité ? Est-ce de la même manière que les images et les perceptions, en se traduisant nécessairement au dehors par un mouvement particulier ? Cela ne semble guère intelligible. L'idée de ressemblance, de beauté ou de vérité n'est liée en réalité avec aucun mouvement déterminé. En effet, il ne faut pas dire trop facilement, comme certains auteurs, que l'idée d'un rapport est liée avec les mouvements d'articulation d'un certain mot. S'il en était ainsi, une idée de rapport ne pourrait jamais provoquer d'autres actes que des paroles, et nous savons qu'elle peut déterminer un acte quelconque. D'ailleurs les paroles sont déterminées par les images visuelles ou auditives du mot « ressemblance » et non par l'idée de rapport qu'il exprime. Il me semble plus juste de dire que les idées de rapport ne sont pas motrices par elles-mêmes, mais qu'elles arrêtent et réunissent dans l'esprit, en un mot, qu'elles synthétisent d'une manière nouvelle un certain nombre d'images véritables qui ont elles-mêmes le pouvoir moteur. L'effort volontaire consisterait justement dans cette systématisation, autour d'un même rapport, des images et des souvenirs qui vont ensuite s'exprimer automatiquement. La faiblesse de synthèse que nous avions reconnue chez les malades ne leur permet même pas complètement les synthèses élémentaires qui forment les perceptions personnelles, à plus forte raison, ne leur permet-elle pas ces synthèses plus élevées qui sont nécessaires à l'activité volontaire. Les auteurs qui ont fait une étude si complète sur le mécanisme par lequel l'attention se développe et se conserve n'ont peut-être pas insisté suffisamment sur ce rôle du jugement dans l'attention : car c'est son intervention qui, à notre avis, caractérise la véritable attention volontaire. En un mot, il ne nous semble pas qu'il y ait lieu d'établir de grandes différences entre l'activité volontaire et la croyance volontaire. Des deux côtés, un jugement intelligent sert à conserver dans l'esprit, parce qu'il les réunit fortement, des images différentes qui s'exprimeront ensuite dans un cas par des actes, dans l'autre par de simples paroles.

Quoi qu'il en soit de ce mécanisme de l'activité volontaire déterminée par le jugement, elle possède des caractères particuliers. Elle présente d'abord une unité et une harmonie bien plus grande que l'activité automatique : celle-ci, en effet, provenant d'une synthèse assez faible qui ne réunit qu'un petit nombre d'images, ne se prolonge pas longtemps dans le même sens, elle manifeste une perception, puis une autre qui n'a aucun rapport avec la première, elle paraît dans son ensemble très incoordonnée et variable. A-t-on jamais donné à une somnambule une suggestion dont l'exécution se prolongeât continuellement pendant quinze jours ? Au contraire, il n'est rien de plus fréquent qu'une résolution volontaire, celle de faire un livre ou de mener à bien une entreprise se prolongeant pendant des années. D'ailleurs, un des principaux jugements est celui d'unité que nous appliquons, à tort ou à raison, à nos propres phénomènes psychologiques. Nous remarquons notre unité et nous l'augmentons, parce que nous l'avons remarquée. Tandis que l'activité automatique entraîne l'homme au travers de plusieurs existences psychologiques différentes, l'activité volontaire tend à faire régner l'unité dans notre esprit et tend à rendre réel l'idéal des philosophes, l'âme une et identique.

Tant que l'action n'est déterminée que par des images, elle est nécessairement individuelle et intéressée, car une perception, une image est toujours un phénomène déterminé, individuel, qui n'a pas d'existence ni de valeur en dehors de lui-même. Celui qui cède « au vertige de la représentation [9] » a une action de même nature étroite et personnelle, comme la sensation même qui lui donne naissance. Mais les idées de rapports sont d'autre nature : elles seules sont susceptibles de généralité, car elles peuvent rester les mêmes et s'appliquer cependant à des termes nombreux et différents. L'activité déterminée par de semblables idées s'élargit : quoique composée d'éléments qui, en eux-mêmes, sont des phénomènes particuliers, elle a dans la forme, dans la direction commune imposée à tous ces mouvements, un sens et une portée générale. De même que chaque syllabe que prononce un orateur est un phénomène particulier, mais que sa phrase est une conception universelle, de même l'action qui amène une découverte scientifique, qui réalise une œuvre d'art, participe en quelque chose à l'universel. Un acte automatique n'a point de valeur en dehors de lui-même, un acte volontaire peut devenir beau, vrai et moral, et « à son plus haut degré, comme dit un de nos grands philosophes, se confondre avec la volonté de l'universel et avec la moralité [10]. »

Enfin l'acte automatique est rigoureusement déterminé, parce qu'il est l'expression brutale, sans aucune modification, des phénomènes qui existent actuellement dans l'esprit du sujet. Qu'il dépende d'une seule image isolée ou qu'il soit la résultante d'un grand nombre de phénomènes, de toute une situation psychologique, il a un degré de complexité différent, mais il est tout aussi déterminé et peut être aussi facilement calculé. Mais quand il est la conséquence d'un jugement et d'une idée générale, il acquiert une véritable indépendance. Sans doute, il est toujours la traduction du jugement lui-même, car jamais un mouvement n'est indépendant de l'idée, puisque ce sont deux choses identiques, ou mieux, la même chose considérée à des points de vue différents. Mais ce jugement lui-même n'était pas contenu dans les images précédentes et dans la situation psychologique donnée. Il est un phénomène nouveau et inattendu, comme la conscience elle-même, apparaissant au milieu des phénomènes de mouvement mécanique, et, par rapport à eux, il est quelque chose d'indéterminé et de libre. C'est parce que l'acte est intelligent et moral qu'il devient libre. Il n'y a rien de plus libre, je ne dis pas d'une manière absolue ce qui ne signifie rien, mais relativement à la raison et à la science humaine, que ce qui ne peut pas être prévu, que ce dont la prévision est incompréhensible pour nous.

Une grande découverte scientifique qui bouleverserait la science ne peut pas être prévue par la science actuelle, puisque, par définition, elle en est la négation. Une découverte de ce genre est quelque chose d'original, de nouveau, qui n'existait pas antérieurement. C'est, sinon dans sa matière, mais au moins dans sa forme et dans la nouvelle synthèse imposée aux éléments, une véritable création ex *nihilo*. Or cette idée n'existe que lorsqu'elle est réalisée dans le livre, dans l'œuvre d'art, ou dans l'acte moral. C'est une illusion des esprits faibles que de croire sentir au fond de leur cœur des idées sublimes qu'ils ne peuvent réaliser. Si leur idée était déterminée, si elle existait réellement, leurs membres se remueraient d'eux-mêmes pour l'exécuter. L'acte d'un homme de génie n'est-il pas ce qu'il y a de plus libre au monde ? Dans la mesure où l'homme est capable de concevoir par lui-même une idée personnelle qui ne soit pas donnée dans les sensations qu'il reçoit, et dans les associations antérieurement faites, il s'approche du génie et de la liberté.

~

CONCLUSION

Comment un psychologue comme Moreau (de Tours) a-t-il pu écrire cette phrase étonnante : « En devenant idiot, un sujet passe par un état psycho-cérébral qui, en continuant de se développer, devrait en faire un homme de génie [11]. » Comment a-t-il pu croire que les maladies du système nerveux et la folie même favorisaient puissamment le développement de l'intelligence [12] ? C'est probablement à cause de ce mot « excitation » qu'il emploie sans cesse pour désigner la folie. Non, quelles que soient les analogies dans les circonstances extérieures, la folie et le génie sont les deux termes extrêmes et opposés de tout le développement psychologique. Toute l'histoire de la folie, comme l'a soutenu Baillarger et après lui beaucoup d'aliénistes, n'est que la description de l'automatisme psychologique livré à lui-même, et cet automatisme, dans toutes ses manifestations, dépend de la faiblesse de synthèse actuelle qui est la faiblesse morale elle-même, la misère psychologique. Le génie, au contraire, est une puissance de synthèse capable de former des idées entièrement nouvelles qu'aucune science antérieure n'avait pu prévoir, c'est le dernier degré de la puissance morale. Les hommes ordinaires oscillent entre ces deux extrêmes, d'autant plus déterminés et automates que leur force morale est plus faible, d'autant plus dignes d'être considérés comme des êtres libres et moraux que la petite force morale qu'ils ont en eux et dont nous ignorons la nature grandit davantage.

---

1. Spencer. *Psychologie*, 1, 539.
2. Wundt *Psychologie physiologique*, I, 23.
3. *Revue philosophique*, 1881, II, 516.
4. D'après Paul Janet. *Revue philosophique*, 1882, II, 370.
5. Rey Regis. *Revue philosophique*, 1882, II, 372.
6. Espinas. *L'évolution mentale chez les animaux*, Revue philosophique, 1888, 1, 20.
7. Maine de Biran. *Œuvres inédites*, II, 225.
8. Fouillée. *Sensation et pensée*, Revue des Deux-Mondes, 15 juillet 1887, 409.
9. Renouvier. *Psychologie*, II, 360.
10. Fouillée. *Liberté*, 228.
11. Moreau (de Tours). *Psychologie morbide, 71.*
12. Id. *Ibid., 463.*

CONCLUSIONS GÉNÉRALES

On rencontre des difficultés toutes particulières et on s'expose à de grands dangers quand on essaye de tirer les conclusions générales de ces longues études expérimentales. Les faits étranges que l'on a passés en revue, les théories séduisantes que l'on a entrevues à propos de tel ou tel problème, semblent nous engager dans les hypothèses les plus aventureuses de la philosophie. Les spéculations des anciens auteurs hylozoïstes sur la vie universelle et la conscience partout répandues, les théories plus modernes sur la persistance des idées dans la mémoire et sur le caractère indestructible de la pensée, ne se rattachent-elles pas d'une manière bien étroite à nos expériences sur la catalepsie, la suggestion thérapeutique et les actes subconscients ? Mais aborder ces suppositions, quelque séduisantes qu'elles soient, serait sortir entièrement de la méthode que nous nous sommes engagés à suivre et passer, comme disait l'ancienne logique, d'un genre dans un autre. Un des grands mérites de ces nouvelles études de psychologie, quoique cela paraisse singulier, c'est qu'elles sont susceptibles d'erreur. On peut démontrer d'une manière rigoureuse, et on le fera sans doute pour beaucoup de ces études, l'inexactitude involontaire de telle ou telle observation, l'erreur de telle ou telle interprétation. C'est là un mérite et un avantage : il y a une satisfaction pour l'esprit à constater que l'on s'est trompé sur un point, car cela donne l'espoir d'avoir pu ou de pouvoir, sur quelque autre, entrevoir la vérité. Les hypothèses générales de la philosophie ne sont pas susceptibles d'erreur. Qui donc a réfuté ou pourra jamais réfuter le spiritualisme ou le panthéisme de manière à faire disparaître l'hypothèse comme inutile ? C'est pour cela qu'il ne faut pas nous engager dans ces théories qui sont par leur nature au-dessus et en dehors de toute discussion précise.

Cependant la synthèse étant, comme nous l'avons vu, le principal mérite des travaux intellectuels, il est nécessaire de synthétiser toutes les études contenues dans ce livre. Les hypothèses générales sont de simples résumés, des symboles qui représentent plus ou moins bien l'état momentané d'une question et le degré où l'on s'arrête dans l'interprétation des phénomènes. Quoique les quelques propositions que nous allons expliquer nous semblent vraisemblables, elles ne doivent être considérées que comme des hypothèses peut-être momentanées et transitoires.

Au début des travaux de psychologie, les philosophes insistèrent sur une remarque, juste en général, nécessaire peut-être la séparation radicale de l'esprit et du corps. Cette conception, qui avait sa raison d'être, fut très utile à un certain moment et contribua puissamment à fonder les études de psychologie ; mais elle avait aussi ses exagérations et ses dangers. Les inconvénients de cette hypothèse se manifestèrent d'abord dans la métaphysique, et la difficulté d'expliquer l'action réciproque de l'âme et du corps força les philosophes à construire les systèmes les plus bizarres. En présence des difficultés et quelquefois des absurdités de ces théories, la philosophie modifia peu à peu sa conception primitive et, sous l'influence de Leibniz, puis sous celle de Kant, rapprocha singulièrement les deux natures qu'elle avait crues inconciliables. Ce mouvement est tout naturel et se rattache parfaitement aux lois générales de l'intelligence. Pour comprendre les choses, il faut commencer par les séparer : la *discrimination* est le premier pas de la science ; mais, séparer, ce n'est pas comprendre, il faut ensuite réunir, synthétiser les termes différents qu'on a distingués et établir cette unité dans la diversité, qui est proprement l'œuvre de l'esprit humain.

Ce progrès, qui s'est effectué plus ou moins dans la métaphysique de l'âme et de la matière, ne me semble pas avoir été aussi complet jusqu'à présent dans la science de l'esprit et du corps. Dans la science, en effet, la séparation avait été aussi complète entre les deux catégories de phénomènes psychologiques et physiologiques qu'elle l'avait été entre les deux espèces d'êtres distingués par les métaphysiciens. Cette séparation avait pris une forme particulière, c'était l'antagonisme entre les idées, les sentiments, d'une part, et le mouvement physique des organes, de l'autre, au lieu d'être l'opposition entre la pensée et l'étendue. Les difficultés cependant n'avaient pas tardé à survenir et avaient forcé les psychologues, comme précédemment les philosophes cartésiens, à inventer toutes sortes d'intermédiaires entre les faits que l'on avait séparés. Les théories de la faculté motrice, de l'effort musculaire, et même de la volonté me paraissent, dans la science, des suppositions absolument parallèles aux fameuses hypothèses du médiateur plastique, des causes occasionnelles ou de l'harmonie préétablie, dans la métaphysique. Ces intermédiaires cependant ne furent pas suffisants et, de plus en plus, on constate le rôle de l'activité et même du mouvement dans la pensée, et réciproquement le rôle de la pensée au mouvement. Peut-on exposer aujourd'hui une théorie de l'activité physique, instinctive, habituelle ou volontaire, sans y mêler perpétuellement toutes les théories de l'intelligence ? Peut-on parler de l'intelligence, de la perception et de l'attention, sans y mêler sans cesse la notion des mouvements corporels ? Une théorie de l'intelligence pure, indépendante de l'organisme et du mouvement, n'est plus possible aujourd'hui, et bientôt une théorie de l'organisme purement mécanique sans intervention de la conscience sera également insoutenable. On ne peut plus considérer la psychologie et la physiologie comme indépendantes, on ne peut faire de l'une un appendice insignifiant de l'autre ; il faut avouer qu'il y a, entre ces deux sciences, des rapports particuliers qui n'existent entre aucune autre, et qu'en se plaçant à des points de vue différents, elles font toutes deux des descriptions parallèles d'une seule et même chose.

En restreignant cette question générale, en étudiant non pas tous les organes, mais seulement les mouvements des membres, des organes de relation, nous avons apporté notre contribution à l'établissement de cette théorie moderne ; nous avons essayé de montrer l'union complète, l'inséparabilité absolue des phénomènes de sentiment et de pensée et des phénomènes de mouvement physique chez des êtres organisés. D'un côté, nous avons montré que tout mouvement des membres chez un être vivant, si simple que soit ce mouvement, était accompagné par un phénomène de conscience. Qu'il s'agisse des poses des membres, des attitudes, des convulsions dans certains états de crise ou de maladie, quand le sujet semble insensible et réduit à l'état de machine, ou qu'il s'agisse des mouvements involontaires, de contracture persistante chez un sujet actuellement conscient d'autre chose et qui soutient ne pas les connaître, toujours on peut légitimement supposer et quelquefois démontrer l'existence de phénomènes de conscience, simples sans doute, mais réels, durant autant que le mouvement lui-même. D'un autre côté, nous croyons avoir montré que, si l'on fait naître dans l'esprit d'une personne un phénomène psychologique quelconque, une sensation, une hallucination, une croyance, une perception simple ou complexe, on provoque infailliblement un mouvement corporel correspondant qui varie en complexité comme le phénomène psychologique lui-même.

Inversement, si nous examinons ou si nous produisons diverses suppressions du mouvement, quand le sujet, par exemple, devient incapable de faire tel acte déterminé ou de dire telle parole, ou bien quand il est affecté d'une paralysie complète, nous constatons qu'il y a, en même temps, dans la conscience, un vide particulier, la perte d'une image ou une amnésie, la perte d'une sensation ou une anesthésie. Enfin, quelles que soient les modifications que le mouvement extérieur semble éprouver, qu'il devienne précis ou vague, complexe ou incoordonné, régulier ou très variable, toujours il y a dans l'esprit une modification correspondante. L'activité instinctive correspond aux sensations et aux perceptions, l'activité habituelle ne doit pas être séparée de la mémoire, l'activité volontaire n'existe pas sans le jugement. En un mot, à quelque point de vue que l'on se place, il n'y a pas deux facultés, une, celle de la pensée, l'autre, celle de l'activité, il n'y a, à chaque moment, qu'un seul et même phénomène se manifestant toujours de deux manières différentes.

Comment cette unité, malgré la diversité apparente des deux choses, est-elle possible ? Je crois que les théories actuelles de la connaissance et de la science nous en donnent facilement la raison. Il s'agit d'une même chose qui est connue et étudiée de deux manières différentes. Un phénomène que je considère à l'extérieur, grâce à mes organes des sens, et que j'interprète par les règles et les habitudes de ma pensée, ne peut pas avoir le même aspect que si je le considère en moi-même par la conscience. La différence des points de vue, des procédés, des méthodes d'investigation est si grande, qu'elle suffit pour expliquer les différences apparentes qui nous avaient égarés. Ces différences ne doivent pas être supprimées sans doute, puisqu'elles résultent d'une opposition réelle entre nos procédés de connaissance, et l'étude physiologique du mouvement extérieur ne doit pas être identifiée avec l'étude psychologique de la pensée qui l'accompagne ; chacune de ces études a son rôle et son importance, et, suivant les points que l'on considère, l'une ou l'autre de ces sciences a le plus d'avance. Qui s'avisera de faire la théorie psychologique de la digestion ou la théorie physiologique du syllogisme ? Mais cela n'empêche pas que ces sciences ne soient parallèles et n'aient entre elles des relations qu'aucune autre science ne peut avoir, car elles étudient le même objet à deux points de vue différents. La connaissance de l'homme, cela est certain, ne serait complète, dans une science idéale, que si chaque loi psychologique trouvait son pendant dans une loi physiologique. Dans la marche vers cet idéal, les deux sciences se secourent mutuellement et, suivant qu'elle est, sur un point, plus avancée, l'une des deux sciences donne des indications et des directions à l'autre. Dans l'étude qui nous occupe, celle des mouvements de relation, il semble qu'aujourd'hui ce soit, pour un moment, la psychologie qui ait la prééminence, et les physiologistes eux-mêmes, on doit le remarquer comme un fait important, n'ont cru pouvoir expliquer les actes des somnambules qu'ils observaient qu'en faisant appel à des lois psychologiques.

Laissons donc de côté les phénomènes physiques, passons à la psychologie pure et cherchons dans ses lois l'explication de l'activité particulière et automatique que nous avons voulu étudier. Les choses semblent se passer comme s'il y avait dans l'esprit deux activités différentes qui tantôt se complètent l'une l'autre et tantôt se font obstacle : considérons chacune de ces activités séparément.

Comme le disaient les anciens philosophes, être c'est agir et créer, et la conscience, qui est au suprême degré une réalité, est par là même une activité agissante. Cette activité, si nous cherchons à nous représenter sa nature, est avant tout une activité de synthèse qui réunit des phénomènes donnés plus ou moins nombreux en un phénomène nouveau différent des éléments. C'est là une véritable création, car, à quelque point de vue que l'on se place, « la multiplicité ne contient pas la raison de l'unité [1], » et l'acte par lequel des éléments hétérogènes sont réunis dans une forme nouvelle n'est pas donné dans les éléments. Au moment où, pour la première fois, un être rudimentaire réunit des phénomènes pour en faire la sensation vague de douleur, il y eut dans le monde une véritable création. Cette création se répète pour chaque être nouveau qui réussit à former une conscience de ce genre, car, à proprement parler, la conscience de cet être qui vient de naître n'existait pas dans le monde et semble sortir du néant. La conscience est donc bien par elle-même, dès ses débuts, une activité de synthèse.

Il est impossible de dire quels sont les premiers éléments qui sont ainsi combinés par la conscience. De même que la physiologie trouve l'organisation dans tous les éléments du corps organisé, la psychologie trouve déjà une organisation et une synthèse dans tous les éléments de la conscience auxquels elle peut remonter. Mais ce qui est certain, c'est qu'il y a des degrés d'organisation et de synthèse de plus en plus complexes. Les petites synthèses élémentaires sans cesse répétées deviennent les éléments d'autres synthèses supérieures. Étant plus complexes, ces nouvelles synthèses sont bien plus variées que les précédentes ; quoique en restant toujours des unités, elles sont des unités qui ont des qualités différentes les unes des autres. De même que les êtres composés d'une seule cellule sont tous pareils et que les êtres composés de plusieurs cellules commencent à prendre des formes distinctes, les consciences vagues de plaisir et de douleur deviennent peu à peu des sensations déterminées et d'espèces différentes. Chaque sensation est ainsi un tout, un composé, dans lequel des éléments de conscience correspondant eux-mêmes à des mouvements très simples ont été combinés. Il ne faut pas dire qu'un enfant apprend à sentir telle sensation, qu'il apprend ensuite à faire le mouvement complexe correspondant ; il a appris les deux choses en même temps, et la coordination des mouvements s'est faite en même temps que l'organisation des éléments de la sensation.

Ces sensations à leur tour s'organisent en des états plus complexes que l'on peut appeler des émotions générales ; celles-ci s'unifient et forment, à chaque moment, une unité particulière qu'on appelle l'idée de la personnalité, tandis que d'autres combinaisons formeront les différentes perceptions du monde extérieur.

Certains esprits vont au-delà, synthétisant encore ces perceptions en jugements, en idées générales, en conceptions artistiques, morales ou scientifiques. Sans doute, nous sommes frappés alors de l'activité créatrice de l'esprit ; nous ne croyons pas que les hautes synthèses scientifiques faites par quelques hommes de génie leur aient été données dans les éléments fournis par les sensations. Nous savons bien que des générations d'hommes ont possédé ces mêmes faits, ces mêmes éléments, et n'ont pas réussi à les coordonner et nous disons que le génie est créateur. Mais la nature de la conscience est toujours la même et l'enfant qui, pour la première fois, avait construit en lui la plus faible des émotions artistiques ou religieuses, avait également accompli pour son propre compte une découverte et une création. « La perception n'est pas quelque chose de différent de l'association, disait M. Fouillée ; c'est toujours l'introduction d'un courant supérieur de force irrésistible qui se subordonne tout le reste et emporte tout dans son cercle propre... [2] » Comment, par quels progrès lents, la conscience effectue-t-elle de pareilles synthèses, dans quel ordre passe-t-elle de l'une à l'autre ? Ce sont des choses que nous n'avons pas recherchées dans cet ouvrage, car nous avons toujours supposé que cette première activité avait déjà fait son œuvre, et nous avons toujours étudié les conséquences de son travail.

Il y a en effet, dans l'esprit humain, une seconde activité que je ne puis mieux désigner qu'en l'appelant une activité *conservatrice*. Les synthèses une fois construites ne se détruisent pas ; elles durent, elles conservent leur unité, elles gardent leurs éléments rangés dans l'ordre où ils l'ont été une fois. Dès que l'on se place dans les circonstances favorables, on voit les sensations ou les émotions se prolonger avec tous leurs caractères aussi longtemps que possible. Bien mieux, si la synthèse précédemment accomplie n'est pas donnée complètement, s'il n'existe encore dans l'esprit que quelques-uns de ses éléments, cette activité conservatrice va la compléter, va ajouter les éléments absents dans l'ordre et de la manière nécessaires pour refaire le tout primitif. De même que l'activité précédente tendait à créer, celle-ci tend à conserver, à répéter. La plus grande manifestation de la première était la synthèse, le grand caractère de celle-ci est l'association des idées et la mémoire. « C'est la contre-partie mentale de la grande loi du mécanisme, la conservation de la force. Cette loi, en effet, veut que tout mobile persévère dans son mouvement, tant qu'une autre force ne l'en détourne pas, et qu'il suive toujours la ligne de la moindre résistance. Une première expérience a réuni, dans l'esprit de l'enfant, la brûlure à la flamme, et produit ainsi une certaine direction de la pensée en même temps que de l'action ; nous avons ainsi en faveur de la direction flamme-brûlure une force positive et pas d'autre en sens contraire [3]. »

Ce sont les conséquences de cette loi générale de conservation et de reproduction que nous avons examinées dans ce travail. Nous avons vu les sensations durer et maintenir les éléments qui les constituaient, nous avons vu les émotions se reproduire et maintenir les mouvements et les expressions de la physionomie qui en étaient les parties constituantes. Un élément d'une mémoire particulière et d'une personnalité complexe étant donné, toute la mémoire et toute la personnalité se reproduisait. Suivant que l'on amenait ainsi les éléments de telle ou telle synthèse antérieurement constituée, on faisait alterner les consciences et les existences personnelles. Enfin, quand le sujet avait appris le sens des paroles et compris le langage, on provoquait, en se servant des synthèses effectuées autrefois, tous les actes, toutes les pensées, on faisait naître tous les phénomènes psychologiques dans un ordre régulier et facile à prévoir. Ceux qui ne veulent voir qu'un côté de l'esprit peuvent évidemment s'arrêter à cet automatisme que nous avons décrit avec détails, mais, pour nous, cet automatisme n'est que la conséquence d'une autre activité toute différente, qui, agissant autrefois, l'a rendu possible aujourd'hui et qui, d'ailleurs, l'accompagne encore presque toujours.

En effet, ces deux activités subsistent ordinairement ensemble tant que l'être est vivant ; de leur bon accord et de leur équilibre dépendent la santé du corps et l'harmonie de l'esprit. De même que dans un état politique, l'activité novatrice et l'activité conservatrice doivent se régler et se limiter mutuellement, de même, dans l'esprit, l'activité actuelle, capable de comprendre de nouvelles synthèses et de s'adapter à de nouvelles conditions, doit faire équilibre à cette force automatique qui veut maintenir immuables les émotions et les perceptions du passé. Quand l'esprit est normal, il n'abandonne à l'automatisme que certains actes inférieurs qui, les conditions étant restées les mêmes, peuvent sans inconvénient se répéter, mais il est toujours actif pour effectuer à chaque instant de la vie les combinaisons nouvelles qui sont incessamment nécessaires pour se maintenir en équilibre avec les changements du milieu. Cette union des deux activités est alors la condition de la liberté et du progrès.

Mais que l'activité créatrice de l'esprit, après avoir travaillé au début de la vie et accumulé une quantité de tendances automatiques, cesse tout d'un coup d'agir et se repose avant la fin, l'esprit est alors entièrement déséquilibré et livré sans contrepoids à l'action d'une seule force. Les phénomènes qui surgissent ne sont plus réunis dans de nouvelles synthèses, ils ne sont plus saisis pour former à chaque moment de la vie la conscience personnelle de l'individu ; ils rentrent alors naturellement dans leurs groupes anciens et amènent automatiquement les combinaisons qui avaient leurs raisons d'être autrefois. Sans doute, si un esprit de ce genre est maintenu avec précaution dans un milieu artificiel et invariable, si, en lui supprimant le changement des circonstances, on lui évite la peine de penser, il pourra subsister quelque temps faible et distrait. Mais que le milieu se modifie, que des malheurs, des accidents, ou simplement des changements, demandent un effort d'adaptation et de synthèse nouvelle, il va tomber dans le plus complet désordre.

Ce sont tous ces désordres petits ou grands résultant de la prédominance de l'automatisme ancien sur une activité synthétique actuelle très affaiblie que nous avons étudiés dans la dernière partie de ce travail. Nous avons vu que les perturbations les plus étranges pouvaient se ramener à quelques lois simples et que la psychologie n'était pas impuissante pour les expliquer.

Les idées générales que nous venons d'exposer et qui d'ailleurs se retrouveraient en partie dans les travaux de plusieurs philosophes d'aujourd'hui, nous ont paru une manière simple de résumer, de synthétiser les phénomènes que nous avons décrits. Elles ne doivent être considérées que comme des conjectures vraisemblables. Leur imperfection ou même leur fausseté n'altéreraient pas l'exactitude de quelques lois particulières et des quelques faits qui sont toujours à nos yeux l'essentiel dans cet essai de psychologie expérimentale.

---

1. Boutroux. *De la contingence des lois de la nature* 1874, 9.
2. Fouillée. Sensation et pensée. Revue des Deux-Mondes, 15 juillet 1884, 47.
3. Fouillée. *Op. cit*, 417.

APPENDICE

Nous donnons en appendice un petit nombre d'indications sur la maladie et le caractère principal de quelques sujets qui ont joué dans ce travail un rôle important. Nous ne croyons pas nécessaire d'insister beaucoup ; les caractères maladifs de ces sujets sont ordinairement du même genre et ils ont presque toujours été rappelés quand une observation était décrite sur telle ou telle personne.

Be. Jeune femme de vingt-cinq ans. Père bien portant, mère nerveuse irritable sans accidents précis, un oncle maternel aliéné. Elle a eu, vers l'âge de quinze ans, divers accidents hystériques, quelques crises assez fortes avec pertes de souvenir, des contractures, des accidents de pseudo-péritonite ; a été hypnotisée à ce moment assez fréquemment. Mais depuis elle n'a plus eu d'accidents nerveux bien caractérisés et n'a plus été mise en somnambulisme. Aujourd'hui, elle est bien portante et ne présente *aucune espèce* d'anesthésie ; au contraire, quand on examine chacun de ses sens séparément, elle a partout une sensibilité extrêmement fine. Le seul caractère anormal c'est une distraction très forte, un rétrécissement du champ de la conscience très visible et qui l'empêche de suivre deux choses à la fois. Elle a été étudiée uniquement, à un point de vue, celui de la suggestibilité à l'état de veille qui est chez elle tout à fait extraordinaire.

Blanche. Jeune fille de dix-huit ans. Mère bien portante, père nerveux, bizarre, une tante maternelle aliénée. Elle est la dernière de quinze enfants dont neuf sont morts en bas âge, tous avant trois ans, et dont les survivants sont assez bien portants. Elle a eu, dans son enfance jusqu'à trois ans, des convulsions fréquentes d'apparence épileptique qui siégeaient presque uniquement à gauche. Elle est restée à tous les points de vue très arriérée, presque idiote, très petite, faible, non réglée encore. Elle est atteinte d'une véritable boulimie, vole de la nourriture et surtout du pain quand elle peut et mange jusqu'à ce qu'elle étouffe. Elle a alors de nouveau une crise analogue à celle de son enfance, avec convulsions limitées au côté gauche et écume à la bouche, mais cet accident est maintenant fort rare. La sensibilité est à peu près normale du côté droit, quoique diminuée, mais presque nulle du côté gauche. Intelligence obtuse, quoiqu'elle ait reçu quelque éducation. Étudiée au même point de vue que la précédente pour la suggestibilité à l'état de veille et l'automatisme qu'elle présente au plus haut degré.

D. Jeune homme de vingt-quatre ans, cas de folie impulsive dont l'observation a été rapportée plus haut.

G. Jeune fille âgée de dix-sept ans. Mère hystérique, aucun renseignement sur le père. Depuis quelques années, elle a des crises de petite hystérie qui sont très fréquentes pendant des périodes de quinze jours à un mois, puis disparaissent pendant quelque temps. Anesthésie du côté gauche assez variable, qui disparaît dans les moments de santé. Étudiée dans l'état de sommeil hypnotique qui, chez elle, remplace assez facilement les crises et les supprime momentanément.

H. Jeune homme de vingt-huit ans. Père bien portant, mère hystérique (convulsions et paraplégie). Il ne présente aucun caractère de l'hystérie et a toutes les sensibilités intactes quoiqu'il soit distrait et émotionnable. Il est facilement mis dans un état de petit hypnotisme avec oubli au réveil, mais, chose assez singulière, il retrouve presque toujours le souvenir de l'hypnotisme le lendemain, après une nuit de sommeil normal ; il présente une sensibilité particulière à l'aimant qui le contracture.

Lem. Jeune homme de dix-neuf ans. Père bien portant, mère hystérique, tante maternelle hystérique. Il présente depuis deux ans des attaques d'hystéro-épilepsie assez espacées. Anesthésie complète, tactile et musculaire, sauf à la jambe droite. A eu pendant six semaines une contracture hystérique des muscles de l'abdomen et de la poitrine à la suite d'un choc. Très hypnotisable.

Léonie. Femme de quarante-cinq ans, qui a déjà été décrite et étudiée bien souvent. Mère bien portante, père et grand-père paternel épileptiques, d'autres parents paternels probablement aliénés. A eu des crises convulsives depuis sa première enfance, mais a été extrêmement modifiée par des magnétiseurs qui ont étudié sur elle le somnambulisme. Elle ne présentait plus de caractères hystériques bien nets il y a quelques années quand je l'ai étudiée pour la première fois avec M. le Dr Gibert ; mais depuis l'année dernière, à la suite de crises hystériques violentes survenues au moment de la ménopause, elle conserve une anesthésie complète et invariable du côté gauche. L'histoire de cette femme qui est fort curieuse devrait être racontée d'une manière plus détaillée et j'essaierais de le faire si je pouvais réunir les notes du Dr Perrier, le médecin de Caen qui l'a étudiée pendant plus de dix ans.

Lucie. Jeune femme de vingt ans dont j'ai déjà plusieurs fois donné l'observation dans des articles publiés à la *Revue philosophique.* Mère bien portante, père hystéro-épileptique, mort en crise. Elle a eu des convulsions dans son enfance, une attaque de cécité probablement nerveuse vers l'âge de neuf ans : à la suite d'une frayeur éprouvée vers cette même époque, elle a repris des crises hystériques toutes particulières qui, d'abord fort courtes, ont grandi peu à peu et duraient, quand je l'ai connue, au moins cinq heures ; elle était anesthésique totale, avait l'ouïe et la vue considérablement diminuées.

Le somnambulisme provoqué a supprimé les crises d'hystérie en quelques jours, puis, au bout d'un mois, a fait disparaître tous les autres symptômes d'hystérie et est alors disparu à son tour. Lucie est restée bien portante sans aucun accident pendant dix-huit mois. Puis elle a été reprise de cauchemars, et de somnambulismes naturels. Quelques séances d'hypnotisme ont fait disparaître ces symptômes, puis sont devenues impossibles, car le sujet a de nouveau cessé d'être hypnotisable. Lucie est restée alors un an sans aucun accident, puis elle a eu de nouveau quelques crises légères qui ont encore été supprimées par une séance de somnambulisme.

M. Femme de vingt-trois ans. Père bien portant, mère hystérique ainsi que la grand-mère et une tante maternelles. Crises de petite hystérie assez rares, anesthésie incomplète du côté gauche.

Marie. Jeune fille de dix-neuf ans. Mère nerveuse irritable, aucun renseignement sur le père. Elle a présenté dès son enfance de véritables crises de colère suivies de suffocations. Nous avons raconté dans quelles singulières circonstances elle perdit, à l'âge de six ans, la vue de l'œil gauche, et comment une imprudence commise au moment de ses premières époques amena beaucoup plus tard des crises, des convulsions et des délires. Elle semble aujourd'hui complètement rétablie et n'est plus hypnotisable.

M. Jeune fille de dix-sept ans. Crises de petite hystérie, plaques irrégulières d'anesthésie.

N. Femme de trente ans. Crises de petite hystérie assez rares, anesthésie du côté gauche. Le somnambulisme de ce sujet a été décrit plus haut.

P. Homme de quarante ans. Amené à l'hôpital pour une crise de délire alcoolique subaigu, présentait vers la fin de cette crise une grande suggestibilité.

R. Jeune homme de vingt ans, renvoyé du régiment parce qu'il a des crises que l'on considère comme de l'épilepsie. Anesthésie du côté gauche, sommeil hypnotique facilement provoqué.

Rose. Femme de trente-deux ans, appartenant à une famille dont presque tous les membres du côté maternel, grand-père maternel, mère, tante, neveux, sont des hystériques convulsifs ; son frère est aussi, probablement, hystéro-épileptique. Elle a présenté elle-même, depuis son enfance, tous les accidents de l'hystérie la plus grave : anesthésies et contractures persistantes pendant plusieurs mois, dès l'âge de huit ans, cécité hystérique à quinze ans, des périodes de grandes crises de la léthargie pendant plusieurs jours, etc. Réglée à vingt ans seulement, elle a eu huit enfants, tous morts en bas âge dans les premiers mois.

Il y a un an, à la suite de son dernier accouchement, elle a eu une attaque de fausse péritonite hystérique, puis, quand celle-ci disparu, une contracture des deux jambes en extension. Anesthésie complète aux membres inférieurs, s'étendant bientôt sur tout le corps, dyschromatopsie complète des deux yeux. D'ailleurs l'état de la sensibilité chez ce sujet a souvent varié pendant son long séjour de sept mois à l'hôpital. Quelques-unes de ces variations ont été décrites.

Cette femme présentait, quand on l'hypnotisait, de nombreuses variétés des états cataleptiques ou somnambuliques, et, dans quelques-uns de ces états, quand elle recouvrait la sensibilité, elle pouvait remuer librement les jambes. La guérison des contractures a été extrêmement difficile, mais a été obtenue cependant d'une manière en apparence complète par des suggestions faites dans certaines conditions et par des somnambulismes prolongés. Cependant tous les signes hystériques n'étaient pas disparus, et, en particulier, la sensibilité hypnotique et l'état de suggestibilité étaient encore aussi forts quand cette personne a quitté l'hôpital. La guérison ne s'est pas maintenue plus de deux ou trois mois et maintenant la paraplégie et les contractures se sont rétablies d'une manière à peu près identique.

V. Femme de vingt-huit ans. Parents n'ayant présenté aucun accident nerveux. V. est la dernière de douze enfants et naquit jumelle. Elle resta toujours faible et chétive. A la suite de travaux intellectuels pour des examens, elle eut, à l'âge de quinze ans, des délires ou des somnambulismes naturels, pendant lesquels elle récitait sans cesse son Histoire de France ; bien portante pendant dix ans, elle a eu à vingt-six une seule grande crise d'hystérie à la suite d'une émotion, et, pendant cette crise, a recommencé à réciter les chapitres de son Histoire de France. À vingt-sept ans, elle eut une attaque de catalepsie naturelle causée par un coup de foudre. A vingt-huit ans, prise d'une angine, elle dut rester couchée, mais quand la maladie fut terminée, elle se trouva paralysée des deux jambes. Les antécédents de la malade, l'état actuel d'anesthésie presque générale, l'existence des douleurs ovariennes et de nombreux points hystérogènes empêchent de croire à l'existence d'une paralysie diphtérique. L'étude que je pus faire alors de ce sujet très curieux est rappelée ailleurs. Je ne pus d'abord détruire la paralysie, car V., même mise en somnambulisme, prétendait que cela était impossible. Après l'avoir convaincue de ma puissance en lui faisant voir différents spectacles par hallucination, je pus facilement rétablir le mouvement des jambes. Je lui suggérai ensuite de dormir immobile toute la nuit et, le lendemain, elle ne présentait plus aucune anesthésie, ni aucun point hystérogène. Les symptômes d'hystérie n'ont pas reparu depuis un an.

Ces quelques observations, qui m'ont été obligeamment communiquées par les médecins qui ont soigné ces malades, sont loin d'être complètes sans doute, mais elles peuvent fournir quelques renseignements utiles sur les sujets qui ont été étudiés dans cet ouvrage à d'autres points de vue.

Fin de la deuxième partie du livre : L'automatisme psychologique

9 791029 916427